기독교문서선교회(Christian Literature Center: 약칭 CLC)는 1941년 영국 콜체스터에서 켄 아담스에 의해 시작되었으며 국제 본부는 미국 필라델피아에 있습니다. 국제 CLC는 59개 나라에서 180개의 본부를 두고, 약 650여 명의 선교사들이 이동 도서차량 40대를 이용하여 문서 보급에 힘쓰고 있으며 이메일 주문을 통해 130여 국으로 책을 공급하고 있습니다. 한국 CLC는 청교도적 복음주의 신학과 신앙 서적을 출판하는 문서선교기관으로서, 한 영혼이라도 구원되길 소망하면서 주님이 오시는 그날까지 최선을 다할 것입니다.

추천사

김 창 환 박사
미국 Fuller Theological Seminary 코리안센터 학장
Renewal in Public Life의 Robert Wiley 교수

『개혁하는 선교신학』(Transforming Mission Theology)은 선교학을 성경적으로, 교회학적으로 그리고 신학적으로 정립하는 데 지대한 공헌을 한 선교학자 찰스 밴 엥겐의 최근 역작으로 선교학계에 많은 영향을 끼치는 책이다. 이 귀한 책이 임윤택, 서경란 박사에 의해 번역되어 한국 독자들에게 더 가깝게 다가가게 되니 매우 기쁘다.

저자는 이 책에서 그가 멕시코에서 선교한 경험, 풀러에서 강의한 선교학 자료 그리고 다른 선교학자들과 긴밀하게 교류하며 학문적으로 다뤘던 선교신학을 조직적이고 이해하기 쉽게 다뤘다. 이 책은 선교학을 접하는 이들에게 매우 중요한 지침서가 되고 있으며, 현재 세계적으로 선교학 개론 과목의 필독서로 사용되고 있다. 밴 엥겐이 복음주의 선교학에 끼친 가장 중요한 공헌은 선교학이 단지 실용적 방법론이나 일반 학문에 치우치기 쉬운 점을 보완해 성경적이고 신학적인 비평적 조명을 통해 선교학이 균형을 맞추고 발전하도록 하는 데 있다고 본다.

특히 저자는 이 책에서 그동안 과거의 선교가 교회 중심으로 진행되어 왔고 교회 확장 차원에서 진행되었던 점을 인정하면서도 최근에 토론되고 있는 지나친 인본주의적 접근에 대해 분명한 경계를 보인다. 그는 선교의 통전적 접근을 강조하면서도 선교에 있어서 가장 핵심적인 복음의 증거에 대해 명확하게 자신의 입장을 밝히므로 한국 교회가 나아갈 선교의 방향에 대해 좋은 지표를 제시한다.

저자는 선교신학이 선교하는 데 선교학적 사고, 분석 그리고 창조성을 제공해 주고, 선교 실행에 그 핵심 원칙을 제공해 주며, 상황과의 연결성을 통해 세상을

변혁시키는 도구가 된다고 말하며 선교신학의 중요성을 강조한다. 더 나아가 그는 건전한 선교신학을 발전시키기 위해 네 가지 요소 곧 성경, 상황, 교회의 반추 그리고 개인 경험을 갖춰야 한다고 본다.

독자들은 이 책을 통해 선교에 대한 깊이 있는 통찰력을 배울 수 있다. 저자가 내용을 단지 이론적으로만 설명하는 데 그치지 않고, 실제 선교 현장 사례와 도표를 제시해 이해를 돕고, 무엇보다도 성경 해석을 통해 선교신학이 성경에 바탕을 둬야 함을 실제적으로 보여 주기 때문이다.

번역을 맡은 임윤택, 서경란 박사는 저자의 영향을 크게 받았고 계속해서 선교학 강의를 다양하게 맡아 진행하고 있다. 특히 풀러신학교에서 외래교수로 후학들에게 크게 영향을 주고 있다. 그동안 많은 경험을 통해 이루어 온 사려 깊고 통찰력 있는 번역을 통해 이렇게 한글로 접할 수 있는 것은 우리 한국 교회에 귀한 특권이라고 본다.

이 책은 선교사나 선교학을 가르치거나 공부하는 교수 및 신학생뿐만 아니라 일반 교인들에게도 선교에 대해 더욱 체계적이고 종합적인 이해를 돕는 필독서로 적극 추천하는 바이다.

이상명 박사
미주장로회신학대학교 총장

세계적 선교학자 찰스 밴 엥겐 교수의 『개혁하는 선교신학』이 한국어로 번역되어 매우 고무적이다. 밴 엥겐 교수가 선교신학을 사사한 두 공역자 임윤택, 서경란 박사의 섬세하고 정확한 손길을 거친 이 번역서를 통해 선교신학의 정수를 제대로 맛볼 수 있게 된 것은 큰 즐거움이다.

지금까지 번역된 밴 엥겐 교수의 여러 저서는 한국 교계와 신학계에 선교신학적 인식과 지평을 확장시켜 주고 있다. 밴 엥겐 교수는 이 책에서 성서신학과 조직신학의 균형 잡힌 이해와 심층 연구를 토대로 체계적이고 종합적인 선교신학을 제시한다.

페이지를 넘길 때마다 통전적이고 풍요로운 선교신학 담론을 만나게 되는 것은 멕시코 선교사 자녀로 태어나 여러 나라에서 선교하며 가르친 그의 이력 때문이다. 그의 선교신학과 사상이 현장과 괴리되지 않은 채 온전한 합일체를 이룬 이유가 여기에 있다. 이 책은 그가 다양한 문화적 토양에서 자란 이산적 경험(diasporic experiences)을 선교신학적으로 재해석해 녹여 낸 결정체이다.

전체 5부로 구성된 이 책에서 밴 엥겐 교수는 선교신학의 원천, 의미, 방법, 목표를 심도 있게 다룬 뒤 '지금 여기서'의 선교를 위한 실제 매뉴얼을 제시한다. 갈수록 영적으로 쇠락하는 도심 교회가 어떻게 하면 다시 활기를 되찾을 수 있는지, 전 세계에 흩어진 그리스도인 이주민이 어떻게 하나님의 선교적 도구로 거듭날 수 있는지를 논한다. 나아가 건강한 개척 교회를 세우기 위한 선교적 실천 방안까지도 제언한다. 독자는 경험과 해석, 텍스트와 콘텍스트, 테오리아(theoria)와 프락시스(praxis)가 조화롭게 어우러진 선교신학과 사상의 진수를 만나게 될 것이다.

『개혁하는 선교신학』은 현대 교회와 선교 현장을 둘러싼 여러 위기와 도전에 맞서 지혜롭게 응전할 수 있도록 우리를 일깨우는 한 편의 복음적 선교신학 매뉴얼이다. 하나님 나라 비전을 삶으로 살아 내고자 하는 모든 이에게 이 책은 최상의 길라잡이가 될 것이다.

박신욱 선교사
SEED International 국제대표

　교회가 배출하는 선교사의 선교는 교회가 이해하는 선교신학의 수준을 넘을 수 없을 것이다. 교회는 교회 중심적 선교, 선교사는 사역 중심적 선교의 유혹을 벗어나기가 어렵다. 이런 현실 가운데 선교사를 동원하고 훈련해 다양한 선교 현장에 배치하고 사역을 인도해야 하는 선교 단체는 성경적 선교신학을 선교사들에게 재교육해야 하는 어려운 과제를 가지고 있다.
　나는 한쪽으로는 순진한 동기로 선교사를 보내는 교회의 현실을, 다른 쪽으로는 눈에 보이는 열매와 선교비 모금에 목마른 선교사들을 바라보며 선교지의 현지인 교회의 내일을 생각할 때 답답한 마음을 금할 수 없었다. 그런데 밴 엥겐 교수님의 『개혁하는 선교신학』을 읽으며 큰 희망이 생겼다.
　이 책을 통해 성경적 선교신학이 가장 실제적 선교신학이라는 사실을 확인하고 배울 수 있어서 참 기쁘다. 하나님의 선교를 보여 주신 예수님의 마음을 품으시고 교회와 선교사를 사랑하시는 밴 엥겐 교수님의 '사랑'이 아니었다면 선교신학의 완결판이라 할 수 있는 이런 책은 나올 수 없었을 것이다. 이 귀한 책이 부디 한국 교회 선교신학의 길잡이가 되어 한국 교회 선교가 삼위일체 하나님의 선교로 변혁되어 가기를 소망한다.

미리암 에드니(Miriam Adeney) **박사**
미국 Seattle Pacific University 선교학 부교수
*Kingdom Without Borders and Wealth, Women, and God*의 저자

하나님을 사랑하고, 이웃을 사랑하는 것보다 더 중요한 일은 무엇일까?

만약 오늘날 우리의 이웃들이 우리가 입는 옷, 우리가 먹는 음식, 전자제품에서 보이는 것처럼 지구촌에 살고 있는 사람들이라면, 선교보다 더 중요한 일은 없다. 우리는 선교 활동을 통해 지구촌 이웃에 대한 하나님의 사랑을 실천하는 삶을 살 수 있다. 이 책에는 선교에 평생을 바친 학자의 지혜가 농축되어 있다.

이 책은 성경 중심적이다. 하나님의 사람 모세와 다윗, 이사야와 바울이 어떻게 세상을 향한 하나님의 사랑을 따라 살았는지 보여 준다. 이 책은 신학적이다. 신학이 없으면 믿음은 밋밋하고 피상적이며 금방 왜곡되고 변질된다. 이 책은 먼지투성이의 발과 땀에 젖은 연구자의 풀뿌리 선교, 눈물과 기쁨의 벅찬 웃음소리이다.

이 책은 청지기 정신에 충실하다. 선교 사역을 감당할 때 더 좋고 나쁜 방법을 인식하고, 최선의 방법을 찾기 위한 전략을 수립하는 것이 청지기 정신이다. 이 책은 우리 시대 최고의 선교학자 중 한 사람의 걸작품이다. 읽고 배우라.

제럴드 H. 앤더슨(Gerald H. Anderson) 박사
미국 OMSC(Overseas Ministries Study Center) 명예대표
IBMR(International Bulletin of Mission Research) 전 편집장

내가 아는 범위 내에서, 풀러신학교(Fuller Theological Seminary)의 찰스 밴 엥겐 교수는 북미에서 선교성서신학(Biblical theology of mission)의 첫 번째 전임교수였다. 그의 영향력은 전 세계적이다. 이 책은 선교신학에 대해 가르치고 연구한 그의 학문적 결실이다. 이 책은 세계 선교와 선교학 과목을 위한 표준 교과서가 되어야 한다.

스티븐 베반스(Stephen Bevans) 박사
미국 Catholic Theological Union 문화와 선교학 명예교수

이 책은 오랜 세월 동안 선교에 대해 신학적 사고를 해 왔을 뿐만 아니라 실제로 선교를 수행해 온 결과물이다. 찰스 밴 엥겐은 평소의 열정, 창의력, 그리고 명료함으로 글을 쓴다. 이 글은 그의 깊은 믿음과 폭넓은 신학적 지혜로 생명력이 약동한다. 이 책을 읽는 것은 스승이신 예수님의 발치에 오래 앉아 배우고 그분과 함께 먼 길을 걸어온 학자의 발치에 앉는 것이다.

주드 티어스마 왓슨(Jude Tiersma Watson) 박사
미국 Fuller Seminary 도시선교학 부교수

나의 스승 찰스 밴 엥겐의 『개혁하는 선교신학』(Transforming Mission Theology)은 내가 기다리던 책이다. 이 책은 밴 엥겐이 오랜 세월 동안 가르쳐 온 많은 것을 통합한다. 우리를 더 깊은 곳으로 인도한다. 세상 가운데 펼쳐지는 선교는 복잡하고 도전적인 많은 상황들과 직면한다. 밴 엥겐 선교신학의 네 영역을 사용해 개괄된 방법론은 세상의 복잡한 현실을 사려 깊게 성찰하는 데 놀라운 도움을 제공한다.

데릴 화이트맨(Darrell Whiteman) 박사
선교인류학자, 전 IBMR 편집장
전 Asbury Theological Seminary와
E. Stanley Jones School of World Mission and Evangelism 인류학 교수 및 대학원장

선교신학을 40년간 연구하고 비평하며 살아온 밴 엥겐은 데이비드 보쉬의 『변화하는 선교』(Transforming Mission)의 위상에 견줄 선교학의 고전이 될 책을 썼다. 역사적 깊이, 에큐메니컬한 넓이, 복음주의 정신, 타 문화 의식 그리고 이 세상에서 하나님의 선교에 대한 깊은 개인적 헌신이 이 책을 선교신학 분야에 탁월한 공헌이 되게 한다. 이 책은 앞으로 오랫동안 고전이 될 것이다.

개혁하는 선교신학

Transforming Mission Theology
Written by Charles Van Engen
Translated by Peter Yuntaeg Im, Kyung Lan Suh

Copyright © 2017 by Charles Van Engen
Originally published in English under the title
Transforming Mission Teology
by William Carey Library
All rights reserved.

Translated and printed by permission of Charles Van Engen.
Korean Edition Copyright © 2021 by Christian Literature Center, Seoul, Korea.

개혁하는 선교신학

2021년 10월 31일 초판 발행

지 은 이 | 찰스 밴 엥겐
옮 긴 이 | 임윤택, 서경란

편　　집 | 전희정
디 자 인 | 박성숙, 서민정
펴 낸 곳 | (사)기독교문서선교회
등　　록 | 제16-25호(1980. 1. 18.)
주　　소 | 서울특별시 서초구 방배로 68
전　　화 | 02-586-8761~3(본사) 031-942-8761(영업부)
팩　　스 | 02-523-0131(본사) 031-942-8763(영업부)
이 메 일 | clckor@gmail.com
홈페이지 | www.clcbook.com
송금계좌 | 기업은행 073-000308-04-020 (사)기독교문서선교회
일련번호 | 2021-104

ISBN 978-89-341-2347-7 (93230)

이 한국어판 저작권은 Charles Van Engen과 독점 계약한 (사)기독교문서선교회가 소유합니다.
신저작권법에 의하여 한국 내에서 보호를 받는 저작물이므로 무단 전재와 무단 복제를 금합니다.

Transforming
Mission Theology

개혁하는 선교신학

찰스 밴 엥겐 지음
임윤택·서경란 옮김

CLC

목차

추천사   1
    김 창 환 박사 _미국 Fuller Theological Seminary 코리안센터 학장
    이 상 명 박사 _미주장로회신학대학교 총장
    박 신 욱 선교사 _SEED International 국제대표
    미리암 에드니 박사 _미국 Seattle Pacific University 선교학 부교수
    제럴드 H. 앤더슨 박사 _미국 OMSC(Overseas Ministries Study Center) 명예대표
    스티븐 베반스 박사 _미국 Catholic Theological Union 문화와 선교학 명예교수
    주드 티어스마 왓슨 박사 _미국 Fuller Seminary 도시선교학 부교수
    데릴 화이트맨 박사 _선교인류학자, 전 IBMR 편집장

도표 목록   14
서문   15
한국어판 서문   18

서론   19

제1부 선교신학의 원천   32
제1장 선교신학은 누가 하는가?   33
제2장 선교신학이란 무엇인가?   53
제3장 세계화하는 세상에서의 선교신학 작업   81

제2부 선교신학의 의미   123
제4장 선교의 정의   124
제5장 비평적 신학화와 선교신학   148
제6장 변혁의 선교학과 선교신학   166

제3부 선교신학 방법론   193

제7장 적절한 선교신학의 다섯 가지 관점   194
제8장 상황적으로 적합한 선교신학   220
제9장 선교신학에서의 전문화 및 통합화   238

제4부 선교신학의 목표   264

제10장 저항 세력에 관한 선교신학   265
제11장 선교 동반자 선교신학   319
제12장 믿음, 소망, 사랑: 선교신학의 삼 요소   364

제5부 선교신학 시도하기   379

제13장 오래된 도심 교회를 위한 선교신학   380
제14장 이주민 선교신학   397
제15장 건강한 교회 개척을 위한 선교신학   419

결론   457

역자 후기 1   460
역자 후기 2   461
부록: 주제 헬라어 사전   463
참고 문헌   469

도표 목록

도표 1: 바퀴 개념으로 보는 선교학   31
도표 2: 선교신학 네 영역의 통합   60
도표 3: 선교신학 작업 격자판   75
도표 4. 해석학적 나선 구조   222
도표 5: 선교신학 작업 격자판   227
도표 6: 세군도의 해석학적 순환   234
도표 7: 해석학적 나선   236
도표 8: 선교학 피라미드   256
도표 9: 저항/수용 축   277
도표 10: 세계 선교신학   360
도표 11: 신약에 나온 '국가 목록'   442

서문

덕 맥코넬(Doug McConnell) 박사
미국 Fuller Theological Seminary 부총장

선교학 교수직은 특권이자 도전이다. 여러 해 동안 해외선교사로 사역한 나에게 다음 세대 선교사들이 그리스도께서 모든 제자에게 주신, 땅 끝까지 증인이 되라는 사명을 알고 순종할 수 있도록 돕는 교수직은 하나님의 소명이다. 선교학은 전 세계적으로 문화와 인간집단들의 급격한 변화에 대응하는 역동적인 연구 분야이다. 이 두 가지 변화에 대한 학문적 연구가 1965년 설립된 풀러신학교 세계선교대학원(이하 '풀러세계선교대학원', Fuller School of World Mission)이 주도한 선교학의 특징이었다.

선교학의 기초는 성경 전체를 세상을 향한 하나님의 구속적 선교에 관한 이야기로 접근하는 성서신학이다. 하나님께서 세상을 구원하시는 사명감에 대한 이야기이다. 우리는 하나님의 선교를 이해하기 위해 신구약성경 말씀에 선교학의 기초를 둔다. 나는 아서 글라서(Arthur Glasser) 교수의 강의를 통해 이 놀라운 선교학을 내 것으로 수용했다. 글라서 교수의 강의는 『성경에 나타난 하나님의 선교』(*Announcing the Kingdom: The Story of God's Mission in the Bible*)로 출판되었다.[1] 글라서 교수가 은퇴하면서, 풀러세계선교대학원 교수진은 글라서 교수의 성경적 통찰을 21세기에 맞게 발전시킬 후계자로 선교사 경험을 가진 신학자 가운데 가장 탁월한 찰스 밴 엥겐을 선택했다.

나는 휘튼대학교에 교수로 부임한 직후 밴 엥겐을 만났다. 그와 함께 캠퍼스를 가로질러 걸으며 대화할 때, 마치 오랫동안 잊고 지내던 친구를 다시 찾는 것과 같은 기쁨을 느꼈다. 밴 엥겐의 경험과 통찰력은 나의 부족함을

---

[1] 한글 번역서는 『성경에 나타난 하나님의 선교』(번역: 임윤택)라는 제목으로 생명의말씀사에서 2006년에 출간되었다(역주).

채워 주었다. 그는 복음으로부터 영감을 받아 생기와 에너지가 넘쳤고, 빠르게 변화하는 이 세상에서 교회를 통해 그리고 그 너머로 하나님 나라의 선교를 탐구하는 데 전념했다. 우리는 비록 멀리 떨어져 있었지만 동료가 될 수 있다는 데 감격했다. 그의 선교신학적 통찰력이 풀러세계선교대학원 커리큘럼의 핵심 과목인 선교성서신학(Biblical Theology of Missions)에 대한 그의 연구를 통해 발전해 가고 있다는 사실에 더욱 감격했다.

그렇게 몇 년이 지난 후, 나는 밴 엥겐에 대한 엄청난 존경심을 가지고 풀러세계선교대학원 교수가 되어 우리 관계는 더욱 굳어졌다.

지난 30년간(1990-2010), 밴 엥겐은 선교성서신학에 대한 연구를 계속했다. 그의 영향력은 커졌다. 그의 글과 분출하는 에너지를 통해 계속 확장되었다. 이는 특히 중남미와 한국에서 두드러졌다. 그는 다른 선교신학자들과 함께 작업하면서, 예를 들면, 2010년 케이프타운에서 열린 로잔콘퍼런스(LCWE)의 신학 태스크포스(TF)에서 일하면서, 그의 생각은 더욱 정교하게 다듬어졌을 뿐만 아니라 전 세계적 선교 대화에 영향을 끼쳤다. 밴 엥겐의 공헌은 여러 저서뿐만 아니라 수년간의 강의 노트에서도 찾아볼 수 있다.

나는 내가 가르치는 거의 모든 수업 강의에서 밴 엥겐 자료를 사용한다. 나는 종종 밴 엥겐이 다른 선교신학자들의 중요한 신학적 업적과 대화하면서 그의 통찰을 집대성한 책 한 권을 소망했다. 이 책이 바로 그 책이다. 『개혁하는 선교신학』(Transforming Mission Theology)은 우리가 원했던 바람을 한 권으로 산뜻하게 제공한다. 데이비드 보쉬, 크리스토퍼 라이트, 앤드류 커크 등 거장의 대작과 나란히 자리 잡은 이 책은 선교와 신학의 풍부한 자원을 채굴하는 세심한 학자의 결정판이다.

이 책에는 밴엥겐의 멘토인 화란 자유대학의 요하네스 베르카일과 풀러세계선교대학원의 아서 글라서의 영향이 뚜렷이 나타난다. 밴 엥겐은 성경적으로 깊이 있고, 조직신학자의 섬세함이 있다. 이 책은 선교 공동체에 엄청난 보고이다.

이 책은 하나님의 선교의 프락시스(이론과 실천)와 더 넓은 선교학 학문 분야들을 통합적인 학문으로서 탐구한다. 선교신학 교수로서, 밴 엥겐은 다른 많은 학자의 저작에 기초하면서 하나님의 선교가 무엇인지에 대한 명확한 근거를 제시한다. 이 책은 세계화가 진행되는 세상에서 선교신학을 하는 신학 작업에 천착한다.

다섯 부 각각에서 세계화 문제들을 여러 장으로 나누어, 선교신학의 주요 관심사를 다룬다. 예를 들어, 제2부에서는 문맥화와 변혁에 관한 선교신학을 다루고, 제5부에서는 선교신학의 문맥화 문제에 대해 한 걸음 더 나아가 시의적절한 대응을 시도한다.
　이 책은 이 세대를 지도하는 대표적인 선교신학자의 연구를 집대성하고 있다. 밴 엥겐은 선교신학적으로, 방대한 자료를 바탕으로 선교와 신학을 통합하는 하나의 모범을 제시한다.

한국어판 서문

찰스 밴 엥겐 박사
현, LACM(Latin American Ministries) 대표

나는 한국을 사랑한다. 한국은 세계 문명사에서 경이로운 기적을 이루었다. 나는 한국에 갈 때마다 세계 어디에서도 찾아볼 수 없는 스카이라인을 본다. 붉은 십자가로 가득한 감동적인 장면이다. 나는 하나님께서 한국에 복을 주시고 세계 만방에 복을 베푸는 나라와 민족이 되게 하실 것을 믿는다.

나는 한국 교회를 사랑한다. 한국 교회와 선교 지도자들은 성경을 사랑한다. 그들은 어두운 시대를 말씀의 등불로 밝혔다. 성령의 복과 인도하심을 따라 한국 교회를 선교하는 교회로 만들었다. 한국 교회는 세계에 나가 선교하는 만큼 큰 소망이 있다.

나는 한국 선교사신학자를 사랑한다. 새로운 상황에서 새로운 선교신학을 수립하려 노력하는 한국 선교사신학자의 목소리에 박수를 보낸다. 이 책은 한국 선교사신학자를 응원하고 격려하는 사랑의 메시지다.

나는 임윤택 교수와 서경란 교수를 사랑한다. 지난 30여 년 동안 나의 제자, 조교, 동료 교수로, 선교신학을 함께 하는 친구로 지냈다. 우리는 함께 연구하고 가르치며 행복했다. 그들의 독특한 지혜와 인내와 통찰은 내게 큰 영감을 주었다. 이 책은 우리가 함께 공부한 내용을 간추린 것이다. 이 두 교수의 번역은 내가 확실히 믿을 수 있다. 그래서 감사하다.

나는 독자를 사랑한다. 우리가 『개혁하는 선교신학』을 통해 시공간을 넘어 함께 하나님의 선교에 동참할 수 있는 지혜를 나누고, 하나님의 선교에 동참하는 교회가 되게 하고, 함께 선교신학 작업을 할 수 있다는 것은 특권이다. 우리가 함께하는 이 신학 여정에 하나님께서 선교사신학자 바울에게 주셨던 선교신학적 통찰과 동일한 은혜로 함께해 주실 것을 믿는다.

서론

선교와 선교학에 관한 수많은 가정이 선교학의 더 큰 학문 분야 안에서 선교신학의 초점과 목적을 정의하는 데 도움을 준다. 서론에서 나는 책의 나머지 부분에 제시한 관점을 소개하기 위해 여러 가정 중 몇 가지를 간략하게 요약할 것이다. 지나친 단순화를 감수하고, 다른 많은 학자가 쓴 학문으로서 선교학과 선교 실천에 관한 여러 가지 가정을 제시할 것이다.

지난 백 년 동안 교회의 선교적 성찰에서 기초가 된 여러 개념과 내가 다른 글에 썼던 내용을 상세히 설명할 지면이 충분하지 않다. 하지만 우리가 여기서 그들이 기초로 삼았던 가정을 기억할 필요가 있다. 이유는 분명하다. 그 가정들이 우리가 선교신학을 하는 방식에 영향을 미치기 때문이다.

이 책의 첫머리에 그 가정들을 언급함으로써, 독자 여러분이 내가 어떤 신학적 입장을 가지고 있는지 그리고 왜 내가 하는 방법론을 사용해 선교신학을 발전시키는지 분명히 이해할 수 있을 것이다.

이 책은 선교신학 작업의 방법론에 관한 책이다. 풀러세계선교대학원에서 선교성서신학을 가르친 지 25년이 넘는 기간 동안, 나는 선교신학 작업을 어떻게 하는지, 다른 사람들을 어떻게 가르쳐야 하는지를 배웠다. 여러 해 동안 교수하면서, 나는 이 책이 서술하는 학문 활동에 "선교의 신학"(theology of mission)이라는 용어를 사용했다[1]

---

1 다음 자료를 참고하라. Van Engen 1996, 17-31; Van Engen 2000, 949-51; Van Engen 2008, 551-62; Van Engen 2011, 57-98; Van Engen 2012, xi-xvii. 내가 다른 글에서 언급한 바와 같이, Gerald H. Anderson's edited collection in *The Theology of Christian Mission* (Gerald H. Anderson, ed., 1961). 앤더슨은 개신교 선교학에서 중요한 하위 분야인 선교신학 연구를 시작했다. 레슬리 뉴비긴은 이 책의 서문에서 "해외 선교를 매년 지원하는 좋은 교회 교인

하지만 앤드류 커크(Andrew Kirk)[2]와 다른 사람들은 미래에 우리가 사용해야 할 용어가 "선교신학"(mission theology)이라고 나를 설득했다.[3] 선교신학이란 예수 그리스도의 추종자들이 하는 것이다.
데이비드 보쉬(David Bosch)는 이렇게 설명한다.

> 진정한 신학은 … 교회가 변증법적 관계, 다시 말해서 교회가 선교에 참여하는 곳, 더 넓은 의미의 선교 활동을 통해서만 발전한다. 교회의 내적 쇄신과 선교적 각성은 상호 작용한다(Bosch 1980, 2006, 25).

앤드류 커크는 이렇게 설명한다.

> 선교신학은 신앙인들이 예수 그리스도의 사역에서 보여 주신 모범과 같이 이 세상에서 하나님의 목적을 이해하고 성취하려고 할 때 생기는 질문들을 다루는 정교한 학문이다. 기독교인들이 선교적 사명을 추구하며 채택한 태도

들도 예수님의 이름으로만 구원받을 수 있다는 것이 정말 사실인가 하는 의문을 처음으로 해야 한다는 것을 알았다. 우리는 더 이상 거리에 의해 분리되고 격리되지 않는 세상에 살고 있다. 경쟁하는 종교적 신앙들이 모든 도시와 일반 기독교인의 마음에서 서로 뒤엉켜 있는 한 세계에 살고 있다. 오늘날 기독교 선교의 신학 문제는 인정하든 하지 않든 모든 교회 회중의 문을 두드리는 질문이다"(Newbigin 1961, xiii).

2 앤드류 커크의 생각에서 신학과 선교학의 접점은 그가 1997년에 제시한 다음과 같은 "신학"의 정의에서 알 수 있다. "나의 논지는 선교를 제외하고 신학을 생각하는 것은 불가능하다는 것이다. 모든 참된 신학은, 정의상 선교사신학(missionary theology)이며, 그것은 본질상 선교사이신 하나님의 선교 방법을 연구 대상으로 삼고, 기초 자료가 선교사에 의해 쓰여진 연구이다. 신학은 고립된 학문들의 집합으로 추구되어서는 안 된다. 선교신학은 그 주제가 문화에 반대하는 동시에 문화와 밀접하게 관련되어 있기 때문에, 교차 문화 소통의 모델을 가정한다. 따라서 선교신학은 학제적인 상호 작용을 통해 발전해야 한다"(Kirk 1997, 50-51).

3 다음 자료들을 참고하라. G. H. Anderson et al 1970, 594; David J. Bosch. *Witness to the World: The Christian Mission in Theological Perspective* 1980, 2006, 21-27; David J. Bosch 1991, 489-98; A Scott Moreau, Gary Corwin, Gary McGee 2004, 74-89; Christopher J. H. Wright 2006, 33-69 (focused on the relationship of biblical hermeneutics and mission); A. Camps, L. A. Hoedemaker, M. R. Spindler, edits 1995, 5-6; Stephen B. Bevans and Roger Schroeder 2004, 35-72; Francis Anekwe Oborji 2006, 52-56; H. Armstrong, M McClellan, D. Sills 2011, 11-32, 53-77; John Mark Terry, Ebbie Smith, and Justice Anderson, edits 1998, 9-12; Jan A. B. Jongeneel 1997, 9-18; John Corrie, ed., 2007, 237-44, 380-84; Craig Ott, Stephen J. Strauss, with Timothy C. Tennent 2010, xi-xxx.

와 행동에 대한 비판적 성찰이다. 선교신학의 과제는 모든 선교 활동의 기초를 더 잘 검증하고, 수정하고, 정립하는 것이다(Kirk 1999, 21).[4]

저스티스 앤더슨(Justice Anderson)은 이렇게 말한다.

> 모든 선교학적 연구의 출발점은 선교사신학(missionary theology)이어야 한다. 조직신학과 학문적 선교학 사이의 존재하는 역동적 관계는 상호 의존적이다. 선교 사역에는 선교신학적 기초가 필요하다. 조직신학에는 선교적 타당성이 필요하다. 선교는 행동하는 조직신학으로, 세계 문화권에서 전반적인 면에서 작용한다. 선교사는 조직신학의 선구자이다(Anderson 1998, 9).

오트(Ott), 스트라우스(Ot, Strauss) 그리고 테넌트(Tennent)가 『선교신학』(*Encountering Theology of Mission*)에서 말한다.

> 선교신학은 신학 전체의 선교적 측면을 보다 명확하게 기술하려고 하며, 하나님의 선교를 중심 통합 요소로 둔다. 데이비드 보쉬는 말한다.
> "우리는 단지 선교를 위한 신학적 의제가 아니라 신학에 대한 선교적 의제가 필요하다"(Bosch 1991, 494).
> 그러므로 선교신학은 우리가 성경의 메시지와 교회의 선교 전체를 이해하는 해석적 기준을 제공한다(Ot. et al., 2010, xvii).[5]

풀러에서 교수로 가르치면서 나는 종종 박사 학위 과정 학생들에게 선교신학 방법론 과목을 가르쳐 달라는 요청을 받았다. 나는 그 과목을 "선교신학화 작업"(Theologizing in Mission)이라고 불렀다. 선교신학화 작업을 어떻게

---

4   캐시 로스(Cathy Ross)는 이 정의를 커크의 선교학적 연구를 조사한 후 확신을 가지고 인용한다. John Corrie and Cathy Ross, eds., 2012, 11–12. Scott W. Sunquist cites Kirk's definition seemingly with approval in Sunquist 2013, 11.
5   오트, 스타우스 그리고 테넌트(Tennent)는 주의를 준다. "선교신학은 다른 신학적 학문들에 의존하며, 그것들로부터 배우고, 그것들에 기초를 두고 그리고 나서 그것들을 이 세상에서 하나님의 선교와 연관 짓게 한다. 건전한 신학을 떠난 선교학은 위험하고 사색적인 작업이다. 신학은 성경을 올바르게 해석하는 데 도움이 될 뿐만 아니라 선교신학이 조화를 이루어야 하는 성경 이해의 더 큰 틀을 제공한다"(Ott et al 2010, xix).

하는지 다른 사람들에게 배우면서 가르쳤다. 이 과정을 통해 선교 현장에서 신학을 하고, 신학에서 선교학을 하는 방법을 모두 포괄할 수 있는 하나의 방법론이 없다는 것을 깨달았다. 어떤 의미에서, "선교신학화 작업"은 그 자체가 방법론이 아니다.

오히려, 나는 선교신학이 선교 내용과 방법의 긴밀한 결합을 포함하며, 서로가 서로에게 상호 영향을 미친다고 보기 시작했다. 선교는 무엇보다도 하나님의 선교이기 때문에(삼위일체적 관점에서 이해하는)[6] 신학적 성찰은 선교적 이해에 의해 스며들어야 하고 우리의 선교학은 반드시 신학적 성찰에 스며들어야 한다. 크리스토퍼 H. 라이트(Christopher J. H. Wright)는 말한다.

> 교회의 선교 사역을 통해 형성되거나 교회의 선교를 고무하고 영감을 주는 교회의 선교와 관련이 없는 신학은 신학이 아니다. 성경의 토양에 깊이 내린 신학적 뿌리가 없는 교회의 선교는 선교가 아니다(Wright 2010, 20).

이 두 가지 노력이 필요하다. 하나님의 세계에 있는 교회를 통해 주로 일하지만 배타적이 아닌 하나님의 선교에 참여하는 선교 활동과 성찰(프락시스, paraxis)에 쌍방향 노력이 구체적인 실재가 되어야 한다. DNA 분자 이중나선처럼 선교학적 이해와 신학적 성찰, 선교적 행동 등이 서로 얽혀 수많은 이슈와 아이디어, 학습으로 연결되어 '선교신학'이라고 부르는 하나의 통합적 전체를 만들어 낸다.

이 책의 장들은 선교신학 작업을 하는 여러 가지 다양한 표본을 제공한다. 하지만, 그중 어떤 방법도 선교신학 작업을 하는 유일한 방법은 아니다. 어떤 표본도 선교신학 작업을 하는 모든 노력을 대표하지 않는다. 나는 바란다. 이 현장 샘플들 가운데 어떤 무엇이 독자들을 자극하여 그들이 동참하는 하나님의 선교, 선교 상황, 특정 시간, 특정한 공간에서 그들 자신의 선교신학을 창조하고 변화시키는 방법을 탐구할 수 있기 바란다.

---

6 하나님의 선교에 대한 삼위일체적 이해에 관한 가장 간단한 논의 중 하나는 보쉬의 책에서 찾을 수 있다. D. Bosch 1980, 2006, 239-42. 레슬리 뉴비긴은 『오픈 시크릿』(*The Open Secret*)에서 삼위일체적 선교신학의 윤곽을 멋지게 기술했다. *The Open Secret* (Newbigin 1978).

1. 선교에 대한 확신

나는 선교에 대해 다음과 같은 확신을 가지고 있다.

1) 선교는 왕, 왕비, 국가, 교회 기관의 권한이 아니다

비록 이 문제는 각 국가마다 사정이 다르다. 일반적으로 말해서, 15세기부터 18세기까지 서유럽과 북미에서는, 선교가 왕, 여왕, 또는 국가의 권한 영역이라는 생각이 널리 퍼져 있었다. 서유럽 국가들이 라틴아메리카, 아프리카, 아시아 전역으로 군사, 정치, 경제력을 확장한 곳마다, 유럽식 기독교 신앙과 교회 형식을 이식했다. 수 세기 동안 유럽 국가들을 지배해 온 사상인 "지배자의 종교가 피지배자의 종교를 결정한다"(cuius regio eius religio)라는 종교 원칙을 지켰다.

서유럽 국가가 다른 대륙의 일부를 정복하고 식민지로 삼으면서도 이 원칙을 지켜야 한다고 생각했다. 미국에서도 비슷한 선교적 사명을 뒷받침하기 위해 "명백한 사명"(manifest destiny, 영토확장론)이 사용됐다.

당시에도 이런 선교는 용납될 수 없고, 비성경적이며, 선교학적으로나 신학적으로도 옹호될 수 없다는 것을 이미 알고 있는 사람들이 있었다. 이 주제에 관심이 있는 연구자는 '선교와 식민지주의'에 관한 다소 실속 있는 문헌을 참고할 수 있는데, 특히 비서구권 선교신학자들이 쓴 문헌을 참고할 수 있다.

2) 선교는 단순히 후원하는 종교 법인의 새로운 지사를 설립하기 위한 교회 연장, 확장, 교회 개척이 아니다

15세기부터 지금까지, 예수 그리스도의 교회는 선교가 주로 그 활동을 후원하는 종교 기관의 새로운 지역 대리점을 시작하는 데 초점을 둔 활동으로 보는 유혹을 받아 왔다. 교회 개척은 모 교회 기관의 정확한 사본처럼 만들기 위해 새로운 지역 교회의 설립에 자금을 대고, 지시하고, 사절단을 보내고, 통제하는 교회, 교단, 선교 단체 또는 대형 교회의 지점을 여는 것으로 너무 자주 축소되었다. 16세기 당시 로마가톨릭교회에 의한 라틴아메리카 정복에 의해 이루어진, 본질적으로 강제적인 회심은 이런 선교관의 한 예이다. 이런 선교에 대한 이해는 오늘날에도 거의 모든 기독교 전통에서 지속되고 있다.

이 문제에 대한 간략한 성찰을 위해 『선교 동반자 관계 신학을 향하여』(*Toward a theology of mission partnerships*, Van Engen 2001)를 참고하라. 이런 선교관을 신중히 검토하고 재평가해야 한다. 복음서와 사도행전에서는 다음과 같은 말로 선교를 수없이 기술했다.

> 예수께서 모든 도시와 마을에 두루 다니사 그들의 회당에서 가르치시며 천국 복음을 전파하시며 모든 병과 모든 약한 것을 고치시니라 무리를 보시고 불쌍히 여기시니 이는 그들이 목자 없는 양과 같이 고생하며 기진함이라(마 9:35-36; 참조, 눅 4:43; 5:15; 8:1; 9:1-2).

사도행전에 나오는 누가의 서술은 본질적으로 예수님의 추종자들(바울의 선교 무대를 중심으로)이 자기네 세상인 마을과 마을을 돌아다니며 하나님 나라의 기쁜 소식을 전하며 치유하는 이야기이다. 교회는 선교에 대한 우리의 이해를 돕기 위해 다양한 지역적 형태가 중요하다. 하지만 우리는 오늘 선교를 너무 협소하게 규정하거나, 교회 중심으로 제한하거나, 통제하지 않도록 조심해야 한다.

롤랜드 알렌(Roland Allen), 호켄다이크(Hoekendijk), 요하네스 베르카일(Johannes Verkuyl), 올란도 코스타스(Orlando Costas) 등이 주위를 환기시킨 바와 같이, 새로운 교회의 출현은 선교의 목표가 아니라 선교의 결실로 이해해야 할 것이다.

이 문제는 이 책의 범위를 벗어난 것이지만, 우리가 『개혁하는 선교신학』 작업을 시작하면서 이 점을 명심해야 한다.

3) 선교는 하나님의 선교이다

1920년대와 1930년대에는 선교에 대한 교회 중심적 관점이 강했다. 이 관점이 서유럽과 북아메리카의 개신교 선교신학을 지배했다. 선교는 더 이상 분리된 선교 단체의 책임이 아니라 교회의 책임으로 여겨졌다. 이런 견해는

1938년 인도 마드라스의 탐바람에서 열린 국제선교협의회 회의에서 특히 두드러졌다. 선교는 젊은 교회와 오래된 교회가 함께 하는 활동이었지만, 제2차 세계대전은 그 모든 것을 변화시켰다. 특히 전쟁 중 일어난 만행에 대한 교회들의 침묵으로 인해 깊은 비관주의에 빠졌다. 그 결과 선교는 교회의 활동이라기보다는 하나님의 활동(Missio Dei)으로 해석하게 되었다.

1952년 국제선교협의회(IMC: International Missionary Council)의 독일 빌링겐(Willingen) 회의에서 하나님의 선교에 대한 관점이 성장하기 시작했다. 하나님의 선교 관점은 1963년 세계교회협의회(WCC: World Council of Churches)의 '세계선교와전도위원회'(CWME)의 멕시코시티 회의와 연관된 게오르그 비체돔(Georg Vicedom)의 책 『하나님의 선교』(The Mission of God, 1965)에서 도움을 받았다. 시간이 흐르면서, 이 하나님의 선교 개념은 하나님께서 세상에서 하시는 모든 것을 포함하는 데까지 이르렀다.

J. C. 호켄다이크(J. C. Hoekendijk) 같은 선교학자는 하나님의 선교 개념을 확장시켰다. 호켄다이크는 1968년 WCC 웁살라 선교대회 당시 교회에 대해 깊은 환멸을 느끼고 있었으며, 교회의 선교에 대해 비판적이었다. 이런 아주 세속화된 선교관은 교회나 세계 전도와 관계를 거의 갖지 않았다. 교회의 숨 막히는 통제로부터 선교를 구해낸 선교사가 옳았지만, 그렇게 함으로써 그들은 목욕물 버리려다 아기까지 버린 꼴이 되었다. 교각살우(矯角殺牛) 곧 쇠뿔을 바로 잡으려다 소를 잡았다. 빈대 잡으려다 초가삼간 다 태웠다. 결과적으로 교회도 잃고 선교도 잃어버렸다(Van Engen 1996, 145-56).

4) "살아계신 하나님은 선교하는 하나님이시다"[7]

1950년대 후반과 1960년대 초, 선교의 기원은 하나님의 본성에서 찾아야 한다는 확신이 선교학자들 사이에서 커졌다. 로마가톨릭, WCC와 개신교 복음주의 계통에서, 이런 관점은 1970년대에 이르러 이 세 가지 주류 기독교 선교 사상이 되었다. 1970년대 중반에 이르자 정교회(Orthodox)와 오순절파(Pentecostal) 선교 사상가들 또한 선교의 기초, 의미 그리고 매개 변수들이 하나님의 마음과 목적에서 기원한다고 확언했다.

7　John Stott 2009, 3-9.

이 책의 뒷부분에서 나는 더 구체적으로 하나님의 선교(missio Dei)와 관련된 개념을 다룰 것이다. 하나님의 선교 개념은 콘질리아(conciliar)신학자들에 의해 확장되다가 결국 세속화되었다. 다른 많은 선교학자가 세속화된 개념을 수용할 수 없었다.

2. 선교가 아닌 것

위에서 제시한 긍정적이고 일반적인 확신에 기초하여, 우리는 또한 선교가 아닌 것에 대한 몇 가지 예비 가정(preliminary assumptions)을 진술할 수 있다.

- 선교는 기독교 교회에 있는 우리가 원하는 것이 아니다.
- 선교는 우리의 주변 문화나 세상이 원하는 것이 아니다.
- 선교는 사람이나 선교 단체의 필요에 의해서만 결정되는 것이 아니다.
- 선교는 단지 가난한 사람들을 위한 연민의 행동이 아니다.

오늘날 복음주의 교회에서는 선교를 있는 자가 없는 자에게 베푸는 것, 권력과 힘이 있는 자가 주변인이나 약한 자를 돕는 것, 아는 자가 모르는 자를 돕는 것을 선교로 가정하는 경향이 있다. 이것은 성경적으로 불충분하다. 성경은 동정심과 친절을 베풀라고 강조하지만, 여기에는 또 다른 더 넓고 깊은 문제가 있다.

사도 바울이 강조했듯이 하나님은 종종 정반대의 방법으로 선교 활동을 이뤄 가신다. 하나님께서는 하나님의 선교에 약한 자, 무지한 자, 가난한 자를 자주 쓰신다. 예를 들어, 우리는 예수님께서 누가복음 4장에서 사실상 예수님의 선교 사상을 담은 헌법에서 이런 관점을 강조했다는 것을 알 수 있다. 그 구절에서 예수님은 자신이 선교를 위해 보냄받았다고 고백하신다.

> 주의 성령이 내게 임하셨으니 이는 가난한 자에게 복음을 전하게 하시려고 내게 기름을 부으시고 나를 보내사 (눅 4:18).

그 말씀에 이어 예수님께서는 가버나움에서 회당에 모인 사람들에게 하나님의 선교를 설명하는 구약성경의 두 가지 예를 제시하신다. 사르밧 과부 이야기와 시리아군 사령관 나아만에게 자신의 신앙을 전해, 나병을 치유받게 도운 한 어린 소녀 이야기를 하신다. 이 말씀이 가버나움 회당에 있는 사람들을 격노하게 한 것은 놀라운 일이 아니었다. 하지만, 그들이 더 잘 알고 있어야 했다. 성경에는 수많은 예가 등장한다.

하나님께서 강자에게 영향을 미치기 위해 약자를 사용하시고, 지혜로운 자를 바로잡기 위해 무지한 자를 사용하시며, 힘 없는 자를 들어 권력자에게 도전하신다. 선교신학을 변혁하는 길에서 복음주의자들은 하나님의 선교에 대한 가정을 다시 생각해 볼 필요가 있다.

- 선교는 교회가 세상에서 하는 모든 선한 일이 아니다.
- 선교는 단지 하나님께서 세상에서 하시는 일에 동참하는 것이 아니다.
- 선교는 인류에게 어떤 좋은 의제나 행동이 아니다.

3. 선교에 관련된 것

우리는 위에 명시된 확신을 고려하고, 다음과 같이 주장한다.

1) 하나님은 기독교 교회를 세상에 선교사로 파송하신다

1960년대부터 1980년대까지 교회협의체인 콘질리아 운동에서 일어난 선교의 의식화와 세속화는 '하나님께서 교회를 통해 세상에서 일하신다'는 전통적 질서를 '하나님-세계-교회'로 바꾸는 작업을 했다. 호켄다이크를 중심으로 콘질리아 운동에 속한 학자들이 이런 선교관을 강력히 주장했다. 이런 선교관은 하나님의 선교가 생활 전반과 관련이 있다고 주장했는데, 이것은 제2차 세계대전 이후 상황에 잘 맞았다. 하나님의 선교는 세상의 상태를 변화시켜야 한다. 하나님의 선교는 인간의 생활을 개선시켜야 한다. 하나님의 선교가 일어나는 곳에서는 상황이 더 좋게 변해야 한다.

제2차 세계대전에서 벗어난 이후, 호켄다이크와 유럽의 공교회 인사들은 전반적으로 교회를 크게 비관했다. 그 결과, 호켄다이크는 그의 주요 저술 작품인 『흩어지는 교회』(The Church Inside Out, 1966)에서, 본질적으로 우리가 알고 있는 교회의 안락사를 요구했다. 그는 교회가 하나님의 샬롬을 가져오기 위한 사회정치적이고 경제적인 변화의 도구로서만 존재해야 한다고 단언했다.

다만 교회 선교의 사회정치적, 경제적 파장을 지나치게 강조함으로써 이런 선교관은 선교의 질서를 '하나님-교회-세계'로 보는 성경적 관점을 포괄적 시각에서 벗어났다. 그렇더라도 성경 전체와 교회의 역사 속에서 하나님의 선교 활동을 살펴보면서 우리는 하나님께서 때로는 제도적 교회와 함께, 때로는 제도적 교회 형태에도 불구하고, 때로는 제도적 교회와 반대로 하나님의 선교 활동을 하신다는 사실 또한 고려해야 한다.

2) 선교의 기원, 권위, 메시지, 수단 그리고 목표가 하나님의 선교와 일치해야 한다

헬라어 '아포스텔로'(apostello)와 연관된 동의어 '펨포'(pempo)는 성경에 나오는 선교를 설명하는 주요 단어와 개념이다. 성경에서 두 번째로 두드러진 선교 개념은 '디아코니아'(diakonia)이다. 이 책의 후반부에서 이 주제에 대해 좀 더 깊이 다루게 될 것이다.[8]

3) 그러므로 선교신학은 하나님의 세상에서 특정한 시간, 장소, 맥락에 따라 주로 하나님의 백성을 통해 하나님께서 무엇을 하고 싶으신지를 분별하려는 신학 작업이다

---

8   See Van Engen 2008 and Van Engen 2010.

4. 선교신학 작업의 함의

위에 언급한 선교에 대한 일반적 가정으로부터 도출하여, 우리는 선교신학에 대해 다음 내용을 진술할 수 있다.

- 선교신학은 우리가 성경에서 배운 하나님의 선교에 관한 계시에 의해 계몽되고 제한된다. 성경은 선교의 "사용 설명서"와 같다.
- 선교신학은 교회의 하나님의 선교에 대한 이해가 성경과 일치하도록 그 성찰의 모든 측면에서 성경 말씀에 스며들어야 한다.
- 선교신학은 선교 현장에서 이루어지는 선교 프락시스(mission praxis)에 관한 신학적 반성을 한다.
- 선교신학 작업은 연속적인 해석학적 나선 활동을 통해 말과 행동을 모두 포함한다.[9]
- 선교신학은 선교 활동으로 전환될 때까지 미완성이다.
- 선교신학은 무심한 행동주의가 아니다. 선교신학은 선교 활동에 대한 성찰, 평가, 사고, 분석, 비평 또는 창의성을 필요로 한다.

내 멘토인 요하네스 베르카일은 그의 걸작 『현대선교신학 개론』(Contemporary Missiology, CLC 刊)에서 단언했다.

> 선교학은 결코 선교 활동과 참여를 대체할 수 없다. 하나님은 하나님의 선교에 참여자와 자원봉사자를 부르신다. 부분적으로 선교학의 목표는 선교 활동을 위한 "서비스 스테이션"(service station)이 되는 것이다. 만약 선교 연구가 국내 선교이든 해외 선교이든 선교 참여로 이어지지 않는다면, 선교학은 겸손한 학문적 소명을 잃어버린 것이다(Verkuyl 1978, 6).

나의 관점에서, 현재와 미래에 대한 선교신학의 반추하는 작업의 가장 좋은 요약 중 하나는 데이비드 보쉬가 『변화하는 선교』(Transforming Mission,

---

9 해석학적 나선을 따르는 과정으로서의 신학적 성찰 문제는 이 책의 후반부에서 논의할 것이다.

1991, 368-519, CLC 펴)에 기록했다. 여기서 보쉬는 선교신학에서 오늘날 우리에게 도전과 과제를 제공하는 열세 가지 "출현하는 에큐메니컬 선교 패러다임의 요소"를 제공한다. 보쉬는 그 내용을 이렇게 요약한다.

> 교회의 선교는 끊임없이 새롭게 인식되고 새로워져야 한다. 선교는 다른 종교와 경쟁하는 활동이 아니다. 단지 개종만 시키는 활동도 아니다. 신앙을 넓히는 것도 아니다. 하나님 나라를 세우는 것도 아니다. 선교는 사회적, 경제적, 정치적 활동도 아니다. 그럼에도 불구하고, 이 모든 선교 프로젝트는 유익하다. 교회의 관심사는 개종, 교회 성장, 하나님의 통치, 경제, 사회, 정치이다. 하지만 하나님의 선교 관점에서 하는 것이다.
> 하나님의 선교는 교회를 정화한다. 하나님의 선교는 교회를 십자가 밑에 둔다. 그곳이 유일하게 안전한 곳이다. 십자가는 굴욕과 심판의 장소이기도 하지만, 새로운 탄생이 이루어지는 장소이기도 하다. 십자가 공동체인 교회는 단순히 '교회 회원' 정도가 아닌 '하나님 나라의 친교 공동체'를 구성하고, '종교 기관'이 아닌 '출애굽 공동체'로서 사람들을 계속 천국 잔치에 초대한다. 이런 관점에서 보는 선교는, 아주 간단하게, 기독교인들이 예수님의 자유하게 하는 선교에 참여하는 것이다. 미래에는 검증할 수 있는 경험도 믿을 수 없게 된다. 선교는 세상을 위해, 증인 공동체로 성육신한, 하나님 사랑에 관한 복음이다(519).

선교신학은 모든 미션 프락시스의 중심, 바퀴의 축과 같다. 선교학적 사상, 분석, 비평 그리고 창조성은 바퀴의 살을 구성하기에 축에 연결되어야 한다. 예수님을 따르는 사람들의 지역 교회에 모인 하나님의 백성은 선교의 맥락 속에서 도로 면을 접촉하며 굴러가는 선교의 바퀴 테와 타이어 같다.

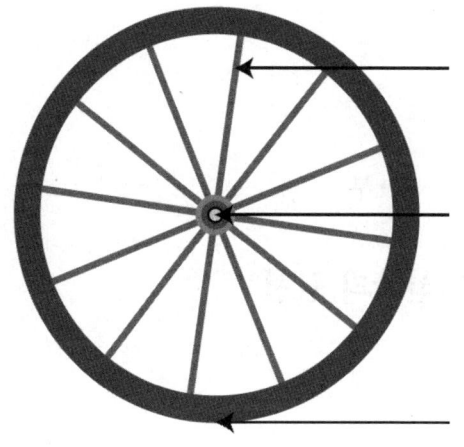

선교학적 사고, 분석, 비평, 창조성은 바퀴의 살을 구성하기 위해 축에 연결된다.

선교신학은 자전거 바퀴의 축과 같다. 모든 선교 프락시스의 중심이다.

선교신학은 자전거 바퀴 테두리가 "타이어가 도로 면을 접촉하는 곳"인 것처럼 항상 상황적 현실에 바탕을 두어야 한다.

도표 1: 바퀴 개념으로 보는 선교학

제1부

선교신학의 원천

제1장 선교신학은 누가 하는가?

제2장 선교신학이란 무엇인가?

제3장 세계화하는 세상에서의 선교신학 작업

제1장

선교신학은 누가 하는가?

선교신학은 명사가 아니라 동사이다.
선교신학은 누가 하는가?
선교신학은 우리가 함께 만들어 가는 것이다. 선교신학에 완재품은 없다.

1. 논지

본 장에서는 선교신학 작업을 수행하는 다섯 주체(agent)로, 성령, 예수 그리스도의 교회, 지역 교회, 하나님의 선교에 참여하도록 파송받은 선교사, 교회의 선교 프락시스의 대상이 되는 사람을 제안한다.

2. 들어가는 말

나는 질문한다.
선교신학은 누가 하는가?
나는 선교신학을 사람들이 동의할 수도 있고 동의하지 않을 수도 있는 정적 명제들의 집합이나 즉시 잊힐 수 있는 구두 확언의 집합이 아닌, 꼭 해야 할 활동으로 천명했다.¹ 선교신학은 성찰과 행동(선교 프락시스)에 관한 활동이

---

1   오늘날 선교신학에서 우리는 야고보서 1:23-25에 나오는 야고보의 말씀을 명심해야 한다. "누구든지 말씀을 듣고 행하지 아니하면 그는 거울로 자기의 생긴 얼굴을 보는 사람과 같아서 제 자신을 보고 가서 그 모습이 어떠했는지를 곧 잊어버리거니와 자유롭게 하는 온전한 율법을 들여다보고 있는 자는 듣고 잊어버리는 자가 아니요 실천하는 자니 이 사람은 그 행

다.² 그러므로 그것은 교회 전체가 하는 일이지, 전문적인 '선교학자' 한 사람이 할 수 있는 작업이 아니다.

하나님의 선교는 한 사람의 사상에 의존하기에는 너무 광범위하고, 너무 복잡하고, 너무 심오하다. 그렇다. 선교신학은 예수님의 추종자들이 하나님의 세상에서 왜, 언제, 어디서, 하나님의 선교에 참여할 수 있는지 더 깊이 이해하고자 하는 예수 그리스도 교회의 활동이다. 이 과정에 전문 '선교학자'가 초대되어 교회가 하는 선교신학의 가정을 자극, 검토, 요약, 도출하고 교회가 하는 선교신학의 시사점을 반영한다. 선교신학 작업을 하는 과정에 최소한 다음 다섯 주체가 참여한다.

3. 성령

예수님의 승천 이후, 선교신학의 최초이자 일차적 주체는 성령이었다. 예수님께서는 수난과 부활 이전에 제자들에게 성령 강림에 대해 설명하셨고, 마지막 작별 담화에서 이렇게 말씀하셨다.

> 내가 아버지께로서 너희에게 보낼 보혜사 곧 아버지께로서 나오시는 진리의 성령이 오실 때에 그가 나를 증거하실 것이요. 너희도 처음부터 나와 함께 있었으므로 증거하느니라 (요 15:26-27; 참조, 14:16-17, 26; 16:7-15).

예수님의 이 말씀은 흔히 구약성경에 대한 새로운 이해를 포함해 제자들이 예수 그리스도 안에서 하나님의 계시와 관련된 예수님의 가르침을 이해할 수 있게 하는 성령의 조명에 대한 정통성을 가리키는 것으로 이해되어 왔다. 물론 이것이 예수님께서 제자들을 가르치셨던 한 요소이지만, 예수님의 가르침

하는 일에 복을 받으리라."

2   '프락시스'(praxis)라는 용어는 당시 새로운 개념은 아니었지만 1970년대의 라틴아메리카신학자들에 의해 대중화되었다. 특히 교육에 대한 파울로 프리어(Paulo Freire)의 관점을 따르는 사람들과 당시의 해방신학 지지자들에 의해 그 개념이 확장되었다. 일반적으로, 프락시스는 행동-반추-새 행동-후속 반추가 연속적으로 이어지는 나선 과정으로 이 과정에서 행동이 반추를 변화시키고 이어지는 새로운 반추가 행동을 변화시키는 연쇄과정이다. 이 프락시스 과정이 선교신학에서 어떻게 자연스럽게 접목되는지는 이 책의 후반부에서 다룬다.

에서 우리가 자주 놓치는 다른 측면이 있다. 이 구절에 대한 선교학적 해석은 이 책의 범위를 벗어나지만, 요한복음 14-17장에 나오는 예수님의 담론 전반에 걸쳐, 보냄의 개념이 지배적인 주제임을 알아야 한다. 이 장은 예수님의 선교와 관련이 있고, 따라서 예수님이 '아버지께로 가셨을 때' 제자들의 선교와 관련이 있다.

이 구절의 핵심은 성령의 역할이다. 성령께서 제자들에게 예수님의 선교를 가르쳐 주시고, 제자의 선교를 분명하게 하시어, 복음의 증인이 되도록 능력을 부어 주실 것이다(요 15:27). 그래서 나는 부활하신 예수님께서 제자들에게 "너희에게 평강이 있을찌어다 아버지께서 나를 보내신 것 같이 나도 너희를 보내노라"라고 말씀하실 때, 제자들이 놀라지 않았다고 믿는다(요 20:21).

누가복음 24:49에서, 예수님께서는 제자들에게 성령이 오시기를 예루살렘에서 기다리라고 말씀하신다. 누가는 이 말씀을 사도행전 1:4에서 반복한다. 누가는 계속해서 성령 강림에 대해 기록한다.

> 오직 성령이 너희에게 임하시면 너희가 권능을 받고 예루살렘과 온 유대와 사마리아와 땅끝까지 이르러 내 증인이 되리라(행 1:8).

사도행전 전반에 걸쳐, 성령의 행동과 계시는 예수님의 제자들에게 선교신학을 정립할 수 있는 내용을 제공한다. 이 점은 누가가 첫 번째 예루살렘 공의회에서 복음은 모든 민족을 위한 것이며, 예수님을 따르기 위해 이방인이 유대인이 될 필요가 없다는 급진적인 결정을 그곳에 모인 사람들이 내린 이야기에서 분명하게 드러난다.

이런 경천동지할 엄청난 결정 내리게 한 선교신학의 기초는 무엇인가?

누가는 예루살렘 공의회의 결정을 유도하기 위해 사도행전 10장에서 고넬료 가정에 성령이 임하시는 과정을 설명한다. 10장 에피소드를 11:5-17에서는 베드로가 설명하고, 15:7-11에서 베드로가 다시 언급하고, 15:13-17에서는 야고보가 다시 언급한다.

이 사건 이후, 교회의 부흥과 각성의 역사를 통틀어, 성령의 역할은 선교에 종사하는 교회를 동원하고 능력을 부어 주실 뿐만 아니라, 교회가 교회의 선교를 이해할 수 있도록 인도하고, 가르치고, 조명하고 변화시켜, 교회의 선교신학을 정립하게 하신다. 20세기 초에 탄생한 전통적인 오순절 운동은 성령의 역사를 인정했다. 성령 강림은 삼위 하나님의 선교와 불가분의 관계에 있다. 삼위 하나님의 선교는 성령의 임재와 사역에 의해 이루어진다.

해롤드 달러(Harold Dollar)는 이렇게 말했다.

> 성령은 승귀하신 예수님에 의해 아버지로부터 보냄받은 선교의 영이다. 성령은 '복음이 보편적 메시지가 되는' 하나님의 의도를 성취하도록 교회에 능력을 부어 주시며, 유대인과 이방인이 기쁜 소식을 받아들이게 하신다. 성령은 모든 지점에서 선교 활동을 인도하신다. 복음의 증인들에게 능력을 부어 주시고, 복음을 들은 적이 없는 사람들에게 복음을 전하도록 지시하셔서 그들에게 기적과 이사를 행하게 하신다(Harold Dollar 2000, 451).

성령을 설명하는 또 다른 방법이 있다. 교회는 그리스도의 몸이며, 부활하신 예수님께서 이 땅에 사시는 육체적 존재이다(예: 롬 12장; 고전 12장; 엡 4장). 교회가 그런 존재이기 때문에 오늘날 교회의 선교는 교회의 머리가 되신 예수님의 선교에 참여하는 것이다. 선교는 교회에 속한 것이 아니다. 교회는 예수님의 선교에 참여한다. 그러므로 예수님의 선교는 교회 선교의 동기, 메시지, 수단, 대리인 그리고 목표를 규정한다.

어떻게 이런 교회의 선교가 가능할까?

성부와 성자가 보내신 성령의 도우심으로 가능하다. 성령의 임재와 역사하심와 조명과 변화시키는 능력으로 가능하다.

이런 관계를 설명하는 성경적 방법이 있다.

예수 그리스도가 몸된 교회의 머리이시다. 그리스도의 몸인 교회는 선교를 수행하는 근육, 팔, 다리, 얼굴 등으로 구성되어 있다. 성령은 육체의 근육에 머리의 명령을 전달하고 육체를 동원해 행동하도록 하는 신경계라고 설명할 수 있다. 따라서 선교신학을 개혁하는 과정에서 성령은 처음이자 일차적 주체이다. 어떻게 선교신학을 변화시킬 수 있는가에 대한 구체적 방법은 이 책의 나머지 부분에서 다룰 것이다.[3]

---

3 성령론과 선교신학의 관계는 중요한 문제이다. 이 관계를 연구한 초기 개신교 선교사 중 한 분이 20세기 초 중국 주재 성공회 선교사였던 롤랜드 알렌(1868년-1947년)이었다.

4. 예수 그리스도의 교회

나는 이미 하나님의 선교가 주로 교회를 통해 세상에 작용한다고 설명했다. 하나님께서 모든 민족에게 복의 근원이 될 아브라함을 부르심을 시작으로(창 12:1-3),[4] 하나님의 선교는 주로 하나님의 백성을 통해 이루어졌다.[5]

이스라엘은 종종 소명의 본질적 의미를 놓치고 너무 자주 타민족에 대한 하나님의 은혜의 도구가 되기보다는 하나님의 은혜를 자기 것으로만 지키기를 원했다. 창세기부터 계시록에 이르기까지 몇 번이고 되풀이되는 하나님의 분명한 의도는 이스라엘이 모든 민족을 축복하는 하나님의 도구가 되는 것이었다.[6]

우리는 히포의 아우구스티누스 주장에 따라 예수 그리스도의 교회는 모든 곳에서 항상 그리고 예수 그리스도를 믿고 따르는 모든 사람으로 이루어져 있다고 말할 수 있다. 이 위대한 신자들의 모임은 전 세계에 다양한 문화와 상황으로 퍼져 나갔고, 지난 20세기 동안 하나님의 선교와 선교신학에 대한 이해를 사려 깊게 확장, 심화, 발전시켰다.

이런 롤랜드 알렌의 사상을 발전시킨 고전이 1961년에 출간한 해리 보어(Harry Boer)의 책이다. 롭 갈리가(Rob Gallagher)는 이 주제를 연구해 풀러세계선교대학원에서 철학 박사 학위를 받았다. 그의 연구는 오순절파와 카리스마파 학자들의 최근 선교신학 출판물들과 결합되어 전 세계 교회와 선교가 그리스도의 선교를 명확히 하고, 인도하고, 능력을 부여하시는 성령의 본질적 역할을 더 깊이 이해하는 데 도움을 주었다. 예를 들어, 게리 맥기(Gary McGee)의 연구를 보라. 부흥과 각성 운동의 역사에 관하여는 에드윈 오어(Edwin Orr)의 저술이 부흥과 선교 사이의 친밀한 관계를 선명하게 보여 주기 때문에 중요하다. A. T. 피어슨(A. T. Pierson, 1837-1911년)은 미국의 중요한 목사이자 선교 사상가로, 그의 설교와 방대한 저술에서 영성과 선교신학을 밀접하게 연관시켰다.

4   성경 전체를 관통하는 성경선교신학의 주요 동기이자 선교신학을 형성하는 주제 "아브라함의 복"에 대해서는 다음 저술을 참고하라. Sarita Gallagher 2014를 보라.
5   성경을 관통해 흐르는 하나님의 선교를 선교학적으로 읽을 수 있는 유용한 자료로 다음 저자들을 추천한다. Arthur Glasser et al. 2003; Christopher Wright 2010; Michael Goheen 2011.
6   선교신학의 기초가 되는 이 주요한 성경적 주제를 발전시키는 것은 이 책의 범위를 벗어난다. 오랜 세월 동안 나는 아서 글라서로부터 물려 받은 과목인 "선교의 성경적 기초"를 가르쳤다. 그 과목을 가르치면서 나는 제자들과 이 주제와 선교신학에 대한 많은 심오한 시사점을 검토했다. 생명의 말씀사에서 2006년 출간한 아서 글라서의 책, 『성경에 나타난 하나님의 선교』(*Announcing the Kingdom: The Story of God's Mission in the Bible*)가 그 과목의 기본 교과서였다.

그리스도의 몸된 교회는 우여곡절을 겪으며 선교 활동을 계속 했을 뿐만 아니라, 교회의 선교를 끊임없이 반추했다. 시간이 지남에 따라 교회의 선교에 대한 이해를 명확히 하려고 노력했다.

오늘날 15억 명 이상의 신자들이 선교신학을 수많은 언어로 생각하고, 말하고, 활동하며, 전 세계의 수많은 문화로부터 선교신학을 이끌어 내고 있다. 모두가 같은 성경을 읽고 같은 성령에 의해 조명되고 인도되지만, 각각의 선교신학에 대한 이해는 각각의 특정한 역사, 문화, 언어적 맥락뿐만 아니라 시간이 지남에 따라 하나님의 선교에 참여하면서 각자 다른 경험의 영향을 받기 때문에 현저하게 다르다. 앤드류 월스(Andrew Walls)는 전 세계에서 일어나는 선교신학의 발전 과정을 더 명확하게 이해하도록 우리를 도와주었다.[7]

우리는 어쩌면, 전 세계 모든 대륙에서 우리가 하는 21세기 선교신학이 새로운 통찰이기에 이전 세기에 등장했던 선교신학보다 우월하다고 가정하고 싶은 유혹에 빠진 것 같다. 우리는 우리의 교만한 가정을 재검토하고 더 큰 지혜를 우리 앞서간 선배들에게서 배우기 위해 선배들의 말씀에 더 깊이 귀를 기울일 필요가 있어야 할지도 모른다. 예수 그리스도의 교회는 매우 오랫동안 선교신학 작업을 해 왔고 우리에게 가르쳐 줄 지혜가 쌓여 있다.

선교신학 가운데 예수 그리스도께 영광이 되지 않는 많은 비성경적이고 이단적이며 파괴적인 생각과 행동들은 우리가 비판해야 하겠지만, 주님께 영광이 되고 우리를 미래로 인도하는 역할을 할 수 있는 다른 많은 신교신학적 연구와 선교 프락시스가 있었다는 사실도 인정해야 한다.

5. 예수님을 따르는 자의 지역 교회

예수님을 따른 모든 사람이 어디서나 언제나 함께하는 우주적 교회(대문자 C로 시작, Church)는 멋진 생각이지만, 우주적 교회를 직접 경험하는 사람은 아무도 없다.

7　Andrew J. Walls, "The Ephesian Moment: At a Crossroads in Christian History," in A. J. Walls, *The Cross-Cultural Process in Christian History* (NY: Orbis) 2002, 72-81. 2002, 72-81.

우리가 경험하는 교회는 지역 교회이다. 우리 모두는 지역 교회에서 예수님을 따르는 신자들과 성도의 교제를 경험한다. 우리는 예수님을 따르는 교회에 참여할 때 우주적 교회에 직간접으로 참여한다. 따라서 교회는 오순절날 예루살렘에서 탄생한 바로 그때부터, 사도행전 2:42-47에 묘사된 지역 신자들의 집단으로, 구체적 모양과 가시적 형태를 취했다. 이런 지역 교회에서 얼굴과 얼굴을 대하며, 구체적 이름을 가진 사람들이 이야기, 경험, 상호작용 속에서 선교신학을 발전시켰다.[8]

바울은 "그리스도의 몸" 이미지를 사용함으로써 교회 개념을 더욱 발전시켰다. 바울은 로마서 12장, 고린도전서 12장, 에베소서 4장에서 각 신도가 받은 '은사들'(the charismas)에 초점을 맞춰 예수님을 따르는 신도들이 모이는 지역 교회를 강조했다.[9] 바울은 지역 교회들에게 쓴 그의 편지를 통해, 바울이 지역 교회의 선교신학을 넓히고 심화시키기 위해 노력했다.

선교신학은 지역 신도들의 삶의 필수적인 요소이며, 자연스런 열매로 나타나야 한다. 지역 교회(소문자 c로 시작, church) 신도들은 평생을 함께 살아가면서 선교신학을 발견하고 배우고 발전시키고 하나님의 은혜를 체험하며 함께 성경공부를 하고 하나님의 선교를 함께 성찰하며 그들의 위치와 맥락에서 하나님의 선교사 백성으로서 소명을 발견한다.[10]

---

8 여기서 요약하는 교회론을 더 깊이 설명하는 것은 본 장과 이 책의 범위를 벗어난다. 다음을 참고하라. Van Engen 1981, 78-190; and Van Engen 1991a *in loco*.
9 "지역 교회"에 대한 교회론은 주로 재세례파가 보는 "신자 교회"의 관점에서 접근하는지, 아니면 회중교회적 관점, 또는 장로교적 정치의 관점에서 접근하는지, 또는 성공회적 "교구" 관점 또는 "인간집단 운동"의 관점에서 접근하는지에 따라 입장이 다를 것이다. 이런 여러 관점 사이에는 "지역 교회의 선교"를 이해하는 방식에 영향을 미치는 중요한 차이점들이 있다. 이 문제를 다루는 것은 이 책의 범위를 벗어난다.
10 라틴아메리카에서 교회의 본질을 실현하기 위한 의도적인 시도 중 하나가 1970년대와 1980년대에 일어났던 브라질의 바닥교회공동체(Base Ecclesial Communities) 운동이었다. 이 현상에 대한 복음주의적 관점에 대한 쿡(Cook)의 해석을 참고하라(Guillermo Cook 1985). 애석하게도 이 바닥교회공동체 중 많은 수가 결국 문맥상 성경을 주의 깊게 읽는 것에서 벗어나, 교회적이고 신학적인 초점을 많이 잃었고, 대부분 특정한 정치적 의제에 초점을 맞춘 세포 집단(cell groups)이 되었다. 전 세계 도시에서 발견할 수 있는 작은 오순절파 교회와 은사파 상점가 교회에서부터 매우 큰 대형 교회까지, 선교신학을 바르게 정립하기 위해 지역 교회의 잠재력, 기능 그리고 독특한 역할을 진지하게 연구해야 할 것이다.

이런 교회론적 기반과 선교신학은 많은 초기 수도원 운동과 교회사 전반에 걸쳐 발견할 수 있다. 예를 들어, 이런 관점에서 교회론을 정립하려 시도한 『하나님의 선교적 교회』(God's Missionary People)를 참고하라(Van Engen 1991a).¹¹ 신도들의 무리가 시간이 흐르면서 그 신앙을 지키고, 예수님의 추종자들이 하나님의 은혜를 경험하고 그들의 맥락에서 하나님의 선교에 대한 이해를 삶으로 표현하면서 그들의 선교신학이 형성된다. 우리는 지역 교회의 삶 속에서 그리고 성령의 능력으로 나타나는 선교신학을 주의해 듣고 의도적으로 배울 필요가 있다.

6. 복음 전달자는 하나님의 선교에 동참하면서 선교신학 작업을 한다

수 세기 동안 기독교 교회(Christian Church)의 초기 시작부터, 성령은 지역 신앙공동체의 구성원인 예수님의 충실한 추종자들 사이에서 여성과 남성들을 불러 그들의 삶의 상당 부분을 특정한 선교 활동에 바치게 했다. 예를 들어, 사도행전 13장에서 성령은 사람들에게, 성령이 부르시는 특정한 임무를 위해 사울과 바나바를 따로 구분하라고 명령했다. 이 같은 패턴은 교회사를 통틀어 자주 나온다.¹²

---

11   2011년 마크 필즈(Mark Fields)는 풀러세계선교대학원에서 중요한 박사 논문을 썼다. 논문 제목은 "1982년부터 2007년까지의 지역 교회에 기초한 선교신학의 윤곽: 빈야드 운동에 나타난 선교를 중심으로"였다. 나는 이 연구에 지도교수로서 그와 동행하는 기쁨을 누렸다. 나는 마크로부터 많이 배웠다. 『하나님의 선교적 교회』는 한국 CLC에서 2014년에 번역 출간되었다(역주).

12   이 주제는 특히 여성과 남성의 이야기가 성령의 역사하심으로 섞여질 때 매력적이고 광범위하며 복잡해진다. 그런 사람들의 삶을 통해 하나님께서 어떻게 일하셨는지를 알기 위해 선교 전기를 읽는 것은 얼마나 큰 영감과 축복인지 모른다. 선교 전기는 선교신학의 놀라운 원천이다. 이런 선교신학 방법을 위한 훌륭한 원천은 1998년 출간된 제럴드 앤더슨의 『기독교 선교의 전기 사전이다』(Gerald Anderson, ed., *Biographical Dictionary of Christian Missions*, 1998).

7. 선교신학 작업을 하는 복음 전달자로서의 봉사자 (THE DIACONATE)

신약성경에서 어떻게 여성과 남성이 하나님의 선교에 참여하고 선교신학 작업을 할 수 있도록 부름을 받고 권한을 부여받았는지를 가르쳐 주는 방법 중 하나는 이들을 봉사하는 '집사'(deacons)라고 묘사하는 것이다. 나는 선교에 대한 신약성경의 주요 단어가 보낸다는 의미를 가진 아포스텔로(*apostello*, 동의어 *pempo*)에 대해 토론했다.

신약성경에서 선교에 대해 두 번째로 널리 사용되는 단어는 디아코니아(*diaconia*)이며, 명사 형태에서 디아코노스(*disconos*)로 사용되고 동사 형태에서는 디아코네오(*diaconeo*)로 사용된다. 신약에서 전개되는 디아코나테(*diaconate*, 집사) 개념에 대한 간략한 개요는 하나님이 그토록 사랑하시는 세상을 향한 하나님의 선교에 특정 여성과 남성이 일꾼으로 참여하는 가운데 형성되는 선교신학의 한 예가 될 수 있다.

부록에서, 독자는 헬라어 디아코네오, 디아코니아, 디아코노스의 다양한 용례를 볼 수 있다. 우리 영어 번역뿐만 아니라 다른 번역들도 이 시점에서 일관성이 없었다. 번역가들은 집사(diaconate)가 동사(섬기다), 개념(역할로써-책임 맡은 종), 대상(섬기는 자)을 모두 포함하는 개념의 풍부함을 보여 주지 못했다. 신약성경에서 이 개념을 헬라어로 사용하는 것은 매우 구체적이며 선교 활동 중인 교회에 대한 명확한 그림을 우리에게 보여 주는 특정한 패턴을 따른다. 나는 헬라어를 번역해 헬라어의 원 개념을 이끌어 내려고 노력해 왔다.

교회는 예수님의 제자들이 사랑하는 교제이다. 그런 점에서, 교회는 십자가에 못 박힌 자와의 깊은 교감이다. 예수님께서는 사역을 통해 그리고 섬김을 통해 섬기는 자의 삶을 가르치셨다. 그리고 제자들에게 섬기는 자의 사역을 명령과 사명으로 위임하셨다. 예수님께서 선언하셨다.

> 인자가 온 것은 섬김을 받으려 함이 아니라 도리어 섬기려 하고 자기 목숨을 많은 사람의 대속물로 주려 함이니라(마 20:28; 참조, 막 10:45).

이 섬김의 진리를 예로 들자면, 예수님께서는 죽기 전날 밤 제자들의 발을 씻겨 주신 다음 그들에게 그 의미를 가르치셨다.

나는 섬기는 자로 너희 중에 있노라(눅 22:27c).

너희가 나를 선생이라 또는 주라 하니 너희 말이 옳도다 내가 그러하다 내가 주와 또는 선생이 되어 너희 발을 씻었으니 너희도 서로 발을 씻어 주는 것이 옳으니라 내가 너희에게 행한 것 같이 너희도 행하게 하려 하여 본을 보였노라(요 13:13-15).

그러므로 예수님께서 가져오신 새로운 하나님 나라에서는 권위와 위대함이 완전히 뒤바뀐다. 예수님께서 말씀하신다.

너희 중에 큰 자는 너희를 섬기는 자가 되어야 하리라(마 23:11).

너희는 그렇지 않을지니 너희 중에 큰 자는 젊은 자와 같고 다스리는 자는 섬기는 자와 같을지니라 앉아서 먹는 자가 크냐 섬기는 자가 크냐 앉아서 먹는 자가 아니냐 그러나 나는 섬기는 자로 너희 중에 있노라(눅 22:26-27).

너희 중에는 그렇지 않아야 하나니 너희 중에 누구든지 크고자 하는 자는 너희를 섬기는 자가 되고(마 20:26).

제자들은 예수님의 사역과 교제 기간 내내 이 새로운 삶의 방식을 경험했다. 예수님께서는 죄인, 병든 자, 굶주린 자, 궁핍한 자들과 함께 걸으셨고, 그들에게 조언, 건강, 도움을 주셨다. 예수님께서 사역을 위해 그분의 위임장으로 삼으신 것은 바로 이 섬기는 종의 사역이었다.

주의 성령이 내게 임하셨으니 이는 가난한 자에게 복음을 전하게 하시려고 내게 기름을 부으시고 나를 보내사 포로된 자에게 자유를, 눈 먼 자에게 다시 보게 함을 전파하며 눌린 자를 자유롭게 하고 주의 은혜의 해를 전파하게 하려 하심이라(눅 4:18-19, 참조, 사 61:1-2).

세례 요한이 후에 자신의 추종자들을 예수님께 보내 그분이 곧 오실 자, 메시아이신지 물었을 때, 예수님께서는 메시아 신임장을 보여 주셨다. 이 신임장은 섬기는 종의 모습이다.

맹인이 보며 못 걷는 사람이 걸으며 나병환자가 깨끗함을 받으며 못 듣는 자가 들으며, 죽은 자가 살아나며 가난한 자에게 복음이 전파된다 하라(마 11:5).

그러므로 정확히는 섬기는 종의 사역(diaconate)을 통해 예수님께서는 제자들에게 사역 모델을 가르치셨다. 그들 또한 하나님의 메시아적 선교에 동참할 수 있는 방법들을 가르치셨다. 천사들은 예수님을 섬기는(diaconizing) 특권을 누린다(마 4:11; 막 1:13). 천사를 대신해 예수님을 섬기는 베드로의 장모도 이 특권을 누린다(마 4:11; 막 1:13; 눅 4:39). 갈릴리 여인들(마 27:55), 요안나와 수잔나(눅 8:3), 나사로의 누이 마르다(눅 10:40), 가룟 유대까지도 이 특권을 누린다(행 1:17).

예수님께서는 섬기는 자(diaconate)에게 이렇게 중요한 일을 맡기셨기 때문에, 제자들이 그의 왕국에서 주님의 식탁에 앉아 먹고 마시는 영광을 가질 것이라고 약속하셨다(눅 22:30). 그들이 충실한 종으로 섬겼다면 주님께서 그들을 섬겨 주실(diaconize) 것이다(눅 12:37). 이 잔치에서는 주께서 식탁을 섬기는 종을 대신하여 섬기실 것이다(눅 17:8).

예수는 예수님의 사역 안에서 섬기는 자에게 주어진 중요성을 바탕으로, 한 걸음 더 나아간다. 섬김을 제자가 되기 위한 주요한 기준으로 삼았다.

사람이 나를 섬기려면 나를 따르라 나 있는 곳에 나를 섬기는 자도 거기 있으리니 사람이 나를 섬기면 내 아버지께서 그를 귀히 여기시리라(요 12:26).

그러나 섬기는 자는 대가를 지불해야 한다.

아버지나 어머니를 나보다 더 사랑하는 자는 내게 합당하지 아니하고 아들이나 딸을 나보다 더 사랑하는 자도 내게 합당하지 아니하며 또 자기 십자가를 지고 나를 따르지 않는 자도 내게 합당하지 아니하니라 자기 목숨을 얻는 자는 잃을 것이요 나를 위하여 자기 목숨을 잃는 자는 얻으리라(마 10:37-42; 참조, 눅 12:49-53; 14:26-27).

이에 예수께서 제자들에게 이르시되 누구든지 나를 따라오려거든 자기를 부인하고 자기 십자가를 지고 나를 따를 것이니라 누구든지 제 목숨을 구원하고자 하면 잃을 것이요 누구든지 나를 위하여 제 목숨을 잃으면 찾으리라 사람이 만일 온 천하를 얻고도 제 목숨을 잃으면 무엇이 유익하리요 사람이 무엇을 주고 제 목숨과 바꾸겠느냐 인자가 아버지의 영광으로 그 천사들과 함께 오리니 그 때에 각 사람이 행한 대로 갚으리라(마 16:24-27).

마지막 심판에 관한 이 비전은 예수님의 마음속에 있는 섬기는 자의 엄청난 중요성을 다시 기억하게 한다. 마태복음 25장은 마태복음 마지막 주요 교훈을 제시한다. 여기서 우리는 심판에 대한 암시, 약속 그리고 예언을 발견한다. 인자가 그분의 영광 가운데 나타나고, 그분과 함께 있는 모든 천사가 그분의 영광스러운 보좌에 앉게 될 것이다. 모든 민족이 그분 앞에 모일 것이다. 그분은 목자가 양과 염소를 가르는 것처럼 사람을 서로 갈라 놓으실 것이다. 그분은 양은 오른쪽에 염소는 왼쪽에 두실 것이다(마 25:31-32).

무슨 근거로 하실 것인가?

섬기는 자를 기초로 심판하실 것이다. 심판은 배고픈 사람들, 목마른 사람들, 낯선 사람들, 벌거벗은 사람들, 병든 사람들, 수감된 사람들, 주변 사람들을 섬겼는지에 기초할 것이다. 이들은 예수님의 메시아적 신임장에서 그토록 큰 비중을 차지하는 바로 그 사람들이다. 예수님으로부터 섬김을 받은 사람들이다. 주께서 그분의 왼쪽에 있는 사람들에게 말씀하셨다.

"나는 배가 고팠고, 너는 먹을 것을 주지 않았다."

그들은 또한 대답할 것이다.

"주님, 우리가 언제 주께서 배고프거나 목마르거나 낯선 사람이실 때, 옷을 필요로 하거나 병들거나 감옥에 계실 때 돌보지 않았습니까?(참조. 마 25:41-44)

예수님께서는 이렇게 대답하실 것이다.

이 지극히 작은 자 하나에게 하지 아니한 것이 곧 내게 하지 아니한 것이니라 하시리니(마 25:45c).

복음서는 섬김(diaconate)을 핵심 주제로 강조한다. 섬김은 사역의 본질적 요소이며, 예수님을 따르는 사람들에게 제자의 의무이다. 그러므로 요한복음 13-16장에 나오는 담론에서 예수님이 제자들에게 말씀하신다.

아버지께서 나를 사랑하신 것 같이 나도 너희를 사랑하였으니 나의 사랑 안에 거하라 내가 아버지의 계명을 지켜 그의 사랑 안에 거하는 것 같이 너희도 내 계명을 지키면 내 사랑 안에 거하리라 (요 15:9-10).

바울이 예수님을 종으로 지칭하는 것은 놀라운 일이 아니다. 로마서 15:8에서 바울은 말한다.

그리스도께서 하나님의 진실하심을 위하여 할례의 추종자가 되셨으니 이는 조상들에게 주신 약속들을 견고하게 하시고 이방인들도 그 긍휼하심으로 말미암아 하나님께 영광을 돌리게 하려 하심이라 (롬 15:8-9a).

예수님의 제자들은 이 명령을 매우 진지하게 받아들였고, 그들의 생활양식으로 받아들였다. 그래서 가룟 유다가 예수님의 부활과 승천 후에 더 이상 제자들과 함께 있지 않았고, 그들은 가룟 유다가 남긴 섬김을 대신할 사도가 필요했다. 가룟 유다를 대신할 누군가를 정확히 선출하기 위해 그들은 이렇게 기도했다.

그들이 기도하여 이르되 뭇 사람의 마음을 아시는 주여 이 두 사람 중에 누가 주님께 택하신 바 되어 봉사와 및 사도의 직무를 대신할 자인지 보이시옵소서 유다는 이 직무를 버리고 제 곳으로 갔나이다 (행 1:24-25).

그 후 몇 주, 몇 달 동안 제자들은 성령이 오심을 경험했다. 3000명의 신자들이 그리스도를 따르기로 작정하고 개종했다. 예수님을 따르는 사람들의 수가 급격히 증가했다. 그리고 신자들 사이에서 해결해야 할 필요와 사역이 급격히 증가했다. 섬기는 자(diaconate)가 자신들의 소유물을 팔아 가난한 사람들에게 나누어 주고 공동의 식탁에서 함께 식사를 하며 서로를 섬기는 사도들의 사역의 본보기가 되었다. 이것은 바로 예수님의 본보기와 가르침에 바탕을 둔 것이었다.

교회가 시작된 첫 달에 예수님께서 보여 주신 모범에 따라 살기를 바라는 제자들의 매우 강한 열망이 삶으로 나타났다(행 2:43-47). 베드로와 요한은 나면서부터 못 걷게 된 이를 고쳐 주었다(행 3:1-10) 제자들은 주님께 기도했다.

> 손을 내밀어 병을 낫게 하시옵고 표적과 기사가 거룩한 종 예수의 이름으로 이루어지게 하옵소서(행4:30).

그들은 또한 신앙을 삶으로 살아 냈기 때문에, 그들의 땅을 팔아 사도들에게 가져왔고 가난한 사람들에게 나누어 주게 했기 때문에 큰 영적 능력을 보여 주었다(행 4:32-25). 교회는 계속 성장했다. 사도들의 손을 통해 민간에 표적과 기사가 많이 일어났다. 병든 사람과 더러운 귀신에게 괴로움 받는 사람들이 다 나음을 얻었다(행 5:12-16). 아나니아와 삽비라 문제가 매우 심각했던 것은 그 사건이 예수님의 제자 공동체의 섬김과 봉사의 본질을 과소평가했기 때문이었다(행 5장).

그러므로 우리는 열두 사도들이 예수님의 본보기를 스스로 취했고, 이 새로운 신앙공동체는 사실 예수님이 보여 주시고 가르치시고 명령하신 것처럼 십자가에 못 박힌 자의 친교 공동체였음을 알 수 있다. 섬김의 삶은 예수님의 제자들이 살아가는 데 필수적 요소였다.

사실, 이런 섬김 패턴의 중요성은 헬라파 과부가 매일의 구제에 빠지는 것을 본 헬라파 유대인은 히브리파 사람을 원망했다(행 6장) 그 첫 번째 기독교 공동체에서 모든 사람은 공평한 도움을 기대했다. 왜냐하면, 그것이 공동체 삶의 패턴이었기 때문이다. 신명기 윤리규정에 따라, 가장 먼저 보살펴야 할 사람은 고아와 과부, 나그네, 이방인이었다(신 10:18; 14:29; 24:17, 19, 20, 21; 26:12, 13; 27:19).

전체 공동체 가운데 어려운 사람들의 수는 열두 사도들이 감당할 수 있는 재원을 넘어섰다. 그들은 모든 사람을 동등하게 돌볼 수 없었다. 매일의 구제(섬김, diaconate)에서 헬라파 과부를 제외시켰다. 이것은 매우 심각한 문제였다(6:1).

열두 사도는 섬김을 두 가지 보완적 측면으로 나누었다. 그들은 사람들로 성령과 지혜가 충만해 칭찬받는 사람을 선택해서 식사 접대를 하게 했다(행 6:2). 열두 사도와 일곱 집사 모두 동일하게 섬기는 자(deacon)였지만 작업 영역은 달랐다.

일곱 집사가 특별히 선택되었다. 모두 그리스 이름을 가진 사람들이었다. 그들은 예루살렘 교회의 헬라어를 사용하는 교인들에 대한 특별 위원회 임무를 받았다. 집사의 기능에 관한 정확한 정의는 아직 없다. 사도행전 6장에서 일곱 명은 특별한 직함을 받지 않았다. 하지만 그들의 섬김 사역은 매우 분명했다. 이 사실은 일곱 집사 가운데 몇 명의 삶을 살펴보면 분명해진다.

사도행전에서 스데반이 첫 번째 예이다. 예수님께서 말씀하셨다.

> 나를 위해 제 목숨을 잃으면 구원하리라(눅 9:24b).

바로 그것이 첫 번째 집사에게 요구했던 대가, 궁극적인 희생이었다. 스데반은 돌에 맞아 죽었다.

사도행전 8:1, 스데반이 죽은 현장에서 누가는 훗날 이방인들을 위한 하나님의 은혜의 집사로 교회에서 봉사할 사람의 존재를 밝혔다. 다소의 사울이다. 기독교 공동체를 위한 사울의 첫 번째 임무는 분명히 봉사의 직분(diaconal)이었다. 사도행전 11:29-30에 기록된 바와 같이 극적으로 개종한 바울은 바나바와 함께 안디옥에 있는 신도들로부터 유대의 박해받는 성도들을 위해 부조를 보내기로 작정했다.

바울은 아마도 예루살렘에 있는 유대인 사회에서 그의 위신과 로마 시민권 때문에, 박해 속에서도 이 일을 할 수 있는 사람으로 선택되었을 것이다. 바나바와 사울은 이 제정적 봉사(diaconate)를 완성하고, 선교 사역을 시작했다(행 12:25; 19:22; 20:24; 21:19). 그들을 복음의 "일꾼"(deacon)이라고 불렀다.

바울은 매우 의도적으로 자신을 이방인들을 위한 복음의 비밀을 맡은 자라고 불렀다. 나는 바울이 그의 편지 여섯 통에서 자신을 "디아콘"(deacon)으로 열여섯 번 언급한 것을 발견했다.[13] 바울이 자신의 봉사 직분(diaconate)을 예수 그리스도 안에서 이방인들에 대한 하나님의 선교와 가장 명확하고 간결하게 연관시킨 편지는 에베소서이다.

바울은 이렇게 말했다.

> 이 비밀은 이방인들이 복음으로 말미암아 그리스도 예수 안에서 함께 후사가 되고 함께 지체가 되고 함께 약속에 참예하는 자가 됨이라 이 복음을 위하여 그의 능력이 역사하시는대로 내게 주신 하나님의 은혜의 선물을 따라 내가 일군이 되었노라 모든 성

---

[13] 바울이 자신을 "deacon"으로 언급한 구절은 다음과 같다. 롬 11:13; 15:25; 15:31; 고전 3:5; 고후 3:3; 3:6; 4:1; 5:18; 6:4; 8:4; 8:19; 8:20; 엡 3:7; 골 1:23, 25; 딤전 1:12.

도 중에 지극히 작은 자보다 더 작은 나에게 이 은혜를 주신 것은 측량할 수 없는 그리스도의 풍성을 이방인에게 전하게 하시고 영원부터 만물을 창조하신 하나님 속에 감추었던 비밀의 경륜이 어떠한 것을 드러내게 하려 하심이라(엡 3:6-9).

누가가 기록한 바에 따라 바울이 자신이 받은 집사직(diaconate)을 발전시켜 나가고 있을 때, 다른 집사들도 자신의 섬김 사역을 발전시켜 나가고 있었다.

우리는 빌립을 만난다. 빌립은 아마도 일찍이 식사를 돕는 봉사자 일곱 집사 가운데 하나로 선출되었다. 처음에는 식사를 도왔다. 다음에는 사마리아에서, 나중에는 에티오피아에서 복음의 말씀을 위해 봉사하는 집사직을 수행했다(행 8:26ff).

그다음 도르가를 만난다. 도르가는 선행과 구제하는 일이 심히 많았다(행 9:36). 그녀가 죽었을 때, 그녀의 도움 없이는 존재할 수 없다고 하나님께 불평하는 가난한 사람들을 위해 그녀를 다시 살아나게 할 필요가 있을 정도였다. 친절하고 자비로운 행동으로 그녀의 나날을 채운 도르가는 예수님의 말씀을 상기시킨다.

> 누구든지 나를 위하여 제 목숨을 잃으면 찾으리라(마 16:25).

그 후 수십 년 동안, 집사 직분은 교회 내의 소명으로서 더 명확한 형태를 갖기 시작했다. 바울은 고린도전서 12:5에서 집사직임의 이런 측면을 발전시켰다. 거기서 바울은 직임은 여러 가지나 주는 같다고 말했다. 일단 집사 직분을 가진 사람이 교회 지도자 그룹이 되면, 교회가 십자가에 못 박힌 자의 공동체로서 제자도를 표현할 수 있는 방법은 다양한 봉사의 일(diaconates)을 통해서 나타났다. 고린도후서 8장과 9장에서 바울은 마케도니아에 있는 신도들에 대해 묘사했다.

> 내가 증언하노니 그들이 힘대로 할 뿐 아니라 힘에 지나도록 자원하여 이 은혜와 성도 섬기는 일(*diaconia*)에 참여함에 대하여 우리에게 간절히 구하니(고후 8:3-4).

본문을 원어에 가깝게 풀면, "성도 섬기는 일(*diaconia*)의 은혜와 친교"가

된다. 마케도니아의 가난한 교회를 섬기는 자(diaconite)의 아름다움은 바울에게 특별한 후원금을 보낸 고린도 교회 사람들에게 감사의 편지를 쓰게 하는 영감을 주었다. 그는 고린도 교인들에게 다음과 같이 썼다.

> 심는 자에게 씨와 먹을 양식을 주시는 이가 너희 심을 것을 주사 풍성하게 하시고 너희 의의 열매를 더하게 하시리니 너희가 모든 일에 넉넉하여 너그럽게 연보를 함은 그들이 우리로 말미암아 하나님께 감사하게 하는 것이라 이 봉사의 직무(*diaconia of leitourgia*)가 성도들의 부족한 것을 보충할 뿐 아니라 사람들이 하나님께 드리는 많은 감사로 말미암아 넘쳤느니라 이 직무로 증거를 삼아 너희가 그리스도의 복음을 진실히 믿고 복종하는 것과 그들과 모든 사람을 섬기는 너희의 후한 연보로 말미암아 하나님께 영광을 돌리고 또 그들이 너희를 위하여 간구하며 하나님이 너희에게 주신 지극한 은혜로 말미암아 너희를 사모하느니라 말할 수 없는 그의 은사로 말미암아 하나님께 감사하노라 (고후 9:10-15).

여기서 우리는 교회의 일과 삶, 즉 십자가에 못 박힌 자의 공동체의 본질에 확고히 자리잡은 직무(diaconate)를 발견한다. 사실, 그 직무는 교회 생활의 매우 중요한 부분으로 남았다. 나중에 바울이 디모데에게 그의 교회 감독 선발과 서품에 관한 그의 목회서신을 쓸 때, 두 가지 기능을 표현했다. 감독은 각각 특징, 사역 그리고 책임감을 가지고 집사 직분자들과 나란히 배치되었다.

그렇다면 집사 직분은 예수님의 제자들의 삶에 있어 분명히 필수적 요소이다. 이 직무의 중요성은 야고보가 순수하고 부정하지 않은 종교는 이 직무를 수행함에서 나타난다고 진술한 바와 같다.

> 하나님 아버지 앞에서 정결하고 더러움이 없는 경건은 곧 고아와 과부를 그 환난중에 돌보고 또 자기를 지켜 세속에 물들지 아니하는 그것이니라 (약 1:27).

사실 야고보는 구약성경에 나타난 하나님의 백성들의 삶에서 가장 중요한 측면 중 하나를 강조한다.

> 매 삼 년 끝에 그 해 소산의 십분의 일을 다 내어 네 성읍에 저축하여 너희 중에 분깃이나 기업이 없는 레위인과 네 성중에 거류하는 객과 및 고아와 과부들이 와서 먹고 배부르게 하라 그리하면 네 하나님 여호와께서 네 손으로 하는 범사에 네게 복을 주시리라(신 14:28-29; 참조, 욥 31:16,17,21; 시 146:9; 사 1:17,23).

야고보가 우리에게 이해시키기를 원했던 것은 확실하다. 섬김 사역이 십자가에 못 박힌 자의 공동체, 예수 그리스도의 종 된 교회의 본질과 대체 불가능한 표현이라는 점이다. 우리가 "예수님이 주님이시다"라고 고백할 때, 그리스도께서 섬기라고 우리를 부르심과 예수님께서 삶으로 보여 주시고 명령하신 섬김에 적극적인 참여와 철저한 헌신에서 벗어날 수 없다.

우리는 가난에 고통받는 사람들 속에서 십자가에 못 박히신 그분의 모습을 "이 작은 자들 가운데 가장 작은 자들"의 얼굴에서 본다. 그런 의미에서 예수 그리스도의 교회는 사실 하나님의 온 백성인 섬기는 자 없이는 존재할 수도 없고 살 수도 없다.

더욱이, 주님께 순종하는 것은 구체적으로 표현되어야 하며, 기본적으로는 섬기는 자의 섬김으로 결정된다. 예수 그리스도 교회가 서로 사랑하라는 명령에 순종할 때, 십자가에 못 박히신 이와 교통하는 현실이 오늘 십자가를 지고 그 십자가를 세상에 제시하는 현실이 될 때, 우리가 교회의 섬기는 자로서 사역하고 있음을 보여 줄 것이다. 오직 섬김 사역 안에서만 우리는 야고보가 말하는 "정결하고 더러움이 없는 경건한 종교"를 발견할 수 있을 것이다. 이것이 예수 제자들의 삶 가운데 형성되고 나타난 선교신학을 구성한다.

8. 교회 선교 프락시스의 수혜자

선교신학의 다섯 번째 주체는 수혜자이다. 그리스도의 추종자들이 선포한 메시지의 수신자인 청자들을 포함한다. 누가는 사도행전 13장에서 바울 선교신학의 윤곽을 보여 주는 첫 번째 설교 끝부분에서 수신자 그룹을 강조한다.

이방인들이 듣고 기뻐하여 하나님의 말씀을 찬송하며 영생을 주시기로 작정된 자는 다 믿더라. 주의 말씀이 그 지방에 두루 퍼지니라(행 13:48-49).

사도행전 나머지 부분 내내, 누가는 바울의 메시지를 듣는 청자들에 관한 수많은 요약 논평을 제공한다. 말씀을 들은 어떤 사람들은 믿었고 어떤 사람들은 믿지 않았다고 말한다. 말씀을 듣는 청자들은 모두 바울이 전하는 예수 그리스도의 혁명적인 복음을 받아들일 것인지 아닌지를 판단하는 선교신학 작업을 하고 있었다.

바울의 메시지를 받은 사람들이 그 말씀을 생각하고 복음을 이해하는 만큼 삶으로 살아갔기에, 바울은 그들을 우리의 '편지'라고 했다.

너희는 우리의 편지라 우리 마음에 썼고 뭇 사람이 알고 읽는 바라(고후 3:2).

따라서 시간이 흐르면서, 각 교회(예루살렘, 고린도, 에베소, 골로새, 갈라디아, 로마)는 그들 자신의 선교신학을 발전시키기 시작했으며, 그것은 선교신학 이야기의 시작에 불과했다. 복음이 전파되고 예수 그리스도의 교회가 다양한 문화 가운데 다른 곳으로 확대되면서 예상치 못한, 기대하지 않았던, 새로운 복음의 이해가 발전하기 시작했다.

앤드류 월스(Andrew Walls)는 이런 신학적 성장을 『기독교 역사의 교차 문화 과정』(The Cross-Cultural Process in Christian History, 2002)에서 "하나님을 아는 지식의 확장과 발전"이라고 정의했다. 전 세계와 수 세기에 걸쳐 복음이 새로운 장소와 새로운 문화 속에서 형성될 때마다 하나님에 대한 새로운 이해와 하나님의 선교에 대한 새로운 비전이 샘솟고 번성하는 모습을 기쁘게 감상한다. 복음의 수신자들도 선교신학 작업의 주체이다.

예일대학교 선교학자 라민 사네(Lammin Sanneh)는 청자의 역할을 강조한다. 복음 메시지의 수신자가 그들의 문화와 세계관에 맞는 무한히 번역 가능한 복음을 채택하고 적응하는 선교신학 작업을 한다고 강조한다.[14]

---

14   L. Sanneh 1989 및 그 이후의 출판물을 참고하라.

9. 결론

우리는 선교신학 작업을 하는 다섯 주체를 간략하게 기술했다. 이 과정을 통해, 선교신학은 명사가 아니라 동사라는 사실을 이해하기 시작했다. 선교신학은 우리가 함께 만들어 가는 것이지 우리가 완재품을 가진 것은 아니다.

내가 많은 라틴아메리카신학자들로부터 배웠듯이, 우리는 삶과 사역의 한 가운데에서 신학 작업을 한다. 이런 신학 작업은 우리가 사람들이 받아들이기를 바라는 일련의 명제들을 말하는 것보다 더 광범위하고, 더 깊고, 더 널리 퍼지고, 더 철저하게 변혁적이다.

헨드리쿠스 벌코프가 신학 작업에 대해 말했듯이, 신학 작업, 선교신학 작업을 하면서 우리는 "하나님을 마음으로 사랑하고, 하나님과 함께하는 교제 가운데 성장한다"(Berkhof 1985, 14).

시간이 흐르면서, 하나님의 모든 백성은 성령의 능력으로 선교신학 작업을 하도록 부름 받는다. 하나님의 백성이 성경에 뿌리내리고 성령으로 영감을 받은 선교신학적 관점을 더 많이 공유할수록, 언어와 문화 전반에 걸쳐 우리의 하나님의 선교에 대한 이해와 참여는 더 광범위하고 더 깊어질 수 있다. 하나님이 사랑하시는, 잃어버리고 상처받는 세상에서 하나님의 선교에 동참할 수 있다.

다음 두 장에서 선교신학을 구성하는 요소에 대해 설명할 것이다. 그 후 책의 나머지 장들에서 오늘날 우리가 선교신학 작업을 어떻게 할 것인가에 대한 예로서, 다양한 사례들을 제시할 것이다.

제2장

선교신학이란 무엇인가?

선교신학은 성경적이다, 선교신학은 서술적일 뿐만 아니라 처방적이다. 종합적이며 통합적이다.
선교신학이란 과연 무엇인가?[1]

1. 논지

지난 50년 동안 기독교 사상가들은 선교 사업의 밑바탕에 깔린 신학적 선입견을 재검토해 왔다. 이런 전제들을 성경적, 신학적으로, 철학적으로 그리고 선교적으로 반영하는 방법을 배운 학문을 선교신학이라고 한다. 이 장에서 나는 선교신학이 무엇인지 설명하고 나서 선교신학의 일곱 가지 특성을 검토할 것이다. 그것은 학제적, 통합적, 성경적, 프락시스적, 정의적, 분석적 그리고 진리를 추구하는 것이다.

2. 서론

1960년대 이전에, 많은 중요한 학자가 선교 활동에 영향을 미치는 신학적 이슈들에 대한 기독교 선교적 성찰에 영향을 미쳤다. 이 중에는 다음과 같은

---

1 본 장 내용은 저자가 『글로벌 신학 사전』(*Global Dictionary of Theology*)에 기고한 글을 허락받아 수정, 보완한 것이다. Charles Van Engen, "Theology of Mission," in William Dyrness and Veli-Matti Kärkkäinen, eds., *Global Dictionary of Theology*. Downers Grove: IVP, 2008, 550-62. (역주)

사람들이 포함되어 있었다.

기스베르투스 보에티우스(Gisbertus Voetius, 1589-1676), 구스타프 바르넥(Gustaf Warneck, 1834-1910), 마르틴 칼러(Martin Kähler, 1835-1912), 조셉 슈미들린(Josef Schmidlin, 1876-1944), 칼 바르트(Karl Barth, 1886-1968), 칼 하르텐슈타인(Karl Hartenstein, 1894-1952), 헬렌 바렛 몽고메리(Helen Barrett Montgomery, 1861-1934), 롤랜드 알렌(Roland Allen, 1868-1947), 헨드릭 크래머(Hendrik Kraemer, 1888-1965), 헤르만 바빙크(Johan H. Bavinck, 1895-1964), 월터 프레이탁(Walter Freytag, 1899-1959), 후프트(W.A. Visser 't Hooft, 1900-1985), 막스 워렌(Max Warren, 1904-1977), 벵트 승클러(Bengt Sundkler, 1910-1964), 칼 헨리(Carl Henry, 1913-2003), 해롤드 린젤(Harold Lindsell, 1913-1998) 그리고 존 스토트(John Stott, 1921-2011)가 있다.

선교신학은 선교학의 일부로 그 자체의 매개 변수, 방법론, 학자 그리고 신학적 초점을 가지고 있다. 기독교 선교신학은 1960년대 초에 선교의 신학이라는 제목의 학문의 첫 번째 주요 자료로 인정된 글을 집대성한 제럴드 앤더슨(Gerald H. Anderson)의 작업을 통해 시작되었다(Anderson 1961).

10년 후, 제럴드 앤더슨은 『기독교 선교 사전』(*The Concise Dictionary of the Christian Mission*)에서 당시 선교신학을 "기독교 신앙의 관점에서 기독교 세계 선교의 동기, 메시지, 방법, 전략, 목표를 결정하는 기본적인 전제 및 기본 원칙에 관한 것"이라고 정의했다. 앤더슨은 중요한 세 가지 사항을 설명했다.

> 현대 선교신학 이해에서 특히 세 가지 사항이 중요하다.
> • **근거**: 선교의 근원은 선교사이신 삼위일체시다. …
> • **범위**: 교회 역사에서 '콘스탄티누스 이후' 시대 선교는 더 이상 기독교 왕국을 확장하는 선교 활동으로 이해하지 않고 오히려 전 교회의 공동 증거로 전 세계에 전 복음을 전한다.[2]

---

2   앤더슨은 『기독교 선교 사전』에 쓴 기고문에서 이 구절을 1963년 멕시코시티에 모인 '세계교회협의회 세계선교와전도위원회'(CWME-WCC)를 위해 사용했다. 1989년 마닐라에서 열린 회의 이후 로잔 운동은 이 문구를 폭넓게 사용해 영감을 얻었다. 2010년 남아프리카 케이프타운에서 열린 로잔 III 대회를 기획할 때부터 이 구절을 포함시켰다. 마닐라 선언은 이렇게 끝을 맺었다. "마닐라에서 우리의 선언은 전 교회가 전 세계에 전 복

• **과업**: '복음화'는 인간화이다. 모든 인간에게 증거와 봉사를 통해, 정의와 평화, 존엄을 위한 투쟁을 도우면서 기독교인들은 남녀를 그들의 참된, 하나님께서 의도하신 본성으로 회복시키는 하나님의 선교에 함께한다(Neill, Anderson, and Goodwin 1971, 594).

선교신학은 동시에 성찰하는 선교학적 행동이고 행동하는 신학적 성찰이다. 2007년, IVP(Inter Varsity Press)에서 『선교신학 사전』(Dictionary of Mission Theology, 존 코리 편집)을 출간했다. 존 코리(John Corrie)는 『선교신학 사전』의 목적을 이렇게 설명했다.

최근 수년 동안, 신학과 선교 사이의 내재적 본질은 점점 더 깊이 인식되어 왔다. 선교학은 단순히 신학 연구의 전초기지로만 여겨져서는 안 되며, 교과

음을 전파하고 그리스도가 올 때까지 필요한 모든 긴박감, 단결, 희생을 감내하며 그리스도를 선포하는 것이다(눅 2:1-7; 막 13:26, 27; 13:32-37; 행 1:8; 마 24:14; 마 28:20)." (www.lausanne.org/content/manifesto/the-manila-manifesto; downloaded Oct 3, 2016. Website inactive.) 복음주의 선교 운동이 로잔 운동이 이 문구를 사용하기 훨씬 전에 WCC가 이 문구를 처음 만들었다는 사실을 무시하는 듯하다. 사실, 선교부와 교회의 통합에 관해, 이 문구는 1951년 스위스 롤(Rolle)에 있는 WCC 중앙위원회에 의해 처음 사용된 것으로 보인다. (See John A. Mackay, *Ecumenics: The Science of the Church Universal*, N.J.: Prentice-Hall, 1964, 13-14.).
그 후 1960년대에 수많은 WCC 출판물과 문서에 등장했다. 다음을 보라. W. A. Visser 't Hooft, ed., *The New Delhi Report: The Third Assembly of the World Council of Churches 1961*, N.Y.: Association Press, 1962, 85-86; J. C. Hoekendijk, *De Kerk Binenste Buiten*, W. Ten Have N.V.: Amsterdam, 1964. *The Church Inside Out*, Isaac C. Rottenberg, translator to English, Philadelphia: Westminster Press, 1966, 108-109; Ronald K. Orchard, ed., *Witness in Six Continents: Records of the Meeting of the Commission on World Mission and Evangelism of the World Council of Churches held in Mexico City, December 8th to 19th, 1963*. London: Edinburgh House, 1964, 173-75; See also Charles Van Engen, *The Growth of the True Church: An Analysis of the Ecclesiology of Church Growth Theory*, Amsterdam: Rodopi, 1981, 379-85.
"전 교회가 전 세계에 전 복음을 전파하자"의 사용을 둘러싼 광범위한 선교적 이슈에 대해 유익하고 간략한 설명을 위해 다음 자료를 보라. John A. Mackay, *The Latin American Church and the Ecumenical Movement*. N.Y.: NCCC, 1963,13, 16 ; David Bosch, *Witness to the World*, London: Marshall, Morgan and Scott, 1980, 178-81,187-95; Lausanne Committee for World Evangelization,*The Manila Manifesto*. Pasadena: LCWE, 1989; J. D. Douglas, *Proclaim Christ Until He Comes: Calling the Whole Church to Take the Whole Gospel to the Whole World,* Minneapolis: World Wide Publ., 1990; Van Engen, *Mission on the Way: Issues in Mission Theology*, Grand Rapids: Baker, 1996, 150.

과정에 구분되어 성경신학, 해석학, 교회론 등과 함께 묶여서는 안 된다는 것이다. 선교신학은 오히려 모든 신학이 선교의 하나님과 하나님의 선교를 따르기 때문에 본질적으로 선교적이라 할 수 있다. 이것은 모든 신학적 범주가 본질적으로 선교적이고 모든 선교적 범주가 심오한 신학적임을 의미한다 (Corrie 2007, xv).

앤드류 커크는 기록했다.

선교신학은 선교적 순종의 모든 분야에서 모범 사례를 검증하고 검토해야 하는 과제를 안고 있다(Kirk 1999, 21).

3. 선교신학은 학제적이다

선교신학은 학문과 성찰의 대상 그 자체가 선교학의 전 분야인데 선교학이 학제적 학문이기 때문에 복잡하다. 여기서 나는 간략하게 선교신학과 선교학과의 접점을 학제적 작업으로서 설명하는 일련의 짧은 제안들을 제시한다.

- 선교학은 하나의 총체적 학문이다. 선교학은 예수 그리스도와 그의 선교를 중심으로 한 학문이다. 교회가 예수 그리스도의 선교에 참여하면서, 성령의 능력 안에서, 하나님의 세상에서 하나님의 선교에 참여하게 된다.
- 선교학이 하나의 총체적 학문이기에, 선교학은 학제적 학문 분야이다. 선교학은 많은 기술, 인정된 학문 그리고 다양한 문서 자료에서 유래한다. 선교의 복잡한 본질을 설명하고, 이해하고, 분석하고, 처방하기 위해 선교학이 끌어내는 인지적 학문들의 긴 목록이 있다. 선교학은 선교에 있어서 하나님의 의도를 이해하기 위해 신학 연구의 모든 전통적인 학문 영역(성서학, 신학, 역사, 목회사역 등)에서 도출하고, 교회가 하나님의 선교에 참여하는 역사적 이론과 현재의 이론 및 실천을 살펴보고, 교회의 선교가 일어나는 문맥을 이해하기 위해 모든 사회과학을 활용한다.

- 선교신학은 우리가 중심이신 예수 그리스도에게서 얼마나 가깝거나 멀리 떨어져 있는지를 명확히 하는 데 도움을 준다. 선교신학은 우리에게 다양한 인지적 학문들이 더 이상 도움이 되지 않을 수도 있고 성경적이지 않을 수도 있는 부분이 있는지 질문한다.
- 선교신학은 우리 선교학을 통합하는 중심사상을 반추할 수 있도록 도와준다. 선교학자들은 그들이 그들의 선교의 중심사상으로 사용하기로 선택한 통합 개념에 대한 의견이 달랐다. 이런 통합사상의 예로는 기스베르투스 보에티우스(이교도의 개종, 교회의 개종, 하나님의 영광), 윌리엄 캐리(마 28:18-20에서 도출한 선교 지상 명령), 경건주의(잃어버린 인간 영혼) 등이 있다. 정교회 선교학(하나님의 찬양), 바티칸 제2차 공의회(하나님의 백성), 도날드 맥가브란(모든 민족 제자삼기), 데이비드 보쉬(역사의 하나님, 긍휼의 하나님, 변혁의 하나님) 등이 그것이다. 아서 글라서(하나님의 왕국) 그리고 1968년 웁살라 WCC(인간화), '신의 고통', '십자가', '6대륙을 향한 증인'이 있다', '에큐메니컬 통일', '언약', '해방' 등의 개념도 있다.
- 선교신학은 우리가 누구인지, 무엇을 알고 있으며, 우리가 선교에서 무슨 활동을 하는지 상호 연관 짓도록 도와준다. 선교신학은 우리가 예수 그리스도와의 신앙 관계, 하나님의 임재, 수 세기 동안 내려온 교회의 신학적 성찰, 끊임없이 새로운 성경 읽기, 우리의 맥락에 대한 우리의 근원적 의미 그리고 선교와 관련된 교회의 궁극적 목적과 의미에 대한 우리의 이해를 하나로 모을 수 있도록 도와준다.
- 선교신학은 우리가 선교학에 속한 여러 학문들의 중심과 외부 한계 사이에서 지속적으로 움직이게 한다. 그것은 우리가 끊임없이 다양한 학문 분야의 통합, 깊은 이해, 상호 간의 풍요를 추구하게 한다.
- 선교신학은 선교학의 여러 학문 분야의 전제를 의심하고, 명확히 하고, 통합하고, 확장하는 역할을 한다. 이처럼 선교신학은 다른 모든 선교학 하위 학문 영역과 상호 작용하지만 그런 기능을 수행하는 선교학의 하위 학문이다.

4. 선교신학은 통합적이다

선교신학은 선교신학자가 신학적 이해를 이끌어 내는 네 가지 자료나 영역을 하나로 통합하려 한다. 성경, 교회, 맥락 그리고 하나님 선교의 인간 대리인의 독특한 개인적 순례 여정의 통합을 시도한다.

지난 30년 동안 선교신학에는 세 개의 영역을 역동적이고 상호관련성이 있는 전체로 통합해야 한다는 데 상당한 공감대가 형성되어 왔다. 말씀(모든 선교신학에서 성경의 가장 중요한 우선성), 교회(세상에서 하나님의 선교의 주역) 그리고 세상(문화, 사회경제, 정치학의 영향, 주어진 문맥의 현실에서 인간 삶의 다른 모든 영역). 어떤 사람들은 이것을 텍스트, 콘텍스트, 신앙공동체의 상호 작용이라고 부른다.

이 세 가지(말씀, 세상, 교회)의 세 구조는 지난 수십 년 동안 상당수의 선교 사상가들과 신학자들이 따르고 가르친 선교학의 기본 틀을 구성한다. 중요한 학자들을 언급한다. 유진 나이다(Eugene Nida), 루이스 루즈베탁(Louis Luzbetak), 호세 미구에즈 보니노(José Miguez-Bonino), 쇼키 코(Shoki Coe), 하비 칸(Harvie Conn), 아서 글라서(Arthur Glasser), 찰스 크래프트(Charles Kraft), 폴 히버트(Paul Hiebert), 로버트 슈라이터(Robert Schreiter), 르네 파딜라(C. René Padilla), 마크 라우 브란슨(Mark Lau Branson), 알란 티펫(Alan R. Tippett), 데이비드 헤셀그레이브(David Hesselgrave), 라민 사네(Lamin Sanneh), 찰스 밴 엥겐(Charles Van Engen), 윌리엄 더네스(William Dyrness) 그리고 스티븐 베벤스(Stephen Bevans) 등이 있다.[3]

---

3   다음 저자들을 참고하라. Steven Bevans, *Models of Contextual Theology*. Maryknoll: Orbis, 1992; reprinted and expanded 2002; Jose Miguez-Bonino, *Doing Theology in a Revolutionary Situation*. Philadelphia: Fortress, 1975; Branson, Mark and Rene Padilla, eds., *Conflict and Contexts: Hermeneutics in the Americas*. Grand Rapids: Eerdmans, 1986; Shoki Coe, "Contextualizing Theology" in *Mission Trends* No. 3, Gerald Anderson and Thomas Stransky, eds., Grand Rapids: Eerdmans, 1976; Harvie Conn, "Contextualization: A New Dimension for Cross- Cultural Hermeneutic" *Evangelical Missions Quarterly XIV*: 1 (January, 1978) 39-46; Harvie Conn, *Eternal Word and Changing Worlds: Theology, Anthropology and Mission* in Trialogue. Grand Rapids: Zondervan, 1984; Harvie Conn. "A Contextual Theology of Mission for the City," in *The Good News of the Kingdom*, Charles Van Engen, Dean Gilliland, and Paul Pierson, eds., Maryknoll: Orbis, 1993, 96-106; Harvie Conn, "Urban Mission," in *Toward the 21st Century in Christian Mission*, James Phillips and Robert Coote, eds., Grand

최근, 내가 온전한 선교신학을 구성하는 데 중요한 네 번째 영역을 놓치고 있었다는 것을 이해하기 시작했다. 나는 하나님의 선교의 주체인 인간들의 개인적인 순례 여정을 선교신학 구성 요소로 포함시키는 것을 소홀히 했었다. 일단 나는 선교신학 작업에서 네 개의 영역을 모두 가지고 작업하기 시작했다. 그러자, 몇몇 웨슬리파 출신 제자들이 말하기를, 통합하여 내가 하

Rapids: Eerdmans, 1993, 318-37; Robert Coote and John Stott, eds., *Down to Earth: Studies in Christianity and Culture*, Grand Rapids: Eerdmans, 1980; William A. Dyrness, *Learning About Theology from the Third World*, Grand Rapids: Zondervan, 1990; Bruce Fleming, *The Contextualization of Theology*, Pasadena: WCL, 1980; Dean S. Gilliland, "New Testament Contextualization: Continuity and Particularity in Paul's Theology, in Dean Gilliland, ed., *The Word Among Us: Contextualizing Theology for Mission Today*, Waco: Word, 1989, 52-73; Arthur Glasser, "Help from an Unexpected Quarter or, The Old Testament and Contextualization," *Missiology* VII: 4 (Oct., 1979), 401-10; Stanley J. Grenz, *Revisioning Theology: A Fresh Agenda for the 21st Century*, Downers Grove: IVP, 1993, 93; David Hesselgrave and Edward Rommen, *Contextualization: Meanings, Methods, and Models*, Grand Rapids: Baker, 1989; Paul Hiebert, "Conversion, Culture and Cognitive Categories," *Gospel in Context* I.3 (July, 1978), 24-29; Paul Hiebert, "Critical Contextualization," *International Bulletin of Missionary Research* XI: 3 (July, 1987) 104-11; Paul Hiebert, "Evangelism, Church, and Kingdom," in *The Good News of the Kingdom*. Charles Van Engen, Dean Gilliland and Paul Pierson, eds., Maryknoll: Orbis, 1993, 153-61; Donald Jacobs, "Contextualization in Mission," in *Toward the 21st Century in Christian Mission*, James Phillips, and Robert Coote, eds., *Toward the 21st Century in Christian Mission*, G.R.: Eerdmans. 1993, 235-44; Charles Kraft, *Christianity in Culture: A Study in Dynamic Biblical Theologizing in Cross- Cultural Perspective*, Maryknoll: Orbis, 1979; Charles Kraft, *Communication Theory for Christian Witness*, Maryknoll, NY: Orbis, 1991; Charles Kraft and Tom Wisely, eds., *Readings in Dynamic Indigeneity*, Pasadena: WCL, 1979; Louis Luzbetak, *The Church and Cultures*, Maryknoll: Orbis, 1988; Eugene Nida, *Message and Mission*, N.Y.: Harper, 1960; Lamin Sanneh, *Translating the Message: The Missionary Impact on Culture*, Marykoll: Orbis, 1989; Robert Schreiter, *Constructing Local Theologies*, Maryknoll: Orbis, 1985; Daniel Shaw, *Transculturation: The Cultural Factor in Translation and Other Communication Tasks*, Pasadena: WCL, 1988; Wilbert Shenk, eds., *The Transfiguration of Mission: Biblical, Theological & Historical Foundations*, Scottdale: Herald, 1993, 153-77; Tite Tiénou, "Forming Indigenous Theologies," in: James M. Phillips and Robert T. Coote, eds., *Toward the Twenty-First Century in Christian Mission*. Grand Rapids: Eerdmans, 1993, 249-50; Alan Tippett, *Introduction to Missiology*, Pasadena: WCL, 1987; Charles Van Engen, *God's Missionary People*. Grand Rapids: Baker, 1991; Charles Van Engen, Dean S. Gilliland, and Paul Pierson, eds., *The Good News of the Kingdom*, Maryknoll: Orbis, 1993. Leonardo Boff, Orlando Costas, David Bosch, Johannes Verkuyl, John V. Taylor, Donald McGavran, Max Warren, Lesslie Newbigin, James Scherer, Gerald Anderson, Carl Braaten, Howard Snyder, Jürgen Moltmann, 비록 이들이 한 곳에서 세 가지 영역 모두를 말하지 않았지만, 그들의 신학 및 선교학에 나타난 3 영역 접근 방식을 활용하라.

고 있는 선교신학 작업이 웨슬리가 주장한 "이성" 영역을 "상황"으로 바꾸면, 웨슬리 4각형이라고 알려진 것과 비슷해 보인다고 지적했다. 나의 선교신학에 대한 네 가지 영역 접근 방식은 다음과 같다.

- 성경 말씀을 하나님의 선교의 독점적 원천 텍스트로 상정
- 시간을 두고 하는, 하나님의 선교에 대한 교회의 신학적, 선교적 성찰
- 하나님의 선교의 인간 대리인의 개인적, 영적, 경험적 순례 여정
- 문화적 맥락 등

하나님의 선교가 이루어지는 각 영역은(아래 도표 2 참고) 지식, 영향력, 활동 및 관계의 영역이다. 여러 영역이 서로 겹치는 부분은 이들 학문 영역 간의 통합 및 연속성의 수준을 증가시킨 것이다. 하나님의 선교에 대한 상반되고 때로는 모순되는 견해는 다양한 영역의 관점을 비교할 때 더 명확해질 수 있다. 다음 단락에서 나는 이 네 영역의 구체적 내용에 대해 간략하게 설명하겠다.

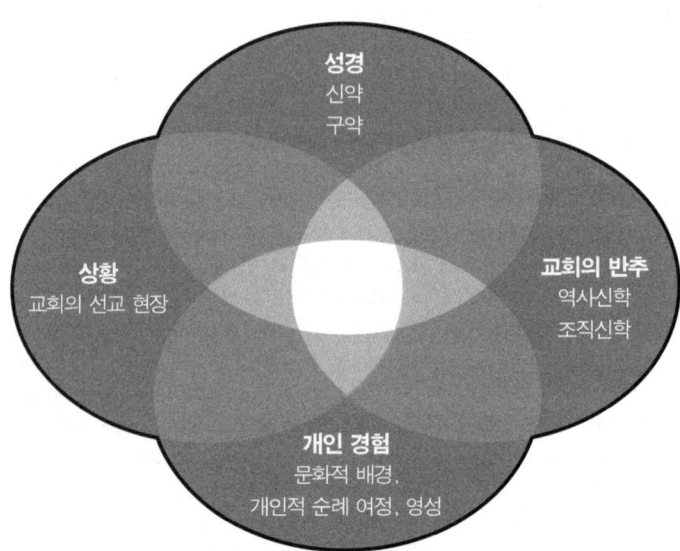

도표 2: 선교신학 네 영역의 통합

1) 성경

선교신학화 과정에서 독점적 신학 자료의 출처는 성경이다. 성경은 교회 선교의 본질적인 선교 매뉴얼이다. 그것은 선교하시는 하나님의 계시이다. 성경은 인류 역사에 파입하시는(破入, inbreaking) 하나님을 증언한다. 성경은 하나님의 선교에 대해 알려 주고, 선교에서 예수 그리스도를 따를 수 있는 선교학적 예를 제공한다. 성경은 나머지 세 영역에 하나님의 선교 지식을 알리고, 형성하고, 비판한다.

선교학 렌즈를 통해 성경을 읽고 우리가 선교를 이해하는 방식을 성경이 변화시킬 수 있도록 하는 많은 도움이 되는 도서들이 있다. 이 책 끝에 나오는 도서목록을 보면 다음과 같은 학자들의 저서들을 발견할 수 있다.

헬렌 바렛 몽고메리(Helen Barrett Montgomery), 제럴드 앤더슨(Gerald Anderson), 데이비드 보쉬(D. Bosch), 찰스 밴 엥겐(Charles Van Engen), 르네 파딜라(C. René Padilla), 크리스토퍼 라이트(Christopher Wright), 월터 카이저(Walter Kaiser), 요한네스 니센(Johannes Nissen), 티오테오 캐리커(Timóteo Carriker), 제임스 츄쿠마 오코예(James Chukwuma Okoye), 케네스 크나나칸(Kenneth Gnanakan), 안드레아스 코스텐베르크(Andreas J. Köstenberger), 피터 오브라이언(Peter T. O'Brien), 랍 갈라거(Rob Gallagher), 폴 허티그(Paul Hertig), 존 파이퍼(John Piper), 사리타 갈라거(Sarita Gallagher), 숀 레드포드(Shawn Redford), 리처드 버캄(Richard Bauckham), 마이클 고힌(Michael W. Goheen), 그리고 스캇 선퀴스트(Scott Sunquist)를 독자들에게 추천한다

2) 교회의 반추

교회의 신학적, 선교학적 사고는 성경, 신학, 교회의 선교를 이해하기 위해 역사를 통해 사용되어 온 해석학적 렌즈에 영향을 끼쳤다. 역사신학과 조직신학은 종종 서양의 가정과 방법론에 기초해 성경을 읽고, 신학을 반추하며, 선교를 특정한 관점에서 보기 위해 오랫동안 사용하고 있는 렌즈이다. 아프리카, 아시아, 중남미 다수 세계의 교회와 기독교인들은 서구로부터 전수받은 신학을 비판적으로 검토하면서 그것이 그들의 현실과 어떻게 적합하고 그렇지 않은지 그리고 서구 신학이 그들의 맥락에서 하나님의 선교에 대

한 이해에 어떤 영향을 미쳤는지를 연구하고 있다.

시간이 흐르면서 교회가 하나님의 선교에 대한 이해를 명확히 하고 영향을 미치기 위해 모여 토의한, 선교에 대한 교회의 신학적 성찰의 역사, 선교 대회의 역사도 이 영역에 포함된다. 여기서 당신은 선교신학의 역사를 다루는 몇몇 학자들을 만날 것이다. 예를 들면, 라저 바샴(Rodger Bassham, 1979), 데이비드 보쉬(David Bosch, 1980, 1991), 제임스 셔러(James Scherer, 1987, 1993a, 1993b), 아서 글라서(Arthur Glasser, 1985), 제임스 스태물리스(James Stamoolis, 1987), 베스 스노덜리(Beth Snodderly)와 스캇 모레우(A. Scott Moreau, editors, 2011), 스캇 선퀴스트(Scott Sunquist, 2013) 등이 있다.

이런 선교신학자들은 선교신학, 즉 기독교인들이 선교에 대해 생각해 온 방식이 선교 활동에 끼친 영향에 대해 우려하고 있다. 교회와 선교 모임(로마가톨릭, 정통, 에큐메니컬, 복음주의, 오순절, 은사주의)이 발표한 선교 선언문을 살펴보고 선교 활동을 위해 그 결과에 대해 질문한다. 이런 논의의 결과로 나온 문헌들은 선교신학의 학문 자료의 일부이다.

3) 개인 경험

성경에서 하나님의 선교 이야기를 살펴보는 사람들은 그들 자신의 문화적, 개인적, 개인의 강점, 약점, 경험, 영적 순례의 자기 세트를 가져온다. 이 개인 경험들은 성경과 선교를 이해하고 인식하는 방식과 하나님의 선교가 각 사람의 삶을 통해 성육신하는 방식에 영향을 미친다. 성경, 교회, 맥락, 하나님의 선교는 모두 개인적인 윤리학, 실존, 경험적 렌즈를 통해 이해된다. 각 사람의 특별한 영적 재능, 타고난 능력, 경험, 지식 그리고 성격은 독특한 조합을 만들어 낸다.

하나님의 선교는 특정한 사람의 삶을 통해 재현될 수 없고, 재현되어서도 안 되고, 반복되어서는 안 되는 독특한 방식으로 이루어진다(롬 12; 엡 4; 고전 12). 지난 40년 동안 생산된 리더십과 선교에 대한 광범위한 문헌은 이 영역에 대한 우리의 이해에 도움을 준다. 로버트 클린턴(J. Robert Clinton)의 가르침과 저술은 이 점에서 특히 도움이 된다.

4) 상황

각각의 독특한 상황은 선교에 대한 이해와 선교하면서 신학 작업을 하는 과정에 영향을 준다. 모든 선교 활동과 성찰은 문맥적으로 적절해야 한다. 따라서 선교신학자들은 그들의 맥락을 연구하기 위해 사회과학의 모든 관련 도구들을 사용할 필요가 있다. 모든 신학은 지역 신학이며(Schreiter 1985), 맥락이 한 사람의 신학 이해에 미치는 영향은 과소평가할 수 없다. 이 선교신학의 영역은 이 책의 후속 장에서 더욱 철저하게 전개하고 설명할 것이기에, 여기서는 간결하게 다룬다.

5) 네 영역의 통합

선교가 일어날 때, 모든 다양한 인지 학문들이 동시에 작용한다. 선교신학자들은 선교를 추상적이고 분리된 일부분의 관점이 아니라 전체를 보려고 하는 통합적 관점에서 선교를 연구하는 동시에 네 개의 영역 각각의 고유한 기여를 고려해야 한다.

네 가지 영역을 모두 통합하는 가장 중요한 주제는 예수 그리스도의 중심성이다. 우리가 신학 작업을 시도하는 선교는 하나님의 선교이다. 하나님의 선교는 교회나 기독교인 개인이나 기독교 단체에 의해 소유, 통제 또는 결정되지 않는다. 하나님의 선교는 예수 그리스도 안에서 가장 훌륭하게 주어진다. 그러므로 예수 그리스도는 문맥상 적절한 선교신학의 모든 영역의 중심에 있어야 한다.

교회의 선교는 예수 그리스도의 선교이다. 예수 그리스도의 제자들은 그리스도의 선교(*Missio Christi*)에 참여한다. 그들의 권위와 위임, 방법 그리고 선교 목표는 성부와 아들이 보낸 성령에 의해 비춰지는 예수 그리스도의 이해인, 그들의 그리스도론에 의해 영향을 받는다. 예수님께서 제자들에게 말씀하셨다.

아버지께서 나를 보내신 것 같이 나도 너희를 보내노라(요 20:21b; 참조, 요 17:18).

선교신학의 복잡성 때문에 선교신학자들은 특정한 시기에 특정한 상황에서 특정한 통합사상에 집중하는 것이 도움이 된다는 것을 알게 되었다. 통합사상은 성경의 재독서, 교회의 사고 분석, 하나님의 선교의 대리인으로서의 사람에 대한 감사 그리고 특정한 시간과 장소에서 하나님의 선교에 영향을 미치는 독특한 맥락적 문제들로 접근하는 허브 역할을 한다.

이 통합 테마(integrating theme)는 문맥상 적절하고 중요하며, 성경적으로 적합하고 효과적이며, 선교적으로 활동적이고 변혁적인 것에 기초해 선택한다. 통합사상은 예수 그리스도를 중심으로 한 선교신학자의 선교에 대한 이해를 교회의 모든 선교 활동과 성찰의 유일한 중심으로 집중시키는 역할을 하지만, 선교신학자가 네 가지 영역을 모두 읽는 것과 접하는 방식으로 적용하기도 한다. 통합 아이디어는 상호 연결 패러다임, 중심 주제, 인식 및 사고 패턴을 표현하는데, 이 패러다임들은 네 개의 영역에서 끌어와 응집된 전체, 특정 시간 특정 지역 환경에서 다소 통합적인 선교 개념으로 결합된다.

1987년 선교교수협의회(APM: Association of Professors of Mission)는 장시간 동안 논의했다.

선교학이란 무엇인가?

선교학은 선교학을 어떻게 반영하는가?

선교학의 세부학문을 다루면서 선교신학에 대해 다음과 같이 말했다.

> 선교신학자는 성서학자나 조직신학자와는 다르게 성서신학과 조직신학을 한다. 선교신학자는 '아비투스'(habitus), 지각하는 방법, 영적 통찰력과 지혜가 결합된 지적 이해를 찾고 있으며, 이는 역사 속에서 하나님의 임재와 운행하심의 징후를 보게 한다. 그런 선교의 '왜'에 대한 그런 탐구는 선교신학자가 오늘날 선교의 중요한 통합 중심을 명확하게 표현하게 한다. 각각의 '중심'을 규정하는 것에 따라 선교학에 참여하는 사회과학의 인지적 학문, 종교의 연구, 교회 역사 등이 신학적으로 수정되는 방식으로 각 학문 분야에 급진적인 영향을 미친다.
>
> 선교신학의 통합중심은 각각 다른 모든 학문 분야의 다른 측면을 지지하거나 질문한다. 그러므로 통합중심은 인간의 맥락에서 하나님의 선교에 대한 학문적 반영으로서 신학적 내용과 신학적 과정 둘 다에 작용한다. 그러므로 선교신학자의 역할은 중심을 명확하게 하고 진술하고 동시에, 다른 모든 인

지 학문들에 대한 통합중심의 의미를 통합적으로 기술하는 것이다(Van Engen 1987, 524-25).

5. 선교신학은 성경적이다

선교신학은 하나님의 선교적 의도에 충실하겠다는 의지로 인해, 성경이 선교의 근본적 동기를 제공할 뿐만 아니라, 선교사업에 대한 질문과 형태, 안내, 평가를 할 수 있게 하는 성경에 나타난 선교와의 관계에 대해 가장 근본적인 관심을 가지고 있다. 선교신학의 가장 기본적인 측면 중 하나는 선교 이론과 실천에 대한 성경과의 관계에 있다.

선교에 대한 성경의 이해를 결정하는 것은 우리가 생각하는 것만큼 간단하지 않다. 데이비드 보쉬에 따르면 다음과 같다.

> 우리는 보통 신학적 차이가 생겼을 경우에 성경을 객관적 중재자로 사용할 수 있다고 너무 쉽게 가정한다. 성경이 말하는 것에 대해 우리 모두가 선입견을 가지고 성경에 접근한다는 사실을 깨닫지 못한다. 이것은 우리가 성경 해석학적 원칙 중 일부를 명확히 하지 않는다면, 선교의 성경적 기초에 대한 논의를 시작하는 것이 거의 무의미하다는 것을 의미한다(Bosch 1978, 33).

비슷한 맥락에서, 시니어(Senior)와 스튜뮬러(Stuhlmueller)는 『선교의 성경적 기초』(*The Biblical Foundations of Mission*)를 마무리하면서 이 점에 대해 언급한다.

> 선교의 성경적 기초는, 성경적 선교 스타일이 오늘날 선교에 절대적 기준이라는 것을 암시하려는 의도는 아니었다. 하나님의 말씀을 선포하는 데 결정적인 성경적 레시피는 없지만, 복음화 운동에 관한 성경적 패턴을 성찰하는 데 필요한 성경적 가치가 있다(Senior and Stuhlmueller 1983, 332).

너무 오랫동안 성서학자와 선교사 모두 서로를 무시함으로써 혼란을 가중시켰다. 레슬리 뉴비긴(Lesslie Newbigin, 1986, 1989)은 서구 문화의 창조 질서와 인간 문명의 기원에 대한 선입견이 목적, 디자인, 의도에 대한 질문에 어느 정도로 관점을 흐리게 했다는 점을 알 수 있도록 도와주었다. 성서학자들은 대체로 하나님의 선교와 관련해 성경 본문을 검토하는 데 있어서 이와 같은 방법을 따라왔다. 주목할 만한 예외의 경우도 있지만, 성경에 대한 그들의 분석은 하나님의 의도와 목적에 대한 선교적 질문을 거의 하지 않았다.

반면에 활동적인 현장 선교사들은 너무 쉽게 그들이 특정한 의제를 성경에서 지나치게 강요하거나 성경을 완전히 무시해 왔다. 그래서 아서 글라서는 성경적 메시지에 대한 더 깊은 선교적 성찰을 요구했다.

> 모든 성경은 어떤 식으로든 우리의 선교 이해에 기여한다. 우리 시대 복음주의자들은 선교에 대한 성경적 기반이 이전의 어떤 선교학자들이 상상했던 것보다 훨씬 넓고 복잡하다는 것을 인정한다. 우리 시대는 모든 개인주의와 실용주의에 대한 조급증이 커지고 있다. 현세대의 활동적인 복음주의들 사이에서 인기가 있음에도 불구하고, 성경을 자기 사역을 정당화하는 텍스트로 사용하고 선교 활동에 대한 실용주의적 접근 방식에 대해서도 조급증이 커지고 있다(Glasser 1992, 26-27).

요하네스 베르카일은 해석학적 접근법의 변화를 주장했다. 그는 이렇게 썼다.

> 과거에 일반적인 방법은 신구약성경에서 자기가 원하는 일련의 증명 텍스트를 선택한 다음에 완료된 선교 사역을 고려하는 식이었다. 그러나 최근에는 성서학자들이 우리에게 성경의 문맥을 고려해 본문을 읽고 본문의 다양한 뉘앙스를 적절히 고려하는 것의 중요성을 가르쳐 주었다. 우리는 성경 전체 메시지의 구조를 고려해야 한다(Verkuyl 1978, 90).

보다 광범위한 선교학적 해석학의 기본 윤곽은 제럴드 앤더슨(Anderson 1961, 17-94)이 60년 전에 편집한 『기독교 선교신학』(*The Theology of the Christian Mission*) 1부에서 다루었다. 어네스트 라이트(G. Ernest Wright), 요하네스 블라우(Johannes Blauw), 오스카 쿨만(Oscar Cullmann), 칼 바르트(Karl Barth), 도널드 밀러와 데비(Donald Miller, and F. N. Davey)가 성경에서 교회의 선교가 무엇인

지를 찾아내기 위해 성경 자료를 폭넓게 탐구했다.

거의 동시에 제2차 바티칸 공의회의 선교 사상에서 성경의 역할에 대한 선교학적 통찰이 발표되었다. 예를 들면, "인류의 빛"(*Lumen Gentium*)과 "만민에게"(*Ad Gentes Divinitus*)는 이 모델을 가깝게 따랐다(Flannery 1975, 350-440, 813-62을 보라). 교회의 후속 선교회칙인 "현대의 복음 선교"(*Evangelii Nuntiandi*)와 "구세주의 선교"(*Redemptoris Missio*)는 성경에 근거했다. 비록 때때로 이 성경적 근거가 미리 결정된 가톨릭교회적 의제를 뒷받침하기 위한 정교한 텍스트처럼 보였지만, 성경에 호소했다(Bevans 1993).[4]

따라서 지난 수십 년 동안 성경과 선교에 관한 중요한 세계적 합의가 이루어졌다. 데이비드 보쉬가 설명한다.

> 우리의 결론은 구약성경과 신약성경 모두 선교 사상에 스며 있다는 것이다. 그러나 우리가 선교라고 부르는 모든 것이 선교인 것은 아니다. 자칫 종교 친교 모임으로 전락하는 것은 교회의 영원한 유혹이다. 이 치명적인 위험을 방지하는 유일한 해결책은 진정한 성경적 선교의 토대를 굳건히 하기 위해 끊임없이 자신에게 도전하는 데 있다(1978, 18-19).

전통적으로 성경은 '선교의 성경적 기초'라 부르는 연구 주제를 통해 선교를 성경이 어떻게 지지하고 알리고 비판하는지 탐구했다(예를 들면, Padilla, ed., 1998).[5] 그러나 지난 20-30년 동안 두 번째 똑같이 중요한 질문이 등장했다.

선교학적 성경읽기는 어떻게 성경 그 자체에 대한 보다 완전한 이해를 제공하고 성경 본문에 대한 우리의 해석을 심화시키고 넓혀 주는가?

선교의 성경적 해석학을 탐구하는 사람들 중에는 다음과 같은 학자들이 있다. 켄 그나나칸(Ken Gnanakan, 1989), 티모시 캐리커(Timothy Carriker, 1992), 요하네스 니센(Johannes Nissen, 1999), 월터 카이저(Walter C. Kaiser, 2000), 아서 글라서(Arthur Glasser, 2003), 크리스토퍼 라이트(Christopher Wright, 2006), 제임

---

[4] 지난 몇 년 동안, 프란치스코 교황은 여러 가지 난해한 신학 및 교회학 문제와 관련해 이 문제를 다루려고 노력했지만, 이 논의는 이 연구의 범위를 벗어난다.

[5] 예를 들어, 이 접근법의 예는 다음과 같다. Robert H. Glover 1946; H. H. Rowley 1955; A. de Groot 1966; and George Peters 1972.

스 츄쿠마 오코예(James Chukwuma Okoye, 2006).

선교신학은 신학적이다. 가장 근본적으로, 선교신학은 하나님에 대한 성찰을 한다. 하나님의 선교, 하나님의 의도와 목적, 하나님의 선교 속에서 하나님께서 인간을 도구로 사용하시는 것, 하나님의 세계에서 하나님의 백성을 통해 일하는 것 등을 탐구한다. 예를 들면, 나일스(Niles, 1962), 휘체돔(Vicedom, 1965); 데일러(Taylor, 1972); 베르카일(Verkuyl, 1978); 스토트(Stott, 1979); 그리고 스핀들러(Spindler, 1988)가 있다.

선교신학은 조직신학의 전통적인 신학적 주제를 다루지만, 수 세기 동안 조직신학자들이 어떻게 신학 작업을 해 왔는지와는 다른 방법으로 신학 작업을 한다. 그 차이는 선교신학 작업이 학제적 접근 방법을 사용하는 선교학적 성향을 가지고 있기 때문이다. 선교신학은 응용신학이다. 이런 응용적 성격 때문에 어떤 이들은 목회신학 또는 실천신학이라고 부르기도 한다.

이런 유형의 신학적 성찰은 특정한 상황에서 교회의 선교와 관련이 있는 특정한 주제들에 초점을 맞춘다. 비네이 새뮤얼(Vinay Samuel)과 크리스 스그덴(Chris Sugden)은 『변혁으로서의 선교』(*Mission as Transformation*)에서 "변혁 가운데 신학 작업하기"라고 불렀다. 그들은 다음과 같이 설명한다.

첫째, 선교는 신학의 어머니이다. 선교 맥락과 선교 경험, 선교적 질문의 교감을 통해 신학적이고 성경적인 성찰이 생겨난다.

둘째, 신학과 성서 연구는 서로 다른 문화권의 사람들이 성경 본문에 대한 통찰력을 공유함에 따라 본질적으로 교차 문화 및 상호 문화적인 활동이다.

셋째, 신학은 철이 철을 날카롭게 하듯이, 믿음으로 순종하는 부르심에서 파생된 문제들을 팀원들의 노력을 통해 발전한다(Samuel and Sugden 1999, xiii-xiv).

선교신학은 예수님의 사역으로부터 그 성육신적 본성을 드러내고, 언제나 특정한 시간과 장소에서 일어난다. 선교학이나 선교신학 어느 것도 성찰로만 국한되거나 과거에 했던 선교 활동을 역사적으로 흥미롭게 이야기하는 데 그칠 수 없다. 요하네스 베르카일이 설명한다.

선교학은 결코 선교 활동과 참여를 대체할 수 없다. 하나님은 하나님의 선교에 참여자와 자원봉사자를 부르신다. 부분적으로 선교학의 목표는 선교 활동을 위한 "서비스 스테이션"(service station)이 되는 것이다. 만약 선교 연구가 국내 선교이든 해외 선교이든 선교 참여로 이어지지 않는다면, 선교학은 겸손한 학문적 소명을 잃어버린 것이다 선교학은 "순례자(필그림) 선교학"(*missiologia viatorum*)이다(Verkuyl 1978, 6,18).

6. 선교신학은 프락시스를 지향한다

선교신학은 결국 성경에 정통하고 맥락적으로 적절한 선교 활동으로 나타나야 한다. 우리의 선교신학이 정확한 정보에 입각한 선교 활동으로 나타나지 않으면, 우리는 단지 "소리나는 구리와 울리는 꽹과리가 된다"(고전 13:1). 선교학에서 성찰과 행동의 친밀한 연관성은 절대적으로 필수적이다. 동시에, 우리의 선교 활동 자체가 우리의 성찰을 변화시키지 못한다면, 우리가 훌륭한 생각을 가지고 있다고 해도 그 생각은 무관하거나 쓸모없거나 때로는 파괴적이거나 역효과를 낼 수도 있다.

선교신학에서 우리는 사회학, 인류학, 심리학, 경제학, 도시학, 다른 신앙과 종교적 관점을 가진 추종자, 교회와 국가의 관계에 대한 연구 그리고 우리가 성찰하고 있는 구체적 맥락을 이해하기 위한 다른 인지적 학문들을 차용한다. 그러한 상황 분석은 우리가 사역하고 있는 현실에 대한 해석학적 측면에서 특정 맥락에 대한 더 깊은 이해를 제공한다. 이런 현장 연구는 우리가 현장의 울부짖는 소리를 듣고, 얼굴을 보고, 이야기를 이해하고, 그러한 맥락의 필수적인 부분인 사람들의 삶의 필요와 희망을 제시할 수 있게 한다.

오늘날 이런 맥락 분석의 한 부분은 교회가 긴 역사를 통해 선교하면서 그 선교 맥락과 상호 작용한 방식에 대한 역사 연구를 포함한다. 선교신학자가 현장에 도착하기 이전에 특정한 맥락에서 일어난 교회의 선교 활동과 성찰의 태도, 행동, 사건들은 현재와 미래의 모든 선교적 노력을 심오하고 놀라운 방식으로 채색할 것이다.

성찰과 행동을 상호 연결하는 가장 유용한 방법 중 하나는 '프락시스'라는 프로세스를 사용하는 것이다. 올란도 코스타스(Orlando Costas)는 기술한다.

선교학은 근본적으로 프락시스적 현상이다. 그것은 교회의 하나님의 선교에 대한 선교적 순종과 참여의 일환으로 선교 활동 가운데 일어나는 중요한 성찰이며, 그 자체가 그 상황에서 실현된다. 그 대상은 항상 온 세상이다. 다양한 생활 환경에 살고 있는 남녀들이다. 성령의 주권적이고 구속적인 역사에 의해 주도되는 이 복음 증거 활동에 대한 탐구로, 선교 프락시스 개념이 적용된다. 선교학은 삶의 여러 상황에서 복음 증거의 일환으로 발생한다(Costas 1976, 8).

'프락시스' 개념은 성찰뿐만 아니라 그 행동 자체가 교회가 하나님의 세상에서 하나님의 선교에 어떻게 더 온전하게 참여할 수 있는지를 발견하려는 '순례자신학'임을 이해하는 데 도움을 준다. 선교 활동은 그 자체가 신학적이어서 성찰하는 역할을 하며, 이 성찰은 변화된 선교 활동에 대한 새로운 이해를 해석하고, 평가하고, 비판하고, 투영한다. 따라서 끊임없이 소용돌이치는 신학 작업의 순례길에서의 성찰과 행동의 상호 작용은 우리의 다양한 맥락과 우리의 선교적 참여의 모든 측면의 변화를 촉진한다.

선교신학에 대한 프락시스적 접근은 다른 문화적 맥락에서 복음을 문맥화하는 새로운 방법을 발견하려는 시도에서 비롯되었다. 필리핀 출신의 쇼키 코(Shoki Coe, 1976)는 많은 라틴아메리카신학자들과 함께 맥락화(contextualization)[6]라고 부르는 방법론을 처음으로 제안한 사람들 중 한 명이다.

앤드류 커크는 기술한다.

> 문맥화는 문화와 사회경제적(socioeconomic) 삶의 상호 영향을 인정한다. 그러므로 복음을 문화와 관련시키면서 문맥화는 문화에 대해 더 비판적(또는 예언적)인 입장을 취하는 경향이 있다. 그 개념은 사회적 부당함, 정치적 소외, 인권 남용의 상황을 변화시키기 위한 특정 이데올로기적 헌신을 수반하는 신학적 방법으로 진지하게 받아들여질 것이다(Kirk 1999, 91; 또한, Bosch 1991, 420-32).

맥락화 이론이 선교신학에 미치는 영향은 이 책의 후반부에서 탐구한다.

---

6 영어 contxetualization은 번역자의 성향에 따라 상황화, 맥락화 혹은 문맥화로 번역한다. 역자는 이들을 같은 의미로 혼용하여 번역했다. 현재 문맥화로 번역하는 빈도가 더 높아진 점을 감안하여 '문맥화'를 좀 더 많이 사용해 번역했다(역주).

사도행전 15장에서 누가는 예수님을 믿는 이방 신자들이 (일부 특정 행동을 바꾸는 것을 제외하면) 본질적으로 이방인으로 살아가도록 허용하는 아람어를 사용하는 예루살렘 교회 측의 결정에 대한 이야기를 소개하는 방식으로 선교신학을 하는 이 프락시스인 신학 작업 방식을 강조한다. 이 중대한 결정의 신학적 토대는 사도행전 10장에 나오는 고넬료 집안에서 일어난 오순절 성령 강림 사건이었다. 이 스토리는 11장에서 다시 언급했다.

베드로는 사도행전 15:7-11에서, 야고보는 15:13에서 두 차례나 더 언급했다. 여기서 중요한 것은 사건 그 자체, 성령 강림 그 자체가 예루살렘 공의회가 전례 없는 결정을 내리는 신학적 근거가 되었다는 점이다.

분명히 우리는 성경에 우리 자신의 의제를 투사하지 않으려고 노력하고 있다. 이것은 해방신학자들이 회복하지 못한 실수였다. 우리는 오히려, 새로운 선교학적 질문들을 성경 본문으로 가져오는 방법을 사용하는데, 이 방법은 우리가 이전에 성경에서 놓쳤던 통찰을 성경에서 볼 수 있도록 도와준다. 데이비드 보쉬는 성경에 대한 이 새로운 접근 방식을 "비평적 해석학"(critical hermeneutics)이라고 불렀다(Bosch 1991, 20-24; Bosch 1978, 1993; see also the works of Paul Hiebert).

개념적으로 우리는 과학철학이 "패러다임 구성" 또는 "패러다임 전환"이라고 부르는 것을 사용한다. 패러다임(paradigm)은 현실과 질서를 이해 가능하고 설명 가능하며 다소 예측 가능한 패턴으로 지각하는 데 사용하는 개념적 도구이다. 패러다임은 사람, 인간집단, 또는 문화가 어떤 특정한 방식으로 현실을 바라보게 하는 가치관, 세계관, 우선순위, 지식의 총체적 집합으로 구성된다. 보쉬는 패러다임 형성을 다양한 공동체, 다양한 맥락에서 하나님의 선교에 대한 우리의 이해를 재인식하는 강력한 방법으로 이해할 수 있도록 도와주었다(see Bevans and Schroeder 2004).

따라서 우리는 선교신학이 새로운 선교 활동으로 이어지는 새로운 성찰과 행동의 지속적인 과정이라는 것을 인식한다. 이것은 성경 본문에서 특정 맥락 가운데 있는 신앙공동체로 이동하는 과정을 포함한다. 우리가 통합 주제에 관심을 집중함으로써, 우리는 맥락적 해석학 관점에서 성경을 읽으며 새로운 통찰을 얻게 된다.

이 새로운 통찰들은 다시 재현될 수 있고 하나님의 선교가 일어나는 각각의 특정한 맥락의 시간, 세계관, 공간의 특수성에서 믿음 공동체의 맥락에 맞는 선교 활동으로 나타날 수 있다. 이 과정은 본 연구의 후반부에서 더 자세히 설명할 것이다.

7. 선교신학은 정의적이다

용어 정리가 중요하다. 선교신학의 가장 흥미롭고, 중요하면서도 어려운 과제 중 하나는 선교신학이 사용하는 용어를 정의해 선교학을 돕는 것이다. 선교학에서 중심 질문은 '선교' 자체를 정의하는 방법과 연관되어 있다.

선교란 무엇인가?

선교가 아닌 것은 무엇인가?

지난 백 년 동안 다양한 선교 정의가 등장했다. 나는 이것을 제4장에서 논한다. 다양한 기독교 전통들 사이에서 선교에 대한 허용 가능한 정의에 대한 뜨거운 논쟁이 있었다. 무엇이 선교인지에 대한 심각한 의견불일치가 불꽃이 되어, 그 불씨로부터 연기가 계속 피어오르고 있다.

용어를 간결하게 설명하기 위해서, 나는 예시를 제시하고 선교에 대한 나만의 예비 정의를 소개한다.

> 하나님의 선교는 하나님의 사람들이 세상 민족 가운데 교회에서 교회가 없는 곳으로, 신앙이 있는 곳에서 신앙이 없는 곳으로 의도적으로 장벽을 넘어가, 말과 행동으로 하나님 나라가 예수 그리스도를 통해 임함을 선포하고, 사람들이 하나님과, 자신과, 서로 그리고 세상과 화해하도록 하는 교회를 통한 하나님의 선교에 참여하는 것이다. 그리고 세상의 변혁을 예수 그리스도의 왕국 도래의 신호로 바라보며, 성령의 역사로 사람들이 예수 그리스도 안에서 회개하고 믿음으로 교회에 모이도록 하는 것이다.

우리의 선교에 대한 정의에 영향을 미치는 다양한 측면과 이슈들은 이 책의 후반부에서 전개될 것이다.

8. 선교신학은 분석적이다

선교계는 선교 이론과 선교 활동 양면에서 복잡하다. 우리가 선교 실천에 스며든 신학적 가정, 의미, 관계를 분석하기 시작하면 더욱 복잡해진다. 이런 이유로 선교학자들은 선교를 더 작은 단위로 분할하는 것이 도움이 된다는 것을 발견했다. 우리는 일찍이 제럴드 앤더슨이 선교를 "근거, 범위, 과제"와 함께 "신앙, 동기, 메시지, 방법, 전략, 목표"라는 관점에서 정의했다는 것을 알았다. 짐 슈타몰리스(Jim Stamoolis)는 『동방정교회 선교신학』 (*Eastern Orthodox Mission Theology Today*, 1986, 2001)에서 유사한 방법론을 따랐으며, "역사적 배경, 목적, 방법, 동기 그리고 전례"를 다루는 질문에 대한 연구를 했다.

그들의 질문을 정리하기 위해, 선교신학자들은 선교가 가장 근본적으로 '하나님의 선교'(*missio Dei*)라는 인식으로 시작한다. 그것은 하나님의 선교이다. 선교는 하나님 본성과 하나님의 의도에서 비롯된다. 많은 선교신학자가 하나님의 선교를 되새기고 있다. 조지 휘체돔은 1963년 CWME/WCC의 멕시코시티 선교대회 이전과 도중에 하나님의 선교를 강조해 세계 교회의 주목을 받았다. 휘체돔이 선교대회를 위해 쓴 책은 1965년 영문판 『하나님의 선교』(*The mission of God*)로 출간되었다. 로진(H. H. Rosin)은 이 용어의 역사에 대해 요약하고 정리했다(H. H. Rosin 1972). 나는 이 주제에 대해 이 책 후반부에서 다룬다.

하나님은 혼자 행동하지 않으신다. 하나님의 선교는 공백 속에서 일어나지 않는다. 노아와 아브라함, 그 가족부터 시작해서 오늘날까지 하나님의 선교는 인간을 선교적 도구로 사용해 이루어졌다(*missio hominum*). 하나님의 선교는 또한 하나님의 백성과 그 주변 문화에 의해 창조된 다양한 사회집단의 노력을 통해 다양한 형태를 띠고 있다(*missiones ecclesiae*). 하나님의 선교(*missio Dei*)는 단수형이다. 하나님의 속성으로부터 흘러나오기에, 하나님의 선교는 동기, 방법, 목표가 순수하다. 그러나 인간 선교 도구(*missio hominum*)를 사용하기로 하신 하나님의 결정은 동시에 정의롭고 죄 많은 타락한 인간들을 선교에 참여시킨다. 인간 선교 도구는 항상 선교의 동기, 수단, 목표에서 혼합적이다.

인간 선교 도구를 사용하기로 하신 하나님의 결정은 동시에 정의롭고 죄 많은 타락한 인간들을 통해 일하시는 것을 포함한다. 인간 선교 도구는 항상 선교 동기, 수단, 목표에 대해 혼잡하다(Verkuyl 1978, 163-75). 하나님의 은총 속에서 하나님은 인간사회집단과 사회조직을 선교 도구로 삼아 자신의 선교를 수행하는 것을 기뻐하시는 것 같다. 따라서 교회의 선교들 곧 미쇼네스 에클레시애(missiones ecclesiae)는 복수형이다.

교회 선교 활동의 다양성, 교회의 통합성의 결여, 교회의 구심성(모으기) 활동과 교회의 원심성(보내기, 참여, 식별) 활동의 혼합양태 그리고 교회의 모습이 교회에서, 기독교인들 사이에서 그리고 그 당시 주변 상황 가운데 일어나는 일로 인하여 많은 영향을 받기 때문에 복수형이 된다. 마지막으로, 하나님의 선교는 세계 인류 문명과 상호 작용하고 영향력을 행사한다(missio politica oecumenica-Verkuyl 1978, 394-402).

세계 문명 안에서의 선교 활동 곧 미시오 폴리티카 오큐메니카(Missio politica oecumenica)는 국가들에 대한 하나님의 관심과 세계 문명과 문화, 정치 그리고 이 세상의 인간의 조직과 하나님의 상호 작용을 다룬다. 그리스도의 왕국 선교는 항상 이 세상 왕국에 대해 질문을 던진다. 선교신학을 삼위일체적으로 접근하는 관점에서, 우리는 그리스도의 선교 곧 미시오 크리스티(missio Christi)와 성령의 선교 곧 미시오 스피리투 쌍티(missio Spiritu Sancti) 개념도 고려해야 한다.

온전한 삼위일체 선교신학은 다양한 기독교가 선교신학에 미치는 의미에 대한 성찰과 함께 기독론적 관점이 선교신학에 미치는 영향을 수용할 것이다. 레슬리 뉴비긴은 『오픈 시크릿』(The Open Secret, 1978)에서 선교신학에 대한 삼위일체적 접근법의 기초를 놓았다. 우리는 모두 그에게 빚을 지고 있다.

이것들은 중요한 차이점들이다. 마지막 관점이 필요하다. 선교는 예측 가능한 미래 선교 곧 미시오 푸투럼(missio futurum)과 예측할 수 없는 미래 선교 곧 미시오 아드벤두스(missio adventus) 둘 다를 포함한다.

미시오 푸투럼은 인간 역사에서 일어나는 것처럼 하나님의 선교의 예측 가능한 문제를 다룬다. 따라서 미래란 자연적, 인간적 추정과 함께 세계사의 한복판에서 교회 선교의 결과를 수반하는 미래로의 이동이다. 하지만 선교 이야기는 거기서 멈출 수 없다.

선교 이론의 기본 범주	Missio Dei	Missio Hominum	Missiones Ecclesiarum	Missio Politica Oecumenica	Missio Christi	Missio Espiritu Sancti	Missio Futurum / Adventus
하나님의 선교활동	하나님의 선교	인간 대리인을 선교 도구로 사용	하나님의 백성 공동체를 통한 선교 활동들	세상 문명들 가운데서 펼쳐지는 하나님의 선교 활동	예수 그리스도를 통한 메시아 선교	성령을 통한 선교	예상할 수 있는 미래와 놀라운 파열 가운데 일어나는 하나님 나라 선교
선교 상황							
선교 대리인							
선교 동기							
선교 수단							
선교 방법							
선교 목표							
선교 결과							
선교 소망/ 유토피아							
선교 기도							
선교 영적 권하							
선교 조직							
선교 파트너십							
입재, 선포, 섬김, 일교							

도표 3: 선교신학 작업 격자판

우리는 또한 미시오 아드벤투스를 포함시켜야 한다. 이것은 교회를 통한 성령의 선교, 오순절 성령 강림, 예수 그리스도의 성육신 등으로 역사 속으로 파입하시는(inbreaking) 하나님의 등장이다. 하나님의 선교는 예상치 못한 놀라움, 급진적 변화, 새로운 방향 전환 그리고 때로는 인간 생활의 한가운데서 급진적 변화, 즉 개인적, 사회적 그리고 구조적 변화를 가져온다.

하나님은 미래(futurum)와 파입(adventus) 모두를 통해 세상에서 역사하신다. 선교신학자들은 계속해서 미래와 파입의 차이, 미래와 파입의 상호 관계, 그들의 선교신학적 함의를 분류해야만 한다.

일단 우리가 선교신학에서 우리의 질문을 구성하는 두 가지 방법을 보았다면, 우리는 두 가지 유형의 질문을 하나로 모을 수 있다. 나는 도표 3에서 이 작업을 시도했다. 나는 이것을 "선교신학 작업 격자판"이라고 부른다.

격자판에서 나는 선교 활동의 몇 가지 예시적인 측면과 선교 이론의 다양한 신학 범주의 상호 작용을 도표 형태로 표현하려고 노력했다. 선교 범주(수평 축을 따라 배치됨)와 선교 활동의 양상(수직 축을 따라 배치됨)의 인터페이스는 선교신학을 위한 많은 새로운 질문을 산출한다. 격자판의 각 정사각형은 지역적 맥락에서 적절한 선교신학을 위한 특정 질문을 구성한다. 아래의 표에서 각 수평 격자(예를 들면, '선교의 동기')는 적어도 일곱 가지 다른 유형의 질문을 제공한다.

하나님의 동기, 인간 동기, 교회와 선교 조직의 동기, 지구 문명과 관련된 선교 동기, 선교에 대한 기독론적 동기, 선교에서 교회에 동기를 부여하는 성령의 역할 그리고 파입과 구별되는 선교의 미래적 측면에서 동기를 질문할 수 있다. 또한, 예를 들어 미시오 데이에 대해 묻는 경우, 각 수직 열은 선교의 동기, 수단, 대리인, 목표 등을 알려 준다.

어느 선교학자도 이 격자판으로 대표되는 모든 작업을 혼자 다 할 수 없다. 그럴 필요도 없다. 많은 격자 중 하나 또는 두 개만 해도 실제로 특정 상황, 특정 순간에 그리고 특정 선교 활동과 관련해 조사하기에 적절할 수 있다. 그러나 나는 격자판이 질문을 차별화함으로써 분석의 단순성과 전체 격자판의 관점에서 선교신학 전체의 복잡성을 제공할 수 있다는 것을 발견했다.

나의 학생들과 나는 선교학에 관한 연구 가운데, 거의 모든 석사 논문이나 박사 논문이 자연스럽게 격자의 한두 개 정사각형 안에 들어가는 것을 보시작했다. 그러나 그 연구자가 그 격자 상자의 문제와 관련된 선교신학의 관점을 반영하기 시작하면, 그 연구는 자연스럽게 더 큰 격자판으로 대표되는 다른 모든 문제에 대해서도 질문하게 되었다.

1960년대 후반 세계교회협의회(WCC)에서 시작된 토론은 선교잡지인 「국제선교 리뷰」(*International Review of Mission(s)*) 제목에서 단수형 '선교'(mission)를 사용해야 하는지 복수형 '선교들'(missions)을 사용해야 하는지 중심으로 진행되었다. 연장된 논의에서 이런 식의 분석이 나왔다. 그 논의는 하나이신 하나님의 선교(단수형)와 많은 '선교 활동들'(복수형)로 보이는 교회들의 선교 사역을 구별했다. 그래서 1969년 4월호에서, 세계에서 가장 오래된 개신교 선교학 저널은 복수형을 의미하는 's'를 그 이름에서 삭제하여 *The International Review of Mission*이 되었다. 윌리엄 크레인(William Crane)은 그 이슈의 "논설"(Editorial)에서 이렇게 썼다.

> 복수형 '선교'(missions)는 선교의 성격, 범위, 권위가 개시하는 자와 그것을 수용하는 자 모두의 이익에 의해 규정되는 국제 관계의 외교, 정치, 경제 영역에서 일정한 정당성을 가진다. 그러나 교회의 선교는 모든 인간 구원을 위한 삼위일체 한 분 하나님과 그분의 의도에서 나온다는 점에서 단수형 선교이다. 하나님의 선교를 위해 교회에 주어진 사역은 이 선교 명령에 반응하는 특정 교회의 특정 상황이 다양하기에 복수형 선교가 된다. IMC가 WCC와 통합한 이후 여러 해 동안 '세계선교와전도위원회'가 주도한 다양한 연구와 프로그램들도 이 이슈를 관심을 가지고 다루었다. 3대륙에서 나머지 3대륙을 위한 선교에 대한 전통적인 관심보다는 6대륙 가운데 하나의 교회선교를 다루었다(Crane 1969).

9. 선교신학은 진리의 신학이기 원한다

이것은 선교신학의 일곱 번째 특징이다. 모든 학계 기업들과 마찬가지로 사회과학에서 가장 중요한 질문 중 하나는 해당 분야의 조사 결과의 타당성과 신뢰성을 결정짓는 근거와 관련이 있다.

선교학에 큰 영향을 준 사회과학에서 일반적으로 타당성 개념은 다음 질문과 관련이 있다.

"우리가 올바른 방식으로 올바른 데이터를 수집하고 있다는 것을 어떻게 확신할 수 있는가?"

일반적으로 신뢰성의 개념은 다음 질문을 해결하기 위한 것이다.

"동일한 접근법을 다시 적용한다면 동일한 데이터가 발견될 것이라고 어떻게 확신할 수 있는가?"

그러나 선교신학에서 이런 질문들은 올바른 질문이 아니다. 선교신학자는 경험적 자료의 질이나 동일한 결과를 산출할 수 있는 과정의 반복성에 대해서는 걱정하지 않는다. 사실 그 반대이다. 선교신학자가 하나님의 선교를 연구한다는 사실을 감안할 때 자료는 항상 새로운 것이 될 것이며(때로는 초기 자료에 의문을 제기할 것이다), 결과는 종종 놀랍고 달라질 것이다. 여기서 반복성은 가치가 아니다. 그러므로 선교신학은 받아들일 수 있는 연구를 인정하기 위한 다른 방법을 찾아야 한다. 신뢰성 문제는 신뢰의 문제로 바뀌어야 하며, 타당성의 문제는 진리의 하나로 보아야 한다. 따라서 선교신학자가 직면한 방법론적 질문은 다음과 같다.

1) 신뢰

- 연구자가 연구에 적합한 사람, 신뢰할 수 있는 저자 및 자료를 읽었는가?
- 연구자가 이 문제에 대한 다양한 관점을 충분히 폭넓게 읽었는가?
- 연구자가 다른 관점을 올바르게 읽었는가?
- 연구가 읽은 내용을 이해했는가?
- 연구 자료 저자의 사용 및 이해 또는 당면한 문제에 저자의 개념을 적용하는 데 내부 모순이 있는가?

2) 진리

- 확인된 진술에 대한 충분한 성경적 뒷받침이 있는가?
- 교회의 역사를 통해 다른 사상가들이 내린 신학적 통찰과 함께 연구자의

진술이 적절한 연속성/불연속성이 있는가?
- 사상에 모순이나 의문이 발생하는 경우, 선교신학자의 연구는 신학 연구에서 주장되고 있는 특정 이론적 방향을 적절히 지원하는가?
- 변증법적 긴장/또는 명시적 모순이 우리가 알고 있고, 하나님께서 드러내는 숨겨진 신비에 대해 알지 못하는 것을 고려할 때, 그것이 우리의 미시오 데이에 대한 이해에 어떤 영향을 미칠 수 있는가?

이런 방법론적 질문은 선교신학 연구에서 수용성의 특정 기준을 생각하게 한다. 선교신학은 학제적 학문으로서 선교학과의 긴밀하게 연결되어 있기 때문이다.

3) 수용성의 기준

- 계시성: 성경에 근거를 둔다.
- 논리성: 통합 개념을 기반으로 구축한다.
- 일관성: 선교신학은 극복할 수 없는 명백한 모순을 가지고 있지 않으며, 하나님에 대해 알려진 다른 진실, 하나님의 선교 그리고 하나님의 드러난 의지와 일치한다.
- 단순성: 현재의 당면한 특정 문제 측면에서 하나님의 선교와 관련된 가장 기본적인 요소로 축소되었다.
- 지원 가능성: 논리적으로, 역사적으로, 실험적으로 그리고 프락시스 관점에서 확인되고 지원된다.
- 외부 합의: 제시하는 선교신학 논지를 인정하고 지원하는 다른 중요한 사상가, 신학 공동체 및/또는 전통이 있는가?
- 상황: 상황과 적절하게 상호 작용하는가?
- 실행 가능성: 개념들이 차례로 개발되고 있는 선교신학의 동기와 목표와 일치하는 선교 활동으로 해석될 수 있는가?
- 혁신성: 제안된 특정 선교 활동의 수행이 하나님의 선교의 성경적 요소를 반영하는 현상의 적절한 변화들인가?
- 적절한 신학화 과정의 입증: 그 개념들을 선교 활동으로 번역한 결과가 그 개념 자체의 의미와 성경에 계시된 하나님의 선교와 일치하는가?

10. 결론

선교신학은 서술적일 뿐만 아니라 처방적이다. 종합적이며 통합적이다. 선교신학은 성경적·신학적 성찰을 바탕으로 교회의 선교에 대한 신뢰와 참된 인식을 찾고, 적절한 선교 행동과 접점을 모색하며, 교회가 특정 맥락에서 하나님의 선교에 참여할 수 있는 방법을 최대한 명확하게 반영하는 새로운 가치관과 우선순위를 만들어 낸다. 선교신학이 선교 활동 현장을 떠나 추상화되면 이상해지고 하나님의 선교의 핵심인 구체적 장소와 특정인으로부터 너무 멀리 떨어져 나갈 수 있다.

선교신학은 세상에서 교회의 선교를 수행하는 마음과 머리, 손(존재, 알고, 행하는 것)에 밀접하게 관여할 때 최상의 상태가 된다. 선교신학은 항상 새롭고 더욱 심오한 변화를 추구한다. 하나님의 사람들이 하나님의 사랑을 받고 있는 망가진 세상에서 하나님의 선교에 더 충실하게 참여할 수 있는 방법을 제시한다.

제3장

세계화하는 세상에서의 선교신학 작업

이 새로운 세기의 화두는 세계화이다.

우리는 세계화하는 세상에서 어떻게 선교신학 작업을 할 것인가?

세계화하는 세상에서 진정한 보편적 교회는 더 이상 지역성과 보편성을 서로 상반되는 개념으로 이해해서는 안 된다. 오히려 교회의 본질을 드러내는 진정한 보편적 예수 그리스도의 교회는 글로컬 교회이다.[1]

1. 논지

본 장의 논지는 예수님의 제자들의 건강한 지역 교회들이 글로컬(glocal) 실체로서 그리스도의 선교에 의도적으로 그리고 적극적으로 참여함으로써 교회의 보편성(catholicity)을 삶으로 살아 내는 것이다. 이것은 글로벌 미션과 로컬 미션, 글로벌 전도와 로컬 전도 등에 동시에 작용하며, 글로벌과 로컬 간의 글로컬 상호 작용을 역동적으로 촉진한다. 글로벌 교회는 항상 지역 교회이고, 지역 교회는 항상 글로벌 교회이다.

21세기의 건강한 지역 교회들은 세계적(global)으로 그리고 지역적(local)으로도 열결되어 있다. 본 장에서 나는 '글로컬'(Glocal)이라는 단어로 여러 가지 의미를 함축한다. 나는 글로컬을 동시에 세계적이고 지역적인 예수 그리스도 교회의 본질에 대한 일종의 동시성을 표현하는 신호로 사용한다.

1　본 장 내용은 폴 히버트 교수를 기념하는 책에 저자가 기고한 "글로컬 교회"를 허락받아 수정, 보완한 것이다. Van Engen, "The Glocal Church: Locality and Catholicity in a Globalizing World," in Craig Ott and Harold Netland, eds. *Globalizing Theology: Belief and Practice in an Era of World Christianity*. G. R. Baker, 2006, 157-79.(역주)

나는 21세기에 예수 그리스도의 교회가 그 본질을 회복하는 것이 필요하다고 제안한다. 교회는 본질상 글로컬하고, 신학적으로 글로컬하며, 선교적 소명도 글로컬하다. 나는 인터넷의 기능 방식을 바탕으로 교회의 글로컬한 성격을 설명할 것이다.

2. 서론

지난 20여 년 동안, 글로컬이라는 단어는 지구촌과 지역의 새로운 상호 작용을 표현하기 위해 만들어진 몇 개의 새로운 단어 중 하나였다.[2] 21세기에 교회의 본질을 적절히 묘사하는 글로컬의 개념을 고려하기 시작했을 때, 나는 구글에서 글로컬이라는 용어를 검색했다. 놀랍게도 나는 347개의 검색 결과(대부분이 책이었음)를 얻었는데, 글로컬은 다음과 같은 광범위한 연구 영역의 다양성을 보여 주었다.

---

2 조지워싱턴대학교(George Washington University) 외교학과 제임스 로제나우(James N. Rosenau) 교수는 도움이 되는 각주를 통해, 지구와 지역이 서로 연결되는 다양한 방법을 설명하는 글로컬이라는 용어를 포함해 유사한 용어에 대한 훌륭한 요약을 제공했다. 그는 "모든 커뮤니티 수준에서 펼쳐지는 세분화와 통합 역학 사이의 다양한 상호 작용을 제안하기 위해 'fragmegration'(세분합)이라는 새로운 용어를 선호한다. 이 용어는 의도적으로 조합한 단어였다. 다른 단일 단어는 일관성과 붕괴 양쪽 모두를 향해 시스템을 끌어당기는 모순된 긴장을 암시하기 위해 고안된 'chaos'와 'order'를 조합한 'chaord'(혼질)이다. 이것은 혼란과 질서의 역학, 두 방향의 역동성을 나란히 배치하는 용어이다. 세계화와 지역화 역학의 동시성을 가리키는 글로컬화(glocalization) 그리고 지방 현상(regional)과 지역적(local) 현상 사이의 연결 고리에 주의를 집중하기 위해 고안된 용어인 'regal'(지방 지역)이 있다. 'chaord'(혼질)에 관한 설명은 다음 자료에 자세히 설명되어 있다. Dee W. Hock, *Birth of the Chaordic Age* (San Francisco: Berrett-Koehler, 1999); 글로컬화 개념은 롤랜드 로버슨(Roland Robertson)이 쓴 "글로컬화: 시공간과 동질성 이질성"(Glocalization: Time-Space and Homogeneity-Heterogeneity)에서 자세하게 설명하고 있다. Mike Featherstone, Scott Lash, and Roland Robertson, eds., *Global Modernities* (Thousand Oaks, CA: Sage, 1995), 25-44; 그리고 '지방 지역'(regcal) 개념은 다음 자료를 참고하라. Susan H. C. Tai and Y. H. Wong, "Advertising Decision Making in Asia: 'Glocal' versus 'Regcal' Approach," *Journal of Managerial Issues*, Vol. 10 (Fall 1998), 318-19. 나는 'fragmegration'(세분합)이라는 용어를 선호하는데, 그 이유는 이 용어가 영토적 규모를 의미하는 것이 아니라 조직의 업무 긴장뿐만 아니라 지역 사회에 퍼져 있는 조직까지 포괄하도록 초점을 넓혀 주기 때문이다"(Rosenau 2003).

- 교육
- 조직 관리
- 광고 및 경제
- 통신, 영화 및 컴퓨터
- 다음과 같은 세계화 연구
- 인권 및 사회사업
- 인터넷
- 은행업 - 예: VISA
- 종교
- 선교

도시 연구에는 글로벌과 로컬 간의 상호 작용에 대한 주요 관심 분야가 있다. 사스키아 새선(Saskia Sassen)의 『글로벌 네트워크, 링크된 도시』(Global Networks, Linked City) 및 알렌 J. 스코트(Allen J. Scott)의 『글로벌 도시-지역: 동향, 이론, 정책』(Global City-Region: Trends, Theory, Policy)과 같은 연구에서 예를 찾아볼 수 있다. 나에게 가장 인상 깊었던 것은 유리 새비르(Uri Savir)가 설립한 '글로컬포럼'(The Glocal Forum)과 이 단체의 네크워크 '글로벌메트로시티'(Global Metro City)에 대한 광범위한 정보였다. 이 네트워크는 스위스 취리히와 이탈리아 로마에 지사를 두고 있다.

> 글로컬포럼-글로벌메트로시티는 평화와 발전에 기여하기 위한 목적으로 도시와 지구촌 간의 새로운 관계를 구축하기 위해 일하는 비영리 단체이다. 2001년에 설립된 이 기구는 글로컬화 과정에서 글로벌 거대 권력이 지역 권력과 문화적 다양성을 존중하도록 장려한다. 글로컬 포럼은 새로운 형태의 외교, 즉 도시 외교를 통해 글로벌과 지역 간에 보다 공정한 균형을 이루는 것을 목표로 한다(info@glocalforum.org 2005, see also www.wearethefuture.com).

나는 자료를 찾다가 시대에 앞서가고 있는 한 교단과 지역 교회를 발견했다. 버지니아 침례교 선교위원회는 모든 선교 프로그램을 "글로컬 선교와 복음 전도"라고 명명했다. 관련 웹사이트는 다음과 같이 설명한다.

공동의 선교 정신으로 하나 된 우리는 세계가 21세기로 전진함에 따라 새로운 도전에 직면하게 된다. 글로컬 선교와 복음 전도팀은 모든 버지니아 침례교인들이 그들의 삶에서 하나님의 부르심을 성취하기 위해 선교에 참여하기 원한다. 우리의 목적은 다른 사역 파트너와 협력해서 그리스도의 증인이 되고 그리스도의 사역을 버지니아와 땅 끝까지 전하기 위해 개인과 교회를 동원하고 훈련시키고 온전하게 하는 것이다(www.vbmb.org/glocalmissions/default.cfm, 2005; 현재는 비활성화 되었음).

위와 비슷한 비전을 구현하려는 대형 지역 교회도 있었다. 설립자인 밥 로버츠(Bob Roberts)가 세운 노스우드(Northwood)교회가 개척한 세 교회, 곧 네바다주 라스베이거스, 조지아주 히람시, 캐나다 온타리오주 오크빌에 위치한 교회들과 함께 '글로컬넷'(Glocalnet)을 만들었다. 그 웹사이트에서 그들은 선교 목표를 다음과 같이 설명한다.

노스우드교회 목표는 지속적 변혁을 통해 하나님을 찬양하는 것이다. 우리는 변혁이 계속 진행하는 과정이라고 믿는다. 변혁은 개인 예배와 공동체 예배를 통해 하나님과의 지속적이고, 성장하고, 상호 작용하는 관계의 결과물이다. 변혁은 공동체의 결과이다. 하나님은 우리를 섬에서 혼자 살게 하시지 않았다. 그렇기 때문에 여러분은 거의 매일 노스우드교회에서 온 그룹이나 팀들이 서로 격려하고, 도전하고, 지지하기 위해 함께 만나는 것을 보게 될 것이다.

변혁은 또한 우리가 다른 사람들에게 서비스를 제공할 때 글로컬(로컬 및 글로벌) 영향의 결과이기도 하다. 노스우드교회에서, 우리는 그것이 우리에 대한 전부라고 생각하지 않는다. 우리는 하나님의 사랑을 나눌 때 행동이 말보다 더 큰 결과를 가져온다고 믿는다. 그렇기 때문에 우리는 동북 태런트 카운티(Northeast Tarrant County)의 필요를 충족시키는 것뿐만 아니라 전 세계의 필요를 충족시키는 데 집중하고 있다. 노스우드 가족이 손을 내밀어 함께 봉사하면 개인, 공동체 그리고 지구촌의 변혁이 일어난다. 노스우드의 글로컬 선교 사역에 대해 자세히 알아보려면 당사 사이트의 글로컬 섹션을 확라 (http://northwoodchurch.org/ 2005).

2004년 인도네시아에 쓰나미가 덮치기 5년 전, 레너드 스윗(Leonard Sweet)는 그의 탁월한 책 『소울 쓰나미』(Soul Tsunami)를 출판했다. 이 책은 적어도 지난 500년 동안 세계가 보아 온 가장 위대한 전환기를 보여 주는 금세기의 변혁을 묘사하고 있다(Sweet 1999). 스윗은 이 책의 한 장에 "라이프 링 # 8: 글로컬이 되라"(Life Ring # 8: Get Glocal")는 제목을 붙였다. 스윗은 피터 드러커의 말을 바탕으로 "오늘날의 모든 조직은 바로 그 구조 안에 조직이 하는 모든 일을 조직적으로 파기하는 내부장치를 만들어야 한다"고 말했다 (Drucker 1993; Miller 2004; Sweet 1999).

스윗은 쓰나미 규모의 변화에 대한 능동적인 삶의 대응에 "글로컬이 되려는" 노력이 포함되어야 한다고 제안한다(Sweet 1999) 이 장에서는 '글로컬'에 대한 정의를 찾을 수 없다. 다만 우리는 스윗이 제시하는 이슈를 고려한다. 스윗은 '글로벌'과 '글로벌화'라는 단어를 쓰지만, 스윗은 '글로컬'에 대해 다음과 같이 기술한다.

> 아침에 집을 나서기 전에, 여러분은 이 세상이 얼마나 글로벌(글로컬?)하게 되었는지를 경험한다. 당신이 아침에 마시는 그 첫 커피만 해도, 4개 주와 6개국의 도움을 받아야만 커피를 마실 수 있다.
> 파이어스톤(Firestone) 소유자가 누구죠?
> 일본의 브리지스톤(Bridgestone)이다.
> 닥터 페퍼(Bridgestone) 음료회사의 소유자는?
> 영국의 캐드베리/슈베페즈(Cadbury/Schweppes)이다.
> 누가 필스버리 도우보이(Pillsbury Doughboy)의 단추를 누르지?
> 기네스(이 회사를 소유한 나라는?)와 그랜드 메트로폴리탄에 의해 만들어진 회사 디아지오(Diageo).
> "세계화"는 세계적인 투자 문화가 번성하고 있는 21세기의 두드러진 경제 흐름 이상이다. 그것은 또한 세상을 살아가는 새로운 방식이다.
> 새로운 생물학과 새로운 물리학의 결합은 이 새로운 세계 문명에 대한 기본적인 은유를 제공한다. 이 신문명은 전뇌 경험, 전생 기대, 개인화된 표현 그리고 세계화된(글로컬화된) 의식을 존중하고 장려한다.
> 이 세계 문명의 전대미문의 본질을 과소평가할 수 없다. 우리는 전 세계 모든 사람이 참여하는 상호 의존적이고 연동된 경제 시스템을 가지고 있다. 글

로벌 통합은 넷(Net)을 주요 매체로 하여 거의 보편화되고 있다(Sweet 1999, 121-22).

나는 스윗이 다면적이고 다방향적이며 상호 작용적인 동적 영향에서 지역 및 지구촌 간의 상호 관계를 강조했다고 생각한다. 그래서 그의 도전은 분명하다.

다른 사람들이 세상을 변화시키는 일에 대해 이야기하게 하세요. 교회가 다른 세상을 만들어 낼 때가 왔다. 세상에서 뛰어난 사람이 되려 하지 마라. 다른 세상을 만들어라. 세상을 구속하는 꿈, 새 꿈을 꾸라(Sweet 1999, 126).

우주의 글로컬 관점은 연못에 던져진 작은 돌멩이 하나가 대지를 뒤흔드는 파문을 일으킨다는 것을 인식한다. 그리고 지구상의 지각판의 작은 움직임이 인류 역사의 흐름을 바꾸는 파도를 일으킨다. 교회론에서 그리고 특히 선교적 교회론에서, 우리는 지역, 국가 그리고 세계를, 서로를 따로 상대하는 데 익숙해져 왔다. 예를 들어, 우리는 지역 교회의 지역 또는 이웃 전도, 이웃 사역, 이웃 선교에 대해 말하는 경향이 있다. 그리고 지역 교회는 교회의 가장 가까운 맥락의 지역적 필요를 채우기 위한 특별 위원회를 조직할 것이다.

최근까지, 북아메리카의 교단들은 전형적으로 일종의 '홈 미션 보드'와 또 다른 '세계/글로벌 미션 보드'를 가지고 있었다. 이 지역-글로벌 분열은 사실 미국의 많은 주요 교단에서 악화되고 있다. 미국의 많은 지역 교회들은 현재 그들의 시간과 관심, 인력과 돈 대부분을 교회 건물과 가장 가까운 곳에 사는 사람들의 필요를 채우는 데 쓰고 있으며, 국가 또는 세계 각지의 사역과 선교에 대한 그들의 참여를 줄이고, 경우에 따라서는 아예 축소하고 지역 봉사를 하고 있다. 이에 대한 일차적인 예외는 교회 신도들의 단기 선교 여행이다.

사실 단기 선교는 선교라기보다는 기독교 관광의 일종일 수도 있다. '세계화'라는 개념이 이런 흐름에 역행하는 것 같지는 않다. 반대로, '세계화'에 대한 많은 논의는 글로벌을 현지와 비교해 글로벌의 위력이 현지 상황에 미치는 영향을 분석하는 것으로 보인다. 글로벌 관점은 다소 보호주의적인 태도를 보인다.

이와는 대조적으로, 글로컬 관점은 우리가 근대 대(vs) 포스트 모더니티에 대한 논의보다 한 걸음 더 나간다(Van Engen 1996). 식민지 시대 이후의 글로벌 미션에 대한 질문보다 더 나간다(Hiebert 1991). 아마도 세계화 문제에 대한 논란을 넘어설 수도 있다(Tiplady 2003). 글로컬화는 오히려 동시에 상호 작용하는 렌즈를 통해 세계를 인식하려고 한다.

상호 작용은 영향을 미친다. 글로벌과 로컬의 역동적이고, 항상 변화하며, 다차원적인 상호관련성을 보여 준다. 이 동적 상호 작용은 한때 '로컬'로 알려졌던 것이 쿼크나 전자 하나가 전체 우주의 일부인 것과 같은 방식으로 그 자체가 '글로벌'의 한 측면임을 인식한다. 그리고 글로컬은 우리가 한때 '글로벌'로 알았던 것이 오직 지역 안과 지역을 통해서만 구체적으로 표현될 수 있다는 것을 인식한다. 사실, 21세기 선교는 윌렘 세이먼(Willem Saayman)이 제안한 것처럼 상승하는, 결코 끝나지 않는 나선 혹은 "부메랑 효과"를 포함한다.

> 나는 적절한 선교적 교회론은 선교에서 선형적 과정 개념(the concept of linear process)을 재고할 것을 요구한다고 주장하고 싶다. 나는 교회에서 선교로, 교회에서 교회로 가는 과정과 진전은 오히려 순환적이고, 구체적으로는 결코 끝나지 않는 상승곡선으로 보아야 한다고 주장한다. 따라서 처음부터 그 진전은 '보내는' 교회에서 멀리 떨어진 '미션 필드'로 직선적으로 직진하는 것이 아니라, 계속해서 곡선을 그리며 다시 교회로 되돌아오는 것이다. 만일 우리가 사도행전 1:8의 명령에 순종한다면, 나는 그 운동이 예루살렘에서 유대로 그리고 다시 예루살렘으로, 사마리아로 그리고 다시 예루살렘으로, 땅 끝까지 그리고 예루살렘으로 돌아가는 곡선이라고 주장할 것이다. 이런 이해는, 내 생각에는, 교회가 선교적 책임을 이행하는 데 필수적인 전제 조건으로서 상호성과 상호 의존성 역할을 더 잘 표현하고 있다. 이것은 전도자들이 항상 새로운 복음을 전달받아야 한다는 것을 암시한다.
> 잘 알려진 은유를 사용한다면, 햇병아리 선교사들은 무슨 일이 생기면 항상 집으로 돌아와 해결책을 찾는다. 또는 새로운 은유로 말하자면, 이것이 기독교 선교의 본질적인 "부메랑 효과"이다. "보내는" 교회는 교회의 선교 활동에 의해 변하지 않을 수가 없고, 또 그래야 한다. 교회가 근본적으로 선교적 본질을 가지고 있다면 그러하다(Saayman 2000).

양자물리학은 물질이 에너지 표출 중 하나라는 것을 우리에게 가르쳐 주었다. 우리는 이제 영원이 지극히 작은 물질에서 발견된다는 것을 안다. 성경 말씀에서, 한 명의 죄인이 회개할 때 온 하늘이 모두 기뻐한다(눅 15:7).

나는 원래 고난주간 동안 이 부분을 썼다. 예수 그리스도의 수난과 부활 이야기를 다시 묵상했다.

우리 주님의 십자가와 부활의 글로컬한 의미가 떠올랐다. 그 '1세기'에 예루살렘 근처에서 로마 십자가에 매달리신 예수님께서 "다 이루었다"(요 19:30)라고 선언하시면서 시공간 전체가 순식간에 변모했다. 그리고 부활하신 예수 그리스도께서 부활절에 제자들에게 "너희에게 평강이 있을지어다"(눅 24:36)라고 속삭이자 모든 삶과 인간의 존재가 바뀌었다. 시간과 공간 모두에서 로컬과 글로벌은 서로 연결하고 서로를 통해 자기 자신으로 다시 연결된다. 그리고 글로컬한 영원은 한 순간에 완전히 변모한다.

이 엄청난 사실을 나는 어떻게 이해할 것인가?

나는 인터넷의 특성에 대해 생각해 보면 이 새로운 현실의 비전에 대해 마음을 쏟는 데 도움이 된다는 것을 알게 되었다. 모든 그림이나 유추에는 한계와 한계들이 있다. 하지만 나는 독자들이 인터넷을 21세기 글로컬 교회에 관한 비유로 이해하기 바란다. 인터넷을 이런 관점으로 바라볼 때, 복음을 전하는 장소와 경로로서 인터넷을 생각하거나, 웹 페이지를 만들어서 사람을 끌어들이고 광고하는 것을 의미하지는 않는다. 그것은 다른 문제이다. 그중에서도 숀 레드포드(Shawn Redford)는 그가 "얼굴 없는 프론티어 마주하기"(Facing the Faceless Frontier, Redford 1999)라고 불렀던 선교 과정인 인터넷과 관련해 우리 모두가 교회의 선교를 재고해야 한다는 도전을 해 왔다. 여기서 나는 뭔가 다른 것을 제안하고 싶다.

21세기에는 글로컬 예수 그리스도의 교회가 어떤 모양일까?

인터넷 만화경을 통해 그 구조와 조직 측면에서 본다면 어떤 모양일까?

이상한 나라의 앨리스처럼, 이 유리잔을 통해 바라보며, 나는 각 지역 교회, 예수님의 제자들, 즉 "두세 사람이 내 이름으로 모인 곳에는 나도 그들 중에 있느니라"(마 18:20)를 데스크탑 PC로 상정한다. 현재 내가 이 장을 쓰고 있는 노트북과 같은 이 지역 교회 PC는 인터넷에 연결할 수 있는 케이블이나 전화선을 가지고 있을 것이다. 내 데스크탑 컴퓨터로 상정하는, 이 '작은 교회'('c')에는 5, 50, 500 또는 5000명의 예수 제자들이 연결되어 참여할 수 있다.³ 컴퓨터 용어로 내 컴퓨터는 PC의 메모리 용량, 저장 공간, CPU 파워, 인터페이스 기능 등에서 다른 PC와 다를 수 있다. 그러나 크기에 상관없이 기본적으로 같은 PC이다. 마찬가지로 지역 교회의 규모와 상관없이, 교회는 신학적이고 성경적인 본질에서 같다. 교회는 여전히 기본적으로 예수 그리스도의 제자로 모이는 사람들의 회중(kaleo)이다.⁴

조직이 2단계로 전환해, 나는 PC를 다른 두 대의 데스크톱 컴퓨터와 랩톱과 함께 집에 네트워크로 연결했다. 나는 각 컴퓨터를 무선 네트워크에 연결해 이 작업을 했다. 네 대의 컴퓨터가 모두 가동되어 실행 중일 때, 나는 네 대의 컴퓨터의 모든 하드 드라이브에 있는 모든 데이터에 동시에 접근할 수 있다. 그러나 각 PC는 고유의 하드웨어와 소프트웨어 구조를 가지고 있다.⁵

이것은 교회들의 지역 그룹 또는 지역 사법제도와 유사하다. 같은 생각을 가진 지역 교회 집단은 네트워킹 하드웨어와 소프트웨어, 교회 구조 그리고 그들을 하나로 묶고 그들의 상호 관계와 상호통신을 촉진하는 개인적 관계를 필요로 한다. 각 지역 신도들은 그들만의 리더십, 통치, 구조 그리고 다른 내부 시스템을 가지고 있지만, 그들 사이에는 어느 정도의 협력, 펠로우십, 책임감, 인정 그리고 권한 부여가 있다. 컴퓨팅 측면에서 이들은 '로컬 네트워크'이다.

네트워킹 하드웨어는 마을에서 성직자 협회나 목사 기도회처럼 조직적으로 느슨할 수도 있고, 로마가톨릭 교구나 감리교 교구 조직처럼 빡빡할 수도 있다. 물론, 이 '네트워크'의 정도, 깊이 그리고 구조적 응집력은 그 집합체의 네트워크가 속한 교회적 정책에 달려 있다.

이제 우리는 조직 3단계로 이동한다. 몇 년 전, 인터넷이 걸음마 단계였을 때, 많은 사람이 이메일이라는 아이디어에 크게 매료되었다. 나는

---

3 나는 리더십, 구조, 조직, 행정 그리고 다양한 규모의 집단에 대한 커뮤니케이션에 대한 가장 통찰력 있고 실용적인 분석 중 하나가 라일 샬러의 '거울 들여다보기'라고 생각한다. Lyle Schaller, *Looking in the Mirror*, 1984.
4 지역 교회 신도들은 사실 그 부분의 합보다 더 많다. 단지 교회당에 모이는 사람들의 총체 그 이상이다. 개인의 합을 교회라는 더 큰 연합체와 어떻게 연관시키느냐가 중요한 문제이다.
5 각 컴퓨터에 올바른 소프트웨어 프로그램이 설치되어 있다면 이 작업을 수행할 수 있다. 이것이 컴퓨터 유비이다. 여기에 다양한 형태의 교회 조직이 있다. 로마가톨릭, 정교회, 개신교(성공회, 장로회, 회중교회, 또는 신사도개혁교회) 등의 소프트웨어 프로그램과 같은 구조가 있다.

AOL(America Online)에 가입한 첫 5만 고객에 들었다. AOL이 사용하던 로컬 '서버'가 고객의 수요를 충족시킬 만큼 빠르게 확장되지 않아 수십만 가입자가 제기한 집단소송을 맞았던 한 해를 기억한다. 물론 AOL은 현재 서버에 대한 액세스를 제공하는 많은 회사 중 하나일 뿐이다. 그리고 이제 전세계 대부분의 대학이 캠퍼스에서 의사소통을 용이하게 하기 위해 그들만의 서버를 자체로 설치했다.

내 아내 진(Jean)은 캘리포니아 두아르테 시에 있는 '시티오브호프'(city of hope)라는 큰 암 연구 기관에서 수년간 일했다. 시티오브호프는 커뮤니케이션을 통합하고 3,000명 가까운 직원으로 구성된 기관을 효과적으로 운영하는 데 필요한 모든 조직, 관리 및 대인 관계를 지원하는 자체 내부 서버를 보유하고 있다. 컴퓨팅 환경에서 이것은 '인트라넷'이다.

20세기 아시아, 아프리카, 중남미에서 생겨난 서유럽의 주교회, 미국 교단, '각 국가교회'를 '인트라넷' 시스템의 일종으로 간주한다. 전 세계적으로 로마가톨릭교회를 보면 거대한 인트라넷과 같다고 말할 수 있다. 개신교에서는 비록 세계 연합, 동맹, 펠로우쉽, 의회 그리고 비슷한 교회 전통을 공유하는 다양한 교파와 국가 교회를 한데 모으는 회의들이 있지만, 내 마음속에서는 이런 것들이 인트라넷으로 생각될 만큼 구조적으로 촘촘한 방식으로 기능하지 못한다.

람베스 회의(Lambeth Conferences)를 중심으로 한 성공회/에피스코팔 네트워크는 개신교 인트라넷의 일종으로 여겨질 수도 있지만, 최근 몇 년간 이마저도 흐트러지기 시작했다.

글로벌 뱅킹은 인터넷에 의해 변화되었다. 비자(VISA)는 글로컬 현실이다. ATM 카드로 내 은행 계좌에 들어가기 위해 나는 실제로 내 집에서 몇 블록 떨어진 은행 지점에 가야 할 수도 있다. 하지만 내가 ATM 카드로 그 시스템에 접속하면, 나는 내 지역 지부가 속해 있는 글로벌 네트워크의 일부가 된다. 다른 은행의 현금인출기에서도 비자 카드를 사용할 수 있다. 그 경우 또한, 나는 인터넷 뱅킹 시스템에 접속하게 된다. 인터넷 뱅킹은 지역적이면서도 동시에 글로벌한 현실이다.

교회의 글로벌 보편성에 대한 생각이 깊어지고 넓어지면서 예수 그리스도의 교회를 일종의 글로벌 인터넷 시스템으로 보기 시작할 수도 있다. 인터넷은 내가 지금까지 설명한 것과 존재론적으로는 다르다. 특히 인터넷 컴퓨터 언어의 발명 이후, 인터넷은 눈에 보이지 않게 유기적으로 구성된 지구 통신 경로가 되었다.

내가 글을 쓰고 있는 집 사무실에서, 나는 기본적으로 항상 인터넷에 연결되어 있는 케이블/모뎀을 사용한다. 내가 인터넷 통신 소프트웨어를 불러올 때, 거의 기적적인 일이 일어난다. 내 컴퓨터는 순식간에 인터넷의 일부가 된다. 그리고 컴퓨터를 통해 나는 경이롭게 거대한 글로컬 전자 시스템에서 하나의 작은 구성 요소가 된다. 내 데스크탑 PC는 더 이상 자율적이고 개별적인 컴퓨터가 아니며, 인터넷도 단지 그러한 개별 컴퓨터의 합이 아니다. 오히려, 내 PC는 이제 훨씬 더 큰 전체의 필수적인 부분이 된다.

나와 내 컴퓨터가 인터넷이 된다. 다시 말해, 인터넷에 로그인하면 책상에 앉아 있는 PC가 즉시 글로벌화되므로 로컬과 글로벌이 동시에 이루어진다. 이는 로컬 및 글로벌 간의 상호 작용에 있어 글로컬로 통합된 것이다.

이 방식이 내가 21세기 예수 그리스도의 교회를 글로컬하게 생각할 필요가 있다고 생각하는 수준이다. 내 PC와 인터넷과의 관계와 비슷하게, 내가 예수님의 이름으로 다른 기독교인들과 모였을 때, 나는 하나님의 가족과 함께 그 순간 그 모임에서 15억이 넘는 예수님을 따르는 사람들, 즉 바울이 에베소서 3:14-21까지를 통해 말하는 매우 큰 가족이다. 내 PC처럼, 내 지역의 '회중들'은 이제 모든 곳에서 항상 예수 그리스도를 믿어 왔던 모든 사람에게 영적, 유기적, 일시적, 공간적으로 연결되어 있다.

우리가 주 예수 그리스도를 예배하기 위해 모이면서, 우리는 그리스도 안에 있는 전 세계의 모든 다른 기독교인과 즉시 서로 연결된다. 이것이 "성령의 능력 안에" 존재하는 글로컬 교회이다(Moltmann 1977). 이런 글로컬 현실은 '작은 교회'('c')가 사실 '큰 교회'('C')의 필수적 부분이라는 것을 인식하게 한다. 이 사실은 지역 교회들의 선교적 삶에 대한 우리의 이해를 변화시킨다. 그러한 지역 교회들은 예를 들어, 정교회에서 표현된 것과 같이 '전체를 위한 부분'을 의미하는 '파스 프로토토'(pars pro toto, a part for the whole)만을 의미하지 않는다.

교회 전체가 그 지역 교회 안에 있고, 그 지역 교회는 전체 교회의 일부이기에 존재한다. 왜냐하면, 지역 교회는 전체 교회의 일부이기 때문이다. 그렇다면, 글로컬 개념은 우리에게 교회의 보편성을 이해하는 새로운 방법을 제공할지도 모른다. 이어지는 다음 내용에서 교회가 교회의 본질, 교회의 연장 그리고 교회의 선교 등에서 글로컬하다는 점을 고려하며 탐구한다.

글로컬 교회는 21세기 교회의 보편성을 표현하는 방법이다. 그러나 그것을 단언하기 위해서는 교회가 '가톨릭' 또는 '보편성'이라고 말할 때 그 용어를 어떻게 이해했는지 검토할 필요가 있다.

3. 21세기 예수 그리스도의 교회는 본질상 글로컬하다[6]

베드로의 오순절 설교 이후 탄생한 교회는, 바울의 이방인 선교에 계속 동참했다. 교회는 생애 첫 세기에 놀랄 만큼 빠른 수치와 지리적 팽창을 보여 주었다. 속사도, 교부, 변증가 그리고 후기 니케아 교부들을 통해 철저한 교회의 모습을 보여 주었다. 기독교 교회는 전 세계에 있는 남녀를 교회의 품에 안기게 하는 일에 헌신했다. 20세기 동안 교회는 그 속성을 설명하기 위해 네 개의 단어를 사용해 핵심적인 본질을 정의해 왔다. 이들 중 하나가 보편성이다.

"나는 하나의 거룩한 가톨릭교회와 사도적 교회를 믿는다."

하나님의 의도의 보편적 범위, 그리스도의 주 되심의 보편적 범위, 하나님 나라의 보편적 범위 때문에, 예수 그리스도의 교회는 항상 그 자체를 보편성을 드러내는 존재로 이해해 왔다. 왕이 왕 되신 예수 그리스도께서 모든 민족을 다스리시기 때문에 교회는 선교적 과제의 범위를 모든 민족을 포함하는 것으로 이해했다.

케네스 크레이그(Kenneth Cragg)는 말했다.

> 복음에는 모국이 없다.[7]

복음의 보편적 본질은 교회가 모든 인간을 포함시키고, 부르거나 포용하는 지구촌이 되면서 비로소 진정한 자신의 모습을 찾을 수 있다는 것을 의미했다. 로버트 글로버는 말했다.

---

6 이 부분은 나의 책 내용을 요약한 것이다. Van Engen 1981, in loco.
7 D. T. Niles 1962, 248에서 인용.

선교 운동의 근원은 하나님의 위대한 마음이다.[8]

사실 교회의 본질인 보편성의 근원 자체가 하나님의 크신 마음이다. 그리스도의 보편적 지배는 그리스도의 몸된 교회의 본질에 보편적인 영향을 미친다.

요한계시록이 묘사하는 모든 민족, 가족, 부족, 국가 모두의 믿음에 의한 구원의 제시와 통합의 보편적인 모티브는 교회의 역사에서 거듭 반복되어 왔다. 신약성경의 초기 교회, 초기 교회 교부들, 수도원 운동, 제2차 바티칸 공의회는 각각 나름대로 동일한 기본적 진리에 대한 표현을 모색해 왔다.

모든 민족이 그리스도와 그리스도의 몸인 교회와 점점 더 친밀해져야 한다는 것이 하나님의 뜻이다. 이런 보편적 목적은 교회가 하나님의 백성으로서 무엇이냐 하는 교회의 본질에 내재되어 있다. 그들은 온 세상에서 모인 하나님의 백성이다. 따라서 그들이 그 모임에 참여하는 것은 그들의 존재에 필수적이다. 하나님의 백성으로서 교회는 그리스도에 참여하고 그리스도의 보편적 구원에 참여할 때, 지구 사방에서 온 사람들을 모아 그의 몸, 교회가 되게 한다.

처음부터 교회라고 자칭했던 이 기독교 공동체는 매우 독특한 특징을 가지고 있었다. 이 가운데 두드러진 것은 교회의 초기 정의로 이해할 수 있는 바울 사도의 축도에서 강조된 '성령의 공동체'로서의 교회 개념이었다. 교회는 "주 예수 그리스도의 은혜와, 하나님의 사랑과, 성령의 교통하심이" 함께 하는 곳이다(고후 13:14).[9]

케네스 라투레트(Kenneth Scott Latourette)는 성령의 교통하심으로서 교회의 놀라운 성장에 영향을 주는 요소들에 대해 질문했다. 처음에 그는 초기 교회 외적인 다양한 요소들을 열거하고 다음과 같은 결론에 도달했다.

---

8   R. H. Glover 1946, 13.
9   미니어(S. Minear)는 신약성경의 교회의 이미지에서 이 점을 지적한다. S. Minear, *Images of the Church in the New Testament*, 133-35. 데이비스(J. G. Davies)를 보라. J. G. Davies 1965, 55, 데이비스는 여기서 "성령론 관점으로 볼 때 교회는 성령의 현재와 미래의 활동을 통해 종말론적 완성을 향해 뻗어 나가는 역동적인 신앙집단"이라고 평한다.

인류 역사상 이렇게 큰 비율로 인류가 어떤 특정한 하나의 신앙을 받아들이기에 그렇게 유리한 조건을 가진 적은 한 번도 없었다.[10]

라투레트는 이런 외부 요인들과 함께 매우 중요한 내부 요인도 고려해야 한다고 지적했다. 그는 기독교가 포용적이었다고 썼다.

기독교의 발흥에 있어서 놀라운 승리를 가져온 교회의 자질은 언제부터 있었는가?
신중하고 정직한 연구조사는 오직 한 가지 대답만 할 수 있다. 예수님이다. 기독교 교회를 낳고 그 영감과 공동의 끈을 이어 간 것은 예수님에 대한 믿음이었고 그분의 부활이었다. 초기 제자들은 예수님의 명령으로부터 복음이 성별, 인종, 문화적 배경을 불문하고 모두에게 선포된 것이라고 한목소리로 증언한다.[11]
"처음부터 기독교는 모든 신자의 본질적인 하나 됨에 대한 강한 정서와 믿음과 사랑의 띠로 함께 묶인 몸 공동체에서 그러한 통일성을 가진 모습을 보여 주고자 하는 열망을 가지고 있었다."[12]

이것은 초기 기독교 교회의 놀라운 자질이다. 기독교 교회는 극도로 배타적이고 내성적이었던 당시의 밀교 같은 종교가 아니었다. 오히려, 사도행전 2장에 나오는 베드로의 오순절 설교에서와 같이, 가장 초기부터 기독교는 그 메시지를 선포하고 남녀노소, 노예와 자유인, 로마인, 유대인, 그리스인, 바바리아인 그리고 복음 메시지를 받을 모든 사람에게 교회생활을 확장하려는 급진적이고 포용적인 종교로 인식되었다.[13] 교회가 보편적으로 성장하면서 본질적 표현으로서의 보편성을 드러냈다.

---

10 K. S. Latourette 1967, 364.
11 Ibid., 1953, 106-7.
12 Ibid., 1967, 364.
13 사도행전 2:9-11에 나오는 국가 목록과 로마서 1:14, 고린도전도 12:13, 갈라디아서 3:28에 나오는 바울의 논지진술을 비교하라. 데이비드 보쉬도 이 논지를 강조한다. David Bosch, 1980, 94-95.

초기 교회의 자기 인식에 대한 가장 초기의 언급 중 하나는 디다케(Didache)에서 찾아볼 수 있다.

> 성찬에서 부숴진 이 떡이 성산에서 나누어졌나이다. 성도들이 성체를 받기 위해 모여 하나가 되듯이. 주님의 교회가 땅 끝에서부터 하나님 나라로 함께 모이게 하소서. 예수 그리스도를 통해 영광과 권능이 주께 영원토록 있사옵나이다.[14]

우리가 사도행전 2장의 신약성경 민족 목록에서 볼 수 있듯이, 교회의 본질에 관한 가장 초기 개념들은 어떤 보편적 생각을 포함하고 있다. 그들의 교회는 한 인종, 한 민족, 또는 한 언어를 가진 교회가 아니다. 그것은 "땅 끝에서 함께 모인" 교회이다.[15]

기독교 교회의 보편성에 대한 이런 생각은 이그나티우스(c. 35-107)가 서머나인들에게 보낸 서신에서 처음 사용한 "가톨릭"이라는 단어 뒤에 숨겨진 내용으로 이해되어야 한다.[16] 켈리(J. N. D. Kelly)는 이렇게 설명한다.

> '가톨릭'에 관해서, 그것의 원래 의미는 '범용적' 또는 '일반적'이었고, 이런 의미에서 저스틴은 "가톨릭의 부활"을 말할 수 있다. 이런 보편성이 교회에 적용되었듯이, 그 주요 의미는 개교회의 지역적 특성과는 대조적으로 교회의 보편성을 강조하는 것이었다.[17]

당시 초대 교회 교부들의 마음 속에는 눈에 보이는 교회와 보이지 않는 교회를 대조하는 시각에 대한 차이가 아직 없었다. 이 보편적 교제나 교통은 거의 항상 경험적이고 눈에 보이는 사회로 간주했다. 그것은 플라토닉한 관념이 아니었다. 교회는 천국이나 희망사항의 영역에서만 가능한 "보이지 않는" 현실이 아니었다. 교회는 성령에 의해 부름 받은 그리스도의 실제적이

---

14 Henry Bettenson 1956, 70.
15 J. Pelikan 1971, 156.
16 '가톨릭'이라는 단어의 기원에 대해서는, 다음 학자를 참고하라. J. C. Brauer, 1971, 423; H. Küng 1971, 297; Phillip Schaff 1950, 145.
17 J. N. D. Kelly 1960, 190.

고 현존하는 교제였다.[18] 사도적 교부들의 교회는 서기 155년 혹은 156년경에 있었던 폴리갑의 순교에 대해 말하기 위해 서머나 교인들이 쓴 것처럼 "모든 곳에 존재하는 거룩하고 보편적인 교회"이다.

니케아 공의회에 앞서 변증가들은 교회의 통일성을 지상적이고 경험적인 교회에 나타나는 본질로 이야기했다. 예를 들어, 키프리아누스는 말했다.

> 성령께서 하나인 것처럼, 교회가 하나인 것처럼, 세례는 하나이다.[19]
> 그는 그리스도의 교회를 찢고 갈라놓는 그리스도의 성의를 소유할 수 없다.[20]

교회의 경험적 통일성에 대해 그러한 문제를 제기하면서, 키프리아누스는 처음부터 교회의 보편성에 대한 신념을 표현했다.[21] 이레네우스와 키프리아누스 두 사람의 경험적 교회의 통일성에 대한 이런 견해는 가시적 교회의 보편성과 직접 관련이 있었다. 예를 들어, 키프리아누스는 많은 광선을 가진 태양의 비유를 사용했다. 가지가 많은 나무처럼 "다양성이 증가하는 교회는 군중 속으로 멀리 뻗어 나가는 교회이다."[22]

신조를 진술하는 서문에서 이리나에우스는 말했다.

> 교회는 땅 끝까지 산재해 있지만, 교회는 사도들과 그들의 제자들로부터 신앙을 물려 받았다.[23]

4세기 말에는 오늘날까지 놀랍도록 온전하게 보존된 교회의 정의가 등장했다. '니케아-콘스탄티노폴리탄 신조'(The Nicaeno-Constatinopolitan Creed)는 고백한다.

---

18   Ibid. 1960, cites Clement of Rome, Justin, Ignatius, 2 Clement, and Hermas in this regard, 190–91.
19   Roy Defarrari, ed., 1958.
20   Ibid., ocit., 102.
21   J. Pelikan, ocit., 159.
22   R. Deferrari, ocit., 99.
23   Schaff 1877, 13. Cf. also H. Bettenson 1956, 17 & 121–26.

그리고 나는 하나의 거룩한 가톨릭과 사도적 교회를 믿는다.[24]

이 교회의 초기 정의는 교회에 관해 네 가지 징표를 기술했다. 이 정의는 네 가지 본질을 "논평하고 설명했지만 변증론적 의미로는 쓰이지 않았다."[25] 신조에 표현된 교회의 자의식을 이해하기 위해서, 우리는 그것들이 어떻게 설명되고 사용되었는지를 주의 깊게 관찰해야 한다.

이 점에 있어서 니케아 교부들 중 가장 특별한 사람은 예루살렘의 키릴(315-386)이었다. 키릴은 교회가 가톨릭교회라는 신념을 표현했는데, 이는 보편적이어서 이단적인 모임과 구별되어야 한다는 의미였다.[26] 그러나 이것은 이단적 모임에서 배제된 배타적 의미로 쓰여진 것이 아니다. 키릴에게는 이것이 반드시 '가톨릭'적인 제도적 상하계층을 의미하지도 않았다. 가톨릭교회의 상하계층은 나중에 들어왔다. 예루살렘의 키릴에게, 십자가의 증인이 온 세상으로 퍼져 나간 것이 교회였다(Lect. xii; 40).[27]

이것은 또한 성령의 은사와 축복이 온 세상에 퍼지도록 한다는 것을 의미했다(Lect. xvi, 22).[28] 이 은혜의 보편성은 교회의 본질인 보편성에 영향을 끼쳤다(Lect. xviii, 23 & 24).

> 보편적 교회라 부르는 이유는, 교회가 지구의 한쪽 끝에서 다른 쪽 끝까지 퍼지기 때문이고, 보편적이고 완전히 하나이며, 모든 교리를 가르치기 때문이다. 그리고 교회는 모든 족속을 경건함에 복종시키기 때문이다. 또한, 교회는 모든 죄악을 보편적으로 해결하고 치료한다. 교회를 '에클레시아'라 부르는 것은 정당하다. 모든 사람을 불러내 모이게 하기 때문이다.[29]

그러므로 교회가 모든 사람, 전 세계 모든 사람에게 복을 나눠 주어야 한다. 이것이 진정한 가톨릭교회의 본질적 성격이다. 예루살렘의 키릴 교회론

---

[24] See, e.g., Schaff, 1877, vol. I, 28; Schaff & H. Wace, 1974, vol XIV, 163; H. Bettenson, 1947, 1963, 25-26, and Schaff, 1950, vol II, 536-37; as well as W. Bright, 1892, in loco.
[25] H. Küng, 1971, 266.
[26] See, e.g., Schaff & H. Wace, 1974, 140; G. Bromilev, 1978, 132.
[27] Schaff & H. Wace, 1974, 93.
[28] Ibid., 121.
[29] Ibid. 139-40.

은 요한 크리소스톰(347-407)을 포함한 동시대인들에 의해 공유되었다. 그는 단언했다.

> 교회는 보편적이다. 즉 전 세계에 퍼져 있다.[30]

히포의 아우구스티누스 (354-430)는 "서구 교회의 교부들 중 가장 영향력 있는 인물이었다."[31] 사실, "신약성경 바깥의 어느 기독교 사상가와는 독특한 방식으로 아우구스티누스는 대부분의 서구 기독교 역사에서 교회론의 형태와 내용을 결정지었다."[32] 교회론에 있어서 그의 영향력은 결정적이었다. 어거스틴의 교회론은 매우 방대했다.

> 어거스틴에게 교회는 단지 이곳 지상에서 순례자의 길을 가는 부분만이 아니라, 하늘에 있는 영원한 거룩한 천사의 교회까지 포함하고 있다.[33]

어거스틴이 설명하는 교회는 보편적인 공동체이며, "모든 민족의 공동체"이다.[34] 어거스틴은 교회를 '거룩한 공동체'(*communio sanctorum*)로서 역동적으로 바라본다. 교회는 "세상에 보냄 받은 종말론적 구원 공동체이다. 교회는 또한 땅 위에 있는 '하나님의 도성'이요, 왕국이며, 구원의 기관이다."[35]

우리는 어거스틴의 교회는 사람들이라는 것을 명심해야 한다. 즉, 지상과 하늘에 있는 택함받은 자들이다. 교회는 아직 위계적 계층과 제도로 전락하지 않았다. 어거스틴은 전 세계의 모든 사람에 대해 썼다. 그는 비록 나중에 나온 개혁자들처럼 급진적이지는 않았지만, 하나님만이 알고 계시는 눈에 보이지 않는 선택받은 자의 교회와 "선과 악이 함께 뒤섞여 있고, 마지막 구속의 순간까지 그렇게 '남아 있을 교회'(the *corpus permixtum*)"를 구분해 설명했다.[36]

---

30 J. N. D. Kelly 1960, 402.
31 J. C. Brauer 1971, 72.
32 J. Pelikan 1971, 293.
33 Geoffrey Bromiley 1978, 113.
34 Juan Luis Segundo 1975, 6.
35 David Bosch 1980, 105.
36 51. J. G. Davies 1965, 258. 또한, 다음을 보라. Maurice Wiles & Mark Santer, eds., 1975,

그러나 어거스틴은 교회가 하나의 교회, 하나의 몸, 한 성도의 교제라는 사실을 부정하지는 않았다. 그래서 어거스틴이 가톨릭교회에 있는 수많은 기독교 신자에게 교회에 대해 말했을 때 그리고 이단자들에 대항하고 자신의 교회를 방어하기 위해 설명할 때, 그는 주로 그가 알고 있는 거룩한 공동체, 현재 여기에 존재하는 사람들의 교회에 대해 이야기했다.

어거스틴과 동시대 인물 중 한 명인 레빈의 빈센트(Vincent of Lérins, d. before 450)가 있다. 그는 "빈센트 규범"(Vincoetian Canon)을 제정한 사람으로 유명하다. 그 규범은 모든 곳에 있으며, 언제나, 모두가 믿는 것(*quod ubique, quod semper, quod ab omnibus creditum est*)이다.[37] 빈센트가 언급한 "모든 것"은 교회의 성직자와 위계질서에만 국한되지 않았다.

어거스틴 또한 특히 교회 전체의 기도와 관련해서, 종종 사도적 전통을 반영해 평신도를 포함시켰다.[38] 따라서 어거스틴 생각으로는 신학적 합의를 추구하는 "모든" 사람들은 교회 그 자체만큼이나 넓어야 한다. 수 세기 후 마틴 루터는 "기독교 교회"는 모든 교회와 세계의 모든 기독교인에게 공통적인 이름 "성도의 성결"이라고 단언했다. 그러므로 교회는 "보편적"이다.[39] 그러므로 루터에게 있어서 교회는 전 세계에 퍼져 있었다.

> 나는 여기 땅 위에 그리고 전 세계에 단 하나의 기독교 교회, 즉 보편적 교회가 있으며, 이 교회는 성도들의 보편적 친교, 즉 지구상의 모든 곳에 있는 독실한 신자들과 동일하다고 믿는다. 이 교회는 성령에 의해 모이고, 유지되고, 다스려지고, 성령과 하나님의 말씀을 통해 나날이 강해지고 있다.[40]

존 칼빈은 루터의 교회론에 이렇게 화답했다.

164–65; J. N. D. Kelly, ocit., 413.
37 J. C. Brauer, ocit., 849–50. 야로슬라브 펠리칸(Jaroslav Pelikan)은 이 토론을 잘 요약해 주었다. Jaroslav Pelikan 1971, vol. 1, 334–41.
38 Cf. Pelikan 1971, 339.
39 Martin Luther 1955, 41 (교회와 공의회에 관하여), 145.
40 Lee Woolf, ed., Reformation Writings, vol. 1, 87 (quoted by C. C. Eastwood 1958), 26.

종종 교회라는 이름으로 하나의 하나님과 그리스도를 예배하는 전 세계에 흩어진 인류의 몸 전체를 지칭한다. 보편적 교회는 모든 민족 중에서 선택받아 모인 집단으로, 비록 흩어지고, 서로 멀리 떨어져 있지만, 신성한 신조의 하나의 진리에 동의하고, 하나의 공동 신앙으로 결속되어 있다.[41]

보편성 개념은 단순히 지리적, 수치적 확장 개념 그 이상을 포함하고 있다. 그것은 또한 응집력, 교리적 연속성, 일시적 의미에서의 보편성과 관련이 있다.[42] 여기서 우리는 아브라함 시대부터 성경을 관통하는 주제에 주목해야 한다. 하나님의 구원은 모든 사람을 위한 것이다. 전 세계로 퍼져나간다는 주제이다. 나아가 하나님의 백성인 성도의 교제로서의 교회 개념을 복원하면서 개혁자들은 다시 교회론에서 지리적, 수치적 보편성에 적절한 비중을 부여했다는 점을 주목해야 한다.

그리고 개신교는 종교개혁자들의 견해를 뒤따랐다. 교회가 성도들의 교통이며 전 세계에 퍼져 있는 모든 민족과 언어를 포함하고 있다는 사실 또한 신조에 강조되었다.[43] 그리고 놀랍게도, 이런 신조의 일부는 강력한 분리주의 단체들이 주장하였음에도 불구하고, 그들은 여전히 교회의 보편성 본질을 강조한다. 따라서 개혁자들과 그들의 후예들에게 성도의 교통으로서 교회는 예수 그리스도를 믿는, 모든 종족으로 구성되어 있으며, 전 세계에 퍼져 있다. 따라서 교회는 전 세계 모든 민족을 위한 것이다.

41　John Calvin 1975, IV, 1, 7 & 9.
42　칼 바르트는 이 점을 강조한다. "형용사 '가톨릭'은 일반적이며, 포괄적이라는 의미를 가진다. 이 단어를 교회에 적용하면 그것이 항상 같으면서도 항상 그리고 어디에서나 그리고 어디에서나 인식될 수 있는 덕목을 가지고 있다는 것을 의미한다. 교회는 이런 동질성을 보존하기 위해 노력한다. 교회가 이런 동질성을 인지할 수 없고, 이런 동질성을 보존하려는 관심이 없는 경우, 그것은 가톨릭이 아니며, 예수 그리스도의 교회가 아니다. '가톨릭'이라는 용어는 모든 형태의 동일한 교회 존재를 활성화하고 확인하는 진정한 교회에 대해 명시적으로 설명하고 있다." "'가톨릭'이라는 단어는 지리적 의미로부터 파생되었으며, 여전히 기독교 공동체와 다른 원주민 및 역사적 인간 사회의 관계에 대해 언급하는 넓은 의미를 갖는다. 본질적으로 교회는 모든 인종, 언어, 문화, 계층, 모든 형태의 국가와 사회에서 동일하다." (C. D., IV, 1, 701-3) Cf. also H. Küng, *The Church*, 298-302.
43　See, e.g., *The Belgic Confession*, *The Confession of the Waldenses*, and the *Second Helvetic Confession* (Schaff 1877, in loco).

바르넥(G. Warneck)과 사무엘 즈웨머(Samuel Zwemer) 둘 다 이점을 지적했다. 그들에게 이것은 "종교개혁은 확실히 이교도 선교에 대한 간접적이지만 큰 도움을 주었다"는 것을 의미했다.[44] 사실 루터는 이런 점에서 개신교 선교의 기초를 닦았다.

루터는 기독교의 보편성과 기독교의 가치를 장소, 시간, 계급, 국가 등 모든 종류의 한계 이상으로 높게 유지했다. 루터는 또한 약속의 말씀에 따라 복음이 온 세상에 빠르게 전파되어 모든 민족에 복음의 기쁜 소식이 미쳐야 한다고 확신했다. 그는 말했다.

> 온 세상은 세상의 한두 부분만을 의미하지 않는다. 그러나 사람들이 있는 모든 곳에, 복음이 속도를 내면서 신속하게 전해져야 한다. 그래서 복음이 항상 한 장소에 남아 있지는 않더라도, 복음은 여전히 땅 끝 구석구석까지 소리 높혀 전해져야 한다.[45]

개혁자들은 교회가 본질적으로 복음의 공동체로 모인 사람들로부터 만들어진 것이라고 보았다. 마틴 루터는 그의 95개 조항의 65번째에서 복음을 그물로 제시함으로써 이것을 처음으로 표현했다.

> 그러므로 복음의 보물은 그물인데, 그 오래된 그물로 그들은 부자들을 잡았다.[46]

존 칼빈은 이 아이디어를 조금 더 발전시켰다. 그는 교회를 그물로 제시하며 처음에는 그물로 고기를 잡을 때 온갖 물고기들이 잡히는데, 그물에 잡힌 어획물을 끌어온 뒤에야 비로소 고기를 분류한다고 강조했다.[47] 이를 통해 수확하는 일과 수확하는 자로서의 교회 본질을 강조했다. 그러므로 "보편적 교회는 모든 민족 중에서 모인 허다한 무리이다."[48]

---

[44] G. Warneck 1901, 11. See also Samuel Zwemer 1950, 208–11.
[45] Ibid., 12.
[46] H. Bettenson 1947, 190.
[47] John Calvin 1975, IV, I, 13, 292. Cf. also *Calvin's Commentaries re: Acts 2:47*.
[48] Ibid., IV, 1, 9 & 20. See also IV, I, 2.

루터와 칼빈이 가르친 수확 모티브는 두 개의 헬베틱 신앙고백(Helvetic Confessions), 스코틀랜드 신앙고백, 하이델베르크 요리문답, 웨스트민스터 신앙고백, 회중교회의 사보이 선언 그리고 1688년 침례 필라델피아 신앙고백과 같은 개신교 교회의 여러 신앙고백에서 두드러졌다.[49]

1903년 웨스트민스터 신앙고백을 개정하면서 미국 북장로교회는 이 모티브를 주요 추가사항으로 만들었다. 이것은 하나님의 구원의 상징적 보편성이 언급될 뿐만 아니라(그리스도 안에서 하나님은 인간의 모든 잃어버린 종족에게 충분한 생명과 구원의 길을 적합하게 제공하고 있다), 그 보편성에서 선교적 측면(그리스도께서 교회에서 모든 민족에게 가서 모든 민족을 제자 삼으라고 명령하셨다)이 도출된다.[50]

교회의 수치적 보편성은 교회에 주어진 보편성의 선물, 즉 그 자체가 하나의 과제를 구성하는 선물로 이해해야 한다. 교회의 수치적 성장은 교회가 세계를 향해 나아가는 역동적 에너지인 교회의 본질이 뒤집힌 것으로 보인다. 이런 사고방식에서 보는 교회의 수치적 성장이 바로 보편적 교회가 보편적이 되려는 보편성의 결과이다.

이것은 승리주의적 자기확대가 아니다. 오히려 모든 민족, 온 세상, 모든 사람에게 열려 있는 성령의 공동체가 모이는 바로 그 교회의 본질적 특성이다. 한스 큉(Hans Küng)이 말했듯이, 보편적 교회는 "계속해서 보편적 교회가 되어야 한다."[51]

교회는 이 세상 어느 한 곳에 고정되어서는 안 된다. 교회는 그리스도의 시간이 촉박하다는 긴박감을 가지고 땅 끝까지 가는 길에 나서야 한다. 이

---

49 See Schaff 1877, III, 219, 874, 458, 324, 657-58, 721-23, and 738-41. 이 신조의 명백한 요소를 리처드 드 리더(de Ridder)가 부정했다. 그는 시대와 상황이 달라졌다고 말했다. 이교도, 토속신앙인, '내 민족이 아닌 사람들'은 더 이상 바다 멀리 떨어져 있는 것이 아니라 오늘날 제자들 주변에 있는 모든 사람이다. 그리고 불행히도, 그리스도의 교회가 세상에 분산되어 있는 이 중요한 시점(소수자, 그들을 기억해야만 한다)에서 신앙고백서는 가장 분명하게 해야 할 것에는 침묵하고 있다. 종교개혁가의 교회 정의는 교회를 자기 자신 밖으로 향하게 하는 신약의 선교적 관점을 거의 고려하지 않았다."(Cf. R. de Ridder 1971, 213-14) 그러나 위에서 언급한 신앙고백서를 고수하는 전 세계 개신교 교회들이 자신들이 분명히 밝힌 '수확하기' 모티브를 심각하게 받아들인다면 리더의 비판은 타당하다고 할 수 없게 될 것이다.

50 Ibid., 919-22.
51 Hans Küng 1963, 377.

런 방식으로 선교는 주님이 직접 오시는 종말을 지향한다. 선교신학은 그것의 목표이다. 그리고 선교신학은 또한 삼위일체 하나님을 경배하는 것이 된다.[52]

벌카우어(G. C. Berkouwer)는 "지상 명령은 사실 교회 보편성의 표현"이라고 지적했다.[53] 이런 이유로 교회가 앞장서서, 모든 사람에게 문을 열고, 접근하고 개방하는 데 앞장서야만 한다.[54] 교회는 모든 사람을 향해 밖으로 나가는 움직임 없이 진정한 교회가 될 수 없다. 교회의 보편성은 교회의 의도적이고 원심적이며 완전히 외향적인 움직임이다. 교회의 의미, 삶 그리고 존재는 이런 외향적인 움직임으로 설명된다. 교회의 세상에서의 위치와 그리스도의 선교에 대한 참여는 이런 외향적 움직임으로 입증된다. 하나님 백성들이 이런 외향적 지향성을 상실할 때 교회는 진정한 교회가 아니다.[55]

교회는 더 큰 보편성을 깊이 염원하는 것 외에는 달리 할 일이 없다. 어니스트 베스트(Ernest Best)는 말했다.

> 보편성은 교회가 교회로 인정받을 수 있는 교회의 핵심적 본질이다.[56]

벌카우어도 이 관점에 동의한다.

> 예수님께서 '가장 필요한 사역'으로고 명령하신 '너희는 가서'(마 28:19)에서 교회가 세상을 향해 가기 전에는 교회의 풍요를 이해할 수 없다. 그토록 하나님은 세상을 사랑하셨다(요 3:16). 그리스도 안에서 하나님은 세상을 자기와 화목하게 하셨다(고후 5:19), 그리스도는 세상의 구세주이시다(요 4:42). 이는 모든 종교적, 문화적 절대화를 철저하게 배제하는 '하나님의 선교'를 계

---

52 W. Andersen, "Further Toward a Theology of Mission," in Gerald Anderson, ed., 1961, 313.
53 G. C. Berkouwer 1976, 106.
54 Cf. Theodore Eastman, *Chosen and Sent: Calling the Church to Mission*, 131.
55 Cf., e.g., Karl Barth C.D. IV, 3, 2, 767-772; G. C. Berkouwer, *The Church*, 392ff and 123; "The Missionary Obligation of the Church," in Norman Goodall, *Missions Under the Cross*, 188-91; R. de Ridder, Discipling, 214-18; H. Bavinck, Our Reasonable Faith, 526-28; G. Peters, *A Biblical Theology of Missions*, 27; Johannes Blauw, *Missionary Nature of the Church*, 115-18; and John Piet, Road Ahead, 18; John Piper 1993.
56 E. Best, *One Body in Christ*, 193.

속 상기시킨다.⁵⁷

교회 보편성의 본질은 교회가 모든 사람, 온 세상을 위해 존재한다는 것을 의미한다. 교회는 모든 언어, 민족, 가족, 문화 중 모든 곳에 존재하도록 부름 받았다. 그러므로 우리는 보편적 교회가 그 깊은 욕망, 그 사랑과 기쁨, 성도의 교제를 가능한 많은 개인, 사람들, 문화 그리고 국가들에게 전하려는 철저한 헌신으로만 그 보편성을 인정받을 수 있다는 결론을 내려야 한다. 이렇게 불타오르는 열정을 잃은 교회는 하나님께서 원하시는 교회의 보편성을 잃어버렸다.⁵⁸

4. 21세기 예수 그리스도의 교회는 글로컬한 관점에서 신학 작업을 한다

21세기에, 우리는 새로운 세계에 살고 있다. 사도행전 1:8은 이제 현실이 되었다. 이제 15억이 넘는 신자들이 그들의 예루살렘, 유다, 사마리아와 땅끝 모든 곳에서 문자 그대로 예수 그리스도의 증인이 되었다. 기독교 교회의 무게중심이 북에서 남으로, 서에서 동으로 이동했다는 것을 우리 모두가 알고 있다. 이런 변화는 세계의 기독교인들의 숫자, 그들이 말하는 언어 그리고 그들을 발견할 수 있는 장소에만 영향을 미치는 것이 아니다. 이런 변화는 또한 선교사 파송이 다원적이라는 것을 의미한다.

교차 문화 선교 단체들은 그들의 선교사를 모든 곳에서 모든 곳으로 보낸다. 오늘날 아프리카, 아시아, 중남미의 교회와 선교사들이 유럽과 북미에서 선교사를 보내고 지원받는 것보다 더 많다는 추정도 있다. 예를 들어, 인도에서만 400개 이상의 개신교 선교 단체들이 인도 국경 안팎에 4,000명 이상의 교차 문화 선교사들을 파송하고 지원하고 있다. 라틴아메리카에는 약 9,000명의 교차 문화 선교사를 파견하고 지원하는 600개 이상의 라틴아메리카 선교 단체가 있는 것으로 추정된다.

---

57 G. C. Berkouwer, *The Church*, 394–95. Berkouwer quotes here from K. Barth, C.D., IV, 3, 2, 874.
58 다음을 참고하라. "Lumen Gentium" in A. Flannery, ed., *The Documents of Vatican* II, 350; and J. Blauw, Missionary Nature, 111.

그러나 오늘날 기독교 교회와 선교 단체의 무게중심이 바뀐 것은 교회의 인종 분포와 교회의 선교신학 수행의 무게중심도 바뀌었다는 것을 의미한다. 기독교 역사는 서양이 더 길다. 그러나 기독교는 원래 서구 종교가 아니었다. 이 사실 때문에 우리가 놀랄 필요는 없다. 기독교는 중동, 북아프리카, 근동아시아 종교였다.[59]

교회는 더 이상 서유럽이나 북아메리카에 집중된 단일 문화적 종교가 아니다. 21세기의 기독교 교회는 적절한 의제, 범주, 대리인, 방법론, 세계관 가정, 합리성의 유형, 관점 그리고 기독교 사상과 전 세계의 삶에 영향을 미치는 관점의 방식에 관해 기념비적 변화를 기록하고 있다. 교회는 이제 글로벌/로컬(글로컬) 실체이다. 21세기 글로컬 기독교 교회는 마음으로 믿고 입으로 고백하는 모든 사람과 언행으로 "예수 그리스도가 주님이시다"라고 선포하는 사람들로 구성되어 있다(롬 10:9-13; 요일 4:1-3).

비록 글로컬 교회가 하나이지만, 그것은 지역적으로 그리고 세계적으로 완전히 다른 문화 상황 안에서 구성되어 있다. 우리는 이제 세계적으로 다양한 신도들로 구성된 세계 교회이다. 하지만 우리는 하나의 교회이다. 바울의 선교적 교회론을 다루는 에베소서에서 바울은 "몸이 하나요 성령도 한 분이시다"라고 기록했다.

> 몸이 하나요 성령도 한 분이시니 이와 같이 너희가 부르심의 한 소망 안에서 부르심을 받았느니라 주도 한 분이시요 믿음도 하나요 세례도 하나요 하나님도 한 분이시니 곧 만유의 아버지시라 만유 위에 계시고 만유를 통일하시고 만유 가운데 계시도다(엡 4:4-6).

기독교 교회는 '성스러운 보편적 교회들'이나 '하나님의 가족들'이나 '그리스도의 몸들'이나 '새로운 이스라엘들'이라는 복수로 고백하지 않는다. 성경적 관점에서 복수형은 교회의 지리적 위치만을 가리키며 교회의 실존적

---

[59] 필립 젠킨스(Philip Jenkins, 2002)는 우리 모두가 데이비드 배럿(David Barrett, 1982)이 세기가 바뀌기 전 20년 동안 말했던 것을 진지하게 받아들이도록 도와주었다. 그러나 젠킨스가 그의 책 제목에 "기독교 왕국"(Christendom)이라는 단어를 사용한 것은 유감스러운 일이었다. 교회는 아시아, 아프리카, 중남미, 오세아니아, 심지어는 유럽과 북미에서도 새로운 "기독교 왕국"을 만들어서는 안 된다.

존재가 아니다. 교회의 본질에는 오직 하나의 교회만 있다. 에베소서에서 교회를 말하는 '에클레시아'는 단수형으로만 나타난다.

칼 바르트가 말했듯이, 우리는 영적으로든 성경적으로든 "본질적으로 분리된 다수 교회들의 존재 그리고 상호 내면적으로 그리고 외부적으로 서로를 배제하는 교회를 정당화할 수 없다. 이런 의미에서 교회의 다원성은 주님의 다원성, 영의 다원성, 신의 다원성을 의미한다."[60]

하지만 우리 몸은 많은 지체를 가진다. 바울은 교회의 유일성을 하나의 몸 지체들 가운데 나타나는 다양한 성령의 선물의 다원성을 설명하는 서문으로 기술한다.

> 우리 각 사람에게 그리스도의 선물의 분량대로 은혜를 주셨나니 그러므로 이르기를 그가 위로 올라가실 때에 사로잡혔던 자들을 사로잡으시고 사람들에게 선물을 주셨다 하였도다 올라가셨다 하였은즉 땅 아래 낮은 곳으로 내리셨던 것이 아니면 무엇이냐 내리셨던 그가 곧 모든 하늘 위에 오르신 자니 이는 만물을 충만하게 하려 하심이라 그가 어떤 사람은 사도로, 어떤 사람은 선지자로 어떤 사람은 복음 전하는 자로 어떤 사람은 목사와 교사로 삼으셨으니 이는 성도를 온전하게 하여 봉사의 일(*eis ergon diakonias*)을 하게 하며 그리스도의 몸을 세우려 하심이라 우리가 다 하나님의 아들을 믿는 것과 아는 일에 하나가 되어 온전한 사람을 이루어 그리스도의 장성한 분량이 충만한 데까지 이르리니(엡 4:7-13).[61]

그래서 하나의 몸인 하나의 교회가 있지만 세상에서 교회 선교를 감당하기 위해 주어진 많은 구성원, 많은 성령의 은사, 다양한 사역이 있다. 이 한 교회의 다원성과 다양성은 우리가 로컬과 글로벌 간의 동시적이고, 일정하

---

60 See Van Engen 1991, 49; quoting from Karl Barth 1958, 675.
61 신사도개혁 운동의 지도자와 교회가 이 구절을 잘못 읽고 잘못 해석하는 선택을 한 것은 안타까운 일이다. 그들은 이 구절을 매우 개인주의적 방식으로 잘못 읽었다. 바울의 '5중 사역'에 대한 설명을 받아들여 이 목록에 위계적인 우선순위를 매기고, 나머지 네 개 사역에 대해 '사도'가 최고의 권위를 차지한다고 본다. 이 구절을 읽을 때, 나는 바울이 이 구절 자체를 포함한 에베소에 있는 바울의 전반적인 유기적 교회론에 기초해 교회를 통일된 몸으로 제시하고, "사도, 예언자, 전도자, 목사, 교사"를 모두가 하나의 몸이고 어떤 특정 은사나 사역에 우선권을 줄 필요가 없는 신체 구성원들에게 주어지는 많은 은사를 예증하는 것으로 이해한다.

며, 역동적 상호 작용을 포함하는 글로컬 교회로 거듭날 것을 요구한다. 우리는 여전히 세계화 세계의 통일성 안에서 다양성의 변증법적 긴장감이 미치는 광범위한 영향을 완전히 인식하지 못하는 것 같다. 이 새로운 현실이 주는 두 가지 시사점을 짚어 보자.

1) 신학과 신학들(Both theology and theologies)

세계화하는 세계에서 선교신학 작업을 하는 것은 반드시 교회의 유일성과 글로컬한 그리스도의 몸을 구성하는 은사의 다양성 모두를 인정하는 신학화 과정을 수반한다. 만약 우리가 이 두 가지 진실 중 하나 또는 다른 하나만을 신봉한다면 우리의 선교신학 작업은 빗나가게 될 것이다. 불행하게도, 수 세기 동안 교회는 사실 그들 중 한 가지 또는 다른 한 가지만을 받아들였다.

한편, 콘스탄티누스 이후 기독교 교회는 독단적이고 단일 문화적인 관점에서 신학 작업을 하는 경향이 있었다. 중세 신학이 바로 그러했다. 신학은 모든 사람에게, 모든 곳에서, 언제나 보편적으로 진리라고 생각되는 일련의 신학적 도그마들(dogmasis)의 집합이다. 이것은 변하지 않는 명제들의 체계적 집합으로 이해되는 단수 명사로서의 '신학' 개념을 만들어 냈다.

신학 작업을 하는 이 단극 중심 관점은 로마교회와 동방교회뿐만 아니라 종교개혁 이후 개신교의 다양한 분파들을 지배했다. 그리고 이런 관점은 또한 폴 히버트(Paul Hiebert)가 그의 이론 "비평적 문맥화"(Critical Contextualization)에서 "비문맥화 시대"라고 불렀던 150년이 넘는 기간 동안 식민지 선교 시대의 신학화 개념이 개신교 선교에 스며들었다(see, e.g., Hiebert 1994, 76-81).

신학을 둘러싼 서구 교회의 패권에 반발해 아프리카, 아시아, 중남미 출신의 신학자들이 신학의 다원적 관점을 주장했다. 이런 견해는 "문맥화"라는 개념을 개신교에서 처음 사용하는 데 자극을 주었다. 쇼키 코(Shoki Coe)는 신학 작업 과정의 다양성과 다중심성을 강조했다. 1972년 세계교회협의회(WCC) 신학교육기금 편에서 부처 간행물을 통해 거듭 강조했다(see, e.g., Coe 1976; Thomas, ed., 1995, 175-76; and Bevans 2002, 153 nn 45 and 46.).

타이테 티에누(Tite Tiénou)는 이 관점에 대해 이렇게 기술했다.

'문맥화'라는 단어는, 신학은 결코 영구적으로 존속할 만큼 발전될 수 없다는 전제를 전달하려는 특정한 목적으로 선택되었다. 기독교인들은 모든 곳에서 모든 문화에서 끊임없이 변화하는 문화에 복음을 연결하는 지속적 신학화 작업 과정에 참여해야 한다. 세상이 지속되는 한, 이런 신학 작업 과정은 계속된다. 토착화가 아닌 문맥화가 이 끝없는 신학 작업 프로세스를 가장 잘 설명하는 용어이다(Tiénou 1993, 247; see, e.g., Kirk 1999, 91; and Van Engen 1989, 97 nn 18, 19.).

지역 신학화 작업으로서의 맥락화 관점은 글로벌과 로컬, 교회와 맥락 간의, 끊임없이 변화하는 상호 작용을 나타낸다. 이 과정은 역사적 상황 분석으로부터 시작해 성경 다시 읽기로 진행되는 글로컬 성찰 과정이다. 이는 다시 문맥에 관한 상호적, 신학적 성찰로 이어진다. 신학화 작업은 기독교인들이 다른 여러 맥락에서 살아가는 기독교인들과 대화하면서 문화적, 사회경제적, 정치적 이슈에 적극적으로 참여하도록 유도하는 신학화 작업을 포함한다.

지역적 맥락에서 신학 과제를 찾는 것은 글로컬 교회가 되기 위한 인식론적 접근법을 찾는 것을 의미한다. 그것은 우리가 지역적 상황에서 하나님에 대해 무엇을 알고 무엇을 모르고 있는지에 대해 질문을 제기한다.

문맥화신학에 대한 인식론적 관점은 1976년 아프리카, 아시아, 라틴아메리카의 22명의 신학자들과 북아메리카의 소수 집단 대표들이 탄자니아 다레스 살람(Dar es Salaam)에서 열린 '제3세계신학자에큐메니컬협회'(EATWOT)를 설립하면서 더욱 관심을 받았다. 이 협회는 2002년에 700명이 넘는 회원을 확보했다(Mbiti 2003, 91). 지난 25년 동안 EATWOT에서 흘러나온 회의 자료, 논문, 출판된 책들은 특히 3분의 2 세계에서 문맥상 적절한 신학 작업을 하는 인식론적 접근법을 강력하게 지지했다.

"문맥화"에 관하여 앤드류 커크는 말한다.

> 문맥화는 문화와 사회경제적 삶의 상호적 영향을 인정한다. 그러므로 복음을 문화와 관련시키면서 문맥화는 문화에 대해 더 비판적(또는 예언적)인 입장을 취하는 경향이 있다. 그 개념은 사회적 부당함, 정치적 소외, 인권 남용의 상황을 변화시키기 위한 특정 이데올로기적 헌신을 수반하는 신학적 방법으

로 진지하게 받아들여질 것이다.[62]

그래서 오늘날 세계 교회를 구성하는 문화적 가정과 의제의 다양성을 보여 주는 맥락과 세계관의 다양성은 '지역 신학들'(local theologies)을 이야기하기 위한 복수형을 사용하게 한다. 그러나 나는 여기서 보충적 진리를 다시 한번 증언한다. 예수 그리스도의 교회는 오직 하나뿐이다. 우리의 딜레마는 이 두 가지 옵션 중 어느 한 편만 받아들일 수 없다는 것이다. 신학 작업을 모든 기독교인에게 강요하는 하나의 획일적 '신학'의 정립으로 보는 것은, 하나님의 계시가 "여러 번, 다양한 방법으로 주어졌으며"(히 1:1), 항상 구체적인 문화 맥락의 범주 안에서 받아들여져 왔다는 진리를 침해한다.

데이비드 보쉬가 말했듯이, "텍스트를 해석하는 것은 문학적 활동일 뿐만 아니라, 사회적, 경제적, 정치적 활동"이기도 하다. 성경의 본문을 해석할 때 우리의 모든 맥락이 함께 작용한다. 따라서 우리는 모든 신학(또는 사회학, 정치 이론 등)이 본질적으로 맥락적임을 인정해야 한다(Bosch 1991, 428).

반면, 지역 '신학들'의 다원적 원자화(atomization of a plurality)는 교회의 통일성, 성령의 통일성, 복음의 특이성, 같은 성경을 읽는 모든 기독교인의 단결을 침해한다(Bosch 1991, 427). 따라서 단일 통일성이나 다원적 원자화 모두 오늘날 세계화하는 세계에서 신학 작업을 수행하는 데 만족스러운 접근법이 아니다. 그래서 21세기 우리 앞에 놓인 과제는 문맥 속에서 하나님을 알 수 있는 방법을 찾는 것이다. 즉, 우리는 여러 문화 속에서 같은 성경을 읽음으로써 글로컬 방식으로 비평적 신학 작업을 하는 법을 배워야 한다.

2) 인식론적 재문맥화(Epistemological Recontextualization)

전 세계 기독교 교회의 무게중심의 세계적 변화는 21세기에 우리가 선교신학 작업을 하는 방식에 지대한 영향을 미치는 두 번째 함의를 준다. "하나의 신학 – 많은 신학"을 조화시키려는 우리의 노력과 더불어, 우리는 신학화에 관련하는 여러 기독교 집단이 있고, 여러 세대의 신자들이 있으며, 교회

---

[62] J. Andrew Kirk 1999, 91. Kirk quotes from Miguez Bonino 1971, 405-7; cited also in Norman Thomas 1995, 174 and David Bosch 1991, 423 & 425.

와 신학에 명목주의와 세속주의가 자라나는 상황에서 어떻게 예수 그리스도의 복음을 재문맥화 해야 하는지 고민해야 한다.

이 새로운 세기의 세계는 문맥화에 대한 우리의 접근 방식을 크게 변화시키는 급진적 변화를 겪었다. 이는 "비평적 신학화"(critical theologizing)에 참여하는 세계 교회의 인식론적 접근을 요구하는 변화이다. 지구 인구의 4분의 1 이상이 어떤 형식으로는 기독교인이다. 그중 3분의 2가 지구 남부와 동부에 산다. 이런 정황에서 이루어지는 문맥화 과정에는 인식론적 노력도 포함되어야 한다. 즉, 문맥화에는 현재 일부 기독교 교회가 다른 기독교 교회와 그들의 맥락에서, 성경을 읽고 복음을 이해한 내용을 공유하는 방식이 포함된다(cf. Phan 2003).

모든 곳에서 온 기독교인들은 그들이 어떻게 하나님을 알게 되었는지를 모든 다른 곳에서 온 기독교인들과 공유할 필요가 있다. 하나님을 아는 각 단계, 각각의 "번역"(cf. Sanneh 1993, 31; Walls 2002, 72-81)은 누구도 이전에 보지 못했던 성경에서 드러난 하나님에 대한 새로운 무언가를 발견할 수 있는 가능성을 제공한다.

> 복음이 새로운 문회에 계속 뿌리내리고, 그런 맥락에서 하나님과 맺은 언약적 관계 속에서 하나님의 백성이 성장함에 따라, 하나님의 계시에 대한 더 넓고, 충만하고, 더 깊은 이해가 세계 교회를 풍성하게 할 것이다(Van Engen 1996, 88-89).

이것은 앤드류 월스가 "에베소서의 순간"이라고 불렀던 것으로, 에베소서를 역사적이고 교차 문화적 관점으로 읽어 낸 독서로부터 나온 것이다.

그렇다면, '에베소서의 순간'은 교회를 이전보다 더 문화적으로 다양하게 만든다. 따라서 잠재적으로 "그리스도의 장성한 분량이 충만한 데까지" 이르게 한다. 우리가 다 하나님의 아들을 믿는 것과 아는 일에 하나가 되어 온전한 사람을 이루게 한다. 에베소서의 순간은 또한 가난한 사람들의 교회를 선포한다. 에베소서의 순간에 에베소서의 질문은 모든 다양성을 가진 교회가 모든 특정 문화영역에서의 상호 작용적 참여, 즉 신체의 일부로 지체로 기능하는 기관에 요구되는 상호 작용적 참여를 통해 교회의 통일성을 보여 줄 것인가에 관한 것이다(Wells 2002, 81).

티에누는 이렇게 제안한다.

> [상황에 맞는 신학 형성 작업 과정에서] 차이를 받아들이는 것은 토착신학의 형성, 즉 기독교의 다중심적 본질과 관련된 중요한 문제를 제기한다. 만약 우리가 다른 문화권의 기독교인들이 우리 신앙을 풍요롭게 하거나 실수를 바로잡는 데 도움을 줄 수 있다고 믿는다면, 우리는 사실상 기독교는 인간 문화에 영구적으로 결합되어 있지 않다는 것을 의미한다. 다시 말해서, 차이를 받아들이는 것은 기독교 신앙은 어떤 문화에도 뿌리를 내릴 수 있다는 것을 의미한다. 결과적으로, 기독교는 신자들의 문화 숫자만큼이나 많은 기독교 중심지를 가지고 있다(Tiénou 1993, 248-59).

성경에 나오는 하나님의 계시와 관련한 우리의 이해가 깊어지고 넓어지고 풍요로워지는 것은 지역 교회들과 글로벌 교회가 상호를 풍요롭게 하는 비평적 신학화 과정을 통해 대화가 진행 중인 경우에만 가능하다. 교회 다양성이 두드러지는, 이 새로운 상황에서 맥락화에 대한 인식론적 접근은 각 지역에 있는 2세대, 3세대, 4세대 신자들과 관련이 있다. 문맥화가 소통의 과정으로 비쳐진 대부분의 경우 기독교인들은 아직 예수님의 추종자가 아닌 사람들에게 문화적으로 적절한 방식으로 복음을 전달하려는 의도가 있었다. 이것은 복음서의 초기 문맥화 또는 토착화를 포함한다.

하지만 우리 세상은 변했다. 세계의 거의 모든 나라에서 첫 기독교 신자들의 자녀, 손자 그리고 증손자들을 볼 수 있다. 신학 작업에는 기독교 2세대, 3세대, 4세대가 마주하는 새롭고 변화된 현실 속에서 복음의 재문맥화, 성경 다시 읽기 등이 포함된다. 그리고 이것은 글로컬 교회와의 대화에서 이루어져야 한다. 그러한 의도적인 재문맥화 없이는, 그러한 맥락에서 신중한 비평적 신학이 없다면, 교회의 자녀와 손자들이 명목상의 기독교인이 된다(Gibbs 1994, 17-38). 결국 기독교 이전의 비신앙적 개념과 그들이 물려받은 기독교 사상을 혼합하거나, 혹은 기독교 이후의 비신자가 될 가능성이 매우 높다. 이 문제는 이 책의 후반부에서 더 자세하게 다루게 될 것이다.

현재 서양에서 많은 사람이 포스트모던이 이해할 수 있고 수용할 수 있는 방식으로 믿음을 표현하기 위한 노력은 이런 종류의 재문맥화의 한 예이다. 이런 재문맥화는 통신 모델이 제공하는 개념보다 더 깊고, 더 넓고, 더 높고, 더 광범위한 상황별 인식론적 모델을 필요로 한다. 재문맥화는 구약의 일반적인 패턴을 따르는데, 구약의 주기적인 언약 갱신은 이스라엘 생활에서 새로운 시간과 장소에 따라 본질적 언약의 재문맥화를 수반했다.

변경된 맥락에서 복음을 재문맥화하는 작업은 그러한 맥락에서 기독교인들이 폴 히버트가 "비평적 문맥화"라고 부르는 에믹 프로세스에 참여할 것을 요구한다. 비평적 문맥화 과정에는 네 단계가 있다.

- 문화의 해석
- 성경 주해와 해석학적 다리 놓기
- 과거 관습에 대한 비평적 대응
- 공동체가 새로운 상황에 적합한 관행을 결정 (Hiebert 1994, 88-91)[63]

나는 위에 언급한 히버트의 4단계에 다섯 번째 단계를 추가했다. 히버트가 "중심 집합 사고"(centered set thinking)라고 설명했던 관계적이고 예배적인 방식으로 한 몸의 구성원들이 그리스도 중심으로 신학화 작업에 기꺼이 참여해야 글로컬 교회의 비평적 문맥화 과정이 가능하다.[64]

---

63 히버트의 "비평적 문맥화" 개념은 적어도 네 곳에 나타났다. Hiebert 1984; Hiebert 1987; Hiebert 1994a; Hiebert 1994b.
64 선교학적 이슈에서, 히버트는 "중심 집합(centered set) 특성"을 개발한다.
    첫째, 중심 집합은 중심 또는 기준점과 그 중심과의 관계를 정의하는 것이다. 중심과 관련된 것들은 집합에 속하며, 중심과 관련이 없는 것들은 그렇지 않다.
    둘째, 중심 집합은 경계를 그려서 만들어지지 않지만, 중심 집합은 중심과 관련되거나 중심 쪽으로 이동하지 않는 것들과 집합 내부의 것들을 분리하는 날카로운 경계를 가지고 있다. 중심 집합은 경계 집합과 마찬가지로 잘 형성된다. 중심 집합은 중심과 중심과의 관계를 정의함으로써 형성된다. 그러면 경계가 자동으로 나타난다. 센터와 관련된 것들은 자연히 센터와 관련된 그들 자신과 그렇지 않은 것들로부터 분리된다.
    셋째, 중심 집합에는 두 가지 변수가 있다. 첫 번째는 회원자격이다. 세트의 모든 구성원은 정회원이며 그 기능에서 완전히 공유된다. 2등 멤버는 없다. 두 번째 변수는 중심으로부터의 거리이다. 어떤 사람들은 중심에서 멀리 떨어져 있고 어떤 사람들은 중심에 가까이 있지만, 모두는 중심을 향해 움직인다.
    넷째, 중심 집합은 구조에 내재된 두 가지 유형의 변화를 가지고 있습니다. 첫 번째는 집

5. 21세기 예수 그리스도의 교회는 그 선교적 소명에 있어서 글로컬하다

우리는 선교신학 작업에 관한 두 가지 보완적 관찰을 통해 이 장의 처음 두 부분을 요약할 수 있다.

첫 번째 부분에서 우리는 글로컬 교회가 본질상 보편적이고 특정한 시간과 장소에서 보편적으로 성육신화 되어 있다는 사실을 고려했다.
두 번째 부분에서는 교회가 그 확장에 있어서 로컬과 글로벌의 두 가지 변증법적 현실을 암시한다는 면에서, 글로컬하다는 사실을 고려했다.

합 안으로 진입하거나 나가는 변화와 관계된다. 중심에서 멀어져 가는 것들은 방향을 틀 수 있고 중심을 향해 움직일 수 있다. 두 번째 유형의 변화는 중심에서 멀어지는 움직임과 관련이 있다. 멀리 있는 구성원은 중앙으로 이동할 수 있고, 가까이 있는 구성원은 중앙을 향해 나가는 동안 뒤로 미끄러질 수 있다."
히버트는 이어 "히브리 문화"가 특히 이스라엘 백성과 아브라함, 이삭, 야곱의 하나님과의 언약적 관계라는 측면에서 관계를 기반으로 한 중심 집합으로 구성되었음을 보여 주었다.
히버트는 이렇게 묻는다.
기독교를 중심 집합 이론으로 정의하면, 우리 기독교 개념은 어떻게 될까?
첫째, 그리스도인은 성경의 예수 그리스도를 따르는 자로 정의될 것이며, 그분을 삶의 중심이나 주님으로 삼는 자로 정의될 것이다.
둘째, 기독교인과 비기독교인, 예수님을 따르는 사람과 그렇지 않은 사람 사이에는 분명한 경계선이 있을 것이다.
셋째, 집합의 순수성을 보존하기 위해 다른 사람들을 배제하기보다는, 사람들에게 그리스도를 따르라고 권하는 것에 중점을 둘 것이다.
넷째, 기독교인들 사이에 변화의 인식, 두 가지 중요한 유형의 변화가 중심적인 사고에서 인식될 것이다. 첫 번째 변화는 변환,집합 진입 또는 퇴장이 있다. 두 번째 변화는 중심을 향한 움직임 또는 관계의 성장이다. 기독교인은 개종하는 순간 완성되는 제품이 아니다. 따라서 변화는 진행 중인 프로세스가 뒤따르는 확실한 이벤트이다. 성화는 별도의 특별한 활동이 아니라 평생을 거쳐 칭의 과정을 계속하는 것이다. 이에 히버트는 앞서 언급한 네 가지 특징에 따라 교회를 중심 집합으로 보고 선교도 중심 집합으로 본다(1994, 123-31).
복음주의 선교신학에서 우리가 성경을 읽는 데 있어 해석학적 지침으로서 "중심 집합"이라는 폴 히버트의 생각은 특히 중요하다. 그것은 우리가 예수 그리스도 안에서 확고하고 굳게 진리에 닻을 내리면서도 동시에 다른 세계관과 성경을 읽는 다른 문화적 관점을 볼 수 있는 안목을 제공한다. 이 모든 것이 하나의 중심이 되시는 예수 그리스도의 제자로 구성된 같은 세계 교회 안에서 이루어진다.

- 교회는 하나이지만 지역 교회는 많다.
- 성경은 하나이지만 성경을 읽는 방법은 다양하다.

이 현실을 바탕으로, 우리는 두 개의 상호 보완적 관찰을 할 수 있다. 글로컬 교회의 선교신학은 글로벌 교회가 비판하고 지역 교회가 알게 하고, 형성하며, 비평해야 한다. 하나님에 대한 모든 보편적인 진리는 특정 민족과 특정 교회에 의해서만 삶으로 담아 낼 수 있다. 지역 교회 신자들은 그것이 예수 그리스도의 보편적 글로컬 교회의 특정 지역적 표현이기 때문에 지역 교회의 의미를 갖는다. 그러한 글로컬한 관점은 문맥화의 대가인 사도 바울이 확증한다. 바울은 이렇게 말했다.

> 내가 모든 사람에게서 자유로우나 스스로 모든 사람에게 종이 된 것은 더 많은 사람을 얻고자 함이라 유대인들에게 내가 유대인과 같이 된 것은 유대인들을 얻고자 함이요 율법 아래에 있는 자들에게는 내가 율법 아래에 있지 아니하나 율법 아래에 있는 자 같이 된 것은 율법 아래에 있는 자들을 얻고자 함이요 율법 없는 자에게는 내가 하나님께는 율법 없는 자가 아니요 도리어 그리스도의 율법 아래에 있는 자이나 율법 없는 자와 같이 된 것은 율법 없는 자들을 얻고자 함이라 약한 자들에게 내가 약한 자와 같이 된 것은 약한 자들을 얻고자 함이요 내가 여러 사람에게 여러 모습이 된 것은 아무쪼록 몇 사람이라도 구원하고자 함이니(고전 9:19-22).

바울은 고린도전서에서 고백했다.

> 내가 복음을 전할지라도 자랑할 것이 없음은 내가 부득불 할 일임이라 만일 복음을 전하지 아니하면 내게 화가 있을 것이로다(고전 9:16).

바울은 갈라디아서에서 말했다.

> 그리스도의 은혜로 너희를 부르신 이를 이같이 속히 떠나 다른 복음을 따르는 것을 내가 이상하게 여기노라 다른 복음은 없나니 다만 어떤 사람들이 너희를 교란하여 그리스도의 복음을 변하게 하려 함이라(갈 1:6-7).

우리가 전에 말하였거니와 내가 지금 다시 말하노니 만일 누구든지 너희가 받은 것 외에 다른 복음을 전하면 저주를 받을지어다 (갈 1:9).

모순처럼 보이는 이 두 가지 견해 사이를 어떻게 헤쳐나갈 수 있을까? 글로컬 교회는 우리 선교신학의 계시와 맥락적 적절성 사이의 변증법적 긴장을 어떻게 유지하고 있는가?
그러한 다양한 세계적 맥락을 대표하는 다른 맥락을 가진 기독교인들과 기독교 교회들은 어떻게 그들 자신의 맥락에서 같은 하나님을 더 잘 알기 위해 서로 듣고 배울 수 있을까?

나는 바울이 갈라디아서 3장에서 6장까지에서 그의 선교적 사고를 발전시키는 방법을 우리에게 알려 준다고 믿는다.

여기서 나는 갈라디아서를 율법과 은혜의 관점이 아니라 (확실히 그것이 주요한 주제이긴 하지만), 글로컬 선교신학자인 바울의 관점에서 다시 읽는다. 선교사가 선교 교회에 선교 편지를 쓰는 것처럼. 그리고 나는 바울이 갈라디아서에서 우리에게 제시하는 원칙은 이것이라고 생각한다. 서로 공통점을 확인하고, 선교에 대한 신학적 성찰의 삼위일체적 과정에서의 차이점을 인정하는 것이다. 나는 독자에게 간략한 개요를 제공하고 싶다.

1) 성부 하나님: 공통의 인간성, 다양한 문화

바울은 유대인과 이방인이 모두 믿음으로 의롭게 된다고 주장했다.

> 사람이 의롭게 되는 것은 율법의 행위로 말미암음이 아니요 오직 예수 그리스도를 믿음으로 말미암는 줄 알므로 우리도 그리스도 예수를 믿나니 이는 우리가 율법의 행위로써가 아니고 그리스도를 믿음으로써 의롭다 함을 얻으려 함이라 율법의 행위로써는 의롭다 함을 얻을 육체가 없느니라 (갈 2:16).

바울은 삼위일체 관점을 설명하면서, 쌍둥이 진리 곧 하나의 복음(갈 1:6-9), 다양한 관점을 긴장 가운데 제시하기 시작한다. 그리고 이 삼위일체의 토대에서의 첫 번째 기초석은 성부 하나님이시다. 그래서 바울은 창세기를 거슬러 올라가 하나님께서 아브라함과 아브라함의 자손을 선택하신 것을 설명하면서 그들이 선택받은 이유는 그들을 통해 '모든 이방 민족'이 복을 받게 하는 것이었다.

> 아브라함이 하나님을 믿으매 그것을 그에게 의로 정하셨다 함과 같으니라 그런즉 믿음으로 말미암은 자들은 아브라함의 자손인 줄 알지어다 또 하나님이 이방을 믿음으로 말미암아 의로 정하실 것을 성경이 미리 알고 먼저 아브라함에게 복음을 전하되 모든 이방인이 너로 말미암아 복을 받으리라 하였느니라 그러므로 믿음으로 말미암은 자는 믿음이 있는 아브라함과 함께 복을 받느니라(갈 3:6-9).

바울은 두 개의 보완적 사실들이 기술된 창세기 첫 12장에 우리의 관심을 집중시킨다. 한편, 창세기는 하나님께서 모든 인간을 창조했다는 사실을 세 번이나 확언한다. 모든 인류는 아담과 이브의 후손이고, 모든 인류는 노아의 후손이며, 모든 인류는 바벨에서 유래한다. 그러므로 창세기 10장의 '국가의 목록'에 나오는 모든 '국가'는 노아의 자손이다.

성경은 말한다.

> 이들은 그 백성들의 족보에 따르면 노아 자손의 족속들이요 홍수 후에 이들에게서 그 땅의 백성들이 나뉘었더라(창 10:32).

그래서 모든 인간은 사촌이고, 같은 집안의 후손이고, 이 모두 같은 하나님께서 창조하셨다.

그러나 같은 호흡으로, 바울은 또한 그의 독자들에게 아브라함이 특별히 선택되었다는 사실을 상기시키면서 아브라함과 아브라함 자손을 통해 모든 '민족'(ethne)과 모든 '국가'(nations)가 복을 받게 될 것이라고 설명한다. 왜냐하면, 창세기에 나오는 이야기의 보완적 진리는 모든 인간을 창조하신 하나님께서 또한 직접 개입하셔서 인간을 심판하시고 바벨의 언어를 혼란스럽게 하여 세상에 문화의 다양성을 창조하셨다는 것이다.

세계 각국의 언어와 문화가 경이롭게 다양해진 것도 아브라함을 축복의 도구로 사용해 모든 민족에 복을 주고 싶어 하시는 하나님의 역사하심 덕분이다. 따라서 바울의 논리에 따라, 창조의 기초 위에서, 우리는 모든 인류의 공통점을 확인하면서 동시에 차이점을 인정할 수 있다.

2) 성자 하나님: 공동 신앙, 다양한 신앙 이야기

바울은 이제 긴장 가운데 쌍둥이 진리를 지키는 그의 삼위일체적 관점을 발전시키는 두 번째 단계를 밟는다. 하나의 복음(갈 1:6-9), 다양한 관점. 그리고 바울의 삼위일체적 기반에 있는 이 두 번째 기초석은 성자 하나님, 예수 그리스도이시다.

> 믿음이 온 후로는 우리가 초등교사 아래에 있지 아니하도다 너희가 다 믿음으로 말미암아 그리스도 예수 안에서 하나님의 아들이 되었으니 누구든지 그리스도와 합하기 위하여 세례를 받은 자는 그리스도로 옷 입었느니라 너희는 유대인이나 헬라인이나 종이나 자유인이나 남자나 여자나 다 그리스도 예수 안에서 하나이니라 너희가 그리스도의 것이면 곧 아브라함의 4)자손이요 약속대로 유업을 이을 자니라(갈 3:25-29).

> 때가 차매 하나님이 그 아들을 보내사 여자에게서 나게 하시고 율법 아래에 나게 하신 것은 율법 아래에 있는 자들을 속량하시고 우리로 아들의 명분을 얻게 하려 하심이라 너희가 아들이므로 하나님이 그 아들의 영을 우리 마음 가운데 보내사 아빠 아버지라 부르게 하셨느니라(갈 4:4-6).

바울은 옥상에서 소리쳐 외친다. 그리스도 안에서 중간에 막힌 담이 무너졌다. 새로운 인류가 탄생했다. 모든 문화, 모든 민족이 한 가족이 된다(엡 2:11-3:19). 사실, 그리스도 안에서, 심지어 이방인도 아브라함의 자손이 된다. 예수 그리스도 안에서 모든 문화에서 온 모든 사람(유대인과 이방인 모두)은 하나님을 "아바!" 아버지라고 부를 수 있다.

그러나 바울은 이렇게 거의 믿을 수 없는 진리를 선포하면서, 또한 에베소서 독자들과 그들의 사회가 문화, 사회경제, 성별 등으로 인간을 세분화하고 분리하는 방법을 적시한다. 그래서 바울은 유대인과 헬라인, 노예와 자유인, 남성과 여성 사이에 차별이 있다는 것을 적시한다. 그러한 사회적, 인간적 차이에도 불구하고, 모든 사람을 불러 모아 아브라함의 자손인 새로운 가족으로 만든다. 그러므로 예수 그리스도 안에서 이루어지는 구원의 기초 위에서 우리는 인류의 공통점을 긍정하고 문화적 차이를 인정할 수 있다.

3) 성령 하나님: 은사는 다르고 열매는 같다

바울은 계속해서 쌍둥이 진리를 설명한다. 복음은 하나지만, 다양한 관점이 있다(갈 1:6-9) 바울은 삼위일체적 관점을 발전시키는 세 번째이자 마지막 단계를 밟는다. 바울의 삼위일체적 기초에 놓인 세 번째 기초석은 성령 하나님이시다.

> 오직 성령의 열매는 사랑과 희락과 화평과 오래 참음과 자비와 양선과 충성과 온유와 절제니 이같은 것을 금지할 법이 없느니라 그리스도 예수의 사람들은 육체와 함께 그 정욕과 탐심을 십자가에 못 박았느니라 만일 우리가 성령으로 살면 또한 성령으로 행할지니 헛된 영광을 구하여 서로 노엽게 하거나 서로 투기하지 말지니라 형제들아 사람이 만일 무슨 범죄한 일이 드러나거든 신령한 너희는 온유한 심령으로 그러한 자를 바로잡고 너 자신을 살펴보아 너도 시험을 받을까 두려워하라 너희가 짐을 서로 지라 그리하여 그리스도의 법을 성취하라 만일 누가 아무 것도 되지 못하고 된 줄로 생각하면 스스로 속임이라 각각 자기의 일을 살피라 그리하면 자랑할 것이 자기에게는 있어도 남에게는 있지 아니하리니 각각 자기의 짐을 질 것이라 가르침을 받는 자는 말씀을 가르치는 자와 모든 좋은 것을 함께 하라 스스로 속이지 말라 하나님은 업신여김을 받지 아니하시나니 사람이 무엇으로 심든지 그대로 거두리라 자기의 육체를 위하여 심는 자는 육체로부터 썩어질 것을 거두고 성령을 위하여 심는 자는 성령으로부터 영생을 거두리라 우리가 선을 행하되 낙심하지 말지니 포기하지 아니하면 때가 이르매 거두리라 그러므로 우리는 기회 있는 대로 모든 이에게 착한 일을 하되 더욱 믿음의 가정들에게 할지니라 내 손으로 너희에게 이렇게 큰 글자로 쓴 것을 보라 무릇 육체의 모양을 내려 하는 자들이 억지로 너희에게 할례를 받게 함은 그들이 그리스도의 십자가로 말미암아 박해를 면하려 함뿐이라 할례를 받은 그들이라도 스스로 율법은 지키지 아니하고 너희에게 할례를 받게 하려 하는 것은 그들이 너희의 육체로 자랑하려 함이라 그러나 내게는 우리 주 예수 그리스도의 십자가 외에 결코 자랑할 것이 없으니 그리스도로 말미암아 세상이 나를 대하여 십자가에 못 박히고 내가 또한 세상을 대하여 그러하니라 할례나 무할례가 아무 것도 아니로되 오직 새로 지으심을 받는 것만이 중요하니라 (갈 5:22-6:15).

성령은 예수 그리스도의 모든 신자에게 구별 없이 임하신다. 그리고 성령의 열매는 모두에게 똑같이 주어진다. 바울은 에베소서 하나임을 설명한다.

> 몸이 하나요 성령도 한 분이시니 이와 같이 너희가 부르심의 한 소망 안에서 부르심을 받았느니라 주도 한 분이시요 믿음도 하나요 세례도 하나요(엡 4:4-5).

따라서 사도행전 2장에 기록된 오순절에, 불의 혀같이 갈라진 것들이 모두 하나의 불에서 나왔다. 모두가 함께 성령의 같은 열매를 맺는 하나의 '신자 가족'이다(에베소서와 고린도전서에서 바울은 한 몸을 유추하여 교회의 이런 통일성을 보여 준다).

그러나 바울은 여기서도 한 성령 안에 있는 교회의 통일성을 확인하면서도 다양성 개념을 함께 넣는다.

> 각각 자기의 일을 살피라 그리하면 자랑할 것이 자기에게는 있어도 남에게는 있지 아니하리니 각각 자기의 짐을 질 것이라(갈 6:4-5).

> 그러므로 우리는 기회 있는 대로 모든 이에게 착한 일을 하되 더욱 믿음의 가정들에게 할지니라(갈 6:10).

바울은 갈라디아 교인들이 가지고 있는 문제를 다음과 같이 암시한다.

> 헛된 영광을 구하여 서로 노엽게 하거나 서로 투기하지 말지니라(갈 5:26).

그래서 바울은 갈라디아 교인들이 교인들 사이에 존재하는 차이점을 인식하기 원했다. 따라서 우리는 바울의 논리에 따라, 성령께서 하나의 교회를 만드신 바탕 위에서 신자들의 공통점을 긍정하면서 차이도 인정할 수 있다.

그러면 어떻게 우리가 변증법적인 긴장 속에서 하나의 신학, 많은 관점들의 쌍둥이 진리를 유지할 수 있을까?

나는 바울이 예수 그리스도를 가리키면서 이 질문에 대답할 것이라고 믿는다. 마지막 분석에서, 21세기의 글로컬 교회는 우리 주님의 십자가와 부활에 중심을 두어야 한다. 십자가와 부활을 중심으로 우리는 차이를 인정하고 공통점도 확인하는 것을 동시에 배우는 "새로운 창조물"이 될 수 있다.

> 그러나 내게는 우리 주 예수 그리스도의 십자가 외에 결코 자랑할 것이 없으니 그리스도로 말미암아 세상이 나를 대하여 십자가에 못 박히고 내가 또한 세상을 대하여 그러하니라 할례나 무할례가 아무 것도 아니로되 오직 새로 지으심을 받는 것만이 중요하니라 (갈 6:14-15).

6. 결론

21세기에는 예수 그리스도의 교회가 그 본모습, 즉 글로컬 교회로 거듭나야 한다. 이 장의 논지는 예수님의 제자들의 건강한 교회들은 그리스도의 선교에 의도적으로 그리고 적극적으로 글로컬적으로 참여함으로써 교회의 보편성을 삶으로 살아낸다. 이것은 글로벌과 로컬 간의 글로컬 상호 작용을 역동적으로 촉진하는 글로벌 및 로컬 미션에서 동시에 활성화한다는 것이다.

이 장의 제목과 관련해, 나는 이 새로운 세기에 진정한 보편적 교회는 더 이상 지역성과 보편성을 서로 상반되는 개념으로 이해해서는 안 된다고 생각한다. 오히려 교회의 본성에 맞는 진정한 보편적 예수 그리스도의 교회는 글로컬 교회이다.

진정한 보편적 교회는 지역적인 것도 아니고 세계적인 것도 아니다. 오히려, 보편적 교회는 동시에 지역-세계적이다. 그것은 글로컬 교회이다. 이것은 글로컬 교회의 비평적 신학화 작업이 변증법적 긴장감을 수반한다는 것을 의미한다. 복음은 문화적 틀 안에서만 알 수 있지만, 복음은 항상 모든 인간 문화에 대해, 때로는 긍정적이고 때로는 예언적으로 비판적이다.

이런 변증법적 긴장은 우리가 의사소통적인 것이 아닌 인식론적 틀에서 비평적인 신학 작업을 시작할 것을 요구한다.

그러므로 지구촌화되는 세상에서 신학 작업을 하기 위해 우리는 다음과 같은 전제로부터 신학 작업을 시작할 수 있다.

- 모든 문화는 악하고 타락하며, 하나님의 계시와 관련된 모든 인간의 이해를 흐리게 한다.
- 모든 문화는 어느 정도의 일반 계시 또는 선행적 은총을 가지고 있으며, 이는 예수 그리스도에 대한 하나님의 계시 중 특정 측면을 명확하게 이해할 수 있게 한다.
- 모든 기독교 계시가 이해되기 위해서는 반드시 문화로 성육신 되어야 한다. 성경은 "무한히 번역될 수 있다"(Lamin Sanneh).
- 모든 문화에서 복음에 대한 모든 이해는 부분적이다(우리는 "거울에 비친 희미한 모습만 본다", 고전 13:12).
- 기독교 복음을 이해하는 어떤 사람도 예수 그리스도 안에서 하나님의 계시의 '정수'에 대해 완전하게 이해할 수 없다. "문맥화"(혹은 토착화)는 목표가 아니라 문화적 맥락 속에서 하나님을 알기 위한 인식론적 과정이다.

이것은 또한 진정한 보편적 지역 신자들의 집단은 사실 보편적 세계 교회의 지역적 표현이라는 것을 의미할 것이다. 그것은 인터넷의 필수적 부분인 나의 데스크탑 컴퓨터처럼, 예수님의 지역적 제자 집단이 세계 교회의 일부라는 것을 암시한다. 그러므로 이 세계적인 신자 집단은 세계 어느 곳에 있든지 "예루살렘과 유대, 사마리아 그리고 땅 끝까지 동시에 복음의 증인"이 되라는 위임을 받았다. 그러므로 이 새로운 세기의 건강한 글로컬 신자 집단은 동시에 지역적으로 그리고 전 세계적으로 하나님의 선교에 글로컬적으로 참여해야 한다.

이 글로컬적인 선교적 관점은 릭 워렌의 "목적 중심" 교회를 넘어선다. 크리스천 슈바르츠(Christian A. Schwarz)의 "자연적 교회 성장"(NCD)이라는 다소 기계적인 접근법보다 더 넓고 깊고 유기적이다. 그리고 교회의 선교적 소명의 글로컬적 관점은 세포 조직 중심 접근이나 "이머징 교회" 접근법 너머에 있다. 글로컬 교회에는 교회의 본질을 보여 주는 신자들의 그룹이 있다. 그들은 제자도의 모든 면과 선교신학의 모든 면에 있어서 글로컬하다.

교회 개척에 대한 이해가 바뀌었다는 뜻이기도 하다. 교회 개척으로서의 선교와 복음 전도는 더 이상 선교 기관의 지리적 확장에 그치는 것이 아니다. 그것은 더 이상 단지 그 교파의 새로운 지부를 개설하는 것이 아니다. 교회 개척은 더 이상 단지 지역적인 것만이 아니다.

　오히려 교회 개척은 예수 그리스도를 아직 모르는 사람을 예수님의 제자와 하나님 나라의 대사, 글로컬 교회 구성원으로, 비슷한 신앙을 고백하는 15억 신자들의 형제, 자매가 되라고 초대하는 것이 된다. 우리 모두가 글로컬한 교회의 본질을 드러내는 법을 배우기 바란다.

　우리는 하나님이 사랑하신 온 세상에 하나님의 선교에 동참하라고 보냄받은 예수 그리스도의 글로컬 교회가 되어야 한다. 글로컬 교회는 하나다.

제2부

선교신학의 의미

제4장 선교의 정의

제5장 비평적 신학화와 선교신학

제6장 변혁의 선교학과 선교신학

제4장

선교의 정의

선교 정의가 선교를 결정한다. 우리가 '선교'를 정의하는 방식이 우리의 동기, 대리인, 수단, 목표 그리고 세상에서 기독교인으로서 우리의 삶, 사역 및 행동의 결과를 측정하는 방식에 영향을 미친다.[1]

1. 논지

이 장의 목적은 기독교회가 수 세기에 걸쳐 '선교'를 정의한 몇 가지 방식들의 간략한 역사적 개관을 제공함으로 여러 종류의 선교 정의가 세상에서 기독교회들의 선교에 대한 사고와 실천에 어떻게 영향을 미쳤는가를 보여 주는 것이다.

2. 서론

주일 어느 날 오후에 나는 한 지역 교회의 '글로벌 아웃리치 대책위원회'의 멤버로서 점심 식사에 초대받았다. 그날 아침에 우리는 내가 설교한 세 번의 주일예배에서 은혜롭고 축제적인 예배 분위기로 고무되어 있었다. 그것은 그 교회의 글로벌 아웃리치 주말 프로그램이었다.

---

[1] 본 장 내용은 『미션쉬프트』(*Missionshift*)에 기고한 저자의 글을 허락을 받아 저자가 수정 보완한 것이다. Charles Van Engen, "Mission' Defined and Described" in David Hesselgrave and Ed Stetzer, editors. *Missionshift: Global Mission Issues in the Third Millennium*. Nashville: B & H Publishing, 2010, 7-29. (역주)

점심이 끝나 갈 즈음에 나는 그 위원회 의장인 글로리아[2]에게 다음과 같이 말했다.

"저는 이번 선교 주간에 대한 대책위원회의 조직과 창의적 접근에 깊은 감명을 받았습니다. 지역적, 세계적 사역에 참여하는 의장님 교회의 멤버들을 인터뷰한 것을 포함해 금요일 저녁 식사가 아주 훌륭했습니다.

선교 전시회에도 의장님의 교회가 지역적, 세계적으로 후원하는 선교사들과 선교 활동을 보여 주는 수많은 전시 부스가 있었습니다. 세계적이고 지역적이며 다문화적인 음악과 보고와 영상도 아주 좋았습니다. 이런 멋진 축제에 저를 초대해 주셔서 감사드립니다."

글로리아가 활짝 웃으며 말했다.

"교수님의 피드백에 감사합니다. 교수님의 관찰이 우리에겐 중요합니다. 그러나 우리는 이것을 '미션 위켄드'(missions weekend, 선교 주간)라고 부르지 않은 것에 주목해 주세요. 만약 우리가 이것을 '미션 엠퍼시스 위켄드'(missions emphasis weekend)라고 불렀다면, 어느 누구도 참석하지 않았을 것입니다.

우리는 전에 그렇게 해 본 적이 있습니다. '미션'(mission, 선교)이란 단어는 모두를 싫증나게 합니다. 우리 교회 교인들은 '미션'이라고 부르는 어떤 것에도 참여하고 싶어 하지 않습니다. 우리가 그 이름을 '글로벌 아웃리치'(global outreach)로 바꾸었을 때 모든 것이 변했습니다. 교수님께서 보셨듯이 어느 누구도 선교가 무엇인지를 모르는 것 같습니다.

그러나 우리 멤버의 대다수는 도움이 필요한 사람들을 돕는 지역적, 세계적 사역들에 참여하고 싶어 합니다. 그들은 단기간의 프로젝트들에 관심을 가지고 세계의 다른 지역들을 방문합니다. 이제 교수님은 제가 교수님께 설교하시면서 미션이라는 단어를 사용하지 말아 달라고 구체적으로 요청한 이유를 이해하실 것입니다."

나는 글로리아의 이야기를 들으며 생각에 잠겨 여러 가지 생각을 하면서 고개를 끄덕였다. 지난 몇 년 동안 나는 글로리아가 한 말과 같은 이야기를 자주 들었다. '미션'(선교), '미셔너리'(선교사)와 같은 단어는 지금 북미 교회들에서 가장 오해를 불러 일으키는 단어이다.

---

2 이 이름은 가명이다.

3. 오늘날 사용되는 '미션'(mission, 선교)이란 단어

'미션'(mission)이라는 단어에 대해 혼란을 일으키는 이유 중 일부는 수많은 경기장에서 이 단어가 오늘도 남용되고 있기 때문일 것이다. 호기심에서 나는 미션이란 단어를 가지고 구글 서치를 했다. 그 결과 247,000,000개의 인터넷 검색 결과들을 받았다.

한 가지 예를 들면, "미션"이라는 이름의 마을이 있었다. 거기엔 〈미션〉(*The Mission*) 혹은 〈미션 임파서블 II〉(*Mission Impossible II*)와 같은 영화들도 있었다. 나사(NASA)에서 국제우주정거장에 선착할 항공기를 발사할 때, 그 여행을 "미션"이라고 부른다. 그 단어는 특히 사업하는 세계에서 많이 쓰이는데 기업이 존재하는 근원적 목적을 설명하는 방식으로 "사명 선언문"(mission statement)을 기업들이 만들어 강조하기 때문이다.

이 단어의 이런 용례들은 교회와 관련 없는 듯 보일지라도 사실상 이것 하나하나는 기독교 선교가 의미하는 작은 부분들을 설명하고 있다. 『메리암-웹스터 대학사전』(*Merriam-Webster's Collegiate Dictionary*)은 기독교 선교사들의 활동에 관한 의미를 포함한 다양한 선교 정의들을 제공한다.[3]

기독교 교회가 선교기 존재하는 이유와 목적을 설명하는 부분에서 교회의 선교를 붙들고 씨름하는 것은 매우 중요하다. 지역 회중이 그들의 다양한 사

---

3 미션(mis•sion \ˈmi-shən\noun)
 [새로운 라틴어, 중세 라틴어 및 라틴어; 새로운 라틴어 선교, 중세 라틴어에서 주어진 임무, 라틴어에서 온 임무, 보내는 행위, 라틴어 mittere에서 온 '보내다.']
 4 a: 신앙을 전파하거나 인도주의적 활동을 수행하기 위해 종교 단체에 의해 위임된 사역
  b: 선교 사업 분야에서의 임무 또는 활동
  c (1): 선교 시설
   (2): 대형 종교 단체로부터 목회 방향 또는 재정적 지원을 받는 지역 교회 또는 교구
  d 복수형: 조직적 선교 활동
  e 교회를 모르는 사람을 기독교 신앙으로 개종시키기 위해 행하는 설교와 예배의 과정
 5 다음과 같은 활동을 위해 서비스 수행을 위해 파견된 집단:
  a: 외교 또는 정치적 협상을 수행하기 위해 외국에 파견된 단체
  b: 상주 대사관 또는 공사관
  c: 외국에 파견된 전문가 또는 문화 지도자로 구성된 팀
  d: 개인 또는 그룹에 부과된 특정 작업
 4b (1): 명확한 군사, 해군 또는 항공 우주 임무, 폭격 임무, 우주 임무,
   (2): 임무 수행 중인 항공기 또는 우주선의 운항, 화성탐사 미션.
 Merriam-Webster (1996). *Merriam-Webster's Collegiate Dictionary*, Springfield, Mass.

역들에 집중하기 위해 자신들의 '사명 선언문'을 작성하도록 격려해야 한다. 내가 미국개혁교회(Reformed Church in America)에서 10년 이상 교단의 우선순위를 이끌었던 "비전과 사명" 선언문에 관여했던 방식과 같이, 교단들은 그들의 "비전과 사명" 선언문을 발전시켜야 한다. 지난 15년 동안 우리는 "선교적 교회"(missional church)와 같이 그 단어의 수정된 형태에 더 친숙해졌다.[4] 수 세기를 내려오면서 기독교 교회는 넓고 다양한 방식으로 자신의 '선교'를 정의했다. 시드니 루이는 그 차이점들을 다음과 같이 강조했다.

> 교회의 선교에 대한 단지 하나의 정의만이 존재하거나 존재해 오지 않았다. 또한, 교회 선교의 성경적 기초에 대해서도 하나의 해석만이 존재하지 않았다. 만약 데이비드 보쉬와 같이 선교를 "미시오 데이"(*missio Dei*, 하나님의 선교)

---

[4] 1990년대 초 조지 헌스버거(George Hunsberger), 대럴 구더(Darrell Guder), 이나그레이스 디테리히(Inagrace Dietterich), 로이스 배럿(Lois Barrett), 앨런 록스버그(Alan Roxburgh), 크레이그 반 겔더(Craig Van Gelder) 등이 "서양 재복음화"(re-evangelization of the West)에 따른 레슬리 뉴비긴(Lesslie Newbigin)의 도전에 대한 북미의 함의를 발전시키기 위해 "복음과 우리 문화 네트워크"(The Gospel and Our Culture Network)를 설립했다. 윌버트 쉥크(Wilbert Shenk)가 이끌었던 1980년대 영국의 "복음과 문화" 운동이 추구했던, 서양을 재복음화하자는 레슬리 뉴비긴의 도전에 따른 북미의 대응이었다.
복음과 문화 운동의 초기 대화, 성찰, 출판은 "선교적 교회"의 개념 창조에 기여했다. 그 용어는 이제 거의 무의미해질 정도로 많은 형태로 사용되어 왔다. 구글 검색에서 93만 3천 회의 조회수를 기록했다! 간략하게 소개하면, 이 용어는 교회의 새로운 삶, 비전, 활력 및 방향을 나타내며, 종종 신학적 또는 선교학적 성찰이 거의 또는 전혀 없음을 보여준다. 이 운동의 기초 문헌에는 헌스버거와 여러 학자가 포함된다. Hunsberger, George R. and Craig Van Gelder, eds., *The Church between Gospel and Culture: the Emerging Mission in North America*. Grand Rapids: Eerdmans Publ. Co., 1996; Guder, Darrell L., ed., Inagrace T. Dietterich, Lois Barrett, George R. Hunsberger, Alan Roxburgh and Craig Van Gelder, *Missional Church: A Vision for the Sending of the Church in North America*. Grand Rapids: Eerdmans Publ. Co., 1998; Barrett, Lois, ed., Dale A. Ziemer, Darrell L. Guder, George R. Hunsberger, Walter Hobbs, Lynn Stutzman, Jeff Van Cooten, *Treasure in Clay Jars: Patterns in Missional Faithfulness*, Grand Rapids: Eerdmans, 2003.
독자들에게 흥미로울지도 모르는 최근 저술들은 다음과 같다. Earl Creps and Dan Kimball, *Off-Road Disciplines: Spiritual Adventures of Missional Leaders*; Alan Roxburgh and Fred Romanuk, *The Missional Leader: Equipping Your Church to Reach a Changing World*; Eddie Gibbs, *ChurchNext: Quantum Changes in How We Do Ministry*; Michael Frost and Alan Hirsh, *The Shaping of Things to Come: Innovation and Mission for the 21st-Century Church*; Neil Cole, *Organic Church: Growing Faith Where Life Happens*; Ed Stetzer and David Putnam, *Breaking the Code: Your Church Can Become a Missionary in Your Community*.

로 정의한다면, 우리는 하나님께서 창조하신 세상을 사랑하고, 이 세상에 관심을 가지고, 하나님의 나라를 세우시는 역사적 사역에 참여하도록 교회를 만드신 분으로서 하나님의 계시를 의미한다고 말할 수 있다.

이런 미시오 데이에 대한 우리의 이해는 역사를 통해 내려오는 많은 해석에 지배당해 왔다. … 선교의 성경적 기초에 대한 각 정의와 모든 이해는 잠정적이고 새로운 평가와 변화에 지배받게 된다. 참으로 각 세대는 새롭게 선교를 정의해야만 한다(Rooy 1998, 3-4; 스페인어를 Charles Van Engen이 영어로 번역함).

4. '선교'의 성경적 원의미

우리의 가장 기본적인 기초는 성경에 있기에 우리는 성경적 관점을 고려함으로 '선교'에 대한 정의를 세우기 시작한다. '선교'란 단어는 히브리어로 된 구약과 헬라어로 된 신약 모두에서 거의 나타나지 않는다. 규칙적으로 강조되는 것은 보내는 자의 권위와 목적에 대한 강조를 가진 보냄을 받았다는 개념이다. 신약은 '아포스텔로'(apostello), '펨포'(pempo)와 같이 어느 정도 바꿔쓸 수 있는 단어를 사용한다.

『신약신학 사전』(Theological Dictionary of the New Testament)은 우리에게 다음과 같은 내용을 알려 준다.

'아포스텔로'는 신약에 135번 나오는데 대부분은 복음서들과 사도행전에 나온다. '펨포'는 80번 나오는데, 요한복음에서 33번, 요한계시록에서 5번, 누가복음/사도행전에서는 22번, 마태복음엔 단지 4번 그리고 마가복음엔 1번 나온다. 요한복음에서 펨포의 특별한 사용과 별개로 누가의 작품에서 두드러지게 등장한다. 신약의 종교적 특성은 아포스텔로가 일반적으로 우세하다는 것을 설명하고, 신약에서 전체 펨포는 보내는 것을 강조할 때 사용되는 듯 보이고, 공관복음에서 보내시는 분이 하나님일 때 위임시에 아포스텔로가 사용된다.

요한복음에서는 예수님이 그분의 모든 권위를 의미하는 아포스텔로를 사용하시는데 이는 그분의 말씀과 일에 책임 있는 자로서 그분의 선교가 하나님께 뿌리내리고 있다는 것이다. 그러나 그분은 보내는 행동에 의한 그분의 사역에 하나님의 참여를 설명할 때와 같이 "아버지께서 나를 보내신다"라는 말의 실례에서 펨포를 사용한다. 예수님의 선교는 아포스텔로의 면에서 설명하는 것으로부터가 아닌 그분이 아들이시라는 사실로부터 그 중요성과 권위를 가진다.

신약에서 아포스텔로는 과감하게 떠난다는 일반적 용례와 다르게 "하나님 자신의 권위를 가지고 하나님을 섬기기 위해 파송된다"는 의미를 가진 신학적 용어가 되기 시작했는데, 그것은 일반적 용례와 다른 선교적 상황 속에서만 해당한다.[5]

신약성경에서 최종적으로 아포스텔로의 일반적 용례가 "하나님 나라에서 모든 권세를 가지고 섬김을 위해 보냄을 받았다(하나님께 기초한)"는 의미를 가진 신학적 용어가 되었다고 할 수 있다.[6]

예수님은 유대인들과 세상을 향한 그들의 선교 사명을 주시고, 누가복음 9장에서 열두 제자들을 보내신다. 누가복음 10장에서는 칠십인을 보내신다. 부활 후에 예수님은 그분의 제자들을 보냄 받은 자들로 위임하신다. 예수님께서 말씀하셨다.

> 예수께서 또 이르시되 너희에게 평강이 있을지어다 아버지께서 나를 보내신(*apestalken*) 것 같이 나도 너희를 보내노라(*pémpo*)(요 20:21).

바울은 아포스텔로의 명사형 '아포스톨로스'(*apóstolos*)를 자신과 그의 부르심, 위임 그리고 메시아 예수님으로부터 자신이 보냄을 받음으로 나오는 그의 권위를 지칭할 때 사용한다. 바울은 로마서, 고린도전후서, 갈라디아서, 에베소서, 골로새서, 디모데전후서 그리고 디도서에서 자신의 편지 서두에 이 단어를 사용한다. 베드로전서와 후서의 저자도 똑같이 이 단어를 사용한다.

---

[5] Gerhard Kittel, Gerhard Friedrich, and Geoffrey William Bromiley, *Theological Dictionary of the New Testament*. Grand Rapids, Mich: W. B. Eerdmans, 1995, c1985, S. 68. (Author's note: For ease of reading, I changed the Greek text words in the original to English transliteration, CVE).

[6] Kittel, Bromiley, and Friedrich, *Theological Dictionary of the New Testament*, electronic ed. Grand Rapids, MI: Eerdmans, 1964–c1976, S. 1:406.

그래서 '선교'를 정의하는 첫 번째 요소는 '보냄'이란 개념에 기초를 두어야 한다. 교회는 주님에 의해 보냄 받았다. 하나님의 언약 백성들은 아직 하나님의 백성이 아닌 '열방'으로 하나님에 의해 보냄을 받았다는 것이 성경 전체를 통해 명확히 드러난다.[7]

누가복음 4장에서 예수님을 보내심을 받은 분으로 소개한다.

> 예수께서 이르시되 내가 다른 동네들에서도 하나님의 나라 복음을 전하여야 하리니 나는 이 일을 위해 보내심을 받았노라(apestalēn) 하시고 (눅 4:43).

예수님의 제자들 또한 하나님 나라의 도래를 선포하고, 모든 민족을 초청해 예수님의 제자가 되어 그리스도 교회의 책임 있는 구성원이 되게 하기 위해 보냄 받았다(마 28:18-20). '선교'라는 단어의 이해는 가장 기초적이다. 이후의 논의와 개선에 의해 의미가 퇴색되거나 상실되어서는 안 된다.

21세기에 교회는 우선순위로 기독교 선교의 '보냄'이란 요소를 지켜야 한다. 성경적 선교는 하나님의 선교다. 선교는 성령의 능력 안에서 교회의 주님이 되시는 예수 그리스도의 선교에 참여하는 것이다. 선교는 단지 교회의 확장이 아니고, 단지 좋은 긍휼 사역을 하는 것이 아니다. 선교는 선교 단체의 특정한 성향이나 의제에 의해 결정되는 것도 아니다.

오늘날 유럽과 북미에서 보냄을 받은 총 선교사의 수만큼 아시아, 아프리카 그리고 남미의 교회들과 선교 단체들의 후원을 받는 매우 많은 타 문화 선교사들이 있다. 그러나 마지막 분석에서 '보내는 자들'(senders)은 교단이 아니고, 선교 단체가 아니고, 대형교회나 그 교회 담임 목사가 아니고, 비정부 구제 단체가 아니다. 선교 단체의 권위는 교단, 선교 단체, 자칭 사도, 큰 구제 단체나 더 고급 문화의 것이 아니다. 보내시는 분은 예수 그리스도시고, 그분의 권위가 기독교 선교를 정의하고, 선을 긋고, 제한하고, 나가게 한다.

---

7 다음 자료를 참고하라. Glasser, Arthur F. with Charles E. Van Engen, Dean S. Gilliland, and Shawn B. Redford, *Announcing the Kingdom: The Story of God's Mission in the Bible*, Grand Rapids: Baker Book House, 2003.

5. '선교'에 대한 콘스탄틴적 재정의

오순절 성령 강림 사건 이후 거의 3세기 동안 기독교 교회는 앞에서 기술한 바와 같이 '선교'를 이해했다. 그러나 콘스탄틴 황제(306-337 CE)에 의해 영향을 받은 변화들과 함께 선교의 정의가 극적으로 바뀌었다. 시드니 루이(Sidney Rooy)는 우리에게 콘스탄틴 시기에 교회의 선교에 대한 이해가 끼친 영향력에 대한 뛰어난 요약을 주고 있다. 루이는 이렇게 설명한다.

> 313년 밀라노 칙령에 따라 기독교가 공인된 종교로 인식되면서 그리스도인들의 선교 상황은 극적으로 변했다. 이 큰 첫 단계 이후 그다음 단계가 빠르게 뒤를 이었다. 325년에 기독교는 사람들이 선호하는 종교가 되었고, 380년에는 공식 종교가 되었다. 392년에 로마제국에서 유일하게 공인된 종교가 바로 기독교였다. 이는 80년이라는 짧은 기간에 기독교가 핍박받는 종교에서 핍박하는 종교가 되었다는 점을 말해 준다. 중세 서구에서 왕은 그리스도와 하나님의 대리인으로 여겨졌다. …
> 교회뿐만 아니라 국가도 황제가 임명한 사람들을 통해 선교 대리인(agent)이 되었다. 이교와 새로운 종교 제도를 말살해 교회를 확장하고 믿음을 갖게 했다. 때때로 복음은 선교사들의 사역을 통해 확장된 것이 사실이지만, 유럽 대부분은 정복하고 이교도들에게 집단 세례 주거나 당시 정치 세력가들의 직접 후원으로 교회, 수도원, 학교를 세워 기독교화했다.
> 콘스탄틴적 선교 모델에서 선교의 주요 동기는 황제가 다스리는 제국인 "하나님 나라"(kingdom of God)의 현세적이고 영적인 확장이었다. 그 모델에는 의심의 여지없이 국가와 교회라는 두 개의 왕국이 공존했기에 혼란스러웠다. 교회로 편입된 거대한 군중들과 함께 당시 유행하던 많은 신념과 관습도 받아들여졌다. 언제나 존재했던 대중 종교는 교회의 교리와 예전에 영향을 미쳤을 뿐만 아니라 선교를 이해하는 방식에도 영향을 미쳤다(Rooy 1998, 10-12; 또한, Bevans 2004, 173-74.)[8]

---

8 Padilla, ed., *Bases Bíblicas de la Misión: Perspectivas Latinoamericanas*, Buenos Aires/ Grand Rapids: Nueva Creación/Eerdmans Publ. Co., 1998.

이런 콘스탄틴 모델은 18세기와 19세기 식민 시대까지 계속되었다. 우리가 그것을 좋아하든 싫어하든, 때로 기독교 선교 모델들은 위에서 설명한 중세 모델과 유사해 보인다. 스티븐 닐(Stephen Neill)은 지적한다.

> 기독교의 위대한 확장은 르네상스 이후 식민지를 구축하려는 세력이 기독교 세력이 되었고, 선교사는 국가 정부와 여러 가지로 타협했다. 기독교는 주로 서구 열강의 특권과 세력의 물결을 타고 전파되었다(Neill 1964, 450; Bosch 1980, 116에서 인용).

우리는 21세기를 살면서, 선교의 중세적 그리고 식민지 모델에 대해 너무 혹독한 평가를 내릴 필요는 없다. 지난 150년 동안, 개신교 선교 활동은 지구 북서부에서 남동부로 이동했다. 선교 활동은 사람들이 예수 그리스도에 대한 믿음을 가지도록 돕기보다는 특정한 문명 형식을 전파하는 일에 더 많은 관심을 가진 문명 개화적 개신교를 심었다. 문화, 문명, 교육 그리고 기술은 예수 그리스도에 대한 믿음의 복음을 퇴색시키고, 너무 자주 황제만 교체했다. 오늘날의 선교 활동에서도 교단들과 선교 단체들과 대형 교회들이 자신과 똑같은 형태의 지침 모델로 새로운 교회를 개척할 때, 선교에 대한 중세적 관점과 유사한 관점이 문제를 일으킨다.[9]

6. '선교'에 대한 윌리엄 캐리의 지상 명령 정의

1700년대 후반 윌리엄 캐리(William Carey, 1761-1834)는 선교를 이해하는 색다른 방식을 제안했다. 캐리는 "교회의 주된 책임은 해외 선교라고 설교했다"(Reapsome 2000, 162). 그의 획기적 작품인 "이교도 개종을 위해 수단을

---

9   이 토론에 대한 라틴아메리카 관점은 다음 자료를 참고하라. Charles E. Van Engen, "¿Por Qué Sembrar Iglesias Saludables? Bases Bíblicas y Misionológicas" in J. Wagenveld, ed., *Sembremos Iglesias Saludables*. Miami: FLET, 2004, 43-96. The English version of this chapter was published as Charles Van Engen, "Why Multiply Healthy Churches," in Gary Teja and John Wagenfeld, ed., *Planting Healthy Churches*. Chicago: Multiplication Network Ministries, 2015, 23-60.

사용하는 그리스도인의 책임에 관한 연구"에서 캐리는 선교에 대한 그의 관점을 '지상 명령'(Great Commission)으로 보고, 기독교 교회 중에서 특히 개신교인들에게 알려진 마태복음 28:18-20을 기초로 삼았다.[10]

19세기와 20세기 초반에는 주님의 '지상 명령'(마 28:18-20; 막 16:15-16; 눅 24:46-49; 요 20:21; 행 1:8)이 선교와 선교학에서 대단히 중요한 역할을 하게 되었다(Hesselgrave 2000, 414).

마태복음에 나타난 지상 명령은 선교에 대한 특정한 관점을 갖게 하는 데 공헌했다. 그리고 1910년 에든버러에서 열린 '세계선교대회'(World Missionary Conference)의 모토인 "이 세대에 세계 복음화를"(the evangelization of the world in this generation)이라는 표어에 결정적 영향을 주었다. 이것은 존 모트(John R. Mott, 1865-1955)에 의해 널리 퍼진 1800년대 후반의 학생자원운동(Student Volunteer Movement)의 표어의 성경적 기초가 되었다.[11] 우리는 여기서 이와 관계된 몇 가지 가정들에 대해 언급한다.

1960년까지 거의 150년 동안 선교의 기초로 "지상 명령"을 사용했던 개신교도들은 다음과 같은 가정을 가지고 있었다.

- 구원은 개인적이다.
- 구원은 예수 그리스도와 영적이고 개인적인 관계를 우선적으로 가져야 한다.
- 교회 선교의 주된 부르심은 지리적인데, 그리스도인들은 "가라"고 부름 받았다.
- "가는 것"은 지구의 서반구와 북반구에서 동반구와 남반구로 가는 것이다.
- "지상 명령"의 "제자 삼는" 부분은 "세례를 주고 가르치는" 부분보다 더 중요하다.

---

10 See, e.g, David Hesselgrave (2000). "Great Commission," in A. Scott Moreau, Harold Netland, and Charles Van Engen, *Evangelical Dictionary of World Missions*. Grand Rapids: Baker Book House: 412-14.
11 이 위대한 선교사 정치가의 간단한 전기는 다음을 보라. Douglas, "Mott, John Raleigh" in Ibid., 664.

- 새로운 회심자들은 파송 교회와 선교 단체에 속하게 하거나 같은 형태의 교회로 모이게 했다.
- 그리고 19세기 후반기에는 새로운 개인 회심자들은 그들의 비신앙적 문화와 상황 밖으로 나와야 했고, 기독교 선교 단체에 모여 선교사들의 문화와 문명을 새로 배워야 했다.

도널드 맥가브란(Donald McGavran)은 1955년, 마태복음 28:18-20의 '지상 명령' 선교학을 근본적으로 재해석한 『하나님의 가교: 하나님의 선교 전략에 관한 연구』(The Bridges of God: A Study in the Strategy of Missions)를 출판했다.[12] 맥가브란은 "선교 스테이션" 접근 방법에 대해 이의를 제기했다. 그는 "나라들"(nations, ethne)이란 단어는 개인들이라기보다는 인간집단을 의미한다고 제안했다. 그는 명령, 지시는 초기의 선교적 사고에서 강조하던 "가라"가 아니라 인간집단을 "제자 삼는 것"이라고 단언했다.

그리고 그는 제자 삼는 활동의 결과는 집단적으로 화합하는 그룹들로 모이고, 그리스도 교회의 구성원이 되는 사람들의 숫자로 측정해야 한다고 제안했다. 1965년에 도널드 맥가브란에 의해, "하나님의 가교"라는 선교학 원리에 기반한 교회 성장 운동이 풀러세계선교대학원으로 옮겨 왔다.

1970년대와 1980년대까지 개신교 복음주의권에서 인간집단을 의미하는 '에스네'(ethne)는 어느 정도의 지리적 그리고 개인주의적 가정과 특정 문화와 집단 중심을 강조하는 관점인 "미전도 종족"(unreached people groups)으로 이해했다. 그러나 미전도 종족 개념에는 "미전도" 혹은 "저항하는"(resistant)이 무엇을 의미하는 것인지 명확하고 정확한 신학적 또는 선교학적 이해는 전혀 없었다(이 책의 제10장을 보라).

---

12   이 위대한 선교사 정치가의 간단한 전기는 더글라스를 참고하라. Douglas, "Mott, John Raleigh" in Ibid., 664.

7. '선교'와 토착 교회 모델

선교에 대한 지상 명령식 이해는 아직 예수님을 따르는 자들이 아닌 사람들을 복음화 하는 것을 강조했다. 이런 관점과 더불어 영국의 헨리 벤(Henry Venn, 1796-1873)과 미국의 루푸스 앤더슨(Rufus Anderson, 1796-1880)이 제시한 '삼자(三自) 교회' 관점이 있었다. 이들 두 선교 행정가는 선교의 목표가 "자립(self-supporting), 자치(self-governing), 자전(self-propagating)"하는 삼자 교회의 탄생, 양육 그리고 발전이라고 강조했다. 제임스 셔러(James Scherer)는 이런 관점을 다음과 같이 설명한다.

> 19세기 중반 무렵, 헨리 벤과 루프스 앤더슨의 노력을 통해 선교의 중요한 목표는 교회 개척이 되었다. 새로운 삼자 교회 중심적 관점으로, 개인의 회심과 동시에 현지에 '삼자 교회'를 개척하는 것이 중요한 목표가 되었다. 선교 과학의 아버지로 알려진 구스타프 바르넥(Gustav Warneck)은 선교 활동이란 "기존의 교회에서 시작해 선교 현장에 세워지는 교회로 가는 길"이라고 선언했다(Scherer 1993, 82; Scherer가 Duerr 1947 인용).[13]

그들이 그렇게 의도하지 않았다고 할지라도 선교 행정의 원리로 벤과 앤더슨에 의해 옹호된 삼자 교회 선교 목표는 19세기 중반부터 시작해 100년 동안 오래된 교단과 선교 단체 사이에서 선교신학과 실천을 특징 지어 온 선교에 대한 사실상의 정의가 되었다.[14] 벤과 앤더슨을 따랐던 수많은 사람이

---

13 로저 바샴은 이렇게 썼다. "신앙의 근간에서 신자들을 자립하고, 자치하며, 자전하는 교회로 모으려는 묵시적 목표로 1930년대와 1940년대에 복음주의 사상은 본질적으로 개인 개종 측면에서, 자립, 자치, 자전하는 교회로 신자들을 모으는 것을 의미했다." Roger Bassham, *Mission Theology: 1948-1975, Years of Worldwide Creative Tension, Ecumenical, Evangelical and Roman Catholic*. Pasadena: William Carey Library, 1979.

14 "토착 교회"와 선교에 대한 훌륭한 토론 요약은 존 마크 테리(John Mark Terry)의 "원주민 교회"를 참고하라. A. Scott Moreau, Harold Netland, and Charles Van Engen, editors, 2000.
Evangelical Dictionary of World Missions, 483-85. 나는 멕시코국립장로교회에서 성장했다. 이 교회에서는 '삼자' 정책이 선교사와 국가 지도자 모두가 주창하는 주요한 선교 관점이었다. 백만 명이 넘는 교인을 가진 이 교파는 멕시코에서 가장 큰 단일 교파 가운데 하나이다. 그럼에도 불구하고 멕시코국립장로교단은 지역과 세계로 보내는 선교사 파송에 있

그들의 선교에 대한 제도적 관점을 부드럽게 하려고 노력했다.

존 네비우스(1829-1893), 롤랜드 알렌(1868-1947), 멜빈 핫지(1909-1986) 그리고 알란 티펫(1911-1988)은 선교사 회중들의 영적, 유기적, 신학적, 관계적, 사회적, 문화적 그리고 상황적 측면들의 발전을 강조하는 '삼자' 원칙 보다 개선된 모델을 내놓았다. 그러나 원래의 '삼자' 원리는 아프리카, 아시아와 라틴아메리카에서 널리 퍼져 나갔고, 서구 유럽과 북미 선교 노력들에 의해 세워진 '삼자' 교회들을 볼 수 있는데, 이들은 오늘날 자기 중심적이고 이기적인 교회가 되는 경향이 있다.

1970년대와 1980년대 동안 미국의 많은 교단이 매우 혼합된 결과들과 함께 북미 도시들의 교외 지역에서 새로운 교회들을 개척하기 위한 행정 철학으로 '삼자' 원칙을 수용했다. 이런 운동의 흔적들은 미국의 교단 교회 개척의 흔적으로 남아 있다.[15]

최근에 "이머징 교회" 운동이 일어났다. 미국의 주요 도시들에 "토착 교회" 회중들을 탄생하게 하고, 양육하고, 발전시키려는 운동이 생겨났다. 이런 새로운 교회 개척 운동은 1960년대 미국의 도시에서 하나님 나라 지향적인 변혁적 믿음의 공동체들을 만들기 위해 노력했던 베이비 부머 세대의 노력과 뚜렷한 유사점을 보여 준다. 이머징 교회 운동 지도자들은 세계 도처에서 토착 교회의 탄생과 양육과 발전의 관점으로 지역적이고 세계적인 선교에서 그들의 선배들이 경험했던 소중한 지혜를 배울 수 있을 것이다.

8. 1960년대 '선교'

제2차 세계대전 후에 많은 서구 유럽 선교학자와 신학자가 북미의 오래된 주요 교단에서 새로운 선교 관점을 진술하기 시작했다. 1930년대와 1940년대 초 서구 유럽의 위기에 대한 교회의 침묵과 무관심의 재앙적 결과를 보

어서는 초기 단계에 있다. 나는 '삼자' 정책이 장로교단의 선교적 비전과 실천이 부족한 주된 이유 중 하나라고 생각한다.

15 중국에서, 1940년대 후반 마오쩌둥이 주도한 맑스주의 문화 혁명을 시작으로, 많은 기독교 종파와 그 신도들이 맑스주의 정부에 의해 "삼자 애국 운동" 교회로 공식 인정되었다. 중국은 이 용어를 독특하게 사용한다. 그 역사에 대한 탐구는 이 책의 범위를 벗어난다.

고, 디트리히 본회퍼의 영감을 따르는 가운데 1948년에 세워진 WCC와 연합된 교회들은 더욱 '적절한' 선교학을 위해 연구하기 시작했다. 그들은 세상에서 하나님께서 행하시는 하나님의 선교에 참여하는 교회들을 동원하기 원했다. 이런 선교의 새로운 관점은 "미시오 데이"라는 관용구를 중심으로 확고해졌다. 미시오 데이는 선교의 급진적 세속화를 대변했다.

호켄다이크는 비관적이었다. 그와 같은 선교학자들은 하나님의 선교의 실행 가능성이 있는 대리자로서 교회에 대한 깊은 비관주의를 보여 주었다. 사실상 호켄다이크는 교회가 할 수 있는 최고의 일은 교회 자신을 뒤집어 엎는 것(inside out)이고 근본적으로 소멸하는 것이라고 주장했다(Hoekendijk 1966). 이 관점은 교회가 아닌 세상에서, 하나님 나라 지향적이고 하나님 나라 중심적인 하나님의 선교를 강조했다.

제임스 셔러는 다음과 같이 이런 선교 개념 발전을 요약한다.

> 19세기 후반과 20세기 전반에는 '해외 선교'라고 부르는 실제적 목표로서의 교회 중심적 개념이 지배적이었다. 교회 중심주의는 개인 회심과 '영혼 구원'에 초점이 맞춰진 경건주의와 복음적 부흥 운동으로부터 파생된 개인적 선교 이론들로 대체되었다.
> 1860년부터 1960년까지 선교의 교회 중심적 목표는 모든 민족 가운데 교회를 개척하기 위한 필수적 단계로 개인 개종을 강조한 이전의 선교 패턴을 대체하는 데 매우 유용하게 사용되었다. 그러나 교회 개척 사역이 모든 6개 대륙에서 진행되면서 그것은 재빠르게 선교사의 목표로서 소용이 없어지게 되었다.
> 1952년 빌링겐에서 열린 국제선교협의회(IMC) 이후, 교회 중심적 선교 패러다임은 탈식민지 시기에 모든 6개 대륙에서 다양한 선교에 참여한 교회들이 직면하는 문제들을 해결하는 데 더 이상 적합하지 않았다. 그러한 문제들은 삼위일체적 기초와 교회 선교의 본질, 하나님 나라의 종말론적 특성에 대한 개방성과 민감성 그리고 교회의 하나님 나라에 종속된 관계에 대한 명확한 이해를 가진 하나님의 선교라는 미시오 데이를 필요로 했다.
> 그러나 1960년대 '미시오 데이'[16] 선교 개념은 탁상공론 신학자들이 가지고

---

16   H. H. 로진(Rosin)은 말했다. "1968년 독일어로 출판된 조지 F. 휘체돔의 책, 『하나님

노는 장난감이 되고 말았다. 교회의 실제적 선교에 대해 약간의 학문적 관심을 보이는 정도로 퇴색하고 말았다.

하나님은 모든 세속화를 넘어 내재적이고 현세적이고 역사적인 권력을 통해 세상 속에서 그분의 목적을 수행하시는 분으로 보였다. 삼위일체적 미시오 데이 관점은 복음화와 교회 개척 모델이 아닌 계몽주의 시대의 이신론적 관점들과 유사한 신적으로 인도된 내재적이고 역사적인 과정, 세상과 역사의 변혁에 대한 이론으로 대체되었다.

하나님의 선교에 대한 이런 세속적 관점은 실증적 교회를 하나님 선교의 대리인으로는 불필요한 존재로 만들어 버리고, 어떤 경우에는 선교의 장애물로 만들어 사실상 쓸모 없게 만들었다.

세상이 교회를 위한 아젠다를 정한다. 하나님의 선교가 펼쳐지는 진짜 무대는 교회가 아니라 세상이었다. 그런 이유로 교회는 이제 세상으로부터 출동 명령을 받아야 한다. … 인간화는 새로운 핵심어가 되었다. … (Scherer 1993, 82-86).

세속화하는 기독교 선교를 향한 강한 자극과 함께 선교에 대한 이런 급진적 재정의는 WCC에 가장 충실하게 참여하는 많은 사람이 걱정할 이유가 되었다. 예를 들어, 스티븐 닐은 "모든 것이 선교라면, 그 어떤 것도 선교가 아니다"라고 경고했다(Neill 1959, 81; Blauw 1962, 109; 121-122). 닐은 "교회가 존재하도록 부르심을 받은 중심 목적은, 모든 피조물들에게 복음을 전파하는 것이다. 그 밖의 모든 것, 사역, 성례, 교리, 예배는 부수적인 것이다"라고 주장하는 것을 마땅하다고 생각했다(Neill 1959, 112).

베반스와 슈레더도 언급했다.

> 만약 모든 것이 선교라면, 그 어떤 것도 선교가 아니라는 스티븐 닐의 경고에 주의를 기울여야 한다. 그럼에도 불구하고 우리는 또한 선교를 너무 첨예하게 설명하려는 어떤 시도도 주의해야 한다는 데이비드 보쉬의 경고에도 관심을

의 선교』(*Missio Dei, Einfurung in eine Theologie der Mission*)이 '*missio Dei*'라는 용어가 확산되는 데 결정적인 역할을 했다. 이 책은 1965년 미국에서 영어 번역으로 출간되었다." Georg F. Vicedom, *The Mission of God: An Introduction to a Theology of Mission*, St. Louis: Concordia, 1965. (Cf. H. H. Rosin 1972, 24).

가질 필요가 있다(Bevans 2004, 9; Bevans and Schroeder가 Bosch 1991, 512 인용).

21세기에 복음주의 선교 기관들은 농업, 교육, 의료, 에이즈(AIDS)와 관련된 사역들과 '위험에 처한 아이들'(children at risk) 운동 등을 통한 인도주의적 긍휼 사역에 헌신하고 참여하게 되었다. 복음주의 선교 행동주의에서 이런 새로운 강조를 보면서, 우리는 1960년대와 1990년대 사이에 WCC에서 선교를 재정의하면서 선교에 대한 복음주의 관점을 놓쳐 버린 이 실수를 반복하지 않도록 주의를 기울여야 한다.

9. 1980년대부터 2000년까지 '선교'에 대한 복음주의의 반응, 재정의 그리고 재건

1960년대는 세계적으로 큰 소요의 시간이었다.
"1960년대에만 17개의 새로운 아프리카 국가들이 탄생했다."[17] 남미에서는 독재 정부들의 흥망성쇠가 있었다. 서유럽은 그들의 힘을 회복했다. 베트남 전쟁과 함께 냉전 시대가 만개했다. 로마 가톨릭 세계는 제2차 바티칸 공의회 이후 소란스러졌다.

베이비 부머들은 북미의 모습을 변화시키고 있었다. 제2차 세계대전 이후에 태어난 다수의 새로운 소달리티 선교 단체들이 우세를 보이기 시작하는 동안, 오래된 교단들과 선교 단체들은 선교 활동을 위한 그들의 정체성, 목적, 방향 그리고 우선순위들에 대해 깊은 위기를 맞았다.

1969년 4월, 세계에서 가장 오래된 선교학 저널인 「국제 선교 리뷰」(International Review of Missions)가 선교의 복수형인 missions에서 's'를 없애고 단수형인 International Review of Mission으로 이름을 바꾸었다.[18] 미국의 많은 오래

---

17 Van Engen 1990, 212; citing Charles Forman, *The Nation and the Kingdom: Christian Mission in the New Nations*. New York, Friendship, 1964, 17.

18 윌리엄 크레인(William Crane)은 그 문제에 대한 사설에서 다음과 같이 썼다. "선교의 복수형은 국제 관계의 외교, 정치, 경제 분야에서 특정한 명분을 가지고 있다. 국제 관계의 성격, 범위, 권위는 시작자와 수령자 모두의 이익에 의해 정의되지만 교회의 선교는 단수형이다. 교회의 선교는 삼위일체 하나님과 만인을 구원하려는 하나님의 의도로부터 나온 것이다. 비록 이 선교를 위해 교회에 주어진 사역과 특정 상황에 대한 특정 교회들의

된 교단들은 '선교'와 '선교사'라는 단어들을 버리고 "형제 사역자"(fraternal workers)와 "에큐메니컬 인적 자원 공유"(ecumenical sharing resources)라는 단어를 선택했다.

맥가브란은 분노했다. WCC가 예수 그리스도를 믿는 신앙으로의 개인 개종을 강조하는 교회 중심적 선교 관점에서 벗어난 것은 너무나 급진적 처사라고 생각한 도널드 맥가브란은 WCC가 "20억 인구를 배신했다"고 비난했다(McGavran 1972, 16-18). 맥가브란은 1972년에 출간한 『내일의 선교를 위한 결정적 이슈』(Crucial Issues in Missions Tomorrow)에서 다음과 같이 썼다.

> 선교 [비행기]가 납치되었다. … 오래된 교회를 돕고 젊은 교회를 돕는 것을 선교로 간주해야 한다. WCC가 주장하는 이 새로운 관점에서 선교는 비기독교인에게 복음을 선포하는 것을 포기하고 교회 간 지원이나 어디에서나 행해지는 선한 일이 되고 만다(McGavran 1972, 190; Van Engen 1981 and Van Engen 1990, 212-13 참고).

통합이 능사가 아니다. IMC가 WCC에 통합된 것은 1960년대 복음주의 선교신학에 영향을 미쳤다.[19] 위에서 언급된 WCC의 선교에 대한 사고에 반대해, 1966년에 빌리그레이엄협회(Billy Graham Association)에서 영감을 받은 두 개의 주요 선교대회, 즉 휘튼에서 열린 '교회의세계선교대회'(Congress on the Church's World Mission)와 베를린에서 열린 '세계복음전도대회'(World Congress on Evangelism in Berlin)에 중요한 복음주의 지도자들이 함께했다. 이런 복음주의 모임은 로잔(1974), 파타야(1980), 마닐라(1989), 케이프 타운(2010)

반응은 다양하지만, 그가 교회에 맡긴 선교는 하나다. IMC가 WCC에 통합된 이후 지난 몇 년 동안 '세계선교와전도위원회'(Division of World Mission and Evangelism)가 시작한 다양한 연구 및 프로그램 역시 3개 대륙에서 다른 3개 대륙으로의 선교에 대한 전통적 관심보다는 6개 대륙 교회 하나의 선교에 대한 관심을 반영하고 있다. W. H. Crane, "Editorial," *International Review of Mission* 58: 1969, 141-44.

19 1966년에는 복음주의 선교 지도자들의 대규모 모임을 대표해 '교회의세계선교대회'가 소집되었다. 대표단은 밝혔다. "WCC의 탄생과 IMC를 이 기구의 틀에 통합하라는 압박이 보수신학적 선교 협력 문제를 전면에 내세웠다." Harold Lindsell, *The Church's Worldwide Mission*, 1966, 2. See also Charles Van Engen, "A Broadening Vision: Forty Years of Evangelical Theology of Mission, 1946-1986" in Joel A. S. Carpenter, Wilbert Shenk, eds., *Earthen Vessels: American Evangelicals and Foreign Missions*, 1880-1980, 1990, 203-32.

등에서 열린 대규모 세계 선교대회로 이어졌다(Van Engen 1990 참고).

복음주의 선교학적 사고가 숙성되어 나온 21세기를 위한 새로운 복음주의 사고를 통합하는 선교의 새로운 정의가 나왔다. 1980년대와 1990년대에 복음주의자들은 인간 종족 가운데 자생할 수 있는 교회가 없는 "미전도 종족들"을 위한 선교를 강조했다. 이것은 복음주의자들이 소련 연방의 해체 이후 구소련권 국가들에 다수의 선교사들을 파견하기 위해 조직한 동역선교단(Co-Mission)을 구성하는 동기를 부여했다.[20]

이런 선교관은 또한 적도에서 북쪽으로 10-40도 사이의 지역으로 서유럽의 동쪽 가장자리에서 북태평양까지 이어져 있는 "10-40창"에서의 선교를 강조했다. 그곳은 가난한 사람들이 가장 많이 살고 세계에서 복음화율이 가장 낮은 지역이다(Love 2000, 983).

랄프 윈터는 미전도 종족 선교를 강조했다. 그는 기독교인들과 자연스럽게 접촉이 없는 사람들 사이에서의 선교인 "전방 개척 선교"(Frontier Missions) 운동을 촉발시켰다. 마닐라에서 열린 로잔 II 대회 이후, '21세기 기독교 운동'(AD2000 and Beyond Movement)은 1910년 에든버러 '세계선교대회'와 매우 유사한 비전을 따라 세계 복음화를 위해 전 세계 기독교인들을 동원하기 위해 탄생했다.

이런 주도적인 선교 운동과 함께 복음주의자들은 전도와 사회 봉사를 하나로 모으기 위해 고군분투했다. 1960년대 WCC 강조에 대한 극단적인 반발로 복음주의자들은 언행, 말하는 것과 행동하는 것, 복음 선포와 사회적 변혁을 구분했다. 복음주의자들은 일련의 협의를 통해 한 쪽을 다른 한 쪽보다 우선순위에 두지 않고 둘을 더 가깝게 통합하려고 노력했다. 2010년, 로잔 운동은 남아프리카 케이프 타운에서 세 번째 주요 회의를 위해 모였다. 그 모임에서 나온 방대한 문서는 로잔 운동 지도자들이 개인적으로나 사회적으로 다른 사람과의 관계에서 전인적 변혁을 추구하는 선교신학을 명확히 밝히려는 노력을 보여 준다.[21]

---

20 안타깝게도, 이 복음주의 신교 단체들과 선교사들은 기독교 교회가 이미 정교회 형태로 천 년 이상 구 소련권에 존재하고 있었다는 사실을 무시하는 경향이 있었다.

21 다음을 참고하라. "The Cape Town Commitment:" www.lausanne.org/content/ctc/ctcommitment-website inactive.

새로운 세기가 시작되면서, 복음주의 선교는 선교의 새롭고, 적절하며, 창의적이며, 동기를 부여하는 정의를 찾고 있다. 점점 더 많은 복음주의 선교학자가 '하나님의 선교'라는 성경적 개념을 선교에 대한 보다 총체적인 관점을 가리키는 용어로 채택했다. 올란도 코스타스, 사무엘 에스코바, 르네 파딜라와 다른 학자들은 총체적이고 변혁적인 선교 활동의 유용한 패러다임으로 하나님의 나라를 훨씬 더 강하게 강조할 것을 요청했다.[22] 오늘날 복음주의자들은 아마도 제임스 셔러의 관찰에 동의할 것이다.

> 교회 중심 패러다임을 버리는 것은 교회의 선교를 버리는 것을 의미하는 것이 아니라, 오히려 새로운 성경적, 선교적 그리고 무엇보다도 종말론적 관점에서 교회의 선교를 수정하는 것을 의미한다. 이것은 오늘날 기독교 선교신학의 선결 과제로 남아 있다(Scherer 1993, 85).

복음주의 선교학은 새로운 응집력 있는 통합 개념을 찾고 있다. 1999년 비네이 새뮤얼(Vinay Samuel)과 크리스 숙던(Chris Sugden)은 『변혁으로서의 선교』(*Mission as Transformation*, Samuel 1999)라는 제목의 에세이 모음집을 편집했다. 선교를 위한 하나님 나라 패러다임이 이 책에서 매우 강하게 드러난다. 2000년, 브라질 이과수에 복음주의 선교신학자들이 모여 교회의 선교에 관한 대화를 나누었다. 그들이 나눈 주제를 빠르게 훑어 보면, 그들은 다양한 선교 아젠다를 다루려는 포용적 선교관을 드러내고 있음을 알 수 있다.[23]

---

22 다음 자료를 보라. Orlando Costas, *The Church and its Mission: A Shattering Critique from the Third World*, 1974; Orlando Costas, *Theology of the Crossroads in Contemporary Latin America*, 1976; Orlando Costas, "The whole world for the whole gospel," *Missiology 8* (Oct 1980): 395–405; Orlando Costas, *Christ Outside the Gate: Mission Beyond Christendom: 1982*; Samuel Escobar, "Beyond liberation theology: evangelical missiology in Latin America" IBMR 6 (July 1982): 108–44; C. René Padilla, *Mission Between the Times: Essays on the Kingdom*, 1985; C. René Padilla, *Misión Integral: Ensayos sobre el Reino y la Iglesia*, 1986; Orlando Costas, *Liberating News: A Theology of Contextual Evangelization*, 1989; Samuel Escobar, *Misión a la Teología*, 1998; Samuel Escobar, *Tiempo de Misión: América Latina y la Misión Cristiana Hoy*, 1999; Samuel Escobar, *The New Global Mission: The Gospel From Everywhere to Everyone*, 2003.
23 Taylor, William D., ed., (2000) *Global Missiology for the 21st Century: The Iguassu Dialogue*, 2000. This work was published in Portuguese as Missiologia Global para o século XXI: A consulta de Foz de Iguaçu, William D. Taylor, ed., Londrina: Descoberta Ed., 2001.

2004년 태국에서 열린 대규모 복음주의 선교대회에서 '변혁'이라는 개념이 제안되었다. 선교에 대한 총체적 이해를 발전시키려고 하는 복음주의자들은 아마도 스티븐 닐의 경고에 귀를 기울일 필요가 있을 것이다.²⁴ 모든 것이 선교라면, 그 어떤 것도 선교가 아니다. 응집력 있고, 일관성 있고, 집중되고, 신학적 깊이가 있고, 선교학적으로 광범위하고, 상황에 맞는 적절한 복음주의 선교학은 이 새로운 세기에도 아직 등장하지 않았다.²⁵

10. '선교적 교회'(missional church)와 '선교'(mission)의 정의: 제안

21세기에 '선교'를 정의할 수 있는 가능한 방법은 '선교적' 교회가 어떤 모습일지 설명하려는 시도를 포함할 수 있다. 나는 선교적 교회를 정의하는 한 가지 방법을 제안하겠다. 여기서 나는 '선교적'이라는 용어에 대한 나의 정의를 축약해 본다.

'선교적 교회'라는 용어로 나는 하나님이 부르시고 보내신 사람들로서 교회의 본질과 소명을 강조한다. 선교적 교회론은 성경적, 역사적, 상황적, 프

---

24 현재 복음주의 학교들이 '선교대학원'을 '간문화연구대학원'으로 이름을 바꾸는 추세는 선교학적으로 불안하다. '간문화 연구'는 선교가 아니다. 선교 사상과 선교 활동이 문화 간 연구로 전락하면서 선교에 대한 성경적 관점의 마음과 영혼이 사라졌다. 요하네스 베르카일이 단언했다. "선교학은 결코 선교 활동과 참여를 대체할 수 없다. 하나님은 하나님의 선교에 참여자와 자원봉사자를 부르신다. … 만약 선교 연구가 국내 선교이든 해외 선교이든 선교 참여로 이어지지 않는다면, 선교학은 겸손한 학문적 소명을 잃어버린 것이다." (Johannes Verkuyl 1978, 6)

25 데이비드 보쉬는 『변화하는 선교』(Transforming Mission)에서 선교에 대해 다음과 같이 정의했다. "선교는 하나님의 본질에서 비롯된 것으로 이해한다. 따라서 그것은 삼위일체 교리의 맥락에 놓이지 교회학이나 구원론의 맥락에 놓이지 않는다. 하나님 아버지께서 아들을 보내시고, 하나님 아버지와 아들이 성령을 보내신다는 전통 교리는 또 다른 '운동'을 포함하도록 확대되었다. 아버지, 아들 그리고 성령 삼위께서 교회를 세상으로 보내신다. 우리의 선교는 그 자체에 생명이 없다. 오직 보내시는 하나님의 손 안에서만 진정한 선교라고 불릴 수 있다. 선교 주창자는 오직 하나님 한 분이시기 때문이다. 하나님은 보내시는 사랑의 샘이시기 때문에, 선교에 참여하는 것은 사람을 향한 하나님의 사랑 운동에 참여하는 것이다. 선교 참여를 통해, 교회는 하나님의 통치 약속의 충만함을 증거하고 그 통치와 어둠과 악의 세력 사이에서 계속되는 투쟁에 참여한다." David Bosch 1991, 390–91. (Quoted also in part in Darrell L. Guder, ed., *Missional Church: A Vision for the Sending of the Church in North America*, 1998, 5.

락시스적(이론을 비판하고 재구성하는 실천으로 번역됨), 종말론적이다. 교회와 관련해 '선교적 교회'는 교회를 하나님의 세상에서 하나님의 선교에 참여하는 선교적 도구로 본다. 레슬리 뉴비긴이 주장한 바와 같이, 선교적 교회는 하나님의 선교가 예수 그리스도의 교회(지역 교회와 세계 교회)를 성령의 능력 안에서 선교를 위해 부르시고 파송한다고 이해한다.

하나님의 선교는 자신의 사회, 문화 속에 있고 또한 아직 예수님을 주로 고백하지 않는 사람들 가운데서 선교적 교회가 되게 한다. 선교는 피조물을 회복하고 치유하고 또한 사람들을 하나님과 화해하는 언약 관계로 부르는 하나님의 목적에 뿌리를 둔 하나님의 주도적 선교의 결과다. '선교'는 '보냄'을 의미한다. 선교는 하나님의 선교 활동의 주된 대리자가 되는 교회인 하나님의 백성과 함께 인류 역사에서 하나님 행위의 목적을 설명하는 성경적 중심 주제다.[26]

따라서 '선교적' 교회는 다음과 같다.

- **상황적 교회**: 선교적 교회는 하나님이 사랑하시는, 잃어버리고 망가진 세상의 더 큰 상황의 일부로 자신을 이해한다.
- **의도적 교회**: 선교적 교회는 선교에서 그리스도를 따르는 목적을 위해 존재한다고 자신을 이해한다.
- **선포하는 교회**: 선교적 교회는 그리스도 안에서 하나님 나라의 도래를 말과 행동으로 선포하며, 특정 상황에서 선교하라고 하나님에 의해 의도적으로 보냄 받은 존재로 자신을 이해한다.
- **화해하는 교회**: 선교적 교회는 지역적, 세계적 상황에서 화해하고 치유하는 존재로 자신을 이해한다.
- **성화하는 교회**: 선교적 교회는 사회에 정화하는 영향력을 주는 말씀을 전하고, 축하하며, 함께 살아가는 특별한 신앙공동체로 자신을 이해한다.

---

[26] This definition is based on Darrell Guder, ed., *Missional Church: A Vision for the Sending of the Church in North America*, 1998, 11-12, 4-5; see also David Bosch, *Transforming Mission: Paradigm Shifts in Theology of Mission*, 1991, 390.

- **통합하는 교회**: 선교적 교회는 포용하고, 둘러싸고, 모이는 신앙공동체로 자신을 이해하며, 사람들을 성도의 교제권으로 받아들이기를 열망한다.
- **변혁하는 교회**: 선교적 교회는 "땅의 소금"(마 5-8장)이며, 선교에서 그리스도의 몸으로서 변혁하는 임재이다(코이노니아, 케리그마, 디아코니아, 말투리아 - 예언자, 사제, 왕, 해방자, 치유 자, 지혜자).[27]

'선교적' 교회에 대한 이런 개념은 보쉬가 교회의 '선교적 의도'(mission intention)와 교회의 '선교적 차원'(mission dimension)이라고 부르는 것의 상호 관계도 고려해야 한다.[28]

11. 결론

그렇다면 글로리아와 그 교회의 '글로벌 아웃리치 대책위원회'에 나는 무엇을 말했어야 했을까?

글로리아는 우리가 '선교'를 정의하는 방식이 우리의 동기, 대리인, 수단, 목표 그리고 세상에서 기독교인으로서 우리의 삶, 사역 및 행동의 결과를 측정하는 방식에 영향을 미친다는 것을 알고 있다. 아마도 나는 글로리아와 교회 성도들이 예수 그리스도를 중심으로 하는 하나님 나라의 복음에 의해 형성되는 '선교'에 대한 성경적 관점을 가질 수 있도록 도울 수 있었을 것이다. 제임스 셔러는 이렇게 제안했다.

> 20세기 후반의 중요한 선교학적 이슈는 어떻게 선교 비전을 잃어버리거나 성경 내용을 배신하는 일 없이 초기 교회 중심의 선교신학에서 하나님 나라 중심의 선교신학으로 성공적으로 전환할 수 있는가 하는 것이었다. 우리가 이런 전환의 한가운데 있다는 것을 부정할 수 없다. 우리가 삼위일체적 미시오 데이와 밀접한 관련이 있는 하나님 나라를 지향하는 선교신학적 움

---

27 이 정의는 다음 자료에서 인용한 것이다. Charles Van Engen, *God's Missionary People*, 65-70; and Darrell Guder, editor, 1998, 254-64.
28 David Bosch 1980, in loco.

직임의 의미를 아직 완전히 파악하지 못한 것도 똑같이 분명하다. 우리의 선교 실천에 대한 이런 전환의 더 온전한 의미는 여전히 미래에 속해 있다 (Scherer 1993, 82).²⁹

1986년, 나는 "비전 확장: 복음주의 선교신학의 40년, 1946-1986"(A Broadening Vision: Forty Years of Evangelical Theology of Mission, 1946-1986)을 썼다. 복음주의 선교학이 내가 그 당시 관찰한 결과 약간 발전했지만, 그 격변기에 선교에 대한 복음주의적 정의가 어느 정도 변화되었는지를 독자들이 살펴볼 수 있으면 한다.³⁰

글로리아와 교회의 대책위원회와 함께 하는 주일 점심 식사가 끝나가고 있을 때, 그들은 '선교'에 대한 자신들의 정의를 쓰기 위해 생각하고, 통찰력을 공유하고, 함께 일하는 것을 고려했다. 일단 그들은 '선교'의 정의를

---

29 '상황의 정수'(Constant in Context)에서 스티븐 베반스와 로저 슈러더(Roger Schroeder)는 새로운 세기에 맞는 선교 정의를 제안했다. 선교는 교회가 어디에 있든지 일어난다. 선교는 교회가 존재하는 방식이다. 선교는 교회가 처음으로 예수님을 설교하는 것이다. 선교는 기독교인들이 불의와 억압에 맞서 싸우는 행위이다. 이는 화해 안에서 상처를 싸매는 것이다. 교회는 다른 타 종교직 방식에서 배우고 세계의 문화로부터 도전받는다. 선교는 교회 자체 내부에만 집중하는 것이 아니라, 도전하는 외부 세상에 초점을 맞추는 것이다. "Bevans and Schroeder 2004, 9; Bevans and Schroeder cite L. Legrand, *Unity and Plurality: Mission in the Bible*, 990, xii.

30 나는 20년 전에 이렇게 썼다. "이제 여기서 어디로 가야 하는가? 복음주의자들은 앞으로 흥미진진한 새로운 발전 가능성을 가지고 있다. 그들은 아마도 이것들 중 하나에 하나님 나라 신학을 포함시킬 것이다. …
첫째, 이 모티브는 현대 기술의 현명하고 신중한 사용, 다른 기독교인에 대한 보다 민감한 이해, 교회 간의 협력 증대를 포함한 더 넓은 시야를 위한 수단을 제공할 수 있다.
둘째, 복음주의자들은 성령론의 발전을 아직 완전히 이해하지 못했다. 오순절과 카리스마 운동에 나타나는 '선교에서 일어나는 제3의 물결'에 관해 성령론적 발전을 반영하지 못했다." (Paul Pomerville 1985; and Gary B. McGee 1986, 166-70.)
셋째, 전인적 선교 목표로서의 전도 활동과 사회적 행동과의 관계 문제가 아직 해결되지 않았다. 복음주의자들은 개개인의 완전한 안녕에 대한 관심과 깊은 영성을 결합하는 인간 전체를 위한 새로운 복음주의 개념을 개발할 수 있는 가능성을 가지고 있다.
"40년 내내 복음주의 선교신학의 주된 원동력으로 부상하고 있는 주제는 '1910 에든버러 세계선교대회의 정신'이다. 에든버러 대회의 '표어'는 여전히 복음주의자들의 상상력을 사로잡고 있다. 그들은 여전히 자신들이 예수 그리스도를 아직 믿지 않은 수십억 사람들에게 복음을 선포하도록 위임받았다고 생각한다. 그래서 복음주의자들의 선교신학에 관한 내용이 많이 바뀌었지만, 이 주제는 지속된다. 그 표어가 없다면 복음주의자들은 복음주의적이라고 할 수 없을 것이다(Van Engen 1990, 203-32.).

만들어 낸 후 그 단어를 다시 사용해 교회에서 선교를 가르치고 홍보했다. 그렇게 해서 그 교회가 하나님의 세계에서 하나님의 선교에 참여하도록 사람들을 동원할 수 있었다. 그들은 선교의 정의를 규정하는 아이디어가 흥미롭고 도전적이라는 것을 발견했다.

그러다가 내가 공항으로 떠날 준비를 하고 있을 때 글로리아가 눈을 반짝이며 내게 물었다.

"그래서 교수님은 선교를 어떻게 정의하십니까?"

나는 글로리아에게 다음과 같이 대답했다.

"저는 지금까지 약 40년 동안 이 이슈를 가지고 고민해 왔습니다. 지금까지 선교에 대한 정의를 찾기 위해 노력한 결과 다음과 같은 잠정적 결론에 도달했습니다.

'하나님의 선교'(missio Dei)는 주로 예수 그리스도께서 하나님의 백성을 세상의 모든 민족에게 보내셔서, 명목상 기독교 환경에 있는 믿음이 없는 사람들로 하여금 하나님, 다른 사람들 그리고 세상과 화해하도록 하는 일을 말합니다. 여기에 교회가 참여함으로 예수 그리스도 안에서 하나님 나라의 도래를 말과 행동으로 선포하는 것이며, 성령의 역사를 통해 사람들이 회개하고 예수 그리스도를 믿음으로 말미암아 교회에 모이도록 권하며, 예수 그리스도 안에서 하나님 나라가 도래하는 표식인 세상의 변화를 도모하는 것입니다."

나는 기도한다.

성령께서 우리에게 이 새로운 세기에 하나님께서 사랑하시는, 잃어버리고 상처 받은 세상으로 보냄 받은 하나님의 선교적 백성(Van Engen 1991)이 되는 방법을 가르쳐 주시기를 기도한다.

제5장

비평적 신학화와 선교신학

선교신학 작업에서 비평적 신학화가 필요하다. 비평적 상황신학자인 우리의 일은 기본적으로 사람들이 그들의 상황에서 하나님을 알도록 돕는 것이다.[1]

1. 논지

이 장에서 나는 우리가 항상 새로운 지역적, 세계적 상황 속에서 복음을 재문맥화할 수 있는 방법을 개발하기 위해 의사소통으로서의 문맥화 초기 강조 단계를 넘어설 필요가 있다고 제안한다. 이를 위해 우리는 상황 속에서 하나님을 아는 글로벌/지역적 과정에서의 비평적 문맥화(à la Hiebert 1984), 비평적 해석학(à la Bosch 1991) 그리고 비평적 신학화에 참여해야 한다.

이 문제를 염두에 두고 나는 비평적 상황신학화를 수행할 필요성을 보여주는 세 가지 모순되는 변증법적 단어 조합을 제안할 것이다. 즉, 하나의 교회와 많은 교회, 신학과 신학들, 문맥화와 재문맥화를 제안한다.

---

[1] 본 장 내용은 저자의 글 "비평적 신학화: 여러 글로벌/지역적 상황에서 하나님을 아는 것"을 허락을 받아 수정 보완한 것이다. "Critical Theologizing: Knowing God in Multiple Global/Local Contexts," in James R. Krabill, Walter Sawatsky, and Charles Van Engen, editors. *Evangelical, Ecumenical and Anabaptist Missiologies in Conversation*. Maryknoll: Orbis 2006, 88-97.

2. 서론

내 사촌 데이비드는 키가 195센티미터나 되고, 말을 느리게 하는 화란계 목사이다. 그는 말수가 적은 사람이다. 나는 30년이 넘는 목회 사역 끝에 데이비드에게서 본 놀라운 변화를 기억한다.

데이비드는 수년 동안 미국 동부에서 고군분투하는 도심 교회를 목회했다. 내 사촌은 낙담하지 않으려고 열심히 목양했고, 양 무리의 충실한 목자가 되었다. 그의 긴 목회 사역이 끝날 무렵 나는 그가 목회 소명에 열정적이지 않다는 사실을 알아차리기 시작했다.

몇 년 동안 나는 데이비드가 점심을 먹자고 자기 집으로 나를 초대할 때까지 그를 만나보지 못했다. 내가 그를 다시 만났을 때 나는 그가 같은 사람이라는 것을 도저히 믿을 수 없었다. 그는 걸음을 걸을 때 빠르게 총총거리고 있었고, 집으로 가는 길 내내 차 안에서 거의 쉬지 않고 말했다. 그의 열정과 에너지 수준은 전염성이 있었다. 나는 깜짝 놀랐다. 점심을 먹으며 나는 질문을 던졌다.

"데이비드, 무슨 일이 있었어요?"

내가 그에게 물었다.

"데이비드 목사는 몇 년 전에 내가 알고 있던 사람과는 전혀 다른 사람이 된 것 같아!"

데이비드의 아내가 웃으며 말했다.

"데이비드가 달라졌어요. 데이비드, 이야기하세요."

데이비드는 나에게 미소를 지으며 말했다.

"30년이 넘는 사역 끝에 마침내 내가 목회 사역에서 해야 할 일을 발견했어요."

나는 다음에 나올 말을 도저히 기다릴 수 없었다.

"목사님!"

데이비드가 말했다.

"저는 목사로서 사람들이 하나님을 알도록 도와주어야 한다는 것을 발견했어요. 그 이상도 이하도 아니죠."

"목사님, 저는 지난 수년 동안 예산을 세우고, 건물을 관리하고, 교회 프로그램을 관리하고, 설교 준비하고, 설교하고, 환자와 노인을 심방하고, 교단 모임에 참석하고, 교회 직원을 감독하기 위해 열심히 노력했어요. 저는 이것이 제가 목사로서 해야 할 일의 본질이 아니라는 것을 드디어 발견했어요. 목사로서 나는 사람들이 하나님을 알도록 도와주어야 해요. 그리고 이 사실을 발견했기 때문에, 매일 아침 일어나서 사람들이 하나님을 알도록 돕는 새로운 하루를 시작하는 시간을 기다리기가 힘들어요!"

이 놀라운 발견을 한 후 데이비드는 기독교 영성에 관한 다양한 학과 과정에 등록했다. 그는 몇 시간의 묵상, 성경 연구 및 기도를 포함하도록 매일의 일정을 재정비했다. 내가 그를 다시 만났을 때 그는 지역 신학교에서 영성에 관한 강의를 하고 있었다. 나와 대화를 나누고 난 후 데이비드는 교단의 기도 운동 코디네이터가 되었다. 변화는 놀라웠다. 데이비드는 사역의 본질을 발견했다. 그는 사람들이 하나님을 알도록 도와주는 사역을 했다.

3. 복음과 인간 문화의 부적합성

복음과 인간 문화는 적합하지 않다. 복음과 인간 문화의 부적합성은 교회가 선교 사역에서 직면하는 영원한 문제이다.

복음이 인간 문화에 부적합한 측면은 다음과 같다.

첫 번째 측면, 사도 바울은 창조된 질서와 예수 그리스도에 대한 하나님의 특별 계시(롬 1:20; 11:33-34)와 관련해 하나님의 숨겨진 자기 계시를 언급했다. 이것은 드러난 은폐성이다. 이것은 인간 의식에 대한 신성한 자기 공개의 역설이며 문맥화 이론의 가장 어려운 부분이다.[2] 믿음으로만 하나님을 알 수 있다는 바로 그 사실은 우리가 하나님에 대해 알아야 할 모든 것을 알지 못한다는 것을 의미한다.

---

2   Karl Barth, *Church Dogmatics*, vol II, 1 (Edinburgh: T & T Clark, 1957) 184. 바르트는 이 책의 전체 단락(Par. 27,179-254)을 하나님 지식에 대한 논의에 할애한다. 바르트는 이 단락을 두 부분으로 나눈다. "terminus a quo" (이 상태에서부터 우리 지식은 우리를 향하신 하나님의 자기 계시의 은혜로 인하여 나아간다) 그리고 "terminus ad quem" (우리 지식이 숨겨진 하나님에 대한 믿음을 낳기까지)으로 나눈다. 바르트의 교의학에서 이 부분을 비교해 보는 것이 중요하다. Barth's Dogmatics with Vols. I, 2 Par. 17; IV, 1, 483ff; and IV, 3, 135-65.

우리는 거울을 통해서 희미하게 본다(고전 13:12). 욥기 36:26, 시편 139: 6, 사도행전 14: 16-17, 로마서 11:25, 33-36, 고린도전서 2:7, 에베소서 3:3, 골로새서 1:15, 26, 디모데전서 1:17; 3:16, 계시록 10:7과 같은 본문들은 하나님의 신비와 다 알 수 없음을 강조한다. 많은 신학자가 하나님의 계시의 이런 기본적 특성을 확인했다.[3] 따라서 복음 전달을 문맥화하는 첫 번째 단계는 인간 문화 속에 있는 하나님의 자기 계시의 신비와 연관된다(Van Engen 1996, 71-72. Shaw and Van Engen 2003 참고).

두 번째 측면, 기독교 선교 운동의 결과로 발생한 불일치에 기인한다.[4] 교회가 수 세기에 걸친 선교 운동의 결과로 여러 상황에서 교회가 탄생하면서 서구 기독교 왕국에 대한 오래된 신앙적 교리는 복음과 만나는 새로운 문화들에 적합해 보이지 않았다. 이 문제를 해결하기 위해 시도된 해결책으로 "설득", "기독교화", "압박", "수용", "적응", "성취", "혼합주의", "토착화", "변혁", "육성", "대화"와 같은 용어가 연달아 등장했다.[5]

다소 최근 용어인 "상황화/문맥화"는 성육신, 계시, 진리, 신-인간 상호작용, 공동의 종교적 경험의 형태와 같은 신학적 쟁점들을 다룬다. 문맥화

---

[3] 다음 자료를 참고하라. Louis Berkhof, *Reformed Dogmatics*. (Grand Rapids: Eerdmans, 1932) Part I, Section I, Chapter II; G. C. Berkouwer, *General Revelation* (Grand Rapids: Eerdmans, 1955, 285-32); Emil Brunner, *The Christian Doctrine of God* (Phil: Westminster, 1949, 117-36); Hendrikus Berkhof, *Christian Faith* (Grand Rapids: Eerdmans, 1979, 41-56 and 61-65); Wayne Grudem, *Systematic Theology* (1994, 149-55); Stanley Grenz, *Theology for the Community of God*, 1994, 62-67; Paul Jewett, God, *Creation & Revelation*, 1991, 38-43.

[4] 찰스 그래프트는 이 주제를 『기독교와 문화』(*Christianity in Culture*, CLC 刊)에서 깊이 연구했다. Charles Kraft, *Christianity in Culture* (1979, reprinted 2005). 또한, 다음 책들도 보라. Mortimer Arias 2001; Kwame Bediako 1995; Stephen Bevans 1992, reprinted in 2002; Mark Branson and René Padilla, eds., 1984; Harvie Conn 1984; John De Gruchy and Charles Villa-Vicencio, ed., 1994; Bruce Fleming 1980; Dean Gilliland 1989a; David Hesselgrave and Edward Rommen 1989; Paul Hiebert 1985, 1991; Andrew Kirk 1997; Charles Kraft and Tom Wisely, eds., 1979; Eugene Nida 1960; Lamin Sanneh 1993; Wilber Shenk, ed., 1993; Wilbert Shenk 1999; Max Stackhouse 1988; Sunand Sumithra and F. Hrangkuma, edits 1995; Tite Tiénou 1993; F.J. Verstraelen, A Camps, L. A. Hoedemaker and M. R. Spindler, eds., 1995; Andrew Walls 2002; and Darrell Whiteman 2003.

[5] 이 단어들은 각각 복음을 새로운 문화에 연관시키는 특별한 접근을 나타낸다. 각각은 또한 인간 문화들 가운데에서 어우러지는 하나님의 자기 노출과 그들 문화 형식의 맥락에서 하나님을 "알 수 있는" 능력 또는 무능력에 대한 특별한 이해를 포함한다. 나는 이 문제에 대한 다양한 접근 방식을 소통, 토착화, 번역 가능성, 지역 신학, 인식론의 다섯 가지 관점으로 요약했다. 나는 이 주제를 이 책의 제7장에서 더 자세히 설명할 것이다.

는 복음과 문화의 차이를 심각하게 받아들이고, "복음은 항상 인간 문화에 대한 신적 평가에 직면한다"(Hiebert 1979, 63)라는 사실을 받아들인다. 스티븐 베반스(Stephen Bevans)와 로저 슈라이터(Robert Schreiter)는 『상황의 상수』(Constants in Context)에서 수 세기에 걸친 교회의 선교신학에서 분명하게 드러나는 여섯 가지 "상수" 곧 기독론, 교회론, 종말론, 구원론, 인류학 그리고 인간 문화와의 대화를 제안한다. 나는 그것 모두에게 영향을 주고 영향을 받는 여섯 상수와 같은 일곱 번째 상수가 있다고 생각한다. 이 상수가 "비평적 상황신학화"(critical contextual theologizing)이다.

선교신학은 교회의 근본적 소명을 재발견해야 한다. 즉 사람들이 상황 속에서 하나님을 알도록 도와주어야 한다. 이렇게 질문할 수 있다.

우리는 어떻게 성경에 나오는 하나님의 완전하고 최종적인 계시에 충실하고, 오늘날 전 세계 여러 문화에서 하나님의 의도된 의미를 이해하고 전달하는 데 선포적이며 선교적으로 적절할 수 있을까?

이 질문에 대한 답을 추구하면서 나는 비평적 상황신학화 작업을 수행해야 할 필요성을 보여 주는 세 가지 모순되는 변증법적 두 용어들(하나의 교회와 많은 교회, 신학과 신학들, 문맥화와 재문맥화)을 제안할 것이다. 비평적 상황신학화에 대한 나의 관심은 신학이 단지 명제, 고백적 진술 또는 교리 목록이 아니라는 인식으로부터 출발한다. 오늘날 상황 속에서 신학화 작업을 하는 것은 여러 상황 속에서 하나님을 아는 역동적 세계적/지역적 과정을 포함한다. 이것은 제1장 전반부에서 다루었다.

4. 하나의 교회와 많은 교회 모두

우리는 전혀 새로운 세상에 살고 있다. 사도행전 1:8은 이제 현실이다. 15억 명이 넘는 예수 그리스도의 제자들은 이제 문자 그대로 그들의 예루살렘과 유대와 사마리아 그리고 땅 끝의 모든 곳에서 예수 그리스도의 증인이다. 30년 전에 데이비드 바렛이 우리에게 경고했듯이(Barrett ed., 1982), 기독교 교회의 무게중심은 북쪽에서 남쪽으로, 서쪽에서 동쪽으로 이동했다.

오늘날 전 세계 기독교의 거의 70퍼센트가 아프리카, 아시아 및 라틴아메리카에 산다.[6]

이런 변화는 전 세계 기독교인의 수, 그들이 사용하는 언어 및 그들이 살고 있는 지역에만 영향을 주지 않는다. 그것은 또한 교회의 존재와 선교 파송의 성격이 더 이상 유럽과 북미에 집중되지 않고 오히려 다중심적이 되었다는 것을 의미한다. 윌버트 쉥크(Wilbert Shenk)가 『선교의 새로운 영역』(Changing Frontiers of Mission, 1999, CLC 刊)에서 지적했듯이, 다문화 선교는 선교사를 모든 곳에서 모든 곳으로 보낸다.

오늘날 아프리카, 아시아, 라틴아메리카의 교회와 선교부는 유럽과 북미에서 파견되고 지원되는 사람들보다 더 많은 수의 타 문화 선교사들을 파송하고 지원하고 있는 것으로 추정된다.

이런 변화는 또한 신학을 수행하는 신학적 주체가 변했다는 것을 의미한다. 신학을 수행하는 주체는 더 이상 서유럽이나 북미에 있는 기독교 교회의 단일 문화 중심이 아니다. 신학 작업은 대부분의 단일 문화적 작업이 아니다. 21세기 기독교 교회는 상황에 맞는 의제, 범주, 수행자, 방법론, 세계관 가정, 합리성의 유형, 관점 및 주변의 선교신학 작업에 영향을 미치는 표현 방식과 관련해 기념비적 변화를 보여 주고 있다. 비평적 신학화는 이제 세계적/지역적 활동이다.

성경이 핵심이다. 기독교인으로서 우리는 모두 같은 성경을 읽는다. 나의 개인적 출발점은 성경이 하나님의 최종적이고 완전한 계시, 기독교 교회의 유일한 신앙과 실천의 규범이라는 가정이다. 그리고 나는 복음의 본질은 입으로 고백하고, 마음으로 믿고, 말과 행동으로 "예수 그리스도는 주님이시다"(롬 10:9-13; 요일 4:1-3)라고 선포하는 것이라고 믿는다.

그렇다면 우리는 같은 성경을 읽으면서 우리의 성찰을 근거로 하고 동시에 지역적으로나 세계적으로 근본적으로 다른 여러 상황과 적절하게 상호

6　몇 년 후, 필립 젠킨스(Philip Jenkins)가 『기독교 왕국: 세계 기독교의 도래』(The Next Christendom: The Coming of Global Christianity, 2002)에서 이 변화의 중요성을 널리 알렸다. 아프리카, 아시아 및 라틴아메리카의 교회들이 가장 바라지 않는 것일 뿐만 아니라, 바람직하지도 않은 것은 '새로운 기독교 왕국'이 되는 것이기 때문에 젠킨스의 책 제목은 오해의 소지가 있다. 현재 하나의 교회의 일부를 이루고 있는 교회들이 상황적으로 적절한 다양성 현상을 인정하는 것은 '새로운 기독교 왕국'과는 정반대 개념이기 때문이다.

작용하는 비평적 상황 선교신학을 어떻게 수행해야 할까?

우리는 하나의 교회다. 바울은 에베소서에 이렇게 썼다.

> 몸이 하나요 성령도 한 분이시니 이와 같이 너희가 부르심의 한 소망 안에서 부르심을 받았느니라. 주도 한 분이시요 믿음도 하나요 세례도 하나요 하나님도 한 분이시니 곧 만유의 아버지시라 만유 위에 계시고 만유를 통일하시고 만유 가운데 계시도다 (엡 4:4-6).

기독교 교회는 "거룩한 여러 가톨릭교회", "하나님의 여러 가족", "그리스도의 여러 몸" 또는 "여러 새 이스라엘"을 고백하지 않는다. 교회에 대한 성경적 관점에서 복수형은 교회의 실존적 존재가 아니라 교회의 지리적 위치만을 의미한다. 본질적으로 교회는 하나뿐이다. 에베소서에서 교회(에클레시아)는 단수 형태로만 나타난다(Van Engen 1991, 49).[7]

그러나 우리는 동시에 많은 다양한 교회다. 바울은 각각 한 몸의 일부인 성령의 은사의 다원성을 설명하는 서문으로 교회의 단일성을 확언한다.

> 우리 각 사람에게 그리스도의 선물의 분량대로 은혜를 주셨나니 그러므로 이르기를 그가 위로 올라가실 때에 사로잡혔던 자들을 사로잡으시고 사람들에게 선물을 주셨다 하였도다 올라가셨다 하였은즉 땅 아래 낮은 곳으로 내리셨던 것이 아니면 무엇이냐 내리셨던 그가 곧 모든 하늘 위에 오르신 자니 이는 만물을 충만하게 하려 하심이라 그가 어떤 사람은 사도로, 어떤 사람은 선지자로, 어떤 사람은 복음 전하는 자로, 어떤 사람은 목사와 교사로 삼으셨으니 이는 성도를 온전하게 하여 봉사의 일을 하게 하며 그리스도의 몸을 세우려 하심이라 우리가 다 하나님의 아들을 믿는 것과 아는 일에 하나가 되어 온전한 사람을 이루어 그리스도의 장성한 분량이 충만한 데까지 이르리니 (엡 4:7-13).

많은 교회의 여러 형태의 삶에서 구체적으로 표현되는 한 교회의 다원성과 다중심성은 우리가 동시에 지역적이며 세계적인 비평적 상황신학화 작업을 배우게 한다. 많은 교회 내에서 표현된 새로운 세계적/지역적 다양한 교

---

7 Cf. Karl Barth 1958, 675.

회의 단일성은 선교신학 작업을 수행하는 새로운 방식을 요구한다.

5. 신학과 신학들 모두

세계화하는 세상에서 선교신학 작업을 수행하는 것은 반드시 교회 신앙의 일치와 그 신앙이 세계적/지역적 그리스도의 몸에서 표현되는 방식의 다양성을 모두 확인하는 신학화를 수반할 것이다. 우리가 이 쌍둥이 진리 중 하나만 긍정한다면 우리는 길을 잃게 될 것이다. 불행히도 수 세기 동안 교회는 사실 그중 하나만 받아들였다.

콘스탄티누스 이후, 기독교 교회는 주로 단일 중심적이고, 단일 문화적인, 주로 서양과 유럽 중심적 관점에서 신학 작업을 수행하려는 경향이 있다. 중세 신학적 통합은 주로 모든 사람에게 어디서나 항상 보편적으로 사실이라고 가정된 일련의 신학 교리적 표현으로 구성되었다. 이것은 변하지 않는 명제 집합의 체계적 집합체로 이해되는 단수 명사인 '신학' 개념을 만들어 냈다.

신학을 수행하는 이런 단일 문화 중심적 견해는 로마교회와 동방교회뿐만 아니라 종교개혁 이후 개신교의 여러 분야를 지배했다. 그리고 이 관점은 또한 폴 히버트가 그의 소논문인 "비평적 문맥화"("Critical Contextualization", Hiebert 1994, 76-81)에서 "비문맥화 시대"(The Era of Noncontextualization)라고 불렸던 식민지 선교 시대 150년 이상이나 계속된 신학화 작업 과정에서 개신교 선교에 침투했다.

문맥화는 다중심적이다. 신학 작업을 수행하는 것에 대한 서구 교회의 헤게모니에 대한 반발로 아프리카, 아시아 및 라틴아메리카의 신학자들은 신학화에 대한 다중심적 관점을 주장했다. 이 견해는 "문맥화"라는 개념을 처음으로 개신교가 사용하게 된 계기가 되었다. 신학을 수행하는 과정의 다양하고 다중심적인 성격은 쇼키 코(Shoki Coe)에 의해 강조되었고, 특히 세계교회협의회(WCC)의 신학교육기금(Theological Education Fund)의 일부에 대한 상황에서 1972년의 출판을 통해 강조되었다(예를 들어, Coe 1976; Thomas, ed., 1995, 175-76; Bevans 2002, 153, 45, 46; Gilliland 2002 참고).

타이테 티에누는 그것을 이렇게 설명한다.

> '문맥화'라는 단어는, 신학은 결코 영구적으로 존속할 만큼 발전될 수 없다는 전제를 전달하려는 특정한 목적으로 선택되었다. 기독교인들은 모든 곳에서 모든 문화에서 끊임없이 변화하는 문화에 복음을 연결하는 지속적 신학화 작업 과정에 참여해야 한다. 세상이 지속되는 한, 이런 신학 작업 과정은 계속된다. 토착화가 아닌 문맥화가 이 끝없는 신학 작업 프로세스를 가장 잘 설명하는 용어이다(Tiénou 1993, 247; 참고: Kirk 1999, 91; Van Engen 1989, 97 nn 18, 19).

문맥화는 지역 신학화를 의미한다. 지역 신학화로서의 문맥화 관점은 교회와 상황 사이의 지속적으로 변화하는 역동적 상호 작용을 보여 준다. 그것은 역사적 상황에 대한 분석으로 시작해, 성경을 다시 읽는 것으로 진행되는 지역적 성찰 과정이며, 이는 차례로 상황에 관한 상호 작용적인 신학적 성찰로 이어진다. 그것은 기독교인이 상황 속에서 현존하는 문화적, 사회경제적, 정치적 문제에 적극적으로 참여하도록 추진하는 신학화 작업을 의미한다.

지역 신학화로서의 문맥화에 대한 이런 관점에는 스펙트럼의 한쪽 끝단에 있는 과정의 거의 전체적 세속화에서 다른 쪽 끝단에 있는 교회의 변혁에 대한 강한 강조에 이르기까지 다양한 관점의 광범위한 스펙트럼이 있다.

문맥화는 토착화를 의미한다. 일부 로마가톨릭의 신학자와 선교학자들은 이것을 "지역 신학을 구축"하려는 노력인 "토착화" 과정이라고 불렀다. 거의 20년 전, 로버트 슈라이터는 『신학의 토착화』(*Constructing Local Theologies*, 1985)에서 이런 노력을 위해 그가 "번역 모델", "적응 모델" 및 "상황 모델"이라고 부르는 것들의 기여를 조사했다.

이 주제에 대한 슈라이터의 생각은 시카고의 가톨릭신학연합(Catholic Theological Union)에서 그의 동료인 스티븐 베반스의 『상황신학 모델』(*Models of Contextual Theology*, 1992, rev. 2002)로 발전되었다. 이 책의 2002년 판에서, 베반스는 번역, 인류학 모델, 프락시스 모델, 통합 모델, 초월 모델, 반문화 모델이라고 부르는 여섯 가지 상황화 신학 모델을 제시했다.[8]

---

8   스티브 베반스와 로저 슈뢰더는 교회가 지난 20세기 동안 엄청난 변화 속에서 맥락 속의

최근 오스트리아 잘츠부르크대학의 클레멘스 세드막(Clemens Sedmak)은 『지역 신학 작업: 새로운 인류를 만드는 장인을 위한 가이드』(Doing Local Theology: A Guide for Artisans of a New Humanity)에서 다음과 같이 단언했다.

> 신학은 지역에서 이루어진다. 지역 상황에 정직하기 위해, 신학은 특정 상황을 진지하게 받아들이는 신학으로서 지역 신학으로 이루어져야 한다. … 지역 신학들은 신학이 특정 상황 내에서 그리고 특정 사회적 상황에 대한 반응으로 발전된다는 것을 인식한다. 사회적 상황을 이해하는 것은 특정 신학의 기원과 타당성을 이해하는 데 필요한 조건이다. … 사회적, 역사적, 문화적, 정치적 상황은 그 상황 속에 있는 신학자의 역할과 위치에 영향을 미친다(Sedmak 2002, 8, 95-96).

신학은 상황에 영향을 받는다. 웨스턴케이프대학과 스텔렌보쉬대학의 조직신학 교수인 더키 스밋(Dirkie Smit)은 이렇게 지적한다.

> 상황신학은 모든 신학이 하나님에 대해 생각하고 말하는 모든 신학이 상황적이라는 사실을 강조하고 있으며, 모든 형태의 이른바 서양 기독교의 전통 신학을 포함해 신자들이 살고 있는 상황의 영향을 받는다(Smit 1994, 44; 또한 Arias 2001, 64 참고).

개신교의 복음주의적 관점에서 스탠리 그랜츠(Stanley Grenz)는 이렇게 쓰고 있다.

> 상황화에 대한 헌신은 성경만을 기초로 진리를 구축하려 했던 오래된 복음주의신학 개념에 대한 암묵적 거부를 수반한다. 더 이상 신학자들은 하나의 완벽한 신학적 규범으로서의 성경에만 초점을 맞출 수 없다. 대신, 상황화 과정은 진리의 근원인 성경과 신학자가 성경적 진리를 표현하는 범주의 근원이 되는 문화라는 양자 사이의 움직임을 필요로 한다. 상황화는 신학자가 사

상수를 보존하려고 노력하면서 직면했던 성경, 역사 그리고 신학적 문제들 중에서 많은 것을 정리해 우리 모두에게 탁월한 봉사를 했다. Bevans and Schroeder 2004.

고방식을 진지하게 받아들이고 현대인이 이해할 수 있는 언어로 된 성경의 영원한 진리를 설명하기 위해 신학화 작업이 일어나는 문화에 대한 사고방식을 요구한다(Grenz 1993, 90; Wilbert Shenk 1999, 77 참고).

지역적 상황에서 신학적 과제를 찾는 것은 비평적 신학화에 대한 인식론적 접근을 의미한다. 그것은 지역 상황에서 우리가 하는 일과 하나님에 대해 알지 못하는 것에 의문을 제기한다.[9] 데이비드 보쉬는 상황화에서 이런 인식론적 요소의 중요성을 강조했다.

상황화 신학들은 전통적 신학들과 비교할 때 인식론적 단절을 구성한다고 주장한다. 반면에, 적어도 콘스탄틴 시대 이후로 신학은 엘리트주의 학문 작업으로 위로부터 수행되었다. … 신학의 주된 출처는 철학이었다. 신학의 주된 대담자는 교육받은 비신자였다.

상황화 신학은 아래로부터의 신학, "역사의 밑바닥으로부터"의 신학이다. 그것의 주된 출처 (성경과 전통을 제외하고)는 사회과학이고, 그것의 주요 대담자는 가난한 사람들 또는 문화적으로 소외된 사람들이다. 새로운 인식론에서 똑같이 중요한 것은 프락시스의 우선순위에 대한 강조다(Bosch 1991, 423).

보쉬는 내가 동감하는 불편함, "문맥회의 모호성"에 대해 경고했다. 보쉬는 다음과 같이 단언했다.

> 많은 상황신학자가 자신이 처한 상황에서 신학 작업을 하기에, 상황화 프로젝트가 본질적으로 합법적이라는 데는 의심의 여지가 없다. 하지만 상황신학 작업에서 전통신학에 과잉 반응하고, 과거와 깨끗이 결별하고, 신학 및 교회의 선조와의 연속성을 부정하는 경향이 있는 한 일부의 모호함은 여전히 남아 있다(Bosch 1991, 425-26).

---

9   문맥신학의 이런 인식론적 관점은 1976년 아프리카, 아시아, 중남미에서 온 22명의 신학자와 북미 소수 집단 대표들이 탄자니아 다르에스살람에서 '제3세계신학자에큐메니컬협회'(EATWOT)를 설립하면서 더욱 자극받았다. 2002년까지 EATWOT 회원이 700명 이상으로 증가했다(John Mbiti 2003, 91). 지난 25년 동안 EATWOT에서 나온 회의 자료, 논문, 출판된 책들은 특히 세계 안팎에서 상황에 맞는 적절한 신학 작업을 하는 인식론적 접근 방식에 강력한 지지를 제공했다."(See Inus Daneel, Charles Van Engen, and Henk Vroom, eds., 2003.)

보쉬는 말했다.

> 두말할 필요도 없다. 상황신학의 모든 표현이 위에서 논의한 과거 신학에 대한 과잉 반응의 일부 또는 전부에 대해 유죄가 되는 것은 아니다. 그럼에도 불구하고 [이런 모호함]은 상황이 그 상황에 대한 신학의 본질과 내용을 결정하도록 허용하려는 모든 [합법적인] 시도에 대해 끊임없는 위험으로 남아 있다(Bosch 1991, 432).[10]

보쉬는 비평적 해석학을 선호했다. 신학 작업을 모든 기독교인에게 덧붙여진 하나의 단일체 '신학'의 구성으로 보는 것은 하나님의 계시가 '여러 번 그리고 다양한 방식으로' 일어났고(히 1: 1), 특정한 문화적 상황들의 범주 내에서 항상 받아들여졌다는 진리를 위반하는 것이다.

따라서 데이비드 보쉬는 "비평적 해석학"(Bosch 1991, 23-24)이라고 부르는 접근 방식을 옹호했다. 보쉬는 "텍스트를 해석하는 것은 문학적 활동만이 아니다. 그것은 또한 사회적, 경제적, 정치적 관습이다. 우리의 전체 상황은 성경 본문을 해석할 때 작용한다. 그러므로 우리는 모든 신학(또는 사회학, 정치 이론 등)이 본질적으로 상황적이라는 것을 인정해야 한다"(1991, 428).

그러나 다른 극단에서, 여러 지역 '신학들'의 원자화는 교회의 단일성, 성령의 일치, 복음의 유일성, 동일한 성경을 읽는 모든 기독교인의 일치를 해친다(Bosch 1991, 427 참고). 따라서 단일체적 균등성도 원자화 된 다원성도 오늘날 세계화하는 세계에서 신학을 수행하는 데 만족스러운 접근 방식이 아닙니다.

따라서 21세기 우리 앞에 놓인 도전은 상황 속에서 하나님을 아는 방법을 찾는 것이다. 즉, 우리는 여러 문화 속에서 같은 성경을 읽음으로써 세계적/지역적으로 비평적 신학화 작업을 수행하는 방법을 배워야 한다. 이것은 차

---

10 앤드류 커크(Andrew Kirk)는 말했다. "문맥화는 문화와 사회경제적(socioeconomic) 삶의 상호 영향을 인정한다. 그러므로 복음을 문화와 관련시키면서 문맥화는 문화에 대해 더 비판적(또는 예언적)인 입장을 취하는 경향이 있다. 그 개념은 사회적 부당함, 정치적 소외, 인권 남용의 상황을 변화시키기 위한 특정한 이데올로기적 헌신을 수반하는 신학적 방법으로 진지하게 받아들여질 것이다"(Kirk 1999, 91). Kirk quotes from Miguez Bonino 1971, 405-7; cited also in Norman Thomas 1995, 174 and David Bosch 1991, 425. See also David Bosch 1991, 423.

례로 복음의 초기 문맥화와 시간이 지남에 따라 복음의 재문맥화에 우리를 참여하게 할 것이다.

6. 문맥화와 재문맥화 모두

변증법적 결합이 필요하다. 세계적/지역적 기독교 교회의 무게중심의 글로벌 변화는 21세기에 우리가 신학을 수행하는 방식에 중대한 영향을 미치는 세 번째 변증법적 결합을 요구한다. 여러 교회에서 표현된 하나의 교회가 많은 신학에서 표현된 하나의 신학을 조화시키려고 노력함에 따라, 다양한 상황 속에서 여러 세대의 신자 사이에서 예수 그리스도의 복음을 재문맥화할 필요가 있을 것이다. 금세기의 우리의 새로운 상황은 문맥화 자체에 대한 새로운 이해를 수반한다.

위에서 언급한 바와 같이, 처음에 문맥화는 지역적 상황들 속에서 신학을 수행하는 것을 의미하며, 모든 다양한 문화적, 상황적 문제가 문맥화 과정에 영향을 미친다. 그러나 1970년대 후반과 1980년대에 개신교 복음주의자들은 수용자가 이해할 수 있도록 복음을 의미 있게 전달하는 방법을 가리키도록 이 용어를 재지정했다. 우리는 모든 의사소통에 의미를 부여하는 것이 수용자라는 것을 이해하기 시작했다(Kraft 1983, 1991; 1999b 참고).

따라서 1989년에 데이비드 헤셀그레이브(David Hesselgrave)와 에드워드 롬멘(Edward Rommen)은 이런 방식으로 문맥화를 정의했다.

> 기독교적 문맥화는 특히 성경의 가르침에 제시된 것처럼 하나님의 계시에 충실하고 각각의 문화적이고 실존적인 상황들 속에서 응답자들에게 의미가 있는 방식으로 하나님의 인격, 활동, 말씀 및 하나님의 뜻이 담긴 메시지를 전달하려는 노력으로 생각할 수 있다(Hesselgrave와 Rommen 1989, 200).[11]

---

11   나는 여기서 학자들이 문맥화의 다양한 '모델'을 분류하려고 시도한 다양한 문맥화 방법에 대해 비평할 공간이 없다. 다음 자료를 참고하라. Steve Bevans 2002; David Bosch 1991, 420-32; Ashish Chrispal 1995; Bruce Fleming 1980; Dean Gilliland 1989a; 2002; Krikor Haleblian 1983; Donald Jacobs 1993, 235-44; Jan Jongeneel 1997: 6-9; 130-34; Andrew Kirk 1999; Bruce Nicholls 1979; Robert Schreiter 1985; Clemens Sedmak 2002;

문맥화에 대한 서구 개신교 복음주의적 접근 방식은 문맥화를 복음 전달 사역에 도움을 주는 것이었다. 문맥화에 대한 다양한 커뮤니케이션 접근법은 전달하는 복음 메시지를 기독교 의사소통자들이 알고 이해했으며 복음을 알지 못하는 비기독교인들에게 그것을 전달한다고 가정했다. 이것은 단순한 일방적 의사소통 과정이었다.

문맥화의 의사소통 모델은 지난 수십 년 동안 타 문화 선교 사업에 대한 서구 개신교 복음주의적 관점을 지배해 왔다. 그리고 문맥화의 의사소통 모델이 아직도 필요한 곳이 세계에 많이 있다(예: Don Richardson 2000). 나는 이 책의 후반부에서 이 이슈를 다룰 것이다.

이 새로운 세기에 세상은 문맥화에 대한 우리의 접근 방식을 크게 바꾸는 급진적 변화를 겪었다. 교회가 한 세대 이상 동안 존재해 온 모든 곳에서 복음의 재문맥화를 수반하는 비평적 상황신학의 인식론적 접근을 요구하는 변화를 겪었다. 문맥화에 대한 인식론적 접근을 요구하는 첫 번째 요인은 지구 인구의 4분의 1이 어떤 방식으로 기독교인이라고 주장하고 있으며, 기독교 인구의 3분의 2가 남반구와 동반구에 살고 있다는 사실이다.

이런 사실은 문맥화 과정에 새로운 인식론적 노력이 있어야 한다는 것을 의미한다. 즉, 문맥화는 이제 일부 기독교 교회들이 다른 기독교 교회와 그들의 상황 속에서 성경을 읽고, 복음을 이해하는 방식을 공유하는 것을 포함한다(예: Phan 2003). 모든 곳에 있는 기독교인들은 상황 속에서 하나님을 아는 방법을 다른 기독교인들과 공유해야 한다. 한 걸음 앞으로 나아갈 때마다 복음의 새로운 "번역"(Sanneh 1993, 31; Walls 2002, 72-81 참고)은 성경에 계시된 계시를 통해 이전에 다른 아무도 보지 못했던 하나님에 대해 발견할 수 있는 가능성을 제공한다.

> 복음이 계속해서 새로운 문화에 뿌리를 내리고 하나님의 백성이 그런 맥락에서 하나님과의 언약 관계에서 성장함에 따라, 하나님의 계시에 대한 더 넓고 완전하고 깊은 이해가 세계 교회에 주어질 것이다(Van Engen 1996, 88-89).

Max Stackhouse 1988; Charles Taber 1983; Tite Tiénou 1993, 235-52; Charles Van Engen 1989; 2004a; and Darrell Whiteman 1997.

이것이 에베소서에 대한 역사적이고 타 문화적인 독서로부터 얻어 낸 통찰이다. 앤드류 월스(Andrew Walls)는 이 통찰을 "에베소서의 순간"(Ephesian moment)이라 불렀다.

> 그러므로 '에베소서의 순간'은 교회를 그 어느 때보다 문화적으로 더 다양한 교회가 되게 한다. 그리하여 잠재적으로 인류에 대한 에베소서의 요약에 해당하는 "그리스도의 장성한 분량"(엡 4:13)에 더 가깝게 이르게 한다. 에베소서의 순간은 또한 가난한 자의 교회를 선포한다. … 에베소서의 순간에 에베소서의 질문이 있다. 이것은 교회가 모든 다양성 측면에서 모든 특정 문화적 부분의 상호적 참여와 건강한 몸에서 일어나는 상호적 참여를 통해 교회의 연합을 보여 줄 수 있느냐 하는 점이다(Walls 2002, 81).

타이테 티에누는 다음과 같이 제안한다.

> [상황에 맞는 신학 형성 작업 과정에서] 차이를 받아들이는 것은 토착신학의 형성, 즉 기독교의 다중심적 본질과 관련된 중요한 문제를 제기한다. 만약 우리가 다른 문화권의 기독교인들이 우리 신앙을 풍요롭게 하거나 실수를 바로잡는 데 도움을 줄 수 있다고 믿는다면, 우리는 사실상 기독교는 인간 문화에 영구적으로 결합되어 있지 않다는 것을 의미한다. 다시 말해서, 차이를 받아들이는 것은 기독교 신앙은 어떤 문화에도 뿌리를 내릴 수 있다는 것을 의미한다. 결과적으로, 기독교는 신자들의 문화 숫자만큼이나 많은 기독교 중심지를 가지고 있다(Tiénou 1993, 248-59).

성경에 나타난 하나님의 계시에 대한 우리의 이해가 심화되고, 넓어지고, 풍부해지는 것은 비평적 신학화의 상호적 과정에서 지역 교회와 세계 교회 사이에 지속적인 대화가 있을 때에만 가능하다.

교회의 다양성이라는 새로운 상황에서 문맥화에 대한 인식론적 접근을 요구하는 두 번째 요인은 각 지역에 있는 2, 3, 4세대 신자들과 관련이 있다. 문맥화를 의사소통 과정으로 간주하는 대부분의 경우, 문맥화는 기독교인들이 아직 기독교인이 아닌 사람들에게 문화적으로 적절한 방식으로 복음에 대한 이해를 전달하려는 의도였다. 이것은 복음 메시지의 초기 문맥화 또는 토착화를 포함했다.

그러나 세상이 변했다. 이제 세계의 거의 모든 나라에 가서 최초의 기독교 신자들의 자녀, 손자, 증손자를 찾을 수 있다. 다시 말해, 우리가 1세대 개종자를 위한 복음의 의미를 고려하는 것 외에도 자녀와 손자 손녀를 위한 복음의 의미를 반추하는 것이 중요하다. 이것은 복음의 재문맥화, 곧 2, 3, 4세대 기독교인들이 직면하고 있는 새롭고 변화된 현실 속에서 성경을 다시 읽는 것을 포함한다.

이런 의도적인 재문맥화 과정이 없이, 변화된 상황 속에서 복음을 주의 깊게 다시 읽지 않고, 그 상황 속에서 비평적 신학화 과정을 거치지 않는다면, 교회의 자녀들과 손자들은 명목상의 기독교인이 될 가능성이 매우 높다(Gibbs 1994, 17-38).

그리고 결국에는 상속받은 기독교 사상과 기독교 이전의 세상 개념을 혼합하거나 혹은 탈기독교화해 불신자가 된다. 이것이 레슬리 뉴비긴이 생애의 마지막 시기에 호소했던 서유럽 교회를 향한 도전이었다. 이에 대해 윌버트 쉥크는 영국과 서유럽에서 복음과 문화 사역을 이끌며 뉴비긴의 호소에 응답했다. 서양에서 많은 사람이 복음을 포스트모던 상황에서 이해되고 받아들여질 수 있는 인기 있는 방식으로 신앙을 전하려는 노력은 재문맥화의 예증이다.

재문맥화 문제는 이민자 교회에서 훨씬 더 심각하다. 우리는 지구 역사상 그 어느 때보다 많은 사람이 이민자로 전 세계를 떠돌아다니고 있다는 것을 안다. 그리고 1세대 이민자들이 하나님을 아는 방식은 그 가족의 2, 3, 4세대가 하나님을 아는 방식과 다르다. 각 세대의 언어, 문화, 세계관, 가치들, 관점들은 이전 세대와 크게 다르다.

이 주제는 본 장의 범위를 벗어난 복잡한 문제이다. 그러나 우리는 우리가 살고 있는 새로운 세계에서 선교신학 작업을 수행함에 있어 우리가 직면한 이슈들을 고려하면서 이런 역학을 인식해야 한다.

7. 결론

따라서 비평적 신학화 작업은 우리가 이 장에서 살펴본 적어도 세 가지 변증법적 결합을 포함한다. 하나의 교회와 많은 교회, 신학과 신학들 그리고 복음의 문맥화와 재문맥화이다.[12]

상황 속에서 하나님을 아는 것은 항상 특정한 문화적 틀 안에서 하나님을 아는 것이다. 그러나 복음은 항상 모든 인간의 문화들과 구별되고, 때로는 문화를 긍정하기도 하며, 종종 예언적으로 비평적이다.

데이비드 보쉬는 문맥화와 신학과 선교를 연결하는 데 도움이 되는 여섯 가지 확언을 제공했다.

첫째, 문맥화로서의 선교는 하나님이 세상을 향하신다는 확언이다. … (이것은 세상에서 우리의 선교적 헌신과 참여를 하나님을 향한 신앙 관계와 분리 할 필요가 없다는 것이다[Van Engen].)

둘째, 문맥화로서의 선교는 다양한 '지역 신학'을 정립하는 것을 포함한다. … (그러나 "신학들"의 너무 광범위한 증식[또는 세분화]은 동일한 복음에 대한 기독교 교회의 믿음의 하나 됨을 상대화하는 경향이 있기에 심오하게 부정적인 의미를 가진다.)

셋째, 각 상황에서 신학이 정립되고, 상황에 맞게 신학이 맞춰지면, 상대주의의 위험뿐만 아니라 문맥화를 절대화하는 위험도 생긴다.

---

12 세계화하는 세상에서 신학 작업을 하기 위해서, 세계 교회는 최소한 다음과 같은 전제로부터 시작할 필요가 있다.
- 모든 문화는 죄성이 있고 타락하였기에 하나님의 계시에 대한 인간의 이해를 모두 흐리게 한다.
- 모든 문화에는 어느 정도 일반 계시나 예수 그리스도에 대한 하나님의 계시의 특정 측면을 명확하게 이해될 수 있는 선행적 은총(Prevenient Grace)이 있다.
- 모든 기독교 계시가 특정 문화권에서 이해되기 위해서는 반드시 문화의 옷을 입어야 한다(기독교 계시는 "무한 번역 가능성"이 있다-라민 사네").
- 모든 문화에서 복음에 대한 모든 이해는 부분적이다(우리는 거울을 통해 희미하게 본다[고전 13장]).
- 그리고 어느 한 사람이 복음을 이해한다고 해도 아무도 예수 그리스도를 통한 하나님의 계시의 본질을 완전히 이해하지 못한다. 따라서 문맥화는 그 자체가 목표가 아니라 오히려 맥락 속에서 하나님을 알기 위한 인식론적 과정이다.

넷째, 우리는 이런 모든 이슈를 다른 각도에서, 즉 오늘날의 교회론에서 논의되는 표현인 '이 시대의 징조를 본다'는 각도에서 보아야 한다.

다섯째, 상황이 가진 부정할 수 없는 결정적 성격과 역할에도 불구하고, 상황이 신학적 성찰을 위한 유일하고 기본적인 권위로 받아들여서는 안 된다.

여섯째, 스택하우스는 우리가 문맥화를 실천과 이론 사이의 관계 문제로만 해석한다면 전체 문맥화 논쟁을 왜곡하고 있다고 지적했다.

상황신학의 가장 좋은 모델은 창의적 긴장, 이론, 프락시스 및 신학 형성, 또는 믿음, 소망 그리고 사랑을 함께 붙드는 것이다. 이것은 세 영역을 결합하고자 하는 기독교 신앙의 선교적 본질을 정의하는 또 다른 방법이다(Bosch 1991, 426).

나는 내 사촌 데이비드 목사가 그의 목회 사역뿐만 아니라 세계화하는 세계에서 신학 작업을 하는 것에 대해서도 옳았다고 생각하기 시작했다. 아마도 최종 분석에서 비평적 상황신학자로서의 우리의 일은 기본적으로 사람들이 그들의 상황에서 하나님을 알도록 돕는 것이다. 그 이상도 이하도 아니다.

제6장

변혁의 선교학과 선교신학

변혁의 선교는 새로운 세기의 우리의 선교다. 우리의 선교는 말과 행동으로 항상 새로운 형태를 취하는 동일한 복음을 선포한다. 선교는 항상 변화되고 항상 변모한다.¹

1. 논지

나의 논지는 변혁의 복음주의 선교학은 지난 100년에 걸쳐 발전된 선교의 고전적 개념들을 기반으로 하고, 50년 전에 발생한 전도와 사회적 봉사 사이의 이분법을 극복하고, 세계적/지역적 도전들과 지금의 새로운 세기에서 교회와 세상의 선교적 기회에 적절한 변혁의 삼위일체 선교신학으로 복음주의 선교학을 재창조해야 한다는 것이다.

---

1   본 장 내용은 원래 북미 복음주의 독자층을 염두에 두고 작성되었다. 2004년 9월에 세계 복음화 포럼의 태국 모임을 위해 루이스 부시가 편집한 *Transformation: A Unifying Vision of the Church's Mission*에서 "Toward a Missiology of Transformation"으로 처음 출판되었다. 출판사의 허락을 받고 수정보완 했다. Charles Van Engen, "Toward a Missiology of Transformation," in *Transformation: A Unifying Vision of the Church's Mission*, edited by Luis K. Bush, for the Thailand gathering of the Forum on World Evangelization, in September 2004, 93-117. Reprinted with permission as "Toward a Missiology of Transformation," in Doug Priest and Nicole Cesare, editors. *Get Your Hands Dirty: Mission in Action*, Knoxville: Mission Services, 2008, 77-90 (역주).

2. 서론

내 아들 앤드류가 5살이었을 때, "트랜스포머"라는 어린이 장난감을 몇 개 가지고 있었다. 이 장난감은 군인이나 사무라이 전사 모양의 커다란 플라스틱 피규어였다. 다양한 부품을 돌려서 물체를 개조하기 시작하면, 피규어는 제트 비행기나 장갑차로 둔갑했다. 피큐어는 '변형한다'. 그것은 여전히 똑같은 어린이 장난감이었지만 변모하는 다양한 모습은 아주 달랐다.

오늘 선교신학을 생각하면 아들의 트랜스포머 장난감이 떠오른다. 21세기의 선교 프락시스와 선교학적 분석은 이와 유사한 급진적 변모 과정을 거쳐야 한다. 선교는 항상 같은 선교, 하나님의 선교, 미시오 데이여야 한다. 그러나 오늘날 우리는 100년 전과는 매우 다른 선교 상황에 처해 있다.

3. 역사적 위치: 무대를 설정함

우리가 변혁의 선교신학 작업을 하면서 미래로 나가며 우리가 어디로 가고 있는지 이해하기 위해서, 우리 자신에게 과거를 상기시키는 것이 중요하다. 100년 전과 50년 전, 우리의 선교학적 성찰에서 우리가 어디에 있었는지 간략히 요약하겠다. 이런 요약은 미래를 볼 수 있는 렌즈를 제공할 것이다.

피터 드러커(Peter Drucker)는 『자본주의 이후의 사회』(*Post-Capitalist Society*)에서 다음과 같이 말했다.

> [인간] 역사에서 수백 년마다 첨예한 변혁이 일어난다. 우리는 … 내가 '담 나누기'라 부른 담을 넘어간다. 짧은 몇 십 년 안에 특정 사회집단은 세계관, 기본 가치, 사회 및 정치 구조, 예술, 핵심 기관을 스스로 재정렬한다.
> 50년 후엔 새로운 세상이 된다. 그리고 그때 태어난 사람들은 조부모가 살았고 자신의 부모가 태어났던 세상을 상상조차 할 수 없다. 우리는 현재 그러한 변화의 과정을 겪으며 살고 있다(Drucker 1993, 1).

100년 전에 글로벌 선교는 서구 선교였는데, 서반구와 북반구에서 지구상의 다른 모든 곳으로 가는 일방 통행로였다. 당시 지배적인 관점은 어떻게 서구 선교가 서로 협력할 수 있을지, 어떻게 개척 지역과 민족에게 복음이 처음으로 도달할 수 있는지 그리고 어떻게 아프리카, 아시아 및 라틴아메리카의 신생 교회가 어떻게 자치, 자전, 자립할 수 있는지와 관련이 있었다.

20세기 초 서양의 근대 문화와 서양 문명에 대한 낙관론이 팽배했다. 다른 종교는 곧 영향력이 줄어들거나 완전히 사라질 것이라고 가정했다. 선교는 주로 시골 지역으로 향했고, 의학, 교육, 농업은 아직 기독교인이 아닌 사람들을 복음화하기 위한 수단으로 여겨졌다. 선교 활동은 주로 교단 선교단체가 담당하였으며, 중국내지선교회(China Inland Mission), 런던선교사협회(London Missionary Society), 성서공회(Bible Societies) 등과 같은 일부 탁월한 국제 선교 단체가 있었다.

스티븐 닐은 1984년 "선교에 대한 나의 마음이 어떻게 변했는가"(How My Mind has Changed about Mission)에 관한 비디오 강의 시리즈에서, 그는 1910년 에든버러에서 열린 세계선교대회 당시 "진지한 낙관주의의 아홉 가지 근거"가 있었다고 말했다. 그 내용을 아래에 요약한다.

- 행성 지구의 지리적 탐험이 거의 완료되었다.
- 세상에서 인간 생명의 안전이 증가했으며, 전쟁이 중단되었다.
- 선교사의 건강이 훨씬 좋아졌다.
- 선교 도관이 모든 지역, 모든 주요 종교에 연결되었다. 모든 사회 시스템도 일부 개종자를 낳았다.
- 주요 외국어들을 배웠다.
- 성경이 가장 널리 사용되는 언어들로 제공되었다.
- 교회 자체가 해외에서 선교 사업을 하고 있었다.
- 거대한 기독교 학생 운동이 자리를 잡았다.
- 제3세계 교회들은 이미 그 자체로 선교적 교회가 되고 있었다.

스티븐 닐은 20세기 초기 선교에서 다음과 같은 "우리가 알지 못했던 세 가지 큰 변화"가 있었음을 관찰한 것을 소개하면서 강의를 마쳤다.

- 많은 지역에서 곧 외국 선교 활동이 폐쇄될 것이다.
- 위대한 비기독교 종교의 회복과 부상이 있을 것이다.

- 교회의 쇠퇴는 주로 서구와 가장 확고하게 세워진 교단 교회들 가운데서 일어날 것이다.

그러나 모든 변화를 겪으면서 닐은 다음과 같이 단언했다.

> 우리의 모든 설교 목적은 청중이 예수 그리스도에 대한 명확한 그림을 갖게 하는 것이다. 우리는 진심으로 사람들이 기독교인이 되기 원한다. 만약 우리가 그리스도와 그분 안에 있는 생명을 만나 보았다면, 우리는 모든 사람이 그분을 만나게 되기를 열망할 것이다. 이것이 선교다(Neill 1984).

100년 전 기독교 선교는 일반적으로 전도와 사회 활동을 분리하지 않는 선교에 대한 기본적 관점에 합의했었다. 선교학자들은 일반적으로 복음이 모든 삶에 영향을 미치는 것으로 보았다. 그들은 "이 세대에 세계 복음화를" 이라는 학생자원운동(Student Volunteer Movement)의 표어로 명확하고 대중화된 선교에 대한 공통된 정의를 가지고 있었다. 그 "표어"는 나중에 존 모트가 그의 가장 유명한 책의 제목으로 사용했으며, 1910년 에든버러 '세계선교대회'(World Missionary Conference)의 모토로 채택되었다.

하지만 우리는 그러한 견해가 기독교화와 문명화라는 유럽 중심의 목표에 너무 자주 둘러싸여 있었음을 인식해야 한다고 할지라도 학생자원운동의 표어는 어느 정도는 선교의 총체적 관점을 가정했다. 동시에 그 목표에 회심 요소를 가정했다.

선교에 대한 그런 견해는 또한 많은 긴장을 수반했다. 우리는 선교 현장을 지배한 벤 앤더슨의 삼자 원칙이 매우 교회 중심적(대부분 내향적이고 다소 정적인)이었고, 문화를 변화시키거나 그 시대의 정치 및 사회경제적 현실을 변화시키려는 노력이 결여되어 있음을 인식해야 한다.[2]

---

2 오늘날 세계 복음화의 가장 큰 장애물이 있다. 그중 하나가 "삼자 원칙"을 고수하는 것이라고 생각한다. 교회가 '토착 교회'가 되기를 바라는 열망은 칭찬할 만하며 장려되어야 한다. 그러나 선교 활동의 목표로 내향적이고 제도적으로 문제가 있는 그 원칙을 너무 완고하게 고집하는 것은 세계에 자기 중심적이고 이기적인 두 가지 다른 특징을 보이는 교회를 만드는 경향이 있다. 1980년대에, 찰스 크래프트, 폴 히버트 그리고 다른 사람들은 세계 모든 교회가 "자기 신학화"할 것을 요구했다. 그 도전은 올바른 방향으로 진행되었고, 이 책은 그 목표에 기여하려는 작은 시도이다. 저비스 파인은 북미의 맥락에서 교회의 토

농업, 의학, 교육 측면에서 100년 전의 사회 봉사에 대한 강조를 복음 선포와 개인적 신앙 개종에 반대하는 활동으로 간주하지 않았다. 그것들은 개종을 요구하는 복음 선포의 필수적 측면으로 간주되었다.

제2차 세계 대전 이후 북미에서 선교에 대한 생각이 바뀌었고, 복음 선포가 선교의 중심이라고 단언한 사람들에 반대해 사회경제적, 정치적 변화를 옹호하는 사람들 사이에 큰 격차가 생겼다.

4. 세기 중간의 반응: 이분법 극복

그러고 나서 세계 대전이 일어났다. 프랑스, 멕시코, 볼셰비키, 마오쩌둥주의 혁명, 한국 전쟁, 세계교회협의회(WCC)의 탄생 그리고 유럽과 일본을 재건하기 위한 탐색이 있었다. 비행기 여행, 라디오, 전화 및 텔레비전의 증가로 지구가 축소되기 시작했다. 그리고 아시아, 아프리카 및 라틴아메리카에서 교회가 성장하고, 성숙하며, 세계적 영향력을 높여 가기 시작했다. 선교의 관점이 근본적으로 바뀌어 심오한 이분법을 만들어 냈다.

50여 년 전, 새로운 국가들이 독립하기 시작했다. "모라토리엄" 논쟁은[3] 아프리카, 아시아 및 라틴아메리카에서 처음에는 "젊은"(younger) 교회로 불렸다가 나중에는 "국가적"(national) 교회로 불렸던 교회의 발전, 성장 및 선교 역할을 선교 의식의 전면에 가져왔다.[4]

일부 서방 개신교 교회들과 선교 단체들은 이른바 "선교 시대"의 종말에 대해 이야기하고, 선교를 교회 간 협력의 "에큐메니컬 시대"로 대체하고 자원을 전 세계적으로 공유하기를 권했다.[5] 아프리카, 아시아 및 라틴아메리카에서 사회정치적 변화에 대한 강한 강조와 함께 에큐메니컬 정신이 선교의 주요 의제가 되었다.

착상을 확대하고 심화시키는 히버트의 비전을 붙잡았다. Jervis David Payne, *Discovering Church Planting: An Introduction to the Whats, Whys, and Hows of Global Church Planting*, Colorado Springs: Paternoster, 2009, 18–24.

3 이 관점에 대한 밴 엥겐의 요약을 참고하라. Van Engen 2000 and Van Engen 2001.
4 이런 발전은 1938년 인도 탐바람에서 열린 국제선교협의회(International Positionary Council)에서 시작되었다. Van Engen 1996, 148–49.
5 이런 사고방식의 발전을 살펴보려면 밴 엥겐을 참고하라. Van Engen 1996, 145–58

에큐메니컬 선교신학의 이런 특성에 대응해, 특히 미국의 복음주의 개신교인들은 선교의 사회정치적(sociopolitical), 경제적, 인도주의적 목표에 반대해서 복음 선포와 개인 개종을 강조하기 위해 새로운 연합을 결성했다. 겉으로 보기에, 복음주의 개신교인들은 복음의 사회적 차원과 관련해 더 이상 "불안한 양심"(Henry 1947)으로 괴로워하지 않았다.

세계 복음화를 위한 새로운 선교 운동은 1966년 휘튼, 1966년 베를린에서 모였고 교회 성장 운동, 로잔 운동,[6] AD2000 운동은 선교를 전통적 관점에서 "남자와 여자가 예수 그리스도의 제자가 되고 그리스도 교회의 책임 있는 구성원이 되는" 것으로 보았다(McGavran 1970, 35; Wagner 1989, 16).[7]

1950년대와 1960년대의 선교 관점을 다음과 같이 요약할 수 있다.

- 국가 교회는 아시아, 아프리카, 라틴아메리카 및 오세아니아 전역에서 성숙하기 시작했다.
- 특히 아프리카 전역에서 새로운 국가들이 탄생했으며, 오래된 교회들 사이에서 선교에 대한 강력한 반식민지적 비판이 일어났다.
- 특히 북미에서 소달리티 믿음 선교 단체들의 수와 중요성이 증가했다.
- 모라토리엄 논쟁이 커졌다.
- 젊은 국가 교회들로부터 점점 더 격렬한 비판과 함께 세계 선교에 관한 쌍방향 대화의 흐름이 생겨났다.
- '세계선교와전도위원회'(CWME)는 1962년에 멕시코시티에서 "6 대륙에서의 선교"라는 주제로 만났다.
- 강력한 에큐메니컬 운동이 WCC에서 구체화되었다.
- 바티칸 공의회 II는 로마가톨릭교회를 변화시켰다.
- 개신교의 전도와 사회 활동 사이의 분열이 악화되었다.
- 복음주의/에큐메니컬 논쟁이 일어났고, 성경의 두 가지 다른 읽기 (전통적 관점과 더 사회정치적, 경제 지향적 관점)가 평행하게 나가는 가운데 더 뜨거워졌다.[8]

---

6 이런 공식 회의에서 나온 공식 문서는 로잔 웹사이트에 접속하면 액세스할 수 있다.
7 복음주의 개신교 선교신학에서 일어난 이런 발전의 요약 정리는 밴 엥겐을 참고하라. Van Engen 1990.
8 Donald McGavran 1977.

- 세계적 복음주의 연합과 협력 구조, 특히 로잔 운동이 창설되었다.
- 세계 신학자의 3분의 2는 교회의 선교에 대한 새로운 관점을 제시하는 목소리를 높이기 시작했다.

제2차 세계 대전 이후 기독교 선교에 대한 서로 다른 견해 사이에 다소 심각한 분열이 있었다. 홀로코스트와 제3 제국에 대한 유죄 양심의 영향을 크게 받은 호켄다이크의 지도에 따라 WCC 인물들은 개인적 신앙에 반하는 무거운 사회정치적 의제와 관련된 신학을 강조했다.

이에 대한 반작용으로, 특히 IMC가 WCC에 통합된 것에[9] 환멸을 느낀 유럽과 북미의 복음주의 지도자들은 사회정치적 의제에 반대해 예수 그리스도에 대한 개인적 개종을 추구하는 복음 선포를 강조했다(Van Engen 1996, 128-36). 미국의 시민 운동과 라틴아메리카, 필리핀, 한국, 인도 등의 해방신학 운동은 분열을 더욱 악화시켰다. 도널드 맥가브란의 저술은 내가 옳은 방향이라고 생각하지만, 너무나 자주 논쟁적이어서 양측의 견해 사이에 갈등을 키웠다.

50년이 지난 지금도 우리는 1962년에 해롤드 린젤(Harold Lindsell)이 한 말에 여전히 도전받고 있다.

> 에든버러[1910년] 이후 50년이 지난 지금까지, 비슷한 선교적 목표를 분열시키는 중요하지 않은 차이를 초월한 세계 선교대회가 아직도 없다는 것은 유감스러운 일이다. 아마도 신앙 선교는 확대될 수 있을 것이다. 아마도 믿음 선교 단체가 이런 선교 비전을 확대하고, 새로운 선교 발전 시대를 위한 창의적이고 역동적인 리더십을 제공할 수 있을 것이다(Lindsell 1962, 230).

내가 위에서 설명한 선교신학의 역사적 발전은 우리가 특정 문구를 사용하는 방식에서 복음주의자들을 고민하게 한다. 예를 들어, "온 세상에 온전한 복음을 전하는 온 교회"(The Whole Church taking the Whole Gospel to the Whole

---

9   1961년 뉴델리 IMC 회의에서 IMC를 WCC로 통합하려는 움직임이 복음주의 선교신학에 끼친 영향을 과소평가할 수 없다. Van Engen 1996, 132-33, particularly footnotes 19-22 and 1996, 150, footnote 14.

World)라는 표어는 1989년 마닐라에서 열린 로잔 II 대회에서 로잔 운동이 창안한 것이 아니다. 이 모임에서 복음주의자들은 이 표어를 사용하기 시작했고, 케이프 타운의 로잔 운동 III 때까지 계속해서 광범위하게 사용했다. 이 표어는 1951년 스위스 롤레에서 열린 WCC 중앙위원회에서 처음 사용되었다.[10]

"6대륙에 대한 선교"(Mission on Six Continents) 또는 모든 곳에서부터 모든 곳으로 향하는 세계적 선교의 다양한 방향을 강조하는 일부 문구는 1963년 멕시코시티에서 모인 '세계선교와전도위원회'에서 처음 사용되었다(Orchard, Witness in Six Continents 1964 참고).

칼 바르트(Karl Barth)는 그의 저서 『교회 교의학』(Church Dogmatics) 제4권에서 선교는 삼위일체 하나님의 선교로부터 비롯된다고 강조했다. 선교는 교회에 속하지 않으며, 교회가 자신의 선교를 결정하는 결정권자가 아니라고 주장했다. 오히려 선교는 하나님의 목적, 하나님의 방법, 하나님의 목표에 기초하고 있다.

초기 몇 세기 동안 교회는, 특히 로마가톨릭 서클에서 하나님 아버지께서 아들, 예수 그리스도를 보내셨고, 아버지와 아들이 성령을 보내셨다는 것을 이해했다. 그러나 바르트는 새로운 요소를 추가했다. 바르트는 하나님의 선교는 세상을 향하고 있으며, 하나님은 교회를 하나님 선교의 참여자로 세상으로 보내신다고 설명했다. 이 관점은 곧 "하나님의 선교"인 "미시오 데이"(missio Dei)로 알려졌다.

최근 미시오 데이라는 개념은 복음주의자들 사이에서 규칙적으로 사용되는 것으로 보인다. 그러나 그것은 새로운 개념이 아니다. 데이비드 보쉬와 다른 사람들은 1932년에 칼 바르트에 의해 처음으로[11] 그리고 1952년에 칼

---

10 See, e.g., John A . Mackay 1963, 13; J. C. Hoekendijk 1966, 108; Charles Van Engen 1981, 382; and Charles Van Engen 1996, 150.
11 보쉬를 보라. David Bosch 1980, 167. 내가 바르트를 읽었을 때, 나는 우리가 바르트에게 1952년 이후 세계교회협의회에서 발전되어 현재 복음주의 운동에 의해 광범위하게 사용되고 있는, 교회의 선교에 대한 모델로서 "missio Dei"라는 완전한 개념을 돌릴 수 있다고 생각하지 않는다. 나는 바르트가 세상에 대한 선교는 삼위일체적 하나님의 선교에 근거하고, 정의된다고 간단히 말한 것으로 읽는다. 선교는 하나님의 선교이며 교회나 세상의 필요에 의해 소유되거나 통제되어서는 안 된다. 1952년 이후 이 개념은 바르트의 관점을 뛰어넘는 많은 다른 의제들로 채워졌다.

하르텐슈타인(Karl Hartenstein)에 의해 바르트 다음으로 사용되었다. 이것은 1952년 빌링겐에서 열린 IMC 회의에서 선교에 대한 삼위일체적 관점과 관련이 있었다. 1958년 게오르그 휘체돔(Georg Vicedomin)에 의해 이 개념은 대중화되었다. 1963년 멕시코시티 이후 에큐메니컬 운동에서 일반적으로 통용되었다(Henry Van Dusen 1961; Georg Vicedom 1965 참고).

게오르그 휘체돔의 미시오 데이에 대한 이해는 위에서 칼 바르트의 관점으로 설명한 것과 비슷하다. 그리고 그때 휘체돔은 교회 중심의 감옥으로부터 선교를 해방하는 방법으로 이 용어를 제안했고, 더 이상 전도와 사회 활동을 분리하지 않는 선교에 대한 개념을 제공했다.

그러나 미시오 데이는 그 후 15년 어간에 많은 추가 의제로 가득 채워졌다. 예를 들어, 이 용어는 1963년에 "회중의 선교적 구조"에 대한 WCC 및 NCC 토론의 기반 개념으로 사용되었으나(Colin Williams 1963, 1964 및 World Council of Churches 1968 참고) 세상에 대한 실제 선교 사역은 거의 또는 전혀 없었다. 많은 추가적 의제, 특히 사회정치적 및 경제적 문제가 개념에 다수 포함되었다.

제임스 셔러가 지적했듯이 콘질리아 선교신학에서 미시오 데이 선박은 결국 너무 많은 화물을 적재해 거의 가라앉을 뻔했다.[12]

내가 『미래의 선교신학』(Mission on the Way)에서 보여 주려고 시도했던 것처럼, 교회와 선교가 혼란스럽게 융합될 때 그리고 교회가 세상에서 수행하고자 하는 모든 활동을 대변하기 위해 미시오 데이라는 용어가 만들어졌을 때, 스티븐 닐의 "모든 것이 선교라면, 그 어떤 것도 선교가 아니다"라는 말이

---

12 다음 자료를 보라. H.H. Rosin, *Missio Dei: An Examination of the Origin, Content and Function of the Term in Protestant Missiological Discussion*, 1972; James Scherer 1987, 93-125; James Scherer, "Church, Kingdom, and Missio Dei: Lutheran and Orthodox Correctives to Recent Ecumenical Mission Theology" 1993, 82-88; Johannes Verkuyl, 1978, 328-31; 197-204; David Bosch 1980, 242-48; 1991, 389-93; Van Engen 1981, 277-79, 305-323; 1991, 108; 1996, 150-53; Andrew Kirk 1999, 229; Jan Jongeneel and Jan van Engelen 1995, 447-48; Jan Jongeneel 1997, 59-61; D.T. Niles. 1962; George Vicedom "Missio Dei" in Stephen Neill, Gerald H. Anderson and John Goodwin, eds., 1971, 387; John McIntosh, "Missio Dei" in Moreau, Netland and Van Engen, eds., *Evangelical Dictionary of World Missions* 2000, 631-33; Lesslie Newbigin The Open Secret 1978, 20-31; Roger Bassham 1979, 67-71.

재확인되는 것 같다.[13] WCC에서 이 용어는 결국 선교 개념에서 순서 변화를 언급했다. 고전적 선교의 관점은 주로 교회를 통해 세상(하나님-교회-세계)에 도달하고, 선교는 변화시키기 위해 일하시는 하나님으로부터 시작된다.

그러나 호켄다이크의 교회에 대한 깊은 비판주의는 그가 『흩어지는 교회』(*The Church Inside Out*, 1966)에서 새로운 순서로 바꿔야 한다고 제안하는 동기를 부여했다. 이 순서는 1968년 움살라에서 열린 제4차 회의 이후 WCC가 하나님의 선교를 이해하는 데 필수 개념이 되었다. 1968년 이후 호켄다이크의 지도에 따라 미시오 데이는 WCC 서클에서 하나님이 세상에서 일하고 계시기에 교회가 할 수 있는 최선의 일은 하나님이 세상에서 하시는 운동에 동참하는 것임을 강조하기 위해 사용했다(하나님-세상-교회).

이 세속적인 순서 변화는 WCC와 관련된 사람들의 선교신학에 심오하고 광범위한 영향을 미쳤다. 이 용어의 역사를 감안할 때, 복음주의 선교학자들은 미시오 데이에 대해 말할 때 그들이 의미하는 바가 무엇인지 그리고 그들이 의미하지 않는 바를 명확하게 표현하도록 주의해야 한다.

나는 복음 선포와 사회적 행동 사이의 이분법에 정말로 만족하는 사람은 없다고 생각한다. 1970년대와 1980년대에는 이 격차를 좁히기 위한 여러 시도가 있었다. 로잔 운동은 로잔 언약에서 존 스토트(John Stott)가 말한 것처럼 "전도의 우선성"(priority of evangelism) 문제를 재고하기 위해 많은 협의, 논문 및 모임을 주관했다. 1970년대에는 여전히 "문화적 위임"(cultural mandate)과 병행해 "복음 전도적 위임"(evangelistic mandate)이라는 언어를 사용했지만 아서 글라서는 오스카 쿨만(1951), 헤르만 리델보스(1962) 및 조지 래드(1974)의 저술을 통해 전도와 사회 활동을 더 가깝게 만드는 방법으로 하나님 나라의 개념을 발전시켰다.

오늘날 선교에 대한 더 총체적인 관점을 구축하는 방법으로 하나님 나라 주제에 대한 매우 실질적인 세계적 합의가 있다(예: Van Engen 1991, 101-18 참고). 이 주제는 르네 파딜라(René Padilla)와 '라틴아메리카신학협회'(LATF: Latin American Theological Fraternity)의 선교신학에서 두드러졌다. 그들은 하나님 나라 주제에서 출발해 복음 선포와 사회적 행동 사이의 격차를 해소할 수

---

13 Stephen Neill 1959, 81; quoted by Johannes Blauw 1962, 109.

있는 개념적 틀로서 "전인적 선교"(integral mission) 개념을 발전시켰다.[14]

'제3세계신학자에큐메니컬협회'(EATWOT: The Ecumenical Association of Third World Theologians)는 대화의 초기 단계에서 이 문제를 해결하려고 노력했다.[15] '아시아신학자협회'(Asia Theological Association) 회원, 예를 들어, 켄 가내언(Ken Ghanaian, 1989, 1992)과 같은 학자는 이 오래된 이분법을 통합하는 선교에 대한 더 총체적인 이해를 명확하게 밝혀 보려고 노력했다. WCC에서는 영성과 영적 형성 문제들에 대한 더 큰 관심이 생겨났다. 그리고 구스타보 구티에레즈(Gustavo Gutierrez)와 같은 라틴아메리카 해방신학자들은 해방에 필수적 영성과 영적 형성 문제를 탐구하기 시작했다.

그래서 1980년대와 1990년대에 우리는 선교에 대한 "총체적인" 접근 방식에 관심을 갖기 시작하는 선교에 대한 복음주의적 관점을 본다. 나는 총체적 선교에 대한 추동력이 50년 이상 활동해 온 북미에 기반을 둔 소달리티 선교 단체가 아프리카, 아시아, 라틴의 2세대 및 3세대 개종자들과 성숙한 교회들과 관련되어 있는 자신을 보았다는 사실에 있다고 믿는다.

서구 복음주의 선교 단체들의 초기 복음화 사역의 열매인 이 개종자들은 그들이 받아들인 복음이 그들이 살아가는 사회경제적, 문화적, 정치적 현실에 영향을 미칠 수 있는 구체적 방법을 찾기 시작했다. 이 새로운 세대의 개종자들은 현재 억압, 박해, 질병, 굶주림, 극심한 빈곤의 환경 속에 살고 있다. 그리고 그들은 서구의 형제 자매들에게 그들이 지금 경험하고 있는 현실에 복음이 미치는 영향이 무엇인지 묻기 시작했다.

교회 분포가 변했다. 서구의 교회가 쇠퇴하고 무게중심이 이동해 전 세계 기독교의 3분의 2가 이제 아시아, 아프리카, 라틴아메리카 및 오세아니아에 있게 됨에 따라 예수 그리스도 교회는 점점 더 가난하고 억압받는 사람들의 교회가 되고 있다. 따라서 이 새로운 세기가 시작될 무렵, 전 세계의 기독교

---

14 '라틴아메리카신학협회'(LATF)의 첫 번째 주요 출판물은 다음과 같다. El Reino de Dios y América Latina (The Kingdom of God and Latin America). 그 이후로 LATF는 파딜라와 다른 사람들이 소개한 "전인적 선교"를 지속적으로 강조해 왔다. 다음 자료를 보라. Orlando Costas 1974; 1982; Mortimer Arias 1980, 1984, 1998, 2003; René Padilla 1986; Samuel Escobar 1998; 1999; 2002; Timothy Carriker 1992; and Valdir Steuernagel 1991, 1992.

15 다음을 참고하라. John Mbiti 2003. (I mentioned this more at length in a footnote in an earlier chapter.)

인들은 자신의 상황에서 비기독교인과 똑같은 억압, 결핍, 부족함을 경험한다. 데이비드 배럿은 이미 1983년 10월 「국제 선교 연구 회보」(*International Bulletin of Missionary Research*)에 실린 기사 "내게 은과 금은 없지만: 가난한 자의 교회와 부자의 교회"에서 이미 이런 내용을 적시했다(David Barrett 1983, 146-51).

따라서 루이스 부시(Luis Bush)가 주도한 글로벌 "탐구" 운동이 매우 중요했다. 이 운동은 대부분의 세계에서 대다수 교회의 원천에서 흘러나오는 선교의 본질에 대한 재개념화를 성취할 잠재력을 가지고 있었으며, 현재 6개 대륙에 퍼져 있는 다수의 기독교인이 지지한다. 이것은 1600여 년 전 콘스탄티누스 이후 처음으로 세계 교회가 북반구와 서구뿐만 아니라 남반구와 동반구에서 교회와 선교의 경험, 삶, 활력, 비전에서 도출된 구성 요로로 선교에 대한 이해를 규정할 수 있는 잠재력을 가지고 있다고 말할 수 있다. 이 모든 것은 이 세기 초에 선교의 본질을 재고하고 재개념화하려는 열망으로 이어진다.

5. 현재 상황: 신뢰성 회복

내가 어렸을 때 멕시코 남부 치아파스의 산 크리스토 발 데 라스 카사스에서 자랄 때 '변압기'라는 단어는 고전압 전기를 가정에서 사용할 수 있는 형태로 바꾸는 장치로 전봇대 위에 매달려 있는 대형 원형 장치를 지칭했다. 변압기는 문제가 생겨 자주 폭발했다. 변압기를 고치는 동안 집에 전기가 끊어져 우리 모두는 어둠 속에서 지내야 했다.

변압기의 천재성은 고전압 전선(가정용으로는 적합하지 않았고 실제로 우리 가정에 해로운 고전압 에너지)에서 에너지를 변환해 가정 집에서 사용하기에 적합한 전압으로 변압하는 데 있다. 변압기는 전기 에너지를 우리 가정에 딱 맞게 변화시켜 주었다.

이 새로운 세기가 시작되면서, 나는 우리가 교회의 세계적/지역적 선교에 대한 재개념화에서 바로 그런 변압기 상황에 있다고 생각한다. 현재 세계 기독교의 3분의 2가 남반구와 동반구에 위치해 있고, 오늘날 세계 6개 대륙에서 6대륙으로 가는 세계/지역 선교의 가장 중요한 문제가 있다. 그중 하나가 교회와 교회선교의 신뢰성 문제이다.

우리가 아직 기독교인이 아닌 사람들의 관점을 가지고, 서로 경쟁하는 종교 시장 가운데서, 철저한 영적 굶주림과 호기심으로 가득한 세상 분위기에서, 교회와 그 선교를 신뢰할 수 있을까?

적절한 선교신학을 기술하려는 초기 시도들만으로는 부족해 보인다. 다음에서 나는 우리의 선교 노력에 초점을 맞추기 위해 과거에 제안한 몇 가지 통합하는 개념들을 언급할 것이며, 그것이 오늘날 우리 세상에서 우리의 선교에 충분하지 않다고 믿는 이유를 지적할 것이다.

- 내가 지적했듯이 삼자 교회 원칙은 충분하지 않다. 그것은 너무 교회 중심적이고 내향적이다. 그것은 주로 제도적 렌즈를 통해 교회를 바라보고 교회 외부의 맥락에서 사는 사람들이 직면하는 문제에 대해서는 쉽게 눈이 멀어진다.
- "전도의 우선성"은 대부분의 상황에서 맥락적으로 적절하지 않다. 아직 예수 그리스도를 알지 못하는 주변 상황에서 사람들의 필요, 열망, 관심사 및 꿈에 응답하는 것보다 전도에 대한 선제적, 명제적 틀로 정의하는 데에만 더 관심이 있는 것 같다. 우리의 선도에서 말과 행동의 균형은 수용자 지향적이고 상황에 적합해야 한다.
- 하나님의 나라 언어는 도움이 되지만, 실제적인 실천에서는 다양한 의미와 형태를 취하고 있다. 그것은 수평적 문제를 잃어버리면서 복음에 대한 수직적 인식으로 너무 쉽게 좁혀지는 것 같다. 하나님과 하나님의 선교에 대한 성경의 그림에 충실하려면 관계, 언약, 하나님과 이웃에 대한 사랑의 언어가 하나님 나라 언어 가운데 스며들어야 한다는 것을 깨닫기 시작했다. 이런 틀은 '하나님의 나라'에 대해 말하는 사람들이 가정할 수 있지만 항상 분명하게 강조되는 것은 아니다.
- 위의 논의에서 언급했듯이 미시오 데이 언어는 잠재적으로 유용하지만 그 용어가 운반하는 여러 개의 혼란스럽고 때로는 모순되는 화물 때문에 오늘날 더 자세한 설명이 필요하다. 우리는 미시오 데이의 일부인 것과 그렇지 않은 것을 어떻게 구별할 수 있을까?

- 우리는 모든 것을 선교라고 말하면서 그 과정에서 선교를 잃어버리지 않도록 주의해야 한다.[16]
- "총체적 선교", "전인적 선교" 또는 "성육신적 선교"라는 용어가 유익할 수 있지만, 때때로 이런 용어들은 선교를 개인적 복음 선포와 사회 문화적, 구조적 변화를 추구하는 선교로 나누는 이분법 문제로 계속 고민해야만 한다. 다른 때에 "성육신적 선교"는 수신자 문화와 동일시하려는 열망 때문에 십자가의 예언적 메시지와 삶의 모든 영역을 변화시키는 복음의 도전이 흐려질 수 있다.

우리 복음주의자가 선교를 동전으로 본다면, 동전의 '앞면'과 '뒷면' 양쪽을 모두 진지하게 받아들여야 한다. 그러나 우리는 예를 들어 동전이 '오백원 짜리'라는 것을 인식하기보다 동전의 앞면과 뒷면을 따로 분리해 계속 연구하는 것 같다. 나는 변혁의 선교학이 선교를 동전의 '앞면'과 '뒷면'이 아닌 '오백원 짜리'라고 말하는 데 도움이 될 수 있다고 제안한다.

6. 변혁의 선교신학을 향하여

데이비드 보쉬는 그의 걸작에 『변화하는 선교』라는 제목을 붙였다. 그렇게 하면서 그는 세 가지 의미를 기술했다.

- 신약성경과 그 이후에, 선교 개념은 교회의 선교 개념화에 따라 다양한 자기 이해 "패러다임"이 형성되는 방식으로 변형되었다.

---

16 내가 이것을 시도했던 한 가지 방법은 스티븐 닐의 정의를 빌리는 것이었다.
"선교는 복음 선포를 위해 말과 행동으로 교회에서 교회가 없는 곳으로 의도적으로 장벽을 넘는 것이다."
나는 선교를 이렇게 정의한다.
"하나님의 선교는 하나님의 사람들이 세상 민족 가운데 교회에서 교회가 없는 곳으로, 신앙이 있는 곳에서 신앙이 없는 곳으로 의도적으로 장벽을 넘어가, 말과 행동으로 하나님 나라가 예수 그리스도를 통해 임함을 선포하고, 사람들이 하나님과, 자신과, 서로 그리고 세상과 화해하도록 하는 교회를 통한 하나님의 선교에 참여하는 것이다. 그리고 세상의 변혁을 예수 그리스도의 왕국 도래의 신호로 바라보며, 성령의 역사로 사람들이 예수 그리스도 안에서 회개하고 믿음으로 교회에 모이도록 하는 것이다."

- 시간이 지남에 따라, 선교 활동은 교회가 하나님의 선교에 참여하면서 교회를 변혁시킨다.
- 보쉬의 독자인 일반 신자들은 보쉬가 그의 책 마지막 장에서 요약한 적어도 열세 개의 "새로운 에큐메니컬 선교 패러다임 요소"를 포함하는 그들의 선교 아이디어를 성령께서 변화시켜 달라고 기도해야 한다.

나는 보쉬가 사용한 "변혁"의 개념이 충분하지 않았다고 생각한다. 로마서 12:2에서 사도 바울은 그의 청중들에게 이렇게 충고한다.

> 너희는 이 세대를 본받지 말고 오직 마음을 새롭게 함으로 변화를 받아 하나님의 선하시고 기뻐하시고 온전하신 뜻이 무엇인지 분별하도록 하라 (롬 12:2).

여기서 바울은 변혁(*metamorphosis*, 탈바꿈)을 요구한다.[17] 변혁의 선교학은 요한복음 4장에서 수가성의 여인과 마을의 변화에서 볼 수 있는 일종의 선교를 수반한다.

탈바꿈은 번데기가 나비가 될 때 일어나는 경이적인 변형을 설명하는 데 사용되는 단어다. 나는 변혁의 성경적 선교학이 하나님 나라의 복음과 성령의 역사로 우리 세상의 인격, 사회 구조 및 국가들의 그러한 변화를 기대한다고 생각한다.

변혁의 선교학은 다메섹 도상에서 예수님을 만난 이후 바울에게서 볼 수 있는 급진적 변화를 포함한다. 이것은 사람을 구해 내는 하나님의 선교다.

> 그가 우리를 흑암의 권세에서 건져내사 그의 사랑의 아들의 나라로 옮기셨으니 그 아들 안에서 우리가 속량 곧 죄 사함을 얻었도다 (골 1:13-14).

이것은 바울이 다음과 같은 말로 끝맺은 심오한 변화다.

---

17 흥미롭게도, 내가 확인한 모든 영어 번역본들은 이것을 "변화를 받으라"(be transformed)로 번역했다. 새 영어 번역(The New English)은 이 구절을 이렇게 번역했다.
"더 이상 이 세상의 패턴에 적응하지 말고, 당신의 마음이 다시 만들어지고 당신의 본성 전체가 변모하게 하세요. 그러면 여러분은 하나님의 뜻을 분별할 수 있을 것이고, 무엇이 좋고, 용납할 수 있고, 완벽한지 알 수 있을 것입니다."

내가 그리스도와 함께 십자가에 못 박혔나니 그런즉 이제는 내가 사는 것이 아니요 오직 내 안에 그리스도께서 사시는 것이라 이제 내가 육체 가운데 사는 것은 나를 사랑하사 나를 위하여 자기 자신을 버리신 하나님의 아들을 믿는 믿음 안에서 사는 것이라 (갈 2:20).

이것이 세상을 뒤엎는 선교학이다. 교회의 선교는 예수님의 선교에 참여하는 것이다. 예수님의 선교는 교회 선교의 매개 변수를 설정하기에 선교에서 기독교 교회는 가난한 자에게 복음을 전하고, 포로 된 자에게 자유를, 눈먼 자에게 다시 보게 함을 전파하며 눌린 자를 자유롭게 하고 주의 은혜의 해를 전파한다(눅 4:18-19).

요하네스 베르카일(Johannes Verkuyl)은 "선교의 목표와 목적"을 논의하는 장의 끝에서 "미시오 데이의 목표로 하나님의 나라"를 강조함으로써 변혁의 선교학을 지향했다. 그의 생각을 정리하면 다음과 같다.

성경이 증거하는 하나님 나라는 인간의 모든 필요를 포괄하고 인류에게 영향을 미치는 모든 악과 슬픔을 파괴하는 완전한 구원의 선포와 실현을 포함한다. 신약성경의 하나님 나라는 타의 추종을 불허하는 폭과 범위를 가지고 있다. 그것은 하늘과 땅뿐만 아니라 세계사와 우주 전체를 포괄한다.

하나님 나라는 그리스도 안에서 시작된 새로운 질서다. 하나님의 역사가 그리스도에 의해 마침내 완성될 때 인간과 하나님의 관계뿐만 아니라 성별, 세대, 인종, 심지어는 인간과 자연의 관계도 온전하게 회복될 것이다.

우리가 하나님 나라와 그 구조의 관점에서 선교를 바라보는 실제 결과를 물을 때, 가장 먼저 언급해야 할 것은 사람들이 예수님을 하나님 나라의 메시아로 알도록 초대하라는 하나님의 부르심이다. 사람들을 메시아께 인도하고 말과 행동으로 그를 고백하도록 초대하는 데 두 가지가 필요하다.

첫째, 그들은 신약성경이 그에 대해 말씀하고 있다는 사실을 알아야 한다.
둘째, 우리 각자가 살아계신 주님이 실제로 존재하신다는 사실을 기억해야 한다.

이에 모든 세대는 주님의 새로운 측면을 발견하고, 새로운 방식으로 주님을 고백한다.

바로 우리가 하나님 나라를 우리의 선교 과제를 위한 기준과 방향을 설정하는 기준으로 받아들였기 때문에, 우리는 개종에 대한 부르심이 반드시 우리의 복음 선포를 따라와야 한다고 주장해야 한다. 하나님 나라의 틀 안에서 개종은 선교의 포괄적 목표들 중 하나이다.

신약성경에 따르면, 메시아적 메시지를 선포하는 것은 항상 하나님의 백성을 모이게 하고, 보존하고, 수를 더하는 것을 동반해야 한다. 선교학은 항상 교회론과 교회에 대해 연구하는 자리를 보장해야만 한다.

하나님 나라의 더 넓은 관점에서 우리 선교 사업을 보는 것은 우리로 또 다른 통찰력을 갖게 할 것이다. 인류를 괴롭히는 악에 대항하는 영적 싸움에 참여하는 것은 우리 소명의 본질적인 부분이다. 성경에 따르면 하나님 나라는 미래에 속하지 않는다. 하나님 나라는 아직 완전히 드러나지는 않았지만, 그럼에도 불구하고 현재 진행 중이다.

이 연구의 끝에, 선교학이 하나님 나라를 미시오 데이와 모든 선교 사업의 중심축으로 점점 더 분명하게 보는 선교학을 설명할 수 있어서 기쁘다.

6개 대륙에 있는 교회들은 변화하는 필요에 주의를 기울이고 그에 따라 우선순위를 설정해야 한다. 그러나 그렇다 하더라도 그들은 하나님 나라의 전체 메시지를 제시해야 한다. 그것을 한 가지로 축소해서는 안 된다. 사람들의 가장 절실하고 절박한 필요만을 돕고 메시아 예수님을 언급하지 않음으로써 하나님께서 약속하신 모든 복을 박탈하면, 우리는 가장 비인간적인 사역자가 된다.

동시에 우리가 전 세계 하나님 나라의 자녀들과 함께, 광범위한 인간의 짐과 다가오는 악의 신호를 막으려고 믿음 안에서 노력하지 않는다면, 그것도 죄 많은 게으름과 나태의 표시가 될 것이다. "하나님의 나라가 임하시며 당신의 뜻이 이루어지리이다"라고 기도하는 사람은 하나님 나라가 이 땅에 편만하게 하는 사역을 위해 부르심을 받았다(1978, 197-204).

베르카일의 삼위일체적, 하나님 나라 지향적 강조는 『오픈 시크릿』(*The Open Secret*)에 나타난 레슬리 뉴비긴의 다음 견해를 반영했다.

기독교의 선교는 근본적인 신념으로 행동하는 동시에 인간의 모든 분야에서 실천하는 경험에 비추어 그리고 남성과 여성이 자신의 삶을 이해하기 위해 노력하는 다른 모든 유형의 사고와의 대화에서 신념이 지속적으로 재고되는 과정이다. 이런 근본적인 신념은 하나님께서 자신을 아버지, 아들, 영으로 나타내셨다는 확신에서 나왔다. 그러므로 나는 세 가지 방법(아버지의 나라를 선포하는 것, 아들의 삶을 나누는 것, 성령의 증거를 나타내는 것)으로 기독교 선교를 살펴볼 것이다(1978, 31).

7. 변혁의 선교: 새로운 세기의 재창조

그렇다면 우리는 어떻게 삼위일체론적, 하나님 나라에 기반을 둔 변혁의 선교신학을 정립할 수 있을까?

먼저, 선교가 근본적으로 우리의 것이 아님을 확인하는 것이다. 선교는 교회에 속하지 않고, 선교 기관의 소유가 아니며, 기독교 비영리 단체(비정부 기구)의 소유물이 아니다. 우리 선교의 내용이나 매개 변수를 결정하는 것은 우리가 아니다. 오히려 휘체돔이 처음 언급한 강조점에 따라 선교는 가장 근본적으로 하나님의 선교다. 그것은 미시오 데이다. 이것이 사실이기 때문에, 변혁의 선교학의 나머지 상부 구조를 구축할 신학적 기반을 만드는 것이 필수적이다.

그러한 토대는 본질적으로 인류학적 또는 전략적, 인구학적 또는 언어적, 정치적 또는 경제적, 사회학적, 심리적일 수 없다. 또한 그것은 우리가 목표로 하는 청중들의 필요, 요구 또는 열망에 의해 결정되지 않는다. 변혁의 선교학 구조를 뒷받침할 우리의 다양한 상황의 부드러운 땅에 박힌 금속제 말뚝은 성경과 교회의 하나님에 대한 20세기의 경험과 성찰을 통해 배운 하나님에 대한 교회의 이해에서 도출된 신학적 진리여야 한다.

이것은 어려운 주문이며 이 책의 한계를 훨씬 뛰어넘는다. 그러나 이 장의 마지막 부분에서 나는 내가 믿는 삼위일체적이고 하나님 나라를 기반으로 한 변혁의 선교학 내용을 일련의 요약 진술 형태로 설명하고 싶다. 그러면 우리는 성경이 하나님으로 시작하는 것처럼, 하늘과 땅을 창조하신 전능하신 하나님 아버지에 대한 확언으로 시작한다.

8. 하나님 아버지

기독교인들은 창조물이 "어머니 지구"(뉴에이지 이교도)이기 때문이 아니며, 창조물을 돌봄이 인류의 생존(세속적 인간주의)을 보장하기 때문도 아니라, 창조물이기 때문에 창조물을 돌보고 예수 그리스도 안에서 하늘에 계신 아버지의 도움을 받는다(시 8편; 요 1장; 골 1장; 엡 1장).

우리는 인간의 구원과 땅의 구원 사이에 연관성이 있음을 안다.

> 피조물이 고대하는 바는 하나님의 아들들이 나타나는 것이니 …그 바라는 것은 피조물도 썩어짐의 종 노릇 한 데서 해방되어 하나님의 자녀들의 영광의 자유에 이르는 것이니라(롬 8:19-21).

그리고 우리는 창조 상황이 인간과 하나님의 관계와 밀접한 관련이 있음도 안다. 인간이 에덴 동산에서 하나님을 거역했을 때, 창조물 자체가 타락했다. 그리고 이제 피조물이 다 이제까지 함께 탄식하며 함께 고통을 겪고 있는 것을 우리가 안다. 피조물이 고대하는 바는 하나님의 아들들이 나타나는 것이다(롬 8:22, 19).

하나님은 항상 존재하는 모든 창조물의 보존과 재창조에 항상 적극적으로 참여하고 계신다. 따라서 미시오 데이에 참여하는 변혁의 선교학은 모든 창조 질서의 보살핌, 보존 및 재창조에 기독교인을 포함시킨다.

모든 인간은 같은 하나님에 의해 창조된 같은 인간 가족의 구성원이다(우리는 모두 사촌이다. 창 1-3장; 요 1장). 그리고 모든 인간의 생명은 (물론 타락했더라도) 하나님의 형상대로 하나님에 의해 창조되었기 때문에 본질적 가치가 있다. 따라서 창조주 하나님의 자녀로서 기독교인은 본질적으로 생명을 비인간화하고 파괴하는 모든 것에 반대한다. 변혁의 선교학은 인간의 생명을 소중히 여기고, 돌보고, 향상시키는 모든 것을 긍정하는 철저한 헌신을 포함한다. 성경의 하나님은 모든 인간을 동등하게 사랑하신다(참조, 창 10장의 열방 목록과 행 2장).

"하나님이 세상을 이처럼 사랑하사"(요 3:16)는 아직 기독교인이 아닌 모든 사람 곧 모든 인류를 포함한다. 따라서 변혁의 선교학은 모든 사람을 성령으로 우리에게 주신 믿음을 통한 은혜로 예수 그리스도 안에서 창조주와의 살아 있는 믿음 관계로 부르는 정당한 방법을 사용한다.

만물의 창조주 하나님이 인간을 하나님의 창조물에 대한 청지기로 세우셨다. 그 이유 때문에 변혁의 선교학은 청지기직 선교학이다. 이 청지기직은 당신과 내가 가진 것을 조심스럽고 현명하게 사용하는 것만이 아니다. 오히려 하나님께 속한 모든 것을 조심스럽고, 목적에 맞게, 사랑으로 돌보는 것이다. 그리고 우리가 가진 모든 것은 하나님께 속한다. 기독교인들은 하나님께서 창조하신 모든 것의 청지기가 되라는 부르심이 하나님이 우리에게 주신 책임이라고 이해한다(창 1-3장; 시 8편; 히 2:6-9).

성경의 하나님은 자비로우시고, 화내기를 더디하시고, 자비가 풍성하신 분(예: 출 34: 6; 대하 30:9; 시 86:15 참조)이기에, 어느 누구도 멸망하지 않고 오히려 모든 사람이 회개함에 이르기를 바라신다(벧후 3:9). 따라서 기독교인으로서 우리는 다른 모든 사람을 사랑한다. 왜냐하면, 하나님께서 먼저 그들을 사랑하시고 그들을 위해 생명을 주셨기 때문이다. 우리가 아직 죄인 되었을 때 그리스도께서 우리와 그들을 위해 죽으셨다(롬 5:8).

선교에 대한 우리의 동기는 하나님의 창조, 하나님의 사랑, 하나님의 선교, 하나님의 소망에서 비롯된다. "하나님의 자녀"(요 1:12)가 되는 것은 하나님의 선교에 참여하는 것을 의미한다.

그러므로 우리는 모든 민족에게 복음을 전파하기를 열망한다. 그것은 사실상 우리가 "헬라인이나 야만인이나 지혜 있는 자나 어리석은 자 모두에게 빚진 자"이기 때문이다(롬 1:14). 우리는 아버지께서 모든 사람을 자신에게 부르시는 부르심에 참여한다.

> 성경에 이르되 누구든지 그를 믿는 자는 부끄러움을 당하지 아니하리라 하니 유대인이나 헬라인이나 차별이 없음이라 한 분이신 주께서 모든 사람의 주가 되사 그를 부르는 모든 사람에게 부요하시도다 누구든지 주의 이름을 부르는 자는 구원을 받으리라(롬 10:11-13).

9. 하나님 아들: 예수 그리스도

다른 신앙을 가진 사람들과 대화를 나누는 기독교인들은 다른 이름으로는 구원이 없고 오직 예수 그리스도를 믿음으로 구원이 있다고 고백한다(행 4:12). 변혁의 선교학은 일반 계시 또는 다른 신앙의 중심부에서 하나님께서 보이시는 선행하는 은혜를 인정하지만, 그뿐만 아니라 오직 예수 그리스도 안에서 하나님의 완전한 계시와 오직 예수 그리스도 안에 있는 구원이 있음을 확인한다.

성육신은 구원은 완전히 새로운 사람의 창조를 포함한다는 것을 보여 준다.

> 그런즉 누구든지 그리스도 안에 있으면 새로운 피조물이라 이전 것은 지나갔으니 보라 새 것이 되었도다(고후 5:17).

따라서 변혁의 선교학은 사람들의 창조와 재창조에 관여해, 그들이 예수 그리스도 안에서 완전하고 온전한 인간이 되기를 추구할 것이다.

성육신적 상황성은 우리에게 수용자 중심의 의사소통과 문맥화를 지향한다. 예수님은 자신의 선교를 특정한 사람에게 적용하기도 하셨다. 예를 들어 니고데모 선교를 수가성 여인 선교와 비교해 보라(요 3-4장).

교회 선교의 내용은 예수님의 선교에 의해 정의되고 제한된다. 누가복음 4장에서 예수님은 그분의 선교 본질을 설명하고 선언하신다. 신약성경이 예수님의 메시아적 선교를 그리스도의 몸으로 묘사하는 방식에서 유래한 교회의 선교는 적어도 세상을 위해 존재하는 왕의 사랑하는 공동체로서 예언자들, 제사장들, 왕들, 치유자들, 해방자들과 지혜자들의 공동체에 의한 코이노니아, 케리그마, 디아코니아, 말투리아 사역을 포함한다(Van Engen, *God's Missionary People*, 87-132 참고).

변혁의 선교학의 기독론적 토대는 또한 다음 두 가지 의미에서 제자도를 포함할 것이다.

첫째, 우리의 지상 명령은 예수 그리스도의 제자가 될 사람들을 부르고, 초대하고, 모아서 제자를 삼는 것이다.

둘째, 그리스도의 제자들은 하나님의 선하고, 기쁘시게 하고, 온전한 뜻이 무엇인지를 시험하고 승인하기 위해 지속적으로 변화될 수 있도록 (자신의) 몸을 산 제물로 바쳐야 한다(롬 12:2). 예수님의 제자들로서 우리는 본질적으로 선교적인 제자이며 '그리스도의 사랑은 우리에게 고통스럽고 어려움과 갈등이 있는 세상에서 화해의 대사가 되도록 강권한다'(고후 5:14-21).

그리스도의 주권은 모든 인간에 대한 주권이다. 어느 날 그의 주권 앞에 "모든 무릎이 꿇을 것이다"(빌 2장). 우리의 특권, 권리, 의무는 전 세계 모든 사람, 모든 종족 중에서 "예수는 주님"이라는 하나님 나라 복음을 모든 사람에게 선포하는 것이다. 그리스도의 주권은 또한 세계 경제, 정치, 사회, 구조적 권력의 중심들을 포함해 이 세상의 권세와 권력을 지배한다.

10. 성령 하나님

성령은 삶의 모든 측면과 삶의 모든 양상을 변혁시키신다. 따라서 성령론적 기초를 둔 변혁의 선교학은 전체 인간 창조와 재창조를 추구하여 그 사람의 삶과 관련된 모든 관계와 인간 사회 구조에 침투한다.

성령은 죄와 의와 심판에 대해 그릇된 것을 세상으로 깨닫게 하신다(요 16:8). 성령은 사람들을 개종(변화)시켜 예수 그리스도를 믿는 은혜와 믿음을 주신다. 성령은 사람을 안팎으로 변화시키는 대리인이시다. 성령의 역사 외에는 회심이 불가능하다. 따라서 변혁의 선교학은 오직 성령의 역사를 통해서만 일어날 수 있다. 변혁의 선교학은 성령의 능력으로 인간 존재의 육체적, 사회적, 정서적 및 지적 측면과 함께 인간의 영적 삶을 창조하고 재창조하는 것을 추구한다. 이것의 필연적 결과는 변혁의 성령 선교학이 본질적으로 다양한 형태의 영적 전쟁을 포함한다는 것을 인식하는 것이다.

성령론에 기초를 둔 변혁의 선교학은 오직 성령만이 교회를 창조하고 오직 성령만이 교회의 선교에 능력을 부여하고 지시한다는 인식을 수반한다(Boer 1961). 성령은 세상의 소금, 세상의 빛, 많은 다른 사람 가운데 복음의 진주들과 그리스도의 몸, 새로운 인류, 화해의 대사, 하나님의 가족으로 채워진 질그릇과 같은 선교에서 교회의 성경적 은유가 많이 묘사된 방식으로 교회를 형성하고, 변형시키고, 재구성해 교회가 되고, 알고, 행하고, 섬기고, 관계 맺게 한다. 기독교인들, 교회들, 선교 단체들의 영성은 성령의 사역을 통해 변화되어야 하고 또한 하나님께서 사랑하시는 잃어버리고 상처받은 세상으로 선교를 인도해야 한다.

성령의 은사는 세상 선교를 위해 교회에 주어진다. 그리고 성령의 열매는 그 열매를 구현하는 신앙공동체의 임재를 통해 세상에 주는 성령의 선물이다. 우리의 세상에는 사랑, 기쁨, 평화, 인내, 친절, 선함, 신실함, 온유함, 절제와 같은 성령의 열매가 절실히 필요하다(갈 5:22). 그리고 이 열매는 하나님과 이웃을 사랑하라는 십계명을 삶으로 살아 내는 사람들에게 맺힌다. 그런 성령 열매는 성령의 능력으로 오늘날 우리가 살고 있는 현실을 근본적으로 변화시킬 것이다.

예수 그리스도는 성령의 사역을 통해 하나님 나라에서 통치하신다. 우리가 똑같이 넓고, 깊고, 높고, 넓은 성령론 개념과 선교의 프락시스가 없다면, 우리는 하나님 나라의 선교학을 가질 수 없다.

영생의 계약금으로(엡 1:14), 성령은 예수 그리스도 안에서 하나님 나라의 도래를 소망하게 한다(이 책의 제12장 참고). 성령론에 기초를 둔 변혁의 선교학은 그리스도께서 다시 오시는 마지막 날을 간절히 기다린다. 그날, 새 하늘과 새 땅에서 마지막으로 완전한 변혁이 일어날 것이다. 그리고 변화된 실존 가운데 변화된 기독교인들은 어린양의 보좌에 모여 노래할 것이다.

> 죽임을 당하신 어린양은 능력과 부와 지혜와 힘과 존귀와 영광과 찬송을 받으시기에 합당하도다(계 5:12).

위에 제시한 요약 진술은 변혁의 선교학의 신학적 토대를 명확히 하는 데 관여한다고 믿는 내용의 개요일 뿐이다. 이 비전의 핵심은 급진적 변화에 대한 확신이다.

11. 결론

1970년대와 1980년대에 나는 과테말라와 경계를 접하고 있는 멕시코의 열대 도시 타파출라에서 선교사로 사역했다. 거기서 내가 사용한 '변압기'는 들어오는 전기 전압을 조절해 집안에서 사용하는 가전제품을 연결하는 작은 상자였다. 그러한 변압기는 전압을 적정 수준으로 높이고 전기 전류나 전압의 급격한 상승을 완충한다. 이런 장치는 집안에서 사용하는 가전제품의 수명을 연장시키는 데 매우 요긴했다.

마찬가지로 21세기의 세계적/지역적 선교는 각 상황 속에서 사람들의 필요, 열망, 세계관 및 의제에 상황적으로 그리고 문화적으로 적절해야 한다. 그러한 요구를 충족시키기 위해 변혁의 선교학은 지난 100년 동안 우리가 선교에 대해 배운 것과 연속성 있는 선교에 대한 삼위일체적 관점에 기반을 두어야 할 것이다.

또한, 지난 100년 동안 수행되어 온 선교 프락시스와는 상당한 불연속성을 갖는다. 연속성 및 불연속성, 그것이 '변혁' 개념의 본질인 것 같다. 변혁의 선교학은 변형과 형성, 즉 연속성과 재창조와 결합된 불연속성과 변화를 포함한다.

1) 변형(불연속성)

변혁의 선교학은 운동, 변태(變態), 변화, 개종, 마음의 변화를 요구한다. 마음의 변화, 자아와 존재의 변화 없이는 아무 것도 변하지 않을 것이다. 단순히 종교적 소속의 변화, 단순히 개인의 수직적 개종은 이 세상의 인격, 구조, 시스템 및 문화를 변화시키지 못할 것이다. 신뢰받으려면 교회와 기독교인은 무언가 선해야 한다. 그들은 자신의 상황과 국가에 제공할 수 있는 구체적이고, 측정 가능하며, 가시적이고, 긍정적이고, 건설적이며, 도움이 되는 무언가를 가지고 있다는 것을 자신의 상황과 국가의 사람들에게 보여 줄 수 있어야 한다.

이것은 비기독교인이 예수 그리스도를 믿는 신앙으로 개종하는 것과 마찬가지로, 세상에서 그리스도의 변혁시키는 현존이 되는 그들의 선교에 대한 교회와 기독교인의 급진적 개종을 요구한다.

2) 형성(연속성)

변혁의 선교학은 또한 전 세계 수천 개의 서로 다른 상황 속에서 복음과 문화의 관계와 씨름하기 위해 성육신적 상황성을 요구한다. 이런 변혁은 단순히 새로운 교회 회원의 문제도 아닐 뿐 아니라 단순히 종교적 소속의 변화도 아니다. 이것은 단지 문명이나 교육, 윤리적 행동의 변화도 아니고, 그것은 단순히 사회경제적, 정치적 개선이 아니다.

오히려 변혁의 선교학은 새로운 형성, 전체 사람들의 재창조(그들 삶의 모든 면과 모든 측면에서, 알고, 존재하고, 행동하고, 봉사하고, 서로 관계하는 측면에서 그들의 특정한 상황 속에서)를 수반한다. 그것은 동시에 개인적, 사회적, 구조적, 국가적 영향을 가지고 있다. 그것은 하나님과의 화해, 자아, 창조, 타인, 사회 문화적 경제 및 정치 구조를 포함한다.

요한은 그의 복음서를 다음과 같은 말로 끝낸다.

> 예수께서 제자들 앞에서 이 책에 기록되지 아니한 다른 표적도 많이 행하셨으나 오직 이것을 기록함은 너희로 예수께서 하나님의 아들 그리스도이심을 믿게 하려 함이요 또 너희로 믿고 그 이름을 힘입어 생명을 얻게 하려 함이니라(요 20:30-31).

당신은 생명을 가질 수 있다. 스펀지에 물이 스며든 것처럼, 우리의 선교는 우리의 모든 삶, 삶의 모든 측면, 삶의 모든 영역이 하나님 아버지, 아들 그리고 성령의 임재로 스며드는 21세기 세계의 여자와 남자에게 새로운 삶을 제공하는 것이다. 그리고 이 세상의 부자와 권력자는 변화되어야 하고, 그들은 가난한 자와 약한 자와 마찬가지로 개종해야 한다.

지금은 아프리카, 아시아, 동유럽, 중동 및 라틴아메리카와 서유럽, 호주 및 북미의 도시에서 엄청난 사회적 변화가 일어나는 시기다. 그리고 예수 그리스도의 교회는 복음을 선포하고 새로운 나라의 건설과 옛 나라의 재건에 기여하기 위해 그곳에 존재한다. 예수 그리스도의 교회는 사랑, 기쁨, 평화, 화해, 인간 생명의 가치를 존중한다.

우리의 선교는 변혁의 선교다. 나는 기스베르투스 보에티우스(Gisbertus Voetius, 1589-1676)가 옳았다고 생각한다. 그러나 그의 "기독교 왕국" 관점 때문에 그는 하나님 선교의 목표에 대한 그의 관점에서 불완전했다. 보에티우스는 선교의 목표는 세 가지, 즉 사람을 예수 그리스도에게로 개종시키는 것, 교회의 개척과 성장 그리고 하나님의 영광이라고 말했다(J. H. Bavinck 1977, 155; Bosch 1980, 126-27; Verkuyl 1978, 21; Moreau, Netland, Van Engen 2000, 1002).

나는 21세기에 우리는 아래에서 볼 수 있듯이 "교회의 개척과 성장"과 "하나님의 영광" 사이에 네 번째 목표를 추가해야 한다고 믿는다. 오늘날 지구 인구의 약 4분의 1이 어떤 방식이든 예수 그리스도에 대한 신앙을 고백하고 있다. 그러한 기독교인들은 현재 지구상 모든 국가에 세계적으로 퍼져 있으며, 더 많은 언어를 사용하고, 교회 역사상 그 어느 때보다 의사소통과 여행이 자유롭다.

인류 역사상 처음으로 예수 그리스도 교회는 지구상의 모든 사람에게 이해할 수 있는 형태로 복음을 전할 수 있게 되었다. 그러나 그것은 교회가 전 세계 모든 곳에서 변혁하는 존재가 될 기회, 의무 및 부르심을 가지고 있음을 의미한다. 따라서 다음과 같이 네 번째 선교 목표를 추가해야 한다.

- 사람들을 예수 그리스도로 개종시키는 것
- 교회의 개척과 성장
- 교회의 변혁 그리고 교회의 사역을 통해 교회가 발견되는 곳의 상황들과 국가들의 변화
- 하나님의 영광

올란도 코스타스(Orlando Costas)는 교회가 최종 목표가 아니라 선교의 끝에서 두 번째 목표가 될 수 있다고 단언했는데, 그가 옳았다. 사회경제적 그리고 정치적 변화는 선교의 끝단에서 이차적 목표일 뿐이다. 삼위일체적이고 하나님 나라 지향적인 변혁의 선교학은 오직 하나의 목표, 즉 하나님의 영광만을 드러낼 것이다(예를 들어, 엡 1:6, 12, 14 참조).

언젠가 우리 모두는 어린양의 피로 옷을 씻은 모든 언어, 가족, 부족 및 국가의 모든 사람과 함께 서게 될 것이다. 우리는 모두 어린양의 보좌에 서서 노래할 것이다.

죽임을 당한 어린 양은 능력과 부와 지혜와 힘과 존귀와 영광과 찬송을 받으시기에 합당하도다(계 5:12).

우리의 선교는 성령의 능력으로 하나님의 선교를 수행하는 사명을 가진 예수님의 선교에 동참하는 것이다. 그 이상도 이하도 아니다. 이것은 급진적인 변혁의 선교, 즉 변형의 선교다.

이것은 하나님 나라 도래의 '이미'와 '아직' 사이에서 어떤 형태를 취해야 하는가?

나는 레슬리 뉴비긴이 우리 모두에게 전 세계에 퍼져 있는 지역 교회의 삶을 통해 변혁으로서의 우리 선교에 대한 구체적 존재, 삶, 표현을 제공하도록 도전했을 때 그것을 잘 포착했다고 생각한다. 그는 이렇게 말했다.

> 나는 고백한다. 공공생활에 기독교적 영향을 추구하면서 우리가 고려해야 할 주된 실상은 지역 교회이다. 복음의 유일한 해석은 복음을 믿고 복음에 따라 살아가는 남녀 신자이다. 이 공동체는 다음과 같은 여섯 가지 특징을 가진다.
>
> - 교회는 찬송 공동체가 될 것이다.
> - 교회는 진리 공동체가 될 것이다.
> - 교회는 자신의 유익만을 구하지 않는 공동체가 될 것이다.
> - 교회는 세상에서 제사장 역할을 계속할 것이다.
> - 교회는 상호 서로의 짐을 지는 책임 공동체가 될 것이다.
> - 교회는 희망의 공동체가 될 것이다[18]

내 아들 앤드류의 손에 있는 트랜스포머 장난감이든, 전봇대에 매달려 있는 고전압 변압기 통이든, 멕시코 남부 집에서 쓰던 작은 전기 변압기 상자이든, 이 세 개의 이미지는 우리에게 한 가지를 알려 준다. 그것들은 늘 같은 것을 의미하지만 뭔가 다른 것으로 변모(變貌)하고 있다. 그래서 개혁은 이 새로운 세기의 우리의 선교다. 우리의 선교는 말과 행동으로 항상 새로운 형태를 취하는 동일한 복음을 선포하는 것이다. 선교는 항상 개혁하고 항상 변모한다.

---

18 Lesslie Newbigin 1989, 222-33.

제3부

선교신학 방법론

제7장 적합한 선교신학의 다섯 가지 관점

제8장 상황에 적합한 선교신학

제9장 선교신학의 전문화와 통합화

제7장

적절한 선교신학의 다섯 가지 관점

적절한 선교신학이 필요하다. 우리는 성경과 그에 대한 교회의 역사적 성찰을 진지하게 수용하는 선교신학의 방법론이 필요하다. 우리는 특정 상황 속에서 살아가는 사람들의 신앙 순례 여정과 상황의 환경에서 그것을 찾아낼 수 있다.[1]

1. 논지

'적절한 기독교'를 찾는 것은 적어도 다섯 가지 문맥화 관점의 요소(의사소통, 토착화, 번역 가능성, 지역 신학화, 인식론)를 포함하는 상황적으로 적절한 선교신학의 발전을 포함한다.

2. 서론

몇 년 전 찰스 크래프트는 우리에게 '적절한 기독교'를 찾아보라고 도전했다. 그 의미는 "한편으로는 성경에 적절하고, 다른 한편으로는 주어진 문화 속에 사는 사람들에게 적합한 기독교"였다.[2] 그런 열정이 새로운 것은 아

---

[1] 본 장은 원래 찰스 크래프트가 편집한 『적합한 기독교』(Appropriate Christianity)에 실렸던 것을 출판사의 허락을 받아 수정 보완한 것이다. Charles Van Engen, "Five Perspectives of Appropriate Mission Theology," in Charles Kraft, ed., Appropriate Christianity, Pasadena: William Carey Library, 2005, 183-202.
[2] Charles Kraft, ed., 2005, 5.

니지만, 최근 여러 관점과 문맥화 도구의 수렴은 특정 상황에서 '적절한 기독교'를 더 많이 검색할 수 있는 일련의 단계를 제공한다.

이 장에서는 지난 수 세기에 걸친 선교 활동을 통해 발전해 온 다섯 가지 문맥화 패러다임을 요약할 것이다. 나는 그것들을 의사소통, 토착화, 번역 가능성, 지역 신학, 인식론이라고 부른다.

3. 의사소통으로 적합한 문맥화[3]

문맥화는 의사소통에 필수적이다. 성경과 새로운 수용자 문화 모두에 적합한 상황신학을 구축하려는 시도는 슬라브 민족에게 갔던 정교회 선교사들인, 시릴(Cyril, 826-869) 및 메토디오(Methodius, 815-885) 그리고 초기 로마가톨릭 선교사들인 인도의 예수회 소속 로버트 드 노빌리(Robert de Nobili, 1577-1656)와 중국의 마테오 리치(Matteo Ricci, 1552-1620)의 신학 작업으로 거슬러 올라갈 수 있다(Moreau 2000, 694, 834 참고).

윌리엄 캐리(William Carey, 1761-1834)로 시작하여 프로테스탄트 선교사들은 정교회와 로마가톨릭 교파와 같이 새로운 문화와 새로운 언어를 접할 때마다 수용 가능한 언어와 형식으로 새로운 수용자에게 복음 메시지를 전달하는 데 관심을 가져왔다.

데이비드 헤셀그레이브(David Hesselgrave)와 에드워드 로먼(Edward Rommen)은 문맥화의 의사소통 측면을 강조했다.

> 유진 나이다의 세 가지 문화 모델(Nida 1960)에서 도출된 이런 관점에서 기독교적 문맥화는 특히 성경의 가르침에 제시된 것처럼 하나님의 계시에 충실하고 각각의 문화적이고 실존적인 상황들 속에서 응답자들에게 의미가 있는 방식으로 하나님의 인격, 활동, 말씀 및 하나님의 뜻이 담긴 메시지를 전달하려는 노력으로 생각할 수 있다. 문맥화는 언어적일 뿐만 아니라 비언어적이며, 성경 번역, 해석 및 적용, 성육신적 생활 방식, 복음 전도, 기독교 교육,

---

3   이 패러다임과 관련된 인물은 다음과 같다. William Carey, Eugene Nida, David Hesselgrave, Charles Kraft, Marvin K. Mayers, and Sherwood Lingenfelter 등.

교회 개척과 성장; 교회 조직; 그리고 지상 명령을 수행하는 데 관련된 모든 활동과 함께 예배 스타일에서의 신학화와 연관된다(Hesselgrave and Rommen 1989, 200).

오늘날에도 의사소통으로서의 문맥화는 계속 중요하다. 그것은 복음 전달자가 수용자의 언어와 문화를 배워야 할 뿐만 아니라 수용자의 세계관 내에서 생각하고 성찰하는 것을 시작하기 위해서는 수용자의 사고 패턴과 깊은 수준의 의미에 깊이 스며들어 간다는 것을 의미한다. 따라서 타 문화권에서 의사소통을 원하는 기독교 선교사는 찰스 크래프트가 "수용자 중심의 소통"(Kraft 1983, 1991)이라고 말한, "예수님의 방식으로 소통"(Kraft 1999)을 수행하는 방법을 배워야 한다.

우리는 문맥화의 가장 근본적인 측면의 중요성을 결코 망각하거나 과소평가해서는 안 된다. 타 문화권의 기독교 선교사가 복음을 전할 때 메시지에 대해 충실하는 것이 가장 중요하다.

내가 '의사소통' 패러다임이라고 부르는 것을 스티븐 베반스는 상황신학의 "번역 모델"이라고 불렀다. 베반스는 다음과 같이 설명한다.

> 이 책에서 고려할 여섯 가지 모델 중 상황신학의 번역 모델은 아마도 가장 일반적으로 사용되며 일반적으로 대부분의 사람들이 상황 속에서 신학화 작업을 할 때 생각하는 모델이다. 번역 모델의 실무자들은 또한 다음과 같이 지적하는데, 그것은 아마도 신학화의 상황을 진지하게 받아들이고 성경 자체에서 발견되는 가장 오래된 방법일 것이다.
>
> 여러 면에서 상황신학의 모든 모델은 번역 모델이다. 특정 문화에 적응하거나 수용해야 할 내용이 항상 있다. 그러나 이 특정 모델을 특별히 번역 모델로 만드는 것은 변하지 않는 메시지로서 복음 메시지를 고집하기 때문이다. 번역 모델의 핵심 전제가 있다면, 그것은 기독교의 본질적 메시지는 초문화적이거나 초상황적이라는 것이다. 이 모델의 실행자들은 "복음의 핵심"(Haleblian 1983, 101-102)에 대해 말한다.
>
> 어떤 경우이든 번역 모델을 사용하는 사람들의 마음에 매우 분명한 것은 본질적이고 초문화적인 메시지가 상황에 따라 구속된 표현 방식과 분리될 수 있다는 것이다. 번역 모델의 또 다른 전제는 문맥화 과정에서 상황의 보조적

이거나 종속적인 역할에 대한 것이다. 물론 경험, 문화, 사회적 위치 및 사회적 변화는 중요하다고 인정되지만 초문화적인 "절대 변하지 않는" 복음 메시지만큼 중요하지는 않다(Bevans 2002, 37-41).[4]

문맥화를 의사소통(또는 조정, 적응, 어떤 단어나 모델로 작업하든 간에)으로 보는 관점에는 적어도 한 가지 중요한 약점이 있다. 일반적인 가정은 기독교 선교사 또는 선교 중인 기독교인 그룹이 그들이 전달하고자 하는 복음에 대해 알려 주고 이해시켜야 할 필요가 있는 모든 것을 알고 이해한다는 것이다.

이런 관점에서 복음 전달자는 자신의 문화가 어느 정도 복음을 혼잡하고, 모호하게 하고, 모순될 수 있는지에 대해 걱정할 필요가 없다. 복음 전달자들은 자신이 복음에 대해 새로운 것을 배울 필요가 있다고 믿지 않는다. 오히려 주요 방법론적 과제는 단일 문화적 상황 속의 기독교인들이 아직 성경의 메시지를 듣지 않았거나 더 이상 들을 수 없는 새로운 상황 속의 사람들에게 문화적으로 적절한 복음을 전달하는 움직임을 포함한다.

폴 히버트는 과거에 이런 관점이 서구 문화(특히 식민주의 시대)에 대한 우월적 태도와 혼합되어 본질적으로 "비상황적" 접근 방식이 되었다고 적절하게 지적했다. 히버트는 말했다.

> 이 입장은 본질적으로 단일 문화적이며 단일 종교적이었다. 진리는 초문화적인 것으로 간주되었다. 모든 것을 서구 문명과 기독교의 관점에서 보아야 했으며, 그들이 다른 문화에 비해 기술적으로, 역사적으로, 지적으로 우월하다는 것을 보여 주었다. 그래서 그[수용자] 문화는 '비문명화'로 격하될 수 있었다. 선교사의 문화는 '선하고,' '발전되었고,' '규범적'이었다. 다른 문화는 '나쁘고,' '후퇴했고,' '왜곡된' 것이었다. 기독교는 참되고, 다른 종교는 거짓이었다(Hiebert 1984, 290-291).

---

[4] 커뮤니케이션 패러다임과 관련된 인물은 다음과 같다. William Carey, Eugene Nida, David Hesselgrave, and Charles Kraft 등.

의사소통은 중요한 것으로 간주되었지만, 선교사 복음 전달자들은 그들이 의사소통하고 있는 복음에 대해 알고 이해해야 할 모든 것을 알고 이해했다고 가정했기 때문에, 수신자에게 전달되는 메시지의 내용은 검토되지 않았다.

전 세계에서 개종자들을 얻자, 새로운 언어를 사용하는 새로운 기독교인들이 교회에 모였다. 이것은 문맥화에 대한 두 번째 중요한 관점인 토착화로 이어졌다.

4. 토착화로 적합한 문맥화

윌버트 쉥크는 토착 교회의 개념을 "19세기의 위대한 이론적 돌파"라고 생각한다.

초창기부터 현대 선교 운동은 다양한 관점으로 특징지어졌다. 한편으로 선교 옹호자들은 수행해야 할 과제를 어둠과 절망에 빠진 사람들, 결과적으로 기꺼이 신속하게 반응할 사람들에게 기독교 메시지를 직접적으로 전달하는 매우 간단한 과정으로 자주 묘사했다. 다른 한편으로는 그 과정이 얼마나 복잡한지 직접 알고 있는 현장의 선교사들이 늘어나고 있었다.

외국인으로서 그들은 이상한 언어를 습득하고 또 다른 세계관으로 매우 복잡한 문화를 이해하려고 노력해야 했다. 새로운 언어와 문화를 배우는 것은 기독교 메시지를 효과적으로 전달하는 데 필수적이었다. 과제의 복잡성이 더욱 분명해짐에 따라 선교 이론가들은 그 과제를 개념화하기 위해 여러 단계를 거치게 되었다.

19세기에 생각했던 선교의 위대한 이론적 돌파구는 선교의 목표로 토착 교회를 인지하는 것이었다. 다른 이론적, 정책적 발전은 이 기본 주제 위에 광범위하게 펼쳐졌다(Shenk 1999, 75).[5]

---

5 문맥화의 토착화 패러다임과 관련된 인물은 다음과 같다. Henry Venn, Rufus Anderson ("three-self"), John Nevius, Roland Allen, Mel Hodges, Donald McGavran, Alan Tippett, and Don Richardson.

존 마크 테리(John Mark Terry)는 『복음주의 세계 선교 사전』(Evangelical Dictionary of World Mission)에서 이렇게 언급했다.

> '토착민'이라는 용어는 생물학에서 유래했으며 지역에 서식하는 식물이나 동물을 나타낸다. 선교학자들이 이 단어를 가져와 민족적 언어 그룹의 문화적 특징을 반영하는 교회를 지칭하는 데 사용했다. 토착 교회를 세우려는 선교적 노력은 자연적으로 환경에 맞는 교회를 개척하고 서양의 패턴을 복제하는 교회를 개척하는 것을 피하기 위한 노력이다(Moreau, Netland, and Van Engen, eds., 2000, 483).

나는 『하나님의 선교적 교회』(God's Missionary People)에서 "선교적 교회가 되는 7단계"라고 부른 것을 요약했다.

우리는 선교 역사에서 이처럼 놀라운 교회의 역동적 특성을 자주 발견한다. 교회를 개척하는 상황에서 계속 반복되는 단계가 있다. 선교적 교회에 나타나는 성장 과정은 적어도 7단계가 있다. 어느 특정 지역에서든 성장하는 교회의 7단계는 다음과 같이 요약할 수 있다.

1단계: 수 명의 개종자를 얻게 하는 개척 전도 단계
2단계: 교회가 형성된 후 설교자나 장로, 집사 등이 외부에서 온 유아기 단계
3단계: 지도자 훈련 과정을 통해 현지 목회자와 지도자들이 선발되고 훈련되어 책임을 맡는 단계
4단계: 지방 단체를 결성하고 조직화해 청소년, 여성, 지역 교회들이 연합체를 갖는 단계
5단계: 국가적으로 교단이 조직되어 다른 나라 교회들과 관계를 맺게 되는 단계
6단계: 교회 안팎에서 이사회와 예산, 계획, 재정, 건물, 프로그램을 갖추고 특수 사역이 시작되는 단계
7단계: 현지 선교사들이 세계에 있는 선교 사역을 위해 보냄을 받고 다른 사역지에서 1단계부터 사역을 다시 시작하게 되는 선교적 교회 단계(Van Engen 1999, 43-44).

이런 7단계는 지역 상황에 자연스럽게 부합하고 반영하는 토착 교회가 되기 위한 예수 그리스도의 새로운 제자 그룹의 성장을 반영한다. 선교 교회들(1910년대와 1920년대)이 젊은 교회(1930년대와 1940년대)로 알려졌고, 이후 국가 교회(1950년대와 1960년대)로 알려지면서 토착 교회의 개념이 크게 발전했다. 영국인 헨리 벤(1796-1873)과 미국의 루푸스 앤더슨(1796-1880)은 이 단어를 사용해 새로운 문화에서 새로운 신자들 그룹의 지속 가능성을 강조했다.

19세기 후반에 토착성은 주로 행정 및 조직 개념으로 사용되었다. 새로운 교회가 외부 선교 지원과는 별도로 스스로를 유지하려면 재정적으로 자립하고, 조직적으로 자치하며, 전도적으로 자전해야 했다. 50년 후 존 네비우스(John Nevius, 1829-1893)와 롤랜드 알렌(Roland Allen, 1868-1947)은 새로운 교회의 토착성 개념을 확장하고 심화했다. 성경 공부, 지도력 형성, 성령의 자발적(spontaneous) 사역, 성령의 은사를 통한 성도들의 사역 그리고 외부 의존 없이 스스로를 지탱할 수 있는 교회 구조를 구축하는 것을 강조했다.

이 네 가지 모두를 기반으로, 하나님의 성회(Assemblies of God)의 미국 선교사 행정관인 멜 핫지(Mel Hodges, *Verdict Theology in Missionary Theory* 1909-1986)는 맥가브란의 선교 이론의 초석 중 하나가 되고 교회 성장 운동이 된 토착 교회(1953) 개척과 성장을 촉구했다.

토착성은 교회의 형태와 삶 그리고 그 주변 상황 사이의 적합성과 관련이 있다. 알란 티펫(1911-1988)은 『선교 이론의 판결신학』(*Verdict Theology in Missionary Theory*, 1969)에서 자아상, 자아 기능, 자결, 자립, 자전 및 자기 희생을 포함하는 토착성 개념을 확장했다. 찰스 크래프트는 『기독교와 문화』(*Christianity in Culture*, CLC 刊)에서 "역동적 등가의 교회성"의 개념을 포함하기 위해 이것을 더욱 확장하고 심화했다(Kraft 1979, 13-17 장). 아시아, 아프리카, 라틴아메리카 및 오세아니아의 교회가 성장하고 성숙함에 따라 토착성 개념은 문맥화의 세 번째 관점인 번역 가능성으로 이어졌다.

5. 번역 가능성으로써의 적합한 문맥화

문맥화에 대한 세 번째 관점은 모든 인간 문화로 무한히 번역될 수 있는 복음의 성육신적 본질, 즉 모든 세계관의 구조로 엮을 수 있는 하나님과의 신앙 관계를 강조한다. 예수 그리스도의 복음은 어떤 문화적 맥락에서도 성육신되고, 형태가 부여되고, 실현될 수 있다. 그것은 무한히 보편화될 수 있다.[6]

번역 가능성으로서의 적합한 문맥화 관점은 요한복음에서 그토록 지배적인 성육신 개념으로부터 유래한다.

요한은 이렇게 말한다.

> 말씀이 육신이 되어 우리 가운데 거하시매 우리가 그의 영광을 보니 아버지의 독생자의 영광이요 은혜와 진리가 충만하더라(요 1:14).

콰임 베디아코(Kwame Bediako)는 『아프리카의 기독교』(*Christianity in Africa*)에서 신앙의 "번역 가능성"에 대해 이야기한다.

> 앤드류 월스는 우리에게 기독교는 "문화적으로 무한히 번역할 수 있는 것"(Walls 1981, 39)으로 인식하도록 가르쳤다.
>
> 번역 가능성은 또한 보편성을 말하는 또 다른 방법이다. 그러므로 기독교 종교의 번역 가능성은 기독교 신앙이 전파되고 동화되는 모든 문화권의 사람들에 대한 근본적인 관련성과 접근성을 의미한다(Bediako 1995, 109).

기독교 복음과 기독교 교회의 "번역 가능성"은 메시지를 전달하는 것보다 더 넓고, 깊고, 널리 퍼지는 것을 수반한다. 이 패러다임은 복음이 새로운 상황에서 태어나 새로운 형태와 형태를 취할 수 있다는 사실을 강조한다. 복음과 교회는 외국 땅에서 자랄 수 있도록 약간 변형된 외래 식물이 아니다. 오히려 이 복음은 새로운 기후에서 싹이 트고, 자라며, 번성할 수 있는 새롭고

---

6 이 패러다임과 관련된 인물은 다음과 같다. Lamin Sanneh, Kwame Bediako, John Mbiti, Rene Padilla, and Andrew Walls.

다른 특성을 가진 새로운 잡종 종자다. 다른 로마가톨릭 선교학자들과 함께 마크 스핀들러는 이것을 "토착화"라고 불렀다.

> 문화화는 라틴아메리카, 아프리카, 아시아 및 기타 지역에서 새로운 교회가 각자의 문화 측면에서 기독교 신앙을 이해하고 표현할 수 있고 표현해야 함을 의미한다. 더욱이 그것은 복음 자체가 교회가 세워진 사람들과 교회가 본질적으로 필수적인 부분인 국가의 전체 문화에서 그 모양을 받아들이는 것을 의미한다.
> 성공적 토착화는 복음과 교회가 더 이상 외국 수입품으로 보이지 않고 일반적으로 사람들의 개인 재산과 같이 주장할 때 이루어진다고 말할 수 있다 (Spindler 1995, 139-40).

라민 사네(Lamin Sanneh)는 새로운 문화적 환경에서 새로운 형태를 취함에 따라 사네가 말하는 복음의 "토착어 신뢰성"을 창조해 나가는 과정인 "번역으로서의 선교"에 대해 이야기한다. 이 시점에서 우리는 사네의 말에 귀를 기울여야 한다.

> 번역으로서의 선교는 수용자 문화가 하나님의 구원에 대한 약속의 진정한 목적지이고, 그 결과로 문화적 절대주의에 반하는 보호 장치와 함께 "하나님의 관용"(the kindness of God) 아래 영예로운 자리를 차지하고 있다고 대담하게 주장한다. 번역으로서의 선교는 미시오 데이를 이런 번역 작업 뒤에 있는 힘이라고 확언한다. 미시오 데이는 복음 선포의 경계를 넓히기 위해 번역을 허용한다.
> 두말할 필요도 없이 기독교 선교는 번역 규칙을 일관되게 고수하지 않았지만, 번역 그 자체는 그것에 대한 특정 선교의 입장이 무엇이든 고려할 가치가 있는 광범위한 의미를 함축한다. 번역은 복음의 원래 개념과 깊은 관련이 있다. 언어적으로 특별히 선호하는 언어가 없으신 하나님은 우리 모두가 "우리의 모국어로" 복음을 듣도록 결정하셨다. 문화 확산 선교는 이와 관련해 복음과 충돌하며, 역사적으로 우리는 일관된 번역 규칙하에 여러 문화권에 걸친 기독교 확장에 수반된 문제, 도전 및 전망을 문서화할 수 있다.
> 선교가 토착어의 신뢰성을 얻지 못했을 때, 그 당시 또는 돌이켜 보면 선교

는 받은 모든 비판을 일으켰고 받을 만했다. 선교의 이질적 성격을 비판한 민족학자들과 다른 학자들은 기독교와 토착어의 신뢰성이 관련되어 있다는 원칙을 돌려서 말하는 방식으로 인정했다.

토착어 번역은 복음을 친숙한 용어로 제시하기 위한 노력으로 시작되며, 그 과정은 선교 사역을 현장 경험의 상황으로 가져온다. 토착어 번역에는 원칙적으로 모든 언어와 문화가 하나님의 말씀을 표현하는 데 있어 동등하다는 근본적 문화 다원주의가 함축되어 있다. 두 가지 일반적 생각이 이 분석에서 비롯된다.

첫 번째는 어떤 문화도 기독교 체제에서 배제되거나 서구 문화적 기준에 의해 단독으로 또는 궁극적으로 판단받지 않는다는 포괄적 원칙이다.

두 번째는 문화적 자기 절대화를 점검하는 변화의 윤리적 원칙이다.

이것은 어떤 그리고 모든 언어가 하나님의 말씀에 자신 있게 채택할 수 있는 로고스 개념을 선교에 도입한다(Sanneh 1993, 31, 174-75, 208-9).[7]

1985년 르네 파딜라는 문화 간 의사소통에 대한 이런 성육신적 관점에 대해 세 가지 중요한 관찰을 제공했다.

문화가 의사소통에서 중요한 역할을 한다는 의식은 복음의 문화 간 의사소통에 특히 중요하다. 그 이유는 최소한 세 가지다.

성육신은 복음의 기본 요소다. 말씀이 사람이 되었기 때문에, 복음을 전달할 수 있는 유일한 방법은 복음이 문화적 존재로서 인간에게 다가가도록 하기 위해 문화 안에 육화(肉化)되는 것이다.

수용자 문화 속에서 삶의 원재료를 파고드는 '말을 넘어서는 번역'이 없다면 복음은 환상이다. 복음은 우주 전체와 인간 존재의 주인이신 예수 그리스도의 선포를 포함한다.

만일 이 선언문이 청중의 특정한 필요와 문제에 대한 것이 아니라면, 어떻게 그들은 구체적 상황에서 그리스도의 주권을 경험할 수 있는가?

복음을 문맥화하는 것은 예수 그리스도의 주권이 추상적 원리나 단순한 교리가 아니라 삶의 모든 차원에서 결정적 요소이며 그와 관련된 인간 삶의 실

---

7 See also Kwame Bediako's reflection on Sanneh's proposal in Bediako 1995, 119-23.

체를 만드는 모든 문화적 가치를 평가한다.

복음이 긍정적이든 부정적이든 지적 응답(intelligent response)을 받기 위해서는 메시지와 청중 문화 사이의 접촉점을 고려한 효과적 의사소통이 있어야 한다. 만약 복음이 문화적 가치와 사고방식에 맞서지 않는 한, 참된 복음화는 있을 수 없다(Padilla 1985, 2-93).

베디아코, 월스, 사네, 파딜라 및 다른 사람들이 강조한 "번역 가능성" 또는 "보편화 가능성" 요소는 기독교인들이 그들의 상황에서 복음대로 생활하는 방식이 깊어지고, 넓어지고, 채워지고, 풍부해짐을 의미한다.

누가가 사도행전 2장에서 "자신의 방언으로 말하는 것을 들었던" 사람들을 언급하면서(행 2: 6: 참조, 8.11), 성육신의 보편적 본질에 대한 진리가 선교 역사 내내 분명해졌다. 복음은 본질적으로 지상의 모든 문화에 본토 토종이다. 모든 인간은 천지의 창조주, 아브라함과 이삭과 야곱의 하나님에 의해 창조되었다.

자연신학, 일반 계시, 일반 은총, 선행 은총, "구속적 유추"(Richardson 2000, 812-13)이든 모든 문화에 흩어져 있는 "하나님의 계시의 빛"(Barth)이든 그 의미는 동일하다(다른 많은 측면에서 이 개념들 사이의 심오한 신학적 차이를 인식한다고 할지라도). 그들은 함께 가장 근본적인 사실을 지칭한다. 모든 인간은 같은 하나님에 의해 창조되었다. 모든 것은 말씀이 육신이 되신 예수 그리스도에 의해 동등하게 언급된다. 그리고 성령은 모든 사람이 자신의 언어로 복음을 들을 수 있게 하신다.

    하나님이 [전체] 세상을 이처럼 사랑하사 … (요 3:16).

하나님은 모든 언어를 말하시고 이해하신다. 라민 사네의 말을 다시 들어보자.

    그리스도인의 삶에는 지워지지 않는 문화적 도장이 찍혀 있다. 신실한 청지기 직분은 문화 속에서 예언적 말씀을 전하는 것이며, 때로는 사도 바울의 관점에서 문화를 거스른다고 할지라도 하나님의 목적은 특정 문화적 흐름을 통해 이루어진다.

교회의 선교는 모든 문화와 그 문화가 구현된 언어를 하나님이 보시기에 합법적인 것으로 인정함으로써 이런 통찰을 적용해 하나님의 말씀을 다른 언어로 번역할 수 있게 했다.

실제로 기독교인들이 번역 과정을 중단하고 자신의 형태가 최종적이라고 배타적으로 주장하더라도, 그들은 번역 가능성을 항상 억제할 수 없었다. 번역 가능성의 개념이 표현하려는 것이 바로 이런 현상이다. 번역 가능성은 기독교 사업의 중심에 있는 도전이 모든 문화적 상황 속에서 살아남게 했다(Sanneh 1993, 47-48).

그렇기 때문에 기독교인들은 기독교 신앙이 내부적으로 양립할 수 있고, 일관성 있고, 논리적이고, 모든 문화에서 완전하고 자연스럽게 표현될 수 있다는 사실의 심오한 의미와 씨름해야 한다. 복음의 번역 가능성을 깨닫는 것은 상황 선교신학(contextual mission theology)을 토착화를 넘어 성육신으로 움직이게 한다. 이 시점에서 아프리카 교회의 예가 도움이 될 수 있다. 다른 3분의 2 세계 신학자들과 함께 크와메 베디아코와 존 음비티는 아프리카의 복음 이해를 심화하고 넓히기 위한 투쟁을 설명했다. 음비티의 견해에 대한 베디아코의 요약은 유익하다.

존 음비티(John Mbiti)는 초기에 아프리카의 문화적, 종교적 가치를 가진 서구 선교들의 충분하고 긍정적 참여가 부족하다는 점을 관찰했다. 그는 1967년과 1969년에 글을 썼을 때 "복음주의적으로 성년이 되었지만 신학적으로는 아니었던" 아프리카 교회에서 그 결과를 보았다.

그러나 음비티는 곧 "주어진 지역 사회와 복음의 만남에서 비롯되는 그래서 항상 토착적이고 문화에 얽매인 기독교"와 하나님께서 주신 영원하고 변하지 않는 복음을 구별하게 되었다. 1970년에 그는 이렇게 썼다.

> 우리는 복음에 아무 것도 추가할 수 없다. 이것은 하나님의 영원한 선물이기 때문이다. 그러나 기독교는 늘 음식과 음료를 찾고, 끝없는 여정과 방랑길에서 만나는 문화로부터 피할 곳을 찾는 거지와 같다(Bediako is quoting Mbiti 1970, 438).

음비티는 아프리카 땅에서 기독교를 토착화하는 개념을 거부했다. 베디아코는 음비티를 인용했다.

'토착하는 기독교'를 말하는 것은 기독교가 지역에 이식되어야 하는 기성품이라는 인상을 주는 것이다. 물론 이것은 많은 선교사와 지역 신학자가 따르는 가정이었다. 나는 더 이상 그것을 받아들이지 않는다(Mbiti 1979, 68).

대조적으로, 복음은 표층 수준의 문화적 형식에 더해 완전한 아프리카의 심층 수준의 의미를 취하는 "번역 가능한" 것으로 보여야 한다. 베디아코는 "음비티의 경우에" 대해 다음과 같이 기술한다.

> 음비티의 경우, 복음은 진정으로 아프리카의 집에 있고, 특정 수준의 종교적 경험에서 아프리카인들에 의해 이해될 수 있으며, 사실상 복음의 선교적 전파를 통해 그렇게 받아들여졌다. 음비티 생각에서 작동하는 신학적 원리는 번역 가능성이다. 이는 기독교 종교의 본질적 충동이 다른 문화에서 전달되고 동화되어 이런 충동이 그러한 전달 과정에서 역동적 등가 반응을 만들어 내는 능력이다.
> 이 원칙을 감안할 때, 마치 본질적으로 '서구'와 '외국' 종교를 다루는 것처럼 아프리카에서 기독교의 '토착회'를 추구하려는 초기 관심은 사실상 잘못 인도되었다고 말할 수 있다. 그런 신학 작업은 관련이 없다고 생각되는 두 개체의 상관 관계로 여겨졌기 때문이다.
> 여기서 의미하는 성과는 서양 선교사 전파로 측정될 수 있는 어떤 것이 아니라 오히려 아프리카의 신앙 동화에 의한 것이다. 그래서 그것은 아프리카인들 가운데 기독교로 개종한 사람들이 자신들의 아프리카 종교적 이해와 배경이 아닌 서구 용어로 선교사 메시지에 동화되었다고 가정하도록 잘못 유도되었다(Bediako 1995, 118-19).

6. 지역 신학화로 적합한 문맥화

지금까지 우리는 광범위하게 생각되는 문맥화의 세 가지 패러다임을 조사했다. 의사소통, 토착화 그리고 번역 가능성. 이 세 가지는 일반적으로 말과 행동으로 복음 선포를 위한 일방적 운동(onw way movement)을 다룬다. 하나님을 알고 복음을 이해한다고 믿는 사람들로부터 하나님의 말씀을 알지 못하거나, 전혀 들어보지 못했거나, 그들을 향한 하나님의 사랑을 더 이상 들을 수 없는 사람들로 향하는 일방적(一方的) 운동이다.

우리는 찰스 크래프트가 "한편으로는 성경에 적절하고, 다른 한편으로는 주어진 문화 속에서 사람들에게 적합한 기독교인의 믿음의 표현인 적합한 기독교"로 명명한 것을 검색하는 것과 관련해 광범위하고 일반적인 의미에서 적절한 문맥화(appropriate contextualization)를 살펴보았다(Kraft, ed., 2005, 5).

딘 길릴랜드(Dean Gilliland)는 『복음주의 세계 선교 사전』에서 문맥화를 광범위하게 이해하는 방법을 정의할 수 있는지에 대해 논의했다.

> 문맥화에 대한 단일 정의 또는 광범위하게 수용되는 정의는 없다. 문맥화의 목표는 아마도 그것이 무엇인지 가장 잘 정의할 것이다. 그 목표는 인간적으로 가능한 한, 말씀이신 예수 그리스도가 모든 인간 상황에서 진정으로 체험된다는 것이 무엇을 의미하는지 이해할 수 있도록 하는 것이다. … 선교의 문맥화는 특정 교회가 하나님의 말씀에 비추어 자신의 삶에서 복음을 경험하려는 노력이다(2000, 225).[8]

이 장의 나머지 부분에서 나는 지난 40년 동안 선교학적 성찰에서 나온 적합한 문맥화의 두 가지 추가 패러다임, 즉 지역 신학화와 인식론을 다룰 것이다. 우리가 살펴본 이전의 세 가지 패러다임과는 달리 이 마지막 두 패러다임은 한편으로는 교회와 복음 그리고 다른 한편으로는 상황에 맞는 현실 사이의 의도적인 쌍방향의 대화를 포함한다.

나는 문맥화라는 용어를 둘러싼 오늘날의 혼란을 해결하기 위한 방법으로 이 부분을 '지역 신학화'라고 부른다. 이 부분에서는 많은 사람이 "좁은 의미에서 문맥화"라고 부르는 것을 다룬다. 즉, 인간화와 주어진 상황에서 사회정치적, 경제적, 문화적, 기타 세력의 영향과 함께 특정 상황에서의 신학화 작업을 다룬다.[9]

---

[8] 내가 아는 한, 딘 길릴랜드(Dean Gililand)는 최초의 문맥화신학 전임교수였다. 아마도 교수 명칭에 문맥화신학을 사용한 유일한 교수였을 것이다. 그는 나이지리아에서 다문화 선교사와 신학 교수로 활동한 후, 풀러세계선교대학원에서 여러 해 동안 가르쳤다.

[9] 이 패러다임과 연관되는 인물은 다음과 같다. Shoki Coe, Robert Schreiter, Dean Gilliland, Clemens Sedmak, Stephen Bevans, Ashish Chrispal, Tite Tienou, and Andrew Kirk.

지역 신학들의 발전으로서의 문맥화는 원래 1972년 세계교회협의회(WCC) 신학교육기금(Theological Education Fund)의 부분으로 『상황 속 목회』(*Ministry in Context*)라는 출판물에 의해 촉진되었으며, 특히 쇼키 코의 저술과 관련이 있다(Coe 1976; Norman Thomas, ed., 1995, 175-76; Stephen Bevans 2002, 153 nn 45 및 46 참고).

인도 푸네에 있는 유니온성서신학교의 아쉬시 크리스팔(Ashish Chrispal)은 문맥화에 대한 자신의 견해를 설명한다(상황 속에서 신학을 수행하는 것으로 인식하고).

> 역사적 세계 상황은 교회의 선교를 위한 외적 조건이 아니라 선교, 목표 및 목적에 대한 선교 이해의 구성 요소로 통합되어야 한다. 교회의 주님처럼 선교하는 교회는 죽음에 반대하며 생명 편을 들어야 하고, 억압에 반대하고 정의 편을 들어야 한다. 따라서 문맥화로서의 선교는 하나님이 세상으로 향하셨다는 확언이다. 문맥화는 전통적인 문화적 가치와 관련된 토착화라는 익숙한 용어에 관련된 모든 것을 의미하지만, 문화적 변화 속에서 현대적 요인을 매우 진지하게 고려하기 위해 그것을 넘어선다. 계급 투쟁, 권력 정치, 부와 빈곤, 뇌물 수수와 부패, 특권과 억압 등 현대의 사회경제적, 정치적 문제, 즉 사회를 구성하는 모든 요인과 한 공동체와 다른 공동체 간의 관계를 다룬다(Chrispal 1995, 1, 3).

이보다 기술적인 의미의 문맥화는 받아들인 긍정의 합성물로서의 신학이라기보다는 행동으로서의 신학화를 포함한다. 따라서 명사로서의 신학보다는 구술적 형식으로서의 신학화를 선호한다.

타이테 티에누는 다음과 같이 설명한다.

> "문맥화"라는 용어는 1972년 '신학교육기금'의 세 번째 보고서를 통해 선교학 문헌에 도입되었다. 당시 쇼키 코는 WCC가 후원하고 '세계선교와전도위원회'(Commission on World Mission and Evangelism) 아래에서 관리하는 기관인 신학교육기금의 이사였다. 코에 따르면 토착화는 "전통 문화의 관점에서 복음에 반응하는 의미에서 사용되는 경향이 있기 때문에" 정적 개념이지만 문맥화는 "더 역동적이고, 변화에 개방적이고, 미래 지향적이다"(Coe 1976, 20, 21).

'문맥화'라는 단어는, 신학은 결코 영구적으로 존속할 만큼 발전될 수 없다는 전제를 전달하려는 특정한 목적으로 선택되었다. 기독교인들은 모든 곳에서 모든 문화에서 끊임없이 변화하는 문화에 복음을 연결하는 지속적 신학화 작업 과정에 참여해야 한다. 세상이 지속되는 한, 이런 신학 작업 과정은 계속된다. 토착화가 아닌 문맥화가 이 끝없는 신학 작업 프로세스를 가장 잘 설명하는 용어이다(Tiénou 1993, 247).

문맥화(좁게 이해된)라고 하는 이 역동적 과정은 지역적 상황에서 인간 경험의 모든 측면에서 도출되고 상황의 현실과 교회의 복음 이해 사이의 대화를 촉진한다. 앤드류 커크는 이렇게 말한다.

> 문맥화는 문화와 사회경제적(socioeconomic) 삶의 상호 영향을 인정한다. 그러므로 복음을 문화와 관련시키면서 문맥화는 문화에 대해 더 비판적(또는 예언적)인 입장을 취하는 경향이 있다(Kirk 1999, 91; Van Engen 1989, 97 nn 18, 19 참고).

지역 신학화로서의 문맥화 관점은 교회와 상황 사이의 지속적으로 변화하는 상호 작용을 나타낸다. 그것은 역사적 상황에 대한 분석으로 시작해 성경을 다시 읽으며 진행하는 지역적 성찰의 과정이며, 이는 차례로 상황에 대하여 상호 작용하는 신학적 성찰, 즉 상황 속에서 문화적, 사회경제적, 정치적 쟁점들에 기독교인이 참여하도록 하는 신학화 작업으로 이어진다. 지역 신학화로서의 문맥화에 대한 이런 관점에는 한쪽 끝단에서는 전체적 세속화의 과정이 있고 다른 쪽 끝단에서는 교회 변혁에 대한 강조가 있기에 다양한 관점의 스펙트럼이 있다.

이 좁고 더 기술적 의미의 문맥화는 능동적 과정으로서의 신학화를 포함할 뿐만 아니라 인간 경험의 모든 적절한 측면을 포함하도록 신학적 성찰의 출처 범위를 확장한다. 상황의 모든 측면과의 이 역동적 상호 작용 과정은 남인도 교회의 조직신학 교수인 R. 예수랏남(R. Yesurathnam)에 의해 강조되었다.

문맥화라는 용어는 토착화 또는 문화화에 내포된 모든 것을 포함하지만, 현대의 세속성, 기술 및 인간 정의를 위한 투쟁의 현실도 포함하려고 한다. 문맥화는 이전의 용어를 확장하고 수정한다. 토착화는 순전히 인간 경험의 문화적 차원에 초점을 맞추는 경향이 있지만, 문맥화는 문화에 대한 이해를 사회적, 정치적 및 경제적 문제들을 포함하도록 확장시킨다.
이런 식으로 문화는 보다 역동적이고 유연한 방식으로 이해되며, 폐쇄적이고 자족하는 것으로 간주되지 않고, 다른 문화 및 운동과의 만남을 통해 개방되고 풍요로워질 수 있는 것으로 간주된다(Yesurathnam 2000, 53).

스티븐 베반스는 문맥화에서 지역 참여의 반문화적이고 대화적인 측면을 강조했다.

> 문맥화는 신학이 전통적, 문화적 가치뿐만 아니라 사회적 변화, 새로운 민족 정체성, 세계화의 현대 현상으로 존재하는 갈등과 상호 작용하고 대화해야 한다는 사실을 지적하고, 그런 다음 인간의 경험, 사회적 위치, 문화 및 문화적 변화를 진지하게 받아들이는 신학을 설명하기 위해 선호하는 용어다 (Bevans 2002, 27).

성경과 전통의 전통적 위치에 문화와 사회적 변화를 추가한 상황신학은 이미 전통적 신학화 작업 방식에 반대해 신학 방법에 혁명을 일으켰다. 인간의 경험과 기독교 전통은 변증법적으로 함께 읽어야 한다. 신학화 방법에서 이런 기본적인 변화에 더해, 여러 다른 방법론적 문제가 등장했다. 인간의 경험, 세계의 사건들, 문화 및 문화적 변화가 지역 신학으로 받아들여질 때, 신학이 항상 공식적으로 수행되어야 하는지 아니면 추론적으로 수행되어야 하는지 물을 수 있다.
다시 말해서, 신학이 취해야 하는 형식은 무엇인가?
신학이 기독교 전통에 비추어 평범한 인간의 삶에 대한 성찰이 되어 가는 것에 따라 평범한 남녀가 결국 신학화 작업을 하는 가장 적합한 사람이 아닐 수 있는지 물을 수 있다(Bevans 2002, 16-17).

오스트리아 잘츠부르크대학의 클레멘스 세드막은 슈라이터의 지역 신학 구축에 대한 요구가 『상황신학 모델』을 효과적으로 활용하려는 베반스의 도전과 공통점을 가지는 많은 강조점을 보여 주었다. 『지역 신학 작업: 새로운 인류를 만드는 장인을 위한 가이드』(*Doing Local Theology: A Guide for Artisans of a New Humanity*)에서 세드막은 몇 가지 논지들을 주장했다.

그중 그는 다음과 같이 확언했다.

> 신학은 지역에서 이루어진다. 지역 상황에 정직하기 위해, 신학은 특정 상황을 진지하게 받아들이는 신학으로서 지역 신학으로 이루어져야 한다. 지역 신학은 기본적인 신학 수단으로 수행될 수 있다. 그것은 사람들에 의해 이루어질 수 있고, 사람들과 함께 이루어질 수 있다. … 지역 신학들은 신학이 특정 상황 내에서 그리고 특정 사회적 상황에 대한 반응으로 발전된다는 것을 인식한다.
>
> 사회적 상황을 이해하는 것은 특정 신학의 기원과 타당성을 이해하는 데 필요한 조건이다. 문화와 역사에서 그 자리에 대한 정의를 시행하는 신학은 상황적이다. 문맥화는 말 그대로 '함께 엮는 것'을 의미한다. 신학은 지역 신학을 구성하고 신학자로서 지역 정체성을 개발하기 위한 풍부한 자원을 제공하는 구체적인 지역 사회 구조 내에서 항상 수행된다. 사회적, 역사적, 문화적, 정치적 상황은 그 상황 속에 있는 신학자의 역할과 위치에 영향을 미친다(Sedmak 2002, 8, 95-96).

웨스턴케이프대학과 스텔렌보쉬대학의 조직신학 교수인 더키 스밋은 다음과 같이 지적했다.

> 상황신학은 모든 신학이 하나님에 대해 생각하고 말하는 모든 신학이 상황적이라는 사실을 강조하고 있으며, 모든 형태의 이른바 서양 기독교의 전통신학을 포함해 신자들이 살고 있는 상황의 영향을 받는다(Smit 1994, 44; 또한 Arias 2001, 64 참고).

개신교의 복음주의 관점에서 스탠리 그렌츠는 문맥에 의해 제기된 실존적 인간 질문들과 성경에서 발견되는 계시적 답변을 상호 연관시키는 것(여기서 폴 틸리히의 용어를 사용함)의 중요성을 반복하여 설명한다. 그렌츠는 다음과 같이 쓰고 있다.

문맥화에 대한 헌신은 성경만을 기초로 진리를 구축하려 했던 오래된 복음주의신학 개념에 대한 암묵적 거부를 수반한다. 더 이상 신학자들은 하나의 완벽한 신학적 규범으로서의 성경에만 초점을 맞출 수 없다. 대신, 문맥화 과정은 진리의 근원인 성경과 신학자가 성경적 진리를 표현하는 범주의 근원이 되는 문화라는 양자 사이의 움직임을 필요로 한다. 문맥화는 신학자가 사고방식을 진지하게 받아들이고 현대인이 이해할 수 있는 언어로 된 성경의 영원한 진리를 설명하기 위해 신학화 작업이 일어나는 문화에 대한 사고방식을 요구한다(Grenz 1993, 90; 또한 Shenk 1999, 77 참고).

7. 인식론적 과정으로 적합한 문맥화

문맥화의 다섯 번째 패러다임은 해석학적 검토와 상황에 대한 비판의 인식론적 과정과 그 특정 상황에서 복음에 대한 선교적 이해에 대한 의미와 관련이 있다. 2002년 개정되고 확장된 『상황신학 모델』에서 스티븐 베반스는 문맥화의 "반문화적 모델"(countercultural model)이라고 부르는 새로운 모델을 추가했다.

이 모델이 다른 어떤 모델보다 더 많이 검토하는 것은 어떤 상황들은 단순히 복음에 상반되고 또 복음의 해방시키고 치유하는 능력에 의해 도전 받아야 할 필요가 있다. 반문화적 모델은 성경과 전통의 풍부한 자료를 활용한다. 다른 어떤 모델보다 복음은 세상에 대한 인간의 경험들과 인간이 창조하는 문화와는 완전히 다른 모든 것을 포괄하고 근본적으로 대체하는 세계관임을 인식한다. 특히 '죽음의 문화'를 발산하는 상황, 복음이 무관하거나 쉽게 무시되는 상황에서, 또는 복음이 특정 세계관의 '희미한 거울 버전'이 된 상황에서 이 모델은 새로운 신선함과 진정한 참여로 복음을 전달할 수 있는 강력한 방법임을 입증할 수 있다(2002, 118).[10]

---

10 베반스는 더글라스 홀을 인용한다. Douglas John Hall, "Ecclesia Crucis: The Theologic of Christian Awkwardness," in George R. Hunsberger and Craig van Gelder, eds., *The Church Between Gospel and Culture: The Emerging Mission in North America*. G. R.: Eerdmans, 1996, 199.

인식론적 접근으로서의 적합한 문맥화는 각각의 새로운 상황에서, 각각의 새로운 문화적 환경에서 예수 그리스도를 따르는 사람들이 이전에 알지 못했던 하나님에 대해 배울 기회가 있다는 의미를 강조한다. 하나님에 대한 기독교 지식은 복음이 각각의 새로운 문화에서 새로운 형태를 취함에 따라 누적되고, 향상되고, 깊어지고, 확장되고, 확장되는 것으로 간주된다. 이것이 "새 언약: 상황 속에서 하나님을 아는 것"(The New Covenant: Knowing God in Context)이란 글에서 주장한 나의 논지였다(1989, 1996년 재판, 71-89).

1979년 브루스 니콜스(Bruce Nicholls)는 자신이 말하는 실존적 문맥화(WCC 서클의 공통적인 유형)와 교리적 문맥화(궁극적으로는 신앙과 실천의 유일한 규칙인 성경 본문으로 시작하는 것)를 구분할 것을 제안했다(Nicholls 1979, 24; Stults 1989, 151; Chrispal 1995, 5 참고). 문맥화가 특정 상황에서 하나님에 대한 이해를 심화시키고 넓히는 것을 추구하는 과정으로 수많은 상황에서 인식론적 노력으로 간주될 때, 니콜스의 범주에 쉽게 맞지 않는다.

인식론으로 적합한 문맥화는 그 자체로 상황적 (그리고 실존적) 현실을 기독교인들이 주어진 상황 속에서 하나님의 선교에 대한 이해와 참여를 넓히고 심화시키는 신학적 (그리고 교리적) 성찰의 중요한 구성 요소로 받아들인다.

"문맥화"에 대한 사전 표제에서 딘 길릴랜드는 다섯 가지 문맥화 모델인 비판, 기호, 합성, 초월 및 번역 모델을 요약했다. 길릴랜드는 다음과 같이 확인했다.

> 문맥화의 강점은 적절하게 수행된다면 그것이 평범한 기독교 신자들을 흔히 신학적 과정으로 인도한다는 것이다. 문맥화의 목적은 삶 전체의 데이터를 실제 사람들에게 가져오고, "우리 가운데 거하신" 말씀(요 1:14)의 의미 있는 적용을 위해 성경을 탐색하는 것이다. 문맥화의 선교학적 의미는 모든 국가가 예수님 시대의 그분의 백성처럼 분명하고 정확하게 말씀을 이해해야 한다는 것이다(Gilliland 2002, 227).

12년 전에 길릴랜드는 상황적으로 적합한 신학을 구성하는 작업에서 가장 중요하게 고려해야 할 네 가지 질문을 제안했다(Gilliland 1989b, 52).

- 특정한 문화적이고 상황적인 일반적인 배경은 무엇인가?
- 제시된 문제 또는 문제점은 무엇인가?
- 신학적 질문은 무엇인가?
- 신학(그리고 선교학)은 어떤 적절한 방향을 취해야 하는가?

전 세계의 신학자와 선교학자들은 이제 기독교가 더 이상 서구 종교가 아니라는 사실을 그 어느 때보다 잘 알고 있다. 기독교 교회는 서구 종교로 시작되지 않았기 때문에 이것은 우리에게 놀랄 사실이 아니다. 그것은 예수 그리스도를 믿는 중동, 북아프리카 및 중앙 아시아의 종교적 표현으로 시작되었다. 오늘날 많은 미전도 종족 그룹이 남아 있지만 모든 정치적 국가와 모든 주요 문화에는 기독교 신자들이 있다.

앤드류 커크는 다음과 같이 쓰고 있다.

> 문맥화는 문화와 사회경제적(socioeconomic) 삶의 상호 영향을 인정한다. 그러므로 복음을 문화와 관련시키면서 문맥화는 문화에 대해 더 비판적(또는 예언적)인 입장을 취하는 경향이 있다. 그 개념은 사회적 부당함, 정치적 소외, 인권 남용의 상황을 변화시키기 위한 특정한 이데올로기적 헌신을 수반하는 신학적 방법으로 진지하게 받아들여질 것이다.
> 호세 미구에즈 보니노는 '역사적 상황을 신학적 수준으로 끌어 올리는 것'과 '구체적 실천의 신학적 성찰'에 대해 이야기한다. 사회정치적 도구들로 분석하고 신학적 선택에서 채택되는 역사적 상황에서 행동하려는 불굴의 의지는, 신학화 작업의 출발점이다"(Kirk 1999, 91).[11]

데이비드 보쉬는 문맥화에서 이 인식론적 요소의 중요성을 강조했다.

> 상황신학은 전통신학과 비교할 때 인식론적 단절을 형성한다고 주장한다. 반면에 적어도 콘스탄틴 시대 이후로 신학은 엘리트주의 기업으로서 위로부터 수행되었다. ⋯ 신학의 주된 출처는 철학이었고, 신학의 주요 대화자는 교

11　Kirk is quoting from Miguez Bonino 1971, 405–407; cited also in Norman Thomas 1995: 174 and David Bosch 1991, 425.

육받은 불신자였으며, 상황신학은 "역사의 밑바닥에서" 출발한 아래로부터의 신학이며, 그것의 주된 출처(성경과 전통을 제외하고)는 사회과학이고, 그것의 주요 대담자는 가난한 사람들 또는 문화적으로 소외된 사람들이었다. 새로운 인식론에서 똑같이 중요한 것은 프락시스의 우선순위에 대한 강조다(Bosch 1991, 423).

보쉬는 맥락화에 대한 인식론적 접근 방식의 다섯 가지 특징을 계속해서 언급한다.

- 서구 과학과 서구 철학뿐만 아니라 서구 신학도 실제로 서구의 이익을 위해, 특히 "세계가 현재 존재하는 모습"을 합법화하도록 설계되었다는 심오한 의혹이 있다.
- 새로운 인식론은 설명만 하면 되는 정적(靜的) 대상으로서의 세상이라는 생각을 거부한다.
- "신학의 첫 번째 행위"로서의 헌신에 대한 강조가 있다(Torres and Fabella 1978, 269)….
- 이 패러다임에서 신학자는 더 이상 "이 세상과 그 고통을 조사하고 평가하는 높은 옥상에서 세상을 내려다보는 외로운 새"(K. Barth 1933, 40)가 될 수 없다. 신학자는 고통받는 사람들과 함께할 때에만 믿을 수 있는 신학화 작업을 할 수 있다.
- 신학화 작업을 강조한다. 언어 해석학에 대한 보편적 주장은 행동에 대한 해석에 의해 도전을 받아 왔다. 왜냐하면, 행동하는 것이 아는 것이나 말하는 것보다 더 중요하기 때문이다. 프락시스나 경험으로부터 해석학적 순환은, 신학의 두 번째 행위로서의 성찰로 진행된다.

이론(theoria)이 프락시스보다 높았던 전통적 순서가 여기서 거꾸로 뒤집힌다. 물론 이것은 이론 거부를 의미하지 않는다. 이상적으로 이론과 실천 사이에 변증법적 관계가 유지되어야 한다. "정통실행(orthopraxis)과 정통교리(orthodoxy)는 서로를 필요로 하며, 서로를 이해하는 안목을 잃으면 서로 불리하게 작용한다"(Bosch 1991, 424-25; 보쉬는 Gutierrez 1988, xxxiv를 인용).

보쉬는 내가 나누었던 불편함인 '문맥화의 모호성'에 대해 경고했다. 그는 문맥화와 신학 및 선교를 연결하는 데 도움이 되는 여섯 가지 확언을 제공함으로 우려를 표명한다.

첫째, 문맥화로서의 선교는 하나님이 세상으로 향하신다는 확언이다.[12]
둘째, 문맥화로서의 선교는 다양한 "지역 신학"의 구축을 포함한다.[13]
셋째, 각 상황이 그 특정 상황에 맞게 적합화된 자체 신학을 위조하는 상대주의의 위험뿐만 아니라 상황주의의 절대주의의 위험도 있다.
넷째, 우리는 현대 교회론의 언어를 침범한 "시대의 징표를 읽는 것"이라는 또 다른 각도에서 이 문제를 전체적으로 살펴봐야 한다.
다섯째, 부인할 수 없는 결정적인 성격과 상황의 역할에도 불구하고, 상황은 신학적 성찰을 위한 유일하고 기본적인 권위로 간주되어서는 안 된다.[14]
여섯째, 최고의 상황신학 모델은 창의적 긴장 이론(theoria), 프락시스(praxis) 및 포이에시스(poiesis) 또는 원하는 경우엔 믿음, 소망, 사랑을 결합한다. 이것은 세 가지 차원을 통합하려는 기독교 신앙의 선교적 본질을 정의하는 또 다른 방법이다(Bosch 199, 426-32).

기독교의 무게중심이 북에서 남으로, 서에서 동으로 이동했다. 21세기의 선교는 모든 곳에서 모든 곳으로 이루어질 것이다. 그리고 각 특정 상황의 현실의 모든 측면은 각 장소에서 선교신학의 내용과 방법에 영향을 미칠 것이며 반드시 그래야 한다. 앤드류 커크가 지적했듯이, 진정한 신학은 선교적이어야 한다.

---

12 보쉬는 우리의 하나님을 향한 신앙 관계를 세상에 대한 우리의 헌신과 참여로부터 이분화할 필요는 없다고 단언한다.
13 그러나 "신학들"의 너무 광범위한 다양화, 또는 원자화는 같은 복음에 대한 기독교 교회 믿음의 동일성을 상대화하기에 심각한 부정적인 의미를 가지고 있다.
14 보쉬는 여기에서 스택하우스(Stackhouse)가 우리가 이것을 단지 실천과 이론 사이의 관계 문제로 해석한다면 전체 문맥화 논쟁을 왜곡하고 있다고 주장했다고 지적했다. 보쉬는 스택하우스를 인용한다. Max Stackhouse 1988, 85.

나의 논지는 선교를 제외하고 신학을 생각하는 것은 불가능하다는 것이다. 모든 참된 신학은, 정의상 선교사신학(missionary theology)이며, 그것은 본질상 선교사이신 하나님의 선교 방법을 연구 대상으로 삼고, 기초 자료가 선교사에 의해 쓰여진 연구이다. 신학은 고립된 학문들의 집합으로 추구되어서는 안 된다. 선교신학은 그 주제가 문화에 반대하는 동시에 문화와 밀접하게 관련되어 있기 때문에, 교차 문화 소통의 모델을 가정한다. 따라서 선교신학은 학제적 상호 작용을 통해 발전해야 한다(Kirk 1997, 50-51).

선교가 없는 신학은 있을 수 없다. 달리 말하면 선교적이지 않은 신학은 있을 수 없다(Kirk 1999, 11).

데이비드 보쉬의 말에 따르면 다음과 같다.

> 교회가 선교적이 아니라면 죽은 교회인 것처럼, 신학이 선교적 본질을 잃으면 죽은 신학이다. 그러므로 중요한 질문은 단순히 교회가 무엇인지, 또는 선교가 무엇인지가 아니다. 그것은 또한 신학이 무엇이며, 무엇에 관한 것이냐는 것이다.
>
> 우리는 단지 선교를 위한 신학적 의제가 아니라 신학에 대한 선교적 의제가 필요하다. 정당하게 이해되는 신학은 미시오 데이를 비평적으로 수반하지 않는다면 존재할 이유가 없기 때문이다. 그러므로 선교는 "모든 신학의 주제"가 되어야 한다(Gensichen 1971, 250).
>
> 선교 사업을 하는 것이 적절하다고 생각될 때 신학이 선교 사업을 차지하는 것은 아니다. 그것은 선교는 신학이 다루어야 할 주제다. 신학 작업에서 선교 및 선교 사업과 직접적으로 접촉해야 하는 것은 삶과 죽음의 문제다(Bosch 1991, 494).

아마도 보쉬는 위에서 언급한 몇몇 저자들의 경제적, 정치적 관점을 공유하지 않을 것이지만, 제안된 방법론의 인식론적 관점은 폴 히버트(Hiebert 1984)가 개발한 "비평적 문맥화" 개념과 유사해 보인다. 히버트는 성경을 진지하게 받아들이고 상황과 건설적으로 상호 작용하는 과정을 포함하는 "비평적 문맥화"를 요구했다.

비평적 문맥화는 단일 문화적 관점에서 작동하지 않는다. 또한, 비교할 수 없는 문화의 다원주의를 전제로 하지 않는다. 비평적 문맥화는 한 문화의 사람들이 최소한의 왜곡으로 다른 문화의 메시지와 의식 관행을 이해할 수 있도록 하는 메타 문화 및 메타 신학적 틀을 찾는다.

그것은 모든 인간의 지식을 객관적이고 주관적인 요소의 조합으로, 부분적이지만 점점 더 가까운 진리의 근사치로 보는 비평적 현실주의 인식론에 기반을 두고 있다. 그것은 역사적, 문화적 상황을 모두 중요하게 생각한다. 그리고 그것은 단어와 의식과 같은 상징들 속에서 형태와 의미 사이의 관계를 보고 있다. 그것은 두 가지 방정식에서 단순한 임의적 연관에 이르기까지 다양하다. 마지막으로, 비평적 문맥화는 교회가 지속적으로 참여해야 하는 지속인 과정으로 본다. 이는 우리로 하여금 그리스도의 주권과 지상에 있는 하나님의 나라가 무엇인지 더 잘 이해할 수 있게 하는 과정이다(Paul Hiebert 1984, 295).

8. 결론

그럼 다음 단계는 무엇인가?

나는 다음 단계는 복음의 보편성과 특정 시간과 장소에서 성육신의 특수성을 동시에 확인하는 상황 선교신학의 방법론을 찾는 것이라고 생각한다. 우리는 성경과 그에 대한 교회의 역사적 성찰을 진지하게 수용하는 선교신학의 방법론이 필요하다. 동시에 그 상황에 있는 사람들의 신앙 순례와 상황의 환경에서 그것을 찾아낸다.

이것은 성경을 한 손에 들고 다른 한 손에 신문을 들고 앞서 언급한 길릴랜드의 네 가지 질문을 반복해서 묻고, 그 특정 장소에서 하나님의 선교가 특정한 장소와 시간에서 어떤 일을 수반하는지 발견하는 전체 교회를 포함하는 선교신학 방법론이다.

댄 쇼우와 나는 한스 조지 가다머, 그랜트 오스본과 다른 사람들로부터 배운 "해석학적 지평" 개념을 통해 그런 선교신학 방법론을 만드는 방법을 모색하기 시작했다. 의미 지평의 융합에서, 주관성, 객관성 및 상황 자체의 모든 측면이 병합된다. 그러므로 선교신학은 성경과 동시대의 의미의 여러 지평 사이의 상호 관계를 이해하고 탐구하는 것을 포함한다. 그러나 이 주제는 이 책의 범위를 벗어난다.[15]

---

15   이 주제에 관심이 있는 독자는 다음을 참고하라. Dan Shaw and Charles Van Engen, 2003.

제8장

상황적으로 적합한 선교신학

선교신학은 상황적으로 적합한 신학이다. 선교신학화 작업을 할 때 우리는 내용과 방법이 밀접하게 얽혀 있음을 이해한다. 우리의 선교적 성찰 내용은 우리가 그 내용에 대해 생각하는 데 사용하는 방법론에 영향을 미친다.[1]

1. 논지

주어진 상황에서 "적합한 기독교"를 세우기 위해, 그 상황 속에서 기독교인늘은 그 방법 자체가 성경, 그 상황 속에 사는 사람들 그리고 세계 교회와 관련해 적합하도록 선교신학화 방법을 구축해야 한다. 그럼으로 시간이 지남에 따라 해당 문화의 사람들이 (진리와 충성과 능력 안에서) 반응하고 변화될 수 있는 하나님의 계시에 대한 상황적으로 적절한 이해를 가져야 한다. 이런 상황적으로 적합한 선교신학화 방법론은 통합적이고, 지역적이고, 성육신적이고, 실용적이고 그리고 대화적이어야 한다.

---

[1] 이 장 내용은 원래 찰스 크래프트가 편집한 『적합한 기독교』(*Appropriate Christianity*)에 실렸던 저자의 글이다. 출판사의 허락을 받아 수정 보완했다. Charles Van Enegn, "Toward a Contextually Appropriate Methodology in Mission Theology," in Charles Kraft, ed., *Appropriate Christianity*, Pasadena: William Carey Library, 2005, 203-26. (역주).

2. 서론

이전 장에서 나는 서로를 기반으로 하는, 상황적으로 적합한 선교신학의 다섯 가지 패러다임을 요약했다. 의사소통, 토착화, 번역 가능성, 지역 신학, 인식론. 이 다섯 가지 패러다임으로부터 가져온 다양한 통찰을 가지고, 이 장에서 나는 그 방법 자체가 성경과 상황 속 사람들 모두에게 적합하도록 구성할 수 있는 선교신학화 방법의 개요를 제공할 것이다. 내가 아래에 기술할 방법은 다음과 같은 상황적으로 적합한 선교신학이 다섯 가지 특성을 갖게 하는 다섯 단계를 포함한다.

- 통합적 패러다임: 예수 그리스도의 복음 이해
- 지역적 패러다임: 새로운 상황에 접근
- 성육신적 패러다임: 새로운 선교 활동 준비
- 실천적 패러다임: 적절한 선교 활동으로 복음을 실천
- 대화적 패러다임: 복음에 대한 우리 이해의 재구성

아래에 설명한 방법은 복음과 문화, 교회와 상황, 기독교인이 하나님에 대해 알고 이해하는 것과 기독교인이 세상에서 신앙생활을 하면서 경험하는 것 사이의 상호 작용의 태피스트리를 짜는 해석학적 나선형 움직임을 포함한다. 아래 도표 4에서 볼 수 있듯이, 이것은 시간이 지남에 따라 위로부터의 신학이 아래로부터의 신학과 함께 하나님에 대한 교회의 이해에 관한 깊은 지혜를 추구하면서 신학의 역동적 상호 작용 나선을 포함한다.

『기독교 복음 전달론』(Communicating God's Word in a Complex World, Shaw and Van Engen 2003, CLC 刊) 제4장에서 나는 앤서니 티슬턴(1980)과 그랜트 오스본(1991)과 다른 사람들의 저술을 기초로 네 가지 지평의 역동적이고 지속적인 상호 작용으로서의 신학 작업에 대해 설명한다.

아래에서 설명하는 방법론은 그런 나선형 움직임을 포함한다. 나는 나선의 한 회전만 설명할 것이다. 독자는 다음 다섯 단계에 대해 설명하는 것이 신학적이며 선교학적인 과정이며, 하나님의 백성이 특정 상황 속에서, 상황적으로 적합한 선교신학을 찾아내기 위해 이 과정을 계속 반복해야 한다는 것을 이해할 필요가 있다. 그 첫 단계는 통합이다.

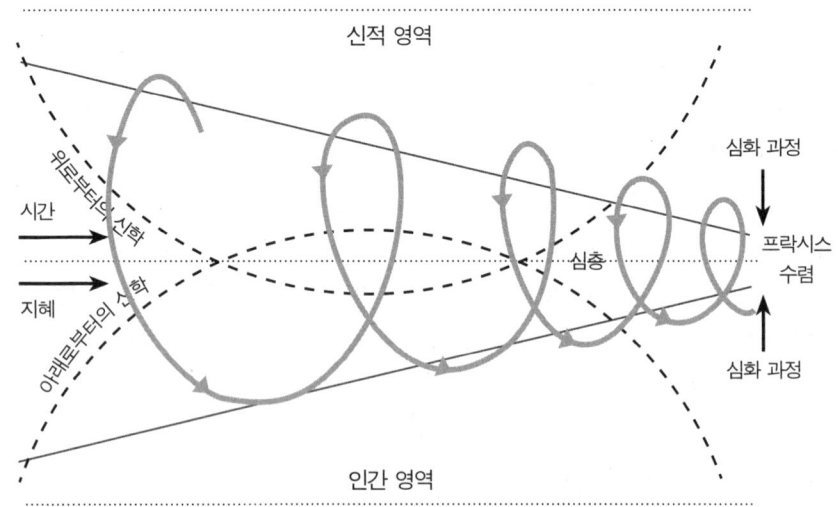

도표 4. 해석학적 나선 구조

3. 통합적 패러다임: 예수 그리스도의 복음 이해

상황적으로 적합한 선교신학을 구축하는 첫 번째 단계는 선교신학자가 이해를 이끌어 내는 데이터의 네 가지 원천(성경, 상황, 교회, 개인의 순례/경험)을 신중하고 의도적으로 통합화하는 것이다. 지난 30년 동안, 우리 지식의 적어도 세 영역을 역동적이고 상호 관련된 전체에 통합할 필요성에 대해 선교신학계에서 상당한 합의가 있었다.

세 가지 영역은 말씀(모든 상황신학화에서 성경의 우선성), 세상(주어진 상황의 현실 속에서 문화, 사회경제, 정치적 현실 그리고 인간 삶의 모든 영역에 대한 영향) 그리고 교회(세상에서 하나님 선교의 주요 대리인)다. 앞 장에서 보았듯이 이 세 가지(말씀, 세상, 교회)는 선교학의 기본 틀을 구성한다. 어떤 사람들은 이것을 텍스트, 콘텍스트 및 신앙공동체의 상호 작용이라고 부를 것이다.[2]

---

[2] 나는 『미래의 선교신학』(Mission on the Way)에서 선교 데이터의 이 세 가지 원천이 선교신학 발전에 어떻게 영향을 미치는지 설명했다(Van Engen 1996, 22-26). 나는 또한 『하나님이 도시를 이처럼 사랑하사』(God So Loves the City)에서 선교신학 작업을 위해 이 삼자 간의 이해를 각색해 도시선교신학을 발전시키는 데 적용했다(Van Engen and Tiersma 1994, 271-85).

몇 년 전, 나는 상황적으로 적합한 선교신학을 구축하는 데 매우 중요한 네 번째 영역을 생각하지 못하고 있다는 것을 이해하기 시작했다. 나는 하나님의 선교 대리인으로서 예수님을 따르는 사람들의 개인적 순례의 영역을 포함시키는 것을 간과했다.

선교신학을 구축하는 과정의 첫 번째 단계는 선교신학자와 선교적 교회의 자기 성찰을 포함한다. 이 첫 단계에서 네 영역에 의해 정보를 얻고 형성되는 하나님과 하나님의 선교에 대한 우리 자신의 지식과 이해를 검토한다. 선교신학의 네 영역 구성에 대한 설명은 이 책의 제2부 제2장을 참고하라. 제2장에서 선교학의 네 영역을 복습할 수 있다. 이 네 영역의 상호 관계와 통합에 대한 이해는 선교신학을 구축하는 과정에서 이 첫 단계의 핵심이다.

주어진 시간과 상황에서 우리의 선교신학에 정보를 제공하고 형성하는 지식의 영역에 관해 우리 자신을 검토한 후, 우리는 상황적으로 적합한 선교신학을 찾는 두 번째 단계를 받을 준비가 되었다. 우리는 우리의 선교 행동이 이루어질 지역 상황에 다시 접근한다.

4. 지역적 패러다임: 새로운 상황에 접근

선교신학자는 이제 새로운 방식으로 상황에 접근할 준비가 되었다. 이 상황은 선교신학자 자신과는 완전히 다른 문화적, 상황적 설정일 수 있다. 아니면 선교신학자가 함께했던 곳과 같은 문화와 지리적 위치일 수도 있다. 이 장에서 고려하는 방법은 특정 상황에서 적합한 선교신학을 구축하는 데 유용하게 의도적으로 설계되었다. 위에서 설명한 대로 1단계에서 성찰이 수행된 후에 선교신학자들은 새로운 이해를 가지고 자신의 상황을 마주하게 될 것이고, 새로운 눈으로 보게 될 것이다.

상황적으로 적합한 선교신학을 찾는 두 번째 단계는 과거와 현재를 모두 분석하는 것이다. 전 세계적으로 15억 명의 사람들이 어떤 형태로든 예수 그리스도에 대한 충성을 주장한다. 전 세계 기독교의 3분의 2 이상이 현재 아시아, 아프리카, 라틴아메리카 및 오세아니아에 있다. 기독교인은 이제 모든 국가, 모든 도시, 전 세계 모든 지역에 살고 있다. 그러나 손이 미치지 않는 종족 그룹은 없다.

미전도 종족 그룹은 여전히 수천 개가 남아 있지만, 미전도 종족조차도 최근 또는 먼 과거의 어느 시점에서 교회와 선교와 그들의 문화와의 상호 작용의 역사에 영향을 받았다. 이것은 선교신학자가 새로운 상황에 결코 접근하지 않는다는 것을 의미한다. 소위 백지 상태의 상황은 세상에 없다. 따라서 선교신학자들이 그들의 선교 상황에 접근할 때, 지역 상황 분석을 위해, 그들은 교회와 선교와 상황의 과거 상호 작용에 관한 역사적 질문과 상황이 교회와 관련이 있는 선교에 미친 영향에 대해 질문함으로써 시작한다.

그러므로 지역 상황 분석은 삼위일체적이어야 한다. 먼저 기도와 성령의 역사에 대한 인식으로 시작해야 한다. 사도행전에서 누가는 우리 선교신학의 역사적, 신학적 기초를 우리에게 제공한다. 우리는 그리스도의 선교가 "성령의 능력으로" 수행된다는 것을 안다(Moltmann 1977). 이것은 우리가 두 가지 질문을 하게 한다.

첫째, 이 상황 속에서 먼 과거와 최근에 성령께서 하신 일은 무엇인가?
둘째, 성령께서 이 상황 속에서 오늘과 내일 하실 일은 무엇인가?

선교는 우리 소유가 아니다. 그것은 교회나 선교 단체에 속하지 않는다. 교회들과 선교 단체는 성령에 의해 인도되고, 추진되고, 교정되고 또 힘을 받아 하나님의 선교에 참여한다.[3] 예수님의 방식에서 선교는 항상 성령의 열매 분위기 속에서 수행된다. 그리고 성령의 은사는 선교를 위해 주어졌다(엡 4:11-16).

오순절 이후로 선교는 교회의 선택 의지를 통한 성령의 활동이다. 선교의 모든 이론과 행동은 성령의 인도와 기도로 스며들어 있어야 한다. 강물처럼 성령의 권능과 인도는 예수 그리스도로부터 세상으로 흐른다.

적합한 선교신학 작업에 있어서 성령과 기도의 역할을 인식한 선교신학자는 특정 맥락에서 교회와 선교와 관련된 세 가지 역사적 측면을 검토한다.

---

3 155. See, e.g., Rosin, 1972; Scherer 1987, 106-25; Scherer 1993, 82-88; John McIntosh 2000 631-33; Verkuyl 1978, 197-204; and in "Christ's Way," in CWME Conference in San Antonio, Texas in 1989, in F. Wilson, edit 1990.

첫째, 그 상황 속에서 교회들과 선교 단체에 의한 선교 활동의 역사(누가 언제 무엇을 했는가?)
둘째, 상황 속에서 활동하는 교회들과 선교 단체가 보여 주는 선교 이론의 역사(그들의 동기, 이론적 구성, 목표 및 선택된 방법들에 대한 근거)
셋째, 교회들과 선교 단체가 그 상황 속에 살아가는 사람들과 역동적인 쌍방향 상호 작용에 대한 이야기와 관련된 교회들과 선교 단체들에 대한 상황의 영향

여러분과 내가 가는 곳마다 그 상황과 교회의 상호 작용에 대한 역사가 있다. 직간접적인 역사적 요인이 있다. 특정 상황에서의 선교 활동의 역사는 특히 선교학을 구성하는 선교 활동가들에 의해 너무 자주 무시되었다. 역사를 통틀어 사람들은 먼저 가서 선교 활동을 시작하려는 경향이 있다. 하지만, 나중에 가서야 그 상황 속에서 선교 활동의 역사에 대한 더 완전하고 친밀한 지식이 필요하다는 사실을 깨닫게 된다.

어느 누구도 선교 활동의 역사, 선교 이론, 특정 상황에서 기독교 교회와 사람들 사이의 선교적 상호 작용에 관한 숙제를 미리 하지 않고는 지역적 상황에서 선교신학을 발전시켜서는 안 된다. 예를 들어, 중국, 가나, 러시아, 브라질, 일본, 호주, 사우디 아라비아, 태국, 남아프리카 공화국, 한국, 케냐, 멕시코, 독일, 미국, 과테말라, 영국 등을 생각하면, 각지에서 교회들과 선교 단체들 그리고 교회들과 선교 단체들에 대한 지역 주민들의 견해는 역사적 요인에 의해 각 장소에서 독특하게 형성되었다.

또한, 역사적 선교 행위와 관련된 선교 이론이 있으며, 이 선교 이론의 역사는 선교신학자를 안내하는 데 도움이 될 것이다. 특정 신학적 전통들(로마 가톨릭, 정교회, 에큐메니컬, 복음주의, 오순절)은 특정 시기에 특정 장소에서 특정 선교 활동을 하게 만든 이론적 틀에 영향을 미쳤다.

5. 성육신적 패러다임: 새로운 행동 준비

상황적으로 적합한 선교신학을 개발하는 세 번째 단계는 과거 분석에서 미래를 향한 현재에 대한 고려로 우리를 움직인다. 네 가지 영역에 대한 우

리의 조사는 현재 시제였다. 두 번째 단계는 과거 시제였다. 이제 우리는 우리 자신이 처해 있는 상황에서 적합한 선교신학이 어떤 모습이어야 하는지 고려하는 것으로 이동한다. 이 시점에서 우리의 성찰을 멈추는 것은 선교 연구는 되겠지만, 그 연구가 적합한 선교 활동에 적극적으로 참여하도록 동기부여를 하지 않는다. 연구만으로는 충분하지 않다.

요하네스 베르카일은 다음과 같이 말한다.

> 선교학은 하나님 나라가 존재하도록 하기 위해 전 세계적으로 성부, 성자, 성령의 구원 활동을 연구하는 것이다. 이 관점에서 보면, 선교학은 이 세상을 향한 하나님의 구원 활동을 목표로 하시는, 하나님을 섬길 준비가 되어 있는 전 세계 교회에게 주어진 하나님의 지상 명령에 대한 연구다. 성령을 의지해 말과 행동으로 교회는 모든 (인류)에게 절대적 복음과 절대적 하나님의 율법을 전해야 한다. 모든 연령대에서 선교학의 임무는 교회가 선교를 수행하는 전제, 동기, 구조, 방법, 협력 패턴 및 리더십을 과학적으로 비평적으로 조사하는 것이다. 또한, 선교학은 여러 가지 악과 싸우는 다른 모든 유형의 인간 활동을 조사해여, 이미 왔고, 아직 오고 있는 하나님 나라의 기준과 목표에 맞는지 확인해야 한다.
> 선교학은 결코 선교 활동과 참여를 대체할 수 없다. 하나님은 하나님의 선교에 참여자와 자원봉사자를 부르신다. 부분적으로 선교학의 목표는 선교 활동을 위한 "서비스 스테이션"(service station)이 되는 것이다. 만약 선교 연구가 국내 선교이든 해외 선교이든 선교 참여로 이어지지 않는다면, 선교학은 겸손한 학문적 소명을 잃어버린 것이다(Verkuyl 1978, 5-6).

이것이 우리가 과거에서 미래로 이동하는 지점이다. 이것은 중요한 통합 단계다. 이제 지금까지 행해진 모든 생각을 정리하기 시작한다. 그것은 우리의 선교학적 성찰을 선교 활동을 위한 구체적 계획의 구성으로 변화시키고 집중시킨다. 내가 제2장에서 언급했고, 아래 도표 5에서 볼 수 있듯이, 나는 선교 활동의 여러 예시적 측면과 선교 이론의 다양한 신학적 범주의 상호 작용을 다이어그램 형식으로 표현했다.

선교 이론의 기본 범주	Missio Dei	Missio Hominum	Missiones Ecclesiarum	Missio Politica Oecumenica	Missio Christi	Missio Espiritu Sancti	Missio Futurum / Adventus
하나님의 선교 활동	하나님의 선교	인간 대리인을 선교 도구로 사용	하나님의 백성 공동체를 통한 선교 활동들	세상 문명들 가운데서 펼쳐지는 하나님의 선교 활동	예수 그리스도를 통한 메시아 선교	성령을 통한 선교	예상할 수 있는 미래와 놀라운 파열 가운데 일어나는 하나님 나라 선교
선교 상황							
선교 대리인							
선교 동기							
선교 수단							
선교 방법							
선교 목표							
선교 결과							
선교 소망 / 유토피아							
선교 기도							
선교 영적 권위							
선교 조직							
선교 파트너십							
잠재, 선포, 설득, 임격							

도표 5: 선교신학 적용 격자판

(수평 축을 따라 배치된) 선교 범주와 (수직 축을 따라 배치된) 선교 활동의 측면을 연결하면 선교신학에 대한 많은 새로운 질문이 생성된다. 격자 각 사각형은 지역 상황 속에서 적합한 선교신학에 대한 특정 질문을 구성한다. 이것은 설명에서 처방으로의 이동이다. 하나님과 인간의 상호 작용이 복잡하게 얽혀 있는 곳에서 하나님의 선교의 수직적 측면(하나님, 인간, 교회, 세계 문명, 그리스도, 성령, 미래/파입)은 수평적 범주의 인간 선교 행동(동기, 수단, 대리인, 목표 등)과 접속한다. 그리드의 각 사각형은 특정 강조점을 가진 특정 선교학적 질문을 구성한다.

이 과정의 세 번째 단계에서 선교신학자는 이론, 역사 및 성찰을 구체적 행동 계획으로 번역하기 시작한다. 수년 동안 나는 이 과정이 나의 선교사 생활에 매우 도움이 된다는 것을 알게 되었다. 본질적으로 단순화된 형태의 전략적 계획이다. 따라서 이 세 번째 단계에서 선교신학자는 "그래서 무엇을?"이라는 질문을 다루기 시작한다.

이 시점에서 우리는 우리의 상황 속에 있는 선교에서 무엇을 해야 하는가? 1단계와 2단계에서 배운 내용을 바탕으로 성령님이 우리가 일하도록 인도하시는 것을 어떻게 느낄 수 있을까?
대리인은 누구인가?
수단과 방법은 무엇인가?
달성하고자 하는 구체적인 목표는 무엇인가?

6. 프락시스 패러다임: 적절한 행동으로 복음 살아 내기

적합한 선교신학을 개발하는 네 번째 단계는 성찰을 구체적 행동으로 번역하는 것과 관련이 있다. 특히 데이비드 보쉬는 교회의 선교가 선교적 차원과 선교적 의도의 측면을 모두 포함한다고 주장했다(Bosch 1991, 494-96).

특정한 상황 속에서 예수 제자들의 임재 영향에는 차원이 있다. 때때로 그들의 존재 자체가 상황 현실에 중대한 영향을 미칠 수 있다. 복음과 교회의 임재 차원을 최소화해서는 안 된다. 그러나 차원적 측면으로는 충분하지 않다. 교회는 또한 하나님의 선교에 적극적으로 참여하도록 부름 받았다. 교회는 각 상황에서 구체적이고 특정한 선교 활동을 수행하기 위해 예수 그리스도에 의해 세상에 보내졌다. 이것은 선교적 의도 측면을 포함한다.

주어진 상황에서 교회와 선교부는 무엇을 하려고 하는가?

이전 세 단계에서 수행된 성찰의 결실로 어떤 의도적 행동 단계가 필요한가?

일단 그리스도인들이 선교 활동에 참여하기로 결심하면, 그들은 선교의 본질, 취해야 할 조치, 추구하는 변화 및 행동의 결실로 관찰할 수 있는 결과를 명확히 하는 데 도움이 되는 신중하고 민감하며 현명한 질문을 해야 한다. 이런 각 질문은 상황에 적합해야 한다.

선교신학 격자가 제공하는 통합을 기반으로 상황 선교신학자는 특정 시간과 장소에서 교회와 상황의 상호 관계에 대해 질문하기 시작한다. 이 새로운 "여기 그리고 지금"(here and now)에는 상황과 비교해 교회의 선교적 차원과 선교적 의도에 대한 구체적 쟁점들이 있다.

교회는 어떻게 이미 그 상황 속에서 선교에 참여하고 있는가?
교회가 선교를 수행하기 위해 필요한 자원은 무엇인가?
선교 이론과 상황의 본질 모두에 적합한 행동을 구성하는 것은 무엇인가?

제2장에서 나는 다음과 같이 선교를 정의했다.

> 하나님의 선교는 하나님의 사람들이 세상 민족 가운데 교회에서 교회가 없는 곳으로, 신앙이 있는 곳에서 신앙이 없는 곳으로 의도적으로 장벽을 넘어가, 말과 행동으로 하나님 나라가 예수 그리스도를 통해 임함을 선포하고, 사람들이 하나님과, 자신과, 서로 그리고 세상과 화해하도록 하는 교회를 통한 하나님의 선교에 참여하는 것이다. 그리고 세상의 변혁을 예수 그리스도의 왕국 도래의 신호로 바라보며, 성령의 역사로 사람들이 예수 그리스도 안에서 회개하고 믿음으로 교회에 모이도록 하는 것이다.

교회와 선교 단체가 선교 활동에 참여할 때, 선교 활동 자체가 선교신학에 미치는 영향을 이해하는 것이 중요하다. 사도행전 15장의 예루살렘 공의회가 사도행전 10장에서 성령께서 하신 일에 근거해 선교적 결정을 내린 것처럼 교회와 선교 단체는 선교 자체 행동을 통해 상황에서 적합한 선교신학이

무엇인지에 대한 새로운 통찰력을 얻는다. 선교행동 자체가 신학적이다.[4]

이 시점에서 상황 선교신학자는 특정한 선교 목표를 염두에 두고 특정한 사람들을 통해 그리고 특정한 사람들과 함께 특정한 상황 속에서의 성찰을 선교 활동으로 번역할 것이다. 성찰은 행동을 낳고, 행동은 다시 우리의 새로운 성찰을 변화시키고 새로운 정보를 제공한다.

그 다음에 새로운 선교적 행동으로 이어진다. 행동-성찰-행동의 이런 역동적인 신학적 상호 작용은 라틴아메리카 학자들이 세계 교회에 제공한 중요한 선물이었다. 프락시스라는 개념이 라틴아메리카만의 배타적 개념은 아니지만, 이는 지난 30여 년 동안 라틴아메리카 사람들이 상황 속에서 신학 작업을 수행하면서 프락시스 접근 방식을 요청하는 지배적인 목소리였다.[5]

선교적 행동은 위의 이론(위의 1-4단계에서 개발됨)과 일치해야 한다. 히버트의 중심 집합적 관점에서 교회는 그리스도를 향해 나아가는 동시에 교회의 상황 속에서 선교를 수행할 수 있다. 하나는 다른 하나 없이는 존재할 수 없다. 그리스도에게서 멀어지는 교회는 그리스도의 선교에 참여하지 않는다.

---

4 신학화 작업을 위한 프락시스 방법론이 어떻게 내러티브신학으로 연결되는지에 관해 나의 책을 참고하라. Van Engen 1996, 44-68.
5 다음 학자들의 저술은 문맥상 적절한 선교신학의 연구자가 '프락시스'의 의미와 중요성을 이해하는 데 도움이 될 수 있다. Robert McAfee Brown, *Theology in a New Key*, 1978, 50-51. José Míguez Bonino, *Christians and Marxists*, 1976, 91-102. José Míguez-Bonino. "Hermeneutics, Truth and Praxis," in Míguez-Bonino, *Doing Theology in a Revolutionary Situation*. Phil.: Fortress, 1975, 86-105. Clodovis Boff, *Theology and Praxis*, 1987, xxi-xxx. Leonardo Boff, *Liberating Grace*, 1979, 3. Leonardo and Clodovis Boff, *Introducing Liberation Theology*, 1987, 8-9. Robert McAfee Brown, *Unexpected News*, 1984. Ernesto Cardenal, *Flights of Victory*, 1985, 11-12, 23-25. Rebecca Cho, *The Praxis of Suffering*, 1986, 36-37, 115-17, 120-21. Orlando Costas, *Theology at the Crossroads*, 1976, 8-9. Severino Croatto, *Liberación y Libertad: Pautas Hermeneúticas*, Buenos Aires: Ediciones Mundo Nuevo, 1973. Gustavo Gutierrez, "Liberation Praxis and Christian Faith," in: Gibellini, Frontiers, 1975, 1-33. Deane Ferm, *Third World Theologies: An Introduction*, 1986, 15. Gustavo Gutierrez. *We Drink From Our Own Wells*. 1984a, 19-32. Gustavo Gutierrez. *The Power of the Poor in History*, 1984b, vii-viii, 50-60. Gustavo Gutierrez, Theology of Liberation, 1988, 6-19. Roger Haight, *An Alternative Vision*, 1985, 44-48. Rene Padilla, *Mission Between the Times*, 1983, 83. Robert Schreiter, *Constructing Local Theologies*, 17, 91-93. Waldron Scott, *Bring Forth Justice*, 1980, xv. Spykman, Cook, et al., Let My People Live, 1988, xiv, 226-231. Raul Vidales, "Methodological Issues in Liberation Theology," in: Gibellini, *Frontiers*, 1975, 34-57.

상황에 맞는 선교신학에 대한 실용적 접근은 폴 히버트가 "중심 집합" 접근이라고 부르는 것에 기반을 둔 신학적 방법을 구축할 때 가능하다. 이런 형태의 신학화 작업에서 선교신학자의 주요 관심사는 성찰과 행동(실천)이 우리가 참여하는 선교에서 중심 되시는 예수 그리스도를 향해 나아가는 것이다. 선교적 쟁점들에 대한 인류학적 성찰에서 히버트는 "중심 집합의 특성"을 개발한다. 이 시점에서 히버트의 말을 듣는 것은 우리에게 유익하다. 히버트는 이렇게 설명한다(Hiebert 1994, 123-31).

첫째, 중심 또는 기준점과 그 중심에 대한 사물의 관계를 정의하는 중심 집합이 만들어진다. 중심과 관련된 것은 집합에 속하고 중심과 관련이 없는 것은 집합에 속하지 않는다.

둘째, 중심 집합은 경계를 그려서 만들어지지는 않지만 집합 내부의 사물과 외부의 사물을 구분하는 예리한 경계를 가지고 있다. 중심으로 이동하는 사물과 그렇지 않은 사물 사이에 경계가 있다. 중심 집합은 경계 집합과 마찬가지로 잘 구성된다. 그들은 중심과 사물과의 관계를 정의함으로써 형성된다. 그러면 경계가 자동으로 나타난다. 중심과 관련된 것은 그렇지 않은 것과 자연스럽게 분리된다.

셋째, 중심 집합에 내재된 두 가지 변수가 있다. 첫 번째는 구성원이다. 집합의 모든 구성원은 완전한 구성원이며 기능을 완전히 공유한다. 2등 회원은 없다. 두 번째 변수는 중심으로부터의 거리감이다. 어떤 사물은 중심에서 멀리 떨어져 있고, 다른 사물은 그 근처 가까이에 있지만 모두가 중심을 향해 움직인다.

넷째, 중심 집합은 구조에 내재된 두 가지 유형 변화를 가지고 있다. 첫 번째는 집합에 들어가거나 나가는 것이다. 두 번째 유형 변화는 중심에서 멀어지거나 중심으로 가까이 이동하는 이동 방향과 관련이 있다. 멀리 떨어져 있는 구성원은 중앙으로 이동할 수 있고, 근처에 있는 구성원은 계속 중심을 향하고 있으면서도 뒤로 미끄러질 수 있다.

히버트는 계속해서 히브리 문화가 관계 중심 집합, 특히 이스라엘 백성과 아브라함, 이삭, 야곱의 하나님과의 언약적 관계를 기반으로 한 중심 집합으로 구성되었음을 보여 준다.

그런 다음 히버트는 질문한다.

우리가 기독교 개념을 중심 집합 용어로 정의하면 어떻게 할 수 있을까?

첫째, 기독교인은 예수 그리스도를 삶의 중심 또는 주님으로 삼는 사람들로 성경의 예수 그리스도를 따르는 사람으로 정의한다.
둘째, 기독교인과 비기독교인 사이, 예수님을 따르는 사람들과 그렇지 않은 사람들 사이에 분명한 경계가 있다. 그러나 강조점은 집합의 순수성을 보존하기 위해 다른 사람들을 집합에서 배제하는 것보다 사람들에게 그리스도를 따르도록 권고하는 것이다.
셋째, 기독교인들 사이에도 중심과의 거리감에 변동이 있을 수 있다는 것을 인식한다.
넷째, 두 가지 중요한 변화가 중심적 사고에서 인식된다. 첫 번째로 집합에 들어가거나 나가는 회심이 있다. 두 번째 변화는 중심을 향한 움직임 또는 관계의 성장이다. 그리스도인은 회심하는 순간 완성되는 것이 아니다. 따라서 회심은 명확한 사건에 이어 진행되는 변화의 과정이다. 성화는 별개의 활동이 아니라, 칭의 과정이 평생 동안 계속되는 것이다.

그런 다음 히버트는 앞서 언급한 네 가지 특성에 따라 교회를 중심 집합으로 그리고 선교를 중심 집합으로 간주한다.

위에서 설명한 "중심 집합" 신학 방법론에 대한 폴 히버트의 아이디어는 상황적으로 적합한 선교신학을 개발하는 데 특히 중요한 지침이 된다. 그것은 우리가 예수 그리스도 안에 있는 진리에 굳건히 닻을 내리면서 동시에 서로 다른 세계관에 개방된 마음으로, 성경을 읽을 때 서로 다른 문화적 관점을 통해 보고, 서로 다른 상황에서 창의적으로 상호 작용할 수 있는 수단을 제공한다. 같은 세상 속 모든 교회는 하나의 중심이신 예수 그리스도의 제자들로 구성되어 있다.

7. 대화적 패러다임: 복음에 대한 우리 이해의 재구성

상황적으로 적합한 선교신학을 찾는 다섯 번째 단계에서 선교신학자는 이 과정의 첫 번째 단계에서 검토한 네 가지 영역에 대해 네 단계의 선교 활동이 어떻게 수행되는지 분석한다.

지난 40년 동안 라틴아메리카인들은 특히 후안 루이스 세군도(Juan-Luis Segundo, 1976)와 같은 사람들에 의해 표현되고 해석된 "해석학적 순환"(hermeneutical circle)과 관련된 상황신학에서 특정 방법의 최전선에 있었다.[6]

라틴아메리카 해방신학의 해석학적 순환은 의도적 과정을 주도함으로 상황 해석학(contextual hermeneutic)이 가난한 사람들을 위한 우선 선택에 대한 헌신으로 나아가고, 그 결과 오늘날의 상황(중요한 해석학)에 대한 성경의 의미를 다시 읽는 데 눈을 떴다. 이것은 사역 상황을 다시 읽을 수 있는 새로운 렌즈를 제공했다.

세군도는 사람들의 현실이라는 상황에서 시작해 네 가지 결정적 단계를 발전시켰다.

1단계: 사람들의 타당성 구조(피터 버거의 용어 사용)는 특정 의제나 질문으로 이어진다.
2단계: 사람들의 의제, 질문 또는 실존적 관심은 성경 본문에 대한 접근 방식을 제공한다.
3단계: 사람들의 의제의 관점에서 텍스트를 이해하면 상황에 대한 특정한 응용 프로그램이 제공된다.
4단계: 그 적용은 상황에서 구현될 수 있는 새로운 의제나 질문으로 이어지며, 이는 전체 주기를 다시 시작한다. 이 과정은 현재의 상황이 텍스트의 의미를 알리고 전체 순환 흐름을 유지하는 순환 운동으로 이어지게 한다.

---

6 다음을 참고하라. Clodovis Boff (1987, 63-66; 132-53); Leonardo Boff and Clodovis Boff (1987, 32-35); Guillermo Cook (1985, 104-126); Samuel Escobar (1987, 172-79); Dean Ferm (1986, 25-26); Gustavo Gutierrez (1988, 13); Roger Haight (1985, 46-59); Jose Miguez Bonino (1975, 90-104); C Rene Padilla (1985, 83-91); Robert Schreiter (1985, 75-94); Juan Luis Segundo (1976, 7-38); Gordon Spykman et al (1988, 228-30); Jon Sobrino (1984, 1-38); and Raul Vidales (1979, 48-51).

세군도의 방법론에서 특정 아이디어(세군도는 이를 "이데올로기"라고 부름)는 "의심의 해석학"(hermeneutics of suspicion)을 가진 눈으로 해석자가 분석한 특정 상황에서 나온다.[7] 이 개념은 선교신학자의 관점 반추, 그 상황 속에 있는 사람들의 관점에 대해 질문을 하게 만드는 상황에 대한 해석학이 된다. 이런 재검토를 통해 얻은 상황에 대한 새로운 통찰력을 바탕으로 선교신학자들은 성경을 다시 읽어야 한다.

선교신학자들이 성경을 다시 읽을 때, 그들은 이전에 보지 못했던 것들을 보게 된다. 그것은 그들이 성경을 읽으면서 새로운 상황에서 파생된 새로운 이해를 반영하는 새로운 질문을 하기 때문이다. 선교신학자들이 성경에서 얻은 새로운 통찰력을 바탕으로, 그들은 새로운 성경 읽기에서 파생된 새로운 통찰력과 함께 새로운 상황에 직면한다. 아래는 이 해석학적 순환 과정을 보여 주는 다이어그램이다.

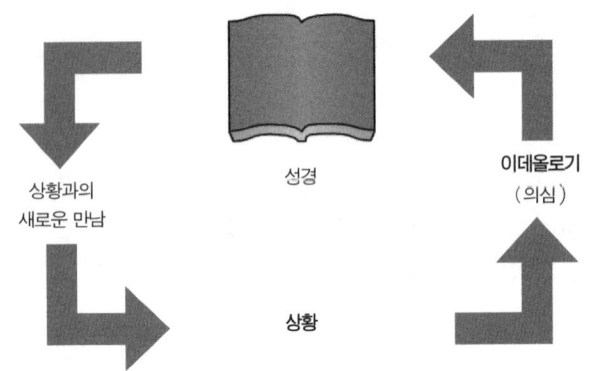

"상황"에서 시작해 시계 반대 방향으로 읽기

도표 6: 세군도의 해석학적 순환

---

7 세군도의 생각에는 해석학적 순환에 영향을 미치는 네 가지 결정적 순간이나 요소가 있다. 우리를 이데올로기적 의심으로 이끄는 현실을 경험하는 우리 방식이 있다. 만하임(Mannheim)의 세 가지 요소는 세군도의 첫 단계가 이와 관련되어 있다. (a) 구체적인 신학 평가 경험, (b) 자신의 신학에 관한 신학자 측의 의지 행위, (c) 이 의지 행위에서 유래한 새로운 문제를 다루는 방향.
우리의 이념적 의심이 전반적 이념 구조와 특히 신학에 적용된다. 신학적 현실을 경험하는 새로운 방법이 있는데, 그것은 성경에 대한 일반적 해석을 중요한 신학 자료로 고려하지 않았다는 의혹을 갖게 한다. 우리가 가진 새로운 해석학은, 즉 우리 상황에서 새로운 요소들을 가지고 우리 믿음(믿음의 근원이 되는 성경)을 해석하는 새로운 방법이다. (Segundo 1976, 7-38).

이 순환 구조에 따라, 일부 신학자들은 현실에 대한 특정한 인식을 의미하는 "상황 주해"(exegeting the context)라는 용어를 사용했다. 이 과정은 상황적으로 적합한 선교신학을 개발하는 데 매우 중요하다. 해석학적 순환은 현재의 상황과 선교신학자의 선교학 이론 및 관점 사이에 역동적 상호 작용을 추구한다.[8] 해석학적 순환은 4단계의 선교적 활동을 반영하는 방법론을 제공한다.

해석학적 순환에 성찰, 재검토, 재고 및 재개념화 단계가 필요하다. 취해진 행동과 통합하는 개념에서 발견된 초기 개념화 사이의 일관성을 다루면서 성찰이 이루어져야 한다. 통합하는 개념에 대한 이해와 취해진 행동 사이에 이상, 불일치 및 모순이 있을 경우 더 주의 깊게 살펴봐야 한다. 이상이 있는 곳이 재개념화가 다시 시작되는 곳이다. 이것은 시간을 통해 형성된 행동/성찰 과정을 만든다. 다섯 단계를 거치고 난 후, 그 과정을 다시 시작한다.

해석학적 순환 과정은 우리로 하여금 하나님에 대한 우리의 지식과 하나님의 선교에 대한 이해를 심화시키는 나선형 과정으로 다시 돌아가게 한다(도표 7 참고). 내가 이 장의 시작 부분에서 언급했듯이 여기에서 설명한 과정은 단 한 번의 해석학적 순환만으로 완성되지 않는다. 이 과정은 선교신학자가 "그리스도의 사랑이 얼마나 넓고 길고 높고 깊은지"를 이해하기 위해 수년에 걸쳐 수없이 반복해야 한다(엡 3:18).

---

8   후안 루이스 세군도가 개발한 해석학적 순환에 대한 이 설명은 댄 쇼우와 찰스 밴 엥겐의 책 제4장에 있는 내용을 각색한 것이다. Dan Shaw and Charles Van Engen 2003.

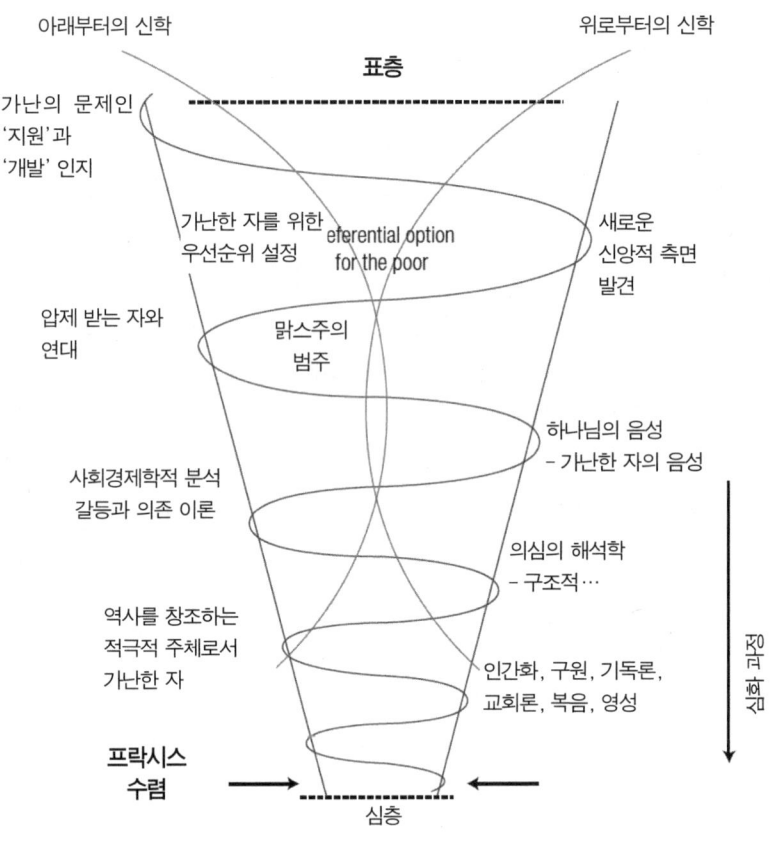

도표 7: 해석학적 나선

이 과정 전체를 살펴보면 독자는 통합적 개념을 이론에서 행동으로 변환하는 단계를 통해 흐르는 통합적 개념을 시각화할 수 있다. 이 과정에서 평가되고, 검토되고, 강화되고, 활성화되고, 제정되고, 최종적으로 네 개의 원래 영역과 재통합되어 선교의 개선으로 이어지는 재개념화가 이루어진다. 따라서 시간이 지남에 따라 이 과정은 선교 이론과 실제를 지속적으로 조정하는 반복적 순환 과정이 된다.

8. 결론

이 장에서 나는 선교신학자들이 자신의 시간과 상황에 맞는 상황에 적합한 선교신학을 발전시킬 수 있는 방법을 설명했다. 우리의 선교는 말과 행동으로 이웃에게, "예수님께서 당신을 사랑하십니다. 성경이 그렇게 말하고 있습니다"라고 말하는 것만큼 간단하다. 그러나 하나님의 선교는 우리가 이제 막 이해하기 시작한 수많은 문제로 가득한 매우 복잡한 작업이기도 하다. 우리는 "지금은 거울로 보는 것 같이 희미한"(고린도전서 13:12) 상황이기 때문에 "하나님에 대한 지혜와 지식의 풍성함"(롬 11:33)을 단지 단편적 방법으로만 인식한다.

선교신학화 작업을 할 때 우리는 내용과 방법이 밀접하게 얽혀 있음을 알아야 한다. 우리의 선교적 성찰의 내용은 우리가 그 내용에 대해 생각하는 데 사용하는 방법론에 영향을 미친다. 그리고 그러한 성찰에서 우리가 사용하는 방법론은 우리가 선교신학의 내용을 이해하고, 인식하고, 검토하고, 통합하는 방식에 영향을 미친다. 이것은 선교신학이 항상 우리를 변화시키고 있으며 우리의 선교학적 성찰이 항상 우리의 선교신학을 변화시키는 과정에 있다는 것을 의미한다.

제9장

선교신학에서의 전문화 및 통합화

선교신학은 전문화 및 통합화 특성을 가진다. 양자 간에는 변증법적 긴장이 있다. 성령의 능력 안에서 선교학적 긴장은 집요하다. 그러나 전문화와 통합화를 향한 선교신학화 과정은 계속된다.[1]

1. 논지

이 장에서는 선교신학적 관점에서 신학 교육의 축소판인 선교학 형성 과정의 역할과 위치를 검토하고 선교학 형성에 기여한 네 개 영역 접근 방식에서 전문화와 통합화 사이의 섬세한 균형이 필요함을 제안한다.

2. 서론

선교학 교육이 중요하다. 선교학 교육의 목적, 모양, 스타일 및 전달 시

---

1 본 장 내용은 원래 풀러신학교의 세계선교대학원/교회성장연구소에서 진행되었던 선교 교육에 대한 반성으로 작성되고 출판되었다. 저자는 출판사의 허락을 받아 내용을 수정 보완 했다. Charles Van Engen, "Specialization/Integration in Mission Education" in Dudley Woodberry, Charles Van Engen and Edgar J. Elliston, eds., Missiological Education for the 21st Century: the Book, the Circle and the Sandals, Maryknoll: Orbis, 1996, 208-31. 저자는 우리가 신학 교육에서 선교학(특히 선교신학)의 위치와 역할과 씨름할 때, 이 문제가 전 세계 모든 곳에서 동일한 작업을 하는 우리 모두에게 영향을 미치기 때문에, 이 문제를 더 일반적으로 다루기 위해 자료 범위를 넓혔다. 풀러세계선교대학원 모델은 이 주제에 적합한 통찰을 제공한다(역주).

스템은 진공 상태에서 결정되지 않는다. 선교학이 교회의 충실한 종이 되려면 21세기 선교학 교육은 개혁하는 선교의 본질 그 자체에서 비롯되어야 한다. 선교에 대한 우리의 정의는 선교학의 본질과 목적에 대한 우리의 관점에 영향을 미쳐 선교학 교육의 기초를 형성한다. 그리고 선교학의 다학제적(multidisciplinary) 특성으로 인해 토론의 핵심은 선교 사역에 대한 전문화와 선교 이해를 위한 통합화 사이의 긴장에서 발견된다.

이런 긴장은 교회성장을 촉진하는 기관이나 훈련 프로그램을 개발하는 것과 새로운 선교 이론을 개발하고 교회의 세계 선교에 관한 새로운 통찰력을 장려하는 학교를 세우는 것 사이에서 전문화와 통합화 사이의 균형을 찾기가 어렵다는 것을 의미한다. 나는 다음 다섯 가지 관점에서 선교학 교육의 전문화와 통합화 사이의 긴장에 대해 논의할 것이다.

첫째, 신학 교육에서 선교학의 위치
둘째, 선교학의 정의
셋째, 풀러신학교의 교회성장연구소와 세계선교대학원(ICG/SWM) 사례
넷째, 선교학에 대한 네 개의 무대 접근법
넷째, 선교신학과 선교학에 대한 우리의 이해에서 전문화와 통합화 사이의 변증법적 종합을 하기 위한 피라미드 모델
다섯째, 전문화/통합화 변증법을 연결하는 선교학 교육의 최소 구성 요소

3. 전문화/통합화 및 선교 교육의 위치

선교학 교육 문제는 해결되지 않았다. 선교학 교육의 형태는 교회와 세상에서 사역과 선교를 위한 더 큰 교육 과정에서 주어진 위치에 달려 있다. 더 큰 신학 커리큘럼에서 선교학(따라서 선교학 교육)의 위치는 지난 100년 동안 수많은 토론의 주제였다.

요하네스 베르카일이 지적했듯이 이것은 아직 해결되지 않은 문제다. 베르카일은 프리드리히 슐라이어마허, 아브라함 카이퍼, 헤르만 바빙크, 카를 그라울, 구스타프 바르넥, 발터 프라이탁, J. C. 호켄다이크, 찰스 포만, 크레이톤 레이시, 윌리엄 리치 호그를 언급하면서 이에 대한 탁월한 개요

를 제공했다.²

올라브 마이클버스트와 제임스 셔러는 선교학이 나머지 전통신학 교육에 대한 학문적 관계에 대한 질문에 집중해 선교학이 신학 교육과는 독립적으로 유지되어야 하는지 아니면 어떻게 해서든 신학 교육의 일부로 통합되어야 하는지 질문했다.³ 제임스 셔러는 1987년에 이 문제를 이렇게 요약했다.

> 마이클버스트가 연구에서 보여 주었다. 초기 대륙 선교학은 주로 "독립적 모델"을 기반으로 설정되었으며, 신학 교육의 훌륭하고 인정된 분야와 함께 당시 입증되지 않은 학제의 자율성과 가치에 대한 지위를 인정해 주기 위해 고안되었다(Myklebust 1955).⁴
> 대조적으로 최근의 대륙 선교학은 보다 통합적이고 학제적 접근을 취했다. 영국 선교학은 교회 역사 연구 분야로의 완전한 통합을 선호하는 것으로 나타났는데, 그것은 교회론을 적절하게 이해하는 것이 선교학적 성찰을 생성할 것이라는 가정을 했다(Myklebust 1959).
> 여기서 선교학은 결코 대학 수준에서 실제로 확립되지 않았으며 셀리오크(Selly Oak) 같은 훈련학교에서만 진지하게 받아들여졌다. 영국의 선교학적 성찰은 주로 막스 워렌, 존 타일러와 같은 유능한 관리자가 선교 행정실에서 수행했다. 우리 관점에서 선교학은 하나님의 구원 행위에 대한 지식을 가지고 전 세계에 침투하는 주요 임무를 완수하는 데 방해가 되지 않도록 교회 구조에 의한 너무 팽팽한 구속으로부터 자유를 필요로 한다(J. Scherer 1987a, 520).

---

2 J. Verkuyl 1978, 6ff. 이 장에서 다루는 논의의 배경이 되는 관점은 내가 신학 교육에서 선교학의 위치와 역할에 대한 요하네스 베르카일의 생각을 배워 도출한 것이다. 오래된 책이지만, 베르카일의 대작 중 이 부분은 선교학 분야에서 최고의 보물 창고이다. 이 장에서 다룰 여지는 없지만, 전문화/통합화 문제를 보는 또 다른 방법은 선교학 교육, 성찰, 행정 및 프락시스에 참여한 사람들을 연구하는 것이다. 베르카일의 "19세기와 20세기 동안의 선교학"에 대한 부분은 이 분야에서 비교할 수 없이 탁월한 연구이다. See *Contemporary Missiology* 1978, 26-88.
3 선교학 교육의 독립성 대 정규 신학 커리큘럼으로의 통합의 문제는 통합화(따라서 병합) 질문에 대한 전문화(따라서 독립성)에 따른 학문적 변이라는 점에 유의하라.
4 우리는 서유럽에서 그리고 세기가 바뀔 때 북미에서(서유럽보다는 약간 덜하게) 선교 활동을 하는 지배적 모델은 교회 조직이 아닌 교회와 느슨하게 연관된 선교 기관들을 통한 것이었음을 기억해야 한다. 그래서 선교학 연구가 전통적 신학 교육의 정규 커리큘럼과는 별개로 수행해야 할 것이라고 가정하는 것은 당연할 것이었다.

1) 대학교 모델

대학교의 선교 교육은 지난 수십 년 동안 선교학 교육이 대학 교육에서 자기 자리를 찾기 위해 투쟁하는 네 가지 일반적 모델을 따랐다. 우선, 많은 선교학 교육이 대학교 학부 과정(네덜란드, 독일, 스칸디나비아)에서 "선교 과학" 또는 "선교 연구"로 자리 잡았다. 그것이 어떤 명칭으로 불리든지, 대학교 환경에서 선교 교육은 선교 활동을 위한 과업 중심의 전문화보다는 통합화 관점을 강조했다. 전문화는 주로 개인이 박사 과정을 위해 선택한 특정 전공 방향을 통해 이차적 이슈로만 생각했다. 그러나 이 전문화는 더 일반적으로 선교학적 성찰의 통합적 관점에 포함되어 있었다.

2) 신학대학원 모델

두 번째 모델은 미국과 캐나다에서 교회 사역을 위해 전문 성직자를 훈련시키는 신학대학원에 선교학 전공을 두었다. 이 패턴은 아프리카, 아시아 및 라틴아메리카의 여러 곳에서도 따르고 있다. 그러나 여기에서도 선교학이 어느 부서나 분과에 속하는지 그리고 표준 신학 교육의 더 큰 커리큘럼에 어떻게 어울릴 수 있는지 알아 내기 위해 고군분투하고 있다.[5]

---

5 See, e.g. O. G. Myklebust 1959; Josef Glazik 1968; Ralph Winter 1969, 1979; Charles Forman 1974; R. Pierce Beaver 1976; David Hesselgrave, ed., 1978, 1979; Ross Kinsler 1983, 1985; William Richey Hogg 1987; Addison Soltau 1988; Harvie Conn 1983; David Bosch 1982. 이 노선을 따른 가장 유용한 에세이 모음 중 하나는 1980년 3월 17-20일 하이리콘 퍼런스센터(High Leigh Conference Centre)에서 WEF(World Evangelical Fellowship)가 후원한 "신학 교육에서의 선교"(Missions in Theological Education)에 대한 미니 컨설팅의 결과였다. 여러 연구 잡지에서 모은 이 에세이는 하비 칸과 사무엘 루웬이 편집해 책으로 묶었다. Harvie Conn and Samuel Rowen, eds., 1984.
1987년 제임스 셔러는 선교학 교수 연례 회의에서 발표한 "학문으로써의 선교학과 선교학이 포함하는 것"을 선교학 잡지 *Missiology* XIII:4 (10월, 1987년) 445-60에 기고했는데, 이것은 선교학의 훌륭한 요개를 제공했다. 그 발표에서 그는 사람들에게 선교학의 본질과 범위를 정의하기 위한 이전의 노력을 상기시켰다. 다음 자료들을 참고하라. Myklebust (1955, 1957, 1961), Wilbert Shenk (1987) Alan R. Tippett (1973, 1974), 이 주제에 대한 셔러 자신의 초기 발표(1971, 1985)와 함께. 이에 대한 가장 최근의 논의 가운데 하나는 데이비드 보쉬의 책에서 확인할 수 있다. David Bosch: 1991, 489-498. 다음 자료도 참고하라. "Inleiding: Wat Verstaan Wij Onder Missiologie" in: F. J. Verstraelen 1988, 17-23.

20년 전 북미에서는 신학교협의회(ATS: Association of Theological Schools)가 촉발한 '세계화'에 대한 관심을 중심으로 전통적 신학 교육과 선교학의 새로운 유형의 관계가 발전했다[6] (예: Norman Thomas 1989, 103-7).[7]

그럼에도 불구하고 선교학 교육은 일반 신학 교육이라는 더 큰 의제 아래에 위치했다. 그리고 선교학 프로그램을 졸업한 많은 사람이 전임 타 문화 선교 사역에 참여하지만, 그들의 준비는 대체로 타 문화 선교 활동을 위한 전문화를 향한 것이 아니라 전통적 신학 교육의 의제와 형식을 지향했다. 따라서 이런 프로그램은 일반적으로 통합적 관점에서 선교학에 대한 최소한의 친숙함을 제공했다. 특정 선교 사역 중심의 전문화 과정 측면에서 선교를 위한 형성이 거의 없었다.

3) 성경학교 모델

성경학교 교육 모델이 있다. 유럽과 북미에서 발견된 세 번째 모델은 풀뿌리를 제공하는, 즉 기독교 사역과 선교를 위해 실제적 성경 훈련을 제공하는 성경학교 운동과 관련이 있다. 지난 100년 동안 성경대학, 성경연구소 및 성경학교가 특히 사역과 선교의 과업을 위해 사람들을 준비시키는 것을 목표로 전 세계에 생겼다. 켄 멀홀랜드는 이 현상, 즉 사역 형성, 선교 교육, 선교 실천의 면모를 근본적으로 변화시킨 발전에 대해 말했다.[8]

성경학교 운동은 사역과 선교 실천을 강하게 지향했다. 따라서 선교학 교육에 대한 성경학교 운동의 접근 방식을 통해 선교의 다양한 사역을 위한 많은 전문화가 발생했다는 사실은 놀라운 일이 아니다. 비록 성경 연구가 기초 과목으로 간주되었고 선교 교육에 어느 정도 통합화를 제공했지만, 최종 목

---

6 노먼 토마스(Norman Thomas)는 1989년 6월 시카고에서 열린 선교학교수협의회(APM: Association of Professor of Mission)에서 "선교 교육과 세계화"에 대해 훌륭한 발표를 했다. 이 내용은 이후 *Missiology* 18:1(1990년 1월) 13-23에 출판되었다. Alan Neely 1993도 참고하라. *Missiology* XVIII:1 (Jan, 1990) 13-23. See also Alan Neely 1993.

7 어떤 선교학자들은 '선교'를 정의하려고 노력하고, 그 이후에 선교학적으로 선교를 규정한다. 다른 학자들은 '선교학'을 먼저 정의한 후에 '선교'를 규정한다. 나는 여기서 두 가지 선택 중 어느 쪽을 선택해야 하는지에 대한 선교적 함의를 평가할 공간이 없다. 오히려, 나는 문제의 선교학자들에게 일관성을 원하며, 최종 분석에서 두 주제가 너무 밀접하게 연결되어 있기 때문에 여기서 다루는 우리의 목적에 큰 영향을 미칠 수 없다고 가정한다.

8 Woodberry 1996, 43-56.

적은 프락시스적 선교 활동가를 교육하는 것이었다. 선교학적 반추가 중요하지만 무엇보다 올바른 선교 활동이 필수적이었다.

이 세 가지 모델은 모두 오늘날 아프리카, 아시아, 라틴아메리카 및 기타 지역에서 찾아볼 수 있다. 이 세 가지 모델은 1995년 개최된 선교 회의에서 발제한 강사들에 의해 드러났다. 이 내용은 우드베리 교수를 기념하는 책으로 편집되어 나왔다. 선교에 대한 그들의 이해, 선교학에 대한 그들의 관점, 선교학 교육의 다양한 방식에 대한 찬반 양론의 관점에서 그들이 보여 준 결과적 차이를 설명하는 것은 나의 주제 범위를 벗어난다.

4) 선교대학원 모델

지난 반세기 동안 우리는 선교대학원이나 선교연구센터가 설립되는 과정을 보아 왔다. 이들은 위에서 본 세 가지 모델에 의존하고 상호 작용했지만, 그들 모두와 전혀 다른 새로운 모델을 만들었다.

이 네 번째 모델은 전문화나 통합화 중 하나를 선택하는 대신 양방향을 지향하는 변증법적 모델이다. 정규 신학 교육 채널과는 구조적으로 반독립적이다. 이 선교대학원은 연구, 성찰, 역사 기록 또는 선교 데이터 수집을 추구함과 동시에 선교를 더 효과적으로 수행할 수 있는 전문 선교사 훈련을 발전시키고자 한다. 이런 선교대학원은 학생들의 선교학적 통찰력을 증진하고 선교사를 훈련시키기 위해 각자의 전문 지식을 제공하는 고도로 전문화된 학자 그룹을 교수로 모은다.

그러나 선교대학원 패러다임에는 전문화와 통합화 사이에 내재된 변증법적 긴장이 포함되어 있다. 세계 선교에 대한 구체적 의제가 있는 행동주의 학교, 내가 27년 동안 가르쳤던 풀러세계선교대학원은 이 네 번째 유형에 속한다. 이 학교는 선교학에서 통합화를 지향하는 전문화가 특징이다.

그러나 선교대학원 모델을 검토하기 전에 선교와 선교학을 정의하는 방식을 검토할 필요가 있다. 선교(따라서 선교학)를 정의하는 방식이 전문화/통합화 연속체의 측면에서 채택하는 강조점에 영향을 미치고, 이는 차례로 선교학 교육을 수행하는 방식에 영향을 미치기 때문이다. 이 연속체는 선교 및/또는 선교학에 대한 세 가지 표본 정의를 검토함으로써 더 잘 이해할 수 있다.

4. 전문화/통합화와 선교 또는 선교학의 정의

전문화 대 통합화의 문제와 선교를 정의하는 방식 사이에는 밀접한 관계가 있다. 여기서 나는 우선 선교에 영향을 미치는 전문화와 통합화 사이의 연속체를 어떻게 보는지 설명할 것이다. 그런 다음 연속체와의 관계가 현저하게 다른 선교(또는 선교학)의 정의에 대한 세 가지 예를 제시할 것이다. 그것은 연속체의 내재적 긴장이 선교 교육과 더 나아가 선교신학에 어떤 영향을 미치는지 살펴볼 다음 부분을 준비할 것이다.

내가 보기에 선교학은 다음과 같은 연속체의 근본적으로 다른 두 끝 사이에서 살아남기 위해 노력한다.

전문화	통합화
활동	성찰
활동과 목표에 의해 정의된 선교	개념에 의해 정의된 선교
결과들	새로운 통찰
과업 중심	이해 중심
현재/미래 중심	과거/현재 중심
전략/방법	선교 연구
…연구소	…학교

한쪽 끝에는 학자들이 있다. 그들은 선교 개념 뒤에 있는 가정에 대해 질문하는 데 관심이 있다. 그들은 선교와 선교학에 대한 새로운 통찰력을 발견하기 위해 최선을 다한다. 그들은 선교에 대한 깊은 성찰에 전념하고 선교 사역에 참여하고 반추해 온 사람들의 말을 경청한다. 연속체의 이쪽 끝에서 연구는 주로 최근 또는 먼 과거 선교 활동을 포함한다. 누가 무엇을 했고, 그들은 무엇을 했는지, 왜 했는지 그리고 그들이 그들의 선교를 형성한 비전을 어떻게 표현했는가에 대해 연구한다.

이 끝에서 추구하는 것은 이해와 더 깊은 지혜를 위한 것이다. 선교가 어떤 선교가 되어야 하는지에 대한 다양한 개념, 관점 및 가정에 대해 일관되고, 논리적이며, 적절하고, 명확한 관계를 설정함으로 정의한다.

연속체의 다른 끝에서 활동가 선교학자가 있다. 명확성을 기하기 위해 연속체의 다른 쪽 끝에 대해 설명할 것이다. 활동가들은 선교 활동에 대해 지대한 관심을 가진다. 그들은 선교와 선교학을 위한 새로운 방법과 전략을 발견하기 위해 최선을 다한다. 그들은 더 효과적인 복음화에 전념한다. 선교를 위해 교회를 동원하기 원한다. 연속체의 이 끝에서 연구는 주로 선교 방법이 원하는 선교 목표를 가져왔는지에 대한, 선교 활동의 결과 조사를 한다. 이 선교학은 주로 미래 지향적이며, 새롭고 더 효과적인 행동을 지향하기 때문에, 주로 과거와 현재에 관심이 있다.

이 끝에서 추구하는 것은 효과적인 선교 활동을 유발시킬 변혁을 활성화하는 것이다. 선교를 정의하는 방법은 선교의 개념이 아니라 선교 활동이 이룬 결과적 효과와 관련된다.

물론 이것은 연속체다. '통합화-성찰' 끝단에 있는 선교학자들은 그들이 선교 활동에 관심이 있음을 분명히 하고 싶을 것이다. 그리고 '행동을 위한 전문화' 끝단에 있는 사람들은 적절한 성찰에 기반한 올바른 행동에 관심이 있음을 말하고 싶을 것이다. 그러나 선교와 선교학에 대한 접근 방식은 연속체의 양 끝단 측면에서 현저하게 다르다.

선교학의 통합화와 전문화 사이의 긴장은 선교학 또는 선교학을 정의하는 방식과 밀접한 관련이 있다. 데이비드 보쉬와 제임스 셔러는 이런 정의의 어려움에 대해 언급했다. 1987년 제임스 셔러는 다음과 같이 말했다.

> 선교학에 대한 합의된 정의에 대한 탐구는 아직 파악하기 어렵다. 미국선교학회(ASM: American Society of Missiology)나 APM이 대표하는 선교학 교수들도 하나로 합의된 정의를 제시할 수 없었다. 그 이유는 부분적으로 학문을 가르치는 교수들 사이의 목적과 관점의 내부적 차이 그리고 부분적으로 선교학과 일반적으로 신학 교육의 목표 사이의 해결되지 않은 관계와 같은 외부 요인과, 지난 25년 동안 선교와 선교학에 대한 사고에 영향을 미쳤던 신학적 경향과 태도에 기인한다. 실제로 선교학에 있어서 가장 심각한 문제는 선교가 근본적으로 무엇인지에 대한 현재의 우유부단한 자세나 선교에 대한 의견의 차이다.[9]

---

9   이 소논문에서 셔러는 마이클버스트(O. G. Myklebust)의 말을 인용한다. "내가 볼 때, 근

데이비드 보쉬도 비슷한 내용으로 말했다.

> 많은 학자 사이에서 선교가 실제로 무엇인지에 대해 많은 불확실성이 있다. 선교에 대한 그림은 변화와 복잡성, 긴장과 긴박함 중 하나이며, 선교의 본질 자체에 대해 상당한 혼란이 존재한다. 우리의 임무는 당면한 토론에 참여하고, 하나님의 뜻과 일치하고, 우리가 처한 상황과 관련된 해답을 찾는 것이다(1980, 8-9).[10]

나는 여기서 서로 모순되지 않지만 관점에서 현저하게 다른 세 가지 정의를 강조한다. 나는 이 세 가지 정의의 차이에도 불구하고, 세 가지 정의가 모두 선교 교육의 본질에 영향을 미치고 있으며, 앞으로도 계속 영향을 미칠 것이기 때문에, 이 세 가지를 선택했다. 내가 선택한 표본들은 극단적이지 않다.

이 정의 중 하나를 연속체의 한 극단 또는 다른 극단에 배치하는 것은 정확하지 않다. 그러나 그것들을 나란히 놓음으로써 우리는 그들이 한쪽 끝단 또는 다른 끝단을 강조하는 경향에 대해 더 분명한 감각을 얻게 될 것이다.

전문화		통합화
(선교 활동)		(선교 연구)
맥가브란	티펫	베르카일[11]

본적인 질문은, '선교학이 무엇인가'가 아니라, '선교가 무엇인가'이다. 현재 선교학의 불확실성은 많은 선교학자가 성경 텍스트를 지향점으로 삼지 않고 콘텍스트를 지향점으로 삼는 오류를 범했기 때문이라고 설명할 수 있다. 한 가지 예를 들자면 종교다원주의에는 너무 많은 관심을 집중하고 성경에 기록된 예수님의 구원 사역과 하나님의 계시에는 너무 관심이 없다"(Myklebust 1987).

10 셔러를 인용했다. Scherer 1987, 519.

1) 요하네스 베르카일

연속체의 '선교 연구' 끝단에 서 있는 요하네스 베르카일의 정의는 여전히 선교적 참여를 지향하고 있다. 그러나 그는 '위로부터'의 관점이 더 반영되고 있다.[12]

선교학은 하나님 나라가 존재하도록 하기 위해 전 세계적으로 성부, 성자, 성령의 구원 활동에 대한 연구다. 모든 시대 선교학의 임무는 교회가 임무를 수행하는 구조, 방법, 협력 패턴 및 리더십으로 이루어진 전제를 과학적으로, 비평적으로 조사하는 것이다.

또한, 선교학은 이미 다가오고 있는 하나님 나라의 기준과 목표에 맞는지 확인하기 위해 다양한 악과 싸우는 인간 활동의 모든 유형을 조사해야 한다. 선교학은 결코 행동과 참여를 대신할 수 없다. 선교학 연구가 국내외에서 참여로 이어지지 않는다면 선교학은 자신의 겸손한 소명을 잃은 것이다(Verkuyl 1978, 5-6).

2) 알란 티펫

선교학과 선교에 대한 베르카일의 접근 방식은 행동으로 이끄는 성찰로 특징지을 수 있다. 대조적으로 알란 티펫의 정의는 특히 선교 활동은 현장 문화에 의해 영향을 주고 영향을 받기 때문에, 선교 활동의 운동과 사건을 조사하고 성찰적으로 분석하는 데 관심을 가진 연구자의 특성을 가진다. 그래서 티펫은 말한다.

---

11   이 세 주요 저술 간의 제목의 차이에 주목해야 한다. 요하네스 베르카일의 저술 제목은 『현대선교신학 개론』(Contemporary Missiology: An Introduction, CLC 刊)이다. 알란 티펫의 저술 제목은 『선교학 입문』(Introduction to Missiology)이다. 도날드 맥가브란의 대표 저술 이름은 『교회 성장 이해』(Understanding Church Growth)이다. 이 세 저술을 비교한 결과, 세 저술은 주로 전문화/통합화 역학과 관련해 접근 방식에서 현저한 차이를 보인다. 흥미롭게도, 데이비드 보쉬의 저술 제목은 『변화하는 선교』(Transforming Mission)이다. 그러나 534페이지 분량의 이 책 안에서 선교 또는 선교학에 대한 간결한 정의를 찾기는 매우 어렵다.

12   본 토론에서 나는 순수하게 서술적 연구, 데이터 수집, 제한된 역사 기록 및 이론적 성찰로 선교학을 축소하는 다른 정의는 포함시키지 않았다. 이렇게 선교학을 정의하는 방법은 분명히 유효하지만, 이 장의 토론 범위를 벗어난다.

선교학은 성경의 기원, 역사(다큐멘터리 자료의 사용 포함), 인류학적 원리와 기술, 기독교 선교의 신학적 기반과 관련된 데이터를 연구, 기록 및 적용하는 학문 분야 또는 과학으로 정의된다. 이론, 방법론 및 데이터 뱅크는 특히 다음을 지향한다.

1. 기독교 메시지가 전달되는 과정(processes)
2. 비기독교인들에게 선포함으로써 일어난 만남(encounters)
3. 다양한 문화 패턴 속에서 이루어지는 교회 개척과 회중의 조직, 개종자들을 그 회중으로 통합하고, 내적 성숙에 이르기까지 그들의 구조와 친교의 성장과 관련성, 외적으로는 지역 상황에서 그리스도의 몸으로서의 봉사 활동을 지양한다(Tippett 1987, XIII).

티펫의 정의는 베르카일의 정의보다 연속체의 활동가 쪽에 약간 더 가깝다. 그러나 티펫은 도널드 맥가브란만큼 활동가 방향으로 멀리 나가지 않는다. 다음에서 베르카일과 티펫이 '선교학'의 정의를 도널드 맥가브란이 내렸다고 했다.[13] 나는 도널드 맥가브란이 구체적으로 정의한 '선교학'을 어디에서도 찾을 수 없었다.

3) 도널드 맥가브란

도널드 맥가브란의 선교 정의(우리가 선교학에 대한 그의 견해로 가정할 수 있는 근거)는 위의 두 가지 정의와 유사하지만 중요한 면에서 다르다. 맥가브란은 하나님의 소망과 계획에 대해 '위로부터'의 관점으로 시작하지만, 그의 관점의 핵심은 선교학 행위의 결과에 가장 철저한 관심을 갖는다는 의미에서 '아래로부터'의 관점이다.

너무 많은 사람에게 선교는 '인간을 위한 하나님의 총체적인 프로그램'으로 널리 정의되고 있으며, 우리는 그 정의에서 발생하는 대안을 고려했다. 이제

---

13 스페인어로 출간된 도널드 맥가브란의 책과 피터 와그너의 교회 성장 이론에는 미시오로 기아(선교학)라는 제목을 붙였는데, 이 제목에 대해 맥가브란이나 와그너는 뚜렷한 반대를 하지 않았다. Cf. Larry Pate 1987.

선교를 훨씬 더 좁게 정의할 수 있다. 성경에 계시된 하나님께서 남성과 여성을 예수 그리스도와 살아 있는 관계로 인도하는 데 최우선순위를 두셨기 때문에 우리는 선교를 예수 그리스도의 좋은 소식을 선포하고 남성과 여성을 설득함으로 그의 제자가 되고 교회의 책임 있는 교인이 되게 하는 데 전념하는 사업으로 좁게 정의할 수 있다(McGavran 1990, 23-24).

도널드 맥가브란의 선교에 대한 정의는 철저한 활동가적 관점이다. 그의 관심은 구체적 결과를 도출하는 효과적 선교 전략과 행동이다. 그가 연구하고 반추하는 이유는 선교 동원과 선교 활동을 위한 것이다.

위에 제공된 세 가지 정의의 상호 작용은 이 장에서 중점적으로 다룰 문제의 한 사례로서 풀러세계선교대학원의 선교학에 영향을 미치는 전문화와 통합화 간의 변증법적 긴장을 고려할 수 있는 좋은 근거를 제공한다.

5. 선교대학원의 역동적 긴장 속에서의 전문화/통합화

도널드 맥가브란이 오레건주 유진에서 캘리포니아주 파사데나로 이사하면서, 그는 교회 성장을 촉진하기 위한 '교회성장연구소'(ICG: Institute of Church Growth)를 설립했다. 아서 글라서는 "풀러의 교회 성장"(Church Growth at Fuller)[14]에 대한 자기 성찰적 기사에서 맥가브란의 저서 『하나님의 가교』(The Bridges of God)는 1955년에 출판되었으며 "1956년에 가장 많이 읽은 선교사의 책"으로 여겨졌다고 말했다.

글라서는 이렇게 말한다.

> 내 판단에 교회 성장 운동은 실제로 1961년 1월, 맥가브란이 오레건주 유진에 있는 작은 기독교 대학 도서실 한 구석에서 "교회성장연구소"(ICG)라고 부르는 연구 기관을 설립했을 때 시작되었다(Glasser 1987, 403).[15]

---

14 이 소논문은 1986년 6월 시카고에서 열린 미국선교학회에서 아서 글라서가 처음으로 발표했다.

15 교회 성장 운동의 역사에 관하여는 다음 자료를 참고하라. Charles Van Engen 1981, 325-34, Thom S. Rainer 1993, 19-72, Gary McIntosh 2015, Gary McIntosh 2016, 19-27.

1) 전문화

맥가브란은 교회성장연구소를 설립함으로써 자신을 우리의 연속체의 '전문 활동가' 끝단에 위치했다. 교회 성장 운동에 사람들을 동원하기 위해 연구, 쓰기, 말하기 및 사고에 전념해야 한다는 생각은 초기부터 매우 분명했다.[16] 교회 성장은 통합 센터를 정의하고 연구소 선교학의 외부 한계를 결정했다.

동일한 선교 활동에 관심이 있는 사람들은 교회 성장을 연구하는 맥가브란에게 합류했다. 선교, 선교 교육 및 선교학은 모두 수치적으로 검증 가능한 교회 성장을 촉진하는 교회 성장 원리의 렌즈를 통해 이루어졌다.

1960년대 중반부터 1970년대 초까지 맥가브란의 간행물은 내용이 명확하고, 초점이 맞춰졌으며, 일관되었다. 여기에는 긴장도, 변증법도 없었다. 통합은 주요 의제인 교회 성장을 촉진하는 다양한 동종 분야를 통합하기 때문에 적절했다. 더 큰 선교 공동체의 공감을 얻어 내고, 무시당하지 않고, 교회 성장 운동을 시작하려면 그러한 특정 초점이 필요했다. 그리고 맥가브란은 그것을 할 수 있는 모든 자원을 가지고 있었다.

그러나 이것은 전체 그림이 아니었다. 교회성장연구소에서 맥가브란과 그의 동료들을 교회 성장 애호가로만 보는 것은 부정확한 캐리커처다. 맥가브란이 교회성장연구소를 설립했다고 해서 그가 선교학의 통합적 특성을 버린 것은 아니었다.[17]

---

16 이에 대한 개요는 나의 책 『참 교회의 성장』(*The Growth of the True Church*, 1981)을 참고하라. 맥가브란은 1960년대 후반과 1970년대에 WCC의 사람들뿐만 아니라 북미의 복음주의자들 그리고 전 세계의 선교 지도자들과도 논쟁을 벌였다. 교회성장학의 측면에서 맥가브란은, 다른 여러 교단 가운데 남침례교와 오순절파에 깊은 영향을 주었다.

17 버논 미들턴의 맥가브란 전기에 나타난 한 가지 특징은 맥가브란이 광범위하고 깊이가 있으며 통찰력이 있고 통합적 본능을 가진 선교학자라는 거시적 관점이다. 미들턴을 보라. *The Development of a Missiologist: The Life and Thought of Donald Anderson McGavran, 1897-1965.* Pasadena, School of World Mission PhD Dissertation, 1990. See also Gary McIntosh 2015.

2) 통합화

맥가브란은 통합화 선교학자이다. 그를 통합형 선교학자로 보기 위해서는 그가 선교학을 형성해 나간 선례를 살펴봐야 한다. 여기에는 몇 가지 관련된 예제가 있다. 우리는 네덜란드 선교학자인 기르베르투스 보에티우스를 돌아볼 수 있다. 보에티우스(1589-1676)는 선교의 세 가지 목표를 "이교도"의 개종, 교회 개척, 하나님의 은혜의 영광과 현현이라고 말했다.[18]

보에티우스를 인용한 맥가브란의 글은 어디에서도 찾을 수 없지만, 나는 도널드 맥가브란이 보에티우스를 잘 알고 있다고 생각한다. 그러나 실제 의미에서 맥가브란의 선교학은 375년 후, 보에티우스의 관점을 다시 서술한 것으로, 선교에 대한 역사적이고 성경적인 이해를 가장 잘 표현한 것이다. 그러나 이런 세 가지 목표를 결합한 보에티우스조차도 선교 수단의 전문화와 목표 통합화 사이의 긴장에 관여했다.

맥가브란은 윌리엄 캐리의 후계자가 되었다. 도널드 맥가브란의 선교학이 마태복음 28장의 대위임령에 기초했기에, 그는 윌리엄 캐리의 후계자로 자리 잡았다.[19] 캐리가 예수 그리스도를 알지 못하는 사람들의 개종을 위해 선교하러 인도로 갔지만, 실제로 캐리는 농부, 상인, 언어 학자와 번역가, 지도자, 훈련자 등 전문가라기보다는 통합화 선교학자가 되었다.

많은 사람에게 선교학의 아버지로 여겨지는 독일 선교학자 구스타프 바르넥(Gustav Warneck, 1834-1919)은 유럽계에 큰 영향을 미쳤다. 비록 그가 도널드 맥가브란에게 직접적 영향을 거의 주지 않았을지라도, 선교학의 통합화에 대한 바르넥의 관심을 맥가브란의 글에서도 볼 수 있다. 이것은 헨리 벤과 루푸스 앤더슨의 행정 중심 선교학을 통해 중재되기 때문에 특히 그렇다. 나중에 "토착 교회"(indigenous churches)[20]로 알려진 모델에 대한 그들의 강한 강조는 벤과 앤더슨의 "삼자" 개념이 맥가브란에게 영향을 미친 것을 보

---

18 See J. H. Bavinck 1977, 155.
19 맥가브란의 인도 선교사 경력은 인도 선교 상황이 그의 선교학에 미치는 영향과 함께 그를 윌리엄 캐리와도 밀접하게 연결시킨다.
20 1965년 맥가브란이 많은 친구 학자의 초기 심포지엄 기고를 엮은 책에 멜빈 핫지가 쓴 "원주민 교회의 기본 단위 개발"(Developing Basic Units of Indigenous Churches)을 포함하고 있다.

여 주며, 맥가브란의 접근 방법에서 교회를 강조하게 했다. 그러나 이것 역시 맥가브란과 그의 친구들이 그들의 교회가 '토착적'이 되는 것이 의미하는 모든 것의 통합과 원하는 결과를 산출하기 위한 방법론의 전문화 사이의 긴장을 포함했다.

그런 다음 롤랜드 알렌과 함께 학생자원운동과 존 모트가 맥가브란에 깊은 영향을 미쳤다.[21] 우리는 맥가브란의 글을 추적하며 그에게 영향을 미친 헨드릭 크래이머와 존 맥케이, 헤르만 바빙크, 아서 브라운 및 영향력을 가진 다른 많은 사람을 언급할 수 있다. 각각의 경우 통합화 선교학자인 맥가브란은 "교회 성장의 아버지"인 전문화 선교학자 맥가브란과 긴장 상태에 있다.[22]

맥가브란이 교회성장연구소를 시작했을 때 그는 선교학에 대한 정의에서 앞서 보았듯이 성찰적 선교학자였으며, 인류학자인 알란 티펫을 즉시 초청했다. 그런 다음 풀러세계선교대학원은 피터 와그너, 랄프 윈터, 찰스 크래프트, 아서 글라서, 에드윈 오어 등 새로운 교수진을 추가하기 시작했다.

'세계선교대학원'(SWM: School of World Mission)에서 다학문적이고, 더 성찰적이며, 더 통합적인 측면이 발전했다. 맥가브란은 양측(활동/전문가 및 성찰/통합자)이 상호 지원하는 방식으로 기능을 유지할 수 있었던 것으로 보인다. 그럼에도 불구하고 교회성장연구소와 세계선교대학원(ICG/SWM)에서 맥가브란의 우위는 교회의 수적 성장을 육성하는 데 우선순위를 둔다는 것을 의미했다. 최종 분석에서 맥가브란은 선교 활동가였다.

1973년, 알란 티펫이 도널드 맥가브란의 사역을 기념하기 위해 『하나님, 인간 그리고 교회 성장』(*God, Man and Church Growth*, Tippett 1973)으로 편집한 책을 보면, 풀러세계선교대학원의 양면이 섬세하게 균형을 이루고 있음을 알 수 있다. 교회성장연구소와 세계선교대학원의 모든 교수진이 기고한 이 책은 선교학의 두 관점 사이에서 역동적 긴장을 유지하기 위해 학자들이 얼마나 신중하게 고군분투했는지 보여 주는 연속체의 양면에 대한 흥미로운 표현이다. 그러나 분명히 교회 성장 운동이 중심에 있었다.

---

21 윌리엄 버크홀터(William Burkhalter)는 맥가브란의 선교학과 롤랜드 알렌의 선교학이 가진 밀접한 연관성을 입증하는 박사 논문을 썼다. Burkhalter 1984.

22 Cf. Tim Stafford, "The Father of Church Growth," Christianity Today (Feb 21, 1986) 19-23; reprinted in Mission Frontiers (VIII:1, Jan. 1986), 5-13.

이런 긴장의 또 다른 예는 로잔 언약이다. 교회성장연구소와 세계선교대학원이 1974년 로잔 대회에 미친 영향은 잘 알려져 있으며, 교회 성장에 대한 결과 지향적 강조를 하는 선교 활동가는 분명히 로잔 언약의 중심에 있다. 그러나 일부 사람들이 놓칠 수 있는 것은 회의 문서에서 작업에 대한 전문화와 이해를 위한 통합화 간의 긴장감이 분명하다는 것이다. 나는 이런 긴장이 교회성장연구소와 세계선교대학원의 교수진이 로잔 운동과 그 이후의 운동에 미친 영향의 직접적 결과라고 생각한다.

아서 글라서는 1986년 미국 선교학회 모임에서 강연했다. 그는 소논문 "풀러의 교회 성장"을 발표하면서, 교회성장연구소와 세계선교대학원의 관계에 대해 자세하게 설명했다. 불과 2년 후 데이비드 보쉬가 교회성장연구소와 세계선교대학원 교수진에게 발제하도록 초대되어 유사한 이슈를 강조했다.[23]

이 두 경우 모두 기본 문제는 교회성장연구소의 교회 성장 활동가 측면과 세계선교대학원의 통합적 측면을 가진 선교학의 균형과 관련 있다. 이 두 논문을 비교해 보면 매우 흥미롭다. 아서 글라서는 내가 염려하는 교회 성장의 초점이 사라지지 않을까 걱정했다. 데이비드 보쉬의 관심은 교회 성장 운동이 대학원의 선교학이 통합되도록 하는 인식과 가치를 왜곡하지 않는다는 것이었다.

3) 창조적 긴장

창조적 긴장은 필요하다. 분명히 이것은 중요한 연속체이며, 선교신학은 양쪽 끝단을 함께 유지해야 한다. 따라서 균형 문제가 중요하다. 1970년대 후반과 1980년대에 다른 교수진과 프로그램이 추가됨에 따라 풀러신학교의 교회성장연구소와 세계선교대학원은 연구 조사 및 전문 분야의 영역을 계속해서 늘려 나갔다. 결국 탐구의 주제인 "교회 성장"이 더 큰 선교학 전체의 일부로 드러나기 시작했다.

---

23   Cf. D. Bosch 1988.

1993년까지 교회성장연구소와 세계선교대학원은 다수의 석사 및 박사 프로그램으로 구성된 "전공들"(concentrations)이 최소 18개의 다른 전문 분야로 존재했다.[24] 이것은 연속체의 활동가의 교회 성장 측면을 감소시켜 연속체의 두 측면 사이의 창의적이고 역동적인 긴장을 낮추는 것으로 볼 수 있다.

'연구소'와 '선교대학원' 사이의 창조적 긴장은 선교학을 추진하는 가장 강력한 힘 가운데 하나일 수 있다. 긴장 자체가 창의성을 불러일으킬 수 있다. 선교학이 긴장을 잃어버리고, 어느 방향이든 한 쪽으로 치우치면 창의적이고 혁신적인 우위를 잃을 수 있다. 교육 과정의 고려 사항들과 통합화 방식 및 가장 깊은 가치들은 실제로 두 관점에서 서로 다르다.

'연구소'는 가장 기본적인 문제로 선교를 수행하고 가시적 결과의 측면에서 성공을 측정한다. 반면에 '선교대학원'의 관점은 적절한 선교를 수행하는 것을 최종적으로 가지고 있으며 통찰력, 이해 및 성경적/신학적 충실성에 의해 그 성공을 측정한다.

연속체 전체를 확인하는 방법이 있을까?

특히 선교신학이 개별 의제와 선교 과제 내에서, 사람들을 위한 전문적 훈련을 원하는 선교 기관에 봉사할 수 있는 방법이 있을까?

더 큰 선교학 학문 공동체에 관계하면서, 세계적 선교학의 신학화 작업에 참여하는 가운데 성찰적, 선교적, 통합적 교수를 필요로 하는 세계 교회에 봉사할 수 있는 방법이 있을까?

---

24 1996년까지 ICG/SWM은 다음과 같은 전공 분야를 제공하고 있다. 인류학, 중국학, 교회성장학, 커뮤니케이션, 문맥화, 선교사 가족, 일반 선교학, 국제개발학, 이슬람학, 유대 선교학, 한국학, 리더십, 선교 연구, 영성 및 영적 능력 사역, 선교, 번역학, 도시선교학. 2000년 이후에는 많은 다른 전공 분야가 추가되었다.

6. 선교 교육에 대한 네 개 분야 접근 방식에서의 전문화/통합화

전문화와 통합화 사이의 고유한 긴장을 해결하기 위한 한 가지 방법은 이 책의 앞 장에서 살펴본 선교학적 조사의 네 가지 영역(말씀, 세상, 교회, 개인 순례)을 살펴보고 그것들이 무엇을 포함하는지 그리고 그것들이 어떻게 서로 영향을 주고받는지를 고려하는 것이다. 이런 과정을 통해 우리는 각각의 강조점을 잃지 않고 위에 주어진 선교학의 세 가지 정의를 모두 확인할 수 있다. 네 가지 영역의 통합화는 선교학에 대한 전문(활동가와 성찰) 통합주의 관점 두 가지가 어떻게 함께 창의적 통합을 이루는지 보여 준다.

본격적인 선교학은 궁극적으로 성경적으로 정보를 주고 상황적으로 적합한 선교 활동에서 발산되어야 한다. 그것이 정보에 입각한 행동으로 발산되지 않는다면, 우리는 단지 "울리는 징이나 소리나는 꽹과리"(고전 13: 1)일 뿐이다. 성찰과 행동의 밀접한 연결은 선교학, 특히 선교신학에 절대적으로 필수적이다.

동시에, 우리의 선교적 행동 자체가 우리의 성찰을 변화시키지 않는다면, 우리가 훌륭한 아이디어를 가지고 있다고 해도 그것들은 관련이 없거나 쓸모가 없고 때로는 파괴적이거나 비생산적일 수 있다. 그리고 심지어 "충실한 행동"에 대한 우리의 헌신조차도 무의미해질 수 있는데 그들이 무지한 성찰에서 비롯되기 때문이다.[25]

앞서 언급한 논의는 1990년대 후반 풀러신학교의 교회성장연구소와 세계선교대학원에서 통합적이고 활동적인 통합된 전체를 인식하기 위해 한 단계 더 나아가 네 개의 영역에서의 관점을 실험하게 했다. 우리는 피라미드가 우리가 선교학의 네 가지 영역을 하나로 모으고, 특정 전문화에 연결하고, 모든 것을 선교에서의 전반적 목적에 통합할 수 있는 방법을 가장 명확하게 나타내는 것처럼 보인다는 사실을 발견했다.

---

[25] 이 개념은 1989년 텍사스주 샌 안토니오에서 열린 '세계선교와전도위원회'(CWME) 회의에서 선교학의 중심에 있었다. 다음을 보라. *World Council of Churches* 1989; Wilson 1990; David Bosch 1992.

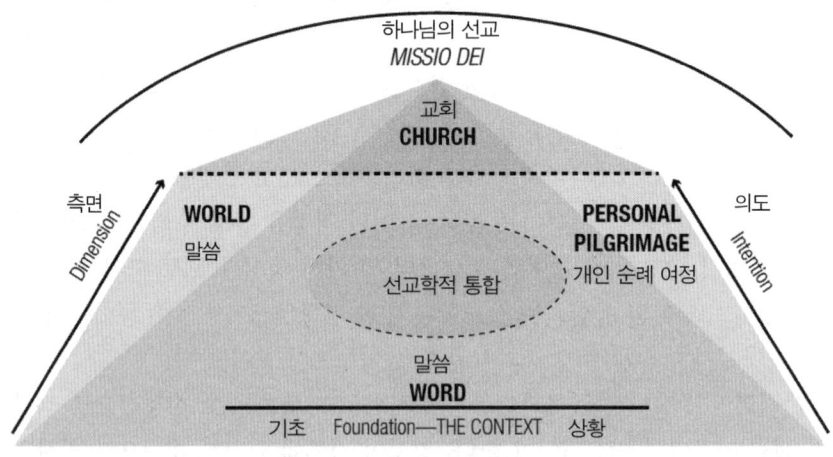

선교학적 통합화에 대한 선교대학원 모델 – 1998년

도표 8: 선교학 피라미드

위의 도표 8에서 피라미드는 통합적 선교학의 네 면, 선교사 특정한 전문화 그리고 상황 속에 놓인 기초 등 세 가지를 함께 그리는 3차원 관계의 네 면과 밑면을 가지고 있다. 이런 방식으로, 선교에서의 전문화는 통합적 선교학의 광범위한 기초에 기반을 두고 있으며, 선교의 특정한 목표를 지향하며, 선교의 특정 임무에서 확증된다. 마찬가지로, 선교의 네 개 활동 구조는 선교를 위해 구체적 행동(일반적으로 특수한 임무를 통해)으로 표현되어야 한다.

선교사의 중심 선교 목적에 대한 통합적 핵심 개념은 전체 피라미드를 통합하는 중심 핵심 개념이 되고, 중심을 향해 가장자리를 모으고, 수행자의 특정 선교학의 최종 동기와 목표를 제공한다. 이런 다양한 측면의 역동적 상호 관계는 피라미드를 한 번에 실행, 통합 및 패러다임 형성으로 본다면 더 명확하게 이해할 수 있다.

1) 프락시스 선교학

위의 피라미드에서 볼 수 있듯이 선교학은 프락시스적이다. 성찰과 행동을 연결하는 가장 유용한 방법 가운데 하나는 이 '실천' 과정을 거치는 것이다. 이 개념에는 여러 가지 의미가 설명되어 있지만[26] 올란도 코스타스의 공식이 가장 건설적 이론 가운데 하나라고 생각한다.

코스타스는 선교학에 대해 다음과 같이 말한다.

> 선교학은 근본적으로 프락시스적 현상이다. 그것은 교회의 하나님의 선교에 대한 선교적 순종과 참여의 일환으로 선교 활동 가운데 일어나는 중요한 성찰이며, 그 자체가 그 상황에서 실현된다. 그 대상은 항상 온 세상이다. 다양한 생활 환경에 살고 있는 남녀들이다. 성령의 주권적이고 구속적인 역사에 의해 주도되는 이 복음 증거 활동에 대한 탐구로, 선교 프락시스 개념이 적용된다. 선교학은 삶의 여러 상황에서 복음 증거의 일환으로 발생한다(Costas 1976, 8).

여기서 프락시스 개념이 중요하다. '프락시스'(praxis) 개념은 우리가 선교 활동에 대한 성찰뿐만 아니라 심오한 행동도 교회가 하나님의 세상에서 하나님의 선교에 참여할 수 있는 방법을 발견하려는 "도상 선교학"(Missiology on the way)의 일부라는 것을 인식하게 한다.

성경에서 말씀과 행동이 인간에 대한 하나님의 계시에 대한 이야기와 함께 결합된 것처럼, 선교적 행동은 그 자체가 신학적으로 간주되며, 성찰을 알리는 역할을 하며, 이는 변화된 행동 내에서 새로운 이해를 해석하고, 평가하고, 비평하고 그리고 투영한다. 따라서 끊임없는 나선형의 순례에서 성찰과 활동의 얽힘은 우리의 다양한 상황에 대한 우리의 선교적 참여의 모든 측면에 변화를 제공한다. 나는 앞 장에서 이 내용을 설명했다.

---

26 다음자료를 참고하라. Robert McAfee Brown 1978, 50–51; Raul Vidales 1975, 34–57; Spykman et al 1988, xiv, 226–231; Robert Schreiter 1985, 17, 91–93; Orlando Costas 1976, 8–9; Leonardo and Clodovis Boff 1987, 8–9; Waldron Scott 1980: xv; Leonardo Boff 1979: 3; Deane Ferm 1986, 15; René Padilla 1985, 83; Rebecca Chop 1986, 36–37, 115–117, 120–121; Gustavo Gutierrez 1984a, 19–32; Clodovis Boff 1987, xxi–xxx; and Gustavo Gutierrez 1984b, vii–viii, 50–60.

2) 통합적 선교학

선교학은 통합적이다. 점점 더 우리의 관심을 끄는 것은 개혁하는 선교학이 작동하기 위해 서로 다른 피라미드의 여러 면이 통합되는 방식이다. 성경, 교회, 세상(또는 텍스트, 공동체, 상황)은 전체를 하나로 묶는 통합하는 주제를 정의하는 방법을 명확하게 하지 않으면 통합적으로 동시에 확인할 수 없다. 피라미드의 다양한 모서리는 통합하는 주제를 향해 함께 그려진다.[27]

선교학의 학제적 과제가 복잡하기 때문에 선교학자들은 성경을 다시 읽는 것에 접근하는 주변의 허브 역할을 할 특정한 통합 개념에 초점을 맞추는 것이 도움이 된다는 것을 발견했다. 이런 통합화 주제는 상황적으로 적합하고 중요하며, 성경적으로 관련이 있고 유익하며, 선교적으로 활동적이고 변혁적이라는 것을 기반으로 선택된다. 이 책의 앞 장에서 논의했듯이, 여러 가지 통합 주제가 가능하지만, 교회의 머리 되신 예수 그리스도와의 근접성 측면에서 모두 함께 뭉쳐야 한다.

분명히 우리는 성경에 우리 자신의 의제를 투사하지 않으려고 노력하고 있다. 이것은 해방신학자들이 회복하지 못한 실수였다. 우리는 오히려, 새로운 선교학적 질문들을 성경 텍스트로 가져오는 방법을 사용하는데, 이 방법은 우리가 이전에 성경에서 놓쳤던 통찰을 성경에서 볼 수 있도록 도와준다. 데이비드 보쉬는 성경에 대한 이 새로운 접근 방식을 "비평적 해석학"(critical hermeneutics)이라고 불렀다.[28]

성경을 다시 읽으면서 우리는 우리 선교학의 동기, 수단, 대리인 및 목표를 재검토하도록 요청하는 새로운 통찰력, 새로운 가치 및 새로운 우선순위에 직면한다. 이것은 차례로 전통적인 신학적 위치 각각을 재고할 것을 요구한다. 따라서 우리는 상황 속에서 하나님을 아는 것이 의미하는 바를 새롭게 발견하기 위해, 성경의 상황적 재읽기에 참여한다. 로버트 맥아피 브라운은 이런 유형의 성찰을 "새로운 열쇠의 신학"(Theology in a New Key, 1978)과 "예기치 않은 뉴스"(Unexpected News, 1984)라고 불렀다.

---

27 Cf. Van Engen 1987 and 1991, 59-71; H. Berkhof 1979, 14-15, 409; and Van Engen 1981, 237-39.
28 See David Bosch 1991, 20-24.

예를 들어, 라틴아메리카에서 이 선교학적이고 프락시스적인 과정은 특히 기독론과 교회론의 문제에 초점을 맞춰 왔다.[29] 오늘날의 선교학적 사업에서 우리는 모든 전통적인 신학적 위치들에 대한 심오한 재검토에서 파생된 우리의 선교학의 범위와 내용에 대한 새로운 통찰력을 제공하는 관점에서 성경을 다시 읽어야 한다.[30]

1987년에 선교학교수협의회는 선교학이 무엇인지 그리고 그것이 어떻게 반추되고 있는지에 대해 자세히 논의했다.[31] 선교신학을 다루는 부분은 이렇게 기록되어 있다.

> 선교신학자는 성서학자나 조직신학자와는 다르게 성서신학과 조직신학을 한다. 선교신학자는 '아비투스'(habitus), 지각하는 방법, 영적 통찰력과 지혜가 결합된 지적 이해를 찾고 있으며, 이는 역사 속에서 하나님의 임재와 운행하심의 징후를 보게 한다. 그런 선교의 '왜'에 대한 그런 탐구는 선교신학자가 오늘날 선교의 중요한 통합 중심을 명확하게 표현하게 한다. 각각의 '중심'을 규정하는 것에 따라 선교학에 참여하는 사회과학의 인지적 학문, 종교의 연구, 교회 역사 등이 신학적으로 수정되는 방식으로 각 학문 분야에 급진적인 영향을 미친다.
> 선교신학의 통합중심은 각각 다른 모든 학문 분야의 다른 측면을 지지하거나 질문한다. 그러므로 통합중심은 인간의 맥락에서 하나님의 선교에 대한 학문적 반영으로서 신학적 내용과 신학적 과정 둘 다에 작용한다. 그러므로 선교신학자의 역할은 중심을 명확하게 하고 진술하고 동시에, 다른 모든 인지 학문들에 대한 통합중심의 의미를 통합적으로 기술하는 것이다(Van Engen 1987, 524-25).

---

29 하비 칸은 이런 유형을 요약 정리했다. Harvie Conn, 1993a, 102-3.
30 올란도 코스타스는 이런 점에서 가장 창의적이고, 통합적이며, 성경에 중점을 둔 프락시스적인 선교학자였다. 그의 "통합적 교회 성장" 개념은 아직 선교학과 신학 교육에 충분히 깊이 스며들지 않았다. 코스타스를 참고하라. Costas 1974, 90-91; 1975, 68-70; 1979, 37-60; and 1992, 116-122.
31 Cf. Van Engen 1987, 523-25.

우리가 피라미드의 중심 핵을 볼 때, 우리는 학제 간 학문으로서 선교학의 "통합화하는 개념" 또는 "아비투스"(habitus)를 본다. 데이비드 보쉬는 유사한 맥락에서 "요소"라는 용어를 사용해 "부상하는 에큐메니컬 선교 패러다임"의 구성 요소 부분을 『변화하는 선교』에서 설명했다.[32]

나는 열세 개의 서로 다른 "요소들"을 보는 한 가지 방법이 있다고 생각한다. 그것들을 상호 연관되면서 서로 다른 "통합화하는 개념"으로 보는 방법이다. 각각은 시간과 공간의 특정 상황에 세 가지 일반 무대를 적용하는 고유한 방식으로 시도한다. 그러면 우리는 그들 각각을 다른 타원 궤도로 볼 수 있으며, 각자 자신의 방식으로 중심이신 예수 그리스도를 둘러싼 독특한 경로를 추적한다. 그러나 그들 모두는 또한 어떤 면에서 서로 관련이 있다.[33]

보쉬가 다음과 같이 말했다.

> 아래에서 논의되는 요소는 결코 새 모델의 많은 별개의 분리된 구성 요소로 간주해서는 안 된다. 그들은 모두 밀접하게 상호 연관되어 있다. 이것은 특정 요소를 논의할 때 서로 다른 요소가 항상 배경 어디인가에 있다는 것을 의미한다. 따라서 전체적으로 강조점은 별도의 구성 요소보다는 패러다임의 전체성과 불가분성에 있어야 한다. 우리가 한 번에 하나의 요소에만 횃불을 집중하면, 다른 모든 요소도 나타나고 광선의 중심 바로 바깥에서 보인다 (Bosch 1991, 369).

보쉬의 통찰은 탁월하다.

이 관점이 선교 활동의 각 특정 의제가 말씀, 세상, 교회, 개인 순례의 피라미드를 중심으로 자체 타원 궤도를 그리므로 많은 전문화를 가진 선교학이 함께 통합되고 통합화할 수 있는 방법을 제공할 수 있지 있을까?

혼란에는 원인이 있다. 선교학을 정의하는 데 있어 우리가 혼란한 원인과 선교학 교육, 선교 정의가 그토록 애매한 이유는 선교학자들이 서로를 너무

---

32 Bosch 1991, 368ff.
33 칼 바르트가 교회에 대해 물어본 것처럼 우리도 선교학에 대해 물어봐야 한다. "교회는 어디 정도 교회 명칭과 일치하는가? 교회는 얼마나 교회의 본질에 대한 실제적인 표현으로 존재하는가? 교회는 보이는 모습과 실제가 얼마나 일치하는가? 교회는 자신이 교회라고 주장하는 것과 교회에 대한 기대치를 얼마나 충족하는가?"(1958, 641).

쉽게 간과하고, 특정 선교학들을 함께 묶는 "통합화하는 개념"의 관점으로 서로를 적대시하는 것이다. 실제로 우리의 선교 목표가 수적 교회 성장이든 성경 번역이든, 사회경제적 해방이든 종교 간 대화이든, 타 문화 복음 선포 전도이든 국제적 구호와 발전이든, 각 선교학적 의제는 피라미드 중심 주변의 다른 궤도를 나타내는 것으로 볼 수 있다. 그러면 문제는 중심이신 예수 그리스도로부터의 거리감, 근접성이 된다.

3) 선교학 패러다임 형성

선교학은 패러다임을 형성한다. 피라미드의 모서리를 모으는 핵심적 통합 개념은 우리 선교학에 초점을 맞추는 것이다. 그러나 우리는 또한 우리 선교학의 한계에 관심을 가져야 한다. 그래야 우리의 선교학 교육이 너무 넓어져 무의미하게 되는 것을 막을 수 있다. 통합화하는 개념은 질문한다.
"무엇이 최종 목표인가?"
그러나 우리는 스티븐 닐이 "모든 것이 선교라면, 그 어떤 것도 선교가 아니다"라고 강조한 함정을 피하기 위해 여전히 노력해야 한다.[34] 이것은 과학철학이 "패러다임 구축" 또는 "패러다임 전환"이라고 부르는 과정을 포함한다.

패러다임이 중요하다. 우리는 패러다임 전환이 일반적으로(특히 과학철학에서) 다소 오랜 기간에 걸쳐 발생하는 공동적 현상으로 이해되고 특정 문제와 관련해 상호 작용하는 성찰적 공동체를 포함한다는 것을 알고 있다. 그러나 데이비드 보쉬는 우리에게 패러다임 형성이 특정 상황에서 특정 공동체에 대한 연구를 통해 우리의 선교를 재개념화하는 데 도움을 주는 강력한 방법이라는 것을 가르쳐 주었다.

패러다임은 개념적 도구다. 패러다임은 "현실을 인식하고 그 인식을 이해할 수 있고, 설명 가능하며, 다소 예측 가능한 패턴으로 정렬하는 데 사용되는 개념적 도구"이다(Van Engen 1992b, 53). 그것은 "주어진 공동체의 구성원들이 공유하는 신념, 가치 및 기술의 전체 집합"이다(Küng 및 Tracy, eds., 1989,

---

[34] 이 유명한 구절은 다른 많은 곳에서 찾아볼 수 있다. 다음을 보라. Stephen Neill 1959, 81; Johannes Blauw 1962, 109. See also Van Engen 1993b.

441-42). 따라서 패러다임은 "가치, 세계관, 우선순위, 지식의 종합적 집합으로 사람, 한 그룹 또는 문화가 특정 방식으로 현실을 인식하게 한다. 패러다임은 관찰, 이해 및 설명의 도구다"(Van Engen 1992b, 53).

따라서 하나님 나라에 대한 성경적 이해에 의해 형성된 삼위일체 선교학 패러다임은, 대리인의 자격 및 목표를 미시오 데이 곧 하나님의 삼위일체적 선교에서 명확히 하고 인간 대리인인 교회를 통해 사람들이 살고 있는 모든 땅을 향해 나아간다. 삼위일체 선교학 패러다임의 더 큰 관점은 우리가 선교학적 패러다임 구성에 영향을 미치는 모든 다양한 문제의 폭을 이해하는 데 도움이 될 수 있고, 텍스트, 공동체, 상황 및 개인 순례에 대한 해석학을 채색하는 데 도움을 준다.

그러나 삼위일체 선교학 패러다임은 우리 선교 실천의 한계, 우리가 더 이상 예수 그리스도와 접촉하지 않는 주변 영역이 있고, 그러므로 그 영역에서 우리가 더 이상 하나님의 선교에 참여하지 않고 있다는 것을 인식하게 할 것이다.

4) 선교학의 한계

선교학에는 한계가 있다. 전체적으로 볼 때 선교학 피라미드는 우리의 선교학 교육이 너무 넓어져 무의미해지는 경계를 보여 준다. 우리는 선교학이 여러 동족 학문을 포함한다는 것을 알고 있다. 그러나 우리는 또한 이런 여러 분야의 학문들이 모두 선교학이 아니라는 것도 알고 있다. 이것은 베드로가 말한 것처럼, "너희 속에 있는 소망에 관한 이유를 묻는 자에게는 대답할 것을 항상 준비하되"(벧전 3:15)와 같은 선교다.

선교학은 인간 종교 현상을 연구하는 것이 아니다. 성경 번역과 우리 신앙을 증거하기 위해 언어학을 사용하는 것은 선교학이다. 그러나 언어만 공부하는 것은 선교학이 아니다. 선교 조직에서 회계, 비즈니스 관행, 관리 및 관리 방식을 개선하려는 것은 선교학과 관련이 있다. 그러나 모든 행정 및 관리 이론이 선교학은 아니다. 세상의 도시에서 교회가 하나님의 백성이 될 수 있는 새로운 방법을 찾는 것은 선교학이다. 그러나 도시화를 연구하는 모든 사회학이 선교학은 아니다.

의견은 다양하다. 이 주제에 대해서도 다양한 선교 이론가와 실천가의 의견이 다를 것이다. 어떤 사람들은 다른 사람들보다 훨씬 더 넓은 패러다임을 수용할 것이다. 하나님의 선교의 범위는 우리가 그릴 수 있는 한 광범위하다. 그러나 다른 한편으로, 선교학의 한계는 예수 그리스도로의 개종과 새로운 관계를 요구하는 선교학의 한계에 의해 더욱 섬세하게 규정된다. 최종 분석에서 예수 그리스도는 "모든 사람을 그에게로 이끌고"(요 12:32) "어떤 사람도 멸망하길 소원하지 않는다"(벧후 3: 9). 이 베드로의 선교적 관점이 선교학 패러다임의 폭과 한계다.

예를 들어, 이 선교학적 관점에서 예수님의 선교에 대한 패러다임을 설명하는 누가복음 4장을 연구한다면, 우리의 선교학 피라미드가 어떻게 통합되고 제한되는지에 대한 힌트를 찾을 수 있다. 예수님의 선교는 누가복음 4:18-19만큼 넓고 크지만, 누가복음 4:1-13에 나오는 선교에 의해 제한된다. 예수님의 선교는 배고픈 사람을 먹이는 것, 정치 권력, 기적과 이사만을 포함하는 것이 아니다.

예수님의 선교에 한계가 있기에 교회의 선교에도 넘을 수 없는 한계가 있다. 그러나 이런 한계 내에서, 신앙공동체는 예수 그리스도 안에 있는 하나님의 사랑의 길이와 넓이, 높이와 깊이를 특정 상황에 전하기 위해 성경 본문을 가능한 창의적으로 읽어야 한다(엡 3장).[35] 그리고 이런 세 가지는 선교 대리인의 선교 활동에서 구체성을 갖게 한다.

그래서 성령의 능력 안에서 선교학적 긴장은 집요하고, 선교신학화 과정은 계속된다.

---

[35] 본 장의 주제에 대한 추가적 성찰을 위해, 내가 쓴 『선교 성서신학의 연구 방법』을 참고하라. Edgar Elliston, eds., with Pablo Deiros, Viggo Søgaard and Charles Van Engen; *Introducing Missiological Research Design*, Pasadena: WCL, 2011, 113–18.

제4부

선교신학의 목표

제10장 저항세력에 관한 선교신학

제11장 선교 동반자 선교신학

제12장 믿음, 소망, 사랑: 선교신학의 삼 요소

제10장

저항 세력에 관한 선교신학

선교에 저항 세력이 존재한다. 우리에게 저항 세력에 대한 선교신학적 성찰이 필요하다. 우리는 하나님께서 모든 사람을 섭리 가운데 믿음으로 초청하시는 가운데, 우리가 적절한 하나님의 선교 대리인이 되기 위해 우리 자신을 살피고 성령께서 우리를 변화시켜 주시기를 바란다.[1]

1. 논지

"저항"(resistance)이나 "저항하는 사람"(resistant people)에 대한 선교학적이고 신학적인 이해는 인간의 죄성을 인정하는 성경에 근거해야 한다. 인간의 죄성이란 하나님의 사랑스러운 자기 계시를 영적으로 그리고 상대적으로 거부하는 방식으로 나타난다.

이는, '수용성/저항성'에 대한 선교적 논의는 먼저 영성, 신학, 하나님, 자신, 세상과 화해를 다루어야 하며, 다음으로는 세계관, 사회학, 문맥화, 선교 전략적 차원에서 다루어야 함을 의미한다.

---

1 본 장 내용은 우드베리 교수를 기념하는 논문집에 저자가 기고한 내용을 출판사의 허락을 받아 수정 보완한 것이다. Charles Van Engen, "Reflecting Theologically about the Resistant," in J. Dudley Woodberry, ed., *Reaching the Resistant: Barriers and Bridges for Mission*, Pasadena: William Carey Library, 1998, 22-75. (역주).

2. 서론

나는 딸들이 12살과 14살이 되었을 때, 나의 아내 진과 함께 미시건주에서 캘리포니아주로 이사했다. 이사한 후 나는 두 딸에게(나중에 아들에게도) 아주 진지하게 말했다.

"얘들아! 앞으로 10년 동안 아빠는 점점 바보처럼 될 거야. 매년 아빠가 얼마나 바보가 될 수 있는지 너희는 깜짝 놀라게 될 거야"

딸들은 눈을 동그랗게 뜨고 말했다.

"정말? 아빠 어디 아파요? 혹시 뇌종양인가요?"

나는 대답했다.

"지금 다 설명할 수는 없어. 다만, 아빠에게 그런 일이 일어날 거란 사실을 너희가 알았으면 해. 그리고 너무 걱정하지 마. 왜냐하면, 너희가 23살이나 35살쯤 되면 아빠는 점점 똑똑해질 거니까. 그래서 약 25년 후가 되면 아빠는 지금보다 더 똑똑해질 거니까. 걱정하지 마."

이제 독자들은 이 이야기가 이 장의 주제와 무슨 관계가 있는지 궁금할 것이다. 10대 사춘기 자녀를 키워 본 부모라면, 누구나 이해할 수 있을 것이다. 내 세 아이는 모두 열두세 살이 되자 부모에게 반항(resistant)하기 시작했다. 나는 25년 넘게 농구를 했지만, 나는 갑자기 내 아이들에게 농구를 가르칠 수 없었다. 아이들은 마치 아빠가 농구에 대해 전혀 모르는 사람처럼 여겼다. 그리고 내가 고등학교와 대학에서 축구 선수를 했고 아들에게 수년간 축구를 지도했지만, 내 아들이 13살 되던 해부터 아들은 나를 축구에 대해 아무것도 모르는 바보처럼 여겼다. 사실 딸들도 아빠는 무엇 하나 제대로 아는 것이 없는 것처럼 여겼다.

사실 나는 여러 상황에서 이와 비슷한 경험을 했다. 나는 오랫동안 교회와 교단과 선교 단체에서 고문으로 사역했다. 그러나 아이들이 교우 관계를 어떻게 맺고 처리하는지 전혀 알지 못했다. 나의 아이들은 저항하는 인간집단(resistant people group)이 되었다.

나는 아이들과의 경험을 통해 배웠다. 이 상태로는 "저항신학"(Theology of the Resistant)을 할 수 없었다. 나는 저항에 대해 아무것도 알지 못했다. 여러분도 저항에 대해 무엇을 알고 있는지 질문하기 바란다. 나는 이 주제에 대해 몇 가지 생각을 나눌 터인데 독자들에게 도움이 되기를 희망한다.

3. 저항 세력에 관한 신학적 성찰의 필요성

이 장은 크게 두 부분으로 나뉜다. 첫 번째 부분에서는 복음주의 선교학에서 저항과 수용 개념이 어떻게 개발되었는지를 검토하겠다. 우리가 신학적 성찰을 통해 얻은 저항과 수용 개념을 선교학적 틀에서 이해하는 것은 매우 중요하다. 수용적 민족(receptive peoples)과 저항적 민족(resistant peoples)을 연관해 생각하지 않고는 이 개념을 제대로 정리할 수 없다. 두 번째 부분에서는 이 개념과 관련해 적절한 신학적 성찰을 개요로 제공하겠다.

저항과 수용 개념은 사회학과 선교 전략에 기초한 교회 성장 이론에서 찾을 수 있다. 저항적 민족 개념은 도널드 맥가브란에 의해 처음으로 대중화되었다. 1930년대 후반과 1940년대 J. 와스콤 피켓(J. Waskom Pickett)과 함께 맥가브란은 인도 교회가 왜 몇몇 인간집단 사이에서만 성장하는지에 대해 질문하기 시작했다.

1) 인간집단 개념

인간집단에 주목하라. 맥가브란의 "사람", "인간집단", "집단 개종", "다수의 개인 개종" 개념을 모두 다루는 것은 이 장의 범위를 벗어난 것이지만, 맥가브란이 "인간집단"을 설명하는 용어로 "저항"이라는 개념을 매우 일찍부터 사용했다는 점에 유의해야 한다.

맥가브란은 인도에서 선교사의 자녀로 태어나고 성장했다. 그는 평생 타 문화권 선교사로 인도에서 사역했다. 그가 선교신학을 발전시킨 맥락은 인도이다. 맥가브란의 글에는 그가 용어를 정의하는 방식에서 일부 발전이 있었지만, 전체적으로 집단성, 공동성, 사회적 응집성의 개념을 계속 유지했다.

맥가브란은 이 개념을 토대 삼아 마태복음 28:18 말씀 "모든 민족을 제자로 삼아"(mathetuesate panta ta ethne)를 해석했다. 맥가브란이 '인간집단'을 정의하는 방법에서 우리는 하나의 좋은 예를 볼 수 있다.

> 서양의 기독교화 과정은 지극히 개인주의적 과정이었다. 인간집단은 개종한 개인들의 집합체로 간주했다. 개종은 각 개인 한 사람 한 사람의 개인적 경

험이었다. 인간집단을 분리된 개체로 식별하지 않았기 때문에 인간집단의 개종에 작용하는 사회적 요소를 간과했다.

그러나 민족은 개인의 집합체가 아니다. 진정한 민족 안에선 결혼과 친밀한 교제가 그 사회 안에서 활발히 이루어진다. 진정한 민족 안에서 개인들은 공통적인 사회적 관습과 종교적 신념뿐 아니라 혈연 관계에 의해서도 결속된다. 진정한 민족은 사회 유기체인데, 구성원 대부분이 자기 집단 테두리 안에서 결혼한다는 사실 덕분에, 그들의 마음속에서 다른 종족과 구별된 고유한 종족 개념이 형성된다. 개인주의가 발달한 서양을 제외한 인간 가족은 대체로 그러한 카스트, 씨족, 민족으로 이루어졌기에, 각 나라의 복음화는 인간집단의 기독교화를 통해 이루어진다(McGavran 1955, 8-10).

국가는 보통 인간집단들의 집합체이며, 때로는 언어, 종교, 문화에 의해 결합되고 때로는 이런 요소들에 의해 분열된다(McGavran 1959, 41).

사람들은 교회를 고립된 개개인으로서가 아니라 다양한 사회집단으로 이해한다. 교회는 종종 한 핏줄, 언어, 방언, 또는 국가의 한 부분으로 상호 연결된 개인들로 구성된다. 인간 사회의 많은 측면 중에서, 그 어느 것도 교회 성장에서, 사회 동질집단보다 더 중요한 요인은 없다. 일반 인간집단은 모자이크와 비교할 수 있다. 모자이크의 각 조각은 하나의 사회, 하나의 동질집단이다. 그들은 자신만의 삶의 방식, 그 자체의 기준, 교육의 정도, 자아 이미지 그리고 비슷한 주거 환경을 가진다.

이 사회학적 관점은 사실적이고 합리적이다. 인간은 사회의 일원으로 살아간다. 흔히 집단 개종이라고 불리는 운동은 '다수의 개인 개종'(multi-individual conversion)이다. 이것은 많은 경우 다수의 개인이 지식을 공유하고 상호 의존하는 관계 속에서 동시에 주님을 믿는 경우를 말한다. 이런 '다수의 개인 행동'(multi-individual action)은 집단에 반대해 단일 개인 행동을 하는 것과는 전혀 다른 제한적 의미가 있다.

그리스도께서 강조하신 모든 민족을 제자 삼으라는 성경적 목표를 이루기 위해선 동질집단을 인식하고 주장해야 한다(McGavran 1965, 69, 71-73).

그러므로 본질적으로, "저항적인 사람들"에 대한 성찰의 출발점은 "사람들"의 개념이어야 한다. 그때부터 우리는 특정 인간집단이 "저항적"일 수 있다는 관찰을 할 수 있다. "저항적"이라는 개념은 특정 인간집단에 대한 어떤 것, 즉 그 집단 내에서 수행되고 그 그룹과 함께 수행하는 선교 활동에 대한 반응을 설명하고자 했던 것이었다(McGavran 1974, 2-5, 38-40; 1977, 74-76).

2) "수용적 인간집단"의 개념

수용성에 집중하라. 우리는 원래 맥가브란과 알란 티펫의 강조가 "저항적"이 아니라 "수용적"인 사람들에게 있었다는 사실을 알아야 한다. 맥가브란은 『하나님의 가교』에서 말한다.

> 사람들이 어떻게 기독교인이 되는지에 대해 우리가 어둠 속에서 빛을 찾듯이 연구해 보면, 초대 교회 이야기는 많은 해답을 제공한다. 무엇보다 중요한 것은 바울이 이끄는 초대 교회의 의도적 선교 활동은 대부분 복음에 수용적으로 반응하는 민족을 따라 이루어졌다. 사람들의 마음속에 존재하는 신앙 충동을 그리스도께 확장시키는 데 집중했다. 우리는 이 점에 주의를 기울여야 한다(McGavran 1955, 36; McGavran 1959, 52).

15년 후, 맥가브란은 그의 대표적 명저 『교회 성장 이해』에서 이 개념을 더 발전시켰다.

개인의 수용성 또는 반응성은 상황에 따라 변한다. 어느 누구도 항상 똑같이 '주의 길'을 따를 준비가 되어 있지 않다. 이런 사람의 다양성은 너무 잘 알려져 있기 때문에 더 이상 긴 설명이 필요 없다.

> 사람과 사회 또한 반응이 다양하다. 인류의 모든 종족은 상당 기간(때로는 매우 긴 기간) 복음에 저항한 후, 복음의 수용성을 갖춘다. 반항적 집단에서는 아주 작은 단일 집단만 복음을 수용하는 반면, 반응이 좋은 집단에서는 다른 집단들로 자유롭게 번식 많은 집단이 복음을 수용한다(McGavran 1970, 216; McGavran and Hunter III 1980, 30-31, 112).

이에 앞서 알란 티펫은 1972년 "성령과 반응하는 인간집단들"(The Holy Spirit and Responsive Populations)이라는 제목의 장을 썼는데, "인간집단"이라는 개념은 선교학자가 다음 단계를 밟아 대응성에 대해 질문할 수 있게 해 주기 때문에 도움이 된다고 강조했다.

> 우리가 복음에 "반응하는 인간집단들"에 대해 말할 때, 우리는 일단 결정을 내리면, 일치된 행동을 하는 동질집단을 생각한다. 하지만 모든 인구가 수용적으로 반응하는 것은 아니다. 밭은 수확할 때까지 무르익는다. 수확 시기를 인식해야 하며, 수확자는 일꾼을 올바른 추수 때에 보내야 한다. 복음에 수용적 인간집단은 많은 인간집단 운동과 엄청난 수치적 교회 성장을 의미한다.
> 수용할 자세가 된 그룹들(identifiable group)은 그리스도의 복음을 기다린다. 집단이 수용적으로 응답할 때, 교회를 설립해야 한다. 교회는 될 수 있으면 그 인간집단과 같은 구조로 세워야 한다. 추수하는 일꾼으로 책임 진 자들은 상식과 겸손, 인류학적 이해와 강한 개인적 확신이 필요하다. 그러나 무엇보다도 그들은 성령에 순종하는 마음이 필요하다. 성령의 능력과 축복이 없이는 선교도 없다(Tippett 1972, 77-78, 97-98).

맥가브란과 그의 동료들이 초기에 강조한 것은 수용성 원리에 긍정적이었다. 그들은 더 수용성이 높은 인간집단을 식별하고, 선교 전략과 활동 측면에서 그들에게 적절하게 대응하고자 했다. 이것은 이론적 형성 과정에서 우리를 세 번째 단계로 이끌어 준다(McGavran 1973, 47-48).

3) 수용적 인간집단에 대한 선별적 집중

선택과 집중이 필요하다. 맥가브란은 선교 전략의 원칙을 계속하여 확인했다. 선교 자원을 수용적이라고 여겨지는 인간집단들에게 더 많이 투자해야 한다. 사람들이 복음에 반응하지 않는 인간집단에는 좀 "가볍게" 투자해야 한다(McGavran 1955, 120). 피터 와그와 다른 학자들은 이 이론을 한 단계 더 발전시켰다. 복음에 대한 수용성이 높은 인간집단이 식별되면, 선교는 수용적 그룹이라고 판단된 사람들에게 집중하는 기술을 배워야 한다고 강조했다.

에디 깁스(Eddie Gibbs)는 이것을 교회 성장 이론의 "공식"(axiom)이라고 부르며 우리에게 강조한다.

> 복음 메시지에 저항하는 자들을 설득하려는 헛된 시도에 노력을 낭비하기보다는, 복음을 수용하는 자들에게 복음을 전하는 데 최우선순위를 두어야 한다는 것이 교회 성장의 공식이다. 복음 전도자와 교회 개척자가 수용적 토양을 식별할 수 있도록 돕기 위한 여러 지표가 있는데, 그 지표의 대부분은 삶의 전환기나 트라우마에 빠진 사람들을 가리킨다.
> 그러나 우리가 성령의 역사하심을 충분히 고려하지 않는 한, 이 교회 성장 원칙은 양심적으로 적용되기보다는 비윤리적으로 남용되기 쉽다. 분명한 것은 성령이 예수 그리스도의 복음과 부요함을 드러낼 수 있도록, 수용자가 삶의 전환기나 트라우마를 경험하는 시기에, 자상하고 분명한 기독교적 메시지를 들을 수 있도록 선교사가 주변에 있어야 한다는 점이다(Gibbs 1986, 192).

시간이 흐르면서 선교 현장에서 공식이 된 수용성 개념은 비판을 받았다. 선교학계에서 신뢰를 잃어버렸다. 그러나 우리는 인간이 비슷한 세계관과 문화를 가진 사람들끼리 잘 어울리는 경향이 있다는 사실을 알고 있다. 인간은 '마음' 언어인 모국어로 하나님을 사랑한다. 우리는 마음 언어로 가장 깊은 수준의 성찰과 사고를 하는 경향이 있다. 그래서 수용자 중심의 복음 전달을 생각할 때 수용자 집단의 특징을 신중하게 고려해야 한다.

4) 다양한 수용성을 가진 인간 모자이크 인식하기

수용성은 인간집단에 따라 다양하다. 우리는 맥가브란, 티펫, 와그너 및 다른 학자들이 주어진 국가, 특히 특정 도시 또는 지역마다 다소 복잡한 모자이크를 이루는 다양한 집단이 있을 수 있으며, 그들 그룹마다 수용성이나 저항성이 다르며, 거기에 이바지하는 요인 또한 다를 수 있음을 알려 준 사실에 빚지고 있다.

맥가브란은 이렇게 단언했다.

교회 성도들이 일반 인구 내에서 동질적 단위의 수용성 변화를 주시하지 않고, 이들 단위에 속한 사람과 그룹을 찾아서 교회로 인도할 준비가 되어 있지 않으면, 그들은 선교에서 해야 할 일을 분별하지 못할 것이다. 그들은 선교의 최고 목적을 바로 인식하지 못한 체, '교회와 선교 활동'을 계속할 것이며, 선교는 수용성이 높은 집단에 적합한 선교 전략을 수립하지 못할 것이다. 수용성을 인식하고, 수용자가 기독교인이 되어 영생을 얻도록 전도 방법과 제도 및 인력을 수용성에 맞추어 조정해야 한다(McGavran 1970, 232).

수용성은 보인다. 맥가브란은 이렇게 썼다.

거의 모든 나라에서 어떤 인간집단, 모자이크 조각들은 복음에 수용성을 보인다. 특정 인간집단이 복음을 수용해 이루어지는 교회 성장은 우리가 복음에 반응하는 세계에 살고 있다는 것을 계속 보여 준다(McGavran in Priest 1984, 252-53).

이 관찰에서 도출된 불가피한 결론은 선택과 집중이었다. 선교 전략가는 대부분의 선교 자원을 수용적 모자이크(mosaic)에 투자하고, 아직 저항 세력이 있는 모자이크에는 선교 자원을 일부 또는 "가볍게" 배치해야 한다(McGavran 1970, 229-30).[2]

딜로스 마일즈(Delos Miles)는 『교회 성장: 권능의 강』(*Church Growth: A Mighty River*)에서 이렇게 말했다.

교회 성장의 우선순위는 복음을 가장 잘 수용하는 사람에게 주어져야 한다. 우리는 우리의 가장 많은 자원을 지금 가장 큰 수확을 할 수 있는 곳에 투자해야 한다.
맥가브란은 이렇게 말했다.
"무르익어 수확하게 된 곡식을 수확할 수 있는 동안 수확하라."

---

[2] 세계 여러 지역에서 이 개념이 어떻게 적용되었는지를 살펴보는 것은 본 장의 범위를 벗어난다. 이 개념이 선교 기관이 세계의 어떤 특정 지역으로 몰려가게 하여, 어떤 경우에는 다소 비참한 결과를 초래한 경우도 있었다고 비평할 수 있다. 인도네시아와 구소련으로 선교 기관들이 몰려들었던 역사가 그 예이다.

조지 헌터는 이렇게 말했다.

"교회 성장 운동이 이 세대의 세계 복음화에 가장 크게 기여한 부분은 수용성에 대한 강조일 것이다."

그러므로 교회 성장은 우리에게 우선순위의 우선권을 준다. 복음 전도에 최우선순위를 두는 것이다. 그 우선순위 내에서 가장 우선적으로 관심을 기울이는 것은 전도할 수 있는 자를 전도하는 것, 익은 곡식을 수확하는 것이다. 복음 수용자는 복음 거부자보다 우선권을 갖는다(Miles 1981, 90-91; 마일스는 맥가브란을 인용한다. McGavran 1970, 256 , Hunter III 1979, 104).

피터 와그너는 이렇게 설명했다.

사실상 수확의 원리(the principle of the harvest)나 저항과 수용성에 대한 모든 논의는 저항에 대한 우려를 불러일으킨다. 선교사들은 몇 년 동안 수확이 거의 없거나 전혀 없는 특정한 사람들 사이에서 일해 왔다. 또한, 그들은 가까운 미래에 수확할 수 있을 것으로 기대하지도 않는다.

이 선교사들은 과연 하나님의 뜻으로 선교사로 그곳에 파송된 것일까?
우리는 이슬람교도와 같은 사람들을 잊어버려야 할까?
복음에 반응이 없는 인간집단을 우리는 피해야 하는가?

우리는 이런 훌륭한 질문들을 공개적으로 던져야 한다. 일부에서 수확의 원리뿐만 아니라 교회 성장 운동 전체를 거부하고 배척한 것도 바로 이 점 때문이다.

내가 아는 어떤 교회 성장 옹호자도 저항 세력을 피하라고 제안하지 않았다. 지상 명령은 우리가 모든 피조물에게 복음을 전하라고 명령한다. 도널드 맥가브란(Donald McGavran 1980, 176-78)은 처음부터 수용성이 낮은 선교지에는 선교 자원을 가볍게 배치해야 한다고 가르쳤다. 많은 경우에 기독교 사역자들은 현지에서 우호적인 생활을 하면서 조용히 씨를 뿌리는 사역 이상을 할 수 없다. 하나님께서는 계속해서 많은 일꾼을 불러 그 일을 하게 하시며, 나는 그들을 지지하고 격려하는 사람 중 하나이다(Wagner 1987, 88-89).

여기서 와그너는 이 이슈에 대한 맥가브란의 강한 입장을 반영하고 있다. 맥가브란은 말했다.

> 어느 누구도 선교지 수용성이 낮더라도 교회가 선교지에서 철수해야 한다고 단정해서는 안 된다(McGavran 1970, 229).

5) 씨 뿌리는 자 비유: 선택과 집중에 대한 성경적 배경

선택과 집중에 대한 개념은 씨 뿌리는 자 비유에서 나온다(마 13:1-23). 내가 아는 한, 이 비유는 랄프 윈터가 처음으로 현대 선교학에 적용했고, 피터 와그너와 다른 학자들이 그 뒤를 따랐다. 그 후, '씨 뿌리는 자 비유'는 교회 성장 문헌에서 '토양의 비유'로 알려졌다. 이런 해석학적 접근으로 이 비유가 선교 활동을 하기로 선택한 사람들의 집단과 상황을 선택적으로 집중하는 데 성경적 배경을 제공한다고 결론을 내렸다.

1971년 초, 랄프 윈터는 단언했다.

> 토양의 비유(Parable of the Soils)는 선교의 궁극적 의미를 결정적으로 명확하게 드러낸다. 이 비유는 수용적인 사람들을 찾고, 열매를 맺을 사람들에게 우리의 시간을 투자하는 것에 대한 가장 확실한 성경적 바탕이다(Winter 1971, 146).

같은 해에 피터 와그너도 동의했다. 씨앗을 뿌리는 것도 필요하지만, 토양의 비유는 이 개념을 발전시키고, 제대로 된 수확을 위해 지혜로운 파종이 필요하다고 가르친다. 선교 전략의 분명한 원칙은 말씀의 씨앗을 뿌리기 전에 토양이 열매를 맺을 가능성이 있는지 시험해야 한다. 선교 전략가들은 아무 곳에나 씨를 뿌리는 무지한 파종을 없애기 위해 노력해야 한다(Wagner 1971, 42).

1987년, 피터 와그너는 이렇게 확언했다.

> 비유에 따르면 좋은 땅에 떨어진 씨앗은 30배, 60배, 100배의 열매를 맺었다. 그렇다면 여기서 토양의 비옥함이 가장 중요한 독립 변수이다. 이 '흙'을

해석하면, 말씀을 듣고 이해할 정도로 잘 준비된 사람들을 말한다(마 13:23). 그러므로 복음 전도 전략 계획의 효과를 높이는 한 가지 방법은 어떤 특정 집단이나 개인이 이 말씀을 받을 마음을 가졌는지를 미리 파악하는 것이다. 복음 메시지를 부주의하게 아무 곳에나 뿌리는 것은 매우 비효율적인 복음 전도 과정이다. 가능한 한 우리는 복음 전도를 위해 토양을 파악해야 한다. 일단 우리가 토양을 조사하면, 우리는 복음 전도 활동에 이용할 수 있는 시간과 에너지 그리고 다른 자원들을 훨씬 더 생산적으로 사용할 수 있다(Wagner 1987, 61-62).[3]

복음주의 선교학에서 이 비유는 선별적 목표 설정을 지원하는 표준 성경 본문이었다. 다음 학자들도 선별적 목표 설정을 지지했다. 로버슨 맥퀼킨(J. Robertson McQuilkin, 1973, 24-32), 조지 피터스(George Peters, 1981, 68-71), 도널드 맥가브란(Donald McGavran, 1970, 215ff; 1980, 245ff; 1990, 179ff), 피터 와그너(C. Peter Wagner, 1987, 61-62), 톰 래이너(Thom Rainer, 1993, 250).

나는 이 장의 뒷부분에서 씨 뿌리는 자의 비유를 더 깊이 고려할 것이다.

6) "수용성" 정의

수용성은 무엇인가?

이 시점에서 우리는 "수용성"이 어떻게 결정되는지를 역추적해서 물어볼 필요가 있다.

어떤 근거로 특정 집단이 '수용적'이라고 판단하는가?

답은 분명해 보인다. 교회성장학 문헌에서 한 인간집단을 '수용적'이라고 판단하는 지배적 근거는 특정 집단의 한가운데 일부 교회가 빠르게 성장한다는 사실에 근거를 둔 것으로 보인다. 맥가브란에게 있어, 이것은 누군가가 인간집단 운동의 시작을 볼 수 있다는 것을 의미했다. 맥가브란과 와그너에게 있어 그것은 특정 민족 사이에서 일하는 다양한 교단, 회중 또는 선교에 대해 비교 통계적으로 교회 성장을 분석했을 때, 빠르게 성장하는 교회(또는

---

3   다음 자료를 참고하라. J. Robertson McQuilkin 1973, 24-32; George Peters 1981, 68-71; Donald A. McGavran 1970, 215ff; 1980, 245ff; 1990, 179ff; and Thom Rainer 1993, 250.

적어도 그들 중 일부)를 발견했음을 의미했다.

와그너가 말했다.

> 수년간의 연구를 따르면, 다른 많은 것 중에서 저항 수용성의 세 가지 주요 지표가 눈에 띄며, 중심축에서 특정 종족 그룹을 어디에 표시할지를 결정할 때마다 이 세 가지 지표를 고려해야 한다.
>
> 1. 교회가 이미 성장하고 있는 곳
> 2. 사람들이 변화하고 있는 곳
> 3. 사람이 많은 대중 가운데
>
> 이 세 곳에선 수용성을 기대할 수 있다고 말하는 것은 기본 중의 기본이다. 그러나 많은 복음 전도 기획자가 이와 반대되는 생각으로 그들의 전략을 개발하기 때문에 강조할 필요가 있다. 그들은 원칙적으로 교회가 성장하지 않은 곳을 전도하기로 한다. 수확을 바라는 사람들에게, 그런 접근은 효율적이지 않다(Wagner 1987, 78)[4]

7) 저항/수용 축

"수용적" 인간집단은 많은 교회가 빠르게 성장하는 인간집단 중 하나이다. 이런 기본 정의는 맥가브란, 데이튼, 와그너 등의 "저항/수용 축" 이론을 발전시켰다. 엘머 타운스(Elmer Towns)는 『복음주의 및 교회 성장 실천 백과사전』 (*Evangelism and Church Growth: A Practical Encyclopedia*)에서 이 축을 "복음에 개방적인 상태에 따라 인간집단을 지정하는 척도"로 정의한다(Towns 1995, 340).

---

4   이 책에서 와그너는 이 세 가지 주요 지표에 대한 그의 이해를 상세히 설명했다. 특정 민족 집단이 저항/수용성 축에서 어느 지점에 속할 것인가에 대한 것이다(Wagner 1987, 78-88).

복음에 대한 높은 저항						복음에 대한 높은 수용성			
-5	-4	-3	-2	-1	0	+1	+2	+3	+4	+5
강하게 저항적		다소 저항적		무관심			다소 호의적		강하게 호의적

도표 9: 저항/수용 축[5]

나중에 알겠지만, "저항/수용 축"은 인간집단이 수용적이거나 저항적일 수 있다는 사실에 대한 질문을 부채질한다. 이에 대해, 교회 성장 운동의 여러 학자는 저항이나 수용성에 이바지할 수 있는 다양한 요소에 대한 다소 정교한 분석 방법을 개발했다. 특히 지역 맥락적, 지역적 제도적, 국가 맥락적, 국가 제도적 요인의 문제와 함께 작업하면, 특정 시기 및 특정 맥락에서 인간집단의 상태에 이바지할 수 있는 다양한 문제를 상당히 효과적으로 분류할 수 있다.

내 생각에, 성장을 강화하거나 억제하는 요소들에 대한 이런 분석은 교회 성장 이론의 가장 창조적이고 건설적이며 도움이 되는 요소 중 하나였다.

8) 이차적 용어인 "저항/수용성"

만약 우리가 한 인간집단을 "수용적"이라고 부르는 근거가 그 사람들 사이에서 빠르게 성장하는 교회를 발견할 수 있기 때문이라면, 우리는 정확히 무슨 말을 하는 것일까?

나는 이런 용어를 사용하면서, 교회 성장 운동은 사실 특정 인간집단 자체에 대해 구체적 언급을 하지 않았다고 제안하고 싶다. 나는 그 용어들이 새로운 생각을 받아들이려는 집단의 세계관, 문화, 종교 시스템, 신앙 문제, 영적 개방성, 정신 감정적 의지에 대해 우리에게 아무것도 말해 주지 않았다고 생각한다. 오히려, 내 생각에 이 용어는 부수적이고 파생적인 관찰을 통해

---

5 Edward R. Dayton 1980, 47; reproduced in C. Peter Wagner 1987, 78. (See also McGavran 1970, 228; C. Peter Wagner 1971, 150–51; R. Daniel Reeves and Ronald Jenson: 1984, 69; C. Wayne Zunkel 1987, 158; Edward Dayton and David A. Fraser 1990, 129–30.)

형성된 것이다. 그 논리는 이런 식으로 진행될 것이다.

- 일부 교회가 급성장하고 있다는 사실에 근거한다.
- 교회들이 우리가 "수용적"이라고 부르는 사람들 사이에서 가장 빠르게 성장한다는 가정에 기초한다.
- 따라서 우리는 이 사람들이 수용적이라고 결론짓는다.

위의 내용을 설명하는 관련 개념은 1990년대 영적 문제에 관심을 가진 교회 성장 운동의 최근 노력과 관련이 있다. 1990년대 중반을 시작으로 와그너 등 일부 학자들은 "전략적 수준의 영적 전쟁"(strategic level spiritual warfare) 분야를 연구했다. 그들은 "수용적" 혹은 "저항적"이라는 용어가 인간집단 가운데 활동하는 보이지 않는 우주적 차원의 영적 능력과 권세에 대해 말하는 것으로 이해해야 할 용어일 수 있다고 말하는 것처럼 보였다.

이 경우에도 마찬가지로, 이 용어들은 인간집단에 대해 거의 말해 주지 않을 것이다. 대신, 이 용어는 특정한 시기와 특정 인간집단에 작용하는 영적 힘이나 영적 환경을 가리키는 것으로 이해할 수 있다.

따라서 나는 신학적으로 볼 때, 맥가브란이 사용한 "반응적" 또는 "수용적" 인간집단이라는 용어는 초기에 주로 교회와 교회들의 성장에 대한 서술적 용어였다는 것을 제안하고 싶다. 이 용어는 집단 자체에 내재하거나 본질적 요소에 관한 기술은 아니었다. 나는 "수용적"과 "저항적"이 본질적으로 사회학적 용어라는 것을 인식하기 시작했다. 맥가브란이 사용한 용어는 관찰할 수 있는 현상인, 특정 인간집단 내 교회의 수치적 성장을 묘사한 것이었지, 한 특정 집단의 영적 상태를 기술하는 신학적 용어가 아니었다.

9) 선교학적 발전

선교학적 발전이 있었다. 복음주의 선교학에서 세 가지 크고 강력하며 영향력 있는 발전은 저항적/수용적 인간집단이라는 이론적 틀에서 파생되었다.

(1) 숨겨진/미전도 종족

미전도 종족 개념은 선교학적 발전이었다. 내가 위에서 설명한 이론적 틀에서 흘러나온 첫 번째 주요한 선교적 의미는 랄프 윈터가 강조했던 "숨겨진 종족"과 "도달하지 못한 미전도 종족"(unreached peoples) 개념과 관련이 있다. 이것들은 복음주의 선교학에서 매우 중요해졌다.

먼저 1974년 로잔 Ⅰ 대회에서 주목받았다(Douglas, ed., 1975), 그 후 1980년 파타야 선교대회에서 주목받았다(Douglas 1980, 43-44; Scott 1981, 57-75; Coggins 1980, 225-32; Winter 1980, 79-85).

1980년 에든버러에서 열린 '세계개척선교협의회'(World Consultation on Frontier Missions)에서 주목받았다(Starling, edit 1981). 그리고 가장 최근에 10-40창에 대한 AD2000 운동의 강조와 '미전도 종족 입양'(Adopt-A-People) 운동에서 가장 많은 주목을 받았다.

이 모든 것은 위에서 설명한 이론적 틀에서 파생되었다. 여기에 월드 비전(World Vision)의 연구소 MARC(Mission Advanced Research and Communication)의 미전도 종족 연구도 포함할 수 있고(Dayton and Wagner, et al), 이 이론적인 복잡한 특징에서 도출된 데이비드 바렛의 연구 이면에 있는 구체적 가정들도 포함할 수 있다. 어떤 사람이(그리고 내가) 복음주의 선교학에서 이런 운동으로 대표되는 선교 활동가의 주도권을 강력하게 지지할 수 있더라도 상관없다. 그것은 내 요점이 아니다. 오히려, 나는 우리가 가장 중요하고 근본적인 신학적, 선교학적 질문을 던져야 한다는 것이다.

"수용적" 혹은 "저항적"이라고 말할 때 우리는 무엇을 의미하는가?

(2) 맥락화

저항을 누그러뜨릴 맥락화 작업이 필요하다. 두 번째 선교학적 발전은 이런 이론적 복잡함에 이어, 저항을 피하거나 최소한 줄일 수 있는 방식으로 세심하게 진행하는 복음의 맥락화를 향한 열망이다. 도널드 맥가브란이 제안한 대로 다음과 같이 해야 한다.

> 각 인간집단은 복음을 이해하는 자신만의 공식을 가져야만 한다. 그 안에 복음의 본질, 성경의 권위, 변하지 않는 그리스도가 모든 인간집단에 동일하게 유지되어야 한다. 그러나 반주는 자유롭게 변경하되, 반드시 맥락에 맞게 해

야 한다(McGavran 1970, 231).

그리스도를 선포하고, 사람들이 그분의 제자가 되고 교회의 책임 있는 구성원이 되도록 설득하기 위한 강하고 담대한 계획은 기독교 선교의 필수 불가결한 사항이다. 그들의 담대함은 모든 나라의 방황하는 무리에 대한 동정 어린 접근으로 강화될 것이다.

그들은 올바른 전략에 필수적이다. 올바른 전략은 세계를 문화 단위, 즉 기독교 선교가 지금 정확히 씨앗을 뿌리는 문화권과 정확히 수확하는 문화권으로 나눌 것이다. 그러나 두 종류의 문화가 모두 공존하며, 이 둘 사이에는 뚜렷한 경계선도 없다. 잘못된 전략은 사회의 반응적인 부분과 저항적인 부분 사이의 차이를 구분하지 못한다. 올바른 전략은 차이점을 언급할 뿐만 아니라, 끊임없이 탐구해 다양한 인간집단을 식별하고, 각 교회의 선교 노력을 각각의 다양성에 적합하게 맞추는 방법을 발견한다(McGavran 1972a, 105-6).

그래서 맥가브란은 풀러신학교에 세계선교대학원/교회성장연구소를 설립하면서 알란 티펫을 초청했고, 나중에 찰스 크래프트, 딘 길릴랜드 그리고 댄 쇼우가 합류하도록 초청했다. 이들 모두는 문화 저항 세력에 관한 선교신학 인류학과 상황화/맥락화 이론의 전문가들이었다. 그들의 가정은 효과적 선교 활동을 위해선 수신자에 대한 심층 수준(deep-level)의 문화적 이해를 기반으로 해야 한다는 것이었다.[6]

(3) 동질집단 교회 개척

동질집단 원리와 교회 개척이 만날 수 있다. 이는 본 장의 범위를 벗어난 주제이지만, 여기에서 세 번째 선교학적 발전인 동질집단 교회 개척 원리가 미국 교회 성장 운동에서 강조되었다는 사실을 주목해야 한다. 도날드 맥가브란, 윈 아안, 피터 와그너 등이 출간한 여러 저작물 중 일부를 소개한다. 이 문헌들은 북미에 동질집단 원리에 따라 교회를 개척한다는 개념을 설명하고, 이를 강하게 지지하며, 북미 상황에 맞게 맥락화하고, 특정 인간집단

---

6 다음 자료를 참고하라. Charles Van Engen, Darrell Whiteman, and J. Dudley Woodberry, eds., 2008, 3-46.

의 저항/수용성 측정과 반응이라는 개념에서 흘러나오는 선교학적 사고의 흐름을 정리했다. 다음은 몇 가지 샘플이다.

1971 C. 피터 와그너, 『기독교 선교 전략』(Frontiers of Mission Strategy)
1973 도널드 맥가브란과 윈 아안, 『교회 성장 방법』(How to Grow a Church)
1976 C. 피터 와그너, 『교회 성장 원리』(Your Church Can Grow: Seven Vital Signs of a Healthy Church)
1977 도널드 맥가브란과 윈 아안, 『교회 성장 단계』(Ten Steps for Church Growth)
1979 C. 피터 와그너, 『사람들의 유형』(Our Kind of People)
1980 도널드 맥가브란과 조지 헌터, 『효과적 교회 성장 전략』(Church Growth Strategies that Work)
1981 도널드 맥가브란, "미국 교회 가운데 일부 교회는 성장하고 다른 교회는 성장하지 않는 원인은 무엇인가?"(Why Some American Churches are Growing and Some are Not) (in Elmer Towns, John N. Vaughan and David J. Seifert, eds., 1981, 285-294);
1981 도널드 맥가브란, 『교회 성장 기본으로 돌아가자』(Back To Basics in Church Growth)
1981 C. 피터 와그너, 『성경적 교회 성장』(Church Growth and the Whole Gospel)
1984 도널드 맥가브란, 『현대 선교와 중대한 결정』(Momentous Decisions in Mission Today)
1984 C. 피터 와그너, 『교회 성장을 위한 지도력 : 역동적인 교회 성장을 위한 목회자 평신도의 협력의 비결』(Leading Your Church To Growth)
1986 C. 피터 와그너, 『미국 복음화 비전』(A Vision for Evangelizing the Real America)
1987 C. 피터 와그너, 『교회 성장 전략』(Strategies for Church Growth)
1990 C. 피터 와그너, 『더 큰 수확을 위한 개척교회 가이드』(Church Planting for a Greater Harvest)
1996 C. 피터 와그너, 『건강한 교회』(The Healthy Church)
1996 톰 래이너, 『교회성장학 교과서』(The Book of Church Growth)

나는 위의 저술들을 조사해 두 가지 결과를 도출했다.

첫째, "저항/수용" 문제는 지난 30년 동안 복음주의 선교학에서 큰 영향력을 발휘하며 신중한 사고와 심사, 비판을 거쳤다.
둘째, 이 개념 자체는 특히 영적, 신학적 이해와 관련해 언급하는 측면에서 매우 불분명하다.

이 용어들은 대부분 특정한 사람들 사이에서 교회들이 성장하는 것을 관찰할 수 있다는 사실과, 따라서 그 집단을 목표로 삼아야 하며, 그에 따라 선교 전략을 세우는 데 특정한 문화적 문제들을 고려해야 한다는 사실을 언급해 왔다. 그러나 우리가 그 공식의 '저항적' 부분에 초점을 맞추면, 신학적 명확성 결여가 특히 두드러진다. 왜냐하면, 긴 자격 요건과 설명에도 우리는 '저항적'에 대해 이전에 '호응하는' 인간집단에 대해 제기했던 모든 주장과 반대되는 결론을 내릴 수 있다고 가정할 수 있기 때문이다.

즉, 저항하는 인간집단 중에서는 우리가 선교 활동을 거의 하지 말아야 하며, 복음의 맥락화에 특히 주의해야 하며, 저항하는 집단이 '수용적'이 될 때까지는 그들을 선교 대상으로 삼기 위해 너무 신경 쓰지 말아야 한다는 것이다.

그러나 현저하게 그리고 이전의 관점과 모순되게, 최근에 일어난 AD2000 운동, 와그너와 다른 선교 운동에서 그리고 '10-40창'을 다루는 많은 선교 계획에서, 가장 저항적인 몇몇 인간집단 사이에서 의도적이고 공격적인 선교가 철저하게 수행되어야 한다고 주장하는 선교 지도자들이 등장했다.

이제 신학적으로 다시 생각해야 한다. 이 모든 것은 "저항적"이라는 용어의 신학적 의미에 대해 철저히 재고할 필요가 있다. 그렇다면 이제 우리는 저항 세력에 관한 신학적 성찰을 해야 한다.

4. 저항 세력에 관한 신학적 성찰의 개요

신학적 성찰이 필요하다. 이제부터 나는 우리가 당면한 문제를 명확히 하는 데 도움이 될 수 있는 신학적이고 성경적인 확신을 발전시켜 일종의 개요를 제시할 것이다. 내가 살펴본 것처럼, 초기 맥가브란의 긍정적 관점을 본받아 우리의 출발점은 긍정적이어야 한다. 따라서 신학적 성찰은 다음과 같이 진행한다.

1) 모든 사람은 언제나 하나님의 사랑을 받고 있다

하나님은 사람들을 사랑하신다. 하나님은 모든 민족의 문화적, 인종적 다양성을 인정하고 가치 있게 여긴다. 하나님은 민족성의 특수성 안에서 모든 민족을 사랑하시고 예수 그리스도에 대한 믿음으로 모든 사람을 초대하신다. 인간집단 각각은 그들만의 특별한 문화적, 민족적 존재이다. 그들이 긍정적으로 반응하든 그렇지 않든, 하나님은 여전히 모든 백성을 사랑하신다.

> 하나님이 세상을 이처럼 사랑하사 독생자를 주셨으니 이는 그를 믿는 자마다 멸망하지 않고 영생을 얻게 하려 하심이라(요 3:16).

그래서 성경이 우리에게 말하는 첫 번째 확신은 문화적 특수성과 하나님의 선교적 보편성 사이의 상호 보완성과 관련 있다. 성경을 통해 우리는 하나님의 백성들이 각기 다른 민족과 인간집단의 존재를 인식하면서 특정한 문화적 차이에 대한 하나님의 세심한 감수성을 강조하는 것을 발견한다.

'국가들'은 단지 정치적 지배의 다양한 거미줄에 걸린 개인들의 비정형적 혼합체가 아니다. 오히려, 그들은 독특성을 가진 특별한 '가족', '부족', '언어' 집단이다.

그러나 동시에 하나님께서는 모든 백성에게 초청장을 보내 그들과 언약을 맺고 함께 살기를 원하신다. 그러므로 모든 백성은 아브라함 안에서 또 아브라함을 통해 복을 받을 것이다. 여기서 우리는 맥가브란이 인간집단에 대해 집중하는 것을 인정하면서도, "수용성"과 "저항성"에 대해 철저하게 재정의해야 한다.

요한복음 3장에서 예수님께서 니고데모에게 하신 말씀은 특별하다.

> 하나님이 세상을 이처럼 사랑하사 독생자를 주셨으니(3:16a).

예수님의 말씀은 모든 민족을 향한 하나님 사랑의 보편성에 대한 성경적 이야기와 특정 민족과 다른 민족을 다원적으로 사랑하시는 하나님의 특별함에 초점을 맞추고 있다. 하나님의 선교를 이해하는 데 있어 이것이 얼마나 중요한지를 알기 위해서는 성경 전체를 통해 발전되는 주제를 추적하면 된다. 이 점을 애써 강조하면서, 나는 단순히 하나님의 선교를 그들의 문화적, 역사적 특수성 가운데 있는 모든 민족에 대한 하나님 사랑의 보편성의 산물로 보는 데 도움이 될 수 있는 몇 가지 실례가 되는 성경적 배경을 소개한다.

(1) 창세기

하나님은 모든 백성의 창조자이시며 심판자이시다. 창세기 첫 부분(1-11장)서 우리는 하나님께서 모든 백성을 창조하시고 심판하시는 분이라는 말씀을 세 번 반복해 듣는다. 모든 사람은 아담과 이브를 통해 창조되고, 모든 사람은 노아 후손으로 이어져 내려온다. 모든 사람은 바벨탑 사건 이후, 그들의 언어가 혼잡해져 온 땅으로 퍼져 나간다. 각각의 경우에서, 창세기 10장에 나오는 국가 목록을 통해 알 수 있듯이, 다양한 민족의 특수성과 차이를 인식하고 있지만, 각각의 경우에서, 이런 다수 국가들은 집합적으로 하나님의 관심 대상이다.

(2) 아브라함

하나님께서 의도를 가지고 아브라함을 부르셨다. 하나님께서 아브람을 부르실 때, 그의 부르심은 여러 민족에게 복이 되는 것을 포함하지만, 특히 갈데아 우르에서 나홀과 데라로 거슬러 올라가는 한 종족의 특수성을 포함한다. 그들은 하나님의 선교의 특별한 도구이며, 하나님의 관심, 보살핌, 사랑, 모든 민족에 대한 심판의 보편성 안에서 많은 특정 민족에게 복이 되라는 의도로 선택되었다.

(3) 신명기와 역대하

하나님은 모든 민족을 사랑하신다. 모든 민족에 대한 하나님의 사랑은 신명기와 역대하에서 반복된다. 베드로전서 2장은 신명기 10:14-22을 인용한다.

하늘과 땅과 그 안에 있는 모든 것을 만드신 창조주 하나님은 모든 민족 중에서 이스라엘을 선택하셨다. 이제 이스라엘을 불러 특정 민족의 다원성을 드러내는 고아, 과부, 외국인을 불쌍히 여기게 하셨다. 수년 후, 솔로몬이 성전을 봉헌하며, 기도한다. 이 솔로몬의 기도는 이스라엘의 가장 중심적 신앙의 상징을 보여 준다. 솔로몬은 이렇게 기도했다.

> 주의 백성 이스라엘에 속하지 않은 이방인에게 대하여도 그들이 주의 큰 이름과 능한 손과 펴신 팔을 위하여 먼 지방에서 와서 이 성전을 향하여 기도하거든 주는 계신 곳 하늘에서 들으시고 모든 이방인이 주께 부르짖는 대로 이루사 땅의 만민이 주의 이름을 알고 주의 백성 이스라엘처럼 경외하게 하시오며 또 내가 건축한 이 성전을 주의 이름으로 일컫는 줄을 알게 하옵소서 (대하 6:32-33).

(4) 예수님과 이사야

성전은 만민이 기도하는 집이다. 그러므로 이스라엘의 메시아이신 예수님께서 이사야의 말을 인용해 헤롯의 성전을 "만민이 기도하는 집"(사 56:7; 막 11:17)이라고 말씀하신 것은 우연이 아니다. 사실 예수님의 사역에서는 보편성과 특수성의 상호 보완성이 매우 강하게 드러난다.

예수님께서는 어느 순간에 제자들을 "이스라엘의 잃어버린 양에게" 보내신다(마 10:6). 그러나 바로 이 예수님께서 같은 마태복음에서 보편성을 강조하신다. 제자들이 갈릴리의 세계적이고 다문화적인 환경에서 주를 만나야 한다는 것을 매우 강하게 강조하신다. 갈릴리에서 제자들에게 하늘과 땅에 있는 모든 권세가 예수님께 주어졌으니 가서 모든 민족을 제자 삼으라고 명령하신다(마 28:18-19).[7]

---

[7] 마태복음에 나타난 이런 보편성과 특수성의 결합에 관한 연구는 풀러세계선교대학원에서 박사 학위를 받은 폴 허티그의 논문 주제였다. (Matthew's Narrative Use of Galilee in the Multicultural and Missiological Journeys of Jesus. Lewiston, NY: Edwin Mellon Press, 1998).

복음서는 예수님께서 율법을 따라 성전에 드려지셨을 때, 시므온이 선언한 비전을 강하게 지지한다.

> 시므온이 아기를 안고 하나님을 찬송하여 이르되 주재여 이제는 말씀하신 대로 종을 평안히 놓아 주시는도다 내 눈이 주의 구원을 보았사오니 이는 만민 앞에 예비하신 것이요. 이방을 비추는 빛이요 주의 백성 이스라엘의 영광이니이다 하니 (눅 2:28-32)

나중에 예수님께서 나사렛에서 이사야 35, 49, 61장의 언어로 자신의 선교를 선포하셨다. 그것은 가난한 사람들에게 좋은 소식을 전하고, 죄수들에게 자유를 주고, 시각장애우들을 위해 시력을 회복하게 하며, 억압받는 사람들을 석방하고, 주님의 은혜의 해를 갈릴리라는 특정 지역적 상황을 중요하게 고려하면서 보편적, 세계적(Global) 용어로 선포하는 것이었다(눅 4:18-19; 7:22-23).

(5) 바울

바울은 모든 민족에 대한 하나님의 사랑을 강조했다. 갈라디아서는 흔히 인용되는 보편적 구절이다.

> 너희는 유대인이나 헬라인이나 종이나 자유인이나 남자나 여자나 다 그리스도 예수 안에서 하나이니라 (갈 3:28).

> 거기에는 헬라인이나 유대인이나 할례파나 무할례파나 야만인이나 스구디아인이나 종이나 자유인이 차별이 있을 수 없나니 오직 그리스도는 만유시요 만유 안에 계시니라 (골 3:11).

사람의 문화적 특색은 지워지지 않는다. 사람이 가진 민족성, 성별, 사회경제적 특수성은 무시할 수 없다. 그러나 이런 동질성의 특정한 형태들 가운데, 문화적 통일성이 아니라, 예수 그리스도 안에서 하나 됨의 보편성이 있다.

그러므로 에베소서에서 나타난 바울의 교회론은 이방인과 유대인을 구별하고 그 차이를 인식한다. 복음의 신비가 있다.

> 이는 이방인들이 복음으로 말미암아 그리스도 예수 안에서 함께 상속자가 되고 함께 지체가 되고 함께 약속에 참여하는 자가 됨이라(엡 3:6).

그러나 바울은 또한 그들이 예수 그리스도 안에서 하나의 새로운 가족으로 모였다고 단언한다(엡 3:15). 그렇다고 해서 유대인이 이방인처럼 살아야 한다는 것이 아니고, 이방인이 유대인처럼 살아야 한다는 것도 아니다.

바울은 사도행전 15장에 나오는 예루살렘 공의회의 규범을 따라 문화적 차이를 인정하면서도 예수 그리스도 안에서 새로운 통일성을 창조한다. 사도행전 21장에서, 바울은 자신이 체포될 것을 알고 예루살렘 성전에서 유대인의 정화 의식에 참여하지만, 메시아의 성도가 된 유대인들은 여전히 유대인의 관습을 따를 수도 있다는 공개적 발언을 한다.

> 유대인이나 헬라인이나 차별이 없음이라 한 분이신 주께서 모든 사람의 주가 되사 그를 부르는 모든 사람에게 부요하시도다(롬 10:12).

그러나 바울에 따르면 복음 선포에는 순서가 있다. "먼저는 유대인에게요 그리고 헬라인에게로다"(롬 1:16). 이 주제와 관련해, 나는 『미래의 선교신학』에서 "보편주의가 선교신학에 미치는 영향"(The Effect of Universalism on mission theology)을 다루면서 로마서에 나타난 바울 선교학의 개요를 제시했다.[8]

(6) 계시록의 요한

요한은 계시록에서 특수성과 보편성의 상호 보완성을 똑같이 반영한다. 요한은 요한계시록 내내 반복하여 강조한다.

> 각 족속과 방언과 백성과 나라 가운데에서 사람들을 피로 사서 하나님께 드리시고(계 5:9d; 참조, 7:9).

---

8   Van Engen, *Mission on the Way: Issues in Mission Theology*, Grand Rapids: Baker, 1996, 159-68. Van Engen, 『미래의 선교신학』, 박영환 역, 서울: 바울, 2004.

요한계시록 21장에는 교회의 그림인 새 예루살렘의 비전이 '다원국가'의 모습으로 드러난다.

> 만국이 그 빛 가운데로 다니고 땅의 왕들이 자기 영광을 가지고 그리로 들어가리라 낮에 성문들을 도무지 닫지 아니하리니 거기에는 밤이 없음이라 사람들이 만국의 영광과 존귀를 가지고 그리로 들어가겠고(계 21:24-26).

그러므로 여러 민족과 문화의 다원적 차이와 특징에 대한 인식과 축하가 있다. 그러나 그들이 같은 새 예루살렘으로 들어오는 것은 세상의 죄를 지신 하나님의 어린양 앞에 나오는 것이다. 『미래의 선교신학』에서 나는 이것을 "신앙-분파주의자"(예수 그리스도 안에서), "문화적 다원주의자"(지구의 모든 다양한 민족을 다루는 것) 그리고 "교회론적 포용주의자"(모든 민족은 어린양의 결혼잔치에 초대된다)라고 말했다.[9]

보편성과 특수성의 상호 보완성에 대한 이 짧은 비평은 일부 독자들에게 불필요하고 어쩌면 불필요한 반복으로 보일 수도 있다. 그러나 나는 이런 성경적 지향성이 저항과 수용성에 대한 우리 성찰의 나머지 부분에 강하게 영향을 미친다는 것이 가장 중요하다고 생각한다. 우리가 모든 민족에 대한 하나님의 사랑을 이해하는 방법은 오늘날 전 세계 선교에서 우리가 직면하고 있는 문제들에 대한 우리의 선교적 성향에 영향을 미칠 것이다.

어떤 민족은 수용적으로 반응하고 어떤 민족은 복음에 저항한다. 보편성에 대한 너무 심한 강조는 우리를 통일성으로 이끌 것이고 문화적 특징과 특정 인간집단에 의해 표현되는 특정한 수용/저항의 차이를 보지 못하게 할 것이다. 특수성에 대한 너무 심한 강조는 우리가 다른 사람들을 무시하거나 무시하는 "수용적"이라는 꼬리표를 붙인 특정 인간집단에게로만 우리의 선교 활동을 축소하도록 강요할 것이다. 그 어느 쪽을 선택하든 우리가 선교 참여를 통해 그리스도를 따르는 데에는 심각한 결과를 초래한다.

나는 성경을 읽으면서, 하나님께서 문화적 특색을 인정하시는 것을 본다. 나는 바벨탑 사건을 심판으로 본다. 그렇다. 하지만 바벨탑 사건은 또한 은혜로 볼 수 있다. 찬란한 창의성의 아름다움은 가족, 부족, 언어 그리고 인류

---

9 Ibid., 183-84.

의 놀라운 인구 성장에서 빛을 발한다. 하나님은 하나님께서 노아 언약을 통해 하지 않겠다고 약속하셨던, 인간을 물로 심판하기보다는 언어를 혼란스럽게 하는 쪽을 택하신다.

이 언어 혼잡은 비록 심판 행위이기는 하지만, 그 문화적, 민족적 특색 가운데 모든 인류를 자비롭게 보존하고 있다. 그 문화적, 민족적 특색 차이가 매우 중요하기 때문에, 우리는 모세오경의 저자를 통해 알려진 문명을 열거하는 국가 목록을 물려받았다. 이런 문화 차이는 성령이 오순절에 강림하실 때 일어난 성령의 첫 번째 비범한 행위가 여러 언어를 쓰던 사람들이 그들 자신의 언어로 복음의 메시지를 들을 수 있게 한 것이었다.

그러나 여러 문화의 이런 독특한 특징들은 인간과 하나님과의 관계를 나눌 수 없다. 민족적 다원성을 가진 다양한 신들의 국가를 허용하지 않는다. 모든 민족의 하나님, 창조자, 지속자는 오직 한 분 하나님이시다. 이것은 다원성 가운데 통일성, 통일성 가운데 다원성이다. 특수한 보편성, 보편적인 특수성이다.

우리는 어떻게 이 실제에 대한 성경적 관점을 구체적이고 살아 있는 모습으로 하나님께서 우리에게 보여 주시듯이 보여 줄 수 있을까?

우리가 "저항적인 사람들"이라는 개념의 신학적 의미를 고려할 때, 이 인류의 신학은 우리에게 규범적이지 않아야 하는가?

나는 그래야 한다고 생각한다.

우리는 특정적으로 "수용적" 인간집단을 위한 선교 사역에 타당한 신학, 선교학, 전략적 동기들과, 왜 "저항적인" 사람들이 사는 지역은 선교 자원 배치를 "가볍게 하는" 것이 정당한지에 대한 긴 목록을 나열할 수 있다. 그러나 나는 우리의 모든 선교적 동기 중 가장 기본적이고 확실한 것이 성경에 묘사되어 있으며, 특정한 메시아 예수님께서 특정한 유대인 율법 교사 니고데모에게 말씀하신 하나님 선교의 보편적 범위로부터 파생되어야 한다고 제안하고 싶다. 하나님은 많은 민족, 부족, 언어와 백성들이 사는 세상을 너무나 사랑하셔서 하나뿐인 아들을 주셨다(요 3:16). 하나님은 모든 민족을 사랑하시고 모든 민족과 언약적 관계를 발전시키기 원하신다.

2) 모든 인간은 수용적이다. 인간은 하나님을 알고자 하는 심오한 영적 굶주림을 가지고 있다

하나님이 모든 사람을 사랑하신다는 확언은 모든 인간에게 드러나는 영적 굶주림에 대해 상호 보완적 측면이 있다. 수 세기 동안 그리고 모든 문화에서 종교적 제도와 형태의 지속적 증식이 증명하듯이, 인간은 필연적으로 종교적 존재이다. 심지어 구소련이나 서구의 기독교 이후의 세속주의, 혹은 중국의 문화 혁명 같은 물질주의적 무신론 앞에서도, 이런 환경에서도 결국 주요한 사회적 격변을 자극하는 심오한 영적 굶주림의 증거를 볼 수 있다.

우리가 이것을 일반 계시와 연관시키든, 예방적 은총이나 일반 은총과 연관시키든, 이것은 기본적으로 모든 사람이 그들의 욕망 가운데 하나님과의 만남에 대해 수용적이라는 것을 확인하게 한다.

내가 여기서 염두에 두고 있는 것은 토마스 아퀴나스의 연장선 상에 있는 로마가톨릭 자연신학이 아니다. 나는 또한 문화의 가장 높은 가치를 드러내는 막연한 인간적 종교 건설을 의미하는 것도 아니다. 또한, 나는 칼 바르트가 그토록 강력하게 말했던 19세기 유럽 개신교 버전의 자연신학을 의미하는 것도 아니다. 또한, 나는 비교종교, 종교현상학, 종교심리학, 또는 소수민족에 대한 인류의 공통 관심사라는 가정으로부터 어떤 식으로든 무언가를 끌어내는 다원주의적 접근을 의미하는 것도 아니다.

또한, 나는 에밀 브루너가 "인간이 가진 인간성을 그 자체로 '계시의 능력' 또는 '계시 받을 가능성'"이라고 말할 때 주창했던 이성과 계시 사이의 "접촉점"을 그대로 수용하는 것도 아니다.[10]

너무 쉽게 일반 계시에 대한 계시적 접근을 수용하는 것도 아니다. 일반 계시에 대한 계시적 접근에 대해 존 칼빈, 헨드릭 크래이머, 칼 바르트, G. C. 벌카우어, 헨드리쿠스 벌코프, 도널드 블로시, 밀러드 에릭슨, 스탠리 그렌츠, 알리스터 맥그라스 등이 불안감과 불편한 심기를 드러냈다.[11]

---

10 Emil Brunner 1946; quoted in Donald Bloesch 1992, 153.
11 도널드 블로시(Bloesch 1992, 161-65)는 이 논의에 대한 유용한 개요를 제공했다. 도널드 블로시가 글을 썼을 때 아마 올바른 방향으로 가고 있었을 것이다.
   "내가 생각하는 계시는 하나님에 대한 진정한 지식을 만들어 내지만, 사색적이고 추상적인 지식이 아니라 개인적이고 구체적인 지식을 만들어 낸다. 더구나 그리스도 안에서 오히려 내가 이야기하는 것은 앨빈 플랜팅가(Alvin Plantinga)의 주장과 같다.

> 만 일어나는 것으로 이해되는 그 계시조차 반드시 구원의 수용을 수반하는 것은 아니지만, 그것이 우리에게 가져오는 것은 구원의 실체이며, '일반 계시'는 아마도 모호하고 부정확하기 때문에 버려야 할 용어라는 벌코프의 말에 동의한다. (블로시는 여기서 벌코프 [Hendrikus Berkh 1979, 74-77]를 인용한다.)
> 계시가 본질적으로 개인적 만남이라면, 일반 계시는 이런 계시의 본질적 차원과 모순되는 것처럼 보일 것이다. 계시가 하나님께서 자신의 의지와 목적을 인간에게 효과적으로 전달하는 것으로 정의된다면, 우리는 자연 계시에서 '베일을 벗음'(apokalypsis)과 '나타남'(phanerow)이라는 성경적 의미와 긍정적으로 결합할 수 있는 계시가 없다. 하나님의 일반적 활동을 전시(display)로 보는 것이 더 나을 것이다. 인류의 삶에 대한 하나님의 계획과 목적을 효과적으로 드러내거나 전달하는 계시라기보다는 그의 능력과 선함을 보여 주는 것이다. 자연과 양심에 종사하는 그의 일반적 활동을 통해 우리는 하나님의 자비뿐만 아니라 그의 분노와 심판에도 노출되지만, 하나님의 빛과 진리는 오직 성경에 제시된 예수 그리스도와의 만남을 통해서만 우리에게 공개된다.
> 자연과 역사 속에서 하나님의 일반적인 존재를 말하는 것은 적절하지만, 이 일반적 존재는 예수 그리스도의 빛으로 인식되기 전까지는 하나님의 은혜와 자비의 계시가 되지 못한다. 시편 39:9에 근거해 칼 바르트는 논증했다. "그리스도의 빛 속에서만 자연 속에서 하나님의 일반적 빛을 제대로 분별할 수 있다. 그러나 자연의 빛은 반사되거나 파생된 빛이다. 그것은 그리스도의 빛의 원천이 아니라, 그리스도의 증거이다. 믿음의 눈으로만 알아볼 수 있는 증거이다. 간단히 말해서 자연의 경이로움은 하나님의 신성과 능력을 나타내지만, 인간의 죄 때문에 우리에게 진정한 지식을 주지 못한다. 그것은 우리에게 하나님에 대한 깊은 자각을 주어, 우리를 정죄하기에 충분하지만, 우리를 구원할 수 없다"(Bloesch 1992, 164-65).
> 이런 고려 사항들은 브루스 데마레스트(Bruce Demarest)가 "창조의 하나님이 복음서에 나타난 화해를 제의하기 전에 자신을 죄인으로 볼 때만이 이치에 맞다"고 말했을 때, 브로쉬는 데마레스트가 예증한 자연신학에 대한 보수적, 개신교적 견해에 동의하지 않았다. 만약 직관과 추론적인 신지식(神知識, knowledge of God)이 존재하지 않는다면, 하나님께서 인간에게 특별한 계시라는 형태로 은혜를 베푸시는 소통은 무의미하고 추상적인 것으로 남을 것이다. 그렇다면 특별 계시는 인간의 자연 지식이 끝나는 지점에서 시작된다. 자연신학은 제대로 드러난 계시신학이다. 특별 계시란 자연, 섭리, 양심에 있어서 하나님의 공개를 부정하는 것이 아니라 완성한다."(Bloesch는 여기서 브루스 데마레스트를 인용한다. Demarest 1982, 250-51).
> 블로시는 다시 강조한다. "데마레스트에 대항해 나는 복음 앞에 인간의 수용을 두는 것은 하나님의 은총뿐 아니라 인간의 의지에 따라 구원을 우발적으로 만드는 것이라고 주장한다. 그리고 그리스도 안에서 하나님의 화해의 진리를 깨닫기도 전에 우리 자신을 죄인으로 볼 수 있다는 것을 암시하는 것은 성경적 증거나 종교개혁의 증언과 맞지 않는 인간의 능력에 기인하는 것이다. 나는 또한 특별 계시가 자연과 양심에서 파생된 하나님의 지식을 완성한다는 것에 동의하지 않는다. 왜냐하면, 이것은 두 종류의 지식이 같은 성질을 가지고 있기 때문에, 따라서 함께 결합될 수 있다는 잘못된 인상을 전달하기 때문이다"(Bloesch 1992, 162).

하나님은 우리 모두에게 타고난 성향을 심어주셨거나 … 하나님을 믿는 성향을 주셨다(Plantinga 1992, 67).

칼빈은 이 기질을 "신의식"(神意識, sensus divinitatis) 또는 "종교의 씨앗"(semen religiatis)이라고 불렀다.

인간 마음 속에는 자연 본능에 따라 신성에 대한 자각이 있다. 하나님은 모든 사람에게 자신의 신성한 위엄에 대한 어떤 이해를 심어 주셨다. 경험에서 알 수 있듯이, 하나님은 모든 사람에게 종교의 씨앗을 심어 두셨다.[12]

G. C. 벌카우어는 이렇게 표현했다.

신의식은 인간 본성의 부패를 초월한 신지식 기관이 아니다. 그것은 하나님의 지배하는 힘에 의해 인간에게 남겨진 피할 수 없는 인상이다. '하나님의 존재에 대해 확고히 설득되지 않을 만큼 야만적이고 미개한 민족은 없다'(Berkouwer 1955, 152)[13]

벌카우어는 한 걸음 더 나간다.

신의식은 하나님에 의해 인간의 마음에 보존된다. 이것이 어둠을 해결하는 것은 아니지만, 어떻게 종교가 타락한 세상에서 여전히 발생하는지 그리고 이런 거짓 종교가 질서의 뚜렷한 유사성을 지니고 있을 수 있는지를 설명하는 데 도움이 된다(Berkouwer 1955, 169).

시편 19편과 로마서 1장은 하나님을 믿는 이 믿음의 기질을 설명한다. 성경에서 흔히 언급되는 구절이다. 시편 기자는 노래한다.

하늘이 하나님의 영광을 선포하고 궁창이 그의 손으로 하신 일을 나타내는도다 날은

---

12 Jean Calvin 1960, 43, 47. See also Alvin Plantinga 1992, 67-68.
13 벌카우어는 여기서 칼빈을 인용한다. Calvin 1960, 44.

날에게 말하고 밤은 밤에게 지식을 전하니 언어도 없고 말씀도 없으며 들리는 소리도 없으나 그의 소리가 온 땅에 통하고 그의 말씀이 세상 끝까지 이르도다 하나님이 해를 위하여 하늘에 장막을 베푸셨도다(시 19:1-4).

바울은 로마서에서 말한다.

이는 하나님을 알 만한 것이 그들 속에 보임이라 하나님께서 이를 그들에게 보이셨느니라 창세로부터 그의 보이지 아니하는 것들 곧 그의 영원하신 능력과 신성이 그가 만드신 만물에 분명히 보여 알려졌나니 그러므로 그들이 핑계하지 못할지니라(롬1:19-20).

바울은 아테네 아레오파고스에서 한 잘 알려진 설교에서 이 개념을 더욱 철저하게 설명한다. 바울은 아테네 사람들이 숭배하는 "알지 못하는 신"을 알려 주겠다고 설파했다.

그래서 블로시가 일반 계시에 대해 깊은 불쾌감을 느끼면서 이렇게 말했다.

일반 계시는 하나님의 권능과 선함을 하나님의 일반 활동을 통해 보여 주시는 것이다. 하나님께서 자연과 양심에 역사하시는 일반적인 활동을 통해 우리는 하나님의 진노와 심판뿐만 아니라 하나님의 자비하심에 노출된다. 자연과 역사 속에서 일반적인 하나님의 존재를 말하는 것은 적절하다(Bloesch 1992, 164).

스텐리 그랜츠는 말한다.

우리는 우리 '세상'에 줄 수 있는 어떤 형태나 외부의 어떤 것에 공통적으로 의존한다. 이 의존성이 침묵의 증인을 품고 있는 우리 내면에 있는 신 형상의 공백은 우리가 창조된 피조물이라는, 인간의 현실에 대한 마음속의 증언이다. 하나님은 우리 각자를 공동의 인간 운명으로 인도한다. 우리 인간이 가진 공통적 인간 의존성이 하나님의 실존을 증명하는 것과 같이, 우리 안에 있는 신의 형상이 남아 있는 것 또한 (그가 말하는) 일반 계시의 영역이다. 우리가 가진 현재를 넘어선 미래를 지향하는 우리 인식은 우리가 하나님의 실존을 위해 창조된 데 대한 묵시적 증언이다(Grenz 1994, 179).

맥그라스의 이야기를 들어 보자.

하나님은 인간에게 어떤 내재된 감각이나 하나님의 존재에 대한 육감을 부여했다. 마치 모든 인간의 마음 속에 하나님의 어떤 것이 새겨져 있는 것 같다. 칼빈은 이런 신성에 대한 내재된 인식의 세 가지 중요성을 확인하는데, 종교의 보편성(기독교의 계시로 인해 알려지지 않으면 우상 숭배로 전락한다), 괴로운 양심 그리고 신에 대한 비굴한 두려움이다(McGrath 1994, 160).

헨드리쿠스 벌코프(Hendrikus Berkhof)는 이 타고난 성향에 대해 설명한다.

우리가 가장 먼저 말해야 할 것이 있다. 인간은 분명히 하나님을 만나고 그의 말씀에 응답하도록 창조된 존재라는 것이다. 인간은 반응하는 창조물이다. 나는 인간을 '응답할 수 있는' 존재로 묘사하고 싶다. 신학의 관점에서 보면 인간은 하나님의 존재를 알고 기도를 배울 때 비로소 완전한 인간이 되었다고 말할 수밖에 없다.
인간을 "반응할 수 있는" 사람으로 묘사함으로써 우리는 처음부터 그에게 성숙함과 자율성을 제한한다.[14] 첫마디는 그에게서 나온 것이 아니다. 그는 스스로 사람이 된 것이 아니라 외부와 상부의 의도에 따라 사람으로 창조되었다. 그의 창의력은 재창조에 바탕을 두고 있다 그리고 그에 못지않게 중요한 것은 인간의 본질은 관계, 즉 하나님과의 관계에 있다는 것을 우리가 발견했다는 것이다. 기독교 신앙의 관점에서 보면 인간을 나중에 우연히 다른 존재와 관계를 맺게 되는 자족적 존재로 보는 것은 불가능하다. 인간은 하나님과 함께 살도록 만들어진 존재이다.
한편, 사람에게 "대응할 수 있는"(respondable)이라는 라벨을 붙임으로써 우리는 공식적 설명만 했다. 사람은 하나님의 말씀에 응답하도록 창조되었다. 그

---

14 나는 헨드리쿠스 벌코프의 글을 포괄적 언어로 다시 수정하지 않기로 결정했다. 그가 "인간"(man)을 사용하지만, 그 의미는 '인류'(humanity)이다.

러나 그 말씀의 내용은 하나님께서 그의 인간 창조물에게 은혜를 베푸시는 거룩한 사랑이다. 인간은 단지 그런 식으로 반응하기 위해서가 아니라, 이 하나님의 말씀에 반응하기 위해, 즉 하나님의 사랑에 반응하기 위해 만들어졌다. 사랑은 상호적 사랑으로만 응답할 수 있다. 인간은 사랑을 위해 창조되었다. 사람은 외부로부터의 사랑을 받아야 사랑할 수 있고, 그 사랑에 반응하지 않고는 사랑할 수 없다. 이런 주고받는 사랑의 관계에서, 인간은 가장 중심적 소명을 깨닫고 그의 진정한 본질을 실현한다. 사랑 안에서 인간은 자기 자신이 된다(Berkhof, 1979, 181-85).[15]

이런 타고난 기질의 중요성은 우리의 복음주의 선교학에서 일차적 가정으로서의 영향력을 갖기에 과소평가할 수 없다. 이 가정이 작용하는 것으로 보이는 네 가지 관련 선교 영역을 간략히 언급하겠다.

첫째, 도널드 맥가브란의 집단 개종 이론, 토착 교회 형태, 문화적 적절성 등은 이런 타고난 기질을 가정한다.
맥가브란의 원리는 간단하다.

> 여자와 남자는 불필요한 인종, 언어, 계급 장벽을 넘지 않고 기독교인이 되는 것을 좋아한다(McGavran 1970, 198).[16]

이런 가정을 바탕으로 맥가브란은 복음 선포를 위한 자연스러운 지인관계, 문화 및 사회적 네트워크의 의도적 사용을 지지하는 이른바 『하나님의 가교』(1955)에 대한 광범위한 분석을 했다.

> 믿음은 살아 있는 기독교인들, 특히 새로운 기독교인들의 사회적 네트워크를 따라 가장 자연스럽고 전염성 있게 퍼진다. 수용적 비신자 남녀들은 그들의 사회적 그물망 안에 있는 보통 신뢰할 수 있는 기독교인 친구, 친척, 이웃

---

15 다음 자료를 보라. Robert K. Johnston. *God's Wider Presence: Reconsidering General Revelation*. Grand Rapids: Baker, 2014.
16 다음 자료를 보라. George Hunter III 1979, 121; Eddie Gibbs 1981, 117; Donald McGavran 1984, 100; Wayne Zunkle 1987, 100; Thom Rainer 1993, 254.

그리고 동료가 그들을 예수 그리스도에 대한 믿음으로 인도할 때 신앙을 가질 가능성이 높아진다(McGavran and Hunter 1980, 30).

맥가브란의 이론 뒤에 숨겨진 가정은 일단 우리가 사회적, 문화적 그리고 관계적 장벽을 넘어설 수 있게 되면 사람들은 복음을 더 쉽게 받아들일 것이라는 점이다. 하나님에 대한 그들의 타고난 갈망이 작용하게 될 것이다.

둘째, 하나님에 대한 이런 선천적 성향 가정은 복음주의 선교학에서 토착화, 문맥화, 소통 이론으로도 구축된다. 찰스 크래프트가 명저 『기독교 커뮤니케이션론』(Communication Theory for Christian Witness, CLC 刊)에서 지적했듯이, 의사소통에서 의미는 말하는 사람이 아니라 듣는 사람 수신자에 의해 결정된다. 의사소통의 "핵심 참여자는 수신자이다"(1991, 6장). 그러므로 우리가 경청하는 기술을 잘 배울 수 있고, 수신자 중심의 의사소통을 발전시키기 시작할 수 있다면, 하나님에 대한 선천적 갈망은 예수 그리스도 안에서 수신자를 하나님과의 관계에 대해 열린 마음을 갖게 할 것이다. 크래프트는 말한다.

소통적으로 사랑한다는 것은 수신자들이 이해하도록 하기 위해 전달자가 필요한 모든 불편함을 감수하는 것이다(Kraft 1991, 15).

개신교 복음주의자들에 의한 문맥화에 대한 다양한 모델과 접근 방식을 설명하는 것은 이 장의 범위를 벗어난다. 개신교 복음주의자들의 문맥화 모델은 다양하다. 데이비드 헤셀그레이브(David Hesselgrave), 데이비드 헤셀그레이브와 에드워드 로멘(Hesselgrave and Edward Rommen, 1989); 하비 칸(Harvie Conn, 1977, 1978, 1984), 폴 히버트(Paul Hiebert, 1978, 1985, 1987, 1989, 1994), 찰스 태버(Charles Taber, 1979a, 1979b, 1979c) 찰스 크래프트(Charles Kraft, 1979, 1983), 딘 길릴랜드(Dean Gilliland, 1989), 크리코 할레블리언(Krikor Haleblian, 1982a 1982b, 1983), 대니엘 쇼우(Daniel Shaw, 1988, 1989), 그 외의 여러 학자들이 있다. 맥락화 이론은 만약 어떤 사람이 문화적으로 적절한 방식으로 그리고 성경적인 내용으로 복음을 제시할 수 있다면, 그 집단의 구성원들은 하나님에 대한 그들의 타고난 갈망을 감안할 때, 복음 메시지에 대해 긍정적으로

반응할 수 있을 것이다.[17]

이 기본적 가정은 맥락화 이론 안에서 발견할 수 있다. 이 기본 가정은 맥락화 이론, 의사소통 이론, 문화적 적절성 이론, 해방 이론, 종교간 대화 이론, 또는 맥락 속에서 하나님을 아는 것 모두에 작용한다(Van Engen 1996, 74-75).

셋째, 복음주의 선교학, 특히 교회성장학에서 발전된 수용성과 저항의 다양한 요소들을 찾는 데에도 하나님에 대한 사람들의 타고난 성향이 전제된다. 여기서 특정한 경험들이 사람들로 하여금 그들의 타고난 갈망과 하나님에 대한 필요성에 더 반응하게 할 것이라고 가정한다. 예를 들어, 웨인 준켈(Wayne Zunkel)은 복음을 더 잘 받아들일 수 있는 191개의 "생활에서 스트레스를 유발하는 상황"을 열거하고 있다(Zunkel 1987, 149-56). 우리는 어떤 특정한 사람들이 저항하거나 수용적일 수 있는지 물어볼 때 이 문제로 다시 돌아갈 것이다.

넷째, 수신자 문화에서 찾을 수 있는 "구속적 유사"(redemptive analogies)에 관한 복음주의 선교학에서 일반적으로 사용되는 언어 또한 모든 문화에서 칼 바르트가 하나님의 존재, 능력, 공급하심에서 목격하는 '빛'이 존재한다고 가정하는 것과 같다. 주어진 문화적 맥락에서 이런 유사점을 찾아내고 이를 '접촉점' 또는 복음 선포을 위한 소통의 다리로 사용할 수 있다는 가정은 그 문화권 사람들이 하나님을 알고자 하는 욕구를 전제로 한다.

그래서 이런 선천적 성향으로 저항적 성향과 수용적 성향 모두를 고려할 때, 우리는 모든 인간이 수용적이라는 사실을 확언할 필요성을 발견한다. 그러나 이것은 즉시 저항/수용성에 대한 세 번째 주요 확언으로 우리를 인도한다. 즉, 모든 인간은 저항한다.

3) 죄와 타락 때문에 모든 인간은 항상 하나님께 저항한다

일반 계시가 예수 그리스도에 대한 믿음을 통해 은혜로 주어지는 성령의 역사하심과 별개로 하나님에 대한 자연 지식을 제공한다고 생각하는 것은 잘못이다. 로마서 1장에서 바울이 지적한 것은 예수 그리스도와 별개로 하

---

17   David Hesselgrave and Edward Rommen 1989, 211.

나님에 대한 계시적 지식이 있다는 것이 아니라, 창조물에서 볼 수 있는 하나님의 위대함과 선함에 대한 거부로 인해 인류가 변명할 여지가 없이 정죄받는다는 것이었다.

그러므로 일반 계시는 심판의 이유이자 인류의 죄악을 증명하는 것이지, 종교신학, 반대자 클라크 피녹, 존 샌더스 등에 대한 포괄주의적 또는 다원주의적 접근에 대한 기초가 아니다.[18] 내가 다른 곳에서 논증한 바와 같이,[19] 바울이 로마서 1-3장에서 내세운 근본적 요점은 유대인들이 세계를 두 종류의 사람들, 유대인과 이방인으로 분리했지만, 마지막 분석에서 "모두 죄를 지었으며 하나님의 영광에 이르지 못했다"(롬 3:23)는 것이다.

따라서 바울이 로마서 첫 여덟 장에서 구성한 새로운 보편성과 새로운 특수성은 민족이 아니라 예수 그리스도에 대한 믿음에 기초한다. 즉, 우리가 살펴본 하나님을 믿는 믿음을 향한 선천적 성향이 매우 약하고, 정확하게는 죄가 만연하고 타락했기 때문에 한계가 있다. 그래서 존 칼빈은 창조자로서 하나님을 아는 것과 구원자로서 하나님을 아는 것을 정확하게 구별했다.

스탠리 그렌츠는 말한다.

> 일반 계시 개념이 유효하고 도움이 되지만, 그것 또한 제한적이다. 그것은 범위가 제한되어 있다. 하나님께서 일반 계시를 통해 모든 사람에게 제공하신 것은 하나님의 완전한 자기 계시가 아니다. 반대로 일반 계시는 세상 안에 살아 계시는 실존인 하나님의 존재를 증명하는 역할을 할 뿐이다.
>
> 성경은 명백하게 자연 계시를 제한된 개념으로 사용한다. 바울의 주된 목적은 창조가 하나님의 실존을 증언한다는 논지를 제시하는 것이 아니다. 오히려 죄가 많은 인간은 자연 창조물이 예고하는 증언조차 억누른다는 게 그의 요지다. 인간의 죄 때문에, 사람들은 사실 이 증거에 귀를 기울이지 않는다. 모든 인간은 거룩한 하나님 앞에서 정죄 받는 것이 마땅하다(Grenz 1994, 180-81).

맥그래스는 말한다.

---

18   Van Engen 1996, 169-90.
19   Van Engen 1991b, 191-194 and 1996, 159-68.

하나님에 대한 자연스러운 지식은 하나님의 뜻을 무시한 것에 대한 어떤 변명도 인간에게 허락하지 않는다. 그럼에도 불구하고, 그것은 하나님의 본질, 성품, 목적을 완전히 묘사하기 위한 기초로서 부적절하다. … 구속자 하나님에 대한 지식은, 칼빈에게 있어서 하나님에 대한 기독교적 계시이며, 그 계시는 오직 그리스도 안에서 그리고 성경을 통해서만 얻을 수 있다(McGrath 1994, 161).

도날드 블로시가 언급한다.

자연의 경이로움은 하나님의 신성과 능력을 나타내지만, 인간의 죄 때문에 우리에게 진정한 지식을 주지 못한다. 그들은 우리를 하나님에 대한 깊은 자각으로 인도한다. 그러나 우리를 정죄하기에 충분하지만 우리를 구원하지는 못한다(Bloesch 1992, 165).

벌카우어는 이 시점에서 칼 바르트의 관점을 강조했다. 바르트는 계시와 종교를 매우 뚜렷하게 구별했다. 벌카우어가 설명한다.

칼 바르트는 종교심리학 이론과 종교적 역사주의에 대한 거의 모든 이론에 대해 격렬하게 반대했다. 그 이유는 그들 모두가 계시의 절대성을 심각하게 의심하기 때문이다. 바르트는 인간 종교에 경의를 표하기는커녕 인간 종교를 불신앙이라고 말한다. 계시란 종교를 폐지하는 것이다.
'종교는 하나의 사건이다. 그렇다. 오히려 무신론적 인간의 사건이다.' 모든 종교는 신앙과 뚜렷이 단절되어 있다. 종교는 인간 자신의 능력을 통해 하나님을 알려는 시도일 뿐이며, 계시와 은총에 대한 저항으로서 계시로 정체를 드러내는 시도이다. 그것은 하나님의 계시에서 하나님이 하실 일과 행하실 일을 자신의 수단과 힘으로 침식하는 인간기업을 형성한다. 자연 종교는 타락한 사람의 종교이기 때문에, 그것은 불신, 계시와 은총에 대한 저항을 보여 준다(Berkouwer 1955, 158-59).[20]

---

20 벌카우어는 바르트를 인용한다(Karl Barth *Kirchliche Dogmatik* I,2, 327). 벌카우어는 "종교를 통해 우리는 인간이 하나님에게 반기를 들었고 그들의 반란은 노예들의 반란임을 인지한다" 말하면서 바르트를 인용한다(Barth, *The Epistle to the Romans*, London: Oxford

벌카우어가 증명하듯, 하나님이 주시는 빛에 계속해서 반항하는 것을 이해하기 위해 바르트의 종교와 계시 사이의 급진적 차별화를 반드시 받아들일 필요는 없다. 사도 요한은 말한다.

> 자기 땅에 오매 자기 백성이 영접하지 아니하였으나 (요 1:11).

그래서 칼빈은 단언했다.

> 인간은 하나님께서 자신을 계시하시는 대로 인식하지 않고, 인간은 자기 추정에 따라 자기 멋대로 하나님을 상상한다 (Calvin 1960, 47).[21]

"저항"에 대한 이 세 번째 주요 성찰에서 도출할 수 있는 몇 가지 매우 중요한 시사점이 있다.

첫째, 복음주의 선교학에서 모든 개종신학은 예수 그리스도에 대한 믿음을 통해 은혜에 의한 성령의 기적적 역사를 말하는 것으로 시작해야 한다. 문맥화와 관련해 아무리 많은 효과도 인간이 하나님께 예라고 말할 것이라고 약속할 수 없다. 정반대다. 비록 인간이 그들에게 전해진 복음을 이해하더라도, 혹은 정확히 그들이 복음을 매우 적절한 문화적, 관계적, 사회적 형태로 이해하더라도, 인간은 여전히 성령의 역사을 떠나서 하나님께 아니라고 말할 수 있다. 그러므로 우리는 교회 성장과 선교학에서 영적 문제를 강조해 온 사람들의 말을 주의 깊게 들어야 한다. 개종은 약속된 것이 아니다. 보장된 것도 아니다. 훨씬 덜 보장된 것이다. 왜냐하면, 단순히 좋은 맥락적 방법론에 바탕을 둔 것이기 때문이다.

둘째, 모든 인간이 죄악 가운데 저항적이라는 사실은 영적 전쟁에 대한 현대적 강조와 관련해 우리의 인식과 관심을 높여야 한다. 계몽주의 휴머니즘

U. Press, 1933, 246).

21 칼빈은 시편 14:1과 53:21에 대해 주해한다. "인간이 무례하고 상습적인 죄악으로 완악해진 후, 하나님을 기억하기를 모두 격렬하게 거부하고, 그들의 광기를 더욱 혐오스럽게 제시하기 위해 다윗은 그들이 하나님의 존재를 완강히 부인하는 것으로 표현한다." (1960, 48).

의 관점에서 모든 인간은 선하고 거룩하다는 거짓말을 인식하는 것처럼, 인간을 대적하는 영적 세력이 전쟁을 벌이는 중립적 전쟁터로 제시하는 오류도 인식할 필요가 있다. 모든 인간이 하나님을 거역하고, 아담과 이브 안에서 모든 인간이 죄를 짓고 타락했다면, 인류는 중립적 입장이 될 수 없다.

그러므로 선교는 단순히 갈등의 옳은 쪽을 향해 움직이는 문제가 아니다. 그 대신 우리의 선교는 말과 행동으로 예수 그리스도가 주님이시라고 선포하고, 모든 인간을 급진적인 개종과 완전한 변혁으로 이끌어야 한다. 요한복음은 증언한다. 영접하는 자는 하나님의 자녀가 된다.

> 영접하는 자 곧 그 이름을 믿는 자들에게는 하나님의 자녀가 되는 권세를 주셨으니 (요 1:12).

우리는 영적 전쟁에 연루되어 있다. 그러나 그 전쟁에는 인간의 마음을 죽음에서 삶으로 (성령만이 할 수 있는), 하나님에 대한 저항에서 하나님에 대한 사랑하는 충실한 순종으로 바꾸는 것이 포함된다(롬 7장).

셋째, "모든 사람이 죄를 지었고 하나님의 영광에 미치지 못했다"는 것은 '저항'에 대한 성경적 이해가 더 이상 사회학적 용어로 언급되지 않는다는 사실을 의미한다. 이는 특정 민족 사이에서 성장한 교회가 거의 없다는 사실을 가리킨다. 오히려, 이 용어는 이제 하나님의 언약적 주도권에 대해 '아니오'라는 성경적 의미를 띠게 되었다. 이것은 믿음의 문제이다.

헨드리쿠스 벌코프의 용어를 사용하면, 하나님은 "자신을 드러내는 하나님이시다"(Berkhof 1979, 105). 하나님은 언약의 하나님이시며, 모든 인간을 찾아오셔서 "나는 너의 하나님이 되고 너는 나의 백성이 될 것이다"라고 말씀하시는 사랑의 하나님이시다(Van Engen 1989, 1996). '저항'은 하나님이 연장하신 초대를 거부하는 것이다. 만약 '저항'이 하나님의 계획에 대한 부정적 믿음의 반응을 나타낸다면, 이것은 우리에게 다음 두 가지 성찰을 하게 한다. 어떤 인간집단들은 항상 저항하고, 어떤 특정한 사람들은 어떤 특정한 것들에 대해 어떤 특정한 시간에는 저항한다.

4) 어떤 인간집단들은 모든 선교적 접근에 항상 저항한다

만약 '저항'을 성경적으로 그리고 이론적으로 하나님의 은혜로운 초대에 '아니오'라고 말하는 인간으로 이해한다면, '저항'을 더 깊이 이해하기 위해서는 씨 뿌리는 자의 비유(마 13:1-23; 막 4:1-12; 눅 8:4-10)를 다시 검토할 필요가 있다.

이 비유는 가장 구체적으로 하나님의 말씀에 대한 다양한 반응을 다루었다. 앞에서 보았듯이, 이 비유는 복음화 전략에서 선별적 목표 설정의 개념을 뒷받침하기 위해 일부 사람들에 의해 사용되어 왔다. 나는 선별적 목표 설정 문제가 전혀 비유가 아니라는 것을 제안하고 싶다. 그러나 이 비유는 하나님의 같은 은혜로운 초대가 주어진다면, 여러 다른 사람들이 다르게 반응할 것이라는 것을 인식하는 것이다.

씨 뿌리는 자의 비유는 세 공관 복음서에 모두 등장한다. 각 복음서 저자의 구체적 반응과 각자가 비유에 부여하는 장소와 강조점을 세세히 파악하지 않더라도, 우리는 이 비유의 맥락이 확실하게 선교학적이라는 점에 주목한다. 세 복음서 모두 예수님의 선교(마 13:2)를 보고 있는 수많은 군중 사이에서 예수님이 이 비유를 들려주시고 언급한다. 그러나 비유의 설명은 제자들에게 한다(마 13:10).

비록 이 비유에 대한 상세한 주해는 이 장의 범위를 벗어나지만, 나는 이 비유에 나타난 기본적인 강조점을 제안해 보겠다.[22]

이 비유를 "토양의 비유"로 개명하고, 선교 활동의 선별적 목표 설정의 토대로 삼는 사람들과 달리, 나는 씨 뿌리는 자의 비유는 사실 예수님의 선교, 더 나아가 제자들의 선교에 관한 것임을 제안하고 싶다. 그리고 이와 같이 이 비유는 왜 예수님께서 명확한 언어가 아닌 신비한 비유로 말씀하셨는지, 왜 몇몇은 긍정적으로 반응했고, 왜 다른 사람들은 부정적 반응을 보였는지에 대한 예수님 자신의 설명이다.

이 비유는 예수님께서 모든 사람에게 말씀을 전하셨지만, 어떤 사람들은 듣고 싶어 했고, 어떤 사람들은 듣지 않았음을 말한다. 토양의 차이는 수용성에 대해 우리에게 무언가 말해 줄지도 모른다. 만약 그렇다면, 그것은 우

---

[22] 아래 부분은 나의 책 내용을 요약 정리한 것이다. Van Engen 1981, 356.

리에게 좋은 땅에 집중하라고 말하지는 않을 것입니다. 그것은 좋은 농사 방법일지는 모르지만 이 비유 본문과는 전혀 관계없는 것이다.

씨 뿌리는 자의 비유는 눈이 멀고, 귀가 멀어서 들을 수 없고, 마음이 둔해 대답할 수 없는 사람들에 대해 말한다(마 13:14-15 참조). 이것은 이사야의 예언의 말이고, 이사야의 예언은 신명기 29:19, 20의 말씀을 반복한 것이며, 예레미야 5:21, 에스겔 12:2에서도 찾을 수 있다. 이 비유가 다루는 문제는 이것이다.

백성의 눈멀음, 귀머거리 그리고 마음의 경직성을 볼 때, 왜 예수님께서는 평이한 언어가 아닌 신비한 비유로 말씀하시는가?(마 13:10)

해답의 열쇠는 토양의 차이이다(마 13:11). 지금 드러나 있는 것은 하나님 나라의 '신비'로 보는 것이 아니라 (이사야를 포함한 옛 선지자들이 그랬던 것처럼) 믿음으로 인식되어야 한다(마 13:17). 믿음은 "그 말씀을 듣고 이해하는 사람"에게만 인정된다. 이 사람은 농사 짓는 사람이다(마 13:23, NASB).

예수님께서 모든 사람에게 선포하신 말씀을, 왜 어떤 사람은 그 말씀을 수용하고, 어떤 사람은 이 말씀을 거절하는가?

여기서 우리는 최소한 비유의 사회문화적 맥락에 주목해야 한다. 우리는 이 비유를 마음속으로 그려 볼 수 있다.

밭의 바깥쪽 둘레에는 선인장 가시 울타리가 있다. 밭의 이쪽 끝에서 저쪽 끝을 가로지르는 길이 있다. 들판의 한 편에는 위에서 보면 표면적으로는 멋진 밭으로 보이지만, 씨를 뿌린 밭 지 표면 바로 아래에는 평평한 돌들이 있다. 그리고 밭의 일부에는 지표면이 깊고 비옥한 옥토가 있다. 그 시대의 농사 방법으로 농부는 몇 센티미터 밑에 있는 상토만 갈아엎는 나무 쟁기로 밭을 갈았다.

이제 농부는 그의 종자 씨 봉지를 가져다 어깨에 걸친 다음 들판을 가로질러 왔다 갔다 하며 씨를 뿌린다. 씨 뿌리는 방법은 그 종자 봉지에 손을 넣어, 그 씨를 손으로 밖으로 내보내, 손 가는 데로 온 들판에 뿌리는 것이다. 예수님의 가르침과 사역이 그랬다.

누가는 전한다. 예수님께서 여러 성읍과 마을을 두루 돌아다니시며, 하나님 나라의 복음을 전하시고 치유하셨다(눅 4:43; 8:1).

이 비유를 마음으로 그려볼 때, 비유가 선택적 파종과 관련되는 것이 아니라 수확의 차이와 관련 있다는 것이 분명하다. 만일 그렇다면, 비유는 보편적이고 포괄적이며 무차별적인 선언에 대한 명령이며, '현장'(세계 또는 특정 맥락에서 특정 집단)이 모두 혼합된 많은 종류의 '밭'을 포함하고 있다는 것이다.

그 농부의 평가는 비판적 현실주의자의 평가이다. 그는 씨앗 중 일부는 '열매를 맺을' 것이지만 다른 씨앗은 그렇지 않다는 것을 알고 있다. 비유 속의 농부는 옥토 곧 '좋은 땅'에만 파종하지 않는다. 비유 속의 농부는 어디가 좋은 땅인지 모를 수도 있다. 왜냐하면, 그의 나무 쟁기는 얕은 상토 밑에 있는 돌들을 갈아엎을 수 있을 만큼 깊이 들어갈 수 없기 때문이다. 밭을 걸어 다니는 길은 그날 흩어진 씨앗이 한두 개 떨어진, 아니 현대 파종자들도 씨를 뿌리면서 씨가 떨어질 수밖에 없는 딱딱한 길이다.

농부가 '좋은 땅'에만 파종하려는 것은 현실적으로 어려울 뿐만 아니라 터무니없는 일이다. 선인장 가시 울타리로부터 멀리 떨어져 씨를 뿌려야 하기 때문에 밭을 가로질러 걸어가는 길목에 씨앗이 떨어지는 것을 피하려고 애써야 하고, 밭 지표면을 깊이 파는 데 많은 시간을 투자해야 겨우 할 수 있을 것이다. 여기 돌짝 밭 아래에는 돌 층이 위치해 있다. 그 모든 작업을 하기 위해 농부는 또한 많은 옥토를 등한시하게 될 것이다.

즉, 이 비유에 대해 무언가 결정적으로 명확한 메시지가 있다면 그것은 무차별적 씨앗 뿌리기이지 선별적 복음 선포는 아니다.

하지만 예수님께서 제자들이 배우기를 원하셨던 네 가지 매우 중요한 교훈이 있다.

첫째, 농부는 반응이 다를 줄 알면서도 무차별적으로 파종한다. 농부는 자기 밭을 잘 알고, 반응의 차이도 알고 있다.

둘째, 씨앗의 반응은 뿌리에 대한 반응이 아니라, 자라고, 성숙하고, 열매 맺는 과정으로 이루어진다. 그것은 말씀, 하나님 나라에 대한 반응 그리고 하나님에 대한 반응이다.

셋째, 비유에 대한 예수님의 설명(마 13:19-23)에는 밭 현장 조건 이외에 강한 저항을 만들어 내는 다양한 작용제가 있다. 한 가지는 인간의 마음 상태이며, 인간의 마음은 다양한 반응에 기여한다. 하지만 이 그림에는 다른 것들이 또 있다. '악한 자'가 있다. 고난과 박해가 있다. 그리고 이 세상 걱정과 부의 기만도 있다. 다시 말해서, 세상, 육체와 악마는 모두 듣는 사람의 입장에서 반응 부족, 곧 '저항'에 기여한다.

넷째, 하나님의 섭리를 다룬 이 비유에는 배경이 있다. 바울은 나중에 이렇게 말할 것이다.

> 나는 심었고 아볼로는 물을 주었으되 오직 하나님께서 자라나게 하셨나니 그런즉 심는 이나 물 주는 이는 아무 것도 아니로되 오직 자라게 하시는 이는 하나님뿐이니라 (고전 3: 6-7).

하나님의 섭리 안에서(성경 전체를 보면 하나님 자신이 곡식을 거두고 추수하는 분이다) 좋은 땅에 떨어지는 씨앗(그리고 그 말씀을 듣고 이해하는 사람)이 "추수할 곡식을 생산한다." 농부가 뿌린 씨가 "삼십 배, 육십 배, 백 배"가 되는 추수 결과는 씨앗에 있는 것이 아니다. 오히려 하나님께서 하나님의 신비롭고, 관용적이며, 사랑하는 방법으로 그것을 성장시키고 증식하게 하신다. 이것은 마태의 겨자씨 비유에 나오는 '겨자씨'와 같다.

저항을 악화시키는 다른 요인들의 문제, 즉 수용성을 낮추는 것은 우리의 마지막 제안으로 자연스럽게 연결된다. 어떤 특정한 사람들은 어떤 특정한 것들에 대해 어떤 특정한 시간에는 저항한다.

다음 단계로 넘어가기 전에 주의 사항을 더하겠다. 여기서 나를 오해하지 말기 바란다. 나는 비록 씨 뿌리는 자 비유가 선교의 선별적 목표 설정을 지원하는 데 합법적으로 사용될 수 있다고 생각하지 않지만, 이것이 내가 선택적 목표 설정 자체를 반대한다는 것은 아니다. 우리의 선교 자원을 의도적이고 일치된 방식으로 특정 시점에 특정 청중에게 집중하는 것은 좋은 선교 계획일 뿐만 아니라, 높은 수준의 맥락 및 수용자 지향적 민감성을 보여 준다. 그러나 선별적 목표 설정을 위해서는 성경적 지원을 제공하는 다른 방법들이 있다. 가능한 일부 성경 본문은 다음과 같다.

- 마태복음 9:37-38(추수터의 일꾼)
- 마태복음 10:11-14(발에 묻은 먼지를 털어버리라)
- 마태복음 10:6(이스라엘의 잃어버린 양들에게로 가라)
- 마태복음 15:24(예수님의 선교에 관한 말씀으로 오직 이스라엘의 잃어버린 양들에게로 가라)

예수님의 사역은 특정 인물과 지역에 초점을 맞추고 있다. 예를 들어 요한복음 4장은 예수님께서 "사마리아를 통과하여야 하겠는지라"라고 기록했다. 그리고 바울의 선교는 고도로 선별화되고 구체적이다. 특정 집단 사람들이 복음에 저항하거나 수용적인 것을 고려하는 경우에도 선별적 목표 설정이 중요하다.

5) 어떤 특정한 사람들은 어떤 특정한 것들에 대해 어떤 특정한 시간에는 저항한다

창세기 12장의 아브라함 이야기를 통해, 하나님과 인간의 끊어진 관계를 다시 회복하기 위해 인간에게 손을 뻗치는 자기 공시, 언약적 사랑의 미시오 데이(하나님의 선교)를 위한 도구(missio hominum)로 인간을 쓰시려는 하나님의 결정을 알게 됐다. 하나님께서는 아브라함을 택하셔서, 이 땅의 모든 민족이 복을 받게 하기를 원하신다.

그러나 인간 선교 도구는 "저항"과 "수용성"에 관한 것들을 모호하게 만든다. 인간 대리인을 선택하면서 하나님은 죄가 많고 잘못될 수 있는 인간을 그들의 복합적 동기, 혼합된 방법, 혼합된 목표 그리고 하나님의 초대를 연장하기 위한 혼합된 진정성을 가진 그대로 쓰시기로 작정하셨다.

그러나 정확하게는 그런 인간 대리인 때문에, 하나님의 초대에 대한 수신자의 반응은 (지금은 다른 인간들을 통해 확장됨) 하나님의 적극적 공세에 찬성하거나 반대할 문제가 아니라, 특정한 인간 대리인에 대한 반응이 문제 될 수 있다. 따라서 인간 대리인, 즉 하나님의 초청을 전하는 자들 때문에 하나님의 초청에 대한 '저항'이 줄어들거나 늘어날 경우가 있다.

그러므로 우리가 선교신학과 관련된 "저항 세력"을 생각할 때, 우리는 그것을 하나님의 주도하심에 대한 수신자의 반응뿐만 아니라 인간 선교 도구에 대한 수용자의 반응도 고려해야 한다. 그리고 우리는 그 둘을 혼동하지 않도록 조심해야 한다.

나의 특정한 접근법이나 메시지에 부정적 반응이 있다고 해서 굳이 수신자 집단이 하나님을 거부한다는 의미에서 '저항'하는 것은 아닐 것이다. 사실, 나라는 인간 선교 도구에 대한 그들의 부정적 반응은 복음 전달자인 나 자신의 비효율성, 죄악성, 이질성 또는 부적절성에 대한 논평일 수 있다. 우리 교회나 대리인과 나는 좋은 소식보다는 나쁜 소식일 수도 있다. 이 문제는 우리에게 인간이 '저항'하는 것이 무엇인지를 묻게 한다.

로이 포인터(Roy Pointer)는 이 문제를 두 개의 보완적 질문으로 틀을 잡았다. 그는 말했다.

> 복음 전도에 대해 호감 반응이 없을 때 기본적으로 물어야 할 두 가지 질문이 있다.
> '이 집단은 저항하는가?'
> '이 집단은 수용적이지만 우리의 전도방법이 잘못되었는가?' (Pointer 1984, 159)

피터 와그너는 이 문제에 대한 포인터의 설명을 긍정적으로 언급하면서 단언했다.

> 추정된 저항과 비교해 올바른 방법론에 대한 시험의 균형을 맞추어야 하는 중요한 필요성 때문에, 로이 포인터는 이믹(emic) 저항과 에틱(etic) 저항을 구별하거나(Pointer 1984, 159) 더 친숙한 용어인 일반 저항과 특정 저항을 사용하는 것이 도움이 된다. 일반(또는 emic) 저항은 우리가 도달하려고 하는 집단 또는 개인의 내적 요인에 의해 발생한다. 많은 경우에 그러한 내적 저항에 대해 우리가 할 수 있는 일은 거의 없다.
> 그러나 특정(또는 etic) 저항은 복음화 활동을 하는 개인이나 집단과 관련이 있다. 전도자를 바꾸거나 전도 방법을 바꾸면 우리가 어느 정도 통제력을 발휘할 수 있는 지점이 바로 여기에 있다. 우리가 현명하게 조정할 경우 저항이 용해될 수 있다(Wagner 1987, 92.)[23]

교회성장학이 지난 60년 동안 발견한 수많은 요소들을 복음 선포에 대한 집단의 저항이나 수용에 기여하는 것으로 검토하는 것은 이 장의 범위를 벗어난다. 저항/수용 축은 하나님의 초대에 대한 집단의 개방성(또는 개방성 부족)에 영향을 미치는 많은 복잡한 요소의 상호 결합으로 구성된다.

---

23 이 내용은 "토양 검사하기"(Testing the Soil)라는 제목의 장의 일부이다.

인간 선교 도구라는 문제가 우리 '저항 세력'의 신학에 매우 깊이 영향을 미치기 때문에, 나는 한 집단의 복음에 대한 저항/수용에 영향을 미치는 네 가지 주요 요소를 언급하고 그 요소들이 나타내는 신학적 문제에 대해 간단히 언급하겠다.

- 수신자 집단과 수신자 문화 가운데서 발견된 요인들(내부적 요인, 그룹에 내재된 일반적 요인, 국가 및 지역 상황적 요인 포함)
- 교회 및 선교 단체 내에서 발견된 요인(집단 내 에틱, 특정, 외적 요인, 국가 및 지역 조직 기관적 요인 포함)
- 수용자 그룹이 교회의 복음 증거를 인식하는 방식에 관여하는 요인
- 선교사 및 수신자 집단에 영향을 미치는 영적 요인

(1) 일부 특정 집단은 상황적 요인 때문에 저항한다

지난 60년 동안 교회 성장 연구가 이뤄 낸 가장 유익한 산물은 특정 인간 집단의 저항/수용성을 저해하는 무수한 상황적 요인(국내 및 지역 모두)을 식별하는 것이었다. 여기에는 세계관, 종교적, 사회경제적, 정치적, 역사적 요소들이 포함된다. 인간집단 구성원들이 복음을 듣는 것을 수용하고, 그들이 듣는 말씀에 기꺼이 긍정적 반응을 보이기 시작하는 인간집단의 역사적 발전에 여러 가지 변화가 일어날 수 있다.

그리고 잘 정립된 저항신학은 문맥에 대한 적절한 해석학을 개발하는 데 매우 민감할 것이고, 시대의 징후들이 특정 집단에 영향을 미칠 때 주의 깊게 분석하고, 그것이 드러내 보여 주는 기회에 반응할 것이다.

그러나 맥락적 요인을 연구하고 이해하는 것 외에도, 우리는 맥락 분석의 신학(여기서는 "문맥화"가 아닌 다른 것을 의미한다)을 더 발전시킬 필요가 있다.

첫째, 그런 맥락에 대한 신학적 분석은 성경적 계시와 일관되고 화합할 수 있는 집단의 세계관에서 발견되는 모든 요소를 스스로 열어 주는 문화신학을 포함할 것이다. 이것은 하나님께서 맥락 속에 놓았을지도 모르는 하나님에 대한 지식에 비추어 맥락적 요소를 재검토하고 성육신적 복음 선포를 위한 다리를 제공하는 문화신학을 포함한다.

둘째, 그런 맥락에 대한 성찰은 전면적 섭리신학을 요구할 것이다. 여기서 우리는 저항에서 수용에 이르는 역사적, 창조적 수단을 통해 인간집단을 기술하는 관점에서 하나님께서 이 세상에서 무엇을 하고 계시는지 이해하려고 한다.

셋째, 그러나 이것은 신중한 고통의 신학을 요구할 것이다. 고통은 우리의 선교 활동에 더 큰 개방 가능성을 만들어 내기 때문에 우리가 고통을 수용하는 공리주의적 관점으로 고통에 굴복함으로써 억압과 고통을 변명해서는 안 된다.

넷째, 저항의 맥락에 대한 신학적 해석은 또한 하나님의 섭리에 따라, 성령의 역사와 저항에서 수용으로 전향하는 집단 가운데 머무는 선교 대리인으로서 교회의 존재에 대한 철저한 재검토를 필요로 할 것이다.

다섯째, 하나님의 섭리 가운데, 이미/아직의 변증법적 긴장감 가운데 있는 왕 되신 그리스도의 통치 가운데, 성령의 감동을 통해, "그 몸에서 돌 같은 마음을 제거하고 살처럼 부드러운 마음을"(겔 11:19; 36:26)을 달라고 요구하는 중보기도신학이 여기에 작용하고 있다.[24]

---

[24] 문맥화에 대한 또 다른 접근 방식은 예수님의 추종자 그룹과 그들의 문화적, 종교적 맥락의 상호 관계를 조사하는 것이다. 존 트래비스(John Travis)는 C1에서 C6까지의 스펙트럼을 통해 이런 복잡한 상호 관계를 설명한다. 트래비스는 이 스펙트럼을 다음과 같이 설명한다.

"C1-C6 스펙트럼"은 이슬람 세계에서 발견되는 "그리스도 중심의 공동체"(그리스도 신자 집단)의 유형을 비교하고 대조한다. 여섯 가지 스펙트럼 유형은 언어, 문화, 예배 형식, 타인과 함께 예배할 수 있는 자유도, 종교적 정체성 등으로 구분한다. 예수님을 주님으로 모시는 모든 예배와 복음의 핵심 요소는 집단마다 같다. 스펙트럼은 민족, 역사, 전통, 언어, 문화 그리고 어떤 경우에는 신학적 측면에서 이슬람 세계 전체에 존재하는 거대한 다양성을 다루려고 시도한다.

이런 다양성은 세계 10억 이슬람 신도들 사이에 복음을 성공적으로 공유하고 그리스도 중심의 공동체를 심기 위해 무수히 다양한 접근이 필요하다는 것을 의미한다. 이 스펙트럼의 목적은 교회 개척자들과 무슬림 배경 신도들이 어떤 유형의 그리스도 중심 공동체가 대상 집단에서 그리스도로 가장 많은 사람을 끌어들이고 주어진 맥락에서 가장 잘 맞을 수 있는지를 확인할 수 있도록 돕는 것이다. 이 여섯 가지 유형은 모두 현재 이슬람 세계의 일부 지역에서 발견될 수 있다." *Evangelical Missions Quarterly* (October 1998): 407–408. See also https://www.thepeopleofthebook.org/about/strategy/c1-c6-spectrum/.

(2) 일부 특정 집단은 교회의 내부 요인 때문에 저항하게 된다

두 번째 그룹의 이슈는 교회 내부적 요소 혹은 본질적인 제도적 요소들과 관련이 있다.

첫째, 교회 자체의 영성에 관한 문제이다. 수 세기 동안, 나는 교회의 명목주의와 세속화 요인이 세계 복음화에 가장 큰 장애물 중 하나였다고 믿는다. 그리고 이 요인은 교회 밖 단체들의 저항에도 크게 기여했다고 믿는다.

예를 들어, 유럽의 국가 교회, 북아메리카의 구식 주류 교단, 라틴아메리카의 전통적 로마가톨릭교회, 아프리카의 식민지 게토화된 교회들이 그러했다. 교회가 특정 집단에게 제공할 다르고 새로운 것이 없거나, 교회가 억압적 맥락에서 문제의 일부가 되었을 때, 수용자 집단 쪽에서는 저항이 증가한다.

둘째, 맥락 속의 교회들은 그들의 선교적 의도를 잃었을지도 모른다. 그들은 선교가 길 건너든 전 세계로 나가든 간에 특정한 사람들에게 복음을 전하려는 의지가 없어질 정도로 내향적으로 돌아섰을지도 모른다. 다시, 유럽과 북미의 오래된 교회들은 놀라운 정도로 이런 선교 헌신이 상실된 모습을 보여 준다. 이 경우 특정 인간집단에 '저항'이라는 표식을 붙이는 것은 매우 부정확하다. 수용자 집단의 수용성보다는 교회의 의도성에 대해 특별히 언급하면서 그들의 선교 '무시'를 지적하는 것이 더 정확할지도 모른다.

예를 들어, 1980년대와 1990년대 북미 교회 성장 운동에서 중상위층, 백인, 교외의 교회들을 개척한 것이 강조된 것은 북아메리카의 도시 중심에 사는 인간집단이 복음에 '저항'한다는 인상을 주는 경향이 있었다. 이것은 사실이었다. 도심에 사는 사람들은 단지 백인, 앵글로색슨족, 상류 중산층 교외 지역에 초점을 둔 교회 성장 운동에 의해 무시당하고 있었다.

교회 내 명목주의와 선교 비전 상실의 상황에서, 갱신과 개혁은 저항과 수용성 문제에 중요한 열쇠가 된다. 이것은 교회 역사를 통해 여러 번 입증되었다. 그러나 이 주제 또한 이 장의 범위를 벗어난다. 교회의 내부적 쇄신과 활성화가 특정 민족 집단이 하나님께 'yes'라고 말할 수 있도록 돕는 데 가장 중요한 요소가 될 수도 있다고만 말해 두자. 이 문제는 오늘날 전 세계 어디에서나 중요한 문제이다.

셋째, 우리의 개종신학은 그 자체로 저항을 일으킬 수 있다. 맥가브란과 피켓이 수십 년 전에 지적했듯이 서구의 특정한 형태의 개종에 대한 전형적인 기대는 불필요한 장벽을 만들 수도 있다. 이런 개종에 대한 기대에는 복음서 고유의 것이 아닌 서구 문화적 이슈들이 다수 포함될 수 있다. 그러므로 맥가브란의 원리는 다음과 같다.

> 여자와 남자들은 불필요한 인종, 언어, 계급 장벽을 넘지 않고 기독교인이 되는 것을 좋아한다(McGavran 1970, 1988).

이 문제는 사도행전에 나오는 이방인 선교의 핵심이다. 현대 교회와 선교는 종종 하나님께 '예'라고 대답할 사람들에게 특정한 종류, 스타일 또는 형태의 개종을 강요해 왔다. 우리는 개종신학을 반영하기 위해 훨씬 더 신중한 선교학적 노력이 필요하다. 이것은 개인/또는 다중 개인, 그리고 시간 또는 일련의 변혁 과정, 오직 하나님과의 수직적 관계 그리고 자기, 타인과 세상에 대한 화해를 포함한다. 단지 일련의 명제들에 대한 합리적/정신적 동의, 또는 전문가들을 포함한다. 건전한 경험적, 참여적 사건들을 포함한다.

불필요한 저항을 피하려면 우리는 이런 여러 가지 질문을 해야 한다. 지난 수십 년 동안, 북미와 유럽의 밀레니얼 세대 개종에 대한 연구는 그들의 경우, 종종 참여가 헌신보다 우선한다는 것을 보여 주었다. 에디 깁스와 라이언 볼저 같은 학자들은 이 현상을 광범위하게 연구해 왔다.

넷째, 교회가 저항 세력을 키우지 않으려면 주변 문화와 정치 구조에 대한 교회의 관계를 면밀히 연구해야 한다. 강하게 반문화적이라고 주장하는 교회는 저항을 일으킬 수도 있다. 이런 경우는 북아메리카와 유럽 교회에서 예배 형식에 대한 긴장되고 때로는 갈등적인 토론이었다.

나는 이것이 예를 들어, 일본의 복음화에 있어서 우리 어려움의 일부였다고 추정한다. 일본의 옛 교회들이 자신들의 신학적 성찰과 사역 형성을 독일 신학에 근거해야 한다는 주장과 함께, 교회라는 교육적 모델을 많이 사용하고, 신도의 신사, 성지, 조상 숭배, 보이지 않는 세상에 대해 신학적으로 상호 작용하는 것을 강하게 회피하고 있다.

이 모든 것이 일본인들의 눈에는 일본의 오래된 교회들이 외국적이라는 감각에 기여했을 것이다. 따라서 특히 일본 젊은이들의 종교 탐색이 심했던 시기에, 일본의 오래된 교회들은 문화적으로 고립되어 있고 연락이 두절된 것처럼 보이며, 이는 수용성을 증가시키기보다는 저항을 증가시킬 가능성이 크다.

이슬람과 관련된 또 다른 예로는, 우리의 지배적인 속죄 이론은 법적 가정에 근거한 믿음에 의한 정당성에 대한 법의학적 이해와 성 안셀름의 속죄의 만족 이론의 한 형태에서 파생되어야 한다는 교회의 강력한 주장일 수 있다. 복음주의 선교학에서도 분명한 교회와 선교 단체가 가진 이런 신학 구조는 이슬람교도들이 복음을 받아들이기 어려운 내재적 어려움을 만들어 낸다.

그러나 예수님의 말씀 그리고 바울과 1세기 교회의 설교와 가르침을 연구하면서, 나는 하나님의 언약적 초대인 "나는 너의 하나님이 되고 너는 나의 백성이 될 것이다"를 제시할 수 있는 아주 광범위한 방법들을 발견하게 되었다. 올바른 개종과 화해의 형태가 되기 위해 반드시 속죄의 만족 이론이 필요한 것은 아니다.

그러므로 '저항'은 사실 교회 자체 내에서 검토되지 않은, 해결되지 않은 그리고 불필요한 신학적, 문화적 문제의 결과일 수 있다. 내가 "필요 없다"고 말한 것에 주목하라. 죄인을 회개하라고 부르는 과정에서 결코 무시하거나 경시해서는 안 되는 "십자가의 스캔들"도 있다. 그러나 개종에 대한 어려운 장벽이 불필요한 문화적, 신학적, 역사적 장벽이 아닌 "십자가의 스캔들"과 관련이 있는지 다시 확인해 보자. 저항 세력에 대한 선교는 수용자의 눈에서 티끌을 제거하려 하기 전에 우리 눈에 있는 들보를 검사하는 것으로부터 시작해야 한다.

(3) 일부 특정 집단은 교회와 수용자 집단 사이의 문화적, 영적 접촉이 부족하기 때문에 저항 세력을 갖게 된다

증가된 저항 세력은 또한 교회와 수용자 집단 사이의 부적절한 문화적 또는 영적 접속의 결과일 수 있다. 여기서 우리는 그 인간집단과 관련된 것도 아니고 교회에만 관련된 것도 아니다. 오히려 교회와 수용자 집단의 경계를 높일 수 있는 문제들 사이에 적절한 접촉점이 없기 때문에 우리는 반드시 검토해야 한다. 그러한 접속 부족은 불필요한 저항을 증가시킬 것이다.

우리가 이 선교적 접속에서 지적할 수 있는 요소는 다음 사항들과 관련이 있다.

첫째, 특정 인간집단과 교회와의 만남이 이루어진 특정 역사와 관련이 있다. 오늘날 세계 어디서나 교회가 선교에 관여하는 곳이라면 수용자 집단이 교회와 마주친 역사적 배경(일부 가까운 곳, 다소 더 외진 곳)이 있다. 우리는 이 역사적 자료를 우리의 위험으로 여기고 무시한다. 여기서 나는 수백 개의 사례를 나열할 수 있다.

대표적 사례를 들면, 이슬람과 기독교의 만남, 스페인이 정복한 중남미 콜롬비아 이전 민족과의 만남, 아프리카 민족과 유럽 교회와의 만남을 둘러싼 유럽 식민 지배의 앙금, 초기 러시아 정교회 선교사들의 알류트족 기독교화 이야기 등이다. 오늘날 알류트족과 미국 정부와의 만남, 초기 기독교인, 선교사 등과 초기 하와이 인간집단과의 만남 그리고 최근에는 동유럽과 중국 국민과 접하는 서구 자본주의 기독교의 위치를 생각한다.

만약 '저항'이, 많은 특정인이 하나님께 "아니오"라고 말하는 것이라기보다 오히려 기독교인들이 수 세기 동안 그들과 교류해 온 접속 방식을 거부하는 것이라는 점을 더 깊이 이해한다면, 우리에게는 이런 만남의 역사에 대해 훨씬 더 신중하고, 뉘우치고, 자기 비판적이며, 기도하는 성찰이 필요하다.

여기에는 복음 선포가 이뤄지기 전에 화해와 구원이 필요한 오랜 역사문화적 혐오 문제도 포함될 수 있다.

예를 들어, 몇 년 전, 나는 브라질 선교사와 이야기를 나누고 있었다. 그는 지난 11년 동안 프랑스 파리에서 네 개의 교회를 개척했다. 그가 성공적인 교회 개척에 대해 말했을 때 나는 큰 놀라움을 표시했다. 왜냐하면, 나는 항상 프랑스 사람들이 복음에 다소 '저항적'이라고 생각했기 때문이었다. 그 브라질 선교사는 환한 미소를 지으며 말했다.

"당신들, 미국인, 코카서스인, 영어권 사람들은 할 수 없지만 포르투갈어를 사용하는 우리 브라질 사람들은 교회를 개척할 수 있습니다."

바벨탑은 항상 이런저런 모양으로 우리와 함께 있다.

둘째, 특정한 사람들과 관련된 교회 자신의 선교적 의도성과 관련이 있다. 몇 년 전에 데이비드 랴오(David Liao)가 지적한 바와 같이, 그것은 사람들이 '방치된' 만큼 그렇게 '저항적인' 것은 아닐지도 모른다. 우리의 복음 전도 형식에 반응하지 않는 집단에 대해 '저항'이라는 꼬리표를 붙이고 싶은 유혹을 너무 쉽게 받는데, 사실 특정 인간집단을 방치해 저항력을 높인 것은 교회의 문화적, 영적 감수성이 부족하기 때문일 수 있다.

1972년 데이비드 랴오는 일부 사람들이 "저항적"이라고 이름 붙인 대만 하카족의 상황을 연구했다. 랴오의 연구 결과는 몇몇 사람이 "저항적"이라고 부르는 인간집단이 사실 교회에 의해 단순히 방치 내지는 무시당했을 수도 있다는 것을 보여 주는 놀라운 사례를 보여 주었다. 랴오는 진술했다.

> 이 책의 논지는 하카족과 같이 세상에서 복음 전도에 저항하는 것처럼 보이는 많은 인간집단이 사실은 무시당하고 있다는 것이다(Liao 1972, 15).

도날드 맥가브란은 이 연구를 소개하면서 이렇게 썼다.

> 교회가 모든 민족을 제자로 삼으라는 주님의 지상 명령을 수행함에 따라, 교회는 복음에 전혀 반응하지 않는 인간집단을 계속 만나게 된다. 선교사들이 아직 믿지 않는 20억의 사람들에게 복음을 전하기 때문에, 그들은 종종 무관심하거나 저항하는 사람들과 마주친다. 때때로 '무응답'은 마음의 경직, 자존심, 냉담함 때문이다. 그러나 우리가 생각하는 것보다 더 자주, 그것은 방임 때문이다.
>
> 복음은 모국어가 아닌, 무역 언어로 '반응이 없는' 인간집단에게 전달되었다. 그 인간집단 구성원들이 참여할 수 있는 유일한 교회는 다른 문화를 가진 이질적인 사람들로 구성된 교회였다. 그 인간집단이 가질 수 있는 유일한 목회자는 다른 민족 출신이거나 하위 문화권 출신의 목사들뿐이었다.
>
> 데이비드 랴오의 책 『무응답: 저항적입니까 아니면 무시된 것입니까?』(*The Unresponsive: Resistant or Neglected?*)는 큰 장점이 있다. 6개 대륙 모두에서 흔히 볼 수 있는 이 교회 문제에 관심을 집중한다는 것이다. 랴오는 하카족이 무시당하고, 학카족 언어를 배우지 못했으며, 그들이 민안이나 북경어를 사용하는 교회에 나가야만 했다는 사실은 교회의 선교 실패를 가장 잘 설명한다고 주장했다. 그 결과 학카족에게 "기독교인이 되는 것"은 "사랑하는 하카 사람들을 떠나는 것"을 의미하게 되었다(Liao 1972, 7).

랴오는 하카와 중국인의 복음화와 관련해 조상 숭배 문제를 다룰 때 가장 많은 생각을 하게 한다. 신중하고, 문화적으로 적절하며, 성경적으로 충실하며, 선교학적으로 의도적인 조상경배(ancestor veneration)신학이 여전히 필요하다고 외친다. 중남미, 아프리카, 아시아, 오세아니아, 심지어 북미의 많은 지역(특히 북미 원주민 중)에서 교회가 가지고 있는 매우 중요한 복음 선포의 한 요소를 다루려면 우리 앞서 가신 선조들, "죽어 살아 있는 자"(living dead)에 대한 신학이 절실히 필요하다. 정서적으로 무시된 집단에게 '저항적'이라는 딱지를 붙이는 것은 아주 쉽다.

하지만 사실을 알아야 한다. 특정 인간집단이 저항적인 것은 교회가 선교적 비전을 상실하고, 복음 선포에 대한 헌신 상실, 또는 특정 맥락에서 하나님의 선교의 적절한 대리인이 되기 위해 요구될 수 있는 자성과 회개와 변혁의 대가를 치르려는 의지를 상실했기 때문일 경우가 더 많다.

셋째, 수용자 집단에 의해 인식되는 교회 증언의 진정성에 의해 교회와 특정 인간집단의 접점이 강하게 영향을 받을 수 있다. 레슬리 뉴비긴은 교회가 포스트 기독교와 포스트 왕국 서양 국가들을 전도하는 맥락에서 글을 쓰면서, 교회의 역할은 주변 맥락에 있는 사람들에게 '복음의 해석'이 되는 것이라고 했다.

이 그림에는 수신자 인간집단이 교회의 모습을 들여다보고 있다. 이것은 구심적 선교인 보여 주는 '진열장'(showcase) 선교이다. 예를 들어, 성경 신명기와 시편에서 강하게 드러난다. 예수님께서는 이렇게 말씀하셨다.

> 너희가 서로 사랑하면 이로써 모든 사람이 너희가 내 제자인 줄 알리라(요 13:35).

교회의 죄악성은 북미와 유럽은 물론 세계 곳곳에서 아직 기독교인이 아닌 사람들 가운데 복음에 대한 저항을 일으키는 가장 강력한 요인이라고 생각한다. 분열, 교인들이 서로를 대하는 부끄러운 방식, 교회와 교계 지도자들의 진실성 결여는 외부 사람들이 말과 행동으로 증거하는 하나님의 사랑의 초대에 응하고 복음을 듣는 데 저항하도록 한다. 특히 서양에서는 교회 밖 사람들에게 '저항적'이라는 딱지만 붙이면 교회가 그들을 향해 진정한 증언을 하지 않는 것이 너무 쉽게 용서되거나 무시될 수도 있다고 생각한다.

그리스도의 교회 내에서 영적 갱신, 활성화, 개혁 그리고 신도들과 지도자들의 개종에 관한 문제들이 대상 수신자 인간집단의 추정된 '저항'에 어떤 기여를 할 수 있는지, 그렇지 않을 수 있는지를 잘 검토해야 한다.

넷째, 교회의 정체성, 수단, 메시지의 문화적 적절성도 대상 인간집단의 저항/수용에 영향을 미칠 수 있다. 포인터는 말한다.

> 외적 저항(또는 수용성)은 전도 사역자가 도입한 요인들에 의해 결정된다. 이 경우 집단이나 개인은 복음에 반응하거나 반응할 것이지만, 사역자가 사용한 방법들이 복음을 현장에 효과적으로 전달하지 못하므로, 제자가 만들어지거나 교회가 세워지지 않는다. 선교사나 교회와 전도받는 인간집단 사이의 문화적 거리가 종종 원인이다. 많은 영국 교회가 일반 대중들로부터 자기 강요에 의해(the self-imposed exile) 교회를 스스로 격리시키는 경우도 있다(Pointer 1984, 159).

포인터가 교회의 "자신이 강요한 망명"(the self-imposed exile)이라고 부른 현상을 덴마크 사람들은 "먼 교회"(the distant church)라고 불렀다. 사실 교회는 전도 대상자들로부터 문화적으로, 사회적으로, 관계적으로, 구조적으로, 예배 형식적으로 너무 멀어졌다. 교회가 만들어 놓은 이런 거리감이 복음 전도를 불가능하게 한다. 이런 경우 사실상 어려움은 교회 자체가 만들어 놓은 격차(gulf)에 있음에도 불구하고, 교회 밖 사람들을 '저항적'이라고 기술하는 것은 너무 쉬운 일이다.

이것이 누가가 사도행전 10장에서 베드로의 개종 이야기를 통해 전달하고자 하는 메시지라고 생각한다. 그 당시 이스라엘의 선교 사명을 놓고 볼 때, 이스라엘이 주변 이방 백성들 사이에서 복음 증거를 위한 하나님의 선교를 받아들이는 것보다 다른 이방 사람들에게 '부정하다'는 딱지를 붙이는 것이 훨씬 쉬웠다. 그러나 아브라함과 이삭과 야곱의 하나님, 백부장 고넬료가 예배하는 하나님은 베드로에게 말씀하셨다.

> 하나님께서 깨끗하게 하신 것을 네가 속되다 하지 말라(행 10:15).

교회가 개종해야 한다. 교회 자신이 개종해야 할 필요가 있다. 오늘날 기도 운동은 교회 개종을 위해 우리에게 많은 것을 제공한다. 에드가도 실보소(Edgardo Silvoso)와 다른 지도자들이 이끄는 기도 운동과 같은 운동들은 도시의 모든 목회자가 정기적으로 함께 모여 기도하기 시작하거나, 교회 신도들이 기도 행진에 참여하기를 요청한다.

이런 기도 운동은 문맥의 영적 분위기뿐만 아니라 교회의 변화와 쇄신에도 영향을 미친다. 문맥상 교회와 사람들 인간집단들 사이의 인터페이스의 역동성에 영향을 미친다. 그래서 어쩌면 '저항'은 우리가 '성령께서 우리를 복음 선포의 적합한 도구로 변화시켜 주소서'라고 기도하지 않았기 때문일 것이다.

그러나 우리는 씨 뿌리는 자 비유와 관련해 우리가 앞서 말한 것을 기억해야 한다. 결국 복음이 여러 말과 행동으로 전해지고, 비록 인간집단에 속한 사람들에게 영적으로 진실하고 적절한 하나님의 선교 대리인이 그들에게 전한 메시지를 완전히 이해할 수 있게 되었을 때일지라도, 어떤 특정한 사람들은 아마도 성령의 역사하심을 통한 예수 그리스도 안에서 하나님의 은혜로운 초대에 대해 "아니오"라고 응답하는 저항적 입장을 선택할 수도 있다.

5. 결론

나는 좋은 소식으로 결론을 내리고 싶다. 몇 달 전 큰딸이 나에게 전화를 걸어왔다. 자기 집 수리와 관련해 몇 가지 중요한 문제에 대해 내게 조언을 구했다. 내가 큰딸과 이야기하고 있을 때, 딸이 갑자기 소리쳤다.

"아빠! 그렇게 되고 있어요!"

"뭐가?" 나는 놀라서 물었다.

"아빠가 정말 그렇게 되고 있어요!

아빠는 정말로 점점 더 똑똑해지고 있어요!

아빠가 오래 전에 말씀하신 대로 그렇게 되고 있어요!"

그렇다. 이제 내 자녀 문제가 드디어 해결책을 찾기 시작했다는 걸 알아주면 좋겠다. 나는 점점 더 똑똑해지고 있다. 그리고 내 아이들은 점점 더 수용적이 되어 내 말을 잘 듣는다. 몇 년 전, 열여섯 살이 된 내 아들은 아버지 정신이 뭔가 잘못되었다고 생각하기까지 했다. 하지만 누이들이 아빠에게는 아직 희망이 남아 있다고 이야기해 아들을 안심시켰었다. 이제 아들도 아빠가 더 똑똑해지고 있다고 인정하고 있다.

이제 저항 세력에 대한 신학적 성찰은 어떻게 할 것인가?

내가 아는 방법은 하나님께서 모든 사람을 섭리 가운데 믿음으로 초청하실 때, 우리가 적절한 하나님의 선교 대리인이 되기 위해 우리 자신을 살피고 성령께서 우리를 변화시켜 주실 것을 간절히 바라는 것뿐이다.

하나님은 누구나 멸망하지 않고 모든 사람이 회개하기를 원하신다(벧후 3:9). 어쩌면 독자 여러분과 나는 하나님께서 역사하시는 데 거침돌이 되거나 방해가 되지 않도록 옆으로 비켜서 있어야 할지 모른다. 우리는 우리 주 예수 그리스도의 사랑이 강권하는 것처럼, 성령에 의해 변화되고 새로운 창조물, 화해의 대사가 되어 하나님으로부터 사랑받는 세상을 향해 복음을 선포한다.

> 그러므로 우리가 그리스도를 대신하여 사신이 되어 하나님이 우리를 통하여 너희를 권면하시는 것 같이 그리스도를 대신하여 간청하노니 너희는 하나님과 화목하라 (고후 5:20).

그러면 우리는 기적이 일어나는 것을 보게 될 것이다.

'저항하던 사람'이 '수용하는 사람'이 될 것이다. 그리고 그들은 하나님의 은혜로운 초대에 "예"라고 대답할 것이다.

제11장

선교 동반자 선교신학

선교에 동반자가 필요하다. 새로운 새천년 선교에서 서로에게 좋은 파트너가 되기 위해 선교 동반자 선교신학이 필요하다. 우리의 동반자 관계는 예수 그리스도에 중심을 두고, 하나님 나라 선교학으로, 지역 교회가 모두 함께 그리스도가 절실히 필요한 세상을 향해 나가면서, 복음이 모든 사람을 위한 것임을 인식하고, 상호 겸손하게 협력함으로 이루어질 것이다.[1]

1. 논지

우리의 하나 됨은 예수 그리스도(기업, 조직, 행정, 재정, 구조 또는 역사적 통일성이 아닌 것)에 바탕을 두고 있기 때문에, 우리는 세계 복음화를 위해 함께 협력해야 한다. 그리스도의 선교에 참여하면서 서로 사랑과 겸손으로 봉사해야 하며, 우리의 여러 조직과 교회(지역과 세계)에 성령께서 부어 주시는 독특한 은사를 서로 나누어야 한다. 그리스도의 충만함의 분량에 이를 때까지 우리 모두가 함께 성장해야 한다(엡 4:1-5:2).

---

1 본 장 내용은 저자의 글 "동역하기"를 출판사의 허락을 받아 수정 보완한 것이다. Charles Van Engen, "Working Together Theologically in the New Millennium: Opportunities and Challenges," in Gary Corwin and Kenneth Mulholland, eds., *Working Together With God to Shape the New Millennium*. Pasadena: WCL, 2000, 82-122. Edited, and adapted in "Toward a Theology of Mission Partnerships," *Missiology*, XXIX: 1 January, 2001, 11-44. Reprinted in "Toward a Theology of Mission Partnerships," in *Intercultural Ministry: Readings on a Global Task*, Jim Lo and Boyd Johnson, eds., Indianapolis: Precedent Press, 2006, 103-24. (역주)

2. 서론

여러 해 전, 캘리포니아에 있는 우리 집 바깥쪽에 페인트칠을 해야 했다. 그래서 나는 당시 열여섯 살이었던 아들 앤드류와 작업 계약을 맺었고 나와 함께 동업자가 되어 일하게 되었다. 우리는 함께 치장 회반죽 세공을 하면서 2층짜리 집 외곽을 돌기 시작했다. 프로젝트 시작 2주 후에 나는 내 아들이 막 긁어낸 처마를 다듬기 위해 사다리를 타고 올라가기 시작했다. 아들이 사다리 아래로 달려왔다.

"아빠! 아빠!" 아들이 소리쳤다.

"전에는 한 번도 생각하지 못했던 생각이 떠올랐어요!"

"그래, 무슨 생각?"

나는 아들의 뜻밖의 열정에 사다리에서 떨어지지 않으려고 사다리를 꼭 붙잡고 물었다.

"아빠, 두 사람이 함께 일을 잘하면, 두 사람이 각각 혼자 일할 때보다 두 배 이상을 할 수 있어요!"

그렇다. 내 아들이 발견한 이 깨달음은 여름 내내 같이 일한 보람을 주었다. 그리고 그 깨달음은 선교 협력에서 우리가 직면한 문제의 핵심이다.

우리는 새천년에 왜 함께 일해야 할까?

왜 우리가 함께 동역해야만 하는가?

같이 일하는 것보다, 따로 일하는 게 훨씬 쉽지 않은가?

1980년대, 1990년대 그리고 2000년대 초반에 파송한 북미 선교는 소위 '구멍가게 같은 선교 단체', 작고, 독립적이며, 종종 가족 소유 기업, 독립 기독교 기관, 선교 이니셔티브 그리고 NGO가 확산되는 것을 보여 주었다. 우리는 분권, 분리, 경쟁과 상호 간의 차이를 강조하던 시대를 살아왔다. 전 세계에서 우리는 신자들이 자기가 다니는 교회가 맘에 들지 않으면, 그저 자기 마음에 드는 다른 교회를 개척하는 현상을 보아 왔다. 만약 그들이 속한 선교 기관의 정책에 동의하지 않는다면, 그들은 바로 다른 선교 단체를 만든다.

하나님께서 선교적 소명을 주신다. 특정 인물, 부부, 가족, 소그룹, 또는 대형 교회가 선교 활동을 시작하라는 하나님의 부르심을 받는다. 그들은 가능한 어느 곳이든 가서 후원자를 모은다. 그들은 그들만의 '선교'를 하기 위해 떠난다. 선교사로 떠나기 전에 해야 하는 심리 검사에 많은 시간을 낭비하지 않고, 선교 조직 훈련에 거의 노력을 기울이지 않고, 그들의 선교 비전에 대해 큰 선교 단체 조직이나 교단을 설득할 필요도 없다. 그들은 깔끔하고, 빠르고, 효율적이며, 집중력이 뛰어나게, 신속하게 움직인다.

대형 선교 단체나 교단 선교부와 연계된 우리는 반문한다.

"왜 우리가 함께 동역해야 하는가?"

우리 모두는 우리의 영역을 담당할 수 있다. 우리 자신의 사역을 위한 모금 활동은 우리의 선교 활동을 위한 비용을 지불하기 위해 필요하다. 우리는 다른 선교 단체와 다른 선교 원칙과 절차를 가지고 있다. 우리는 선교 후원자들을 설득하기 위해 우리 선교 단체의 정체성을 보여 주는 특화된 선교 전문 영역이 있다. 우리는 우리 맘에 드는 선교 조직을 만들기 위해 노력한다.

우리는 우리의 특별한 선교 비전에 맞고 우리 자신의 이익을 보호하기 위해, 우리 맘에 맞게 선교와 선교 목적을 정의한다. 우리 각자는 세계 선교에 대한 우리 자신의 특별한 공헌을 강조하도록 훈련한다. 그리고 우리의 선교 활동, 교회, 세상을 우리가 쓰고 있는 색안경을 통해 본다. 우리가 쓴 색안경은 우리만의 의제로 채색되어 있다. 게다가, 우리는 다른 선교 단체에 소속되어 일하는 사람들보다 우리 단체 사람들을 신뢰하는 것이 더 쉬운 것 같다.

내가 어렸을 때, 어머니는 아이오와주 북서부를 개척했던 어머니의 친정 조상들의 지혜를 반영하는 네덜란드 옛 속담 하나를 자주 반복하셨다.

"너와 나를 제외한 온 세상이 다 미쳐 돌아가고 있어, 때때로 나는 너도 미치지 않았는지 걱정해!"

이 속담을 선교 동반자 관계(Mission Partnerships)에도 적용할 수 있을까?

편견이 있다. 우리 모두는 편견을 가지고 있다. 다른 사람들과 협력하는 방식에 영향을 미치는 독특한 지리적, 대륙적, 신앙적, 문화적, 국가적, 언어적, 역사적, 관계적 편견이 있다. 교회와 교회의 선교 역사는 선교 동반자 관계와 협력에 막대한 영향을 미치는 신학적, 비신학적 요소들로 가득하다. 세계 복음화에 깊이 헌신하고 있는 좋은 사람들도 동역하기는 힘들다. 바울과 바나바가 함께 선교하다가 마가에 대한 평가를 서로 달리하고, 이견이 생겨 갈라선 이후, 예수님의 헌신적인 제자들은 세계 복음화의 길에서 각자가 자기 길을 따로 갈 필요가 있다는 사실을 마주하게 되었다.

반대로, 선교 동반자 관계를 구축하려면 시간과 에너지가 필요하다. 초기 비용이 많이 든다. 참가자의 참여 속도가 느리다. 동반자가 처음 구상했던 집중적인 선교 활동이 항상 좋은 열매를 맺는 것도 아니다. 이는 모든 사람의 에너지를 분산시키고 새로운 방향을 설정하는 위험을 수반한다. 때로는 파트너가 독립적으로 선교하는 것보다 창의적 선교의 열매가 더 미미하다.

에너지 낭비를 막아야 한다. 1996년 미국 복음주의협회(NAE: Nation Association of Evangelicals)의 복음주의 선언문(Evangelical Manifesto)은 다음과 같다.

> 우리는 통합과 단합된 복음 전도 사역을 중시하지만, 우리 동네 누군가의 영혼을 구원하기 위해 협력하기보다, 우리 자신의 선교부를 세우는 데 더 많은 에너지를 쏟는 경우가 너무 많다는 것을 고백한다.[2]

세계 기독교의 무게중심이 이제 동남쪽으로 옮겨갔다는 점을 고려할 때, 이 문제는 더욱 심각하다. 앞서 우리는 세계 기독교의 3분의 2가 이제 비서구권 다수 세계에 위치하고 있다고 언급했다. 오늘날 아시아, 아프리카, 중남미의 교회들이 유럽과 북아메리카에서 보낸 전체 선교사보다 더 많은 전임 타 문화권 선교사들을 파송하고 지원하고 있다.

따라서 동반자 관계와 협력은 여러 문화와 글로벌 관계를 포함하기 시작하면서 훨씬 더 복잡해졌다. 한때 파송 단체(그리고 현재 수신자)였던 사람들과 한때 수신자(그리고 현재 파송 단체)였던 사람들 사이의 새로운 형태의 협력을 모색하기 시작할 때, 가부장주의, 통제, 쓰라린 경험, 권력 투쟁의 그림자가 그 추악한 머리를 치켜든다. 이전의 파송 단체와 수신자 모두 이제 다른 교회와 선교 활동에 동등한 파트너로 동역해야 한다. 21세기 선교 동반자 관계에는 다음과 같은 여러 조합이 가능하다.

- 교회와 교회 간 협력
- 선교 단체와 단체 간 사역 제휴

---

2 NAE 1996, 3. 우리가 말하는 "복음주의"를 정의하는 것은 쉬운 일이 아니다. 밴 엥겐은 몇 가지 유용한 자료를 제공한다. Van Engen 1990, 205, footnote 4.

- 파송 선교 단체와 수신 교회 간 협력
- 교회 파송과 수신 선교 단체 간 협력
- 이전에 선교 받은 교회, 지금은 선교 단체와 새로운 교회 또는 새로운 선교 단체 간 협력
- 전 세계 개인, 교회 또는 선교 기관의 지원을 받고 선교 책임을 감당하는 다문화 선교 단체
- 지역 교회에서 선교사를 파송하고, 선교지 교회 선교 기관과의 협력
- 글로벌, 다자간 협력 선교 수행에 필요한 협력

21세기에 동역하기는 쉽지 않을 것이다.
왜 동역해야 하는가?
여기서 나는 우리가 세계 복음화에 함께 동역해야 하는 네 가지 이유를 이야기하고 싶다.

첫째, 우리는 함께 예수 그리스도에게 속한 존재이기 때문이다.
둘째, 우리는 함께 머리 되신 예수 그리스도의 지구적 몸의 지체로서 서로 연결되어 있기 때문이다.
셋째, 우리는 그리스도의 선교에 참여하면서 각자 사역 안에서 성령이 주신 은사들을 발휘하기 때문이다.
넷째, 우리는 함께 자라면서 예수 그리스도의 충만한 분량까지 자라기 때문이다.

왜 동역해야 하는가?
세상이 예수님을 그리스도라고 믿게 하기 위해서이다(요 17:21). 우리는 함께 "이 세대에 세계 복음화를"[3] 이룰 수 있다.

---

3   이 '표어'는 19세기 말 학생자원운동(SVM)의 리더인 존 모트와 다른 지도자들에 의해 대중화되었다. 1900년 존 모트는 『이 세대에 세계 복음화를』(*The Evangelization of the World in This Generation*)이라는 제목의 책을 출간했다. 제럴드 앤더슨은 이 표어에 대한 모트의 설명을 인용했다. "표어는 '모든 사람에게 예수 그리스도를 구원자로 알고 그의 참 제자가 될 수 있는 충분한 기회를 주는 것을 의미합니다.' 이것은 그리스도께서 지상 명령에서 암시했던 것이다. 그것은 지금 살고 있는 사람들에게 복음을 전하는 것을 의미한다. 그것은 세상을 개종시키는 것을 의미하는 것이 아니다"(Anderson 1988, 382).

나는 이 장을 함께, 일하기, 다양성 그리고 신학 등 네 가지 주제로 구성했다.[4] 여기서 나는 에베소서 4:1-5:2을 다시 읽으면서 우리의 통찰을 이끌어 내고 싶다. 각 부분에서 나는 에베소서 4장의 주제를 검토한 후, 새천년에 우리에게 도움이 될 수 있는 20세기 동안 배운 교훈을 되새겨 볼 것이다.

우리는 성령의 능력으로 하나님의 세상에서 선교하는 예수 그리스도를 따르며(그리고 그분과 함께 동역하며) 함께 일한다. 마닐라 선언(Manila Manifesto)은 선포한다.

> 그리스도께서는 온 교회를 부르셔서 온 세상에 온 복음을 전하라고 부르신다.[5]

이 표어는 20세기 동안 교회와 선교사들 사이 많은 협력의 발판이었던 1910년 에든버러 '세계선교대회'(World Missionary Conference)에서 여전히 강력한 동기부여를 했다. 다음 저서를 보라. Stephen Neill 1964, 332; William Richey Hogg 1952; and World Missionary Conference, 1910. 1910.

닐(Neill)은 말했다. "이 표어는 철저하게 신학적 원리에 바탕을 두고 있다. 기독교인 각 세대는 세상의 비기독교인 세대에 대한 책임을 가지고 있다. 복음의 능력 안에서 같은 세대를 살아가는 모든 비그리스도인들에게 복음을 선명하게 제시하는 것은 각 세대가 감당해야 할 선교 사업이다." 이것은 보편적이고 영구적인 의무이다. 이것은 기독교 전도에 일반적으로 기독교 국가라고 불리는 나라들 안에서 그리고 그 너머에 가서 기독교 복음을 선포하는 데 적용된다. 이 원칙이 거부되려면 신약성경을 먼저 다시 고쳐 써야 한다 (1964, 332).

4 "통합"의 많은 다른 의미들이 있다. WCC의 뉴델리 총회는 통합의 가능한 의미를 탐구했다. 다음 자료를 보라. Evanston to New Delhi: 1954-1961 (Geneva: WCC, 1961); W.A. Visser 't Hooft, ed., *The New Delhi Report* (Geneva: WCC, 1961), 116-135. '가시적' 통합에 대한 콘질리아 운동(conciliar movement)의 선입견은 WCC에서의 논의를 구조적, 조직적 통일성을 지나치게 강조하는 잘못된 방향으로 움직였고 결국 교회와 선교를 모두 잃게 만들었다. 밴 엥겐의 『미래의 선교신학』 8장에 나오는 "콘질리아 선교신학"을 보라. Van Engen, *Mission on the Way*, 1996, 145-56.

5 1989년 7월 필리핀 마닐라에서 열린 로잔 운동 모임의 '전 교회가 전 복음을 전 세계에 전하라고 부르는 일'과 '주께서 다시 오실 때까지 그리스도를 선포하는 일'은 두 가지 핵심 주제였다. 협력과 동반자 관계에 대한 복음주의적 접근을 장려하고 동반자 관계를 구축해 온 세 가지 탁월한 진술은 1974년 로잔 언약, 1989년 마닐라 선언, 1996년 NAE 복음주의 선언이다.

3. 선교 동반자 관계를 위한 동기: 우리는 함께 예수 그리스도께 속했기 때문에 동역한다

이유가 분명하다.
왜 우리가 함께 협력해야 하는가?
왜냐하면, 우리는 함께 예수 그리스도께 속했기 때문이다. 이것이 우리의 선교 동반자 관계를 위한 가장 근본적 동기이다.

1) 성경 본문

교회의 선교에 대한 성서신학의 핵심 자료는 바울이 에베소에 보낸 서신에 나온다. 에베소서에 대한 세심한 연구는 교회의 선교적 본질에 대한 개요를 제공한다. 바울은 교회가 핵심적 본질에 대한 선교적 표출을 통해 지속적으로 성장해야 하는 유기체로 보았다. 그리고, 비록 내가 에베소서에서 발견한 모든 관련 선교적 주제를 전개할 공간은 없지만, 나는 에베소서 4장에서 발견한 주제들 중 네 가지를 전재하고 싶다.

바울이 에베소 교회를 묘사하기 위해 적어도 열다섯 개의 다른 그림 언어나 이미지를 사용하지만, 다른 모든 이미지의 근거가 되는 핵심 주제는 교회이다. 바울은 교회에 대해 설명할 때 단수형을 사용한다는 사실이다. 즉, 바울에게는 단 하나의 교회만 있을 뿐이다. 더 이상은 없다.

사도 바울은 말한다.

> 몸이 하나요 성령도 한 분이시니 이와 같이 너희가 부르심의 한 소망 안에서 부르심을 받았느니라 주도 한 분이시요 믿음도 하나요 세례도 하나요 하나님도 한 분이시니 곧 만유의 아버지시라 만유 위에 계시고 만유를 통일하시고 만유 가운데 계시도다 (엡 4:4-6).

우리는 "거룩한 보편적 교회"나 "하나님의 가족" 또는 "하나님의 백성들" 또는 "그리스도의 몸" 또는 "새 이스라엘"을 고백하지 않는다. 교회의 성경적 관점에서 복수형은 교회의 본질적 존재가 아니라, 지역 교회가 모이고 있는 지리적 위치만을 가리킨다. 교회는 본질상 오직 하나의 교회가 있을 뿐이

다. 에베소서에서 '에클레시아'(*ekklesia*)는 단수형으로만 나타난다.[6]

그래서 우리는 바울이 시작하는 곳에서 시작해야 한다. 우리 모두가 "우리가 받은 부르심에 합당한 삶을 살도록" 교회와 선교 단체를 향해 구하고, 찾고, 빌고, 강권하는(Παρακαλῶ) '주님의 포로'임을 인식해야 한다.[7] 그리스도의 부르심은, "하나님을 따라 의와 진리의 거룩함으로 지으심을 받은 새 사람"(엡 4:24)으로 살아가는 것이다. 이 새로운 선교적 삶의 방식은 우리가 머리 되신 예수 그리스도 아래 하나의 몸에 함께 속한 지체라는 인식을 포함한다.

지체 인식은 우리가 우리 자신과 다른 사람들을 지각하는 특정한 태도의 함양을 수반한다(일하기). 선교와 사역(다양성)에서 우리의 은사를 발휘하는 것을 포함하며, 한 몸으로서 머리 되신 예수 그리스도의 장성한 분량까지 성장하려고 노력한다(신학).

소명이 있다. 이 부르심은 우리 스스로가 미리 결정하는 소명이 아니다. 오히려 우리의 머리이신 예수 그리스도께서 우리에게 확대하신 소명이다. 예수 그리스도 안에서 우리의 하나 됨(엡 4:5, 6, 13)은 우리가 쉽게 함께 동역할 수 있다는 근거가 되지 않는다.

우리가 서로 좋아하지 않아도 우리는 함께 동역할 수 있다!

동역은 우리가 모든 관점에서, 모든 명제에서, 모든 세세한 부분에서 동의해야만 할 수 있는 것이 아니다.

우리가 하나 됨은 우리의 구세주와 주님이 한 분이시기 때문이다. 그것은 그리스도께서 주신 소명이다. 함께 일하는 이 근본적 동기를 대신할 수 있는 다른 것은 없다. 우리는 우리 주님이 우리 모두에게 베풀어 주신 부르심에 합당한 삶을 살고자 하는 같은 주님의 종들이기 때문에 함께 동역한다. 우리의 선교와 예수 그리스도에 대한 우리의 제자도 사이에는 대체 불가능한 연결고리가 있다. 이것이 키프리아누스(Cyprian)에 의해 잘 알려진 구절인 "교회 밖에는 구원이 없다"(*Extra ecclesiam nulla salus*)로 표현된 원래의 개념이다.

칼 브라텐(Carl Braaten)이 말했다.

---

6 Van Engen 1991, 49. 바르트를 참고하라. Karl Barth, *Church Dogmatics* 4.1.
7 또는 고린도후서 5:14의 언어로, 그리스도의 사랑은 우리에게 화해의 대사가 되라고 강권한다. 예수 그리스도의 선교 안에서 그리고 예수 그리스도의 선교를 통해 변화된 사람들로서 우리는 "하나님과 함께 일하는 자"(고후 6:1)이다.

신약성경에 나오는 사역의 전체 주제는 예수 그리스도시다. 예수님은 하나님이 세상과 종말론적 화해 사건이 일어나게 하시는 결정적인 분이다. 그리스도만이 원시 기독교에서 생겨난 다양한 선교 사역에 통일성을 부여하신다. 신약성경의 모든 저자의 글에서 선교 사역은 그리스도 중심적이다. 교회에게 어떤 권위가 있다면 그 권위는 다름 아닌 예수 그리스도이시다. 그 권위는 그분이 대사로 임명하신 사람들을 통해 중재되기 때문이다.[8]

윌버트 쉥크(Wilbert Shenk)는 말했다.

메시아 예수님의 사역은 미시오 데이의 모습을 담고 있다. 이것이 모든 선교 활동에 규범이며, 우리의 현대 세계에서 선교의 성격, 전략 그리고 입장을 결정해야만 한다. 이것은 승리주의도 패배주의도 허용하지 않는다. 우리가 사는 시대에 대응해 복음의 충만함을 포용하는 선교적 증인을 요구한다.[9]

그래서 바울은 우리에게 그 소명이 주님의 부르심임을 일깨워 주는 것으로 시작한다. 바울은 주님을 위해, 주님의 사역을 위해 기꺼이 복음에 잡힌

8　Braaten 1985, 123-24.
9　Wilbert Shenk 1993, 내용 1장. IMC의 빌링겐(1952년) 콘퍼런스에서 시작해 새롭게 구성된 '세계선교와전도위원회'(CWME)의 멕시코시티 콘퍼런스에서 확인되었으며, 1965년 게오르그 휘체돔의 저서 『하나님의 선교』로 대중화되었다. 하나님의 선교(mission Dei) 개념은 복합적인 복을 상징하고 있다. 한편으로, 선교학이 "선교는 주된 교회의 활동이 아니라 하나님의 속성"이라는 사실을 강조하는 데 도움이 되었다. 하나님은 선교사 하나님이시다(Bosch 1991, 390).
그러나 회드메이커(Hoedemaker)가 지적한 것처럼, "몇 년 동안, 미시오 데이 깃발은 다양한 잡화 화물을 운반하는 배에 실려 왔다"(Hoedemaker 1995, 164). 그래서 제임스 셔러는 말했다. "1960년대 미시오 데이는 교회의 실질적 선교에 대한 학문적 관심에 지나지 않았지만 신학적 추측과 유희를 즐기는 안락의자 신학자들의 놀이가 되었다"(1993, 85). 그러나 이런 위험 요소를 고려하면서도, 보쉬는 여전히 이 개념이 도움이 될 수 있다고 생각했다. "한편, 교회나 다른 어떤 인간 대리인들도 결코 선교의 창시자나 수행자가 될 수 없다는 확신을 분명히 하는 데 미시오 데이 개념이 도움이 되었음을 부인할 수 없다. 선교는 주로 그리고 궁극적으로 세상을 위한 삼위일체 하나님, 창조자, 구원자, 거룩자의 일이다. 선교는 하나님의 심장에 기원한다. 하나님은 보내는 사랑의 샘이다. 이것이 가장 깊은 선교의 원천이다. 더 깊이 파고드는 것은 불가능하다. 하나님은 사람을 사랑하시기 때문에 선교가 있다."(1991, 392). 다음을 참고하라. Georg Vicedom 1965; D. Bosch 1980, 239-44; Arthur Glasser 1983, 90-99; D. Bosch 1991, 370; 389-93; James Scherer 1993, 82-88; L. A. Hoedemaker 1995, 162-66.

바 되었다. 그다음 바울은 요한복음 1장과 골로세서 1장의 기독론을 옹호하며, 그리스도께서 '모든 것을 모든 방법으로 채워 준신다'고 말하는 에베소서 1장의 우주적 그리스도론에 주목한다.

바울은 삼위일체적 관점에서 하나 됨을 강조한다.

> 몸이 하나요 성령도 한 분이시니 이와 같이 너희가 부르심의 한 소망 안에서 부르심을 받았느니라 주도 한 분이시요 믿음도 하나요 세례도 하나요 하나님도 한 분이시니 곧 만유의 아버지시라 만유 위에 계시고 만유를 통일하시고 만유 가운데 계시도다 (엡 4:4-6).[10]

우리는 예수 그리스도 안에서 함께하기 때문에 함께한다. 성경이 설명하는 실존은 다음과 같다.

- 그리스도의 세상이지, 우리 세상이 아니다(선교의 상황)
- 그리스도의 교회이지, 우리의 교회가 아니다(선교의 구조)
- 그리스도의 선교이지, 우리의 선교가 아니다(선교의 동기)
- 그리스도의 멍에와 활동이지 우리의 멍에나 활동이 아니다(성령에 의한 선교의 방법)
- 그리스도의 인도와 방향이지 우리의 인도와 방향이 아니다(선교의 목표)
- 그리스도의 부르심과 선택이며, 우리는 오직 부름 받았기에 순종하는 것이다(선교의 대리인)

우리는 이 모든 일에 소극적 대리인은 아니지만, 그리스도의 선교를 우리가 결정하거나 통제하거나 제한하지 않는다. 이것은 우리 모두가 알고 있다. 그렇다.

그렇다면 왜 우리는 교회와 선교 단체 선교 활동에서 마치 그렇지 않은 것처럼 자주 행동하는가?

---

10 브라텐을 보라. Carl Braaten 1990.

2) 선교학적 고려

선교학적 통찰이 필요하다. 예수 그리스도 안에서 교회와 선교의 하나 됨 확증하는 것은 답변만큼이나 많은 의문을 낳는다. 내가 설명한 네 가지 주제 중 두 번째 주제에서, 나는 그 점이 의미하는 바가 아닌 20세기 동안의 선교 역사의 한 예를 간략히 언급하고 나서, 다음 새천년 동안의 선교 동반자 관계에 어떤 의미가 있을지 제안하고 싶다.

(1) 우리의 하나 됨이 의미하지 않는 것

우리의 하나 됨은 반드시 구조적 또는 조직적 통합을 의미하지는 않는다. 선교 역사는 그리스도 안에서 우리의 하나 됨을 확증하는 것 자체가 반드시 그러한 구조적이거나 조직적인 통합의 형태를 취해야 한다는 것을 의미하지는 않는다는 것을 보여 준다.

이런 비약적 사고의 대표적 예가 1961년 세계교회협의회(WCC) 뉴델리 총회에서 국제선교협의회(IMC)가 WCC에 통합되면서 일어난 운동이다. 이것은 매우 논란이 많은 사건으로, 이슈의 양쪽에서 격정적 토론이 있었다.

막스 워렌(Max Warren)은 "조직 선입견"(preoccupation with structures)이 그날을 지배했다고 지적했다. IMC가 WCC에 통합된 것은 구조적이고 조직적인 방식으로 선교와 교회의 단합을 보여 줄 필요가 있다고 느낀 사람들이 주도했기 때문이다. 워렌은 관찰한다.

> 변화가 필요하고 일부 구조는 변화를 억제하기 때문에 구조적 변화가 필요할 수 있다. 그러나 단지 필요한 변화가 새로운 조직에 의해 규정되었기 때문에 영적 생명력이 활성화된다는 확실한 증거는 없다.
> 이 사실에 대한 어떤 기본적 인식은 구조 변화에 대한 당대의 열정을 억제하는 역할을 할 수도 있는데, 이는 더 긴급한 요구, 예를 들어, 선교 명령에 대한 실제적 순종으로부터 너무 쉽게 탈출하는 방편이 될 수 있다.[11]

---

11   Warren 1978, 199.

통합이 분열을 낳았다. IMC를 WCC로 통합한 결과는 다음과 같다.

첫째, 상당수의 복음주의자들이 WCC를 떠나 훗날 복음주의 운동이 된, 1966년 베를린, 1974년 로잔, 1980년 파타야, 1989년 마닐라, 1994년 서울 GCOWE 그리고 2010 케이프타운 회의와 같은 주요 모임에 적극적으로 참여했다.

둘째, 시간이 걸렸다. '통합'의 두 번째 결과가 명백해지는데 30년이 걸렸다. IMC를 WCC에 통합함으로써 결국 WCC의 성경적 선교에 대한 헌신을 상실하고 이전에 IMC와 관련된 선교적 강조점들이 거의 사라지게 되었다.[12] "모든 것이 선교라면, 그 어떤 것도 선교가 아니다"라는 스티븐 닐의 격언은 IMC가 WCC에 통합된 경우를 두고 역사적으로 입증되었다.[13]

셋째, 교회의 본질은 선교다. 구조적 통합에 대한 열정은 1960년대 WCC와 NCCC계에서 "교회의 선교적 구조"에 대한 환호로 이어졌다.[14] 그러나 선교의 관점에서 본 구조적 통합에 대한 열정은 예수 그리스도에게로 사람을 인도하고 교회에 새로운 구성원이 되게 하는, 새로운 믿음을 주는 선교 활동으로 결코 전환되지 않았다.

불행하게도, "교회의 선교적 구조" 운동은 J.C. 호켄다이크에 이르러 끝이 났다. 호켄다이크는 교회에 대한 잘못된 비관주의와 세속화된 교회론인, 『흩어지는 교회』(The Church Inside Out)에서 논의한 부당한 낙관주의로 교회론을 바꾸었다. 만약 선교적 교회론 운동이 요하네스 블라우가 저술한 『교회의 선교적 본질』(The Missionary Nature of the Church. 호켄다이크의 책과 비슷한 시기에 출판한 책)을 따라갔다면, 그 결과는 매우 달랐을 것이다.

---

12 밴 엥겐의 "콘질리아 선교신학 1930년대-1990년대"를 참고하라. Van Engen, "Conciliar Mission Theology, 1930's-1990s," in Van Engen, *Mission on the Way*, 1996, 145-56. IMC를 WCC에 통합함으로써 구조적 통일에 대한 흥미로운 사례 연구를 제공하는데, 이 사건은 매우 복잡해 다양한 해석이 가능하다. 다음 자료를 참고하라. Paul Pierson 2000, 300-303; C. Henry 1967, 86; Max Warren 1974, 156-58; 1978; David Bosch 1978, 55; 1980, 187-88; O. Costas 1982, 36; D. Bosch 1991, 457-61; Van Engen, *Mission on the Way*, 1996, 132-33.

13 Stephen Neill. *Creative Tension*, London: Edinburgh House, 1959, 81 in Johannes Blauw, *The Missionary Nature of the Church*, Grand Rapids: Eerdmans, 1962, 109.

14 WCC 1968, 16ff, 69ff; Van Engen 1981, 300-23.

이 운동 초기에 미국의 '복음과 우리 문화 네트워크'(The Gospel and Our Culture Network)는 "교회의 선교적 구조"에 내재된 같은 실수를 반복하기 시작했지만, 나중에 데럴 구더(Darrell Guder)가 실질적 수정과 방향 전환을 할 수 있도록 대안을 제시했다.[15]

이런 이슈와 다른 이슈들은 해롤드 풀러(W. Harold Fuller)를 자극해 다음과 같은 주의 사항을 제시하게 했다.

> 교회 중심의 입장은 대개 강한 교회 연합 태도를 동반해, 복음 전도를 무색케 할 수 있다. 모든 기독교인은 종파주의와 불필요한 분열을 걱정해야 한다. 어떤 이들은 불협화음을 복음 증거의 장애물로 본다. 다만 조직적 통합의 목표가 복음 증거보다 우선된다면 자멸적일 수도 있다. 조직적 통합 복음 전도를 방해하는 타협을 요구할지도 모른다. '교회 연합의 부재'는 복음 전도를 하지 않는 이유가 될 수 있다. 보수적 복음주의 선교의 중심 세력은 에큐메니즘이 아니라 예수님을 구세주와 주님으로 증거하는 개인 전도이다.[16]

우리는 우리의 하나 됨에 대한 가시적 증거를 보여 주는 데 전념해야 한다. 그러나 그것이 반드시 구조적 또는 조직의 통합을 전제로 하는 것은 아니다. 새로운 도전에 대처하기 위해 새로운 구조가 필요할 수도 있지만, 그 자체가 변화를 가져오거나 새로운 선교 활동을 자극하는 것은 아니다. 에디 깁스가 말한 것처럼, "교단(및 선교 단체)가 갱신이 절실한 때, 그들은 구조 조정을 할 것이다."[17]

(2) 이 하나 됨이 의미하는 것

우리는 그리스도 안에서 하나이다. 예수 그리스도 안에서 우리의 하나 됨은 복음이 모든 사람을 위한 것임을 의미한다. 교회와 선교에 대한 기독론적 관점은 복음의 보편성을 내포한다. 예수 그리스도께서 만민의 주이시기 때

---

15 Darrell Guder, ed., 1998, chapters 1, 8, 9. 이 내용을 헌스버거(Hunsberger)와 밴 겔더(Van Gelder)가 먼저 강조했던 강조점과 비교하면 흥미롭다(Hunsberger and Van Gelder, eds., 1996).
16 Fuller 1980, 74-75.
17 저자와의 개인적 대화. 다음을 참고하라. Eddie Gibbs 1994, 101-9.

문에, 예수 그리스도께서 만민을 위해 목숨을 버리셨기 때문에, 예수님 안에서 구원의 좋은 소식은 모든 땅에 사는 주민을 위한 것이다. 라민 사네가 말했듯이, 복음은 "무한히 번역할 수 있다."[18]

복음은 한 집단의 소유이거나 권리가 아니다. 복음은 모두에게 열려 있는 제안(offer)이다. 복음은 구원의 관점에서 다원주의나 포괄주의를 암시하지 않는다. 오히려 내가 『미래의 선교신학』에서 보여 주었듯이, 세계 종교들 간의 선교에 대한 성경적 접근은 "신앙-특정주의, 문화 다원주의 그리고 교회론적 포용주의" 관점을 동시에 담고 있다.[19]

보편성의 선교적 의미가 중요하다. 그것은 예수 그리스도를 아직 알지 못하는 모든 사람과 모든 부족, 언어, 가족, 백성, 민족, 모든 사람에게 복음이 열려 있다는 것을 의미한다. 이것이 바로 교회의 보편성이다. 정의상 교회는 하나님의 선교적 백성을 만든다.[20] 그러므로 바울에게 이방 선교는 선택 사항이 아니었다.

> 모든 성도 중에 지극히 작은 자보다 더 작은 나에게 이 은혜를 주신 것은 측량할 수 없는 그리스도의 풍성함을 이방인에게 전하게 하시고 영원부터 만물을 창조하신 하나님 속에 감추어졌던 비밀의 경륜이 어떠한 것을 드러내게 하려 하심이라 (엡 3:8-9).

기독교인들과 교회들이 그들의 세계적 선교 의지와 관심을 잃기 시작할 때, 그들은 단지 실체가 없는 자신의 그림자가 되고 만다. 그들은 더 이상 예수 그리스도께서 의도하신 온전한 교회가 아니다. 선교 동기는 예수 그리스도에 대한 우리의 제자도에서 비롯한다. 그리하여 사도 바울은 고린도후서 5:14에서 말한다.

> 그리스도의 사랑이 우리를 강권하시는도다 우리가 생각하건대 한 사람이 모든 사람을 대신하여 죽었은즉 모든 사람이 죽은 것이라 (고후 5:14).

18　Sanneh 1989.
19　Van Engen, *Mission on the Way*, 1996, 169-87.
20　Van Engen, *God's Missionary People, 1991*

우리는 함께 그리스도의 화해의 대사가 될 수 있다. 복음에 미치는 가장 큰 피해는 우리가 같은 주님께 순종하고 같은 복음을 믿지만 예수 그리스도의 제자가 아닌 자들에게 복음을 증거하면서 서로 경쟁하고, 반대하고, 갈등할 때 나타난다. 이제 두 번째 단어인 '일하기'(Working)를 생각해 보자.

4. 선교 동반자 관계를 위한 수단: 우리는 함께 예수 그리스도의 몸을 이루기 때문에 동역한다

태도가 관계를 결정한다. 우리는 보통 에베소서 4장을 성령의 은사와 관련된 핵심 구절 중 하나라고 생각한다. 그리고 우리는 다음 부분에서 그 점을 연구할 것이다. 그러나 에베소서 4장을 좀 더 자세히 살펴보면, 바울은 기독교인들이 서로를 대하는 태도에 훨씬 더 중점을 두고 있다는 것을 알 수 있다. 여기 기록한 목록들은 갈라디아서 5장에 나온 '성령의 열매'를 반영한다. 바울은 고린도후서 6:6과 골로새서 3:12-15에서 두 가지 유사한 성령의 열매 목록을 제시한다.

선교 동반자 관계에 적용되는 성령의 열매는, 바울이 우리가 어떤 태도로 어떻게 협력할 수 있는지에 대한 깊이 있는 실용적인 제안이다. 성령의 열매들은 우리가 선교 활동을 하면서 서로 협력할 수 있는 수단이다. 우리는 전에 다 들은 적이 있다. 하지만 이번에는 선교 동반자 관계의 맥락에서 성령의 열매에 대해 바울의 설명을 다시 들어보라. 우리는 모두 잡힌 바 된, '주님의 포로'이다. 그러므로 우리가 서로를 이런 방식으로 대할 때 우리의 부르심에 합당한 삶을 살아갈 수 있다.

1) 성경 본문

바울은 에베소서를 쓰면서 아마도 이 편지가 그 지역의 많은 다른 교회에 회람될 것이라는 가정을 하고 이 편지를 썼을 것이다. 이 편지에 나오는 2인칭 대명사는 모두 복수형이다. 미국 남동부에서는 2인칭 복수형을 사용해 "여러분"(y'all)이라고 말한다. 그래서 바울은 다음과 같은 말로 모든 신자에게 도전했다.

모든 겸손과 온유로 하고 오래 참음으로 사랑 가운데서 서로 용납하고 평안의 매는 줄로 성령이 하나 되게 하신 것을 힘써 지키라 …
그러므로 내가 이것을 말하며 주 안에서 증언하노니 이제부터 너희는 이방인이 그 마음의 허망한 것으로 행함 같이 행하지 말라 그들의 총명이 어두워지고 그들 가운데 있는 무지함과 그들의 마음이 굳어짐으로 말미암아 하나님의 생명에서 떠나 있도다 그들이 감각 없는 자가 되어 자신을 방탕에 방임하여 모든 더러운 것을 욕심으로 행하되 오직 너희는 그리스도를 그같이 배우지 아니하였느니라 진리가 예수 안에 있는 것 같이 너희가 참으로 그에게서 듣고 또한 그 안에서 가르침을 받았을진대 너희는 유혹의 욕심을 따라 썩어져 가는 구습을 따르는 옛 사람을 벗어 버리고 오직 너희의 심령이 새롭게 되어 하나님을 따라 의와 진리의 거룩함으로 지으심을 받은 새 사람을 입으라 그런즉 거짓을 버리고 각각 그 이웃과 더불어 참된 것을 말하라 이는 우리가 서로 지체가 됨이라 분을 내어도 죄를 짓지 말며 해가 지도록 분을 품지 말고 …
무릇 더러운 말은 너희 입 밖에도 내지 말고 오직 덕을 세우는 데 소용되는 대로 선한 말을 하여 듣는 자들에게 은혜를 끼치게 하라 하나님의 성령을 근심하게 하지 말라 그 안에서 너희가 구원의 날까지 인치심을 받았느니라 너희는 모든 악독과 노함과 분냄과 떠드는 것과 비방하는 것을 모든 악의와 함께 버리고 서로 친절하게 하며 불쌍히 여기며 서로 용서하기를 하나님이 그리스도 안에서 너희를 용서하심과 같이 하라 그러므로 사랑을 받는 자녀 같이 너희는 하나님을 본받는 자가 되고 그리스도께서 너희를 사랑하신 것 같이 너희도 사랑 가운데서 행하라 그는 우리를 위하여 자신을 버리사 향기로운 제물과 희생제물로 하나님께 드리셨느니라 (엡 4:2-5:2).

이 본문에서 나는 세 가지 요점을 발견했다.

첫째, 성령과 은사에 주목하라. 우리는 사실 선교를 직접 수행하는 사람들이 아니다. 성령께서 일하신다. 우리를 통해 선교 활동을 하신다. 그러므로 우리가 선교에 부적절한 태도와 파괴적 대인 관계를 보이면, 우리는 선교를 수행하시는 "성령을 근심하게" 한다. 우리가 사도행전 12장과 15장에 나오는 초기 예루살렘 교회에 의해, 선교에 있어서 성령의 도구성은 매우 일찍 인식되었다. 그리스도의 선교는 성령의 임재와 능력에 둘러싸여 있기 때문에, 우리의 대인 관계는 우리의 영성(개인적으로나 공동체적으로)에 지대한 영향을 미치고, 궁극적으로는 우리의 선교 활동에 영향을 미친다.

예수님께서도 제자들에게 선교에 참여하면서 대인 관계에 주의할 것을 말씀하셨다.

> 예수께서 제자들을 불러다가 이르시되 이방인의 집권자들이 그들을 임의로 주관하고 그 고관들이 그들에게 권세를 부리는 줄을 너희가 알거니와 너희 중에는 그렇지 않아야 하나니 너희 중에 누구든지 크고자 하는 자는 너희를 섬기는 자가 되고 너희 중에 누구든지 으뜸이 되고자 하는 자는 너희의 종이 되어야 하리라 인자가 온 것은 섬김을 받으려 함이 아니라 도리어 섬기려 하고 자기 목숨을 많은 사람의 대속물로 주려 함이니라 (마 20:25-28).

다른 말로 설명하면, 우리는 성령의 열매로 스며든 분위기 속에서만 성령의 은사를 써야 한다.

둘째, 말씀을 조직 문화에 적용하라. 우리는 관례적으로 이 구절을 지역 교회와 그 구성원들의 관점에서 생각하지만, 이것을 우리 선교 단체의 조직 문화에 적용하면 유익하다.

이 구절이 우리 선교 단체와 교단 선교부의 내부적 활동과 관계를 비추는 등불이 되게 한다면 우리에게 무엇을 말해 줄 수 있을까?

나는 바울이 여기서 우리 기독교 단체의 내부 생활이 우리의 선교 목표와 일치해야 한다는 신호를 보내고 있다고 믿는다. 우리 선교 조직이 성령을 통해 은혜와 사랑, 용서, 연민의 정에 스며들지 않는다면 우리는 사랑과 긍휼에 헌신하는 선교 기관이라고 말할 수 없다. 우리 자신이 나쁜 소식이라면 복음의 좋은 소식을 전할 수 없다.

셋째, 관계는 목표와 일치해야 한다. 그리스도의 몸은 전 세계적(global) 몸이다. 따라서 바울이 언급한 태도는 우리가 전 세계적으로, 동서 간에, 남북 간에, 파송 기관이나 수용 기관 사이에 서로를 대해야 하는 방법에 있어서 진정성을 시험하는 태도가 필수적이다.

바울이 강조하는 태도는 사람들이 우리의 선교 조직과 동반자 관계에 관여하게 되었을 때, 그들이 맡아야 할 향기, 그들이 맛보아야 할 맛이다. 우리의 선교 동반자 관계에서 우리는 단지 목표 지향적이고 생산 지향적일 수만은 없다. 우리의 동반자 관계, 대인 관계 및 조직 간 관계는 우리의 선교 협력의 명시된 목표와 일치해야 한다. 그렇지 않을 경우, 우리의 전 선교 사업

(mission enterprise)은 대내적, 영적으로뿐 아니라 대외적으로 선포적으로도 피해를 입는다.

그렇다면 우리의 선교적 영성은 우리가 선교를 함께 수행하는 사람들 사이보다 우리의 마음에서 우러나오는 것에 더 깊은 영향을 받는 것 같다. 마치 물에 젖지 않는 오리처럼, 진흙 속에서도 더럽혀지지 않는 지렁이처럼, 우리의 영성은 바깥에서 우리에게로 오는 것, 또는 그와 연관된 사람들에 의해 그렇게 많이 오염되지 않는다. 오히려 우리는 우리 자신의 마음(갈 5:19-21에 나오는 "육체의 일")에 오염되어 있다. 그래서 예수님께서는 죄인들 가운데서 선교를 수행하셨지만, 하나님의 죄 없는 아들이 될 수 있었다. 예수님께서 말씀하셨다.

> 입으로 들어가는 것이 사람을 더럽게 하는 것이 아니라 입에서 나오는 그것이 사람을 더럽게 하는 것이니라 (마 15:11).

마찬가지로, 적어도 에베소서 4장 맥락에서 우리의 교리를 순수하게 지키기 위한 분리는 그야말로 '사랑의 방식'으로 사는 것만큼 필수적 미덕인 것 같지 않다.

> 그리스도께서 너희를 사랑하신 것 같이 너희도 사랑 가운데서 행하라 (엡 5:2).

바울은 하나 됨을 강조한다.

> 모든 겸손과 온유로 하고 오래 참음으로 사랑 가운데서 서로 용납하고, 평안의 매는 줄로 성령이 하나 되게 하신 것을 힘써 지키라 (엡 4:2).

바울이 고린도후서 6:14에서 명령한다.

> 너희는 믿지 않는 자와 멍에를 함께 메지 말라 (고후 6:14a).

이 말씀은 기독교인이 아닌 사람들과의 인간 관계를 언급할 때 사용하는 말씀으로, 믿는 사람들 사이의 관계와 거의 또는 전혀 관련이 없다. 또한, 이

조차도 우리가 아직 기독교인이 아닌 사람들 사이에서 그리스도의 선교에 참여하는 것을 막지 못한다. 그렇지 않았다면 초기 기독교인들이 이방인들에게 복음을 선포하는 것이 불가능했을 것이다(눅 6:45; 마 12:34; 행 10:14-15; 약 3:6).

2) 선교학적 고려

그렇다면, 우리가 새천년에 동역하기에 어떤 선교학적 함의를 고려할 수 있을까?

나는 그것이 무엇을 의미하지 않는다고 생각하는지 그리고 나서 그것이 무엇을 의미할 수 있는지를 간단히 언급할 것이다.

(1) 이런 태도가 의미하지 않는 것

바울이 에베소서 4장에서 요구한 동반자 선교에 협력하는 태도가 곧 우리가 반드시 선교에서 공동 협정을 맺는다는 것을 의미하지 않는다. 선교계가 선교에 서로 협력하려고 시도한 방법 중 하나는 공동체 협약을 만드는 것이었다. 특히 세기가 바뀔 무렵에 널리 퍼진 미국 주류 교단 배경을 가진 선교 단체들은 서구 선교가 그들의 선교 활동에서 서로에게 걸림돌이 되지 않도록 다양한 세계 3분의 2 국가들의 영토를 분할하려고 노력했다.

문자 그대로 대부분 남성 지도자들이 만든 "신사적 합의"(gentlemen's agreement)는 주로 선교 단체 상호에 대한 감사와 타 선교 단체에 대한 존중심을 보여 주려는 마음에서 비롯되었다.

많은 선교 공동체의 합의는 중복 사역을 피하고 출혈 경쟁을 줄이려는 선의의 시도였던 것 같다. 하지만 장기적으로 볼 때 그들은 혼란한 결과를 얻었다. 1916년 파나마 선교 회의는 이런 역학 관계를 잘 보여 준다. 이 내용은 이 책의 다른 곳에서 논의할 것이다.

중남미에서 흥미로운 사례는 "신시내티 플랜"(Plan of Cincinnati)이 멕시코 내 미국 주류 개신교 선교와 연대하여 만든 상황이었다. 1914년, 사람들이 여전히 1910년 에든버러에서 열린 '세계선교대회'의 벅찬 감상에 젖어 있는 가운데, 여덟 개 교파가 멕시코에서의 선교 사역에 관한 공동 협약을 맺기

위해 신시내티에 모였다.[21]

이 회의 자료 문서로부터 내가 받은 인상은 멕시코 지도자들이 참석하지 않았다는 것이다. 이 회의 결과, "신시내티 플랜"은 교단 선교부의 결정에 따라, 멕시코의 한 지역에서 다른 지역으로 거의 모든 선교사를 이동시켰다. 한 특정 지역은 더 이상 장로교 관할이 아니라 감리교 관할로, 다른 지역은 더 이상 회중교단이 아니라 장로교 관할로 그리고 기타 등등으로 바뀌었다. 신학교도 연합으로 운영하는 연합신학교를 만들고 출판사도 연합출판사를 만들었다.

오늘날까지 멕시코 교회 지도자들은 이 계획을 '신시내티'와 '아세시나토'(Acesinato, 암살)라는 스페인어를 합쳐 "신시내티 아세시나토"(암살 계획)라고 부른다. 이 계획의 결과는 주요 개신교 선교 단체에 의한 멕시코 복음화에 매우 해로웠다. 특히 멕시코에서 교회 간 동역 관계를 파괴했으며, 오늘날까지 적어도 멕시코 장로교회에서 미국과 멕시코 간의 선교 단체-현지 교회 관계에 부정적인 영향을 미쳤다.[22]

신시내티 선교 계획의 그림자는 1970년대 후반, 내가 개인적으로 내가 속한 교단인 미국개혁교회(Reformed Church in America)와 멕시코장로교단(the National Presbyterian Church of Mexico) 지도자들 사이의 새로운 우산 파트너십 문서 협상에 관여했을 때 여전히 긴장감이 남아 있음을 느꼈다. 내 경험에 따르면, 나는 그리스도 안에서 '하나 됨'은 과거에 우리가 알고 있었던 것처럼 반드시 선교 단체나 교단 조직체의 합의를 수반해야 한다고 생각하지 않는다.

공동체 합의는 라틴아메리카에서 복음 증거 사역에 분열과 분파를 조장했고, 결국 아프리카의 부족 증오와 분쟁을 정당화했으며, 아시아 전역에 교회를 원자화했다. 아프리카에서는 공동체 협정으로 인해 교회들이 너무 자주 종족 교회 교단 구조를 이용해 분열했고, 아프리카 전체 교회에 긍정적 공헌자로서 그들을 하나로 모으기보다는, 주로 그들 나라 안에서 서로 다른 집단들로 나뉘었다.

---

21 남장로교회(남), 장로교회(북), 회중교회(남), 감리교성공회(남), 감리교감독교회(북), 그리스도의제자, 친구교회, 연합개혁장로회 등이 있다.

22 See Saúl Tijerina Gonzalez, ed., 1872–1972 *Centenario: Iglesia Nacional Presbiteriana de México*. Monterrey: Comité Pro-Centenario, 1973, 154–58.

때때로 공동체의 선교 합의는 한 걸음 더 나아가 교회들이 구조적으로 그리고 조직적으로 결합하도록 만들었다. 예를 들어, 인도와 일본 교회에서 이런 경우가 있었다. 다만 전 세계 연합 교회는 아직도 기독교인이 아닌 사람들에게 복음을 증거하기보다, 조직을 하나로 유지하고 관리하는 데 더 많은 시간을 보내는 것 같다.

역사가 증언한다. 역사는 공동체 선교 협약이나 교회 연합이 참여자 측의 선교 참여와 선교 혁신을 증가시켰다는 가정을 지지하지 않는다. 또한, 그것이 반드시 이해 가능하고 문맥상 적절한 복음 전도를 수반하거나, 전도를 받은 현지인의 수를 늘린 것도 아니다.

그럼에도 불구하고 우리는 똑같이 중요한 또 다른 사실을 서둘러 확인해야 한다. 분열된 교회와 분열된 선교 단체 측의 상반되고 경쟁적인 주장의 부조화는 예수 그리스도의 교회가 이 새천년에 감당할 수 없다. 따라서 우리는 바울이 내부 조직 생활과 조직 간 동반자 관계에서 우리에게 추천하는 태도를 갖도록 서로 격려하는 방법을 계속 모색해야 한다. 이것은 우리에게 '동역하는 것'이 무엇을 의미하는지를 간략하게 제시한다.

(2) 이런 태도가 의미하는 것

태도가 관계를 결정한다. 우리가 이 새천년을 맞이할 때, 에베소서 4장에 나타난 바울의 도전은 우리의 태도를 '겸손함', '온화함', '인내함"으로 설정한다. 교회와 선교 단체에 속한 우리는 각각 보편적이고 세계적인 하나님의 백성 일부로서 서로 소속되어 있다. 그래서 우리는 교회의 보편성에 함께 참여하는 방식에 대해 다시 생각해 볼 필요가 있다.

교회가 본질적으로 '에큐메니컬' 하다는 말은 무슨 의미인가?

우리 중 일부는 '에큐메니컬'이라는 단어 자체를 가능한 사용하지 않으려고 할 수도 있지만, 우리는 그 원래 의미를 재고해야 한다. 나는 우리가 에큐메니컬의 원래 의미을 되살리는 것을 긍정적으로 고려할 수 있다고 생각한다.

에큐메니컬의 본래 의미는 회의나 모임이 다양한 기독교 전통을 대표해서가 아니라, 오늘날에도 종종 타 종교 신앙을 대표했기 때문이다. '에큐메니컬'이라는 용어가 여러 가지 용도로 쓰이지만, 가장 기본적인 의미는 '사람이 사는 지구 전체'와, 온 지구와 온 인류를 대상으로 하는 교회의 선교와 관련이 있다. 이에 마닐라 선언은 단언했다.

> 하나님께서 온 교회를 부르셔서 온 세상에 온 복음을 전하신다(Affirmation # 21).

이것은 20세기로 바뀔 때 사용된 경구의 원래 의미였다. 리치 호그(W. Richey Hogg)는 1900년 4월부터 5월까지 뉴욕에서 열린 '에큐메니컬선교회의'(Ecumenical Missionary Conference)에서 '에큐메니컬'이라는 용어가 사용되었다고 기록했다.

> '에큐메니컬'은 그 콘퍼런스가 기독교 교회의 모든 교파를 대표해서가 아니라, '그 콘퍼런스가 제안하는 선교 캠페인의 계획이 전 지구상 모든 거주 지역을 포괄하기 때문에' 사용되었다.[23]

이 용어 사용은 온 세상에서 '선교하는 교회'(church in mission)의 기본 개념을 가리킨다. 그것은 '에큐메니컬' 교회 선교의 범위가 '전 세계적'(worldwideness) 임을 말한다. 이런 전 세계적 교회 선교는 어느 한 교회가 감당하기 어렵다. 이 과업을 성취하기 위해 모든 교회와 기독교인이 서로 협력해야 한다. 보편적 교회 선교의 범위는 전 세계적이다. 모든 교회가 가시적이고 구체적인 통합을 위해 노력해야 할 필요성을 강요하는 것이 바로 원래 하나인 교회의 세계성이다.
케네스 그럽(Kenneth Grubb)은 이 전 세계적 '에큐메니컬' 느낌에 대해 "하지만 교회의 진정한 본질은 초자연적이고 에큐메니컬한 것이다"라고 말했다. 그것의 존재 자체가 동양이든 서양이든 과장된 민족주의의 과장된 태도에 대한 비난이다. 국적을 불문하고 다른 교회와 상호 원조 관계를 맺는 것이 꺼림칙한 것이라기보다는 교회의 영광이어야 한다.[24]

---

23 Hogg 1952, 45.
24 Van Engen 1981, 380. 케네스 그럽 인용은 롤랜드 알렌에게서 가져온 것이다. Roland Allen 1962, vii-viii.

'에큐메니컬'이라는 용어의 이런 용례는 헬레니즘에서 그리고 신약 사상에 나타난 에큐메니컬의 원래 의미와 관련이 있다. 제라드 키텔은 우리에게 설명한다.

> 오이쿠메네(*oikoumé*)는 신약성경에서 꽤 흔하게 사용된 단어인데 근자에 헬레니즘의 용례에서 유래한다. 이는 단순히 모든 나라와 온 세상을 위한 기쁜 메시지에 대한 언급이다(막 13:10).[25]

존 맥케이(John Mackay)는 교회의 선교와 관련해 에큐메니컬이라는 단어의 초기 용례를 추적했다. 맥케이는 지적했다.

> 이 용어는 지리적 용어다. 그리스와 로마 문명 양쪽에서 정치적, 문화적 중요성을 가진 지리적 용어에서 유래했다. 헬라어 명사 '오이쿠메네'(*oikouméne*)는 문자 그대로 '지구에 사는 주민'을 의미한다. '에큐메니컬'이 직접적으로 파생된 형용사 '오이쿠메니코스'(*oikoumenikos*)는 '지구에 사는 주민과 관련이 있거나, 같이 사는 거주민'을 의미한다. 인류 종교사에서 보면 역동적 의미에서 '에큐메니컬'한 '오이쿠메네' 개념을 탄생시킨 유일한 힘은 그리스도의 복음이었다.[26]

1900년 '에큐메니컬선교회의'에서 사용한 용어의 의미를 비교한 후, 맥케이는 1951년 WCC의 중앙위원회가 채택한 용어의 정의를 제시했다. 맥케이는 이 용어가 조직의 유기적 통합(organic unity)의 의미로만 제한해 사용하는 것에 반대했다. 이 정의는 위에서 언급한 것과 동일한 글로벌 관점을 반영한다.

> 우리는 특히 '에큐메니컬'이라는 단어를 사용하는 최근의 용례 혼란에 관심을 갖는다. 그러나 우리는 알아야 한다. 이 용어는 헬라어 원어로 사람 사는 땅 전체를 가리키는 말에서 나온 단어이다. 온 교회 모두가 복음을 온 세상

---

25 Kittell and Friedrich, eds, 1964-1976, 158-59.
26 Mackay 1963, 8.

에 전하는 모든 사역과 관련된 모든 것을 묘사하는 데 적절한 용어라고 주장하는 것이 타당하다.[27]

'에큐메니컬'에 대한 이런 세계적 견해는 한스 큉(Hans Küng)이 『교회』(*The Church*)라는 그의 최종 저서에서 지지했다. 큉은 교회의 보편성과 온 세상에 복음을 전해야 하는 교회의 선교적 본질을 연관시켰다.

> 너희는 온 천하에 다니며 만민에게 복음을 전파하라(막 16:15).

> 모든 민족을 제자로 삼아(마 28:19a).

> 땅 끝까지 이르러 내 증인이 되리라(행 1:8c).

> 우리는 교회가 그 기원과 본질상 세계적이기에, 세상 전체에 대해 생각하고 행동하며, 온 지구에 사는 거주민인 오이코우메네에 이르기까지 퍼져 나가야 한다는 것을 알아야 한다. 그러므로 이 교회의 보편성은 지구 전체 거주민을 생각나게 하는 '에큐메니컬'이라는 단어로 표현할 수 있다."[28]

이 용어는 다시 수정해서 본래의 의미로 사용해야 한다. 즉, 온 교회가 전체 복음을 온 땅에 전하는 선교 비전을 말한다. 만약 이 용어가 '사람 사는 지구 전체'를 지칭하고 교회의 보편성과 그 선교를 지칭하는 데 쓰인다면, 1980년 데이비드 보쉬가 지적한 것처럼 세계 복음주의 운동의 에큐메니컬 성격을 반영한 형용사로 자연스럽게 들어맞는다. 보쉬는 그 후, 이 용어를 넓은 의미로 에큐메니컬한 복음주의신학과 선교 활동에 대해 말했다. 그는 이런 세계적 지향점을 보여 주는 사례로 휘튼 선언(1966년), 프랑크푸르트 선언(1970년), 참되고 거짓된 에큐메니칼에 관한 베를린 선언(1974년), 스위스 로잔에서 열린 '세계복음화국제대회'(International Congress on World Evangelization, 1974년)를 꼽았다.[29]

---

27 Mackay 1963, 16.
28 Küng 1967, 302-3.
29 D. Bosch 1980, 181, 193; C. F. Henry and W. W. Mooneyham, eds., 1967; F. J. Verstraelen et al, eds., 1995, 6, 157; D. Bosch 1991, 457-67.

우리는 많은 다른 국제 선교대회 중에서 다음과 같은 대회를 추가할 수 있다. IVF 해외 선교부의 어바나 선교대회, 빌리 그레이엄 복음주의 사역과 전도 집회, 1980년 태국 파타야에서 열린 '세계복음화협의', 1980년 에든버러에서 열린 '개척선교회의', 1989년 마닐라에서 열린 로잔 II, 로잔 운동 그 자체, AD2000과 그 이후 운동, 2010년 케이프타운에서의 로잔 III, 세계복음주의펠로우십, 세계성서공회, 위클리프성경번역선교회, OMF, YWAM, 항공선교회, 월드비전, 1999년 10월 일본 교토에서 만난 제3세계선교협회를 추가할 수 있다.

이런 선교대회와 많은 복음주의 에큐메니컬 운동은 세계 기독교와 세계 선교의 면모를 바꾼 복음주의 에큐메니즘, 전 세계에 복음을 전하려는 세계 기독교인들의 세계적 의지를 대변하는 복음주의 에큐메니즘의 사례들이다.

이런 관점에서 우리 자신을 보면, 우리는 세계 예수 그리스도의 보편적 교회, 즉 예수 그리스도의 제자들의 선교 펠로우십인 글로벌 코이노니아가 전 세계에 대한 그리스도의 선교에 참여하도록 위임했다는 것을 이해하기 시작할 수 있다.[30] 우리가 세계 교회(World Church) 한복판에서 신앙을 삶으로 실천하며 살아가야만 예수 그리스도의 제자라 할 수 있다는 뜻이다.

나머지 세계를 언급하는 북미 기독교인들의 근시안이 심화되고 있고, 우리 뒷마당 선교가 강조되고 있다. 이것은 칭찬할 만한 일이지만, 이런 것들이 우리가 온 세상을 향한 선교에 참여하는 것을 반대할 때, 이것은 복음서와 교회의 본질과 모순되는 역효과를 낳게 된다. 예수 그리스도의 모든 제자는 지구를 둘러싸고 있는 교회와 함께 선교에 참여하면서, 우리 신앙을 삶으로 실천해야 한다.

'우리 소명의 가치'는 전적으로 세계 그리스도인(world Christians)이 되기 위해 헌신하는 것이다. 미국 복음주의는 온 지구상 '오이쿠메네'를 둘러싸고 있는 그리스도의 교회와 함께 세계적 규모로 선교에 참여해야만 주님께 충성된 교회라 할 수 있을 것이다. 이런 의미에서, '미국' 또는 '서양'(나의 경우에는 화란인, 멕시코인)만 되는 것은 자신의 천국 시민권을 파는 것이다. 이 새천년에 우리는 모두 제일 먼저 세계 그리스도인이 되는 법을 배워야 한다. 전 세계에 퍼져 있는 한 몸이 된 교회, 한 분 그리스도의 제자가 되어

---

30   Van Engen, *God's Missionary People*, 1991, 90-92.

야 한다.[31]

우리가 이것을 실천할 수 있는 한 가지 방법이 있다. 전 세계적으로 인식되고 있는, 사역에 대한 서로의 은사를 깊이 인식하고 존중하는 것이다. 이것은 우리의 세 번째 단어인 다양성으로 인도한다.

5. 선교 동반자 관계의 대리인: 우리는 그리스도의 선교에 참여하면서 각자가 받은 성령의 은사를 사용하기 때문에 동역한다

선교는 은사 사역이다. 이 세 번째 절에서 나는 다양성의 개념을 믿음의 다원성, 혹은 믿음의 다양성의 관점에서가 아니라 바울이 에베소서 4장에서 보여 준 것처럼 다양한 은사 사역의 관점에서 다루고 싶다.

1) 성경 본문

사역은 은사이다. 온 우주에 충만하신 예수 그리스도께서 여러가지 사역을 은사로 주신다. 사도, 예언자, 복음 전도자, 목사, 교사 등 은사를 주신다. 본문에 기록된 바울의 은사 목록은 단지 예시일 뿐이다. 우리는 그것이 적어도 로마서 12장, 고린도전서 12장, 베드로후서 3장에서 볼 수 있다.

본문의 주요 주제 중 하나는 "하나", "다", "온전한"의 개념과 "어떤 사람에게는"이라는 단어의 조합이라고 할 수 있다.

> 우리가 다 하나님의 아들을 믿는 것과 아는 일에 하나가 되어 온전한 사람을 이루어 (엡 4:13).

이는 사도로서, 예언자로서, 복음 전도자로서, 기타 등등의 은사를 발휘하며 하나가 된다는 뜻이다. 그리스도의 한 몸은 은사를 받은 선교 참여자가 각각 그들의 은사를 발휘함으로 세워진다. "어떤 사람"은 이런 방법으로, "어떤 사람은" 저런 방법으로 은사를 발휘해 그리스도의 몸을 세운다.

---

31 Costas 1988, 162-72.

은사는 개인적이다. 이제 이 모든 것이 우리에게 친숙하다. 그러나 우리는 관례적으로 본문에 나오는 성령의 은사를 각 개인과 연관 짓는다. 그들이 지역 교회 맥락에서 그들의 사역을 감당하고 있기 때문이다.

그러나 에베소서 전체와 이 장의 나머지 부분에서 세계적 상황을 강조하는 것을 볼 때, 바울의 은사 개념을 세계 교회 상황에 적용하는 것이 합법적이지 않은가?

그럴 경우에, 이 구절은 온 지구를 둘러싸고 있는 교회와 관련해, 어떤 교파와 교회는 어떤 특정한 은사를 제공하고, 어떤 선교 위원부는 어떤 특정한 은사를 가지고 있고, 어떤 선교 위원회는 또 다른 은사를 가지고 있다는 것을 말해 주고 있다.

거시적 안목이 필요하다. 우리의 마음이 지구를 둘러보고 있다고 생각해 보자. 우리는 15억 명의 기독교인들이 전 세계에 퍼져 있다는 개념으로, 많은 언어, 백성, 가족, 부족 그리고 국가를 대표한다. 우리는 그들을 교회, 교단, 선교 기관, 선교 계획, NGO 그리고 전 세계에 흩어져 사역하고 있는 많은 선교 사역들로 생각할 수 있다. 그러고 나서 우리는 바울이 정말로 무엇을 추구했는지 이해하기 시작했다고 믿는다. 나는 에베소서 4장에서 바울의 사고방식은 단지, 아마도, 주로, 특정한 장소에 모이는 지역 교회 신도들만이 아니었을 것이라고 믿는다. 오히려 바울은 도처에 있는 예수 그리스도의 제자인 모든 그리스도인을 염두에 두고 있었다.

은사에 대한 세계적 관점이 필요하다. 이 구절에 대한 세계적 관점에서의 해석이 성령의 은사에 대한 나의 생각을 바꾸어 놓았다. 이제 우리는 전 세계 어느 곳에서든 다른 모든 신자에게 그들의 은사를 제공하는 각각의 신자 집단에 대해 이야기하고 있다. 이제 우리는 예수 그리스도를 아직 개인의 구세주와 주로서 알지 못하는 나머지 55억을 전도하는 그리스도의 선교에 참여하는 데 전념하는 그리스도의 몸을 개념화한다. 세계적 몸의 각 지체는 세계에서 몸의 사역을 제공하는 독특한 은사를 가지고 있다. 반대로, 몸은 각 지체가 협력해 움직여 주지 않으면 불완전하다.

그렇다면, 여기, 영적 근거가 있고, 세계를 포괄하며, 선교 지향적 선교 동반자 관계의 관점이 있다. 이것은 그리스도의 몸으로 온 오이쿠메네를 두 팔로 감싸고 모든 백성을 사랑하며 모든 백성에게 복음을 전하려는 것이다.

하나님이 세상을 이처럼 사랑하사 독생자를 주셨으니 이는 저를 믿는 자마다 멸망하지 않고 영생을 얻게하려 하심이니라(요 3:16).

2) 선교학적 고려

은사에 선교학적 함의가 있다. 성령께서 주신 한 몸의 은사에 대한 세계적 그림으로부터 우리가 끌어낼 수 있는 많은 선교학적 의미가 있다. 나는 그중 몇 개만 소개한다.

(1) 그리스도의 세계적 몸(global body)이 의미하지 않는 것

모라토리엄은 아니다. 그것은 공식적 혹은 심지어 비공식적 선교 동반자 관계에서 모라토리엄을 선언하는 것을 의미하지 않는다. 선교에서 교회의 하나 됨에 구체적 형태를 부여하려는 매우 논쟁적인 시책은 아프리카, 아시아, 라틴아메리카에서 서구 교회와 선교 단체에서 파송하는 선교사에 대해 "모라토리엄"을 요구하는 불운한 운동이었다.

1970년대의 "모라토리엄"(moratorium) 논쟁은 아프리카 교회들의 서구 의존에 대항하는 방법으로 아프리카에 대한 재정 지원을 대폭 줄이거나 완전히 중단하라는 일부 서구 복음주의 선교 지도자들의 요구를 감안할 때 우리에게 교훈하는 바가 크다.[32]

처음 동기는 좋았다. 1970년대 초, 아프리카의 존 가투(John Gatu)와 필리핀의 에메리토 나크필(Emerito Nacpil)은 다른 사람들과 함께 그들의 교회와 선교가 완전히 성숙하고, 어른스럽고, 존중받고, 세계 교회의 세계 선교에 적극적으로 참여하는 것을 보고 싶어 했다. 누군가는 그들이 비서구권 교회들이 그들의 사역과 사명감을 발휘할 수 있는 공간을 만들고 싶어 했다고 말할지도 모른다. 그들의 가장 깊은 욕망은 비서구권 교회와 선교가 진지하게 받아들여지고, 존중받고, 서양의 선교와 교회들에 의해 완전한 동반자로 받아들여지는 것에 있었다.

---

32 "모라토리엄"에 관한 토론에 대한 유익한 배경은 다음 학자들을 참고하라. James Scherer 1964; Federico Pagura 1973; Emilio Castro 1973; Gerald Anderson 1974; Burgess Carr 1975; David Bosch 1978 in Daniel Rickett and Dotsey Welliver, editors, 1997, 53-64; Johannes Verkuyl 1978, 334-40; Robert T. Coote 1993, 377.

이 제안은 서구의 인력과 재정이 아프리카 교회에 제공되면서 발전한 가부장주의와 의존에 대한 기독교인들의 반응이었다. 나는 초기 동기는 칭찬받을 만하다고 생각한다. 요하네스 베르카일 교수는 "모라토리엄"에 대한 논의의 이면에 있는 최초의 자극이 이 질문이었다고 제안했다.

"어떻게 하면 우리 교회의 상호 관계가 아직도 마쳐야 할 과업이 남아 있는 세계 복음화 과업을 완성하는 더 나은 도구가 될 수 있을까요?"[33]

이면의 동기가 있었다. "모라토리엄"을 요구하는 이면의 동기는 헨리 벤과 루퍼스 앤더슨의 "삼자"(三自, three-self) 원칙에 심취한 교회와 선교 단체의 일관된 결과로 볼 수 있다. 누군가는 선교 지원을 받는 것을 유예하는 것이 지원받는 교회가 진정한 자치(自治, self-govering), 자립(自立, self-supporting) 그리고 자전(自傳, self-propagating)하는 데 필요한 단계가 될 뿐만 아니라 선교에서 자신학화(self-theologizing)와 자기 주도적(self-directed)이 될 수 있다고 생각한다. 요하네스 베르카일 교수는 지적했다.

> 아프리카에서 "모라토리엄"에 대한 요구는 또한 자기 표현과 자립에 대한 아프리카의 깊은 열망을 보여 주는 긍정적 신호였다.[34]

그러나 "모라토리엄" 토론이 가져온 세계 복음화에 대한 부정적 결과는 가장 불행한 것이다. 1960년대 후반과 1970년대 초 사이에 이것은 서구와 비서구권 모두에서 선교 단체와 교회의 선교사 파송에 관한 선교 비전과 선교 열정을 줄이기 위한 대화, 어떤 경우에는 매우 현실적 결정으로 이어졌다. 성숙하고 토착적인 교회가 '삼자' 교회가 되어야 한다고 가르쳤던 많은 수신 교회들은 단순히 이기적이고 자기 중심적인 교회가 되었다.

나도 경험했다. 멕시코국립장로교회(National Presbyterian Church of Mexico)는 "모라토리엄" 관점을 채택했다. 1972년 교단 창립 100주년을 기념해 "모라토리엄"을 선언했다. 멕시코 이외의 다른 나라로부터 더 이상 어떤 해외선

---

33   Verkuyl 1978, 334.
34   Verkuyl 1978, 337. 버지스 카(Burgess Carr)는 "자신 됨(selfhood)과 자립이 정체성과 선교의 관계에서 연결된다는 것을 분명히 이해하라. 한마디로, 세계의 인간화에 크게 기여할 수 있는 우리의 능력의 진정한 척도는 아프리카 기독교인으로서 우리의 정체성을 재발견하고 어쩌면 재정의하는 것에 직접적으로 달려 있다"(Anderson & Stransky 1976, 163).

교사나 재정 지원도 받지 않겠다고 선언했다. 멕시코 교회는 자기 집안 내부를 정돈하고 교회로서의 운명을 스스로 결정하는 시간이 필요했을 것이다. 그러나 멕시코 "모라토리엄"의 장기적 결과는 멕시코가 세계 기독교에 전혀 참여하지 않게 되었고, 멕시코 교회는 섬나라처럼 편협해지고 근시안적 안목이 증가했다. 멕시코 교회가 상황을 명확히 파악하고 다시 세계 교회와 선교에 참여할 수 있는 조직을 다시 만드는 데 10여 년이 넘게 걸렸다.[35]

(2) 그리스도의 세계적 몸이 의미하는 것

건강한 상호 의존이다. 지구촌 그리스도의 몸 이미지는 세계에 퍼져 있는 교회와 선교 단체의 동반자 관계를 향한 새로운 헌신을 암시한다. 바울의 성령의 은사에 대한 개념은 이 시점에서 창의적이다. 성령의 은사는 우리를 상호성의 환경, 구성원들 간의 상호 보완성, 즉 온 세상의 모든 구성원 곧 온 몸의 구성원들이 세계 복음화라는 하나님의 선교에 참여할 수 있는 분위기를 만들면서, 성령이 그들 각자에게 독특하고, 우리 모두에게 주신 은사를 세계 교회를 위해 드린다.

세계적으로 바라본 성령의 은사라는 개념은 우리 모두가 건강하지 못한 의존증이 생기는 것을 피하기 위한 방법으로, 건강한 형태의 상호 의존을 육성하고자 하는 방향으로 나아가게 한다.

데이비드 보쉬는 말한다.

> 해법이 있다. 서구의 교회와 제3세계 교회들이 저마다 적어도 상대방에게 주는 만큼은 받을 것도 있다는 것을 깨달았을 때 비로소 해법을 찾을 수 있다고 믿는다. 이것이 문제의 핵심이다. 우리는 일반적 인간 상황에서 진정한 성인 관계는 양측이 서로 주고받는 상황에서만 발전할 수 있다는 것을 안다.[36]

1974년 로잔에서 열린 '세계복음화국제대회'는 확인했다.

> 서구 선교의 지배적인 역할이 빠르게 사라지고 있다. 하나님은 비서구 젊은

---

35 Bosch 1978, 56-60.
36 Bosch 1978; quoted in Daniel Rickett and Dotsey Welliver 1997, 60.

교회로부터 세계 복음화를 위한 새로운 자원을 길러 내고 계신다.[37]

동반자 관계는 세계 복음화의 동반자 관계이다. 그냥 협력이 아니라 세계 복음화라는 과업에 초점이 맞춰져야 한다.[38] 협력은 무엇인가 도움이 되어야 한다.[39] 우리가 우리의 동반자 관계의 선교적 목표에 동의할지라도, 우리가 서로를 대하는 방식이 가장 중요하다. 빌 테일러(Bill Taylor)가 제안했듯이, 선교에서 진정한 동반자 관계는 다음과 같은 교훈을 준다.

- "동반자 관계에 들어가기 전에 경청하고, 실수로부터 배우고 다시 시도하라"
- "협력 관계는 재정을 포함해 프로젝트에 대한 소유권 공유가 있을 때 가장 잘 작동한다."
- "균형을 잡으라. 단지 비용 효율성의 비교에 근거한 매출 증가만 생각하지 마라. 동반자 관계를 체결하기 전에 잠재 동반자를 확인하는 충분한 시간을 가지라."
- "현명한 교회들은 자기가 모든 것을 다 할 수 없다는 것을 인식하고, 그들의 장기적 목표를 도울 수 있는 사람들과 협력한다."
- "요한복음 17:11, 21-23에 나오는 우리 주님의 기도와 선교 동반자 관계에는 상관 관계가 있다."

그리스도의 세계적 몸은 모든 언어와 문화에서 동반자 관계를 발전시켜 나가는 방법에 대해 배우고 있다. 인위적 조직만 만들지 않고 하나님의 마음을 기쁘시게 하기 위해 계속 성장하자. 이제 우리가 복음의 진정한 동반자가 되자.[40]

다른 선택이 없다. 필립 버틀러(Phillip Butler)는 동반자 관계는 선택 사항이 아니라고 정확히 지적한다. 거의 200년 동안 서구 교회는 아시아, 아프리카, 라틴아메리카에서 교회의 탄생을 보기 위해 기도하고 선교에 투자해 왔다.

---

37 Lausanne Covenant, article 8; see also Costas 1982, 65.
38 Verkuyl 1978, 339 참고.
39 Skreslet 1995.
40 Taylor 1999, 749-52.

이제 대다수 비서구 세계 교회는 서구 교회와 함께 어깨를 나란히 하고 있어서 그들이 함께 세계의 마지막 남은, 예수님의 사랑에 대해 들어본 적이 없는 55억 명에게 복음을 전할 수 있게 동역하고 있다. 오랫동안 동반자 관계에 대한 이야기가 오갔다. 이제 오늘날 우리는 다른 선택의 여지가 없다![41]

이유가 있다. 동반자 관계에 선택의 여지가 없는 주된 이유는 우리 세대에 세계 복음화를 성취하기 위해 우리에게는 서로가 정말로 필요하기 때문이다. 오늘날 세계 총인구에 대한 기독교인 비율이 그 어느 때보다도 높지만, 예수 그리스도를 아직도 알지 못하는 사람들의 실제 숫자는 그 어느 때보다도 많은 55억이다. 그리스도께서 세상을 사랑하사 십자가에 달려 돌아가신, 그 세상을 복음화하기 위해 서로가 필요하다.

그 어느 교회, 선교 기관, 선교 운동 하나만으로는 우리 세대에 세계 복음화의 과업을 완수할 수 없다. 이것은 도시 선교에 관여하는 우리들에게 점점 더 명백해지고 있다. 21세기 세계의 복잡한 메트로플렉스(metroplex, 복합 대도시권) 속에서 예수 그리스도께서 어떤 특정 도시에 영향을 미칠 유일한 방법은 예수님의 모든 제자가 함께 협력해 각 도시에서 말과 행동을 통해 복음을 전하는 것이다.

지금은 우리 모두가 10여 년 전 마닐라에서 로잔 운동이 확언한 것을 심각하게 다시 받아들일 때가 아닌가?

- 우리는 그리스도의 몸의 지체임을 자처하는 우리가 우리의 펠로우십 안에서 인종, 성별, 계급의 장벽을 초월해야 한다고 단언한다.
- 우리는 성령의 은사가 모든 하나님의 백성, 여자와 남자들에게 분배되고, 세계 복음화에 대한 그들의 협력은 공동의 이익을 위해 환영해야 한다고 단언한다.
- 우리는 교회, 선교 기관 및 기타 기독교 단체들이 복음 전도 및 사회 봉사 활동에 협력하고 경쟁을 거부하고 중복을 피하는 것이 시급함을 강조한다.[42]

---

41 Butler 1999, 753-58; See also Wilbert Shenk 1988; Frances Hiebert 1997; Chuck Bennett 1998; Daniel Rickett 1998; John Robb 1999; Paul Hiebert 1991; Stan Nussbaum 1999.
42 Manila Manifesto, affirmations 13, 14, and 17.

교회와 선교 단체가 함께 세계 복음화에 협력하려면, 양자가 서로의 말을 경청하고, 서로에게서 배우고, 복음에 대한 신학적 이해에서 서로를 존중하고 감사할 의지가 있어야 한다. 이것이 우리의 마지막 단어인 '신학적'이라는 단어로 인도한다.

6. 선교 동반자 관계의 목표: 우리는 함께 예수 그리스도의 장성한 분량이 충만한 데까지 성장하기 때문에 동역한다

우리는 함께 성장한다. 이 성경 구절은 그리스도 중심적임이 분명하다. 비록 에베소서 4장이 봉사의 일을 하는 교회와 교회의 성장에 관한 내용이지만, 이 장 전체에 예수 그리스도가 스며들어 있다.

1) 성경 본문

바울은 주 예수 그리스도 안에서 감옥에 갇힌 죄수이다(엡 4:1).
주님도 한 분이시다(4:5).
예수 그리스도는 우리 각자에게 은혜를 주신다.

> 우리 각 사람에게 그리스도의 선물의 분량대로 은혜를 주셨나니 그러므로 이르기를 그가 위로 올라가실 때에 사로잡혔던 자들을 사로잡으시고 사람들에게 선물을 주셨다 하였도다(엡 4:7-8).

이것은 온 우주를 가득 채우시는 그리스도시다(4:10).
그는 다양한 선물을 준다. 교회는 그리스도의 몸이다(4:12).
몸은 하나님의 아들 예수 그리스도의 지식으로 쌓이고, 머리 되신 그리스도의 장성한 분량이 충만한 데까지 성장한다(4:13, 15).
바울은 에베소 교인들에게 주 안에서 편지를 쓴다고 주장한다(4:17).
에베소 사람들은 이방 사람들처럼 살 수 없다. 그들은 그리스도를 그같이 배우지 않았기 때문이다(4:20).
진리는 예수 안에 있다(4:21).

그러므로 에베소서 그리스도인들은 거짓을 버리고, 각각 그 이웃과 더불어 참된 것을 말해야 한다. 입에서 어떤 독설도 나오지 않게 하고, 하나님의 성령을 슬퍼하지 않게 해야 한다.

제자는 주를 따른다. 우리는 그리스도 안에서 하나님께서 그들을 용서하신 대로 용서하고, 서로 친절하고 사랑해야 한다(4:25-32).

요컨대 예수 그리스도께서 우리를 위해 자신을 버리사 하나님께 향기로운 제물과 희생 제물로 드리셨다. 그러므로 그리스도의 사랑을 받는 자녀같이, 하나님을 본받고, 그리스도께서 우리를 사랑하신 것 같이 우리도 사랑 가운데 살아가야 한다(4:32-5:2).

기독론이 핵심이다. 만약 우리가 이 구절에서 기독론적 내용을 제거하면, 남은 것은 거의 없을 것이다. 에베소서 4장에서 바울의 선교적 교회론의 중심은 사실 주 예수 그리스도시다. 바울은 우리에게 명제와 경험적 내용을 모두 포함하는 선교신학화 작업에 대한 포괄적 접근 방식을 보여 준다.

먼저 신학적 내용을 살펴보자. 우리 복음주의자는 '신학'이라는 단어를 생각할 때, 신학을 우리가 동의하는 사람과 동의하지 않는 사람을 깔끔하게 구분하는 일련의 명제, '신앙의 진술'과 연관시키는 경향이 있다. 이것은 1920년대와 1930년대의 근본주의/근대주의 논쟁 이후 사실로 굳어졌다. 그리고 선교 동반자 관계라는 관점은, 우리의 신학적 명제가 의심받지 않는 한, 특정한 선교 활동에 협력하려는 성향을 갖는 것이었다.

우리 선교 단체나 교회의 신학적 명제에 대한 논의는 논외였다. 선교 동반자 관계에서 복음주의자들은 우리의 선교 활동을 뒷받침하는 신학적 가정을 심화, 재검토, 성찰하기를 꺼려하는 경향이 있다. 그럼에도 불구하고, 20세기 동안 복음주의자들이 그들의 선교신학 작업을 하는 방식을 재검토하는 개방성을 포함하는 "넓어지는 시각"을 보여 준 것도 사실이다.[43]

---

43 예를 들어, "비전 키우기: 40년간의 복음주의 선교신학"에서 나는 1940년대부터 1980년대까지 복음주의 선교신학을 살펴보고 "북미 복음주의자들이 (1) 새로운 사회문화적 힘과 자신감을 가졌고 (2) 에큐메니컬 선교신학의 변화, (3) 제3세계에서 복음주의 파트너 교회의 발전을 경험했다"는 논문을 발표했다. 1910년 에든버러에서 열린 '세계선교대회'의 초기 복음주의 정신을 훼손하지 않고 덜 반항적이고 더 전인적이 된 제3세계 파트너들은 복음주의 선교신학에 대한 폭넓은 비전으로 대응했다. (Joel A. Carpenter and Wilbert R Shenk, eds., 1990, 204-5; reprinted in Van Engen 1996a, 128.)

여기에는 예수 그리스도를 경험한 그들의 선교경험과 신학적 명제를 규명하는, 그들의 신학적 방법론을 검토하려는 의지가 포함되어 있다. 나는 이 책의 앞 장에서 이 문제를 더 상세히 다루었다.

스탠리 그렌츠(Stanley Grenz)는 선교의 고전적 의미를 이렇게 설명한다.

> 기본적으로, 조직신학은 믿음에 대한 성찰이자 질서 있는 설명이다. '신학'(神學)이라는 단어는 성경 문서에는 등장하지 않는다. 단어 자체는 두 개의 다른 헬라어 용어인 테오스(神)와 로고스(學, 말씀, 가르침, 연구)로 형성된다. 따라서 어원학적으로 '신학'은 '신에 관한 가르침' 또는 '신에 관한 연구'를 의미한다. 신학은 주로 특정한 종교적 신념 체계 자체의 표현이다. 그러나 신학은 또한 믿음의 본질에 대한 성찰과 개인적 그리고 공동체적 삶과의 통합에 관한 선언을 포함한다.[44]

도널드 블로시는 합리적이고 경험적인 명제와 신비적인 측면 모두가 신학 작업의 필수적 측면이라고 강조한다. 블로시는 말한다.

> 계시의 도그마는 로고스와 프락시스의 통일성 안에서 형성된다. 도그마는 단지 외적 진리가 아니라 내적 진리이다. 도그마는 사람의 내적 존재에 뿌리내려야 한다. 그것은 마음뿐만 아니라 전 인격에 호소한다. 복음주의 도그마는 하나님의 말씀이 동시에 하나님의 행위라는 가정에 바탕을 두고 있다. 도그마는 동시에 개념적이고 개인적이며, 명제적이고 실존적이다.[45]

헨드리쿠스 벌코프는 성화를 추구하는 사랑의 관계 속에서 신학 작업을 해야 한다고 말한다.

신앙 연구의 본질은 그것을 교회의 성화 과정의 한 요소로 이해하면 가장 잘 파악할 수 있다. 믿음의 관계를 통해 하나님은 하나님의 사랑으로 우리를 자기 자신의 소유로 사로잡으신다. 우리는 하나님을 전 존재로 사랑하고, 따

---

[44] Grentz 1994, 2-4. 벌코프는 "신학은 하나님을 가르치고, 하나님께서 가르치시며, 하나님께 인도한다"라는 신학의 고전적 정의를 주장한다(H. Berkhof 1979, 30.)
[45] Bloesch 1992, 19-20.

라서 온 마음을 다해 사랑함으로 반응할 수 있다. 믿음에 관한 연구는 유일한 하나의 방식이 아니라, 우리가 마음으로 하나님을 사랑하는 방식 중 하나이다. 하나님을 바르게 생각하는 것은 하나님과의 만남에서 비롯되며, 하나님과의 만남을 목표로 한다. 이 진실하고 의미 있는 사고를 할 수 있는 가능성은 성령에 의해 형성되는 관계에 달려 있다.[46]

이것은 신학적 방법에 대한 논평으로 이어진다. 그렌츠, 블로시, 벌코프는 우리에게 우리를 예수 그리스도와 더 가까운 관계를 맺게 하는 신학적 접근 방법을 제시하며, 그렇게 함으로써 복음의 진리에 대한 우리의 이해를 심화시킨다.

레슬리 뉴비긴은 데카르트 방법론을 뒤집고 "알기 위해서는 믿어야 한다"고 제안하면서 믿음을 강조했다.[47] 에베소서 4장이 강조하는 바는 경험과 객관화, 예수 그리스도와의 신앙 관계와 명제적 성찰이다. 그것은 에베소서 전체를 통해 논지를 전개하는 모든 다양한 명제적 확언과 함께, 에베소서 1:3-14의 '10가지 복'에서 따온 것이다. 그러나 그것은 또한 제자들의 영성을 급진적으로 변화시키고, 그들의 머리를 더 진실하고 분명하게 반영하기 위한 성장을 요구한다. 킹제임스 성경은 고대 영어로 "아담이 이브를 알고 아들을 낳았다"(Adam knew Eve and she bore a son)라고 진술했다(창 4:1). 이것이 임상적 사실을 붙잡는 것보다 지혜와 관련된 '아는 것'의 감각이다.[48]

시편 기자는 고백한다.

> 여호와를 경외함이 지혜의 근본이라(시 111:10a).

우리가 신학적 관점에는 차이가 있더라도 선교 동반자 관계에서 함께 협력할 수 있으려면, 신학적 과제를 위한 정당한 자료로서 명제와 경험을 모두 포함해 포괄적으로 신학화 작업을 하는 방법을 배울 필요가 있을 것이다. 그리고 우리가 중심 되시는 우리의 주 예수 그리스도와의 점점 더 가까워지거나 멀어지는 것에 대해 묻는 "중심 집합"(centered set) 접근법을 통해 신학 작

---

46 H. Berkhof 1979, 29-30.
47 Newbigin 1991, 36.
48 See, e.g., Lesslie Newbigin 1986 and 1989.

업을 할 필요가 있을 것이다.

우리는 더 이상 우리의 신학화 작업을 누구는 내 편이고 누구는 내 편이 아닌가를 결정하는 우리의 경계를 방어하는 것으로 사용할 수 없다. 오히려 "사랑 안에서 진실을 말하는 것"(엡 4:15)은 우리 모두를 교회의 머리이신 주님께 더 가까이 다가가는 통찰력을, 전 세계적 규모로 서로에게서 받을 수 있게 할 것이다. 이런 식으로 우리는 타협하지 않고 협력하는 법을 배울 수 있다. 우리는 지구상의 여러 문화 가운데 있는 예수 그리스도에 중심을 두고 있다.

2) 선교학적 고찰

신학적 성장이란 무엇인가?

선교 동반자 관계의 목표에 대한 우리의 성경적이고 신학적인 성찰은 몇몇 선교학적 이슈들을 제시한다.

(1) 신학적 성장이 의미하지 않는 것

그리스도 몸의 포괄적인 신학적, 선교학적 성장은 우리 모두가 선교 동반자 관계에서 가부장주의를 피하기 위해 분투해야 한다는 것을 의미한다. 가부장주의는 "모라토리엄" 논쟁이 한창일 때 선교지 교회 측이 가진 분노의 주요 원인이었다. 그리고 우리는 가부장주의의 파괴력을 과소평가해서는 안 된다. 이 주제는 이 장의 한계를 넘어선 것이지만, 가부장주의가 가진 '여러 얼굴들'을 언급하는 것으로 가부장주의를 설명하겠다.

- 금융지원 신드롬(The Financier Syndrome)[49]
- 엄마 신드롬(The Mothering/Smothering Syndrome)[50]

---

[49] 선교 단체가 금융기관처럼 현지에서 돈 쓰는 것을 통제할 수 있을 때에만 돈을 주는 것, 또는 우리가 그들에게 좋지 않을 것이라고 생각하기 때문에 돈을 주지 않는 것, 또는 수신자가 우리에게 전적으로 의존하게 만드는 방식으로 돈을 주는 것을 말한다.

[50] 선교사가 엄마처럼 수신자가 진정으로 필요로 하는 것이 무엇인지 결정하고, 그 결정에 따라 변화를 촉진한다. 또는 수신자가 필요한 것이 있다고 말하는 것을 들어도, 선교사는 엄마처럼 그것이 수신자에게 정말 필요하지 않다고 결정한다.

- 조직 신드롬(The Organization Syndrome)[51]
- 침략 신드롬(The Invasion Syndrome)[52]
- 고립 신드롬(The Isolation Syndrome)[53]
- 빅 치즈 신드롬(The Big Cheese Syndrome)[54]
- 왕자와 거지 신드롬(The Prince and the Pauper Syndrome)[55]
- 전문가 콤플렉스(The "Professional" Complex)[56]
- 문제 해결사 신드롬(The "Fix It" Syndrome)[57]
- 복제 신드롬(The "Reproducing Ourselves" or "Cloning" Syndrome)[58]

---

51 파송 기관은 자체적으로 프로그램을 설계한 다음 수신자에게 프로그램을 수용하거나 거부하라고 요청한다. 수신자가 서비스를 거부하지 못하고 수용할 수밖에 없도록 수신자를 조작하거나, 수신자가 요청할 때까지 아무것도 하지 않는다. 그런 다음 그 요청이 파송 단체의 기준에 맞게 사전에 잘 계획되고 제대로 되어 있어야만 수신자가 프로그램을 받을 수 있다.

52 선교사가 서비스와 사람들을 데려오고, 프로그램을 만들거나, 예산을 책정하고, 서비스를 받는 사람들과 아무런 상의를 하지 않는 상황에서 모든 서비스를 실행한다.

53 선교사는 이것이 수신자의 자율성을 키워준다고 하지만 수신자와 단절된 관점에서 바라본 방심할 수 없는 이중적 사고이다. 파송 기관은 수신자와의 협의가 거의 또는 전혀 없이 그들이 이야기할 영역, 그들이 취급하지 않을 영역 그리고 파송 기관의 문제가 아닌 수신자의 문제가 무엇인지를 독립적으로 결정한다. 그 이면에는 수신자를 선교공동위원회에 기부자와 함께 참여하도록 초청하는 공동 참여 증후군(co-opting syndrome)도 있지만, 가장 기본적이고 영향력 있는 결정은 수신자가 참여하기 전에 이미 내려진다.

54 선교지에서 어떤 일을 하지 않기로 결정하는 것은 선교 현지인은 선교 기관의 도움 없이는 그것을 결코 계속 유지할 수 없기 때문이다. 또는 파송 기관은 시간과 재정이 매우 가치 있다고 생각하고, 파송 기관은 현지인들이 매일 해야 할 많은 일이 있기 때문에, 정말 중요한 일은 파송 기관이 실행해야 한다고 생각한다.

55 파송 기관 직원들은 그들이 봉사하는 현지인들의 생활 수준을 훨씬 상회하여 생활하기에 그들은 결코 현지인이 살아가는 삶을 경험하지 못하거나, 또는 파송 기관 직원들이 '원주민처럼 살아가기'를 고집하며 극한 가난한 환경에서 살면서 그저 생존하기 위해 모든 시간을 보내는 너무 자의적인 방식을 취한다.

56 파송 기관이 현지 수신자에게 비인격적이고 거리를 둔 방식으로, '개인적으로 가까워지는 것'을 피하거나 수신자와의 친밀한 관계를 발전시키는 것을 피하면서 서비스를 제공한다고 생각한다.

57 파송 기관은 수신자들이 가지고 있는 문제를 신속하게 수정하는 데에만 관심이 있다. 선교사는 특정 상황을 전혀 문제로 여기지 않는 수신자의 의견을 청취, 학습 및 협력할 시간이 거의 없다. 수신자는 선교사보다 문제가 발생한 원인에 대한 깊이, 파급효과 및 난이도를 더 잘 알 수 있다. 문제는 단기적 처방으로 '해결'할 수 없다.

58 파송 기관이나 교회는 새로운 선교지에 자신의 복제품을 만드는 데 가장 깊은 관심을 가지고 있다. 유일하고 진정하게 받아들일 수 있는 선교와 교회 구조는 '우리가 고향에서 하는 것처럼', 파송 집단의 구조를 정확히 모방한 복제품(replicas)이다. 이것의 다른 측면

우리는 모두 가부장주의가 선교와 사역에 있어 항상 존재하는 위험이라는 사실을 알고 있다. 우리가 어떤 입장이나 사상을 교리적으로 고수하거나, 또는 우리가 섬기는 봉사 대상자나 동역자의 상황, 의견, 지혜, 감정을 고려하지 않고 어떤 자의적 행동을 취할 때 주로 나타난다.

우리가 가부장주의를 완전히 벗어날 수 있을까?

아마 어려울 것이다. 하지만 우리는 적어도 가부장주의의 함정은 알고 있어야 한다.

그리고 가장 방심해서는 안 될 가부장주의 함정 중 하나는 신학적 함정이다. 왜냐하면, 우리는 우리가 가지고 있는 신학적 명제를 확신하고 있고, 우리가 경험해 온 믿음에 헌신하고 있기 때문에, 우리는 그것을 그대로 새로운 상황에 너무 쉽게 적용한다. 우리는 복음에 대한 우리의 이해가 보편적으로 적용 가능하고, 우리가 복음을 배우고 경험한 방식도 보편적으로 적용 가능하다고 가정한다. 따라서 우리는 신학 패키지의 실제 내용에 대한 이해를 재검토하는 것보다 우리 신학 패키지의 포장지를 문맥화하는 것이 더 쉽다는 것을 알게 된다.

그래서 수 세기 동안 서유럽 신학자들은 그들의 신학을 모든 시대와 모든 문화에 적용할 수 있는 보편적인 것으로 생각했고, 세계 교회에 신학적 헤게모니를 주장해 왔다. 그들은 대부분 신학의 질적 관리에 대해서는 알지 못했다. 때때로 이것은 모든 교회가 직면한 모든 질문에 대응하는 데 필요한 모든 신학적 해답을 이미 가지고 있다고 생각한 파송 기관이나 교회 쪽에서는 승리주의와 오만의 분위기를 동반했다.

레슬리 뉴비긴 등이 강한 어조로 지적한 바와 같이, 서구 신학 자체가 복음을 고도로 문맥화해 형성된 것이다. 불행히도 때때로 선교 단체가 제공한 훌륭한 답변은 수신자들이 묻지 않은 잘못된 질문에 대한 응답이다. 예를 들어, 딘 길릴랜드(Dean Gililland)는 우리의 문맥화신학은 특정 문화의 실재 질문들은 무엇인가로부터 시작해야 한다고 제안했다.[59]

은 모든 문화가 너무나 독특하고 다르기 때문에 이전 문화에서 통용되던 그 어떤 것도 새로운 환경에 적용할 수 없거나 도움이 되지 않는다고 생각하는 것이다.

59 Gilliland, "New Testament Contextualization," 1989, 52.

반면에 에베소서 4장에서 보듯이, 바울은 라틴아메리카 해방신학, 민중신학, 아프리카신학, 달리트신학, 아시아신학 등에서 보여 주는 복수 '신학들'을 완강히 반대할 것이다. 오히려 바울은 말한다.

> 몸이 하나요 성령도 한 분이시니 이와 같이 너희가 부르심의 한 소망 안에서 부르심을 받았느니라 주도 한 분이시요 믿음도 하나요 세례도 하나요 하나님도 한 분이시니 곧 만유의 아버지시라(엡 4:4-6).

그렇다면 우리는 어떻게 세계 교회로서, 세계 각 곳에서 온 선교 파트너로서, 근본적으로 다른 선교 맥락을 대변하는 한 몸의 일원으로서 선교신학 작업을 할 수 있을까?

(2) 세계 신학적 성장이 의미하는 것

성장할 수 있는 방법이 있다. 나는 우리의 글로벌 신학적 과제를 성령님의 사역을 통해, 예수 그리스도와의 친밀함에서 우리 모두가 반드시 성장하는 것으로 본다. 나는 바울이 에베소서 4장에서 우리에게 성장할 수 있는 방법을 제안한다고 믿는다. 그리고 성장은 우리 모두가 함께 각각의 장소에서 예수 그리스도의 장성한 분량까지 자라가는 것이다. 같은 주님의 제자로서 우리가 그렇게 성장함으로써 서로 더 가까워질 것이고 가까워져야 한다.[60]

선교 동반자로서 우리는 함께 자라면서 예수 그리스도의 장성한 분량까지 성장한다. 머리의 크기는 변하지 않는다. 예수 그리스도의 주 되심, 그리스도의 통치, 하나님의 나라는 변하지 않는다. 그리고 교회가 성장해도 그 교회는 같은 교회이다. 성장하기 전에는 무언가 부족한 교회가 아니었고, 성장한 후에도 무언가 더 넘치는 교회가 된 것이 아니다. 그러나 교회가 성장함에 따라 교회는 더 완전하게, 더 명확하게, 더 철저하게 교회의 머리 되시는 예수님을 세상에 반영한다.

교회는 "그리스도의 장성한 분량"과 일치하도록 성장한다. 교회는 그리스도께서 "자기 앞에 영광스러운 교회로 세우사 티나 주름 잡힌 것이나 이런 것들이 없이 거룩하고 흠이 없게"(엡 5:27) 하실 날을 바라보며, 성령을 통한

---

60 See Van Engen 1981, 438-41 and Barth 1958, 614-41.

그리스도의 사역 때문에 자란다. 교회를 설명하는 이 유기적 그림은 신학적 상호 의존성, 상호 보완성, 상호성의 관점을 포함한다.

서로가 필요하다. 다음 세기에 우리가 선교에 직면하게 될 신학 문제의 복잡성은 우리가 신학 작업에서도 함께 협력할 것을 요구한다. 예수님과 예수님의 사랑에 대한 오래된 이야기를 새로운 맥락에서 새로운 문제에 직면하는 새로운 방식으로 이해해야 한다.

신학적 성장은 유기적이다. 내가 "새 언약: 상황 속에서 하나님을 아는 것"에서 지적했듯이(Van Engen 1989), 주 예수 그리스도와 친밀함 가운데 교회의 신학적 성장을 유기적으로 바라보는 시각은 이제 세계적 시각이 되어야 한다. 이 천년 안에(In this millennium) 세계 교회는 하나님의 백성들과 맺은 하나님의 언약을 이해하면서 함께 성장해 갈 것이다. 새 언약은 항상 같은 언약이고, 항상 같은 복음이며, 그러나 항상 새롭고, 그리스도의 교회를 변화시키고, 거룩하게 하는 영향력에서 항상 깊어진다. 그리고 이것은 이제 전 세계적 현상이다.

> 복음이 계속 새로운 문화에 뿌리를 내리고, 그런 맥락에서 하나님과 맺은 언약적 관계 속에서 하나님의 백성이 성장함에 따라, 세계 교회에 하나님의 계시에 대한 더 넓고, 충만하고, 더 깊은 이해가 주어질 것이다.[61]

이 신학적 노력은 모든 대륙의 모든 예수 그리스도의 신자들이 성경을 스스로 읽으면서 예수 그리스도께 더 가까이 다가가고, 전 세계의 다른 모든 기독교인과 그들이 성경에서 발견한 통찰을 공유하며, 함께 성장하면서, 우리의 머리 되신 예수 그리스도의 장성한 분량까지 성장하게 할 것이다.

이 내용을 도표로 제시하면 다음과 같다.

61　Van Engen, "The New Covenant: Knowing God in Context," 1989, 88-89; reprinted in Van Engen 1996, 88-89.

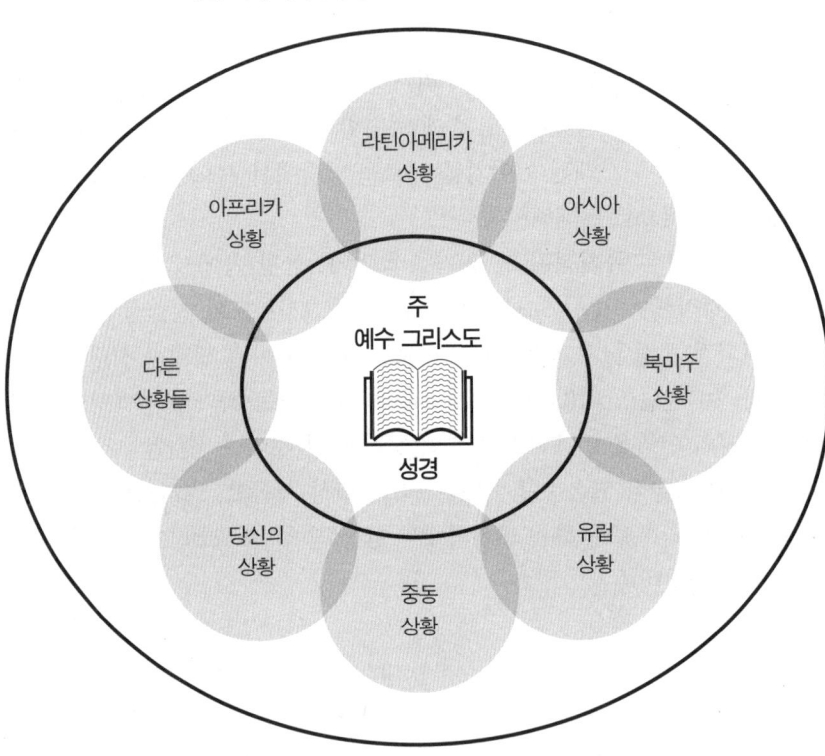

도표 10: 세계 선교신학

우리가 신학 작업을 하는 선교 동반자로서 서로의 말을 듣기 시작하면 우리가 예수 그리스도와의 관계를 더욱 깊게 하고, 서로에게 배우고 싶어 하며, 우리의 머리 되신 그리스도께 더 가깝게 성장하고 싶어 질 것이다. 그러면 우리는 올란도 코스타스가 말하는 "전인적(또는 포괄적) 성장"을 경험하기 시작할 것이다. 코스타스는 진정한 예수 그리스도의 교회는 동시에 네 가지 차원에서 성장해야 한다고 믿었다. 나는 여기에 다섯 번째 차원을 추가했다.[62]

---

62 '영적 성장'은 하나님과의 영적 친밀함 가운데 있는 하나님 백성의 언약적 관계의 깊이와 폭을 의미한다. 성령에 의한 예수 그리스도에 대한 신앙, 즉 지도자와 구성원의 영적 성숙의 깊이, 성경에 대한 몰입의 정도, 하나님 나라의 생활 방식과 윤리를 살아 내는 것, 기도 생활, 하나님을 의지하고, 거룩함을 찾고, 예배에 충만함을 의미한다(Van Engen).
  "'수치적 성장'"은 예수 그리스도를 주님이자 구원자로 회개하고 믿도록 초청하면서 하나님의 나라에 들어오도록 사람을 모집하고, 그들을 지역 교회 공동체의 일원이 되게 하고, 예배하고, 순종하며, 개인적으로나 공동체적으로, 복음을 증거하고, 예수 그리스도와

선교신학 작업에 동역자가 필요하다. 바울은 말한다.

> 능히 모든 성도와 함께 지식에 넘치는 그리스도의 사랑을 알고 그 너비와 길이와 높이와 깊이가 어떠함을 깨달아 하나님의 모든 충만하신 것으로 너희에게 충만하게 하시기를 구하노라(엡 3:18-19).

우리 모두가 함께 협력하는 선교신학적 동반자 관계가 필요하다. 이것이 전인적 성장이다. 다음 천년 동안 함께 동역하기로 헌신한, 지구 전역에 퍼져 있는 예수 그리스도의 제자들의 포괄적 성장이다.

7. 결론

얼마 전 나와 아내 진이 뒷마당에 가서 정원을 다듬고 있었다. 이 일은 평소 내가 혼자서 하던 일이었다. 하지만 이번에는 아내와 함께 했다. 내가 나무를 다듬고 잘랐다. 아내는 나뭇가지를 잘게 부러뜨려 쓰레기통에 넣었다. 그 일은 깜짝 놀랄 정도로 빨리 끝났다. 나는 잠시 걸음을 멈추고 아내에게 소리쳤다.

그의 자유하게 하시는 능력 안에서 세상에 하나님의 구속 활동을 전하는 것이다.
'유기체적 성장'은 지역 신앙공동체의 내면적 발전, 즉 구성원 간의 관계 시스템(행정 체재, 재무 구조, 리더십, 시간과 자원이 투자되는 선교 활동 유형 등)을 의미한다.
'개념적 성장'은 신앙공동체가 가진 세상에 대한 교회의 본질과 선교에 관한 의식화의 정도를 의미한다. 즉 공동체가 스스로 형성한 이미지, 성경을 이해하는 정도 따른 그리스도에 대한 믿음의 의미에 대한 성찰의 깊이 그리고 세계에 대한 이미지를 의미한다.
'성육신적 성장'은 교회 주변 사회 환경의 삶과 문제에 대한 신앙공동체의 참여 정도를 의미한다. 즉, 주변 세계의 고통에 대한 참여, 약하고 가난한 사람들을 위한 예언, 중재 그리고 해방적 행동, 가난하고 상심한 사람들, 시각 장애인, 포로된 자를 위한 강렬한 설교를 의미한다(눅 4:18-21)."
첫째 단락을 제외하고, 위 자료는 올란도 코스타스(Orlando Costas)를 인용한 것이다. Orlando Costas, *The Church and its Mission: A Shattering Critique from the Third World* (Chicago: Tyndale, 1974) 90-91. 이 자료는 후에 스페인어로 출간되었다. Orlando Costas. *El Protestantismo en America Latina Hoy: Ensayos del Camino* (1972-1974) (San Jose, Costa Rica, Indef, 1975) 68-70. See also Orlando Costas, *The Integrity of Mission: The Inner Life and Outreach of the Church* (NY: Harper & Row, 1979) 37-60.

"이야~ 둘이 함께 하니 훨씬 빨리했네!"

그렇다. 우리가 함께 노력하면 우리 세대의 세계 복음화 속도가 훨씬 빨라질 것이다. 심지어 전도서 작가도 이 사실을 알고 있었다.

> 두 사람이 한 사람보다 나음은 그들이 수고함으로 좋은 상을 얻을 것임이라 (전 4:9).

이 장에서 우리는 신학적 다양성 속에서 함께 일하는 동역의 선교학적 함의를 생각했다. 이 새천년의 선교에서 서로에게 좋은 파트너가 되자. 우리의 동반자 관계는 예수 그리스도에 중심을 두고, 하나님 나라 선교학으로, 세워진 지역 교회가 모두 함께 그리스도가 절실히 필요한 세상을 향해 나가면서, 복음이 모든 사람을 위한 것임을 인식하고, 상호 겸손하게 협력하며, 세계 왕의 공동체 각각에게 주신 은사를 기뻐하자. 함께 성장해 성숙한 동반자가 되어 우리 주 예수 그리스도의 충만함을 온전히 다 함께 이루어 가자.

우리는 이 새천년의 세계 복음화에서 직면하게 될 도전에 마주하기 위해, 1996년 NAE의 복음주의 선언문 에필로그에 나오는 빌리 그레이엄의 호소를 다시 새겨들어야 한다.

> 복음주의 공동체가 예수님께서 대제사장적 기도로 묘사하신, 타협 없는 협력 정신으로 선교 지상 명령을 진지하게 받아들여, 온 세상이 믿음에 이르도록 협력해 주시기를 전심으로 기도합니다!
>
> 우리 앞에 놓인 도전은 우리가 지금까지 해 본 적이 없는 전략적으로 통합된 복음주의의 노력을 요구하고 있습니다. 우리 시대의 세계는 제자를 훈련하기 더 힘든 세상이라고 말합니다. 하지만 그것은 복음 전도를 더 쉽게 만들었습니다. 오늘날 세계는 우리 주변의 위기를 가중시키고 있다고 합니다. 그러나 우리는 절대 잊지 말아야 합니다. 복음 전도에서 각각의 위기는 기회입니다. 우리 세대에 예수 그리스도의 제자를 삼는 최우선 과제에 다시 전념할 필요가 있습니다.
>
> 오늘날의 세계는 이와 같은 질문과 과제에 대한 우리의 반응을 기다리고 있습니다. 복음주의는 우리 스스로가 복음을 수용하고, 복음으로 정의되며, 우리 주님과 구원자 예수 그리스도의 복음을 언행으로 선포하고 증명하는 만큼 미래가 있습니다.

우리의 충직한 증언은 문화와 미디어에 의해 '복음주의'라는 이름을 새롭게 이해하게 될 수도 있고 그렇지 않을 수도 있습니다. 우리의 충실한 단결된 증언은 올해의 대중적 축제로 우리 주님을 향한 가시적 기독교 예배가 될 수 있습니다.

AD2000은 단순히 인간의 성취와 또 다른 새 시대를 찬양하는 것이 아니라. 우리의 신실하고 연합된 증언은 부활과 화해와 갱신을 가져올 것입니다. 우리 다 함께 믿음으로 나아갑시다. 그러면 지옥의 문이 이길 수 없을 것입니다![63]

63　National Association of Evangelicals "An Evangelical Manifesto: A Strategic Plan for the Dawn of the 21st Century," NAE Web Site www.nae.net/sig_doc11.html (website inactive), 1996.

제12장

믿음, 소망, 사랑: 선교신학의 삼 요소

선교신학의 삼 요소는 믿음과 소망과 사랑이다. 우리가 하나님의 선교에 참여하는 것은 모험처럼 우리를 기다린다. 예수 그리스도는 왕이시다. 현재와 다가오는 하나님의 통치 가운데, 하나님은 우리가 이미 알고 있는 것을 더 깊이 알게 하신다.[1]

1. 논지

이 새천년에 우리는 삼위일체 선교신학이 필요하다.

- 예수 그리스도(왕)에 대한 깊은 개인적, 성경적 그리고 공동체적 믿음에서 나오는 선교신학이 필요하다.
- 그리스도 통치의 핵심인 에큐메니컬적 사랑의 교제가 그리스도의 몸 된 교회에서 삶으로 증거 되는 선교신학이 필요하다.
- 하나님 나라가 현재 속으로 파입하는(inbreaking) 증거로 세상의 철저한 변혁에 대한 소망을 주는 선교신학이 필요하다.

---

1 본 장 내용은 저자의 글 "도상의 선교신학: 믿음, 소망, 사랑"을 출판사의 허락을 받아 수정 보완한 것이다. Charles Van Engen, "Faith, Love and Hope: A Theology of Mission On-the-Way," in Van Engen, Gilliland, and Pierson, eds., *The Good News of the Kingdom: Mission Theology for the 3rd Millennium* Maryknoll: Orbis, 1993, 253-63. Available from Wipf and Stock Publishers, 150 West Broadway, Eugene, OR 97401 Reprinted in Van Engen *Mission on the Way*. Grand Rapids: Baker, 1996, 253-62. (역주).

2. 서론

그리스도의 초림과 재림 사이에 사는 우리는 하나님 나라의 변증법적 긴장 속에서 산다. 왕이신 예수 그리스도께서 이미 오셨지만 아직도 오고 계시기 때문이다(Cullmann 1951). 이 새천년의 첫 십 년 동안 지구촌 곳곳의 갈등 현장에서 흘러나오는 불안과 염려의 관점에서 볼 때, 하나님 나라의 현실은 더욱 가슴 아프게 한다.

'이미 그리고 아직'(already and not yet)의 특성을 가진 하나님의 통치는 교회와 교회의 선교가 임시적임을 의미한다. 성령의 능력으로 교회는 모든 인류를 하나님 창조의 근원으로 되돌리고, 예수 그리스도 안에서 현재와 다가오는 하나님 나라로 향하게 한다.[2]

이 새천년을 예상해 보면, 우리는 기대감으로 가득 차 있고 작은 두려움도 없다. 『변화하는 선교』에서 데이비드 보쉬는 미래에 전개될 선교신학 작업을 수행하기 위한 우리 의제의 광범위한 매개 변수를 제시했다. 그렇게 함으로써, 그는 그가 가장 중요한 "이머징 에큐메니컬 선교 패러다임의 요소들"(1991, 368ff)이라고 생각하는 것을 우리에게 설명했다.[3]

2　Verkuyl 1978, 203; Arthur Glasser 1985, 12; 1990, 250; and Glasser & McGavran 1983, 30-46. 데이비드 보쉬(1991, 368-93; 1980, 75-83, 239-48)는 "하나님의 선교" 개념에 대한 훌륭한 개요와 비판을 제공했다. 특히 1965년부터 1980년까지 WCC의 선교학에서 오용하고 비성경적으로 재구성한 것을 비판했다.

3　보쉬는 선교를 다음과 같이 설명한다. 다른 사람과 함께하는 교회(Church-With-Others), 미시오 데이, 구원 중재, 정의 탐구, 복음 전도, 맥락화, 해방, 문화화, 공동 복음 증거, 모든 하나님의 사람들에 의한 사역, 다른 신앙을 가진 사람들에 대한 복음 증거, 신학 그리고 희망을 지향하는 행동으로 설명한다. 다음 학자들을 참고하라. Norman Goodall 1953, 195-97; James Scherer 1987, 126-34; Lesslie Newbigin 1977, 63-68; 1978, chapters 4, 8, and 9; Wilhelm Andersen 1961; R. C. Bassham:1979, 33-40, 67-71, 168-69; and Verkuyl 1978, 2-4, 197-204. 하나님의 나라(그리고 그 안에 있는 미시오 데이에 대한 성경적 관점)는 세계 선교학에서 주요한 합의점이 되었다. 다음 저자를 참고하라. Esther and Mortimer Arias: 1980; Mortimer Arias 1984; Charles Van Engen 1981, 277-307; 1991a, 101-18; William Dyrness 1983; Robert Linthicum:1991, 80-108; J. Blauw 1962; Hans Küng 1971, 46ff; G. E. Ladd 1974; John Bright 1953, 216, 231-38; Karl Barth 1958, 655ff; H. N. Ridderbos 1962; G. Vicedom 1965; W. Pannenberg 1969; C. Rene Padilla 1975, 1985; Orlando Costas 1979, 5-8; Orlando Costas 1989; Donald Senior and Carroll Stuhlmueller 1983, 141-160; Dempster, Klaus and Petersen 1991, 1-58;Robert Linthicum 1991; Emilio Castro 1985, 38-88; WCC 1980; George Peters 1981, 37-47; Edward Pentecost 1982; Paul Pomerville 1985; Ken Gnanakan:1989; C. Peter Wagner 1987, 35-55, 96-112; Gailyn Van

보쉬가 우리에게 선교 패러다임으로 제시한 다양한 요소에 대해 토론하고 의견을 종합하기 위한 방법을 찾는 데는 수 년이 걸릴 것이며, 많은 대화가 필요할 것이다. 비록 우리가 아이들처럼 생각하고 거울에 비친 희미한 모습만 본다(고전 13:11-12)고 하지만 우리는 적어도 지평선 너머를 볼 수 있고, 우리가 가야 할 길을 찾기 위해 로드맵을 볼 수 있다. 새천년을 맞이하면서, 나는 단순하고 편파적이며 너무 일반적 논지라는 평가를 받을 위험을 무릅쓰고, 다음과 같은 삼위일체적 선교신학을 천명한다.

- 예수 그리스도(왕)에 대한 깊은 개인적, 성경적 그리고 공동체적 믿음에서 나오는 선교신학이 필요하다.
- 그리스도 통치의 핵심인 에큐메니컬적 사랑의 교제가 그리스도의 몸 된 교회에서 삶으로 증거 되는 선교신학이 필요하다.
- 하나님 나라가 현재 속으로 파입하는(inbreaking) 증거로 세상의 철저한 변혁에 대한 소망을 주는 선교신학이 필요하다.

나는 이 논지를 주장하면서, 사도 바울에게서 신학적 틀을 빌려왔음을 밝힌다. 그것은 마치 일종의 인장처럼 바울은 그의 편지들을 믿음, 소망, 사랑이라는 선교 사상의 중요한 삼겹줄로 작성했다. 이 삼겹줄을 바울의 "아비투스"(habitus)라고 부를 수 있다.[4] 순서를 섞고, 다른 맥락적 의제와 엮어, 바울의 선교신학의 삼겹줄은 우리에게 그의 선교신학에 대한 통찰을 종합할 수 있다는 것을 보여 준다.[5] 나는 삼겹줄의 순서를 믿음, 사랑, 소망으로 잡았다. 이 순서가 하나님의 미래로 가는 길 위에서 움직이는 느낌을 준다. 선교신학 삼겹줄의 첫 번째 원칙은 믿음이다.

Rheenen 1983, 1-20; and William Abraham 1989.
[4] Cf. Van Engen 1987, 524-25. Cf. D. Bosch 1991, 489.
[5] 다음 실례들을 보라. 롬 5:1-5; 12:9-13; 고전 13:13; 갈 5:5-6; 엡 1:15; 골 1:3-6; 살전 1:3, 5:8; 살후 1:3; 2:13-17; 딤전 4:9-12; 딤후 1:5, 13-14; 빌 1: 5-6; 히 6:9-12.

3. 믿음: 성령께서 교회에 하나님 나라 선교 참여를 독려하신다

성령은 선교의 영이시다. 롤랜드 알렌(1962)과 해리 보어(1961)는 오순절에 강림하신 성령의 등장이 선교에 필수적인, 예수 그리스도와 획기적으로 새롭고 깊은 개인적 관계를 갖게 했다는 사실을 강조했다. 지난 세기에 일어난 전형적인 오순절 운동 가운데(그 이전에는 웨슬리파가 주도), 지난 50년간의 은사파 운동 그리고 WCC에 참여한 정교회 전통은 지속적으로 성령의 역할, 개인적 믿음 그리고 깊은 영성을 선교의 기본 토대로 강조했다.

이런 맥락에서, 샌안토니오 보고서(WCC 1990)와 마닐라 선언서(LCWE 1989)의 1절과 같은 선교신학에 대한 개신교 표현과 "에반젤리 눈티안디 레멘토리스 미쇼"(*Evangelii Nuntiandi, Redemptoris Missio*), 최근 "에반젤리움 가우디움"(*Evangelii Gaudium*)과 같은 로마가톨릭 회칙들 사이에 상당한 합의가 있다. 이 경우, 믿음이 우리 시대의 가장 중요한 문제에 관해 중요한 역할을 한다. 우리가 새천년의 지평을 전망하며, 다음 여섯 가지 고려사항이 믿음에 중심을 두고 있다.

첫째, 특정 사회에서 예수 그리스도 안에서 이루어진 하나님의 계시에 대한 신앙, 성경에 기록되고 성령께서 증거했다는 사실이 의심을 받거나 거부되기도 한다. 그러나 성경 계시 곧 성령을 통해 예수 그리스도의 유일성을 선포함으로 새 생명을 낳는다는 본문에 기반을 두지 않은 선교는 교회 확장이든 제국주의적 확장 혹은 분파적 개종활동이든 다 하나님의 선교가 아니다(Gnanakan 1992, 195ff).

하나님의 선교는 부활의 능력(엡 1장), '성령의 능력'에서 나온다.[6] 이는 하나님의 선교를 우리가 시험해 보아야 한다는 뜻이기도 하다. 요한의 제안이다.

> 이로써 너희가 하나님의 영을 알지니 곧 예수 그리스도께서 육체로 오신 것을 시인하는 영마다 하나님께 속한 것이요 예수를 시인하지 아니하는 영마다 하나님께 속한 것이 아니니(요일 4:2-3a).

---

6 Jürgen Moltmann 1977.

예수 그리스도의 유일성을 부인하는 신학적 다원주의 관점은 공손한 대화일 수도 있고 동정적 협력일 수는 있지만, 예수 그리스도의 사도적 관점은 아니다. 우리가 하나님의 선교에 참여할 때, 우리는 예수님의 선교에 참여한다.

> 아버지께서 나를 보내신 것 같이 나도 너희를 보내노라(요 20:21c; Glasser 1976, 3).

예수님은 우리를 대사로 부르시며 세상을 예수 그리스도에 대한 믿음을 통해 하나님과 화해하라고 부르신다. 예수 그리스도에 대한 개인적, 공동체적 믿음을 떠나서 그러한 화해는 불가능하다(고후 5장).

둘째, 믿음으로부터의 선교는 교회의 계시 이해에 따라 다양한 양태를 갖게 되었다. 선교적 믿음은 아브라함 이후 신앙공동체에 의해 이해되고, 하나님께서 성경에 계시한 바를 믿는 하나님의 사람들에 의한 성찰에 따라 심각하게 달라졌다. 이것은 선교 사명의 범위와 함축적 의미를 규정하는 데 있어 조직신학과 역사신학이 적절한 역할을 담당해야 한다는 것을 의미한다. 그러나 그것은 또한 이 책의 제1부에서 언급했듯이, 이것들이 선교적 질문, 의도, 차원으로 완전히 스며들지 않는 한 조직신학과 역사신학에 진정한 성경적 발전은 없다.

셋째, 믿음으로부터의 선교는 다른 종교를 가진 사람들과의 종교적 대화가 가장 깊은 수준의 공유된 신념에서 일어난다는 것을 의미한다. 이것은 종교와 문화, 믿음과 세계관의 근본적 차이를 수반한다. 한편으로는 종교와 신앙을 문화와 세계관과 혼동하는 경우가 너무 많다. 이것은 우리가 일단 문화 상대성 이론을 인정하면 즉시 다음 단계로 넘어가, 종교적 다원주의를 받아들여야 한다는 것을 전제한다.

이런 혼란은 윌프레드 캔트웰 스미스(Wilfred Cantwell Smith), 칼 라너(Karl Rahner), 존 힉(John Hick), 존 콥(John Cobb), 폴 니터(Paul Knitter), 웨슬리 아리아라자(Wesley Ariarajah)의 글에서 잘 나타난다. 선교신학의 미래 과제는 인간 경험의 이 두 측면을 더 명확하게 구별하는 것이다.[7]

---

7   Van Engen 1991b, 189-90.

여기서 성삼위(聖三位) 가운데 한 분이신 성령과 귀신(다신론, 물활론, 강신술, 뉴에이지 또는 유물론자)을 구별하는 것도 중요하다. 이것은 또한 성령과 인간의 영성을 구별하는 데 도움을 줄 것이다. 이것은 하나님의 선교와 우리 인간의 팽창주의적 선교 의제 사이의 차이를 구별하는 데 중요한 이슈가 될 것이다.

넷째, 믿음으로부터의 선교는 우리의 믿음이 성경에 계시된 사실에 기초해, 공공의 믿음일 수 있는 방법에 대한 지속적 탐색을 의미한다. 특히 서양에서는, 레슬리 뉴비긴이 그렇게 적절하게 증명했듯이, 신앙의 개념을 개인 취향의 사적 틀로 강요하고자 했던 계몽주의자들의 구속(straight jacket)과 씨름하는 것을 포함한다(Newbigin 1986, 1989).[8]

선교사 신앙은 필연적으로 옳고 힘차게 더 큰 사회적, 경제적, 정치적 그리고 세계적 현실의 일부인 특정한 사람의 내적, 정신적 개종에 관심을 가지는 대중적 신앙이어야 한다.

마이크로 스케일 차원에서 일어난 각 개인의 개종은 매크로 스케일 차원에서 일어나는 사회변화에 영향을 미치며, 그 반대도 마찬가지이다. 더 이상 이 둘 사이의 이분법을 유지할 수 없다. 이 새천년에 대한 선교신학은 동일한 현실의 일부로서 이 두 가지 측면에 모두 대응할 수 있는 방법을 찾아야 한다. 이는 선교학이 영성, 심리학, 인류학, 사회학을 통합시킬 수 있는 방법을 좀 더 현실과 근접한 전체론적 이해에서 찾아야 한다는 것을 의미한다.

다섯째, 믿음으로부터의 선교는 예수 그리스도에 대한 믿음을 통해 아직 성령의 변혁을 경험하지 못한 50억이 넘는 사람들과 수많은 미전도 인간집단 전도에 대해 깊이 고민하고 있음을 의미할 것이다. 우리 마음은 그들을 생각하며 아플 것이며(롬 9:1-3), 우리는 스스로 그들에게 빚진 자로 여기며(롬 1:14), 그들이 성령에 감동해 예수 그리스도로 개종하기를 갈망할 것이다(Van Engen, 1981). 이것은 준비된 계획과 행동만으로 그칠 수 없는 선교신학이다. 선교신학은 아직 하나님의 백성에 들어오지 못한 사람들을 위해 존재한다는 것을 이해하는 신학이다.

요하네스 베르카일이 말한다.

---

8   이 이슈에 대해 탁월한 소개는 issue of *Missiology* (The October 1991)를 보라.

선교학은 결코 선교 활동과 참여를 대체할 수 없다. … 만약 선교 연구가 국내 선교이든 해외 선교이든 선교 참여로 이어지지 않는다면, 선교학은 겸손한 학문적 소명을 잃어버린 것이다(Verkuyl 1978, 6).

여섯째, 성령을 통한 믿음으로부터의 선교는 세상 사역을 위해 성령의 은사를 사용할 때뿐만 아니라, 성령의 열매가 하나님 백성의 삶을 통해 나타날 때 일어난다(갈 5:22-26). 선교 역사를 통해 우리는 선교의 동기, 수단, 목표가 성령의 열매인 사랑, 희락, 화평, 오래 참음, 자비, 양선, 충성, 온유, 절제로 더욱 철저하게 성별되기를 바랄 것이다. 교회가 신뢰를 얻으려면, 하나님 백성 가운데서 그리스도의 주권을 의식하고, 성령의 열매를 드러내는 선교 활동을 해야 할 것이다. 이제 바울의 두 번째 주요 요소인 사랑으로부터의 선교를 살펴보자.

4. 사랑: 예수 그리스도께서 하나님의 선교에 자신의 몸 된 교회를 참여하게 하신다

사랑은 제자의 표식이다.

> 너희가 서로 사랑하면 이로써 모든 사람이 너희가 내 제자인줄 알리라(요 13:35).

예수님께서는 아가페 사랑을 선교사 제자 모임의 최고 자질이라 하셨다. 전과 다르게 예수 그리스도 교회는 사랑의 교제가 무엇을 의미하는지 발견해야 한다. 특히 교회가 전 세계에 널리 퍼져 있고, 그 무게중심이 북서쪽에서 남동쪽으로 이동했기 때문이다. 인류 역사상 이렇게 다양한 문화를 가진 사람들이 기독교 신앙생활을 했던 적이 한 번도 없었다. 오늘날 우리는 우리가 암묵적으로 알고 있는 것을 경험적으로 관찰할 수 있다. 복음은 모든 인간 문화로 무한히 "번역할 수 있다"(Lamin Sanneh 1989). 이 사실의 신학적 의미는 충격적이다. 우리는 그 일부만 다룰 수 있다.

애당초 다문화 세계 교회는 교회, 일치, 선교를 보다 밀접하게 연관시키는 새로운 패러다임을 요구한다. 예를 들어, 우리가 '교회'라고 말할 때, 우리는 정교회 전통이 우리에게 상기시키듯이, 지역 교회와 우주적 교회 사이의 균형을 조심스럽게 맞출 필요가 있다. 더 이상 '세계교회협의회'(WCC)처럼 서유럽에 뿌리를 둔 오래된 교단만을 의미하거나, 나아가 아프리카, 아시아, 중남미에 있는 딸 교회만을 의미할 수 없다. 아시아의 신흥 종교 운동, 아프리카의 토착 독립 교회, 라틴아메리카의 새로운 교회 집단, 전 세계의 새로운 교파들, 수많은 신도를 가진 초대형 교회들은 자기만의 교단을 형성한다. 이 모든 일이 1960년대 이후 일어났다. 그들은 '교회'라는 단어에 완전히 새로운 의미를 부여했다(Walls 1976).

새로운 통합교파적인(ecumenicity) 패러다임이 필요하다. 선교 잡지, 「국제선교 리뷰」(International Review of Mission) 1992년 7월호는 이 문제를 논의하기 위한 훌륭한 출발점을 제공한다.[9] 사랑의 선교는 사랑하는 법을 배우는 것이다. 우리가 기독교 교회에서 서로 사랑하고, 이해하고, 듣고, 교정받는 것을 먼저 배워야 한다는 것을 의미한다(Van Engen 1990).[10]

사랑은 가장 높은 가치로서의 관용 이상이다. 공통성이 거의 없는 완전한 다양성을 축하하는 것 이상이다. 사랑을 통한 선교는 그런 배움으로부터 시작되지만, "제3세계로부터 신학에 대해 배우는 것"보다 더 깊다(Dirness 1990). 이 주제에 대해 르네 파딜라(Rene Padilla)가 잘 정리했다.

> 총체적 선교(wholistic mission)라는 관점에서 본다면, 에큐메니컬 진영과 복음주의 진영 사이에 양극화가 일어날 자리는 없다. 에큐메니컬 크리스천이 되는 것은 온전한 오이쿠메네(사람 사는 세상)를 하나님의 변혁 장소로 여기는 기독교인이 되는 것이다. … 복음주의 크리스천이 된다는 것은 예수 그리스도의 말씀, 성경에 기록된 살아 있는 말씀에 따라 예수 그리스도 안에서 복음을 하나님의 사랑의 기쁜 소식으로 여기는 그리스도인이 되는 것이다. 그것은 예수 그리스도의 복음을 고백하고 복음으로 살아가며, 성령의 능력 안에서 그리스도를 모든 생명의 주로 고백하며 살아가라는 것이다. … 지구촌 모든 민족에게 복음을 선포하고 신앙을 나누고 양육하는 지역 교회를 함께 형성하는 것이다(Padilla 1992, 381-82).

---

9 Willem Saayman 1990; and Bosch 1991, 457-67.
10 NCCC/DOM 1983, 9.

첫째, 사랑으로부터의 선교는 성경에서 드러나는 복음의 진리를 굳게 지키고, 복음주의, 에큐메니컬, 로마가톨릭, 정교회, 오순절, 은사주의 등 자신만의 기독교 전통에 대한 의제를 느슨하게 고수할 것이다.

둘째, 사랑으로부터의 선교는 우리가 지구촌 다세계관 관점에서 신학을 하는 방식에 영향을 미칠 것이다. 우리가 선교신학을 하는 기초, 우리가 통합한 데이터, 우리가 사용하는 방법론, 듣는 사람들 그리고 우리가 다루는 이슈들이 아마도 상당한 변화를 겪게 될 것이다.

세계 국제 회의들, 그들의 선언들 그리고 그러한 국제 회의들에서 나오는 연구와 논문들은 아마도 선교신학에서 덜 중요해질 것이다. 대신 우리는 지역적 맥락에서 하나님의 사람들의 말을 주의 깊게 듣고, 지역 신학이 세계 교회에 영향을 미칠 수 있는 방법을 찾도록 노력할 필요가 있고, 그 반대의 경우도 마찬가지일 것이다.

교회가 세상을 위해 존재하는 사랑 안에 살아가는 믿음의 공동체, 그리스도의 사랑하는 몸이라면 "반식민주의를 넘어 세계주의에 이르는 선교신학"(beyond anticolonialism to globalism)에는 지역 신학도, 획일적인 초문화신학도 실행 가능하지 않다(Paul Hiebert 1991, 263). 오히려, 우리는 지역적인 것과 보편적인 것 모두를 확증할 수 있는 방법을 찾아야 한다(Berkhof 1985, 71-73). 아우구스티누스와 바티칸 규범(Vincentian Canon)과 같이 진실은 "모든 곳에, 항상, 모든 사람이 믿었던 것"에 있다고 여겨진다(Van Engen 1981, 200-11).

윌리엄 더네스(William Dyrness)의 관찰을 살펴보자.

> 중요하게 생각하는 신학이 대다수 기독교인의 신학이 될 것이라는 것이 사실이라면, '제3세계의 신학이 이제 신경 쓸 가치가 있는 유일한 신학'이다. 오늘날 기독교인들의 실제 생활에 신학을 뿌리내리려면 점점 더 가난한 사람들, 아프리카, 중남미, 아시아에 있는 가난한 사람들로부터 가난한 사람들까지 신학을 뿌리내려야 할 것이다. 그리고 서양에서 만들어진 신학이 점점 더 지방 신학화 되지 않으려면, 월스가 지적한 바와 같이, 제3세계의 신학 지도자들과 대화하면서 신학 작업을 수행해야 할 것이다(Dyrness 1990, 13; Walls 1976, 182에서 재인용).

가말리엘의 지혜가 필요하다. 만약 이런 신학화 방법이 세계 교회에서 그 자리를 차지한다면, 예를 들어, 가말리엘이 사도행전 5:33-39에서 명시한 아이디어인 신학적 수용 원리에 더 무게를 둘 필요가 있을 것이다. 이 원칙은 모든 새로운 신학적 사상을 시간을 두고(때로는 수 세기 동안) 결론에 이르도록 해야 하며, 그 사상이 궁극적으로 교회에 의해 받아들여져야 하는지 거부되어야 하는지를 하나님의 사람들이 고려하고 결정하라고 권고한다.

셋째, 사랑으로부터의 선교는 하나님 나라 신학과 연관된다. 성경에서 발견되는 강한 언약적 관점을 포함시키기 위해 우리의 하나님나라신학과 관련이 있다. 하나님 나라 사고는 위계 질서와 권위 개념을 지지하는 경향이 있다. 반면에 언약은 약자들에게 힘을 실어 주고 새로운 인간 관계를 통해 그들을 강화하는 경향도 있다. 성경에 나타난 언약 개념은 예수 그리스도 안에서 이루어지는 하나님의 통치라는 더 넓은 개념 없이는 불가능하다.

그러나 우리는 '하나님의 나라' 관점이 특히 하나님의 보살핌을 드러내는 여성적 이미지인 출산, 포용, 사랑, 자기 희생, 공급, 보호와 같은 언약적 관계를 통해 가장 잘 드러난다는 것을 알 수 있다.

그러므로 언약적 하나님 나라 선교신학은 교회가 하나님의 선교에 참여하는 성경 해석에 있어서 난민, 여성, 가난한 사람들, 소외된 사람들, 약한 사람들 그리고 어리석은 사람들의 역할을 심각하게 받아들인다. 여기서 필요한 것은, 전체 교회 공동체에서 생겨나고 전체 교회 공동체에게 말하는 선교신학이다(Hauerwas and Willimon 1991; Motte 1991 참고). 이것은 하갈과 룻과 에스더와 다니엘과 사르밧 과부의 선교적 지혜이다(눅 4장; 마 15:21-28). 이것은 약함과 어리석음으로부터의 선교이다(고전 1:18-31).

우리의 선교가 약함과 어리석음, 가난으로부터 시작되어, 세 번째 맞이하는 천년은 우리를 초창기 교회를 연상시키는 상황으로 되돌려 놓을지도 모른다. 이 상황은 선교신학에서 급진적 패러다임의 변화를 요청한다. 이 두 가지 옵션 모두가 진실이기에 어느 것도 버릴 수 없다. 진실은 예수 그리스도와의 근접성이나 거리를 중시하는 "중심 집합"(centered sets) 관점에서만 판단할 수 있다(Hiebert 1978). 하지만, 그 변화는 우리가 선교를 수행하는 방식을 극적으로 변화시킬 것이다.

이런 입장 변화는 선택 사항이 아닐 수 있다. 우리의 작은 지구촌에서 일어나고 있는 급격한 생태학적, 경제적, 정치적, 사회적, 종교적, 인구학적 그리고 다른 변화들은 우리에게 새로운 선교신학 패러다임을 요구하는 새로운 현실을 제시하고 있다. 이런 패러다임의 변화는 바울의 선교신학 삼 요소의 세 번째 측면인 소망으로 이어진다.

5. 소망: 하나님의 선교는 새 하늘과 새 땅을 창조하는 것이다

우선 베드로가 소망 중심의 선교를 강조한다. 우리의 복음주의적 고백을 교회와 세상의 선교적 만남의 맥락에서 배치한다. 소망이 중심 모티브가 된다.

> 너희 마음에 그리스도를 주로 삼아 거룩하게 하고 너희 속에 있는 소망에 관한 이유를 묻는 자에게는 대답할 것을 항상 예비하되 온유와 두려움으로 하고(벧전 3:15).

소망은 오늘의 선교학이 제시해야 할 가장 폭발적인 개념이다. 오스카 쿨만은 30년 전에 그것을 인정했다.

> 진정한 원시 기독교의 소망은 세상에서 이루어지는 기독교 활동을 마비시키지 않는다. 이와 반대로 선교 단체들이 기독교 복음을 선포하는 것은 이런 행동의 특징적 형태이다. 이것은 '선교 활동'이 구원의 종말론적 하나님의 계획에서 필수적 요소라는 믿음을 표현하고 있다. 교회의 선교 활동은 종말론적으로 하나님 나라의 처음 익은 열매이며, 종말에 대한 성경적 소망은 선교 활동의 가장 예리한 동기가 된다(Cullmann 1961).

오늘날 우리가 가진 성경적 소망은 서구 문명, 기술, 개신교 문화에 대한 100년 전의 믿을 수 없는 낙관론과는 거리가 멀다. 이들은 자신들이 공허하고 잘못 알고 있었다는 것을 증명했다. 그 정확한 이유는 예수 그리스도가 아닌 기술과 문명에 대한 믿음에 중심을 두었기 때문이다.

그러나 이런 인식으로 말미암아, 미래에 대한 소망과 절망감이 사람들이 하나님의 선교에 참여하는 방식에 영향을 미칠 수 있다는 사실에 눈을 감아서는 안 된다. 예를 들어, 포로기 동안 이스라엘 사람들은 절망과 소망 사이에서 흔들렸다. 그 차이는 근본적으로 뚜렷한 하나님의 선교와 그 안에서 감당해야 할 그들의 역할에 대한 것이었다. 한편으로, 그들은 신음했다.

> 우리가 이방 땅에서 어찌 여호와의 노래를 부를까(시 137:4).

그러나 다른 사람들은 다니엘과 에스더와 그들의 친구들의 선례를 따랐다. 눈물의 선지자 예레미야도 소망으로 충만한 접근을 했다.

> 너희는 집을 짓고 거기에 살며 텃밭을 만들고 그 열매를 먹으라 아내를 맞이하여 자녀를 낳으며 너희 아들이 아내를 맞이하며 너희 딸이 남편을 맞아 그들로 자녀를 낳게 하여 너희가 거기에서 번성하고 줄어들지 아니하게 하라 너희는 내가 사로잡혀 가게 한 그 성읍의 평안을 구하고 그를 위하여 여호와께 기도하라 이는 그 성읍이 평안함으로 너희도 평안할 것임이라(렘 29:5-7).

예레미야는 여기서 정확히 희망적 관점에서, 깊은 성경적 의미에서 화해의 가능성을 제시한다.[11] 이것은 나이지리아의 선데이 아이그베(Sunday Aigbe)가 "예언적 사명"(prophetic mandate)이라고 칭한 미션 패러다임을 나타낸다.

지난 몇 년 동안 나는 소망이 예수 그리스도 교회가 오늘날 세상에 제공해야 하는 가장 중요한 개념일 것이라고 확신해 왔다. 몇 년 전, 나는 생애 처음으로 우리가 실제로 평화로운 세상에서 살 수 있을 거라고 소망했던 26일간의 특별한 시기를 경험했다.

베를린 장벽이 무너지고, 동유럽이 변하고, 중동에서 평화 협상이 진행되었고, 라틴아메리카는 정치적, 경제적으로 평화의 길을 찾기 시작했다. 남아프리카는 평화를 향한 고통스러운 변화의 과정을 시작하고 있었다. 아시아는 경제적으로 그리고 기술적으로 폭발하고 있었다. 중국은 새로운 평화의 길로 나아가고 있었다. 아프리카 국가들은 새 길을 모색했다. 그러나 그런 평화 분위기는 오래가지 못했다.

오늘 이 글을 쓰면서 나는 내 평생 가장 끔찍한 비극을 겪은 도시들을 떠올린다. 나는 거의 완전한 희망 상실을 경험했다. 상파울루, 사라예보, 멕시코시티, 중동, 폭동 이후의 로스앤젤레스, 허리케인 이후 뉴올리언스 등 내

---

11 Robert Schreiter 1992.

가 계속 듣는 뉴스는 거의 완전한 희망의 상실이다. 특히 중남미에서는 마르크스주의가 실현 가능한 접근법으로서 소멸되고, 더불어 민주화가 가난한 민중의 복지를 위해 새로운 것을 제시하지 못한 것이 나에게 깊은 우려를 자아내는 절망감을 주었다.

나는 남부 멕시코에서 자랐다. 그때는 항상 어느 정도의 낙관주의가 있었다. 내일, 다음 주, 차기 주지사, 차기 대통령, 더 높은 교육 그리고 더 나은 조직이 결국 상황을 긍정적으로 바꿀 것이라고 생각했다. 그러나 그 희망은 이제 죽은 것 같다.

소망의 선교학이[12] 바울 선교학적 프락시스의 중심이었다.[13] 이 희망은 산들거리는 도피주의도, 공허한 낙관주의도, 맹목적 순응주의도, 비현실적 유토피아주의도 아니다. 이 모든 것은 금세기의 선교학에서 찾아볼 수 있다. 오히려, 바울의 소망 선교학에는 적어도 다음의 세 가지 요소가 포함되어 있다.

첫째, 소망의 선교학은 기독교인들이 새로운 세상을 소망하는 위험을 감수할 정도로 깊이 배려한다는 것을 의미한다. 그들은 그리스도 왕국에서 신앙을 통한 하나님의 은총이 급진적이고 완전한 변화를 가져온다는 것을 알기 때문에 감히 새것을 소망한다.

> 그런즉 누구든지 그리스도 안에 있으면 새로운 피조물이라 이전 것은 지나갔으니 보라 새 것이 되었도다(고후 5:17).

둘째, 소망의 선교학은 기독교인들이 함께 세상을 바꿀 수 있다고 담대하게 믿는다는 것을 의미한다(David Barrett 1983, 51.) 이것이 선교의 핵심이다. 그러나 우리는 이미 존재하고 있는 하나님 나라와 함께 아직 완성되지 않은

---

12 위르겐 몰트만(Jürgen Moltmann)과 다른 학자들이 1960년대에 희망의 신학을 발전시켰지만, 이 개념은 새로운 선교적 방향으로 전개되지 않았다. 희망의 선교학은 개인, 사회 그리고 구조적인 것이다. 그리고 그것은 깊은 정체성, 목적 그리고 미시오 데이(mission Dei)에서 비롯된다. 이 주제에 대해 더 많은 연구가 필요하다(Bosch 1980, 234-238).

13 다음을 참고하라. 엡 1:18; 골 1:5,23,27; 엡 2:12; 살전 1:3; 2:19; 4:13; 살후 2:16. 잠 13:12; 29:18; 히 6:18; 10:23; 벧전 1:3; 3:15.

하나님 나라를 기억해야 한다. 미국의 베이비 부머 세대인 우리는 우리 스스로 세상을 바꿀 수 있다고 믿었다. 우리는 교회에 비관적 관점을 가졌던 호켄다이크를 따라갔다.

우리는 린든 존슨(Lyndon Johnson)의 "위대한 사회"(great society)를 통해, 평화봉사단(Peace Corps)을 통해 그리고 컴퓨터 기술을 통해 우리 스스로 세상을 바꿀 수 있다고 생각했다. 그 결과, 오늘날 많은 사람은 지울 수 없는 비관주의와 냉소주의에 빠지고 말았다. 우리는 심지어 우리가 기독교 공동체를 형성하고 있는 도시를 바꿀 수 없고, 나아가 세계도 바꿀 수 없다는 사실을 확인했다. 우리는 우리 자신의 죄악과 타락의 심각성을 깨닫지 못했고, 우리가 하나님 나라를 가져올 수 없다는 것을 파악하지 못했으며, 이데올로기를 주창하던 이념가들이 구상하던 유토피아를 만들어 내지 못했기 때문에 목표를 달성하지 못했다.

오히려 하나님의 통치는 우리가 하나님의 선교에 참여하면서 사람들이 예수님을 주님으로 받아들일 때 시작된다. 그리고 순종하면서 하나님의 뜻이 "하늘에서 이루어진 것같이 땅에서도 이루어지는"(마 6:10) 것을 보기 시작한다. 이것은 개인적일 뿐만 아니라 구조적이고 사회적인 변화도 포함한다. 그것은 영적 측면뿐만 아니라 전인적 변화를 포함한다. 그것은 교회뿐만 아니라 삶의 전 영역을 포함한다.[14]

셋째, 소망의 선교학은 기독교인들이 보지 못하는 것에 대해 확신을 갖는다는 것을 의미한다(히 11:1). 그것은 "이방 사람들에게 빛"이 되는 선교에 예수와 함께 참여하는 것을 의미한다(행 13:47-49; 눅 2:32; 4:18-21). 승천과 재림 사이의 시대를 살면서 우리는 하나님 나라를 인식하고, 하나님 나라 윤리를 삶으로 실천한다(마 5-8). 사람들에게 화해하라고 도전한다. 창조물, 그들 자신, 서로 그리고 하나님과 화해하라고 사람들을 부른다(고후 5:18-21).

이 소망의 선교학은 깊고 창조적으로 변화한다. 그것은 현재와 다가오는 하나님 나라의 표식이 되려고 하기 때문이다. 이를 통해 우리는 당신의 "나라가 임하시오며"라고 기도할 때 급진적 변혁에 대한 우리의 깊은 헌신을

---

14 1983년 휘튼대학교에서 개최된 "인간의 필요에 대응하는 교회"(Church in Response to Human Need)에 관한 협의회 선언문과 논문은 이런 이슈들에 대한 성찰을 시작할 수 있는 좋은 자료를 제공한다(Samuel and Sugden 1983).

인정한다(마 6:10).

그러나 동시에 우리는 하나님 나라가 현존한다(is present)는 것 그리고 왕과 함께 온다(coming)는 것을 기억할 것이다. 우리의 선교는 그리스도가 오시는 것을 재촉하지도 않고, 하나님 나라를 창조하지도 않는다. 오히려 하나님 나라가 우리의 선교를 정의한다(Orlando Costas 1979, 8-9). 오직 왕이신 예수님만이 그 나라를 가져올 수 있으시다. 우리의 선교는 예수님의 선교와 같다. 곧 하나님 나라의 기쁜 소식을 다른 성읍에도 선포하는 것이다. 그것이 우리가 보내진 이유이기 때문이다(눅 4:43; 13:46-49).

그렇다고 해도, 주 예수여 오소서!

성령 강림과 재림의 시간 사이, 이 새천년이 우리를 기다린다. 우리가 하나님의 선교에 참여하는 것은 모험처럼 우리를 기다린다. 예수 그리스도는 왕이시다. 현재와 다가오는 하나님의 통치 가운데 그리고 우리가 이미 알고 있는 것을 더 알기 원하여 달려가는 선교 여정이 우리를 기다린다.

제5부

선교신학 시도하기

제13장 오래된 도심 교회를 위한 선교신학

제14장 이주민 선교신학

제15장 건강한 교회 개척을 위한 선교신학

제13장

오래된 도심 교회를 위한 선교신학

미국에서 오래된 도심 교회는 쇠락하고 있다.

젊은이보다 나이 든 신자들이 모이는 도심 교회를 어떻게 활력 있는 교회로 활성화시킬 수 있을까?

도심 교회를 탈바꿈해 부활시키는 목회자는 어디 있는가?[1]

1. 논지

오늘 우리에게 결단이 필요하다. 이웃 인구가 변천하는 오래된 도심 교회를 성장 가능한 교회의 모습으로 탈바꿈하려는 새로운 결단이 필요하다. 오래된 도심 교회가 계속 죽어 가고 있는데 교외 지역에만 교회를 세우기 위해 에너지를 쏟아 붓는 것은 효과적이지 않다.

본 장에서는 북미 도시에서 살아남기 위해 고군분투하는 수많은 오래된 교회들이 새로운 성장 시대를 맞이하기 위해 검토해야 할 몇 가지 잠정적 제안과 이슈를 제시한다. 오래된 도심 교회들이 탈바꿈하기 위해 새로운 비전, 연구, 결단, 협력 그리고 리더십이 필요하다.

---

[1] 본 장 내용은 저자의 글 "오래된 도심 교회가 성장할 수 있을까"를 출판사의 허락을 받아 수정 보완한 것이다. "Can Older Churches Grow in the City?" in *Global Church Growth* XXVI:1 (Jan–March 1989) 15-16. (역주)

2. 서론

몇 년 전, 나는 미네소타에 있는 한 도심 교회에서 설교했다. 그 교회는 "교회에 적합하지 않은 장소"라고 말하는 사람들이 있을 만한 특정 지역에 위치해 있었다. 리처드 목사가 부임하기 전까지 그 교회에는 극소수의 신도들만 남아 있었다. 절체절명의 순간에 리처드 목사가 부임했다.

그리고 6년 만에 그 교회는 새롭게 탈바꿈했다. 그들은 막 새로운 본당 건물을 완성했다. 현지에 사는 캄보디아 교회 교인들에게 본당을 사용해 예배하게 해 주고 있었다. 그리고 주일 아침 영어 예배 신도들은 200명이 넘어섰다.

예배 후, 리처드는 자기 집으로 저녁 식사에 나를 초대했다. 그는 나와 속 깊은 얘기를 하고 싶다고 말했다. 리처드는 키가 크고 날씬하며 말이 느리고 따뜻한 마음을 가진, 오랜 친구 같은 목사였다. 그는 주변 사람들, 교회 그리고 주님께 깊은 관심을 가지고 있었다. 저녁 식사 후에 나는 리처드 목사의 거실에 앉았다. 그가 먼저 입을 열었다.

"밴 엥겐 목사님, 이 교회 목회가 너무 심심해요!"

"이 교회는 다시 일어섰고, 모든 것이 순조롭게 잘 진행되고 있어요. 교인들은 개인 사역을 하며 잘 지내고 있고, 교회는 다시 성장하고 있습니다. 이제 다른 목사님을 초청해도 이 교회를 충분히 잘 목회할 수 있을 것 같습니다. 목사님, 이번에 제가 아이오와주에 있는 도시 교회에서 청빙을 받았습니다. 그 교회는 죽어 가는 교회랍니다. 교인이 이제 몇 명 안 남았답니다. 그 교회 문을 닫기 전에, 교단에서 1년간의 유예기간을 주었다고 합니다. 그런데 저도 이제 나이가 들었습니다.

목사님, 제가 그 교회로 가야 한다고 생각하세요?"

뭐라고 대답해야 할까?

생각나지 않았다. 그래서 나는 리처드에게 아이오와에서 죽어 가는 교회에 대해 몇 가지 질문을 했다.

그 교회의 예배당은 쇠퇴해 가는 동네에 위치해 있었다. 아직 교인으로 남아 있는 사람들은 모두 그 지역에서 이사 나갔다. 그곳은 "교회에 적합하지 않은 장소"라고 말할 수 있는 특정 지역에 위치해 있었다. 교인들은 낙담했다. 교회 건물 상태도 좋지 않았고 재정도 어려웠다.

"제가 가야 한다고 생각하세요?"

리처드가 다시 물었다.

나에게 조언을 구하고 기도하면서 결국, 리처드는 그 도전을 받아들였다. 얼마 전에 나는 그 도시를 방문했다. 나는 리처드의 간증을 듣고 놀랐다. 리처드 목사가 그 죽어 가는 교회를 성장하는 교회로 만들었을 뿐만 아니라, 교회 성도가 두 배 이상 늘었다. 교회 직원도 새로 뽑았다. 본당 건물 면적을 두 배 이상 늘리기 위한 건축 공사가 한창이었다. 그 교회는 그 도시에서 열두 가지 새로운 사역을 시작했는데, 모두 다 교인들이 그 사역을 주도적으로 감당하고 있었다.

얼마나 놀라운 변화인가!

여러분은 이런 성공담을 얼마나 많이 알고 있는가?

북아메리카 교회에 리처드 목사 같은 이가 몇 명이나 있을까?

좋은 소식은 북미에 있는 대부분의 개신교 교단에는 리처드 목사 같은 지도자가 몇 명 있는 것 같다는 것이고, 나쁜 소식은 그런 목사의 수가 턱없이 부족하고, 교단에서는 그들이 가장 잘하는 '죽어 가는 교회 살리는' 도시 교회 재생 목회를 할 수 있도록 힘을 실어 주지 않는다는 것이다.

미국 대도시 중심가를 차로 돌아보면 보인다. 폐쇄된 교회 건물, 지금은 다른 용도로 사용되고 있는 오래된 교회 건물 그리고 죽어 가는 황폐한 교회 건물에서 소수의 신실한 교인들이 모여서 예배한다. 이런 추세는 아직 끝나지 않은 것 같다.

지난 20여 년 동안 도시 교회를 탈바꿈하고 재창조하려는 많은 시도가 있었다. 구도자 중심 교회(seeker-sensitive church), 이머징 교회(emerging church), 유기적 교회(organic church), 순박한 교회(simple church), 선교적 교회(missional church), 액체 교회(liquid church), 건강한 교회(healthy church) 등 다양한 관점이 교회 이름으로 제시됐다. 이런 시도는 교회를 개척하고 증식하려는 새로운 네트워크와 운동을 낳았다. 이 주제와 관련한 출판물은 아래 각주에서 볼 수 있다.[2]

---

2   Eddie Gibbs 2000; Mark Dever 2007; Michael Frost and Alan Hirsch 2003; Reggie McNeal 2003; Mark Driscoll 2004; William Easum and Dave Travis 2003; Michael Frost 2006; Alan Hirsch 2007; Bill Hybels and Mark Mittelberg 1994; Dan Kimball 2003; Robert Lewis and Wayne Cordeiro 2005; Gary McIntosh and R. Daniel Reeves 2006; Thom S. Rainer 2001;

이런 시도와 관련한 출판물이 상당히 유용한 통찰력과 건설적 비전을 제공하지만, 이런 운동은 특히 변천하는 이웃의 오래된 교회와 관련해 그들이 위치한 실제 도시 상황에 지속적 영향을 거의 미치지 않은 것으로 보인다. 상황이 이렇다 보니 우리 중 많은 사람이 절박하게 질문한다.

"도시에서 오래된 교회가 성장할 수 있을까?"

"도시는 교회에 적합한 장소가 아닌가?"

3. 절박함

도시 상황은 절박하다. 몇 년 전, '세계 수준의 도시와 세계 복음화'(World-Class Cities and World Evangelization) 전략 모임에서 데이비드 바렛(David Barrett)은 우리에게 그 도시 교회에 대한 탁월한 역사적 요약을 해 주었다. 바렛은 "1700년까지 세계 5대 도시는 모두 비기독교적이고 심지어 반기독교적인 수도였다"라고 말했다.

확실히 도시는 기독교 선교에 적대적이었다.

> 1900년에 이르자, 세계 5대 도시인, 런던, 뉴욕, 파리, 베를린, 시카고 등은 모두 기독교 생활, 제자 훈련, 도시 전도, 도시 선교, 해외 선교, 세계 선교의 거점이 되었다. 이것은 AD 1700년 이래로 도시 선교에서 이룬 주요한 성과를 나타냈다.
>
> 하지만 1985년에 이르러서는 세계에서 가장 큰 5개 도시 중 2개 도시 인구 중 97퍼센트가 기독교인이 아니다. AD 2000년까지 5개 도시 중 3개는 기독교 선교에 적대적 도시가 될 것이다. 2050년까지 상위 5개 도시 중 네 개가 비기독교, 심지어 반기독교 거대 도시가 될 것이다. 상하이, 베이징, 봄베이, 캘커타는 4천만 명 이상이 거주하는 거대 반기독교 도시가 될 것이다. 결국

Thom Rainer 2003; Alan J. Roxburgh and Fred Romanuk 2006; Stephen Seamands 2005; Steven Sjogren 1993, 2003; Steve Sjogren ed., 2002; Steve Sjogren, Dave Ping and Doug Pollock 2004; Ed Stetzer and David Putman 2006; Leonard Sweet 2000; Leonard Sweet, ed., and Andy Crouch, Michael Horton, Frederica Mathewes-Green, Brian McLaren and Erwin McManus 2003; Pete Ward 2002.

도시 선교의 운명은 1900년 이후 역전되었고, 놀랄 만큼 쇠퇴했다.

분명한 사실은 1800년에 모든 도시 거주자의 31퍼센트였던 신자들이 감소하고 있다는 것이다. 한때 세계의 모든 도시 거주자들은 기독교인이었다. 1900년에는 69퍼센트로 크게 증가했다. 그러다가 갑자기 대세가 바뀌었다. 오늘날 도시 기독교인 비율은 겨우 44퍼센트로 떨어졌고 AD 2050년에는 38퍼센트에도 미치지 못할 것이다.

도시의 미래에 대한 그림은 암울할 것 같다. 사실, 바렛은 세계의 도시에 매일 약 9만 5천 명의 새로운 비기독교 도시 거주자들이 이주하고 있다고 보고했다. 매년 약 2억 1천 9백만 명의 새로운 비기독교인들이 세계의 도시로 유입된다.[3] 오늘 상황은 도시에 어떤 뚜렷한 변화의 조짐이 보이지 않는다.

하비 칸(Harvie Conn)은 세계 도시 안에서 교회의 새로운 활력과 새로운 선교가 시급하다고 말해, 도시 선교에 대한 우리의 관심을 환기시켰다.

통계적으로만 볼 때, 우리는 도시를 주목해야 한다. 오늘날 도시에 사는 사람들의 수가 150년 전 세계 인구보다 더 많다.[4] 그리고 그 성장은 특히 북미와 유럽의 앵글로색슨계 바깥에서 빠르게 진행되고 있다. 아프리카의 도시 인구는 1950년 14.4퍼센트에서 1990년 35.7퍼센트로 급증했다. 같은 기간 동안 라틴아메리카의 도시 인구는 40.6퍼센트에서 70.75로, 동아시아는 16퍼센트에서 38.6퍼센트로 상승했다.

전 지구적 변화는 메가시티(megacity) 현상이었다. 금세기 초에는 세계의 20개 도시만이 백만 단위 도시였다. 1980년까지 이 수치는 235개에 이르렀다. 경제적으로 덜 발전된 지역에도 118개 도시가 있었다. 1950년부터 1985년까지 35년 동안, 천만 명 이상의 인구를 가진 도시는 런던과 뉴욕 2개에서 15개로 늘었다. 이들 중 단 세 도시만 유럽과 북아메리카에 있었다. 이런 도시들의 '도시적 고통'은 정의를 사랑과 연결하고, 사랑을 전도와 연결하는 기독교인의 진실성을 요구한다.

---

3 David Barrett, *World-Class Cities and World Evangelization*, Birmingham, AL: New Hope, 1986, 10.

4 칸(Conn)은 존 팔런을 인용한다. John J. Palen, *The Urban World*, 3rd edition. New York: McGraw Hill, 1987, 5.

급속한 사회적 변환기에 인간의 기능 장애, 소외된 사람들에 대한 권력자들의 정치적 지배 그리고 빈부격차의 확대가 있다. 도시는 정의와 자비, 권력과 무력함, 교회와 세계와 같은 이슈들에 대한 기독교적 성찰과 행동을 요구한다.[5]

만약 도시가 "교회에 적합하지 않은 장소"라면, 도시도 곤경에 처할 것이고, 교회도 곤경에 처할 것이다.

엘딘 빌라파녜(Eldin Villafañe)는 그의 도전적 저서인 『도시의 평화를 구하라』(Seek the Peace of the City)에서 이렇게 말했다.

> 우리가 21세기로 접어들면서, 사회적 영성인 말과 행동 모두를 명확히 표현하는 것보다 더 중요한 도시 기독교인의 일은 없다. 대도시의 정신을 규정하는 도시화와 세계화 현상은 도시에서 진정으로 성경적 영성을 요구한다.[6]

미국에서는 이 문제가 특히 과도기적 진통을 겪고 있는 지역의 오래된 교회들에게 영향을 미치면서 우리의 관심을 집중시켰다. 대부분의 오래된 개신교 교단 교회들은 쇠퇴하고 있으며, 현재 25살 이상된 교인들로, 도시 주변 인구 분포가 변하고 있는 과도기적 지역에 위치한 건물에서 예배 드리고 있다. 그들은 그저 살아남기 위해 생존에 목숨을 걸고 있다.

대표적으로 오래된 도심 교회는 한때 부흥했던 교회였지만, 이제 그런 부흥을 이끌었던 카리스마적인 교회 설립자가 더 이상 목회하지 않고 있다. 남아 있는 교인은 대부분이 나이가 많다. 비교적 중장년층 숫자가 적다. 교회 출석률은 전성기 때의 절반에도 미치지 못한다. 낙담한 교인 대부분은 예배 드리기 위해 8킬로미터 이상을 이동한다. 교인들은 일반적으로 교회를 유지

---

5 하비 칸의 다음 글 2페이지에서 인용. Harvie Conn, "A Contextual Theology of Mission for the City," prepublication draft of Conn's article by the same title in Charles Van Engen, Dean S. Gilliland and Paul Pierson eds., The Good News of the Kingdom: Mission Theology for the Third Millenium NY: Orbis, 1993, 96-104. See also Stan Guthrie, "Urban Ministry No Longer Neglected Missions Stepchild," *Evangelical Missions Quarterly* XXXII:1 (Jan. 1996), 82-83.

6 Eldin Villafañe, *Seek the Peace of the City: Reflections on Urban Ministry*, Grand Rapids: Eerdmans, 1995, 12.

하기 위해 철저하게 헌신하지만, 교회 주변 이웃으로 새로 이주한 사람들에 대해서는 별로 관심이 없다.

마음에 이런 그림을 그려 보라. 낡고 오래된 교회당 건물, 건물 주변에 쇠말뚝으로 세워진 울타리,[7] 성화가 아름다운 스테인드 글라스, 주중에는 대부분 잠겨 있는 교회당, 낡아 갈라진 페인트, 일요일 아침 예배시간에만 모이는 소수의 교인들을 마음 속에 그려 보라.

레이 바케(Ray Bakke)는 이렇게 말했다.

> 기독교가 우리 도시의 많은 사람과 아무런 관계를 갖지 않는다는 것은 교회 측의 실패를 시사한다. 하지만 많은 경우 도시 교회가 주변 지역 사람들을 복음화하려는 시도조차도 하지 않고 있다.[8]

도시는 놀랍게 변하고 있다. 인구 분포가 변하는 도심에 있는 오래된 개신교 교회 주변 환경도 크게 변하고 있다. 대개 주거지에서 상업 지역으로 도시 구역이 변경되고, 거주자의 민족/언어적 구성이 변하고, 이웃으로 새로 이사 온 사람들의 경제 수준과 문화 스타일이 바뀌고 있다. 인구 분포가 변한다. 동네 교회에 나와 예배하는 신자들과 동네 사람들은 전혀 다른 부류가 되었다.

따라서 오래된 도심 교회는 멀리 사는 교인들이 주일만 지키기 위해 나오면서 쇠퇴한다. 오래된 도심 교회는 결정해야 한다. 죽어 이웃의 새로운 사람들에게 어울리는 교회로 거듭나거나, 도시를 포기하고 떠나거나, 다른 교회와 합치거나, 무관심 속에서 서서히 죽어 가는 고통을 선택할 수밖에 없을 것이다.[9]

---

7 캐시 모오리(Kathy Mowry)는 자신의 책에서 이런 상황을 실감나게 묘사했다. "Do Good Fences Make Good Neighbors: Toward a Theology of Welcome" in Charles Van Engen and Jude Tiersma eds., 1994/2009, 105-24.
8 Ray Bakke, *The Urban Christian: Effective Ministry in Today's Urban World*, Downers Grove: InterVarsity, 1987, 45.
9 래이 바케(Ray Bakke)는 이런 유형에 대해 언급했다(Ibid., 87). 보다 완벽한 설명을 위해 채니를 보라. Charles L Chaney, Church Planting at the End of the Twentieth Century, Wheaton: Tyndale, 1987, 119 ff. (Reprinted, 1994.)

미국에서 지난 수십 년 동안, 우리는 새로운 종류의 변화를 보아 왔다. 사람들이 도시 외곽 변두리에서 도시 중심부로 이동했다. 흔히 "고급주택화"(gentrification)라고 부르는 운동으로, 특히 X세대와 밀레니얼 세대들은 대부분 버려진 낡은 건물이나 방치된 건물들을 고급 아파트, 콘도, 또는 "루프"로 바꾸는 작업을 한다. 신규 임대인이나 건물 소유주들은 도시 중심가에 고급 화이트칼라 일자리를 갖고 있고, 도시 외곽에 있는 집에서 도심 직장까지 장거리 출퇴근에 지쳤으며, 도시 자체를 사랑하는 경우가 많다. '고급주택화'된 옛날 동네의 경제적, 문화적 변혁이 두드러진다.

그러나 고급주택화의 슬픈 단점은, 비록 전부는 아니지만, 그들이 주로 저소득 주택이거나 임대료가 낮은 아파트였을 때, 한때 같은 건물에 살았던 사람들 중 거의 모든 가난한 사람들이 더 이상 그곳에 살 수 없게 된다는 것이다. 그들은 종종 노숙자가 되거나 도시의 다른 지역으로 밀려난다.

도시의 고급화된 구역 한가운데에 있는 오래된 도심 교회에 도시 고급화는 무엇을 함축하고 있을까?

4. 오래된 도심 교회를 방치하게 만드는 요인

무엇이 그렇게 오래된 도심 교회를 방치하게 만들었는가?

미국의 경우를 보면, 오래된 도심 교회의 죽음은 다른 많은 원인 가운데 두 가지 치명적 원인에 기인했다. 1960년대 후반과 70년대 초반에 도시에 대한 관심이 극적으로 증가했다. 그러나 그 관심은 도심 지역 교회에게 크게 활기를 되찾게 하지 못했다. 대신에 도시 활동가들은 대부분 교회를 떠났다. 그들은 도시 내의 사회 봉사 기관들과 "위대한 사회" 단체 등 거대 네트워크의 일부가 되었다. 그들은 도시의 지역 교회와 거의 관련을 맺지 않고, 도시 주민들을 위한 일을 수행했다.[10]

---

10 이런 관점은 도널드 슈라이버(Donald Schriver)와 칼 오스트롬(Karl Ostrom)의 책, 『도시에 희망이 있는가』(Is There Hope for the City? Phil: Westminster, 1977)에서 찾아볼 수 있다. 이 책에서 교회는 사회 변화를 가져올 수 있는 윤리적 사회 기관으로 여겨진다. 이 책에서 오래된 도심 교회(OCTN)에 대한 관심이나 존속에 필요한 통찰은 거의 없다.

여러 도심 교회들은 도시민을 섬기기 위한 봉사를 하지만, 그 과정에서 도시민이 교인이 되는 경우는 매우 적다. 교회는 자원을 쏟아붓고 교회를 돕는 자원은 새롭게 채워지지 않아 결국 탈진하고 말았다.[11]

1980년대 잘못된 미국 경제 정책의 결과로 도시는 끔찍한 영향을 받았다. 도심지에 노숙자 "거리의 천사들"(street people)이 급격하게 증가했다. 이 기간 동안, 미국의 교회 성장 운동은 주로 백인 중산층이 사는 교외 지역 개신교 교회를 개척하는 데 정력을 쏟았다. 동시에 찰스 채니가 지적한 대로 도심 교회를 개척하는 문제를 경시했다.[12] 그래서 인구 분포가 변하는 이웃이 사는 도심 교회는 1960년대와 70년대 초 도심 사회운동가들과 1970년대와 80년대 교외 개척운동가들에 의해 무시되었다.[13]

분명한 것은, 우리가 선교학의 잊힌 영역을 다루고 있다는 점이다. 오래된 도심 교회들은 개신교 주류 교단에 속해 있었다.[14] 주류 교단들도 도심 교회

---

11 다음을 보라. Benton Johnson, "Is There Hope for Liberal Protestantism?" in Dorothy Bass, Benton Johnson and Wade Clark Roof, *Mainstream Protestantism in the Twentieth Century: Its Problems and Prospects*, Louisville, KY: Committee on Theological Education, Council on Theological Education, Presbyterian Church, USA, 1986, 13-26.
12 Charles Chaney 1987, 98. 채니는 이 책 141-142페이지에서 오래된 도심 교회에 대한 훌륭한 서지 정보를 제공한다. 그러나 1980년대 이전 그리고 대부분 1960년대 이전, 혹은 그 시기에 단 한 권의 책을 제외한 모든 책이 나왔다는 것이 중요하다. 스톡웰을 보라. Clinton Stockwell, "Barriers and Bridges to Evangelization in Urban Neighborhoods," David Frenchak, Clinton Stockwell and Helen Ujvarosy, Signs of the Kingdom in the Secular City, Chicago: Covenant, 1984, 97.
13 1983년 데이비드 클래어바우트(David Claerbaut)의 책(Urban Ministry, Grand Rapids: Zondervan, 1983)은 좋은 예를 제시한다. 9장 "도시 교회와 도시 목사"에서 클래어바우트는 '도심' 교회를 '중산층' 교회와 대조한다. 그러나 도심 교회가 '도심'도 아니고 '중산층'도 아니지만, 사실은 이 두 범주에서 파생된 역학에 의해 영향을 받는다는 사례를 제시할 수 있다.
14 흥미롭게도, 도시교회연구센터가 래리 로즈(Larry L. Rose)와 커크(Kirk)에게 의뢰했다. "그리스도의 몸, 특히 남침례교 교회에게 세계의 도시화의 현실에 대해 더 잘 이해하고 도전을 주고, 도시 맥락에서 목회하는 목회자들을 훈련하기 위해 책을 편집해 주세요." 그 가운데, 오래된 도시 교회 활성화 전략은 없었다. 도시에서 개척 교회를 세우고, 도시 사역을 하는 탁월한 사역이 있지만, 도시 안에 세워진 오래된 도시 교회의 중요성을 인식하지 못하고 있다. 최근에 바케와 로버트가 이런 주제로 책을 발간한 것이 이례적이다. Raymond Bakke and Samuel Roberts, *The Expanded Mission of 'Old First' Churches*, Valley Forge: Judson Press, 1986. 내가 OCTN에 대해 알고 있는 가장 완전한 연구는 캐시 모우리(Kathy Mowry)가 풀러세계선교대학원에서 수행한 선교학철학 박사 학위 논문인데, 과도기적 이웃을 포용하는 회중들을 위한 종말론적 상상력을 서술했다. Kathy Mowry, *Get-*

들에 대해 큰 관심을 두지 않았다. 예를 들어, 와드 클라크 루프(Wade Clark Roof)와 윌리엄 맥키니(William McKinney)의 연구인 『미국 주류 교단: 변화하는 모양과 미래』(American Mainline Religion: Its Changing Shape and Future)를 보아도, 주류 교단 교회에서 일어나는 도심 교회의 인구 분포 변화에 따른 전략이 없다.

그는 "교단주의의 사회적 근원에 대한 재고"를 다루는 장에서 사회 계층, 민족, 지역, 인종을 언급하면서 이들 "모두 종교와 문화적 정체성을 형성하는 데 힘을 잃었다"고 지적했다. 그러나 도시화 현상과 인구 분포가 변하는 도시 이웃이 이런 사회적 요인에 미치는 영향은 전혀 언급하지 않았다.[15]

어쩌면 지금이 북미의 맥락에서 옛 도심 교회를 바로 이해하고, 변화시키고, 성장시키는 것에 대한 새로운 전략과 헌신이 필요한 때인지도 모른다. 만약 우리가 계속해서 우리 도시의 도심 교회를 무시한다면, 우리는 유럽 대륙의 수많은 주류 개신교가 보여 준 그림, 큰 교회당에 극소수 인원이 모여 예배하는 처참한 현상을 재현할지 모른다.

5. 오래된 도심 교회를 살리는 방법

비전이 교회를 살린다. 오늘날 우리에게 필요한 것은 오래된 도심 교회가 활력을 되찾게 하려는 헌신이다. 도심 교회가 죽어 가고 있는데 교외 외곽에 교회를 개척하는 데 시간과 에너지를 소진하는 것은 우리에게 도움이 되지 않을 것이다.[16]

오래된 도심 교회를 살리는 방법에 관한 연구가 부족하기 때문에, 북미에 있는 오래된 도심 교회를 살려 내고, 새로운 성장 시대를 열어 가기 위해 우

---

ting to Resurrection: Eschatological Imagination for Congregations Engaging Transitional Neighborhoods, PhD dissertation done for the School of Intercultural Studies, Fuller Theological Seminary, 2011.
15 Cf. Wade Clark Roof and William McKinney, American Mainline Religion: Its Changing Shape and Future, New Brunswick: Rutgers U. Press, 1987, 145.
16 내가 속한 교단인 미국개혁교회(the Reformed Church in America)는 지난 20년 동안 적극적으로 새로운 교외 교회를 개척하고 있지만, 같은 기간 동안에 문을 닫은 오래된 도심 교회가 있어서, 전체 교단 신자 수는 늘지 않고 유지되고 있다.

리가 재고해야 할 몇 가지 잠정적 제안을 제시한다. 오래된 도심 교회를 살리는 방법은 비전, 연구, 헌신, 협력 및 리더십이다.

1) 비전

데이비드 루젠(David Roozen), 윌리엄 맥키니(William McKinney), 잭슨 캐럴(Jackson Carroll)은 거의 알려지지 않았지만, 그럼에도 불구하고 매우 중요한 코네티컷 하트포드에 위치한 교회들에 대한 연구를 수행했다.[17] 그들이 연구한 대부분의 표본 집단은 오래된 도심 교회들이었다. 그들은 지역 교회의 본질적 역할을 강조하면서 현장 연구를 시작했다.

> 지역 교회는 교회의 미래이다. 교회는 신앙 전통과의 관계 때문에, 제한된 방식으로 교회가 처한 상황과 교회 구성원의 가치관와 이익을 초월할 수 있는 능력을 가지고 있다. 그래서 교회는 현지 상황에 영향을 받을 뿐만 아니라 현지 상황에 영향을 줄 수 있다. 지역 교회는 미시적 신앙(개인적, 개인의 신념, 신념, 헌신과 비전)과 거시적 신앙(사회, 공공신앙, 윤리, 행동) 사이에 다리를 놓는 최고의 모델이다. 상대적으로 소수의 기관만이 사회의 거대 구조와 개인들 사이를 효과적으로 '중재'할 수 있는데, 교회는 사회의 거대 구조와 개인을 효과적으로 중재하는 확실한 기관이다.
>
> 교회는 구조, 제도, 사회 운동 등 '외부' 세계와 개인 삶의 의미와 목적 등의 '내부' 세계를 상호 접목하는 방식으로 중재한다. 지역 교회는 영적으로, 선교적으로, 사회적으로 세계와 사회 그리고 교회 주위에 사는 이웃들을 책임진다. 교회 사역의 본질적 요소는 지역 교회가 선교적 사명을 가진 다양한 '공동체들'의 사회문화적 맥락 안에서 사역한다. 신자들의 지역 교회가 갖는 '선교'의 의미는 교회 주변 사람들이 가진 필요, 열망, 관점, 사회문화적 모자이크의 미래 상황을 고려해 규정해야 한다.

루젠, 맥키니 그리고 캐롤은 그들의 연구를 통해 강력한 증거를 제시했다.

---

17 David Roozen, William McKinney, and Jackson Carroll, *Varieties of Religious Presence: Mission in Public Life*, NY: Pilgrim Press, 1984.

교회는 교회 주변상황과 관련해 네 가지 주요한 선교 지향적 측면을 보여 준다. 운동가, 시민, 예배당 그리고 전도자 측면이 있다. 오래된 도심 교회 성장을 향한 첫걸음은 도시에 대한 교회의 특별한 선교적 지향점을 발견하는 것이다. 그리고 주변 상황을 고려할 때, 하나의 선교적 지향이 다른 것보다 교회 성장에 더 도움이 될 수 있다.

많은 도시 전문가들은 강조한다. 오래된 도시 교회에 새 생명을 불어넣겠다는 비전, 희망의 신학, 확고한 종말론, 목적 의식 그리고 미래 의식이 중요하다. 이것이 특히 오래된 도심 교회에 필요하다. 이런 비전이 어떻게 하면 오래된 도심 교회 성도들에게 생길 수 있을지에 대해 고민해야 한다.

2) 연구 조사

토니 캄폴로는 『도시 목회: 도시 교회 목회 방법』(Metro-Ministry: Ways & Means for the Urban Church, Frenchak and Keyes)이라는 책에서 "도시 교회의 사회학적 특성"을 강조했다.[18] 이런 사회학적 특성은 또한 부분적으로 인구 분포가 변하는 도시민 이웃의 특수성에 기인한다는 것이 점점 분명해지고 있다. 우리는 이 주제에 관해 더 많은 연구가 필요하다. 우리는 역사가 오래된 교단 교회에서 리처드 목사와 같은 이들이 하는 교회 재생 사역을 어떻게 하는지 배워야 한다.

또한, 오래된 도시 교회의 역사, 특성 그리고 복잡한 유형들에 관한 연구가 필요하다. 그런 연구의 좋은 예는 로버트 윌슨(Robert Wilson)의 "인종적 변화를 겪는 공동체가 미 남서부 지역 32개 도시의 감리교 교회에 미치는 영향"에 대한 연구였다.[19] 그럼에도 불구하고 윌슨의 연구는 인종 전환(주로 흑인과 백인, 백인과 흑인)에 대한 연구였다. 오늘날 우리가 겪고 있는 경제적, 사회적, 교육적 또는 문화적 전환을 다루지 않았다.

---

18 Campolo, Metro-Ministry: Ways & Means for the Urban Church, Elgin, IL: David C. Cook, 1979, 26-42.
19 Robert Wilson, *The Effect of Racially Changing Communities on Methodist Churches in Thirty-Two Cities in the Southwest,* New York: Department of Research and Survey, National Division, Board of Missions of the Methodist Church, 1986. Walter Ziegenhals' work, *Urban Churches in Transition.* NY: Pilgrim, 1978, 이 연구도 주로 인종 범주에서의 변화를 살펴본다.

전문 연구자가 필요하다. 오래된 도시 교회가 철저하게 자기 연구를 수행하고 인구 분포가 변하고 있는 도시 이웃을 직면하는 거대한 변화 속에서 교회가 무엇인지 그리고 그들이 어떤 교회로 거듭나야 하는지를 이해하기 위해 이용할 수 있는 자원을 사용하는 더 많은 연구자가 필요하다.[20]

3) 헌신

우리는 미국의 수천 개 도심 교회를 포기할 수 없다. 반대로, 그들은 도시에 그리스도의 몸이 현존하는 데 있어서 매우 핵심적이다. 그들은 도시를 너무나 잘 알고 있다. 그들은 너무나 강한 생존력을 가지고 있다. 우리는 도심 교회가 도시에서 선교를 수행하면서 우리에게 영감을 주고, 인도하도록 배려해야 한다.[21]

4) 협력

월드비전의 '도시 진보'(urban advance) 사역 책임자인 로버트 린티컴(Robert Linthicum)은 네트워킹의 필요성에 대해 강력한 주장을 펼치며, 도시에서 어려움을 겪고 있는 모든 교회의 훨씬 더 많은 협력과 단결을 요구했다.[22]

포괄적 교회가 되어야 한다. 비록 우리 모두는 도시 내 문화 집단의 믿을 수 없는 다양성과 그들 사이에 존재하는 어려운 문화 장벽에 대해 잘 알고 있지만, 그러나 이제는 오래된 도심 교회가 그들이 사는 지역만큼 인종적으로 포괄적이 될 수 있도록 도와주어야 할 때가 된 것 같다. 그러므로 우리에게 바울이 에베소서 2장에서 말한 바와 같이 사람들 사이를 나누는 중간

---

20 Cf., e.g., Jackson Carroll, Carl Dudley, and William McKinney, eds., Handbook for Congregational Studies, Nashville: Abingdon, 1986; and E. Bruce Menning, Shaping a Future Effectively, Grand Rapids: RCA Synod of Michigan, 1985.
21 그런 교회 협력과 단결의 좋은 예가 런던에 있는 데이비드 세파드(David Sheppard)의 연구이다. David Sheppard's work in London. See David Sheppard, *Built as a City: God and the Urban World Today*, London: Hodder and Stoughton, 1974.
22 Robert C. Linthicum, "Doing Effective Ministry in the City," *Together* (April–June, 1988), 1-2.

에 막힌 담을 헐고 그리스도 안에 있는 모든 사람이 그리스도 안에서 하나의 새로운 인간, 한 새 사람으로 다시 창조되었다는 것을 인식하는 신학이 필요하다.

이제는 도시 메트로플렉스 안에서 교회의 통일성을 진지하게 받아들일 때가 되었다. 우리는 더 이상 도시의 한 지역에 있는 교회들을, 교외에 있는 교회처럼 도시의 다른 지역에 있는 믿음 공동체와 본질적으로 다르게 볼 수 없다. 그들은 모두 예수 그리스도의 한 몸이다. 교회는 상호 의존적이다. 서로 지지하고 격려한다.

아마도 우리는 도시의 대형 교회들이 그들의 도시에 있는 오래된 도심 교회에서 새로운 역사가 일어날 수 있게 하는 촉매제가 되라고 도전해야 할 것이다. 아니면 오래된 도심 교회들 사이에 새로운 네트워크가 만들어져야만 한다. 그 네트워크 중 다수는 느슨한 네트워크, 대형 교회와 느슨하게 연결된 분산형 교회를 형성할 수 있고, 교회의 다양한 소그룹이 도시 곳곳에 분포되어 존재할 수 있다.

최근 도시에서의 선교에 관한 매우 중요한 연구들이 많이 발표되었지만, 그중 소수의 연구는 도시에 있는 교회와 지역 신도들이 전체 메트로플렉스 시스템과 상호 작용하는 방식을 주의 깊게 들여다보고 있다. 하비 칸이 우리에게 상기시켰듯이, 우리는 도시의 "세속화 신화"에 굴복해서는 안 된다.[23] 오히려, 우리는 도시 안에서 교회가 되는 새로운 방법을 실행 가능하고, 역동적이며, 선언적이고, 성장하는 방식으로 찾는 데 매우 창의적일 필요가 있다. 그리고 "셀 그룹과 가정 교회"의 출현은 그런 창의성의 가능성을 보여준다.[24]

---

23 다음 자료를 참고하라. C. Kirk Hadaway, Stuart A. Wright, and Francis M. DuBose, *Home Cell Groups and House Churches*, Nashville: Broadman, 1987.
24 Tex Sample, *Blue-Collar Ministry: Facing Economic and Social Realities of Working People*, Valley Forge: Judson Press, 1984.

5) 리더십

리더십이 핵심이다. 지금 가장 필요한 것은 비전, 연구, 헌신 그리고 협력이지만 그보다 리더십이 더 긴박하다. 서서히 죽어 가는 오래된 도심 교회에 새로운 생명력을 불어넣을 수 있는 목회 리더십이 필요하다. 텍스 샘플(Tex Sample)은 이런 사역에 가장 적합한 도시 목회 모델을 제시했다. 샘플은 그 모델을 "와드 힐러"(Ward-heeler)라 불렀다. 여기서 와드는 시카고를 모델로 한 도시의 한 구획을 의미하고, 힐러는 신발 뒤축, 발 뒤꿈치를 의미한다.[25]

와드 힐러 모델은 도시의 특정 구획을 발로 걸어다니며 도시민의 필요를 채워 주는 모델이다. 와드는 병원 병동을 의미하기도 한다. 의사는 병실에 있는 환자를 모두 찾아간다. 환자의 필요를 알고 도와준다. 도심에서 이웃을 찾아가 필요를 채워 주고, 그들이 또 다른 사람을 돕게 하는 모델이다. 안타깝게도, 샘플의 제안을 목회 리더십 훈련에 심각하게 수용한 신학교는 극소수에 불과하다. 분명한 리더십이 필요하다. 오늘 리처드 목사처럼 인구 분포가 변하는 도시에서 오래된 도심 교회를 재생시켜 활기 차고 성장하는 교회로 바꿀 수 있는 목회자가 필요하다.

교회는 리처드 리더십을 가진 남녀 목회자를 부른다.

- 리더십을 가진 목회자는 도시를 새로운 안목으로 바라본다.
- 리더십을 가진 목회자는 도심 교회를 살아 있고, 활동적이며, 복음을 선포하고, 총체적이며, 변혁적 교회를 만드는 새롭고 창의적인 방법을 찾는다.
- 리더십을 가진 목회자는 그 도시 안에서 하나님의 임재에 전념한다.
- 리더십을 가진 목회자는 다른 리더들과 함께 도시 문제를 해결하기 위해 협력한다.
- 리더십을 가진 목회자는 도심 교회를 새롭고 창의적인 목회로 이끈다.

---

25 다음을 참고하라. Harvie Conn, *A Clarified Vision for Urban Mission: Dispelling the Urban Stereotypes*, Grand Rapids: Zondervan, 1987, 93 ff.

6. 결론

교회는 사회적 기관이 아니지만, 도시에서 교회는 사회적 의미가 있다. 교회는 시정 기관이 아니지만, 모든 정치적 영역에서 하나님 나라를 선포하고 그분의 나라를 살아가도록 하나님께서 부르셨다. 교회는 은행이 아니지만, 사랑의 복음, 정의, 사회 변혁에 대해 도시민들을 교육하기 위해 하나님께서 부르셨다. 교회는 가족이 아니라 하나님의 가족이다. 하나님께서 사랑하는 모든 사람을 이웃으로 부르는 하나님의 가족이다.

교회는 건물이 아니지만, 사역을 수행하기 위해 건물이 필요하고 건물을 소유하기도 한다. 교회는 배타적이지도 않고, 다른 사회 기관보다 더 낫지도 않지만, 하나님께서는 도시를 특별한 방식으로 섬기라고 교회를 부르셨다. 교회는 기관이 아니지만, 사람과 삶과 사회 변화에 영향을 미칠 수 있는 제도적 구조가 필요하다. 교회는 공동체 개발 조직이 아니지만, 공동체 발전은 교회 본질에 필수적 내용이다.[26]

책 앞부분에서 나는 레슬리 뉴비긴을 인용했다. 이 장의 주제와 연관해 그 책 내용을 반복할 가치가 있다고 믿는다. 레슬리 뉴비긴은 도시 교회를 "복음의 해석"(a hermeneutic of the gospel)이라고 했다. 교회 주변 환경에서 사는 사람과 기관은 지역 교회의 중재를 통해 복음을 읽는다는 의미다. 『다원주의 사회에서의 복음』(The Gospel in a Pluralist Society)에서 뉴비긴은 이렇게 신앙을 "고백한다"고 썼다.

> 나는 고백한다. 공공생활에 기독교적 영향을 추구하면서 우리가 고려해야 할 주된 실상은 지역 교회이다. 복음의 유일한 해석은 복음을 믿고 복음에 따라 살아가는 남녀 신자이다. 이 공동체는 다음과 같은 여섯 가지 특징을 가진다.
>
> - 교회는 찬송 공동체가 될 것이다.
> - 교회는 진리 공동체가 될 것이다.

---

26 Charles Van Engen, "Constructing a Theology of Mission for the City," in Charles Van Engen and Jude Tiersma, eds., God So Loves the City: Seeking a Theology for Urban Mission, Monrovia, CA: MARC, World Vision, 1994, 247–248.

- 교회는 자신의 유익만을 구하지 않는 공동체가 될 것이다.
- 교회는 세상에서 제사장 역할을 계속할 것이다.
- 교회는 상호 서로의 짐을 지는 책임 공동체가 될 것이다.
- 교회는 희망의 공동체가 될 것이다.[27]

나는 도시가 교회와 잘 맞는 적합한 장소라고 확신한다. 도심 교회를 탈바꿈해 부활시키는 리처드 목사가 더 많아져야 한다. 리처드 목사는 도심 교회가 어떻게 문맥적으로, 교회론적으로, 선교학적으로 그리고 변혁적으로 세계의 폭발하는 도시들에 적응할 수 있는지 배울 수 있게 해 줄 것이다.

로렌 미드(Loren Mead)는 『교회의 과거와 미래』(The Once and Future Church)에서 이렇게 말했다.

> 교회, 성직자, 평신도와 리더는 역사 유적지와 옛 방식이 더 이상 통하지 않는 시대를 살고 있다. 또한 언제 명쾌한 해답을 찾을 수 있을지 분명하지 않은 시대를 살고 있다. 미래에 대한 불확실성을 통해 견실함과 인내를 길러야 하는 시대이다. 이런 시기는 변화를 위한 에너지가 축적되는 시간이기도 하지만, 가능한 빨리 빨리 매력적인 답을 찾아야 한다는 극심한 불안감을 생성한다. 교회, 평신도, 성직자, 회중, 교단 중진들과 감독은 선교 한 가지를 위해 조직과 구조를 만들었다. 우리는 최전방 선교 전선이 바뀐 세상을 보고 있다. 교회 생활과 조직은 그 한 가지 최전방 선교 전선에 맞게 방향 전환을 해야 할 것이다. 우리 앞에 놓인 일은 교회를 새롭게 만드는 것이다.[28]

리처드 목사에게 배우자. 우리 개신교 교단의 리처드 같은 목사들을 초청해서, 교회가 어떻게 변화될 수 있는지 배우자. 그리하여 교회가 다시 한번 도시상황에 맞는 교회가 되게 하자. 도시는 교회에 적합한 장소이다. 도시를 위해서라도 도심 교회가 다시 살아나면 좋겠다. 도심에 있는 교회들이 새롭게 태어날 수 있기를 기도한다.

---

27 Lesslie Newbigin, *The Gospel in a Pluralist Society*, Grand Rapids: Eerdmans, 1989, 222-33.
28 Loren Mead, *The Once and Future Church: Reinventing the Congregation for a New Mission Frontier*. NY: Alban Institute, 1991, 42.

제14장

이주민 선교신학

선교하시는 하나님께서 이주민을 선교 도구로 사용하신다. 모든 민족을 향한 하나님의 선교에 이주민의 선교적 역할이 있다.[1]

1. 논지

성경은 이민자와 나그네를 향한 동정심과 보살핌을 강조한다. 이민자와 이주민은 정부와 하나님의 백성들, 일반 사람들에 의한 정의롭고 동정적인 대우를 받아야 할 대상이다.

그러나 성경은 또한 우리에게 이민자와 이주민에 대한 다른 시각을 준다. 그들은 우리에게 파트너, 동역자, 열국을 향한 하나님의 선교에 함께 참여하는 자이다. 본 장에서는 이주민들을 하나님의 선교에 동참하는 적극적 참여자로 보는 관점을 종합한다. 즉, 이주민은 인류 역사의 창조에 기여하고 모든 민족에게 하나님의 은혜를 전하는 하나님의 도구이다.

성경 태피스트리(tapestry)의 실마리를 따라가면서 넓은 파노라마를 보여 줄 것이다. 이 파노라마는 하나님께서 모든 민족을 향한 하나님의 선교 속에서 이주민을 사용하시는 방식을 보여 주는 큰 그림이 될 것이다.

---

1 본 장 내용은 저자의 글 "하나님의 선교에서 이주민의 역할에 관한 성경적 관점"으로, 출판사의 허락을 받아 수정 보완한 것이다. Charles Van Engen, "Biblical Perspectives on the Role of Immigrants in God's Mission," *Journal of Latin American Theology: Christian Reflections from the Latino South*, vol. 02 (2008), 15-38. An adapted form of this chapter was also published in Ekron Chan, Jeffrey Lu and Chloe Sun eds., *Logos for Life: Essays Commemorating Logos Evangelical Seminary 20th Anniversary*. Logos Evangelical Seminary: El Monte, CA, 2009, 285-318; and in *Evangelical Review of Theology* XXXIV:1 (Jan. 2010), 29-43. (역주)

2. 서론

이주민에 주목하라. 몇 년 전, 유엔은 당시 전 세계에 약 2천 1백만 명의 난민과 실향민이 있다고 추정했다.[2] 2015~2016년 동안 이민자들이 중동에서 유럽과 각국으로 대규모로 이주했는데, 이 수치는 이제 오래된 수치이다. 그리고 이 수치는 또한 농촌에서 세계의 도시로 이주한 사람들 그리고 오늘날 더 나은 생활 환경을 찾아 한 국가나 지역에서 다른 지역으로 자발적으로 이주한 사람들은 포함하지 않은 수치이다. 이 이주민 분류들을 합치면 수치가 더 높아진다.

사람들은 오늘날, 적어도 5천만 명이 자기 거주지를 떠나 다른 거주지로 이주했다고 추정된다. 그러므로 우리는 이 새로운 세기와 천년에 인류 역사상 가장 위대한 인류의 대이동을 보고 있다고 가정하는 것이 타당하다. 하나님께서 예수 그리스도의 교회를 부르셔서, 이 교회를 세계 각지에서 교회 주변에 있는 여러 나라의 이민자, 이방인, 새 가족, 외국인들과 함께 연대할 수 있는 놀라운 기회를 선물해 주셨다.

인간집단 이동에 주목하라. 우리는 역사를 통해 한 장소에서 다른 장소로 인간집단이 이동하는 거대한 운동을 보아 왔다. 여기에는 중남미 대륙이 포함된다. 중남미 대륙에는 고대와 현대인을 포함한 많은 사람이 이민 역사를 증언한다. 이주민들은 북에서 남으로, 농촌에서 도시로, 소도시에서 대도시로 이주했다.

본국의 매우 나쁜 경제적, 정치적 상황에서 벗어나기 위해 이주한 이민자들이 있다. 독재 정권, 내전, 국제 분쟁 등을 피해 피난 나온 사람들이 수십만 명에 이른다. 노예로 이곳저곳으로 팔려 간 이주민들이 있다. 많은 이주민들이 더 나은 생활 환경을 찾아 자발적으로 고향 집을 떠났다. 일부 이주민들은 자연 재해 때문에 강제 퇴거를 당하기도 했다.

이 이주민들 중 많은 수가 그들이 정착한 새로운 국가에 놀라운 방식으로 기여했다. 예를 들어, 기술, 과학, 산업, 새로운 문화 형태, 예술, 교육, 농업 같은 측면에서 기여했다.

---

2 "2005 Global Refugee Trends," http://www.unhcr.org/statistics, 2006.

19세기 동안 캘리포니아에 있는 로마가톨릭교회의 선교사수도회에 의해 세워진 선교사 집단 거주지인 미션스(missions)는 이주민들이 새로운 환경에 미칠 수 있는 영향의 한 예이다.

나는 이주민이다. 중남미신학자회(Latin American Theological Fraternity)의 남 캘리포니아 지부 회원인 나는 '이주민/이방인'(M/S, migrants and strangers)이라는 주제에 대해 생각하면서, 우리 자신의 이야기를 하고 있다는 사실을 기억해야 한다.³ 로스엔젤레스에 사는 우리는 모두 이민자이거나 이주민의 후손이다. 나도 그런 이주민 현상의 한 예이다. 나의 조부모님은 젊은 시절 네덜란드를 떠나 미국 중부 네브래스카주와 아이오와주로 이주하셨다. 나의 부모님은 미국에서 멕시코 치아파스로 선교하기 위해 이주하셨다. 나는 멕시코에서 로스앤젤레스로 이주했다. 나는 이주민이고 우리 가족 역사에는 적어도 세 개의 문화와 네 개의 언어를 사용하는 이민자의 후손이다.

3. 이주민과 외국인에 대한 성경적 관점

성경은 이주민과 외국인에 대한 다양한 관점을 제공한다.

1) 이방 이주민은 적으로 간주한다

성경이 이방인을 하나님 백성의 적으로 표현한 경우가 있다. 예를 들어, 이사야 1:7, 2:6, 5:17과 마태복음 17:25, 26 그리고 히브리서 11:39을 보라. 더 지배적인 관점은 이방인과 '모든 이방 민족'(하나님의 백성의 일부가 아닌 모든 민족과 문화를 의미)이 부정하고, 악하며, 불경스러운 사람들로 보는 시각이다. 그들은 하나님의 백성이 하나님에 대한 진정한 믿음을 잃게 할 것이다.

때로는 '모든 이방 민족'이 이스라엘의 땅과 소유물을 차지할 것인데, 그것은 하나님 백성의 부정한 행위에 대한 하나님의 벌로 대표된다(예, 창

---

3 본 장의 나머지 부분에서는 공간을 절약하기 위해 M/S라는 이니셜을 사용해 이민자 및 여성, 아동 등 다양한 유형, 범주, 환경의 낯선 사람들을 지칭할 것이다(그러나 이 번역서에서는 '이주민/이방인' 또는 '이방 이주민'으로 표기했다[역주]). 빈곤의 여성화는 21세기 우리 세계의 새로운 현실에서 가장 중요한 측면 가운데 하나이다.

31:15; 레 22:12,13,25; 민 1:51; 3:10,38; 16:40; 18:4,7; 신 17:15; 31:16; 25:5; 삿 19:12; 느 9:12; 욥 15:19; 시 69:8; 잠 2:16; 5:10,17,20; 6:1; 7:7; 11:15; 14:10; 20:16; 27:2,13; 전 6:2; 사 1:7; 2:6; 5:17; 61:5; 62:8; 렘 2:25; 3:13; 5:19; 51:51; 애 5:2; 겔 7: 21; 11:9; 16:32; 28:10; 30:12; 31:12; 44:7,9; 호 7:9; 8:7; 욜 3:17; 옵 11:12; 마 27:7; 요 10:5).

요한복음 10:5에서 이주민은 양들이 알지 못하는 음성을 내고 양들이 알아듣지 못하고 귀를 기울이지 않는 외국인 목동이다(행 17:21; 히 11:39). 이런 부정적 시간은 오랜 시간에 걸쳐서 확증된 것으로 보인다.

2) 이방 이주민은 하나님의 법에 순종해야 한다

이방인에 관해 위에서 언급한 관점과 함께, 하나님의 또 다른 관점은 이스라엘 백성 가운데 사는 이방인은 유대인과 같이 율법과 언약을 지켜야 한다는 것이다(예, 창 17:12, 27; 출 12:19-49; 20:10,20; 23:12; 30:33; 레 16:29; 17; 18:26; 19:33; 20:2; 22:10, 18; 24:16,21-22; 25:6; 민 9:14; 15:15, 16, 26, 30; 19:10; 35:13; 신 1:16; 5:14; 14:14-18,21,29; 16:11,14;24:14,17; 18:43; 19:11, 22; 26:11; 27: 19; 29: 11, 22; 31:12; 수 8:33,35; 20:9[피난자인 거류민을 위한 성읍에 관해]; 왕상 8:22-53; 대하 15:9; 30:25; 시 18:44,45; 겔 14:7; 행 2:10).

예를 들어, 레위기 24:21-22에 기록된 율법은 다음과 같다.

> 짐승을 죽인 자는 그것을 물어줄 것이요 사람을 죽인 자는 죽일지니 거류민에게든지 본토인에게든지 그 법을 동일하게 할 것은 나는 너희의 하나님 여호와임이니라 (레 24:21-22).

3) 하나님 백성 가운데 사는 이방 이주민은 보살핌을 받아야 한다

하나님은 이스라엘 백성들과 함께 사는 이방인을 공정하고 평등하게 대하도록 요구하실 뿐만 아니라, 이방 이주민이 하나님 백성의 보살핌과 사랑을 받아야 한다고 명령하신다. 여러 곳에서 성경은 이방인을 고아와 과부 개념에 결합한다. 하나님 백성 가운데 사는 고아, 과부 그리고 이방인에게는 연민과 의도적인 보살핌이 필요하다(예, 레 19:18; 19:33; 25; 신 10:18; 14:21; 16:14; 26:12,13; 19:11; 27:19; 시 94:6; 146:9; 잠 3:19; 렘 7:6; 22:3; 겔 22:7,29; 47:22,23; 슥

7:10; 말 3:5. 신약성경은 이웃과 원수를 사랑하라고 명령한다. "네 이웃을 사랑하라" 마 5:43; 19:19; 22:39; 막 12:31; 눅 10:27; 롬 12:20[참조. 잠 25;21, 22; 출 23:4; 마 5:44; 눅 6:27]; 롬 13:9; 갈 5:14; 딤전 5:10; 히 13:2; 약 2:8; 요삼 55).

4) 하나님의 선교적 도구 역할을 하는 이주민에 대한 성경적 관점이 있다

일반적으로 우리가 이주민을 생각할 때, 우리는 소외된 사람들, 가난한 사람들, 소수 집단들 그리고 사회적, 정치적, 경제적 영역에서 과소 대표되는 사람들을 고려한다. 성경에는 이주민을 향한 사랑을 강조한다. 이민자는 하나님의 백성, 다른 일반 사람들에 의한 정의롭고 동정적인 대접을 받아야 할 대상이다. 이민자에 관한 이런 성경적 관점은 잘 알려져 있고 중요하다.

신구약성경은 모든 민족에게 복을 주시는 하나님의 선교를 위한 특별한 도구로서 하나님 백성들의 역할을 더욱 강하게 강조한다. 성경은 이민자에 주목한다. 이민자는 우리에게 협력자, 동역자, 모든 민족을 향한 하나님의 선교에 함께 참여하는 자이다. 이것이 성경이 보여 주는 다른 관점이다.

본 장에서 나는 이민자를 하나님의 선교에 적극적인 능동적 주체로서 보는 관점, 이민자를 인류 역사 창조에 기여하고 모든 민족에 대한 하나님의 은혜를 나누는 하나님의 도구들에 관하여 기술한다.[4] 성경에서 볼 수 있는 이민자에 관한 철저한 성경신학을 제시하는 것은 나의 의도가 아니다. 이 주제와 관련된 모든 서술이나 성경 구절에 대한 상세한 연구나 면밀한 검토를 제시할 생각도 없다.

그보다는 성경의 멋진 태피스트리의 실마리를 따라가면서 큰 그림, 넓은 파노라마를 선사하고 싶다.[5] 이를 통해 하나님께서 모든 민족들을 향한 하나님의 선교에 이민자를 사용하는 방식을 보게 될 것이다.

---

4 여기서 나는 가난한 사람들과 소외된 사람들이 그들 자신이 그들 자신의 역사의 능동적인 대리인이자 그들 자신의 운명의 창조자일 가능성을 보기 시작하도록 사람들을 의식화하는 중요한 변혁적 역동성을 우리에게 가르쳐 준 파울로 프리어(Paulo Freire)의 정신을 따른다. 다음 책을 참고하라. Paulo Freire, *Pedagogy of the Oppressed* (New York: Herder and Herder, 1970).

5 294. 하나님의 선교를 내러티브 형식으로 보여 주는 태피스트리(tapestry)로 보는 성경 읽기 방식에 관해 다음을 참고하라. see Charles Van Engen, *Mission on the Way: Issues in Mission Theology*, Grand Rapids: Baker 1996, 17-43.

성경은 이주민에 대한 강조를 오래 전 아브라함으로부터 시작한다. 고향을 떠난 아브라함 이야기는 우리 자신의 이민 이야기를 포함한 모든 이민자의 이야기이다.

> 너는 또 네 하나님 여호와 앞에 아뢰기를 내 조상은 방랑하는 아람 사람으로서 애굽에 내려가 거기에서 소수로 거류하였더니 거기에서 크고 강하고 번성한 민족이 되었는데 애굽 사람이 우리를 학대하며 우리를 괴롭히며 우리에게 중노동을 시키므로 우리가 우리 조상의 하나님 여호와께 부르짖었더니 여호와께서 우리 음성을 들으시고 우리의 고통과 신고와 압제를 보시고 여호와께서 강한 손과 편 팔과 큰 위엄과 이적과 기사로 우리를 애굽에서 인도하여 내시고 이곳으로 인도하사 이 땅 곧 젖과 꿀이 흐르는 땅을 주셨나이다 여호와여 이제 내가 주께서 내게 주신 토지 소산의 맏물을 가져왔나이다 하고 너는 그것을 네 하나님 여호와 앞에 두고 네 하나님 여호와 앞에 경배할 것이며 네 하나님 여호와께서 너와 네 집에 주신 모든 복으로 말미암아 너는 레위인과 너희 가운데에 거류하는 객과 함께 즐거워할지니라(신 26:5-11).

성경은 아브라함을 우리에게 처음으로 소개할 때 이주민으로 소개한다.

> 데라의 족보는 이러하니라 데라는 아브람과 나홀과 하란을 낳고 하란은 롯을 낳았으며 하란은 그 아비 데라보다 먼저 고향 갈대아인의 우르에서 죽었더라 아브람과 나홀이 장가 들었으니 아브람의 아내의 이름은 사래며 나홀의 아내의 이름은 밀가니 하란의 딸이요 하란은 밀가의 아버지이며 또 이스가의 아버지더라 사래는 임신하지 못하므로 자식이 없었더라 데라가 그 아들 아브람과 하란의 아들인 그의 손자 롯과 그의 며느리 아브람의 아내 사래를 데리고 갈대아인의 우르를 떠나 가나안 땅으로 가고자 하더니 하란에 이르러 거기 거류하였으며 데라는 나이가 이백오 세가 되어 하란에서 죽었더라 여호와께서 아브람에게 이르시되 너는 너의 고향과 친척과 아버지의 집을 떠나 내가 네게 보여 줄 땅으로 가라 내가 너로 큰 민족을 이루고 네게 복을 주어 네 이름을 창대하게 하리니 너는 복이 될지라 너를 축복하는 자에게는 내가 복을 내리고 너를 저주하는 자에게는 내가 저주하리니 땅의 모든 족속이 너로 말미암아 복을 얻을 것이라 하신지라 이에 아브람이 여호와의 말씀을 따라갔고 롯도 그와 함께 갔으며 아브람이 하란을 떠날 때에 칠십오 세였더라 아브람이 그의 아내 사래와 조카 롯과 하란에서 모은 모든 소유와 얻은 사람들을 이끌고 가나안 땅으로 가려고 떠나서 마침내 가나안 땅에 들어갔더라(창 11: 27-12:5).

이스라엘 사람들은 자기 이해의 중요한 측면, 즉 이스라엘 민족 정체성이 이방인, 나그네, 외국인, 이주민 등으로부터 파생된다는 것을 인식했다(욥 19:15; 시 69:8; 엡 2:12; 골 1:21). 하나님께서 아브람에게 말씀하셨다,

> 여호와께서 아브람에게 이르시되 너는 반드시 알라 네 자손이 이방에서 객이 되어 그들을 섬기겠고 그들은 사백 년 동안 네 자손을 괴롭히리니 그들이 섬기는 나라를 내가 징벌할지며 그 후에 네 자손이 큰 재물을 이끌고 나오리라 너는 장수하다가 평안히 조상에게로 돌아가 장사될 것이요 네 자손은 사대 만에 이 땅으로 돌아오리니 이는 아모리 족속의 죄악이 아직 가득 차지 아니함이니라 하시더니(창 15:13-16; 참조, 23:4; 28:4; 출 3:13-15; 6:2-4).

그러므로 아브라함을 선교사로서 모든 민족들에 대한 하나님의 선교를 위한 도구가 되라는 부르심의 본질적 측면은 아브라함과 그의 가족이 이방인, 외국인, 이민자가 될 것을 암시한다(창 12:10; 15:13; 17:8; 21:23,34; 23:4; 28:4; 36:7; 37:1; 출 6:4; 대상 29:15; 37:1; 욥 19:18; 시 39:12; 69:8; 119:19; 옵 11; 행 13:17; 엡 2:12, 19; 골 1:21; 히 11:13; 벧전 1:1).

누가는 이 이주민 비전을 공유한다. 누가는 부활하신 예수님께서 고난 주간이 지난 뒤 엠마오 길을 걸어가던 두 제자와 만나시는 장면에서 예수님을 '낯선 사람'으로 등장시킨다(눅 24:18).

4. 하나님의 선교 도구로서의 이주민/이방인에 관한 성경적 관점

본 장의 두 번째 부분에서는 모든 민족들을 향한 하나님의 선교의 동기, 대리인, 수단 및 목표와 관련해 이주민/이방인의 위치를 검토한다.

1) 모든 민족들을 향한 하나님의 선교에 참여하는 이주민의 동기

성경에는 하나님께서 이스라엘 백성의 역사 자체를 순례자, 이주민으로서 어떻게 이용하셨는지를 보여 주는 수많은 지표가 있다. 이는 이스라엘 백성이 모든 민족을 위한 하나님의 선교에 참여하도록 동기를 부여하기 위해서

이다. 예를 들어, 하나님께서 출애굽기 22:21에서 말씀하신다.

> 너희는 이방 나그네를 압제하지 말며 그들을 학대하지 말라 너희도 애굽 땅에서 나그네였음이라 (출 22:21).

출애굽기 23:9에서 같은 메시지를 반복하신다.

> 너는 이방 나그네를 압제하지 말라 너희가 애굽 땅에서 나그네 되었었은즉 나그네의 사정을 아느니라 (출 23:9).

베드로전서 2:9-12에서 베드로는 모든 민족을 향한 하나님의 선교적 도구가 되려는 동일한 선교적 동기에 호응하며, 그 비전을 신명기로부터 이끌어 낸다.

> 그러나 너희는 택하신 족속이요 왕 같은 제사장들이요 거룩한 나라요 그의 소유가 된 백성이니 이는 너희를 어두운 데서 불러 내어 그의 기이한 빛에 들어가게 하신 이의 아름다운 덕을 선포하게 하려 하심이라 너희가 전에는 백성이 아니더니 이제는 하나님의 백성이요 전에는 긍휼을 얻지 못하였더니 이제는 긍휼을 얻은 자니라 사랑하는 자들아 거류민과 나그네 같은 너희를 권하노니 영혼을 거슬러 싸우는 육체의 정욕을 제어하라 너희가 이방인 중에서 행실을 선하게 가져 너희를 악행한다고 비방하는 자들로 하여금 너희 선한 일을 보고 오시는 날에 하나님께 영광을 돌리게 하려 함이라 (벧전 2:9-12).

하나님의 백성은 모든 민족을 향한 하나님의 선교에 참여하는 것은 물론이고, 자기들 가운데 사는 이방인을 연민과 정의로 공정하게 대해야 했다. 왜냐하면, 그들 자신이 한때 이집트에서 이방인이었고 외계인이었기 때문이다. 따라서 레위기 19:33-34에서는 이스라엘의 자손들이 이민자 경험을 한 적이 확실하기 때문에, 이스라엘은 그들 가운데 사는 낯선 이방인을 공정과 연민으로 대하려는 마음의 동기를 가져야 한다.

거류민이 너희의 땅에 거류하여 함께 있거든 너희는 그를 학대하지 말고 너희와 함께 있는 거류민을 너희 중에서 낳은 자 같이 여기며 자기 같이 사랑하라 너희도 애굽 땅에서 거류민이 되었었느니라 나는 너희의 하나님 여호와이니라 (레 19:33-34).

이방 순례자와 유랑자의 삶을 경험한 이스라엘 백성들은 땅이 이스라엘 소유가 아니라 하나님의 것이므로 특별한 책임의식을 가지고 그 땅을 보살펴야 했다.

너희가 여덟째 해에는 파종하려니와 묵은 소출을 먹을 것이며 아홉째 해에 그 땅에 소출이 들어오기까지 너희는 묵은 것을 먹으리라 토지를 영구히 팔지 말 것은 토지는 다 내 것임이니라 너희는 거류민이요 동거하는 자로서 나와 함께 있느니라 (레 25:22-23).

재판관들은 이방인을 재판할 때, 이스라엘 자손과 같은 기준으로 재판해야 한다(신 1:16). 이스라엘은 두 가지 이유로 이민자를 사랑해야 한다.

첫째, 하나님은 이방인과 외국인을 사랑하기 때문이다.
둘째, 이스라엘 역시 이집트에서 이방인과 외국인이었기 때문이다.

너희의 하나님 여호와는 신 가운데 신이시며 주 가운데 주시요 크고 능하시며 두려우신 하나님이시라 사람을 외모로 보지 아니하시며 뇌물을 받지 아니하시고 고아와 과부를 위하여 정의를 행하시며 나그네를 사랑하여 그에게 떡과 옷을 주시나니 너희는 나그네를 사랑하라 전에 너희도 애굽 땅에서 나그네 되었음이니라 네 하나님 여호와를 경외하여 그를 섬기며 그에게 의지하고 그의 이름으로 맹세하라 그는 네 찬송이시요 네 하나님이시라 네 눈으로 본 이같이 크고 두려운 일을 너를 위하여 행하셨느니라 애굽에 내려간 네 조상들이 겨우 칠십 인이었으나 이제는 네 하나님 여호와께서 너를 하늘의 별 같이 많게 하셨느니라 (신 10:17-22).

하나님께서 신명기 23:7에서 명령하셨다.

너는 에돔 사람을 미워하지 말라 그는 네 형제임이니라 애굽 사람을 미워하지 말라 네가 그의 땅에서 객이 되었음이니라(신 23:7).

순례자로서의 이스라엘에 대한 자기 이해의 이런 측면은 영적, 실존적 함의를 보여 준다. 다윗은 아들 솔로몬이 지을 성전을 위해 기도하면서, 하나님의 백성이 이주민/이방인이라는 사실을 인정했다.

나와 내 백성이 무엇이기에 이처럼 즐거운 마음으로 드릴 힘이 있었나이까 모든 것이 주께로 말미암았사오니 우리가 주의 손에서 받은 것으로 주께 드렸을 뿐이니이다 우리는 우리 조상들과 같이 주님 앞에서 이방 나그네와 거류민들이라 세상에 있는 날이 그림자 같아서 희망이 없나이다(대상 29:14-15).

시편 기자 또한 그들이 이민자이고 이방인이기 때문에 하나님께서 그들의 부르짖음을 들을 것이라고 강조한다(시 39:12; 119:19; 예, 35:7; 벧전 1:1, 2:11).
이것은 선교 동기를 자극하는 강력한 메시지이다. 우리도 같은 이주민/이방인이었기에, 우리 교회가 지역적으로 그리고 세계적으로 하나님의 선교에 참여하도록, 성령의 운동에 참여하는 것이 당연하다.
미국 남부 캘리포니아의 많은 이민자와 그의 후손들은 그들이 누구인지, 그들 자신 또한 한때 이민자였다는 사실을 잊어버렸다. 이것은 매우 부끄러운 일이다. 이민자의 후손들은 거의 모두가 건망증 환자와 같다. 최근 우리 동네와 지역 사회로 이주한 새로운 이민자에 대한 연민이나 수용성이 거의 없는 것 같아 안타깝다.

2) 모든 민족을 향한 하나님의 선교 대리인으로서의 이주민

하나님의 선교에 참여하는 이민자의 선교적 도구 역할에 관한 선교학적 관점의 두 번째 측면은 이민자이기에 하나님의 선교 대리인 역할을 감당했다는 것을 성경이 증언한다. 성경에는 다양한 이민자가 하나님의 선교 대리인 역할을 했다고 제시한다. 몇 가지 예를 들어 보자.
우리가 이미 언급한 첫 번째 이민자는 아브라함이었다. 그는 고향과 친척을 떠나 하나님께서 그에게 보여 주실 새로운 땅을 향해 가면서, 특히 이방인, 순례자, 외국인 그리고 이민자로서 모든 민족에 대한 하나님의 선교에 참여하게 될 것이다. 이방인이 되고 외국인이 되는 경험은 아브라함 가문의 자기 이해에 있어서 매우 근본적인 측면이었기 때문에, 아들 이삭은 이 경험 또한 아브라함에게 주신 하나님의 비전의 필수적 부분이라고 이해했다. 이 자화상은 이삭이 모든 민족을 향한 하나님의 선교 도구가 되는 데 기본이 된다고 보았다. 하나님께서 이삭에게 말씀하셨다.

> 아브라함 때에 첫 흉년이 들었더니 그 땅에 또 흉년이 들매 이삭이 그랄로 가서 블레셋 왕 아비멜렉에게 이르렀더니 여호와께서 이삭에게 나타나 이르시되 애굽으로 내려가지 말고 내가 네게 지시하는 땅에 거주하라 이 땅에 거류하면 내가 너와 함께 있어 네게 복을 주고 내가 이 모든 땅을 너와 네 자손에게 주리라 내가 네 아버지 아브라함에게 맹세한 것을 이루어 네 자손을 하늘의 별과 같이 번성하게 하며 이 모든 땅을 네 자손에게 주리니 네 자손으로 말미암아 천하 만민이 복을 받으리라 이는 아브라함이 내 말을 순종하고 내 명령과 내 계명과 내 율례와 내 법도를 지켰음이라 하시니라 이삭이 그랄에 거주하였더니 (창 26:1-6).

성경에서 이민자를 하나님의 선교 대리인으로 보는 관점은 이스라엘의 역사를 통해 더 깊은 뿌리와 더 넓은 의미를 얻는다. 우리는 요셉의 이야기가 어떻게 이 선교적 관점을 조명하는지 알 수 있다. 요셉은 노예로 팔려 애굽으로 보내졌다. 요셉은 자기 의자와 상관없이, 어쩔 수 없이 외국인, 이방인, 이주민이 될 수밖에 없었다.

요셉은 감옥에 갇혔다. 감옥에서 철저히 잊혀지는 과정을 통해 기만과 학대, 누명, 억울한 옥살이와 처절한 외로움을 겪었다. 이런 경험은 오늘날 많은 이민자가 겪고 있다. 그러나 큰 그림을 보고 정확히 말하면, 요셉은 기근에서 가족을 구하고, 애굽 온 나라를 구하고, 애굽 주변의 모든 백성을 먹여 살렸다.

애굽은 권력의 전당에서 요셉이라는 이민자 덕분에 국제 정치적 영향력과 권위가 강화된다. 요셉은 친형제들이 찾아와 음식을 달라고 하면서도 요셉을 몰라볼 정도로 이집트 문화에 적응했다. 결국, 요셉이 스스로 형제들에게 자신을 드러내고 말하면서 이민자로서 그의 특별한 역할을 설명한다.

요셉이 형들에게 이르되 내게로 가까이 오소서 그들이 가까이 가니 이르되 나는 당신들의 아우 요셉이니 당신들이 애굽에 판 자라 당신들이 나를 이 곳에 팔았다고 해서 근심하지 마소서 한탄하지 마소서 하나님이 생명을 구원하시려고 나를 당신들보다 먼저 보내셨나이다 이 땅에 이 년 동안 흉년이 들었으나 아직 오 년은 밭갈이도 못하고 추수도 못할지라 하나님이 큰 구원으로 당신들의 생명을 보존하고 당신들의 후손을 세상에 두시려고 나를 당신들보다 먼저 보내셨나니 그런즉 나를 이리로 보낸 이는 당신들이 아니요 하나님이시라 하나님이 나를 바로에게 아버지로 삼으시고 그 온 집의 주로 삼으시며애굽 온 땅의 통치자로 삼으셨나이다 (창 45:4-8).

요셉이 그들에게 이르되 두려워하지 마소서 내가 하나님을 대신하리이까 당신들은 나를 해하려 하였으나 하나님은 그것을 선으로 바꾸사 오늘과 같이 많은 백성의 생명을 구원하게 하시려 하셨나니 당신들은 두려워하지 마소서 내가 당신들과 당신들의 자녀를 기르리이다 하고 그들을 간곡한 말로 위로하였더라 (창 50:19-21).

성경은 하나님께서 이민자로서 구체적으로 사용하는 상당한 수의 인물들에 대한 서사에서 이런 선교학적 관점을 발전시킨다. 우리는 다니엘과 바빌론에서의 그의 선교적 역할에 대해 언급할 수 있다. 그의 의사에 반해 낯선 땅에 파송된 타 문화권 선교사 다니엘은 원래 전쟁 포로임에도 불구하고 하나님의 선교의 특수요원이었다. 다니엘은 외국인임에도 불구하고 바빌론과 페르시아 왕들의 정책 고문이자 친구로서 50년 넘게 일생을 바쳤다.

우리는 또한 누가복음 4장에서 예수님께서 강조하시는 두 여자를 하나님의 선교 특수 요원으로 언급할 수 있다. 둘 다 이민자이다. 하나는 사르밧 과부였고, 다른 하나는 시리아 사람 나아만 장군의 집에서 노예로 일하던 이스라엘 젊은 소녀였다. 하나님의 선교 대리인으로서, 이 어린 소녀의 간결한 증언은 나아만 장군을 나병에서 낫게 했다(왕하 5:1-4). 구체적으로 하나님은 외국 여성인 그들을 모든 민족에 대한 하나님의 선교에 사용하신다.

바빌론 포로기 동안, 이스라엘 사람들은 두 가지 다른 관점 중 하나를 선택해야 했다. 한편으로 그들은 자신을 희생자로 보았다. 이스라엘 자손이 바빌론에 포로로 잡혀와 울었다.

우리가 이방 땅에서 (또는 이 땅의 이방인으로서) 어찌 여호와의 노래를 부를까 (시 137:4).

반면에, 그들은 비록 새로운 나라에서 낯선 이방 사람들이었지만, 그들은 자기 신세를 하나님의 선교를 위한 적극적 대리인으로 이해할 수 있었다. 역사상 정확히 같은 시기에, 같은 유배를 경험하는 사람을 언급하면서 하나님께서 예레미야를 통해 그들에게 말씀하시는 내용은 흥미롭다.

> 너희는 집을 짓고 거기에 살며 텃밭을 만들고 그 열매를 먹으라 아내를 맞이하여 자녀를 낳으며 너희 아들이 아내를 맞이하며 너희 딸이 남편을 맞아 그들로 자녀를 낳게 하여 너희가 거기에서 번성하고 줄어들지 아니하게 하라 너희는 내가 사로잡혀 가게 한 그 성읍의 평안을 구하고 그를 위하여 여호와께 기도하라 이는 그 성읍이 평안함으로 너희도 평안할 것임이라 (렘 29:5-7).

이 두 번째 관점은 이스라엘 자손이 자신들이 보내진 땅의 평안을 위한 하나님의 선교 대리인으로서 선교 목적을 가지고 바빌론으로 보내진 것으로 보는 것이다.

이민자의 후손인데 바사 제국의 여왕으로 뽑힐 정도로 새로운 문화에 잘 적응한 여성 에스더를 말할 수 있다. 그리고 에스더는 이민자로서, 하나님께서 자신의 백성이 멸망당하는 것을 막으시고 바사의 모든 사람이 이스라엘의 하나님을 알게 되는 촉매제가 되게 하시기 위해 두 가지 목적으로 하나님께서 자신을 쓰시도록 허락한다. 또한, 이민자 유대인인 모르드개는 바사에서 큰 영향력을 행사하게 된다.

우리에게 공간이 있다면, 블레셋 사람 가운데서 하나님께서 사용하신 이주민 다윗을 언급할 수 있을 것이다. 다윗은 가드 왕 아기스와 함께 적을 대항해 무장하고 아기스의 상담자가 된다(삼상 27:1-4). 그래서인지 신약성경 기자들은 예수님 자신이 어린 시절 애굽으로 유배된 이주민이었다는 사실을 쉽고 자연스럽게 주목하는 듯하다.

이민자를 하나님의 선교 대리인으로서 바라보는 시각은 이스라엘이 민족에 대한 하나님의 선교 도구가 되려 하지 않을 때 하나님의 선교인 이스라엘 심판의 도구로 이방인을 이용하신 하나님을 에스겔이 언급할 정도로 설득력이 있다(겔 28:7).

하박국 1:5-6에는 하나님께서 하나님의 선교에 갈대아 사람을 이용하실 것이라고 말씀하시는 비전이 그대로 반영되어 있다. 바울이 선교신학을 발전시키는 사도행전 13:41의 첫 번째 핵심 설교에서 하박국 선지자의 이 구절을 언급한 것은 놀라운 일이다. 이사야는 이스라엘의 부정으로 인해 하나님께서 하나님의 선교에 다른 민족을 이용하실 것이라고 말씀하실 때 이런 정서를 반추한다(사 61:5).

하나님께서 북미와 유럽의 재복음화를 위한 하나님의 선교 대리인으로 히스패닉/라티노를 통해 어떤 선교 사역을 하고 싶어 하시는지 상상할 수 있을까?

3) 이주민은 모든 민족을 향한 하나님의 선교의 수단이다

하나님의 선교에서 이민자에 대한 이런 선교적, 도구적 관점의 세 번째 측면은 이민 자체가 모든 민족에 대한 하나님의 선교의 근본적인 방법으로 제시되는 방식과 관련이 있다. 성경에는 어떤 경우에 하나님께서 이민을 이용해 하나님의 선교의 어떤 중요한 측면을 이행했다는 증거가 있다. 분명히 하나님께서 하나님의 선교에 쓰시는 대리인과 하나님께서 하나님의 선교를 수행하기 위해 선택하는 수단 사이에는 친밀한 관계가 있다.

그러나 본 장에서 나는 성경에 묘사된 것처럼 하나님의 선교의 역사를 새로운 선교적 눈으로 읽을 수 있도록 하나님의 선교의 이 두 가지 측면을 (처음에는 다소 인위적으로 보일 수 있지만) 구별할 것이다.

이민자, 즉 이방인/외국인/이주민을 하나님께서 하나님의 선교에 사용하는 선교적 도구 중 하나로 생각할 때, 많은 성경 말씀이 떠오른다. 우리가 가장 먼저 언급할 수 있는 것은 모세 이야기이다. 모세는 이중 문화적, 이중 언어적 환경(아람어와 이집트어)에서 자랐다.

그러나 모세는 여전히 하나님의 선교를 위한 유용한 도구가 아니었다. 모세는 40년을 미디안 사람들 사이에서 이주민으로로 보내며, 사막에서 살아남는 법을 배우고, 양치기를 배우며(하나님은 모세를 사막에서 큰 인간 무리를 목축할 수 있도록 훈련하셨다), 모세의 역할이 될 지도자 역할을 위해 개인적으로, 감정적으로, 영적으로, 육체적으로 훈련할 필요가 있었다. 모세는 자신을 이방 나그네로 묘사한다. 출애굽기 18:1-3의 내레이션은 우리에게 말한다.

여호와께서 모세에게 이르시되 너는 바로에게 가서 그에게 이르기를 여호와의 말씀에 내 백성을 보내라 그들이 나를 섬길 것이니라 네가 만일 보내기를 거절하면 내가 개구리로 너의 온 땅을 치리라 개구리가 나일 강에서 무수히 생기고 올라와서 네 궁과 네 침실과 네 침상 위와 네 신하의 집과 네 백성과 네 화덕과 네 떡 반죽 그릇에 들어갈 것이며(출 18:1-3; 참조, 2:22; 행 7:29).

성경은 사막 주제를 선교 사명이 태동하는 모태로 보는 일관된 관점을 강조한다. 세례 요한은 그의 사역을 시작하기 위해 사막에서 왔다. 다른 예로, 누가복음 4장에서 예수님께서는 사막에서 유혹을 이기신 후 공생애를 시작하신다. 그리고 다소의 사울은 다마스쿠스로 가는 길에서 예수님과 만난 후, 구약성경을 읽으며 꽤 오랜 세월을 광야에서 보낸다.

사막에서는 모두가 이방인이다. 그리고 사막에서 그들은 하나님의 선교에 참여하기 위해 다듬어지고, 형성되고, 다시 태어난다. 하나님께서는 사람들이 하나님의 선교에 참여할 것에 대비해 그들을 형성할 목적으로 이민자가 되는 상황에 배치하시는 것으로 보인다.

또한, 여성이며 과부인 모압 사람을 들 수 있다. 그녀는 이주민/이방인으로서 그녀의 시어머니 나오미의 쓰라림을 치유하기 위해 사용되었다. 하나님께서 이 이야기를 통해 이스라엘을 치유하시려는 뜻을 보이신다. 룻의 이야기에서는 하나님의 선교 대리인이 하나님의 선교 수단과 결합되어 있다. 여기서 나는 룻이 하나님의 선교를 위한 수단으로서의 이민 그 자체와 관련이 있다는, 이야기의 한 측면을 강조하고 싶다.

이 모든 이야기는 보아스가 룻을 대하는 방식에서 비롯된다. 분명히 이 이야기는 이스라엘을 대표하는 나오미의 쓰라림이 룻과 보아스가 함께 나눈 사랑에 의해 치유되는 가운데 러브 스토리가 전개된다. 그러나 룻과 보아스의 관계는 의로운 이스라엘 사람으로서 보아스의 충직함에서 비롯된다. 그는 성경을 안다. 그는 하나님께서 레위기 19:10과 레위기 23:22에서 이스라엘 백성이 그들 가운데 이민자를 대우하는 방식을 구체적으로 지시하신다는 것을 알고 있다. 룻은 룻기 2:10에서 자신을 이방인이라고 표현했다. 룻은 엎드려 얼굴을 땅에 대고 절을 했다.

그녀는 물었다.
"저는 이방 여인인데 당신이 어찌 은혜를 베푸시며 나를 돌보시나이까?"
보아스가 룻을 대하는 방식과 그녀에게 보여 주는 동정심은 그가 공평한 율법을 따르는 정의롭고 의로운 이스라엘 사람이었음을 보여 준다.

> 네 포도원의 열매를 다 따지 말며 네 포도원에 떨어진 포도도 줍지 말고 가난한 사람과 거류민을 위하여 버려두라 나는 너희의 하나님 여호와니라(레 19:10).

> 너희 땅에 곡물을 벨 때에 밭 모퉁이까지 다 베지 말며 떨어진 것을 줍지 말고 그것을 가난한 자와 거류민을 위하여 남겨두라 나는 너희의 하나님 여호와이니라(레 23:22; 참조, 신 24:19-21; 26:12,13).

우리가 이미 언급했던 것을 기억하자. 하나님의 특별한 보살핌, 연민, 이방인, 과부, 고아에 대한 사랑(예를 들어, 시 94:6; 146:9)을 기억하자. 하나님께서 나오미의 쓰라림을 치유하기 위해 보아스의 충실함과 연민을 그리고 사랑의 환경에서 룻을 사용하셨다. 룻이 바로 이방인, 과부, 외국인이기 때문이다. 여자, 과부, 이방인은 하나님의 연민의 수단이자 본보기이다.

신약성경은 우리에게 동일한 메시지를 제공한다. 누가복음 17장에서는 예수님께서 한센병 환자 열 명을 치유하실 때 오직 한 사람만이 다시 돌아와 감사드리고 치유받은 것으로 인해 하나님을 찬양했다. 그 사람은 사마리아인이었다. 예수님 시대 유대인들에게 사마리아인은 외국인으로 여겨졌고, 이방인으로 여겨졌다.

예수님께서 그 사마리아 사람을 예로 드신 이유는 그가 유대인들의 눈에는 이방인이었고 외국인이었기 때문이다.

> 예수께서 예루살렘으로 가실 때에 사마리아와 갈릴리 사이로 지나가시다가 한 마을에 들어가시니 나병환자 열 명이 예수를 만나 멀리 서서 소리를 높여 이르되 예수 선생님이여 우리를 불쌍히 여기소서 하거늘 보시고 이르시되 가서 제사장들에게 너희 몸을 보이라 하셨더니 그들이 가다가 깨끗함을 받은지라 그 중의 한 사람이 자기가 나은 것을 보고 큰 소리로 하나님께 영광을 돌리며 돌아와 예수의 발 아래에 엎드리어 감사하니 그는 사마리아 사람이라 예수께서 대답하여 이르시되 열 사람이 다 깨끗함을 받지 아니하였느냐 그 아홉은 어디 있느냐 이 이방인 외에는 하나님께 영광을 돌리러 돌아온 자가 없느냐 하시고 그에게 이르시되 일어나 가라 네 믿음이 너를 구원하였느니라 하시더라(눅 17: 11-19).

하나님께서 모든 민족을 향한 선교 수단으로 이민을 사용하신다는 다른 예가 많다. 이스라엘의 유배는 하나님께서 위대한 유대인 디아스포라를 만드셔서 70인경, 회당, 이방인의 개종 그리고 전 로마적 인간 관계 네트워크 형성이라는 결과를 이뤄 내시는 수단이었다.

본 장 뒷부분에서 나는 선한 사마리아인 이야기를 이방인과 외국인이 모든 민족을 향한 하나님의 선교를 보여 주는 하나의 예로 더욱 강조할 것이다.

하나님의 선교를 위한 수단으로서 이민에 대한 이 성경적 관점이 우리에게 금세기에 무슨 일이 일어나고 있는지 더 잘 이해할 수 있는 렌즈를 제공할 수 있을까?

하나님께서 모든 민족 가운데 말씀을 선포하고 하나님 나라의 도래를 위한 일에 이주 자체를 수단으로 사용하실 수 있을까?

4) 이주민은 모든 민족을 향한 하나님의 선교의 목표이다

하나님의 선교에서 이주민의 역할에 대한 선교적, 도구적 관점의 네 번째이자 마지막 측면은 모든 민족 사이에서 하나님의 선교 목표와 관련해 이민을 보는 것이다. 이민은 하나님의 선교에 종말론적 역할을 하고 미래를 향한 하나님의 선교에 하나님 백성의 참여를 촉진한다. 이 미래 비전은 성경에 아브라함의 소명을 묘사한 창세기 17:8에서 일찍 나타난다.

> 아브람이 엎드렸더니 하나님이 또 그에게 말씀하여 이르시되 보라 내 언약이 너와 함께 있으니 너는 여러 민족의 아버지가 될지라 이제 후로는 네 이름을 아브람이라 하지 아니하고 아브라함이라 하리니 이는 내가 너를 여러 민족의 아버지가 되게 함이니라 내가 너로 심히 번성하게 하리니 내가 네게서 민족들이 나게 하며 왕들이 네게로부터 나오리라 내가 내 언약을 나와 너 및 네 대대 후손 사이에 세워서 영원한 언약을 삼고 너와 네 후손의 하나님이 되리라 내가 너와 네 후손에게 네가 거류하는 이 땅 곧 가나안 온 땅을 주어 영원한 기업이 되게 하고 나는 그들의 하나님이 되리라 (창 17:3-8).

이주민은 더 나은 곳으로 이주하기 원한다. 모든 이민자가 더 나은 삶의 조건을 제공할 약속의 땅에 가기를 꿈꾼다. 이민의 근본적 측면으로서 미래에 대한 이런 희망은 수많은 성경 서술에서 볼 수 있다. 예를 들어, 하나님께서 모세에게 이스라엘 백성을 애굽 땅에서 불러내라는 명령을 하시니, 모세는 이스라엘 백성이 새로운 땅으로 갈 것을 말한다.

출애굽기 6:1-8은 이렇게 말한다.

> 여호와께서 모세에게 이르시되 이제 내가 바로에게 하는 일을 네가 보리라 강한 손으로 말미암아 바로가 그들을 보내리라 강한 손으로 말미암아 바로가 그들을 그의 땅에서 쫓아내리라
> 하나님이 모세에게 말씀하여 이르시되 나는 여호와이니라 내가 아브라함과 이삭과 야곱에게 전능의 하나님으로 나타났으나 나의 이름을 여호와로는 그들에게 알리지 아니하였고 가나안 땅 곧 그들이 거류하는 땅을 그들에게 주기로 그들과 언약하였더니 이제 애굽 사람이 종으로 삼은 이스라엘 자손의 신음 소리를 내가 듣고 나의 언약을 기억하노라
> 그러므로 이스라엘 자손에게 말하기를 나는 여호와라 내가 애굽 사람의 무거운 짐 밑에서 너희를 빼내며 그들의 노역에서 너희를 건지며 편 팔과 여러 큰 심판들로써 너희를 속량하여 너희를 내 백성으로 삼고 나는 너희의 하나님이 되리니 나는 애굽 사람의 무거운 짐 밑에서 너희를 빼낸 너희의 하나님 여호와인 줄 너희가 알지라 내가 아브라함과 이삭과 야곱에게 주기로 맹세한 땅으로 너희를 인도하고 그 땅을 너희에게 주어 기업을 삼게 하리라 나는 여호와라 하셨다 하라 (출 6:1-8).

미래를 향한 하나님의 선교는 순례자와 이민자 민족으로서 이스라엘을 사랑하는 마음과 긴밀하게 연결되어 있다. 다윗은 그의 시편 중 하나에서, 선포한다.

> 너희는 그의 언약 곧 천 대에 명령하신 말씀을 영원히 기억할지어다 이것은 아브라함에게 하신 언약이며 이삭에게 하신 맹세이며 이는 야곱에게 세우신 율례 곧 이스라엘에게 하신 영원한 언약이라 이르시기를 내가 가나안 땅을 네게 주어 너희 기업의 지경이 되게 하리라 하셨도다 그 때에 너희 사람 수가 적어서 보잘것없으며 그 땅에 객이 되어 이 민족에게서 저 민족에게로 이 나라에서 다른 백성에게로 유랑하였도다 여호와께서는 사람이 그들을 해하기를 용납하지 아니하시고 그들 때문에 왕들을 꾸짖어 이르시기를 나의 기름 부은 자에게 손을 대지 말며 나의 선지자를 해하지 말라 하

셨도다 온 땅이여 여호와께 노래하며 그의 구원을 날마다 선포할지어다 그의 영광을 모든 민족 중에 그의 기이한 행적을 만민 중에 선포할지어다 여호와는 위대하시니 극진히 찬양할 것이요 모든 신보다 경외할 것임이여 만국의 모든 신은 헛것이나 여호와께서는 하늘을 지으셨도다(대상 16:15-26).

이민에 대한 이런 종말론적 관점에는 언젠가 모든 민족이 아브라함, 이삭 그리고 천지를 창조하신 야곱의 하나님을 경배하러 오기를 바라는 마음이 담겨 있다. 이것이 이사야의 비전이다. 예를 들어, 이사야 56장에서 우리는 그 비전을 본다.

> 여호와께 연합한 이방인은 말하기를 여호와께서 나를 그의 백성 중에서 반드시 갈라내시리라 하지 말며 고자도 말하기를 나는 마른 나무라 하지 말라 여호와께서 이와 같이 말씀하시기를 나의 안식일을 지키며 내가 기뻐하는 일을 선택하며 나의 언약을 굳게 잡는 고자들에게는 내가 내 집에서 내 성 안에서 아들이나 딸보다 나은 기념물과 이름을 그들에게 주며 영원한 이름을 주어 끊어지지 아니하게 할 것이며 또 여호와와 연합하여 그를 섬기며 여호와의 이름을 사랑하며 그의 종이 되며 안식일을 지켜 더럽히지 아니하며 나의 언약을 굳게 지키는 이방인마다 내가 곧 그들을 나의 성산으로 인도하여 기도하는 내 집에서 그들을 기쁘게 할 것이며 그들의 번제와 희생을 나의 제단에서 기꺼이 받게 되리니 이는 내 집은 만민이 기도하는 집이라 일컬음이 될 것임이라(사 56:3-7).

성경이 우리에게 제공하는 비전은 모든 이민자가 어린양의 큰 잔치에 초대되는 것이다(마 22:1-14; 눅 14:15-24). 모든 이방인은 누구나 주님의 식탁에 초대된다. 이민자에 대한 이런 종말론적 관점은 요한계시록에서도 강조된다. 요한계시록의 저자는 모든 언어, 가족, 부족, 민족이 어린양의 보좌 주위에 모일 것이라고 반복해서 선언한다(계 1:7; 5:8, 13; 6:6; 10:6; 11:15; 14:6; 15:1; 19:6; 21 참조) 이 큰 잔치 모임은 거룩한 성으로의 엄청난 이주의 결과로 일어날 것이다. 요한은 요한계시록 21:1-2, 23-26에서 이 사건을 기술한다.

> 또 내가 새 하늘과 새 땅을 보니 처음 하늘과 처음 땅이 없어졌고 바다도 다시 있지 않더라 또 내가 보매 거룩한 성 새 예루살렘이 하나님께로부터 하늘에서 내려오니 그

준비한 것이 신부가 남편을 위하여 단장한 것 같더라(계 21:1-2).

그 성은 해나 달의 비침이 쓸 데 없으니 이는 하나님의 영광이 비치고 어린양이 그 등불이 되심이라 만국이 그 빛 가운데로 다니고 땅의 왕들이 자기 영광을 가지고 그리로 들어가리라. 낮에 성문들을 도무지 닫지 아니하리니 거기에는 밤이 없음이라. 사람들이 만국의 영광과 존귀를 가지고 그리로 들어가겠고(계 21:23-26).

만약 우리가 정말로 마지막 순간, 역사의 종점에서 이민자가 특별히 어린양의 잔치에 초대된다고 믿는다면 우리의 교회와 교단 기관에는 어떤 변화가 있을까?(눅 14:15ff; 마 22:1ff 참조)

모든 민족과 교회들에 미치는 영향은 무엇일까? 세상의 희망이 이민자, 이주민, 이방인 그리고 외국인과 함께 우리 가운데에 존재한다는 것은 무엇을 함축하는가? 그리고 이민자의 미래에서 우리가 우리 세계의 미래를 찾는다면 어떨까?

5. 결론

하나님께서 이주민을 선교 도구로 사용하신다. 모든 민족을 향한 하나님의 선교에 이주민/이방인의 역할이 있다. 이방인의 도구적, 선교학적 관점의 네 가지 측면은 선한 사마리아인 비유에 수렴된다. 누가는 그 비유를 예수님께서 선교 사명을 가지고 70인 제자를 보내신 이야기 속에 넣는다. 그들은 예수님의 선교 사절로 보내진다. 그리고 예수님의 선교 사절 역할을 한다. 이 예수님의 선교에 관한 주요한 예가 선한 사마리아인이다.

선한 사마리아인 비유에서 우리는 젊은 귀인이 어떻게 율법을 지켜야 하는지에 대한 질문에 대답하신 예수님의 응답에서 선교적 동기를 찾는다. 예수님께서 말씀하신 것처럼 이 이야기에서 '이웃'은 젊은 귀인 옆에 서 있는 사람이 아니다. 오히려 이웃으로 행동하는 사람이 바로 이웃 사람이다. '이웃'은 구약성경의 율법의 가르침을 삶으로 살아 내 타인에게 '이웃' 하는 존재로 살아가는 사람이다. 선한 사마리아인 비유에서 율법이 요구한 그런 삶의 방식을 보여 주는 사람은 사실 사마리아인이다. 사마리아인은 '이웃'이다.

　이 비유는 사마리아인 이주민/이방인을 하나님의 선교 대리인으로 선명하게 제시한다. 그리고 예수님께서 비유를 통해 말하는 방식은 이방 사마리아인을 높이 평가한다는 면에서 특별하다. 예수님께서는 젊은 이방 사마리아인이 하나님의 선교에 참여하는 새로운 길을 보여 주는 방법으로 부각시킨다.

　이 비유는 또한 미래에 초점을 맞춘다. 예수님은 "너희도 가서 이와 같이 하라"는 말씀과 함께 젊은 귀인이 하나님의 자비를 충분히 받을 수 있는 미래를 가리키신다. 젊은 귀인은 더 이상 이방인이 되지 않을 것이다. 그리고 하나님의 자비하심 때문에 젊은 귀인은 이주민/이방인이 더 이상 그의 보살핌, 긍휼 그리고 그의 사랑에서 배제되지 않는 새로운 현실을 창조할 수 있다.

　이주민과 이방인에 대한 성경의 선교적, 선교 도구적 관점을 완전히 이해하기 시작하면, 아마도 우리는 베드로전서 2장에 표현된 선교적 비전을 더 잘 이해하고 더 보람 있게 살 수 있을 것이라고 믿는다. 만약 예수 그리스도의 교회가 진정으로 자신을 순례자 공동체로 생각하고 그들의 본향이 눈에 보이는 땅과 국가가 아님을 고백하면, 교회는 그 자체가 이주민/이방인들의 공동체라는 사실을 이해하기 시작할 것이다. 교회를 하나님의 대사 공동체라고 할 수도 있다. 그러나 대사도 이방인/이주민이다(고후 5:20-21).

　이 땅의 모든 민족 중에서 하나님은 기독교 교회를 "왕같은 제사장", "거룩한 나라", "하나님의 소유 된 백성"으로 택하셨다. 이것이 우리의 존재적 실존이기 때문에, 이 세상에서 하나님의 선교에 참여하라는 하나님의 부르심을 거절할 수 없다. 특히 하나님의 선교는 이주민과 이방인을 향한 선교이며, 이민자가 함께 참여하는 선교이고, 이주라는 수단과 방법을 통해 이루어졌기 때문이다.

　이 세기에 시편 146:1, 5-10에 나오는 시편 기자의 비전을 현실에서 구체적으로 표현하는 찬송가로 노래할 수 있을까?

> 할렐루야 내 영혼아 여호와를 찬양하라
> 야곱의 하나님을 자기의 도움으로 삼으며 여호와 자기 하나님에게 자기의 소망을 두는 자는 복이 있도다

여호와는 천지와 바다와 그 중의 만물을 지으시며 영원히 진실함을 지키시며 억눌린 사람들을 위해 정의로 심판하시며 주린 자들에게 먹을 것을 주시는 이시로다
여호와께서는 갇힌 자들에게 자유를 주시는도다
여호와께서 시각장애인들의 눈을 여시며 여호와께서 비굴한 자들을 일으키시며 여호와께서 의인들을 사랑하시며 여호와께서 나그네들을 보호하시며 고아와 과부를 붙드시고 악인들의 길은 굽게 하시는도다
시온아 여호와는 영원히 다스리시고 네 하나님은 대대로 통치하시리로다 할렐루야 (시 146:1, 5-10).

제15장

건강한 교회 개척을 위한 선교신학

건강한 교회 개척이 필요하다. 무엇보다 교회 개척 동기가 중요하다. 다양한 종교적 선택지가 복잡하게 얽혀 있는 가운데, 우리가 새로운 교회를 세우는 자신의 동기에 세심한 주의가 필요하다. 우리의 궁극적 소망은 세상 남녀가 예수님의 제자가 되는 것이다.[1]

1. 논지

건강한 교회를 개척하는 성경적 동기는 모든 남녀가 예수 그리스도의 제자, 지역 교회의 선교에 적극적으로 참여하는 자, 그들이 처한 현실을 변혁하는 자가 되기 원하시는 삼위 하나님의 사랑의 선교에 있다. 이와 같이, 이 교회 회중들은 하나님의 영광을 위해 다가오는 하나님의 통치에 대한 증인이다.

---

1 본 장 내용은 저자의 스페인어로 쓴 글 "건강한 교회 개척"을 출판사의 허락을 받아 수정 보완한 것이다. Charles Van Engen, "¿Por qué sembrar iglesias saludables? Bases bíblicas y misiológicas" in John Wagenveld, *Sembremos Iglesias saludables: un acercamiento bíblico y práctico al estudio de la multiplicación de iglesias*. Miami: FLET 2005, 43-94. English translation: Gary Teja and John Wagenveld, eds., *Planting Healthy Churches*, Sauk Village, IL: Multiplication Network Ministries 2015, 23-60. (역주)

2. 서론

여러 해 전, 멕시코 몬테레이의 한 대형 교회가 하나님의 속성에 대한 강연을 해 달라고 나를 초대했다. 이 일련의 강의가 끝나갈 무렵 한 강의가 마친 후, 키가 작고 노약하고 옷차림이 검소한 여성이 내게 다가와 말했다.

"교수님, 여쭤보고 싶은 말이 있어요."

나는 대답했다.

"네, 좋습니다. 무슨 질문입니까? 제 강의 내용에서 명확하지 않은 부분이 있었나요?"

그녀의 말투로 미루어 볼 때, 이 여성은 복음주의 교회 신자가 아니었다. 멕시코 복음주의자들이 서로를 '형제'나 '자매'라고 부르는 방식에 익숙하지 않은 것 같았다. 성경 지식도 많지 않은 것 같았다.

그 여자분이 말했다.

"교수님, 그게 아닙니다. 방금 가르쳐 주신 내용에 대해서는 불편한 점이 전혀 없었습니다. 사실, 교수님은 멋지게, 아주 분명하게 말씀해 주셨고, 성경이 하나님에 대해 말하는 것을 우리에게 정확하게 잘 가르쳐 주셨습니다. 모든 내용이 매우 좋았습니다. 그런데 교수님, 그게 바로 제 고민거리입니다. 몇 년 전까지, 여기 몬테레이에 사는 우리는 모두 로마가톨릭 신자였습니다.

우리는 모두 가톨릭교회가 가르쳐 준 것을 믿었습니다. 우리는 서로 의견이 일치했습니다. 하지만 지금은 사정이 달라졌습니다. 전혀 일치하지 않아요. 아주 다양한 교회가 생겼고, 라디오를 들어보면 많은 다른 주장을 하는 설교자들이 나옵니다. 선교 기관들이 너무 많아요. 그리고 그들은 모두 각각 다른 의견을 주장합니다. 그들은 모두 하나님에 대해 다른 것을 가르치고 전합니다.

이런 상황에서 저는 어떻게 해야 합니까?

이게 제 문제입니다."

나는 나 자신에게 묻는다.

'하나님에 대해 이야기하고 있는 이 많은 사람 가운데서, 우리가 듣고 있는 이 모든 의견 가운데서, 과연 어느 것이 진실인가?'

몬테레이 노부인은 정곡을 찔렀다. 그녀의 질문은 직접적이고 심오했다.

이 질문은 현재 세계 어디에서나 들을 수 있는 주요한 질문이다. 하나님에 대한 수천 가지 다른 의견이 있다.

어느 것이 진실인가?

어떻게 확신할 수 있을까?

오늘날 우리는 신학과 선교학을 어느 기초 위에 세울 것인가?

이 상황이 우리에게 가장 큰 영향을 미치는 곳은 라틴아메리카이며, 라틴아메리카 교회를 개척하는 주제와 직결된다.

10여 년 전, 데이비드 마틴은 그의 책『불의 혀: 라틴아메리카 개신교의 폭발』(*Tongues of Fire: The Explosion of Protestantism in Latin America*)의 서문에서 다음과 같이 말했다. 유명한 종교사회학자 피터 버거(Peter Berger)는 오늘날 라틴아메리카의 상황에 대해 언급했다.

> 이 책은 오늘날 세계에서 일어나는 가장 놀라운 발전 가운데 하나를 다룬다. 특히 라틴아메리카에서 저개발 사회의 광대한 지역에 복음주의 개신교가 급속히 확산되고 있다. 오늘날 종교 현장을 국제적 관점에서 본다면, 거대한 활력을 가진 두 개의 세계적 운동이 있다. 하나는 보수적 이슬람교 운동이고, 다른 하나는 보수적 개신교 운동이다. 보수적 개신교의 성장이 갖고 있는 잠재적 영향력은 실제로 매우 강력하다. 라틴아메리카에서 복음주의 개신교의 성장은 가장 극적인 경우이다(Martin 1990, vii).

21세기 라틴아메리카에서 새로운 교회 개척에 대한 우리의 생각은 분명한 동기에서 출발한다. 오늘날 우리는 이 주제에 대해 복잡하고 모순된 현실에 직면해 있다. 라틴아메리카 사람들의 종교는 동전의 양면과 같다. 한편, 라틴아메리카 인구의 90퍼센트가 자신을 '기독교인'이라고 생각한다.

그러나 이 큰 다수 인간집단 안에서, 국민의 종교와 공식 교회 사이에는 엄청난 차이가 있다. 인구 가운데 적은 퍼센트가 정기적으로 교회에 출석하며 세속화와 명목주의는 매일 성장한다. 그리고 나라마다 현저한 차이가 있지만, 그럼에도 불구하고 거의 모든 국가에서 제도적 교회에 대한 환멸의 감정이 국민들 사이에 팽배하다.

동전에는 양면이 있다. 이 시대 라틴아메리카에는 영적 기근이 심하다. 모든 사람이 어떤 종교적 주제에 대해서도 개방적이고, 거의 모든 종교적인 것들을 시도해 보고, 모든 것을 믿을 수 있도록 개방되어 있다. 우리는 종교적 충성에 관한 경이로운 변화의 시대에 살고 있다.

우리는 16세기 종교개혁처럼 크고 심오한 종교적 변화에 직면하고 있다. 루터, 칼빈, 츠빙글리, 버서 등 개혁주의자들이 우리 마음 속에 두드러지게 남아 있음에도 불구하고, 이 시대는 16세기 종교개혁가가 창백해 보일 정도로 크고 심오한 변화에 직면하고 있다. 피터 버거가 언급했듯이, 우리는 새로운 종교 형태, 새로운 교회 구조, 새로운 영적 표현의 창조에서 위대한 종교 혁명의 시대를 항해하고 있다.

이런 종교적 현실의 양면은 경쟁과 의혹의 분위기를 조성하는 데 기여한다. 이 모든 현실이 새로운 교회를 개척하는 데 지대한 영향을 미친다.

수 세기 동안 단 하나의 공인된 교회, 아직도 많은 나라의 종교적 현실을 지배하는 교회가 있는 곳에서 새로운 교회를 개척한다는 것은 어떤 의미일까?

그런 급진적 종교 변화와 새로운 신자들을 위한 경쟁 분위기 속에서 우리의 동기를 점검하는 것이 가장 중요하다.

새롭고 건강한 교회를 개척하려는 우리의 동기는 무엇인가?

이 장은 주로 라틴아메리카 상황에 초점을 맞추고 있다. 그것은 우리가 우리의 시간과 에너지를 새롭고 건강한 교회를 개척하는 데 쓰고, 그렇게 할 수 있는 창의적 방법을 찾고, 필요한 대가를 치루도록 동기를 부여하는 성경적 기반과 성경적 가치관과 관련된다. 우리는 우리의 행동이 하나님께 영광이 되는 것뿐만 아니라 우리의 동기도 하나님께 영광이 되기 원한다.

교회를 개척하는 이유는 교회를 개척하는 데 사용하는 방법만큼이나 중요하다. 그리고 이유의 중요성은 특히 오늘날 라틴아메리카에서 볼 수 있는 종교적 분위기에서 사실이다. 결국 나중에 알게 되겠지만 교회를 개척하는 일은 우리 일이 아니다. 그것은 하나님의 일이다. 우리의 동기가 하나님께 영광이 되어야 하는 것은 바로 이 때문이다.

이 점을 이해하고, 우리 자신의 내면을 살펴보고 하나님의 마음과 일치하지 않을 수도 있는 우리의 동기를 직시해야 한다. 나는 이런 동기 목록을 제시한다. 독자는 그리스도의 사랑과 일치하지 않는 다음과 같은 동기를 반추해 보기 바란다.

왜 건강한 교회를 개척하는가?

- 우리 교단, 선교 단체, 교회 또는 목사의 작은 왕국, 영역 또는 영향력을 확장하기 위함은 아니다. 이런 이유였다면, 우리는 예수 그리스도의 교회를 개척한 것이 아니라 종교 기업의 새로운 지점을 설립한 것뿐이다.
- 우리 도시나 국가에 있는 다른 모든 교회가 진정한 그리스도의 교회가 아니기 때문이 아니다. 그렇다면, 우리는 우리 자신만이 진리를 가지고 있고 다른 교회들은 하나님 앞에서 틀렸다는 것을 증명해야 한다고 생각한다. 이런 생각은 우리가 교회의 머리 되신 그리스도를 긍정적으로 제시하기보다 우리의 부정적 동기가 다른 교회를 비판하는 데 집중한다는 것을 의미한다. 예수님은 우리가 이웃의 눈에 있는 티끌을 제거하려고 하기 전에 우리 눈에 있는 들보를 빼내라고 말씀하신다(마 7:3-5).
- 우리가 모든 사람에게 한 가지 형태의 종교를 강요하기 위해서가 아니다. 이런 형태의 교회 '개척'은 식민지 시대에 이미 라틴아메리카에서 시도되었고, 비참한 결과를 가져왔다. 성경은 성령의 힘으로 예수 그리스도에 대한 신앙을 고백하고 이 신앙을 바탕으로 그리스도 교회의 일원이 될 가능성이 있는 모든 사람을 공개적이고 사랑스럽고 상냥하고 정중하게 초대하라고 명하신다.[2]

---

2 이 잘못된 동기에 대해, 나는 라틴아메리카에서 새로운 교회를 시작하는 것을 묘사하기 위해 'plant'(식목)이라는 단어를 피해야 한다는 것을 느끼기 시작했다. 라틴아메리카 복음주의자들은 이 단어를 지난 40년 동안 북미에서 새로운 회중과 교회를 시작하는 것과 관련해 사용했다. 이것은 영어 사용법에서 차용했다. 그러나 라틴아메리카 맥락에서, 'plant'라는 단어는 특정한 역사적 뿌리를 가지고 있다. plant는 대부분 무뚝뚝하고, 강제적이며, 정복적이고, 파괴적인 방식으로 교회를 식물처럼 식목했던 스페인과 포르투갈의 제국 정복을 상기시킨다.
나는 멕시코시티에서 태어나 멕시코 남부 치아파스주의 산크리스토발 데 라스 카사스에서 자랐다. 이 두 곳 모두의 스페인 정복 역사는 콜럼버스 이전 문화권에서 살았던 수많은 현지인을 살해한 기록을 포함한다. 이 모든 잔학한 일이 "Planting Churches"(교회 심기)라는 이름으로 행해졌다. 이것은 성경에 나타난 선교 이해와 일치하지 않는 방식이다. 서구 '기독교'의 형식을 강제로 따르게 한 슬프고 실망스러운 역사이다. 이와 같은 식민지 정복 이야기는 라틴아메리카와 카리브해의 많은 지역에서 반복되었다.
또한, 19세기와 20세기의 개신교 선교의 일부 측면에서 외국의 종교 관행의 강요는 16세기 유럽인 세계 정복 역사와 놀랄 만큼 유사한 경우도 있었다. 아마 중남미에서의 복음화와 선교를 언급하면서 우리는 좀 더 겸손하게 '개척'이라는 단어를 사용해야 할 것이다. 또는 'plant'라는 용어를 사용한다면, 우리는 아마도 작은 씨앗을 땅에 심어 놓고 씨앗이 죽어 열매 맺기를 바라는 마음을 갖고, 하나님께서 그 죽은 씨앗을 새로운 생명체로 키우셔서 때가 이를 때 수확할 수 있게 하실 것이라는 마음을 가져야 할 것이다(예를 들어, 막 4:26-29; 요 4:36-37; 1 고전 3:6; 15:36-37 참조).

- 우리가 건강한 교회 개척을 축구 대회처럼 생각하고, 여러 다른 교회 보다 더 많은 개종자를 얻기 위해 경쟁하고 있기 때문은 아니다. 만약 우리의 동기가 경쟁이라면, 우리가 하고 있는 일은 '성도 재활용'이나 '양 훔치기'로 전락할 것이다. 이것은 하나님의 선교가 아니다.
- 우리가 하나님의 백성을 그들이 우리를 따르도록 조종해서 우리 공동체와 나라에서 많은 돈과 명성을 얻고 싶어서가 아니다.
- 건강한 교회를 개척하면 자부심이 커지거나 인정을 받게 되어 유명해질 수 있기 때문에 하는 것이 아니다. 비록 일부 교회 지도자가 이런 심리적 성향을 가지고 있다고 하지만, 우리는 이런 성향에 대해 인정하고 '우리 몸을 하나님께 산 제물로 거룩하고 기쁘게' 바쳐야 한다. 그래야 새롭고 건강한 교회를 개척하는 우리의 활동이 우리의 '진실하고 적절한 예배'가 될 수 있다(롬 12:1).

우리가 만일 우리의 구세주 예수 그리스도와 성령님을 존중하지 않는 선교 동기를 거부한다면, 우리는 새롭고 건강한 교회를 개척하는 참되고 성경적인 동기를 찾는 데 집중할 것이다. 새롭고 건강한 교회를 개척하는 성경적 동기는 삼위일체적 선교학에 기초해야 한다(Ajith Fernando 2000). 이런 이유 때문에, 나는 성경이 제시하는, 우리가 새로운 교회를 개척해야 하는 다섯 가지 이유를 제안한다.

- 성부 하나님께서 잃은 자를 찾을 때까지 찾으시기(seeks and finds) 때문이다.
- 그리스도의 사랑이 우리를 강권하기 때문이다.
- 성령께서 모든 사람(모든 육체)을 위해 오셨기 때문이다.
- 지역 교회가 하나님의 통치, 하나님 나라의 일차적 중심지이기 때문이다.
- 교회 개척은 하나님의 영광을 찬양하는 것이기 때문이다.

본 장에서는 성경의 기초를 다소 넓은 거시적 윤곽을 제시한다. 이 아우트라인은 독자들이 새로운 방법으로 성경을 공부해 '하나님께서 왜 오늘날 우리가 온누리에 새롭고 건강한 교회를 개척하기를 원하시는가'라는 질문에 답할 수 있게 할 것이다. 첫 번째 이유는 하나님의 뜻과 속성 가운데 찾을 수 있다.

3. 성부 하나님께서 잃은 자를 찾을 때까지 찾으시기 때문이다

새롭고 건강한 교회를 개척하기 위한 첫번째 성경적 기초는 가장 기본적이다. 그것은 하나님의 성품에서 비롯한다. 새로운 교회를 개척하는 등 선교하는 모든 노력은 세상을 너무나 사랑하셔서 선교하시는 하나님의 뜻에서 흘러나온다.

> 하나님이 세상을 이처럼 사랑하사 독생자를 주셨으니 이는 그를 믿는 자마다 멸망하지 않고 영생을 얻게 하려 하심이라 (요 3:16).

헨드리쿠스 벌코프는 하나님의 가장 기본적 속성은 우리에게 자신을 드러내시는 것이라고 단언했다 (H. Berkhof 1979, 41-65). 요한일서 4:8은 말한다. 하나님은 사랑이다. 하나님의 사랑은 아가페 곧 자신을 내어주는 사랑이다. 하나님은 언제나 인간에게 먼저 다가오시는 분이다. 인간과 언약 관계 안에서 그들을 수용하신다.

> 나는 너희 중에 행하여 너희의 하나님이 되고 너희는 내 백성이 될 것이니라 (레 26:12).

> 보라 처녀가 잉태하여 아들을 낳을 것이요 그의 이름은 임마누엘이라 하리라 하셨으니 이를 번역한즉 하나님이 우리와 함께 계시다 함이라 (마 1:23).

이 말씀은 하나님의 뜻을 확증하는 기본적인 성경의 약속이다 (Van Engen 1996, 71-89).

성경에 나타난 하나님은 15세기, 16세기, 17세기 유럽 계몽운동가들이 설명하는 부동의 원동자 (unmovable mover)나 근본 원인 (Original cause)도 아니다. 성경의 하나님은 자연신교의 하나님이 아니다. '자연의 법칙'을 규정해 '자연'이 세상을 지배하게 하고 자신은 세상에 존재하지 않는 이신론이 주장하는 신이 아니다. 성경에 나타난 하나님은 단순히 무소부재, 전지, 전능 등 "옴니"(Omni)의 신이 아니다. 이 내용은 웨스트민스터 고백에서 하나님의 속성으로 묘사된다. 성경의 하나님은 슐라이마허 (Schleiermacher)가 제시한 바와 같이 우리 자신의 주관적 경험의 창조물이 아니다. 또한, 하나님은 임마누엘 칸트(Emmanuel Kant)가 표현한 대로 마음 범주의 일부도 아니다. 성경의 하나님은 내재적 하나님(immanent God), 문화적 세계관과 삶의 관점의 산물도 아니며, 의미에 대한 심리적 갈망의 산물도 아니다. 그리고 그분은 또한 인간의 순수한 종교 탐구의 대상이 아니다.

이와는 반대다. 성경의 하나님은 사랑이 많고, 인정이 많으며, 노하기를 더디 하시고, 자비심이 많고, 긍휼이 충만하며, 사람들과 끊임없이 은혜와 사랑을 나누시고, 그들과 언약을 맺기 원하신다. 성경은 골로새서 1장에서 바울이 서술하는 '높은 그리스도론'(high Christology)과 같이, 하나님의 창조물을 보존하시고, 유지하시며, 인류에게 하나님 자신을 드러내시고, 심지어 하나님의 사랑을 거부하는 사람들에게 마음으로 다가가시는 하나님이다. 성경은 이런 하나님을 우리에게 제시한다.

다음 내용은 성경에 나타난 하나님의 선교적 본성에 대한 성경 본문의 개요이다.

1) 인간이 하나님을 거부하더라도 하나님은 모든 인간을 창조하셨고 보살피신다

- 모든 인간은 하나님께서 온 세상을 창조하실 때 동일한 기원을 공유한다 (1-3장; 욥 38-42장; 사 41-46장; 요 1장; 17:16-31; 롬 1장; 시 64:9; 65장; 66:1; 4, 8; 67:3-5; 2:8-13; 21:1). 하나님의 창조 역사로 모든 인류는 아담과 이브를 공통 조상으로 공유한다.
- 대홍수로 모든 인간은 심판을 받았다. 노아와 그의 가족은 모든 인류의 조상이다. 하나님은 무지개(창 6:10)가 증명하듯 모든 인류와 언약을 세우셨다.
- 창세기에 나오는 '국가 목록'(table of nations)은 모든 인류가 같은 종족의 후손이라는 개념을 제시한다(10:5, 6, 20, 31, 32).
- 바벨탑은 모든 인간이 언어의 관점에서 공통 조상을 가지고 있음을 보여준다(11:1-9). 여기서 우리는 하나님의 보편적 사랑 안에서 서로 다른 인간집단을 볼 수 있는데, 이는 셈과 데라의 족보에서 재확인된 개념이다.
- 하나님은 온 땅의 왕이시요, 창조자시요, 통치자시요, 영광의 왕이시다

(삼하 15:10; 왕하 9:13; 사 52:7; 시 32; 47:8; 예 17:12; 엡 1장, 골 1장, 빌 2장; 계 4:9, 10; 5:1, 7,13; 6:16; 7:10, 15; 19:4).

성경의 하나님은 항상 먼저 주도하신다. 그분은 수색을 시작하시고 화해를 통해 모든 인류를 하나님과 새로운 관계로 초대하신다. 이 하나님은 인간을 창조하시고, 그들이 하나님과 끊임없이 교감하며 살아가는 것을 목적으로 계속해서 창조하신다. 하나님께서 손수 인간을 창조하셨다. 창조의 하나님께서 흙으로 인간을 만드셨다. 그 흙덩어리에 생기를 불어넣으신 하나님은(창 2:7), 그 흙덩어리를 사랑스럽고 즐겁고 조심스럽게 하나님의 형상(Imago Dei)으로 사람을 만드셨다(Gen 2:20-25).

아담과 이브가 하나님께 죄를 짓고 하나님의 얼굴에서 몸을 숨기자 성경의 하나님께서는 고통과 괴로움 가운데 아담을 부르셨다.

"아담아, 아담아, 어디 있느냐?"

이 성경의 하나님께서는 노아와 그의 가족을 대홍수에서 구하시고 다시는 모든 사람을 물로 심판하지 않겠다고 약속하셨다(창 6-9장).

하나님께서는 창조하시고 지탱하신다. 하나님의 자녀로서 우리는 또한 우리에게 맡겨진 창조물을 돌보는 법을 배워야 한다. 우리는 인간 생명의 가치를 확인하고 생존권을 지키기 위해 노력해야 한다. 건강한 교회 개척과 관련해, 첫 번째 진리는 우리가 모든 사람이 창조자를 알 수 있도록 노력해야 한다는 것을 암시한다. 우리는 예수 그리스도를 믿는 신앙에 모든 인간을 초대해 창조주를 찬양하고 영광 돌리게 한다. 이런 방식으로 우리는 각 인간의 삶을 보살피시는 하나님의 일에 참여할 수 있고, 따라서 그들이 사는 삶의 실존을 변화시킬 수 있다(Bakke 2000, Padilla, Yamamori, ed. 2003 참고).

2) 하나님은 사랑과 자비의 하나님이시다

성경은 거듭 하나님이 사랑이시고 자비로우신다는 것을 증언한다. 성경에 나타난 삼위일체 하나님은 하나님의 백성에게 자신을 드러내시는 아가페 사랑의 하나님이시다.

모세는 애굽를 떠난 후 자신이 하나님 존전에 있음을 알게 되었다. 그 하나님과의 만남에 대해 성경은 다음과 같이 말한다.

여호와께서 그의 앞으로 지나시며 반포하시되 여호와로라 여호와로라 자비롭고 은혜롭고 노하기를 더디하고 인자와 진실이 많은 하나님이로라 인자를 천대까지 베풀며 악과 과실과 죄를 용서하나 형벌 받을 자는 결단코 면죄하지 않고 아비의 악을 자녀 손 삼 사대까지 보응하리라 (출 34:6-7).

이런 하나님의 임재에 대한 비슷한 묘사는 성경에서 수없이 반복된다(출 22:27; 민 14:18; 신 5:9-10; 7:9-10; 왕하 30:9; 느 9:17; 시 51:1; 86:5, 15; 103:8; 11:4; 112:4; 116:5; 145:8; 욜 2:13; 욘 4:2; 미 7:18; 약 5:11).

성경에 나타난 하나님은 시편에서 말하는 사랑의 하나님이시다. 시편에는 자주 하나님의 사랑과 자비, 보살피심을 묘사하는 시들이 나온다. 예를 들어, 시편 23편은 너무도 유명하다.

여호와는 나의 목자시니 내게 부족함이 없으리로다 (시 23:1).

이사야서 6장은 선지자 이사야의 소명 과정을 묘사한다. 이사야는 성전에서 선교사 하나님, 아브라함의 하나님, 이삭과 야곱의 하나님을 만난다. 이사야는 하나님과의 만남을 경험하면서 자신의 오감이 모두 작동했다. 이사야는 높이 들린 보좌에 앉으신 하나님을 보았다. 스랍들이 하나님을 찬양하는 소리를 들었다. 문지방의 터가 흔들리는 것을 느꼈다. 성전을 가득 채운 연기 냄새를 맡았다.

하나님의 용서의 숯이 입술에 닿고 죄가 용서되는 경험을 했다. 이 만남에서 제일 중요한 것은 하나님과 이사야의 관계에 국한되지 않는다. 그 이상이다. 그 만남에는 선교적 요소가 있다. 사랑과 자비의 하나님이 물으신다.

내가 누구를 보내며 누가 우리를 위하여 갈꼬 (사 6: 8b).

이사야의 소명은 이사야를 이스라엘과 모든 민족에게 선교사로 보내려는 선교사 하나님의 염원에 중심을 두고 있다. 이사야가 이스라엘과 오실 메시아에 대해 다음과 같이 선언할 때가 올 것이다. 훨씬 뒤에 등장하는 누가복음에서 나사렛 예수께서 그리스도의 선교에 대해 선언하실 것이다.

하늘을 창조하여 펴시고 땅과 그 소산을 내시며 땅 위의 백성에게 호흡을 주시며 땅에 행하는 자에게 영을 주시는 하나님 여호와께서 이같이 말씀하시되 나 여호와가 의로 너를 불렀은즉 내가 네 손을 잡아 너를 보호하며 너를 세워 백성의 언약과 이방의 빛이 되게 하리니 네가 눈먼 자들의 눈을 밝히며 갇힌 자를 감옥에서 이끌어 내며 흑암에 앉은 자를 감방에서 나오게 하리라(사 42:5-7, 비교, 사 49:6; 61:1-3; 눅 2:32; 4:18-19).

이사야서에 있는 메시아적, 선교적 예언들은 예수님의 어머니 마리아가 노래한 송가 배경의 일부가 된다. 누가복음 1:46-55에 나오는 마리아 송가(Magnificat)의 주요 강조점은 이스라엘과 다른 모든 나라에 대한 하나님의 사랑과 자비로운 본성이다.

예수님께서는 하나님의 본성인 사랑 때문에 자신의 백성과 언약 관계를 맺으려 한다고 강조하신다. 예수님께서 산헤드린(예수 시대 이스라엘 백성을 다스리던 70인 회중) 회원으로 유대인 지도자이며 바리새인인 니고데모에게 말씀하셨다.

하나님이 세상을 이처럼 사랑하사 독생자를 주셨으니 이는 그를 믿는 자마다 멸망하지 않고 영생을 얻게 하려 하심이라(요 3:16).

예수님께서는 이 가르침에서 하나님의 인자하심을 다시 강조하셨다. 이와 같은 또 다른 예는 누가복음 20:9-17에 나오는 달란트 비유에 나온다. 포도밭의 주인으로 묘사된 하나님은 끊임없이 그분의 일꾼들과 관계를 맺으려고 노력하신다(비교, 사 5장).

예수님은 큰 잔치 비유에서 하나님을 잔치를 베푸는 주인으로 등장시킨다. 주인은 종을 잔치에 초대한 사람들에게 보낸다.

주인이 종에게 이르되 길과 산울타리 가로 나가서 사람을 강권하여 데려다가 내 집을 채우라(눅 14:23).

네거리 길에 가서 사람을 만나는 대로 혼인 잔치에 청하여 오라 한대 종들이 길에 나가 악한 자나 선한 자 만나는 대로 모두 데려오니 혼인 잔치에 손님들이 가득한지라(마 22:9-10).

누가는 자신의 복음서 15장에서 세 가지 비유를 결합한다. 하나님께서 어떻게 잃어버린 사람을 사랑하시고 찾고 찾으시는지를 설명한다. 하나님께서 목자가 되어 잃어버린 양을 찾고 찾으신다. 하나님은 잃어버린 동전을 찾고 찾는 여인과 같다. 하나님은 잃어버린 아들이 고향 집으로 돌아올 날을 애타게 기다리는 아버지와 같다. 아버지는 잃어버린 아들을 찾자마자 파티를 열고 즐겁게 축하한다.

여기서 독자들은 이 비유에서 "잃어버렸다"라는 표현은 하나님과의 긴밀한 관계에서 단절된 것을 의미한다는 것을 알아야 한다. 즉 양과 단절된 목자, 동전과 단절된 여인 그리고 방탕한 아들과 단절된 아버지와의 관계를 나타낸다.

바울은 이 사랑의 하나님을 설명하면서 묻는다.

> 자기 아들을 아끼지 아니하시고 우리 모든 사람을 위하여 내주신 이가 어찌 그 아들과 함께 모든 것을 우리에게 주시지 아니하겠느냐(롬 8:32)

베드로도 하나님은 사랑과 자비의 하나님이시라고 단언한다.

> 오직 주께서는 너희를 대하여 오래 참으사 아무도 멸망하지 아니하고 다 회개하기에 이르기를 원하시느니라(벧후 3:9b).

요한은 요한일서에서 가장 기본적인 하나님의 속성을 사랑으로 단언한다.

> 하나님은 사랑이심이라(요일 4:8b).

요한계시록에서 우리는 이 사랑의 하나님께서 새 예루살렘의 어린양을 중심으로 모든 지파와 언어와 민족과 족속에서 사람들을 한자리에 모이게 하실 것을 본다(계 5:9; 7:9; 15:4; 21:24; 22:2).

우리는 그리스도를 믿고 영접해 이 사랑 많으시고 자비로우신 아버지의 자녀가 되었다(요 1:12). 그러므로 우리는 하나님의 자녀로서 사랑하시는 아버지와 함께 실종자 수색과 구조에 참여해야 한다. 실종자 구조에 참여하지 않으면 이 사랑의 하나님의 아들과 딸이 될 수 없다.

또한, 하나님의 아들딸이 함께 모여 사랑의 하나님을 경배할 때, 우리는 아직 사랑 많으시고 자비로운 아버지를 아직도 알게 하지 못한 이들을 생각하며 안타까운 마음을 갖는다. 우리가 함께 모여 하나님을 경배할 때마다 우리는 모든 인류를 사랑하시는 하나님을 찬양하는 자리에 다른 사람들을 함께 참여할 수 있도록 초청해야 할 소명을 기억한다.

3) 하나님은 모든 민족 가운데 잃은 영혼을 수색하는 일에 하나님의 백성을 사랑의 도구로 선택하신다

하나님은 특정 민족의 하나님이시며 동시에 모든 민족의 하나님이시다. 성경에 나오는 "국가"(nations)라는 단어는 예를 들어 한국이나 멕시코와 같은 현대 정치적 실체인 국가를 지칭하지 않는다. 성경에 나오는 국가는 언어, 문화, 조상과 역사에 의해 규정된 특정 인간집단을 가리킨다.

구약에서 "국가"라는 용어는 이스라엘 주위에 있는 민족적 실체, 국민, 문화 인간집단을 말한다. 이스라엘은 '암'(am)이고, 하나님의 백성이며, 국가는 '고임'(goyim)이다. 다른 모든 민족은 하나님의 백성(am)이 아니다.

성경은 아브라함의 부름에서 시작해 아브라함과 사라의 자손, 곧 하나님의 백성이 민족과 국가들 사이에서 하나님의 사랑의 도구가 되기 위해 존재한다는 것을 분명히 한다.

아브라함과 이삭과 야곱의 하나님은 이집트에서 자기 백성의 부르짖음을 들으시고, 모세와 그의 창조물을 이용해 이집트에서 노예생활을 하던 그들을 구원하기 위해 이끌어 내셨다. 이 출애굽 사건에는 두 가지 상호 관련된 목적이 있었다. 첫 번째 목적은 이스라엘 백성이 시내산에서 아브라함과 이삭과 야곱의 하나님을 새롭게 알고 예배하게 하는 것이었다(출 6:2-7; 7:16; 8:1, 1, 20; 9:1, 13; 10:3,8; 14:31; 20:2).

그러나 이것은 단지 하나님께서 그분의 백성을 이집트에서 구출하는 것을 통해 가르치기 원하신 것의 일부에 불과했다. 하나님의 계획은 훨씬 더 크고, 깊고, 심오하다. 하나님께서는 출애굽을 통해 아브라함, 이삭, 야곱의 하나님이 유일한 참 하나님이시며, 지상의 모든 생명을 창조하시고 유지하시는 분임을 이집트와 주변 '나라' 모두가 알게 되기를 원하셨다(출 5:2; 7:5; 17; 8:10; 9:14,16; 10:4,18,31; 14:418,31).

하나님께서 민족들 가운데 그분의 백성을 하나님의 도구로 사용하시는 것은 매우 중요하다. 몇 세기 후, 바울은 하나님의 사랑의 선교를 설명하면서 이 구절을 인용한다. 하나님께서는 출애굽 사건이 전개되는 중에 모세로 하여금 바로에게 말하도록 하셨다.

> 내가 너를 세웠음은 나의 능력을 네게 보이고 내 이름이 온 천하에 전파되게 하려 하였음이니라(출 9:16; 참조, 롬 9:17).

다음 내용은 하나님의 사랑과 이 사랑을 '민족과 나라들'에 전하기 원하시는 하나님의 열망을 보여 주는 성경 본문의 개요이다.

- 하나님은 이스라엘에게 "너희들 가운데 있는 이방인"에게 제공해야 할 특별한 보살핌에 관한 구체적인 계명을 주신다(창 12:10; 20:1; 21:34; 47:4; 출 20:10; 22:21; 레 18:26; 20:2; 25:40; 민 15:14-16; 신 10:18-19; 26:5-11; 왕상 8:27,41-43; 대하 6:18,32[솔로몬의 성전 봉헌]).
- "국가"는 하나님의 활동에 중요한 역할을 한다(신 26:19; 대상 16:8,31; 시 9:1, 19-20; 47:1,7-9; 64:9; 65; 66:1,4,8; 67:1-5; 72:17-18; 96:3,7,7,7,7-6; 97:5-9; 98:2-3,9; 102:13-15; 108:3; 113:4; 사 2:2-4, 40:5,17; 49:5-6; 52:15; 55:4-5; 56:6-7; 60:3,11; 62:2; 66:2; 66:19-20; 렘 4:2; 습 2:11-13; 암; 욘; 미 1:1-7; 4:1-5).
- 구약과 예수님의 말씀에서 비추어 보면, 솔로몬의 성전은 "모든 민족을 위한 기도의 집"이다. 솔로몬의 성전은 '이방인'을 위한 특별한 기도 장소였다(대하 6:32-33; 미 4:1-2; 사 56:7; 렘 7:11; 마 21:13; 막 11:17; 눅 19:46; 마 25:32; 행 14:15-17).
- 하나님은 이스라엘을 "모든 민족 가운데 두시기 위해" 모든 민족을 향한 사랑의 도구로 선택하셨다(출 6:6-8; 19:5-6; 신 4:20; 7:6; 14:2; 26:1; 딛 2:14; 벧전 2:9-10). 니고데모와의 대화(요 3장), 예수님의 메시아적 선교 선언(눅 4:18-19)에서 하나님의 백성을 향한 하나님의 의도를 설명하셨다(사 35:4-8; 61:1; 히 1:9; 시 45:7; 마 11:1-6[세례 요한]; 시 145:14-21; 눅 1:46-55; 삼상 2:1-10; 마 25:31-46; 행 2:42-47).

- 바울은 하나님의 보편적 선교를 모든 사람에게 빚진 자라는 개념으로 이해했다(롬 1:14). 바울은 '그리스도의 비밀의 경륜'에 참여하기로 작정했다(엡 2:11-3:21).
- 하나님의 백성은 모든 민족을 향한 하나님의 보편적 사랑의 표식이다(사 11:12; 49:22; 62:10; 마 5; 요 3:14,15; 12:32; 롬 1:14).

하나님께서 그 백성과 맺으신 언약 안에는 창조주를 아직 알지 못하는 이방 민족을 구원하려는 목적이 포함되어 있다. 에밀리오 누네즈(Emilio Nuñez)는 노아와 맺은 언약에 초점을 맞춰 하나님의 언약에 포함된 선교적 의미를 이해하는 데 도움을 준다. 누네즈는 설명한다.

> 우리의 선교적 성찰의 목적상, 하나님께서 노아와 맺은 언약과 야훼가 인간과 맺는 다른 무조건적 언약으로부터 가장 강조하고 싶은 것은 언약에 나타난 모든 인간의 구원에 대한 하나님의 관심이다. 이 구원은 죄의 용서와 영생의 선물에만 국한되지 않는다. 그것은 또한 인간의 영적(샬롬), 육체적 행복과도 관련이 있었다. 약속은 동물의 왕국(창 9:8-17)으로부터 식물 세계(창 8:22-9:3)까지 모든 것을 포함한다. 하나님은 '땅'과 언약을 세우셨다(창 9: 13). 이 복은 또한 생태적이다.
> "땅이 있을 동안에는 심음과 거둠과 추위와 더위와 여름과 겨울과 낮과 밤이 쉬지 아니하리라"(창 8: 22).
> 그 언약의 효과는 우주적이며, 모든 인류에게 축복이다.
> 무지개는 에스겔 1:28과 요한계시록 4:3에서 하나님의 위엄의 상징으로 언급되었다. 무지개는 종말론적 상징이자 인류의 상징이다. 심판의 날이 다가오고 있다.
> 하나님의 뜻은 분명하다. 아무도 멸망하지 않고 모든 사람이 회개하기를 원하신다(벧후 3:9). 하나님은 모든 사람이 구원받고 진리를 알게 되기를 바라신다(딤전 2:4). 하나님은 구름 속에 무지개가 떠 있는 홍수에 대한 성경 이야기가 모든 인간이 회개하고 구원받기 위해 그리스도를 믿도록 하는 강력한 동기가 되기를 원하신다.
> 우리가 주님의 만찬에 참여할 때마다, 그리스도 안에서 형제자매들과 성도의 교제를 나누면서, 우리는 이 새 언약을 인치시기 위해 그리스도께서 흘린 피

를 기억한다(마 26:26-29). 세상의 죄를 짊어지시고(요일 2:2), 많은 사람의 몸값을 지불하시기 위해(마 20:28; 벧전 1:18-19) 그리고 세상과 하나님 사이의 화해를 위해(고후 5:8-21; 엡 2:16; 골 1:20-21) 피를 흘리셨다. 우리는 어린양이 피를 흘림으로 그 피가 "세상의 죄를 담당하셨다"(요 1:29)는 사실을 기억해야 한다. 우리는 또한 교회가 하나님께 순종해 '그분이 다시 오실 때까지' 성찬의 식탁에 계속 둘러 앉아야 한다는 것을 기억해야 한다. 다시 말하면, 다윗의 아들이 다시 돌아와서 온 땅을 다스릴 때까지 이 보혈의 피를 계속 기억해야 한다.

하나님께서 노아와 이스라엘 백성과 맺은 언약은 모든 민족의 구원에 대한 하나님의 관심을 증명한다. 구약에 나오는 언약들은 세계 기독교 선교에 견고한 기반을 제공한다. 언약은 또한 총체적 선교 개념의 기초가 된다. 왜냐하면, 그 언약에 포함된 약속들은 물질뿐만 아니라 영적인 것도 포함하기 때문이다. 언약은 모든 인간에게 하나님의 복을 제공한다(Nuñez 1997, 181-82, 214; Van Engen 번역).

위에 언급한 바와 같이, 모든 사람을 향한 하나님 사랑의 실재는 그리스도 안에 있는 모든 신자가 하나님의 본성을 따라 잃어버린 영혼을 찾는 일에 참여해야 한다는 것을 보여 준다. 다시 말해서, 하나님의 자녀가 된다는 것은 우리가 새롭고 건강한 교회를 개척해야 한다는 뜻이다. 우리의 하늘에 계신 아버지께서는 잃어버린 영혼을 찾으시기에, 그분의 자녀인 우리도 아버지의 일을 해야 한다.

그리스도를 알고 신앙생활을 한 지 어느 정도 된 복음주의 교회의 신자인 사람은 영혼을 찾으시는 하나님을 머릿속으로는 알고 있지만, 그것을 삶으로 실천하지 못하는 경우가 많다. 새롭고 건강한 교회를 개척해야 하는 근본적 근거는 하나님의 본질에 있다. 사랑 많으시고 자비로우신 하나님은 인간에게 자신을 계시하시고, 그들과 언약 관계를 맺기 원하신다. 이 이유 때문에 교회를 개척하는 것은 선택 사항이 아니다. 반대로, 교회 개척은 우리 신앙의 본질적 모습이다.

우리가 이런 하나님의 자녀라면, 모든 인간을 찾도록 수색하고, 찾아내, 믿음의 공동체에 편입시켜 그들이 하나님과 화해할 수 있도록 가능한 모든 일을 다 해야 한다(고후 5장). 성경적 선교학은 궁극적으로 새롭고 건강한 교회를 개척하려는 우리의 동기가 단순히 교회의 본질에서 비롯된 것이 아니라 하나님의 뜻에 기인한다는 것을 전제한다.

아래 각주에서는 사랑과 자비심 때문에 잃어버린 사람을 찾고 찾아내시는 하나님의 관점을 강조하는 학자들의 연구 목록을 볼 수 있다.[3]

4. 그리스도의 사랑이 우리를 강권하시기 때문이다

하나님께서 잃어버린 영혼을 찾고 구원하는 것을 통해 하나님의 사랑과 자비를 어떻게 나타내시느냐가 예수 그리스도의 선교, 성령을 보내심, 하나님께서 다스리신다는 기쁜 소식을 온 세상에 알리라는 교회의 부르심, 하나님께 영광을 돌리는 선교의 바탕이다. 따라서 이제 새롭고 건강한 교회를 개척하는 주요 동기가 되는 예수 그리스도의 선교를 간략하게 개괄한다.

1) 성육신

성육신은 그리스도의 선교를 구체화한다.

> 하나님이 세상을 이처럼 사랑하사 독생자를 주셨으니 이는 그를 믿는 자마다 멸망하지 않고 영생을 얻게 하려 하심이라(요 3:16).

> 말씀이 육신이 되어 우리 가운데 거하시매 우리가 그의 영광을 보니 아버지의 독생자의 영광이요 은혜와 진리가 충만하더라(요 1:14).

---

3 Karl Barth 1961; Johannes Blauw 1962; Richard de Ridder 1975; John Fuellenback 1995; Arthur Glasser, with Charles Van Engen, Dean S. Gilliland and Shawn B. Redford 2003; Ken R. Gnanakan 1993; Roger Hedlund 1985; Walter C. Kaiser, 2000; Gerhard Kittel and Gerhard Friedrich, eds. 1985; George E. Ladd 1959; Helen Barrett Montgomery 1920; Johannes Nissen 1999; Emilio A . Nuñez 1997; C. René Padilla 1998; Donald Senior and Carroll Stuhlmueller 1983; Norman Snaith 1944; John Stott 1981; Valdir R. Steuernagel 1991; Mark Strom 1990; Charles Van Engen, Dean Gilliland and Paul Pierson, eds. 1993; Gailyn Van Rheenen 1983; Gerhard von Rad 1962; and George Ernest Wright 1955, 1961.

하나님의 사랑은 이론이나 추측에 머무르지 않는다. 오히려 하나님은 큰 사랑으로 인해 육신을 입으셨다. 그분은 자기 땅에 오셨다(요한 1:11).

예수님 안에서 그리스도(메시아) 하나님은 인간, 육체와 뼈를 입으셨다. 그분은 문화적으로는 유대인이셨으며, 가이사 아구스도의 통치 아래 1세기에 팔레스타인에 살았던 실존 인물이셨다. 당시 총독은 수리아 총독 구레뇨였다(눅 2:2). 하나님은 추상적이거나 순전히 신비로운 방식으로 오시지 않았다. 그분은 구체적인 상황, 가시적이고 식별 가능한 현실에서 인간과 관계를 맺으셨다.

사랑은 보인다. 예수님과 제자들 사이의 사랑과 마찬가지로 '그리스도의 사랑'은 우리를 모든 사람과의 상호 작용을 통해 하나님의 사랑을 보이라고 강권한다.

> 그런즉 누구든지 그리스도 안에 있으면 새로운 피조물이라 이전 것은 지나갔으니 보라 새 것이 되었도다 모든 것이 하나님께로서 났으며 그가 그리스도로 말미암아 우리를 자기와 화목하게 하시고 또 우리에게 화목하게 하는 직분을 주셨으니 곧 하나님께서 그리스도 안에 계시사 세상을 자기와 화목하게 하시며 그들의 죄를 그들에게 돌리지 아니하시고 화목하게 하는 말씀을 우리에게 부탁하셨느니라 그러므로 우리가 그리스도를 대신하여 사신이 되어 하나님이 우리를 통하여 너희를 권면하시는 것 같이 그리스도를 대신하여 간청하노니 너희는 하나님과 화목하라(고후 5:17-20).

하나님께서 인간들 사이에 거처하시는 육신을 입으셨듯이 그리스도의 제자들은 공동체, 마을, 도시의 일부이다. 이 때문에 새롭고 건강한 교회를 개척하면 복음이 구체적 장소, 특정 문화, 특정 사람들 사이에서 탄생하고 성장한다는 것을 보장한다. 그리고 실제로 이 새롭고 건강한 교회들은 하나님의 임재와 은총의 대사들이다. 그리스도를 따르는 이 무리들을 통해 하나님께서는 그리스도를 찾아오는 모든 사람을 하나님과 화목하라고 초대하신다.

예수 공동체는 새로운 회중이었다. 예수님은 공생애 3년 동안 자신과 함께 길을 걸어온 제자(아마 120명까지)가 많았다. 그들은 함께 걷고, 함께 먹고, 함께 기도하고, 함께 웃고, 함께 울었다. 그 제자 집단은 신약성경에 나오는 첫 번째 회중이었다.

예수님의 추종자들이 신약성경에 나오는 첫 번째 회중이었던 것처럼, 오늘날 예수님의 추종자들은 새로운 회중을 구성한다. 사람들이 예수 그리스도의 제자가 되면서 새로운 교회가 탄생한다. 이런 집단을 구성하는 사람들은 그들의 문화와 맥락에 영향을 받은 살과 뼈로 이루어져 있다.

새롭고 건강한 교회를 개척하는 것은 교회의 본질에서 흘러나오는 선교활동의 열매이다. 그리스도의 사랑은 우리에게 주가 주시는 구원을 선포하라고 강권한다. 그리고 사람들이 그리스도를 따르기로 결심하고 그리스도의 이름으로 함께 모였을 때, 새로운 교회가 탄생한다. 예수님은 약속하신다.

> 두세 사람이 내 이름으로 모인 곳에는 나도 그들 중에 있느니라(마 18:20).

예수님께서는 성령을 통해 그분의 추종자들이 그분의 이름으로 모이는 곳이면 어디든지 그 시간과 장소에 참석하겠다고 약속하신다.

> 예수께서 대답하여 이르시되 사람이 나를 사랑하면 내 말을 지키리니 내 아버지께서 그를 사랑하실 것이요 우리가 그에게 가서 거처를 그와 함께 하리라(요 14:23).

즉, 예수님의 제자들이 그분의 이름으로 모일 때 그리고 서로 사랑할 때, 예수님과 아버지 하나님께서는 성령의 임재를 통해 그들과 함께 계신다.

왜 우리는 새롭고 건강한 교회를 개척해야 하는가?

그리스도의 사랑은 항상 그리스도의 제자들이 그분의 이름으로, 사랑의 분위기에서 함께 모일 때 구체적으로 나타나기 때문이다. 이것은 특정한 장소에서 일어난다. 시골, 마을, 그들만의 특별한 언어와 문화를 가지고, 살과 뼈를 가진 사람들 사이에서 일어난다. 이런 곳에서는 "그리스도의 사랑이 우리를 강권한다." 왕의 왕 되신 주의 제자가 되게 하려고 우리 주변으로 사람들을 초대하라고 강권한다.

2) 문맥화

문맥화는 문화 상황을 반영한다. 예수님의 제자들이 모이면, 예수님이 계신 분위기 속에 모인다. 이런 분위기 속에서 예수 그리스도의 복음이 교회의 문화적 맥락에 자연스럽게 스며든다. 새로운 사람들 가운데 새롭고 건강한 교회를 개척하는 것의 탁월성은 그들이 교회를 개척하는 문화 상황을 반영한다는 점이다.

예수님께서 만나 교제하시는 사람에게 각각 다른 반응을 보이셨다. 사마리아 여인에게는 생명수를 제공하셨다. 배고픈 군중들에게는 음식을 주셨다. 마리아와 마르다를 위해, 그분은 죽은 사람들 가운데서 그들의 형제인 나사로를 다시 살리셨다. 예수님의 사역에서 사람들에게 맞게 달란트를 나누어 주셨다.

이와 같이, 각 회중은 그들의 교단이나 선교 단체 또는 모 교회 문화만을 반영해서는 안 된다. 그들은 또한 경제, 언어 그리고 세계관의 관점에서 그들이 교회를 개척하는 문화를 반영해야 한다. 건강한 교회는 주변 상황에 맞는 문화를 반영해야 한다.

다시 말해서, 그들은 토종 관목들 사이에 심긴 외래의 관목이 되어서는 안 된다. 대신에 그들은 잘 자랄 수 있는 고향 땅에 심긴 나무가 되어야 한다. 100년 이상 동안, 선교학자들은 이런 문맥화 개념을 따랐다. 핵심 학자로 롤랜드 알란, 존 네비우스, 멜 호지스, 존 A. 맥케이, 올란도 코스타스, 루벤 티토 파레데스(Rubén Tito Paredes) 등을 들 수 있다. 지역 교회는 복음이 문맥화되는 현장이다.

3) 하나님의 선교를 위한 부르심

건강한 교회는 오직 자기 교회만 생각하기 위해 함께 모이는 그리스도의 추종자들이 아니다. 교회가 주변 문화권 밖에 도달하지 못하면 건강하고 성숙하지 못할 것이다. 예수님의 진정한 추종자들은 그리스도의 새로운 추종자를 만들려고 노력한다. 선교 지상 명령에 내포된 5대 명령 외에 누가복음 9장과 10장에서도 선교적 부르심을 명확하게 볼 수 있다(마 28:18-20; 비교, 마 10:5-15; 막 16:15-16; 눅 24:46-49; 행 1:8; 요 15:12-17; 21:15-17).[4]

---

[4] 대부분의 선교학자들은 선교 지상 명령을 새로운 교회를 시작하기 위한 성경적 기초라고 기술한다. 이런 경우 저자들은 성경을 통틀어 지상 명령이 하나님의 선교와 관련되어 있다는 선교신학적 해석을 검토하는 데 거의 관심을 기울이지 않는다. 다음 예를 보라, Robert Logan 1989, 190-92; Robert Logan 2002, 15, 9; Aubrey Malphur 1992, 119-23;

성경적으로 말해서, 새로운 제자들을 만드는 일은 단순히 개인 활동이기 보다는 집단 활동이었다. 사도행전에서 교회가 탄생한 이래 그리스도의 제자들이 주님의 추종자라는 사실은 제자집단 회합에 다른 제자들과 함께 나온 것을 알 수 있다. 앞에서 보았듯이 예수님은 말씀하신다.

> 두세 사람이 내 이름으로 모인 곳에는 나도 그들 중에 있느니라(마 18:20).

기독교 신앙생활은 언제나 집단으로 일어난다.

선교적 그리스도론은 그리스도의 인격과 그분의 성품을 그분의 행동과 분리시키지 않고, 그분의 인성을 신성과 분리시키지 않는다. '역사의 예수'와 '신앙의 그리스도'를 분리하지도 않는다. 오히려 세상을 구원하기 위해 아버지로부터 보내심을 받은 분으로서 예수님의 선교 사역을 강조한다. 이 총체적 선교 사역에는 그분의 직분(선지자, 제사장, 왕)과 구원자, 해방자, 현자로서의 사역이 포함된다. 예수님께서 제자들에게 자신의 선교 사명을 이전하시며 말씀하셨다.

> 아버지께서 나를 보내신 것 같이 나도 너희를 보내노라(요 20:21b).

예수님의 선교와 사역은 그리스도를 따르는 자들의 소명과 헌신의 기초이다.

바울은 사도행전에 나오는 첫 번째 설교에서 선언한다.

> 주께서 우리에게 명하시되 내가 너를 이방의 빛으로 삼아 너로 땅 끝까지 구원하게 하리라(행 13:47; 참조, 눅 2:32).

예수님께서는 함께 그리스도의 몸을 구성하는 제자들에게 그분의 직책과 사역, 선교를 이양하셨다. 우리가 그리스도의 제자로서 예언자, 제사장, 왕, 치료자, 해방자, 지혜자가 되는 것은 그리스도의 선교를 이양 받았기 때문이

Marlin Nelson 2001, 39-47; Elmer Towns and Douglas Porter 2003, 11-25; C. Peter Wagner 1990, 19; and C. Peter Wagner 1980, 44-46.

다. 그리스도의 몸으로서의 지역 교회는 이 세상에서 예수님의 선교와 사역을 실행에 옮기기 위해 존재한다.

근본적으로 말하면, 지역 교회는 다른 사람들, 즉 모든 인간을 예수 그리스도의 제자로 초대하기 위해 존재한다. 그것은 사도행전의 메시지와 같다 (Van Engen 1991, 119-130).

선교사 사고방식을 가진 선교학자들은 구원이 교회 활동에 참여하거나 단순히 교회 회원 되는 것이 아니라고 생각한다. 이런 의미에서, 우리의 소명은 단순히 교회를 '개척'하는 것이 아니다. 가장 기본적인 것은 예수 그리스도의 제자를 만드는 것이다. 새롭고 건강한 교회를 개척하는 것이 그리스도의 선교에 참여하는 새로운 인간집단을 만드는 것이다.

우리의 메시지는 우리 교회의 우월성이나 교의나 신앙고백이 아니다. 게다가 우리는 단순히 사회경제적 또는 정치적 변화의 도구가 되기 위해 존재하는 것이 아니다. 우리 메시지는 사도신경이 고백하는 내용과 같다.

> 고난을 받아 십자가에 못 박혀 죽으시고,
> 장사된 지 사흘 만에 죽은 자 가운데서 다시 살아나셨으며,
> 하늘에 오르시어 전능하신 아버지 하나님 우편에 앉아 계시다가,
> 거기로부터 살아있는 자와 죽은 자를 심판하러 오십니다.

요한은 계시록에서 미래를 그린다.

> 이 일 후에 내가 보니 각 나라와 족속과 백성과 방언에서 아무도 능히 셀 수 없는 큰 무리가 나와 흰 옷을 입고 손에 종려 가지를 들고 보좌 앞과 어린 양 앞에 서서 큰 소리로 외쳐 이르되 구원하심이 보좌에 앉으신 우리 하나님과 어린 양에게 있도다 하니 (계 7:9-10; 참조, 5:9; 10:11; 11:9; 13:7; 14:6; 17:15).

이 비전은 요한이 예수님에게서 전에 들었던 약속이 성취되는 것이다. 예수님께서 약속하셨다.

> 내가 땅에서 들리면 모든 사람을 내게로 이끌겠노라 (요 12:32).

지역 교회 회중은 하나님의 보좌, 어린양의 보좌 주위에 모여 있는 수많은 무리를 나타내는 상징이다. 이 재림 시간의 성취를 기다리며, 성령 강림과 재림의 시간 사이에 예수님과 우리의 하늘 아버지께서 우리에게 성령을 보내셔서 그분의 교회를 세우게 하셨다.

5. 교회를 세우도록 성령을 모든 사람에게 보내셨기 때문이다

건강한 교회를 개척하는 세 번째 근본적 이유는 성령께서 교회를 세우시기 때문이다. 궁극적으로 우리는 교회를 개척하는 사람이 아니다. 여러분과 내가 교회를 키우는 것이 아니다. 교회는 오직 성령의 역사하심 때문에 존재한다. 이 성령론에는 세 가지 측면이 있다.

1) 성령은 모든 사람에게 주어졌다

성령은 구원하는 영이시다. 하나님 아버지와 그분의 아들 예수 그리스도는 아무도 멸망하지 않고, 모두가 구원받기를 바라는 마음으로 성령을 보내셨다. 사도행전 2장에서 누가는 성령께서 예수님의 제자들에게 강림하셨을 때 일어났던 첫 오순절 사건을 서술한다. 그들은 "다 같이 한 곳에 모였고"(행 2:1), 새로운 지역 교회를 결성했다. 성령은 불과 바람의 형태로 보내지셨고, 제자들은 "다른 언어들로 말하기 시작했다"(행 2:4)

누가는 베드로의 말을 통해 전한다.

> 말세에 내가 내 영을 모든 육체에 부어 주리니(행 2:17b).

누가는 성령께서 모든 사람에게 보내지셨다는 사실을 강조한다(행 2:8). 모든 사람이 자신의 모국어로 베드로의 설교를 들을 수 있던 장소 목록을 우리에게 제공한다. 도표 11을 보면, 이 기간 동안 예루살렘에 모였던 주요 문화와 민족의 목록을 우리에게 제공한 누가의 천재성을 높이 평가할 수 있다. 이 곳 사람들은 예수 그리스도의 복음을 그들 자신의 모국어로 들었다. 이것은 듣는 기적이었다. 성령의 특별한 역사가 일어났다.

신약에 나온 오순절 참석자들의 '국가 목록'

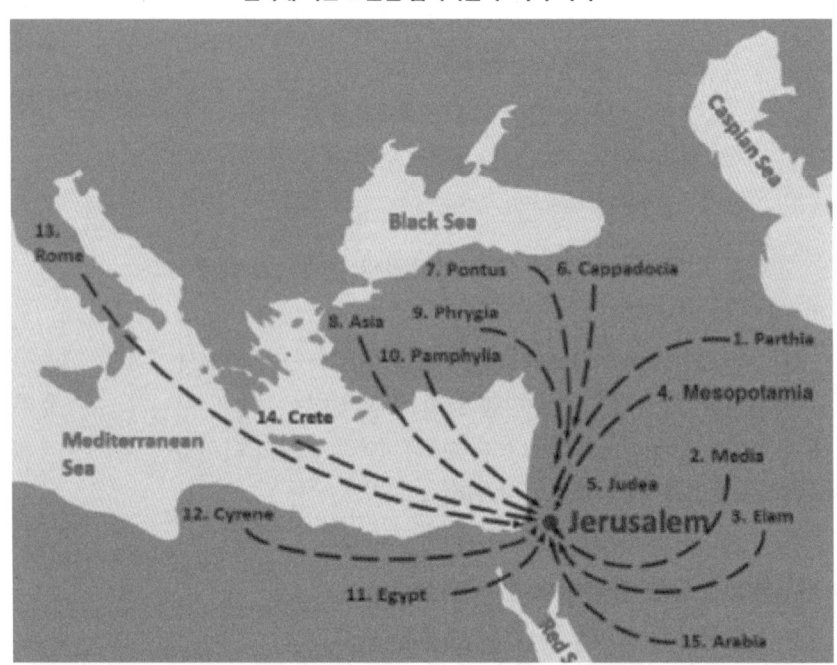

로마제국의 지역		로마제국의 도시	파르티아 제국의 지역
5. 유대	10. 밤빌리아	예루살렘	1. 바대인
6. 갑바도기아	11. 애굽	13. 로마	2. 메대인
7. 본도	12. 리비아		3. 엘람인
8. 아시아	14. 그레데인		4. 메소포타미아인
9. 브루기아	15. 아라비아		

도표 11: 신약에 나온 '국가 목록' (쇼운 레드포드의 허락을 받아 사용함)

누가는 사도행전 2:9-11에서 베드로의 오순절 설교를 들은 사람들을 위해 열다섯 개의 출신지를 언급한다. 사도행전에 나오는 이 '국가 목록'은 창세기 10장 내용을 반영한다. 누가는 사도행전 2장에서 바벨탑 사건에서 있었던 언어 혼란이 오순절에서 회복되고 치유되었음을 보여 준다. 오순절 참석자들은 주로 로마제국 내의 아시아 지역과 바대(페르시아 제국)와 매대(메데스), 그레데(크레타)와 로마에서 왔다. 이 모든 사람은 그들 자신의 마음의 언어로 복음을 들었다.

왜 새롭고 건강한 교회를 개척하는가?

왜냐하면, 성령께서 새로운 교회 회중들을 통해 모든 사람의 삶을 계속해서 변화시키기를 원하시기 때문이다. 누가는 오순절과 똑같은 방식으로 성령께서 강림하신 이야기를 네 개의 다른 문화를 대표하는, 네 개의 다른 장소에서, 네 번 더 반복한다. 사도행전 4장은 유대, 8장은 사마리아, 10장은 고넬료(코넬리우스, 하나님을 경외한 이방인, 유대교로 개종한 사람), 19장은 에베소의 이방인("땅 끝까지")에게 성령이 임하셨다.

성령께서는 '모든 사람'을 대표하는 여성과 남성들로 구성된 새롭고 건강한 지역 교회 회중을 개척하고 싶어 하신다. 사도행전을 보면 이 목표에 도달하기 위해 성령께서는 지역 교회의 성도들을 통해 새롭고 건강한 교회를 개척하기 원하신다. 이런 교회 설립 과정은 신약성경의 규범이다.

2) 성령은 건강한 새로운 교회 회중을 세우신다

결국, 교회는 우리 인간이 세우는 것이 아니라는 사실을 인식해야 한다. 사실 우리는 또한 새로운 교회 회중을 개척할 수 없다. 이것은 성령의 작품이다. 사도행전에 나타난 성령은 교회의 성장과 건강, 발전을 책임지신다. 사도행전에서 우리는 성령께서 다음과 같은 일을 하시는 것을 본다.

- 교회를 세우신다.
- 교회를 개혁하시고 변화시키신다.
- 교회에 능력을 부여하신다.
- 교회를 통합하신다.
- 예수님의 말씀에 새로운 지식과 깨달음을 주신다.
- 교회를 세상으로 보내신다.
- 교회 내에서 성장하고자 하는 욕망을 조성하신다.
- 교회의 선교 활동에 참여하신다.
- 교회를 인도하신다.
- 교회를 통해 기도하고 교회를 위해 기도하신다.
- 교회에 증언과 선교를 위한 말씀을 주신다.
- 원활한 커뮤니케이션을 가능하게 하신다.
- 청자의 수용성을 촉진하신다.

- 사람들에게 그들의 죄, 정의, 심판을 납득시키신다.
- 사람들로 예수 그리스도를 믿게 하신다.
- 기독교인들이 교회가 될 수 있도록 함께 모으고 통합하신다.
- 새로운 신자를 받으신다.
- 하나님께서 그토록 사랑하시는 세상으로 교회를 보내신다.

성령께서 가장 크게 원하시는 것은 교회 성장이다. 아무리 좋은 전략이라도 그 전략만으로는 교회를 성장시킬 수 없다. 바르트의 말과 같이 교회는 "하나님의 신비한 창조물"이며 성령의 역사하심을 통해 존재한다. 우리는 이 진실을 알고 있으면서도 종종 잊어버린다. 아마도 성령께서 홀로 독자적으로 일하시는 경우가 거의 없기 때문에 성령의 역할을 잊어버린다. 성령께서는 예수님의 제자인 인간 도구를 사용해 새롭고 건강한 교회를 만드는 일을 성취하기를 즐겨하신다.

이런 성령의 열망(desire)은 사도행전과 신약성경 전반에 걸쳐 뚜렷이 나타난다. 사도행전 13장은 이 점을 주목할 만한 방법으로 강조한다. 누가는 안디옥에서 교회 지도자들의 명단을 알려 준 후, "내가 불러 시키는 일을 위하여 바나바와 사울을 따로 세우라"라고 말씀하신 분이 성령이셨음을 알려 준다(행 13:2).

사도행전 나머지 부분은 누가가 2장에서 언급한 다른 장소에 새롭고 건강한 교회들을 개척하는 데 성령께서 바울, 바나바 등 많은 사람을 어떻게 사용하셨는지에 대한 이야기이다. 이에 따라 전 세계 모든 교회가 새롭고 건강한 교회를 개척하는 일에 삼위 하나님의 대리인이 되라는 성령의 부르심에 귀를 기울여야 한다. 건강한 모든 교회는 성령의 능력을 통해 새로운 교회를 개척하는 일에 관심을 갖고 적극적으로 참여해야 한다.

6. 성령께서 교회 성도들에게 은사를 주시고 그들이 새로운 교회 회중을 개척하라고 보내신다

교회 개척을 수행하기 위해 성령께서 그리스도의 신도들에게 특별한 은혜의 수단으로 은사를 주신다. 확실히 독자들은 성령께서 그리스도의 몸 구성원들에게 선물로 주시는 다른 은사들을 언급하는 신약성경 구절들을 잘 알고 있다(롬 12:1 고전 12; 엡 4; 벧전 4:10-11).

성령은 몸의 중추신경계와 같다고 말할 수 있다. 인체의 신경이 뇌에서 근육으로 전기 자극을 운반하는 것처럼 성령도 교회의 머리이신 그리스도의 명령을 지체들에게 전달하시며 근육을 움직이게 하신다. 즉, 성령은 그리스도 몸의 지체를 이 세상에서 교회의 선교를 위해 움직이게 하신다. 성령의 은사를 신중하게 효율적으로 사용하지 않고는 새롭고 건강한 교회를 개척할 수 없다.

에베소서 4장에 대한 세심한 연구는 성령의 은사가 두 가지 보완적 목적을 가지고 주어진다는 것을 보여 준다. 한편으로, 은사는 교회 성도들의 발전과 성숙을 위해 사용된다. 그러나 성령의 일은 거기서 그치지 않는다. 성도들의 발전과 성숙은 교회의 테두리를 벗어난 다른 목적을 가지고 있다. 그들은 세상에서 선교 활동을 위해 주어진다. 에베소서 4:12에서 바울은 은사가 주어진 이유를 설명한다.

> 이는 성도를 온전하게 하여 봉사의 일을 하게 하며 그리스도의 몸을 세우려 하심이라 (엡 4:12).

바울이 본문에서 사용하는 단어는 헬라어로 '디아코니아'(*diakonia*, 봉사)인데 영어로는 'service'로 번역한다. 이 단어는 '디아콘'(deacon, 집사)과 어근이 같다. 바울은 이 핵심 단어를 '하나님의 선교'와 동의어로 자주 사용한다. 예를 들어, 바울은 에베소서 3:1-7에서 자신이 "비밀"의 "일꾼"(deacon)이 되었다고 말한다. 이에 이방 사람들이 "복음으로 말미암아 그리스도 예수 안에서 함께 상속자가 되고 함께 지체가 되고 함께 약속에 참여하는 자가 된다"고 에베소서 3:6에서 말한다.

성령의 은사는 아직 그리스도를 구원자로 알지 못하는 사람들을 그리스도 께로 불러들이기 위해 교회 안에서처럼 교회 밖에서 행해지는 사역 활동이다. 이런 은사들이 이렇게 교회 밖에서 활용될 때 교회가 세워진다. 즉, 교회가 총체적 방식으로 성장한다. 유기적, 영적, 사회적, 수치적 성장이 일어난다(Costas 1975; 1974; 1979).

성령의 은사는 성령께서 아직 그리스도의 제자가 되지 않은 사람들의 삶을 만지기 위해 사용하시는 선교적 은사이며, 그들을 변화시켜 그리스도의 교회로 들여 와 새롭고 건강한 교회 회중을 만든다.

이런 은사는 성령께서 직접 주시는 것이기 때문에, 오직 성령의 열매, 즉 사랑, 기쁨, 화평, 인내, 친절, 자비, 양선 등에 젖은 분위기에서만 사용되어야 한다(갈 5:22-23, 엡 4:1-6). 이 은사들이 성경적으로 사용될 때, 새로운 사람들이 그리스도를 찾아오고 새롭고 건강한 교회가 탄생한다. 성령께서 이미 세워진 교회를 성장시키기 위해서만 이런 은사를 주시는 것이 아니다. 성경적 교회 성장은 신자들과 새롭고 건강한 신도들의 증식을 가져온다. 성경적 교회 성장은 또한 이런 새로운 회중들을 둘러싼 이웃들의 사회와 문화의 변혁을 초래한다.

현재, 전 세계에는 새로운 교회를 충분히 낳지 못한 대형 교회들이 너무 많다. 그들은 마치 '모든 사람'에게 하나님의 은혜를 나누지 않고 자신만을 위해 하나님의 은혜를 독식하는 것 같다. 건강한 교회는 지역적 그리고 세계적으로 새로운 교회들을 개척하면서 스스로를 재생산한다. 건강한 교회는 예루살렘과 온 유대와 사마리아와 땅 끝까지 이르러 증인이 되고 성령의 능력을 통해 예수 그리스도의 선교에 참여한다(행 1:8). 이 선교 활동에서 성령의 역사하심으로 건강한 교회는 다른 새롭고 건강한 교회들을 개척할 것이다.

7. 지역 교회가 하나님 나라의 일차적 대리인이기 때문에

성령의 사역에 대한 위의 해설은 새롭고 건강한 교회를 개척해야 하는 네 번째 근본적 이유를 생각하게 한다. 네 번째 이유는 교회의 본질과 하나님의 나라와의 관계와 많은 관련이 있다. 나는 여기서 교회가 새로운 회중을 재생산하는 것이 교회의 자연스럽고 본질적인 측면임을 강조한다.[5] 이것은 모든 건강한 교회들에게 기대할 수 있다. 우리는 또한 부정적으로 이렇게 말할 수 있다. 스스로를 재생산하지 않는 지역 교회는 무언가 문제가 있다. 우리는 이것을 세 가지 관점에서 생각한다.

먼저 건강한 교회의 본질에 대해 성경이 우리에게 가르쳐 주는 것을 상기해야 한다.

우리가 새로운 교회와 건강한 교회를 개척할 때 어떤 교회를 개척할 것인가?

해답은 사도행전 2장과 데살로니가 전서 1장에 나온다. 여기에 나오는 교회는 생긴 지 채 1년도 되지 않은 새로운 교회이다. 이 교회 신도에 대한 묘사가 흥미롭다. 누가는 사도행전 2:43-47에서 새 신도들이 구약성경 계명과 나사렛 예수님을 메시아로 충실히 따르는 메시아적 유대인으로 구성되어 있다고 설명한다. 데살로니가 신자들의 경우, 바울은 "하나님께서 당신을 선택했다"는 것을 증명하기 위해 그 교회의 특징을 언급한다(살전 1:4).

데살로니가 신자들이 선택받았다는 사실을 어떻게 알 수 있을까?

그 사실은 데살로니가 교회가 다음과 같은 특성을 나타내기 때문에 알 수 있었다. 새 교회의 이런 특징들이 나타나는 성경적 맥락을 볼 때, 누가도 바울과 마찬가지로 특정 신자 집단에 대한 서술형 설명을 제공할 뿐만 아니라, 규범 형식으로 기술한, 자신이 믿는 참되고 진정한 지역 교회를 요약해 주고 있다. 다시 말해서, 우리 교회와 새롭고 건강한 교회는 다음과 같은 특성을 보여야 한다.

---

5 건강한 교회를 개척하기 위한 성경적 근거의 개발과 관련해 가장 좋은 자료는 베네수엘라 카라카스의 목사이자 생화학자인 페르난도 모라(Fernando Mora)의 자료이다(Fernando Mora 2000, 3장을 참고하라). 이 책은 페르난도에게 fmorac@cantv.net으로 연락하면 구할 수 있다. 또한, 스튜어트 머레이(Stuart Murray 1998, 36-65)를 참고하라.

- 기적(miracles)과 특별한 표적(signs)이 있다.
- 교회가 주변 환경에 영향을 미친다.
- 교회 신도들은 모든 것을 공유하고 서로 돌본다.
- 그들은 함께 식사하고 성찬식과 특별한 연합을 거행한다.
- 하나님을 찬양하고 경배한다.
- 주께서 날마다 구원받는 사람의 수를 더해 주신다(행 2:43-47).
- 그들은 예수님을 구세주로 고백한다.
- 복음이 능력과 함께 도래한다. 기적과 특별한 표적이 있다.
- 말씀이 전파된다.
- 그들은 사랑의 교감을 나눈다.
- 그들은 삶의 모범을 보여 준다.
- 복음을 위해 고통을 받는다.
- 영적 기쁨을 보여 준다.
- 급진적 개종 경험을 보여 준다.
- 온누리에 이런 변화의 목격자가 생긴다.
- 그들은 새로운 희망을 보여 준다(살전 1:2-10).

건강한 교회에 대한 성경의 설명과 관련해 여러 가지를 더할 수 있다. 하지만 한 가지 이슈만 언급한다. 이 두 교회 모두 복음 전도와 선교 그리고 교회와 신자들의 수치적 성장을 위해 헌신했다. 두 구절에서 언급된 교회의 이런 특징 중 한두 가지를 강조하고 싶을 때가 있다. 그러나 이런 특징들은 모든 것이 함께 작동할 때 형성되는 현실을 묘사한다. 이런 특성 중 하나 또는 두 가지만 강조하고 나머지 특성을 무시하는 것은 불가능하다. 그렇게 하는 것은 누가와 바울이 이 두 교회를 묘사하는 형식을 무시하는 것이다.

각각의 설명은 완전한 하나의 패키지이다. 유기적이고 총제적인 것이다. 통일성, 예배, 기적과 표적을 강조한다는 것은 복음을 전할 때 교회의 선교, 신자들의 수치적 성장을 이끌어 내는 방법 그리고 새롭고 건강한 교회를 개척하려는 시도들을 강조해야 한다는 것을 의미한다(Van Engen 1981, 178-90 참고).

1) 새로운 교회 개척은 하나님의 선교의 이차적 목표이다

교회는 그리스도의 몸으로서 세상의 축복과 변혁을 위해 이 세상에 물리적으로 존재한다(롬 12장; 고전 12장; 엡 4장; 벧전 2장; 4장). 이 진리는 우리에게 교회의 궁극적 중요성을 강조할 의무를 준다. 모든 시대와 문화 가운데 존재하는 교회, 세상 속의 보편적 교회는 하나의 개념이다. 이 이상도 이하도 아니다. 사실, 이 교회는 구체적이고 눈에 보이는 형태로 존재하지 않는다.

가시적으로 존재하는 다수의 지역 교회들은 각각 보편적 교회의 지역적 표현이다. 여러분과 나, 예수 그리스도의 모든 신자가 결코 보편적 교회를 경험하지 못할 것이다. 우리가 세상으로 보내지는 기반은 성도들의 친교를 경험하고 영적으로 성장하는 지역 교회이다. 그런 만큼 성령의 능력 안에서 그리스도를 사랑하고 하나님을 경배하는 남녀의 모임인 지역 교회의 중요성은 아무리 강조해도 부족하다.

그럼에도 불구하고, 지역 교회만이 우리 선교의 최종 목표가 될 수 없다. 지역 교회를 개척하고, 성장하게 하며, 보살피는 것이 우리 선교의 이차적 목표이다. 올란도 코스타스는 우리가 이 점을 볼 수 있게 한다(Costas 1974, 90; 1979, 37-59; 1982, 46-48). 우리의 선교 활동의 최종 목표는 하나님의 영광이다.

건강한 교회 개척은 하나님의 선교의 이차적 목표이며 필수적이다. 하나님은 세상에서 이루어지는 하나님의 선교를 위해 지역 교회를 하나님의 주요 도구로 선택하셨다. 이와 같이, 최종 목표에 도달하기 위해서, 전 세계에 수천 개의 새로운 선교적 교회를 세우는 사역이 가장 중요하다. 그리스도를 믿음으로 사람들의 삶이 바뀌고 도시나 국가의 가족, 사회경제, 정치 구조가 급진적 변혁을 이룰 때 하나님께서 영광 받으신다. 이 모든 것은 성령이 지역 교회를 통해 예수 그리스도 안에서 하나님의 나라가 온다는 것을 총체적으로, 말과 행동을 통해, 상황에 적절하고 성경적으로 온전한 방식으로 선포했기 때문이다.

8. 새 교회 개척이 하나님께 영광을 돌리기 때문에

왜 새롭고 건강한 교회를 개척하는가?

다섯 번째 이유가 제일 중요하다. 새로운 교회를 개척하는 것은 하나님께 영광을 돌린다. 이야기의 결론은, 새롭고 건강한 교회를 개척하는 것은 교단이나 선교 단체의 영광을 위한 것이 아니다. 목사나 전도자의 영광을 위해서가 아니다. 그것은 모교회의 영광을 위한 것도 아니다. 새롭고 건강한 교회를 개척하는 우리의 근본적 동기는 항상 하나님께 영광을 돌리고 싶은 철저한 열망이다.

1) 에베소서 1장에 나타난 열 가지 복

본 장에서 언급한 모든 내용은 에베소서 1장에 나오는 바울의 말로 요약할 수 있다. 교회와 교회의 선교에 관한 그의 주요 편지인 에베소인들에게 보내는 편지를 시작하면서 바울은 원시 교회의 가장 오래된 찬송가 하나를 사용한다. 비록 음악 악보는 알려지지 않았지만, 바울이 편지를 쓰기 위해 그 찬송가를 사용했기 때문에 찬송가 가사들은 보존되었다. 그 찬송가는 열 개 동사를 사용하고 있다.

이 열 가지 행동은 삼위일체 삼위 각각에 대해 세 구절로 나뉜다. 나는 이 구절을 "열 가지 복"이라 부른다. 각 구절은 삼위일체 각자의 일과 특별한 역할을 강조한다. 하나님께서 우리를 위해 행하신 일에 대한 이 노래는 아름답고, 깊고, 감동적이다. 그럼에도 불구하고 찬송가 중 가장 두드러진 부분은 세 번씩 반복된 구절이며 찬송가 전체에서 후렴구의 역할을 한다. 그 구절은 다음과 같다.

> 그의 영광의 찬송이 되게 하려 하심이라(엡 1:12b).

> 그의 영광을 찬송하게 하려 하심이라(엡 1:14c).

아래 찬송가의 가사를 보라. 에베소서 1:1-14에 나타난 열 가지 복은 다음과 같다.

성부를 통해
선택 받았다.
성도가 되었다.
예정되었다.
양자가 되었다.
후렴: 성자의 영광의 찬송이 되게 하기 위해

구속 받았다.
죄사함 받았다.
비밀에 참여한 자 되었다.
그리스도 안에서 통일되었다.
그와 함께 상속자가 되었다.
후렴: 성령의 영광의 찬송이 되게 하기 위해

약속의 성령으로 인치심을 받았다.
성령께서는 하나님 소유의 보증이 되사 그 얻으신 것을 속량하신다.
후렴: 영광의 찬송이 되게 하기 위해

수 세기 후 우리는 기스베르투스 보에티우스(Gisbertus Voetius, 1589-1676)의 저서에서 바울이 에베소서들에서 강조한 내용과 같은 내용을 발견한다. 네덜란드의 신학자 교수인 보에티우스는 최초의 개신교 선교사 중 한 명이었다. 17세기 초에 보이티우스는 성경에 나타난 교회의 선교는 세 가지 목표를 가지고 있다고 단언했다. 그는 성경에 나오는 하나님의 선교 목표는 개종(conversio), 교회 개척(gentili plantation ecclesiae), 하나님의 영광(gloria Dei)이라고 말했다(Barvinck 1960, 155ff).

지난 5세기 동안, 이런 관점은 개신교 종교개혁의 후손인 복음주의 교회들 사이에서 선교의 가장 근본적 바탕이 되었다. 가장 기본적인 것은 이런 복음주의 교회의 교회 확장 동기는 이 선각적 목표에서 비롯되었다는 것이다. 하나님은 남성과 여성이 그리스도의 제자, 교회의 책임 있는 구성원 그리고 그들이 살아가는 상황 변혁의 대리자가 되기를 원하신다.[6] 마태복음에 나오는 선교 지상 명령 세 부분(제자삼기, 세례주기, 가르치기) 모두도 이 관점과 일치한다(마 28:18-20).

2) 계시록에 나타난 환상

성경에서 가장 눈에 띄는 새롭고 건강한 교회는 새 예루살렘에서 하나님의 목자 예수 그리스도의 보좌를 중심으로 함께 모이는 회중이다. 요한이 계시록의 마지막 몇 장에서 묘사하는 비전은 놀랍기 그지없다. 천사는 요한에게 말한다.

> 신부 곧 어린 양의 아내를 네게 보이리라(계 21:9c).

요한이 묘사하는 수사적 인물, 구술로 그린 그림은 예수 그리스도의 교회의 핵심적 표현 중 하나이며, 바울도 교회의 남편인 예수님께 갈 준비가 된 신부라고 묘사한다(엡 5:23-27).
얼마나 멋진 그림인가!
그 천사는 교회를 새 예루살렘으로 선포하고 있다. 아론이 광야에서 성막 제단으로 세운 열두 개의 돌로 만든 열두 문이 닫히지 않는 새 예루살렘 교회가 되었다. 그 천사는 요한에게 말한다.

> 만국이 그 빛 가운데로 다니고 땅의 왕들이 자기 영광을 가지고 그리로 들어가리라(계 21:24).

이 비전은 정말 놀랍다. "땅의 왕들"은 그들의 언어, 문화, 역사, 문명의 화려함을 새 예루살렘으로 가져온다. 이 모든 것을 교회인 새 예루살렘으로 가져온다. 교회의 성전은 예수 그리스도시다. 새 예루살렘 교회의 태양과 빛은 그리스도다. 새 예루살렘 문은 언제나 열려 있기 때문에 모든 사람을 끊임없이 그리고 영원히 그리스도의 피로 씻기 위해 초대할 수 있다.

---

6 이 문구는 도널드 맥가브란의 선교 정의를 각색한 것이다(McGavran 1970, 35).

그리고 그들은 모든 성도와 함께 어린양 보좌를 중심으로 모일 수 있다. 이 새롭고 건강한 교회의 모든 성도는 마치 사도행전 2장에 나오는 오순절의 기적에 화답하듯 수천 개의 언어로 노래한다. 세상의 모든 나라, 민족, 언어, 족속들은 영원한 찬송가로 하나님을 찬양한다.

> 우리 주 하나님이여 영광과 존귀와 권능을 받으시는 것이 합당하오니 주께서 만물을 지으신지라 만물이 주의 뜻대로 있었고 또 지으심을 받았나이다 하더라(계 4:11;).

> 보좌에 앉으신 이와 어린 양에게 찬송과 존귀와 영광과 권능을 세세토록 돌릴지어다 (계 5:13b).

> 구원하심이 보좌에 앉으신 우리 하나님과 어린 양에게 있도다(계 7:10b).

> 아멘 찬송과 영광과 지혜와 감사와 존귀와 권능과 힘이 우리 하나님께 세세토록 있을지어다 아멘(계 7:12).

> 주 하나님 곧 전능하신 이시여 하시는 일이 크고 놀라우시도다 2)만국의 왕이시여 주의 길이 의롭고 참되시도다(계 15:3b).

> 우리가 즐거워하고 크게 기뻐하며 그에게 영광을 돌리세 어린 양의 혼인 기약이 이르렀고 그의 아내가 자신을 준비하였으므로(계 19:7).

새 예루살렘은 교회를 대표한다. 교회를 대표하는 이 도시에는 매우 특별한 나무가 있다. 그 나무 잎사귀들은 만국을 치료하기 위해 있다(계 22:2). 건강한 교회를 개척하는 것은 우리의 하나님의 영광을 찬양하기 위한 것이다. 교회는 이 새로운 실존, 새 하늘과 새 땅을 향해 나아가는 이 비전에 성령의 능력을 통해 참여하는 것이다.

우리가 길을 준비하고, 다른 사람들을 초대하고, 이 비전에 참여하는 방법 중 하나는 하나님의 영광을 위해 새롭고 건강한 교회를 개척하는 것이다. 성경은 우리에게 하나님의 사람들, 즉 교회가 에덴동산에서 새로운 도시인 새 예루살렘을 향해 나아간다고 가르친다.

3) 최종목표: 하나님 영광의 찬송을 위해

왜 우리는 건강한 교회를 개척하기 위해 모든 에너지, 돈, 시간, 인적 자원을 바쳐야 하는가?

나는 이 질문에 대한 가장 근본적 대답을 제시한다. 사랑의 성품이 답이다. 건강한 교회를 개척하는 노력은 하나님의 선교와 성품으로부터 흘러나오기 때문이다.

"하나님이 세상을 너무나 사랑하셨기 때문이다."

사랑, 하나님의 주도성, 그분의 선교 활동이 새롭고 건강한 교회를 개척하기 위한 모든 노력의 기반이다. 하나님의 사랑이 샘이 되었다. 그 사랑의 샘에서 우리가 왜 새로운 교회를 개척해야 하는지에 대한 다섯 가지 이유를 살펴보았다.

- 성부 하나님께서 잃은 자를 찾을 때까지 찾으시기(seeks and finds) 때문이다.
- 그리스도의 사랑이 우리를 강권하기 때문이다.
- 성령께서 모든 사람(모든 육체)을 위해 오셨기 때문이다.
- 지역 교회가 하나님의 통치, 하나님 나라의 일차적 중심지이기 때문이다.
- 교회 개척은 하나님의 영광을 찬양하는 것이기 때문이다.

우리는 교회의 선교를 다음과 같이 기술할 수 있다. 교회의 선교는 하나님의 뜻이다. 성령의 능력 안에서, 이 땅의 모든 민족의 남녀를 예수 그리스도의 추종자가 되고, 그리스도 교회의 책임 있는 구성원이 되게 하고, 믿음 공동체에 참여하도록 초대하는 것이다. 이 신자 무리들은, 하나님 나라의 대리인으로서, 하나님께 찬양을 드리기 위해 그들의 현실 상황을 바꾸려고 노력한다.

그러므로 예수 그리스도의 교회는 성경적에 충실하고 상황에 적절한 방법으로 하나님 나라의 기쁜 소식을 선포하기 위해 창조적인 선교 활동을 해야 하는 사명이 있다. 교회의 수장은 주 예수 그리스도시다. 이런 관점에서 교회가 존재하는 목적은 오직 하나이다. 하나님의 영광을 찬양하기 위해서 존재한다.

새롭고 건강한 교회를 개척하는 우리의 동기는 어떠해야 할까?

우리가 인간적이고, 죄악스럽고, 이기적이고, 억압적인 동기를 선택할 것인가?

아니면 성경이 우리에게 제공하는 동기와 목표를 선택할 것인가?

우리 자신의 영광을 위해 교회를 개척할 것인가?

아니면 우리가 하나님 영광의 찬양을 위한 하나님의 선교에 참여하기로 다짐할 것인가?

9. 결론

멕시코 몬테레이에 사는 한 노부인은 날카로운 질문을 던져 나를 당혹하게 했다.

"종교 기관들이 너무 많아요! 그리고 그들은 모두 각각 다른 의견을 주장합니다. 그들은 모두 하나님에 대해 다른 것을 가르치고 전합니다. 이런 상황에서 저는 어떻게 해야 합니까?"

교회 개척 동기가 중요하다. 다양한 종교적 선택지가 복잡하게 얽혀 있는 가운데, 우리가 새로운 교회를 세우는 자신의 동기에 대해 세심한 주의가 필요하다. 우리의 궁극적 소망은 세상 남녀가 예수님의 제자가 되는 것이다. 오직 두 번째로 새로운 교회의 신도들이 되는 것이다. 다만 예수님의 새로운 제자들이 신앙공동체에 참여해야 하는데, 그 결과로 새로운 교회나 현존하는 교회가 성장한다.

세계의 희망과 우리가 현재 직면하고 있는 현실을 변화시킬 수 있는 가능성은 전 세계 모든 도시와 마을에 수천 개의 새롭고 건강한 교회를 세우는데 있다. 이 교회 회중들은 하나님의 아들과 딸, 예수 그리스도를 따르는 자들로 구성되어야 한다. 그들은 의도적으로 그리고 신중하게 하나님 나라가 임하는 징조가 되고, 성령의 임재와 은사를 받은 자들이다. 그들은 우리 하나님께 드리는 영광의 찬송이다.

왜 새롭고 건강한 교회를 세워야 하는가?

- 하나님이 사랑의 하나님이시기 때문이다. 선교는 하나님께 속한 것이다. 선교의 목적도 하나님께 있다. 성경의 하나님의 의도를 설명한다.

    > 주의 약속은 어떤 이들이 더디다고 생각하는 것 같이 더딘 것이 아니라 오직 주께서는 너희를 대하여 오래 참으사 아무도 멸망하지 아니하고 다 회개하기에 이르기를 원하시느니라(벧후 3:9).

- 우리가 섬기는 종으로 선택되었기 때문이다. 우리는 하나님의 손에 붙잡힌 도구이다. 우리는 그리스도의 몸이며, 모든 민족에게 복의 근원으로, 예수 그리스도께서 우리를 통해 세상에 몸소 함께하신다. 그리스도의 몸 된 우리는, 우리 본성으로 우리의 아들과 딸들을 생산하고 기르는 것처럼 새로운 회중들을 생산하고 키운다. 모든 성숙한 신도들은 다른 신도들의 어머니가 되어야 한다.
- 우리가 하나님의 사랑의 도구이기 때문이다. 우리는 모든 민족과 모든 인간을 향한 하나님의 사랑의 도구가 될 수 있다(마 10:39). 교회는 구성원들을 섬기기 위해 존재하는 것이 아니다. 반대로 교회는 예수 그리스도를 아직 알지 못하는 사람들에게 하나님의 사랑이라는 도구가 되기 위해 하나님의 백성으로 함께 존재한다.
- 우리가 하나님의 선교에 참여하도록 특별히 부름 받았기 때문이다. 하나님의 선택을 구체적으로 표현하기 위한 가장 적절하고 효율적인 방법 중 하나는 새롭고 건강한 교회들을 개척하는 것이다.
- 우리가 하나님의 백성이기 때문이다. 우리는 언제나 하나님의 백성이다. 하나님께서 세상을 너무나 사랑하시어 하나님이 하나뿐인 아들을 주셨기 때문입니다. 그를 믿는 자는 죽지 않고 영원한 생명을 얻게 될 것이다 (요 3:16). 우리는 사랑의 공동체요, 성령의 열매 공동체이다. 우리는 성령의 역사를 통해 예수 그리스도를 아직 알지 못하는 자들이 있는 동안에는 쉴 수 없다. 이는 우리 하나님의 영광을 찬양하기 위함이다.

결론

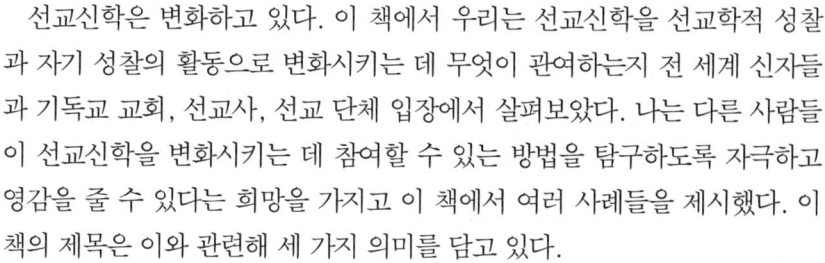

선교신학은 변화하고 있다. 이 책에서 우리는 선교신학을 선교학적 성찰과 자기 성찰의 활동으로 변화시키는 데 무엇이 관여하는지 전 세계 신자들과 기독교 교회, 선교사, 선교 단체 입장에서 살펴보았다. 나는 다른 사람들이 선교신학을 변화시키는 데 참여할 수 있는 방법을 탐구하도록 자극하고 영감을 줄 수 있다는 희망을 가지고 이 책에서 여러 사례들을 제시했다. 이 책의 제목은 이와 관련해 세 가지 의미를 담고 있다.

첫째, 선교신학이 중요하다. 개혁하는 선교신학은 기독교 사상과 교회와 선교 기관의 선교 활동과 관련해 변화무쌍한 역할을 한다. 기독교인들이 그들의 맥락과 역사적 순간에 선교신학 작업을 하는 것처럼, 선교신학은 그들의 선교 사역이 그들이 참여하는 예수 그리스도의 선교에 가까운지 아닌지 주의 깊게 돌아보게 한다.

먼저 자신을 돌아보아야 한다. 우리가 다른 사람의 눈에 있는 티끌을 빼기 전에 예수님의 제자로서 우리 모두가 자신의 눈에 있는 들보를 빼야 한다(마 7:3-5). 우리는 서로가 그리스도의 선교에 참여하도록 영감을 주면서 우리의 선교 동기, 관점, 실천에 성경 말씀의 빛을 비춰야 한다.

선교신학은 변혁적이다. 이런 선교신학의 내적 변혁 기능은 우리가 성경을 읽는 방식(우리의 선교적 해석학)과 역사신학을 하는 방식, 조직신학을 하는 방식을 바꾼다. 선교신학은 우리가 교회의 선교에 대해 성찰할 때 사용하는 자료, 의제, 패러다임 필터(신뢰성 구조)와 관련해 우리를 변화시킨다. 앤드류 커크와 다른 학자들이 우리를 상기시켰듯이, 문제는 선교학이 더 신학적이 되어야 한다는 것이 아니다. 문제는 모든 기독교 사상이 성경에 계시된 하나님의 선교에 근접해져서 더 선교학적 통찰을 가져야 한다는 점이다.

둘째, 선교신학 방법론이 중요하다. 개혁하는 선교신학은 우리가 선교신학 작업을 어떻게 하는가에 달려 있다. 내가 이 책의 여러 장에서 지적했듯이, 우리는 더 이상 우리의 특정한 선교 의제를 뒷받침하기 위한 자기 합리화의 방편으로 선교신학을 할 여유가 없다. 우리는 우리의 선교 사역을 후원하기 위해 선교신학을 너무 자주 이용했다. 우리는 오직 우리의 특정한 선교 사역이 왜 합법적이고, 중요하며, 돈과 인력 지원을 받아야 하는지에 대한 근거와 정당성을 증명하기 위해, 우리만의 선교신학을 만들었다. 그러나 우리는 알아야 한다. 선교는 우리의 선교가 아니라 그리스도의 선교이다.

그리스도의 선교는 도처에 있는 모든 기독교인이 우리의 선교신학 자체를 재고하고 재평가를 하라고 도전한다. 기독교 교회는 우리가 이해하는 것을 우리의 선교신학으로 변화시키는 데 있어 의도적이고 신중할 필요가 있다. 이것은 우리가 그리스도의 선교를 이해하는 방식을 재점검하는 지속적인 과정이다. 우리는 적어도 매년 선교에 대한 우리의 정의를 다시 정립해야 한다.

그리고 우리는 선교를 규정하기 위해 지역적으로, 세계적으로, 문화적으로 그리고 상호 지속적으로 서로의 선교 정의를 들어야 한다. 이 과정을 통해 우리는 함께 우리의 선교신학을 이해하는 새로운 방식으로 끊임없이 개혁할 수 있다. 우리는 함께 우리의 선교신학을 지속적으로 변화시켜 우리가 참여하는 우리 주 예수 그리스도, 교회의 수장 예수 그리스도의 선교와 더 가깝게 성장해 가야 한다.

셋째, 선교신학은 세상을 변화시킨다. 개혁하는 선교신학은 세상을 바라보는 것이다. 선교신학의 본질적이고 통전적인 측면은 선교신학의 동기, 목적, 목표가 우리가 살고 있는 세상을 변화시키는 것이다.

우리는 '화해의 대사'로 세상 모든 사람에게 보내심을 받았다(고후 5:20). 우리는 모두가 하나님과 화해하고, 자신과, 서로와, 창조물과 화목하게 하는 사명을 받았다. 선교신학의 기본 목적은 선교 활동가를 만드는 것이다. 선교신학은 우리로 하여금 갈등하고 상처를 주는 세상, 하나님께서 이처럼 사랑하시는 세상에서 변화를 도모하는 존재가 되게 한다.

선교신학의 목적은 하나님의 백성이 하나님 나라의 복음을 말과 행동으로 선포하는 사역, 잃은 양을 찾아가 그들을 주 예수 그리스도의 추종자가 되게 하는 일에 헌신할 때 성취된다.

선교신학의 방향성이 중요하다. 선교신학이 단순한 선교연구, 단순한 철학적 성찰, 그저 선교 활동을 저해하는 비판으로 전락할 때, 선교신학은 방향성을 상실한다. 선교신학이 방향성을 잃을 때, 성령의 영감이 절실하다.

> 너희는 이 세대를 본받지 말고 오직 마음을 새롭게 함으로 변화를 받아 하나님의 선하시고 기뻐하시고 온전하신 뜻이 무엇인지 분별하도록 하라 (롬 12:2).

선교신학의 존재 이유는 우리가 살고 있는 세상을 변화시키기 위한 그리스도 선교의 선교사를 만드는 것이다. 나는 이 책에서 여러 사례들을 제시했다. 독자들이 이 세상에서 그리스도의 선교를 수행하는 데 적극적으로 참여하도록 영감을 줄 수 있기 바란다.

선교신학은 기도신학이다. 나는 기도한다. 이 책에 제시된 생각들이 독자 여러분을 격려하여 세상의 구원과 하나님의 영광을 위해 선교신학을 변화시키는 신학 작업에 나와 동역할 수 있기를 기도한다.

역자 후기 1

임 윤 택 박사
미국 William Carey International University 선교신학 교수

나는 1988년 풀러세계선교대학원에서 밴 엥겐 교수를 만났다. 그것은 오롯한 은혜였다. 섭리적 만남이었다. 나의 신학 여정은 밴 엥겐 이전과 이후로 나뉜다. 한마디로 밴 엥겐 없는 임 교수는 없다. 나의 영원한 멘토 밴 엥겐 교수는 내게 신학자 이상이다. 나는 한 천재 개혁신학자 안에서 지성과 영성이 이루는 멋진 선교적 하모니를 보았다. 선교신학 강의실에 운행하시는 성령의 감동하심을 경험했다.

이 책은 울림이 있는 개혁신학자 밴 엥겐 교수의 진수이다.

개혁된 교회는 항상 개혁되어야 한다(*Ecclesia reformata, semper reformanda est, the church reformed, always reforming*).

선교신학도 항상 개혁되어야 한다. 구체적으로 개혁하는 선교신학 방법론을 보여 주는 이 책을 통해, 한국 선교사신학자들이 성령의 감동을 받고, 새로운 영적 통찰을 얻게 될 것을 확신한다. 내게 번역은 사명이고 기쁨이다.

패사데나 연구실에서

역자 후기 2

서 경 란 박사
미국 Fuller Theological Seminary 선교학 교수

밴 엥겐 교수님을 떠올리면 늘 수많은 살아 있는 이야기들이 터져 나온다. 내가 풀러신학교에서 공부를 시작하면서 맨 처음 수업이 바로 밴 엥겐 교수님의 수업이었다. 우리 학생들은 교수님의 강의 시간 내내 성경 속의 이야기들과 더불어 그의 삶 속 경험 이야기들 속으로 빠져들어 갔다. 우리는 기도와 찬양과 말씀과 이야기들이 한데 얽혀서 울었고, 웃었고, 분노했고, 기뻐했고, 고통에 신음했고, 감사하는 시간을 가졌다. 나는 예배와 삶이 통합되는 것을 수업을 통해 경험하는 가운데 성령께서 나를 도전하셨다. 하나님 백성들의 이야기들을 늘 우리들의 이야기와 연결시키는 가운데 하나님의 뜻을 찾아가도록 이끄는 능력이 내가 사모하던 것이었다. 이것이 바로 밴 엥겐 교수님의 지도 아래서 내가 박사 과정을 밟게 되는 계기가 되었다.

『개혁하는 선교신학』이라는 책은 밴 엥겐 교수님이 선교신학이라는 이론적 근거를 가지고 삶의 현장에서 실천하는 부분을 다룬 것이다. 멕시코 선교사의 자녀로 태어나 자랐고, 미국과 화란에서 공부하고, 멕시코에서 선교사로서 활동하고, 미국과 전 세계에서 가르치는 경험을 가진 밴 엥겐 교수님은 남미와 북미 그리고 유럽의 문화를 통합하는 특별한 재능을 가지셨다. 단일 문화와 단일 언어권에서 자란 나는 다중 문화와 다중 언어권의 밴 엥겐 교수님을 이해하고 따라가는 것이 무척 힘들었지만, 그를 통해 복음이 여러 상황 속에서 다시 읽혀져야 한다는 것을 깊이 있게 배웠다. 각각의 상황 속에서 나오는 질문들은 모두 다르다는 것과 그 질문들을 가지고 성경을 다시 읽어 내고, 우리 교회의 신학과 역사를 돌아보는 작업을 감당해야 한다는 신학화 작업은 내가 밴 엥겐 교수님으로부터 물려받은 내 재산 목록 1호다. 빠르게 변화하는 상황 속에서 우리 그리스도인들이 계속해서 신학화 작업을 해

나가야 한다는 것은 이미 내게 소명으로 자리잡았다. '성찰과 실천'의 역동적 상호 작용 없이는 맛을 잃은 소금이 되어 길거리에 버려질 수밖에 없다는 것을 나는 계속해서 지켜보고 있다. 모든 신학은 상황신학이라고 말씀하셨던 밴 엥겐 교수님의 말에 이젠 전적으로 동의한다.

특히 밴 엥겐 교수님이 화란의 자유대학교(Free University)에서 요하네스 베르카일의 지도 아래 선교학을 공부하셨고 동시에 칼 바르트의 조직신학으로도 공부하셨기에 선교학에서 실수하기 쉬운 신학적 오류에 빠지지 않고 균형 있는 선교신학을 이끄셨다. 아서 글라서 교수님의 후임으로 밴 엥겐 교수님은 풀러신학교에서 1980년대 후반부터 2000년대 초반까지 "선교학적 해석"(Missiological Hermeneutic)을 가르치셨다. 크리스토퍼 라이트(Christopher Wright)의 『하나님의 선교』(The Mission of God)가 출판되어 "선교적 해석학"(Missional Hermeneutic)이 신학계를 평정하기 전에 이미 풀러신학교에서는 성경에 나타난 하나님의 선교를 읽어 내는 작업을 수행했다. 또한, 1990년대 말에 "선교적 교회"(Missional Church) 담론이 형성되기 이전부터 밴 엥겐 교수님은 "선교적 교회론"(Missionary Ecclesiology)을 가르치셨다. 교회의 본성 자체가 선교적이고, 하나님의 선교를 위해 교회가 존재하는 것에 대한 담론들을 다루었다. 밴 엥겐 교수님의 마음은 늘 전 세계를 향하고 있었기에 북미에서 떠오르는 "선교적"(missional)이란 용어가 유럽과 북미의 문화 가운데서 축소되는 것을 경고하셨는데, 이는 이미 세계 도처의 신생 교회들은 자신의 선교적 본성에 대해 본능적으로 이해하고 있기 때문이라고 하셨다.

글이 살아 있는 경험을 다 담아 내지 못하는 아쉬움을 이곳에서 또 다시 경험한다. 밴 엥겐 교수님의 빅 스마일과 더불어 커다란 울림이 있는 목소리 그리고 따뜻한 포옹을 이 책에 다 담아 내지 못하는 것이 아쉽다. 약자들에 대한 배려와 늘 성령을 의지해 삼위일체 하나님의 일하심을 증거하는 나의 사랑하는 멘토 밴 엥겐 교수님의 책을 번역할 수 있는 특권에 주님께 감사드린다. 코로나19 팬데믹과 더불어 더욱 더 빠르게 변화하는 이 상황과 선교에 대한 용어가 더 이상 특권을 가지지 못하고 사라져가는 상황 가운데 선교신학이 어떻게 신학에 영향을 미치고 우리의 실천에 영향을 미치는 것인지를 독자들이 이 책을 통해 볼 수 있기를 진심으로 바란다.

애나하임에서

부록

주제 헬라어 사전
디아코네오, 디아코니아, 디아코노스

마태복음

4:11 천사들이이 일어나서 예수께 (수종들더라). (막 1:13)

8:15 그의 손을 만지시니 열병이 떠나가고 여인이 일어나서 예수께 (수종들더라). (막 1:31; 눅 4:39)

20:26 너희 중에 누구든지 크고자 하는 자는 너희를 (섬기는 자)가 되고 (막 10:43; 눅 22:26)

22:13 임금이 (사환들)에게 말하되

23:11 너희 중에 큰 자는 너희를 (섬기는 자)가 되어야 하리라.

25:44 주여 우리가 어느 때에 주의 주리신 것이나 목마르신 것이나 나그네 되신 것이나 벗으신 것이나 병드신 것이나 옥에 갇히신 것을 보고 (공양치) 아니하더이까?

27:55 예수님을 (섬기며) 갈릴리에서 부터 좇아온 많은 여자가 거기 있어 (막 15:41; 눅 23:49)

누가복음

8:3 요안나와 또 수산나와 다른 여러 여자가 함께 하여 자기들의 소유로 저희를 (섬기더라).

10:40 마르다는 (준비하는 일)이 많아 마음이 분주한지라(요 12:2)

10:40 내 동생이 나 혼자 (일하게 두는 것)을 생각지 아니하시나이까?

12:37 주인이 띠를 띠고 그 종들을 자리에 앉히고 나아와 (수종하리라)

17:8 내 먹을 것을 예비하고 띠를 띠고 나의 먹고 마시는 동안에 (수종들고)

22:26 두목은 (섬기는 자)와 같을찌니라.

22:27 앉아서 먹는 자가 크냐 (섬기는 자)가 크냐?
22:27 나는 (섬기는 자)로 너희 중에 있노라.

요한복음
12:26 사람이 나를 (섬기려면) 나를 따르라
12:26 나 있는 곳에 나를 (섬기는 자)도 거기 있으리니
12:26 사람이 나를 (섬기면) 내 아버지께서 그를 귀히 여기시리라.

사도행전
1:17 이 (직무)의 한 부분을 맡았던 자라
1:25 봉사와 및 사도의 (직무)를 대신할 자인지를 보이시옵소서
6:1 유대인들이 자기의 과부들이 매일의 (구제)에 빠지므로
6:2 하나님의 말씀을 제쳐 놓고 (접대)를 일삼는 것이 마땅하지 아니하니
6:4 우리는 오로지 기도하는 일과 말씀 (사역)에 힘쓰리라
11:29 제자들이 각각 그 힘대로 유대에 사는 형제들에게 (부조)를 보내기로 작정하고
12:25 바나바와 사울이 (부조하는 일)을 마치고 마가라 하는 요한을 데리고 예루살렘에서 돌아오니라
19:22 자기를 (돕는 사람) 중에서 디모데와 에라스도 두 사람을 마게도냐로 보내고
20:24 내가 달려갈 길과 주 예수께 받은 (사명) 곧 하나님의 은혜의 복음을 증언하는 일을 마치려 함에는.
21:19 바울이 문안하고 하나님이 자기의 (사역)으로 말미암아 이방 가운데서 하신 일을 낱낱이 말하니

로마서
11:13 내가 이방인인 너희에게 말하노라 내가 이방인의 사도인 만큼 내 (직분)을 영광스럽게 여기노니
12:7 혹 (섬기는 일)이면 (섬기는 일)로,
13:4 그는 하나님의 (사역자)가 되어 네게 선을 베푸는 자니라.
15:8 그리스도께서 하나님의 진실하심을 위하여 할례의 (추종자)가 되셨으

　　　　　니 이는 조상들에게 주신 약속들을 견고하게 하시고.
15:25　그러나 이제는 내가 성도를 (섬기는 일)로 예루살렘에 가노니.
15:31　또 예루살렘에 대하여 내가 (섬기는 일)을 성도들이 받을 만하게 하고
16:1　내가 겐그레아 교회의 (일꾼)으로 있는 우리 자매 뵈뵈를 너희에게 추천하노니

고린도전서
3:5　그런즉 아볼로는 무엇이며 바울은 무엇이냐 그들은 주께서 각각 주신 대로 너희로 하여금 믿게 한 (사역자들)이니라
12:5　(직분)은 여러 가지나 주는 같으며
16:15　또 성도(섬기기)로 작정한 줄을 너희가 아는지라

고린도후서
3:3　너희는 우리의 편지라 우리 (마음에 썼고) 뭇 사람이 알고 읽는 바라.
3:6　그가 또한 우리를 새 언약의 (일꾼) 되기에 만족하게 하셨으니
3:7　돌에 써서 새긴 죽게 하는 율법 조문의 (직분)도 영광이 있어
3:8　하물며 영의 (직분)은 더욱 영광이 있지 아니하겠느냐?
3:9　정죄의 (직분)도 영광이 있은즉.
3:9　의의 (직분)은 영광이 더욱 넘치리라.
4:1　그러므로 우리가 이 (직분)을 받아 긍휼하심을 입은 대로 낙심하지 아니하고
5:18　우리를 자기와 화목하게 하시고 또 우리에게 화목하게 하는 (직분)을 주셨으니
6:3　우리가 이 (직분)이 비방을 받지 않게 하려고 무엇에든지 아무에게도 거리끼지 않게 하고
6:4　오직 모든 일에 하나님의 (일꾼)으로 자천하여 많이 견디는 것과
8:4　이 은혜와 성도 (섬기는 일)에 참여함에 대하여 우리에게 간절히 구하니
8:19　여러 교회의 택함을 받아 우리가 맡은 은혜의 (일)로 우리와 동행하는 자라
8:20　이것을 조심함은 우리가 (맡은) 이 거액의 연보에 대하여 아무도 우리

를 비방하지 못하게 하려 함이니
9:1 성도를 (섬기는 일)에 대하여는 내가 너희에게 쓸 필요가 없나니;
9:12 이 봉사의 (직무)가 성도들의 부족한 것을 보충할 뿐 아니라
9:13 이 (직무)로 증거를 삼아 너희가 그리스도의 복음을 진실히 믿고 복종하는 것과 그들과 모든 사람을 섬기는 너희의 후한 연보로 말미암아 하나님께 영광을 돌리고
11:8 내가 너희를 (섬기기) 위하여 다른 여러 교회에서 비용을 받은 것은
11:15 그러므로 사탄의 (일꾼)들도 자기를 의의 (일꾼)으로 가장하는 것이 또한 대단한 일이 아니니라
11:23 그들이 그리스도의 (일꾼)이냐?

갈라디아서
2:17 만일 우리가 그리스도 안에서 의롭게 되려 하다가 죄인으로 드러나면 그리스도께서 죄를 (짓게 하는 자)냐?

에베소서
3:7 내게 주신 하나님의 은혜의 선물을 따라 내가 (일꾼)이 되었노라.
4:12 이는 성도를 온전하게 하여 (봉사)의 일을 하게 하며.
6:21 주 안에서 진실한 (일꾼)인 두기고가 모든 일을 너희에게 알리리라

골로새서
1:7 우리와 함께 종 된 사랑하는 에바브라에게 너희가 배웠나니 그는 너희를 위한 그리스도의 신실한 (일꾼)이요
1:23 나 바울은 이 복음의 (일꾼)이 되었노라
1:25 내가 교회의 (일꾼) 된 것은 하나님이 너희를 위하여 내게 주신 직분을 따라 하나님의 말씀을 이루려 함이니라
4:17 아킵보에게 이르기를 주 안에서 받은 (직분)을 삼가 이루라고 하라

데살로니가전서
3:2 하나님의 (일꾼)인 디모데를 보내노니

디모데전서

1:12 나를 능하게 하신 그리스도 예수 우리 주께 내가 감사함은 나를 충성되이 여겨 내게 (직분)을 맡기심이니

3:8 이와 같이 (집사)들도 정중하고 일구이언을 하지 아니하고 술에 인박히지 아니하고 더러운 이를 탐하지 아니하고

3:10 이 사람들을 먼저 시험하여 보고 그 후에 책망할 것이 없으면 (집사의 직분)을 맡게 할 것이요

3:12 (집사들)은 한 아내의 남편이 되어 자녀와 자기 집을 잘 다스리는 자일지니

3:13 (집사의 직분)을 잘한 자들은 아름다운 지위와 그리스도 예수 안에 있는 믿음에 큰 담력을 얻느니라

4:6 네가 이것으로 형제를 깨우치면 그리스도 예수님의 좋은 (일꾼)이 되어 믿음의 말씀과 네가 따르는 좋은 교훈으로 양육을 받으리라

디모데후서

1:18 그가 에베소에서 많이 (봉사한) 것을 네가 잘 아느니라.

4:5 그러나 너는 모든 일에 신중하여 고난을 받으며 전도자의 일을 하며 네 (직무)를 다하라

4:11 누가만 나와 함께 있느니라 네가 올 때에 마가를 데리고 오라 그가 (나의 일)에 유익하니라

빌레몬서

13 네 대신 나를 (섬기게) 하고자 하나

히브리서

1:14 모든 천사들은 섬기는 영으로서 구원받을 상속자들을 위하여 (섬기라고) 보내심이 아니냐?

6:10 하나님은 불의하지 아니하사 너희 행위와 그의 이름을 위하여 나타낸 사랑으로 이미 성도를 (섬긴 것)과 이제도 (섬기고 있는 것)을 잊어버리지 아니하시느니라

베드로전서

1:12   이 (섬긴 바)가 자기를 위한 것이 아니요 너희를 위한 것임이 계시로 알게 되었으니

4:10   각각 은사를 받은 대로 하나님의 여러 가지 은혜를 맡은 선한 청지기 같이 서로 (봉사하라)

4:11   누가 (봉사하려면) 하나님이 공급하시는 힘으로 하는 것 같이 하라

요한계시록

2:19   내가 네 사업과 사랑과 믿음과 (섬김)과 인내를 아노니 네 나중 행위가 처음 것보다 많도다

참고 문헌

Abraham, William J. 1989. *The Logic of Evangelism*. Grand Rapids: Eerdmans. AD2000 and Beyond. 1999. "The PAD (Presidents and Academic Deans) Declaration," *EMQ* XXXV:3 (July), 321.

Aigbe, Sunday. 1991. "Cultural Mandate, Evangelistic Mandate, Prophetic Mandate: of These Three the Greatest Is . . ." *Missiology* XIX: 1 (January), 31–43.

Allen, Roland. 1962. *The Spontaneous Expansion of the Church*. Grand Rapids: Eerdmans.

____. 1962. *Missionary Methods St. Paul's or Ours?* Grand Rapids: Eerdmans. Andersen, Wilhelm. 1961. "Further Toward a Theology of Mission," in: G. H.

Anderson, ed., 1961, 300–13.

Anderson, Gerald H. 1974. "A Moratorium on Missionaries?" *Christian Century* (January 16); reprinted in Gerald H. Anderson, and Thomas F. Stransky, editors: 1974, 133–41.

____. 1988. "American Protestants in Pursuit of Mission: 1886-986" *IBMR* XII:3 (July), 98–118; reprinted in F. J. Verstraelen, et al 1995, 374–420. Anderson, Gerald H., ed., 1961. *The Theology of Christian Mission*. Nashville:

Abingdon.

____, ed., 1998. *Biographical Dictionary of World Mission*. Grand Rapids: Eerdmans. Anderson, Gerald H. and Thomas F. Stransky, eds., 1974. *Mission Trends No. 1*. Grand Rapids: Eerdmans.

____. 1976. *Mission Trends No. 3*. Grand Rapids: Eerdmans.

Anderson, Gerald H., James Phillips, and Robert Coote eds., 1991. *Mission in the 1990's*. G. R.: Eerdmans.

Anderson, Justice. 1998, "An Overview of Missiology," in John Mark Terry, Ebbie Smith, and Justice Anderson, eds., 1998, 1–17.

Arias, Esther and Mortimer Arias. 1980. *The Cry of My People: Out of Captivity in Latin America*. New York: Friendship.

Arias, Mortimer. 1980. *Venga tu Reino: La memoria subversiva de Jesús*. México: Casa Unida-subsequently published in English as *Announcing the Reign of God: Evangelization and the Subversive Memory of Jesus*. Phil.: Fortress, 1984.

____. 1998. *Anunciando el Reino de Dios, Evangelización integral desde la memoria de Jesús*. San José, Costa Rica: Visión Mundial.

____. 2001. "Global and Local: A Critical View of Mission Models," in Howard Snyder, ed., 2001, 55–64.

____. 2003. *El Ultimo Mandato, la Gran Comisión, Relectura desde América Latina*. Bogotá: Visión Mundial.

Armerding, Carl, ed., 1977. *Evangelism and Liberation*. Nutley, N.J.: Presbyterian and Reformed.
Armstrong, H., M. McClellan, and D. Sills, eds., 2011 (Third Edition). *Introducción a la Misiología*. Louisville: Reaching and Teaching International Ministries.
Eddie Arthur. 2013. "Missio Dei and the Mission of the Church," *The World* [posted 06-2013]. at http://igitur-archive.library.uu.nl/dissertations/1947080/inhoud.htm.
____. 2011. *A Light to the Nations: The Missional Church and the Biblical Story*. Grand Rapids: Baker.
Goodall, Norman, ed., 1953. *Missions Under the Cross*. London: Edinburgh House and N.Y.: Friendship.
Gort, Jerald D., ed., 1978. *Zending Op Weg Naar de Toekomst*. Kampen: Kok. Grenz. Stanley J. 1993. *Revisioning Evangelical Theology: A Fresh Agenda for the 21st Century*. Downers Grove: IVP.
____. 1994. *Theology for the Community of God*. Nashville: Broadman & Holman. Grudem, Wayne. 1994. *Systematic Theology*. Grand Rapids: Zondervan.
Guder, Darrell L. 2000a. *Ser Testigos de Jesucristo: La misión de la Iglesia, su mensaje y sus mensajeros*. Buenos Aires: Kairós; published in English as *Be My Witnesses*. Grand Rapids: Eerdmans, 1985 with English preface to the edition by Charles Van Engen.
____. 2000b. *The Continuing Conversion of the Church*. Grand Rapids: Eerdmans. Guder, Darrell, ed., 1998. *Missional Church: A Vision for the Sending of the Church in North America*. Grand Rapids: Eerdmans.
Guthrie, Stan. 1996. "Úrban Ministry No Longer Neglected Missions Stepchild, ′ *EMQ* XXXII:1 (Jan) 82-83.
Gutierrez, Gustavo. 1974. *A Theology of Liberation* (fifteenth anniversary edition with a new introduction by the author). Maryknoll: Orbis.
____. 1984a. *We Drink from Our Own Wells*. Maryknoll: Orbis.
____. 1984b. *The Power of the Poor in History*. Maryknoll: Orbis.
Hadaway, C. Kirk, Stuart A. Wright and Francis M. DuBose. 1987, *Home Cell Groups and House Churches. Nashville: Broadman*.
Haight, Roger. 1985. *An Alternative Vision: An Interpretation of Liberation Theology*. N. Y.: Paulist.
Haleblian, Krikor. 1982. *Contextualization and French Structuralism: A Method to Delineate the Deep Structure of the Gospel*. (unpublished doctoral thesis). Pasadena: Fuller Theological Seminary.
____. 1983. "The Problem of Contextualization," *Missiology* XI:1 (Jan), 100-5. Harr, Wilbur C., ed., 1962. *Frontiers of the Christian World Mission Since 1938*. N.Y.: Harper.
Hauerwas, Stanley and William Willimon. 1991. "Why Resident Aliens Struck a Chord," *Missiology* XIX: 4 (October), 419-429.
Hedlund, Roger. 1985. *The Mission of the Church in the World: A Biblical Theology*. Grand Rapids: Baker.
____. 1997. *God and the Nations: A Biblical Theology of Mission in the Asian Context*. New Del-

hi: ISPCK.

Henry, Carl. 1947. *The Uneasy Conscience of Modern Fundamentalism*. Grand Rapids: Eerdmans.

_____. 1967. *Evangelicals at the Brink of Crisis*. Waco: Word.

Henry, Carl and W. W. Mooneyham, eds., 1967. *One Race, One Gospel, One Task*. Minn.: World Wide Publ.

Herron, Fred. 2003. *Expanding God's Kingdom through Church Multiplying*. N.Y.: Writer's Showcase.

Hertig, Paul. 1998. Matthew's Narrative Use of Galilee in the Multicultural and Missiological Journeys of Jesus. Lewiston, NY: Edwin Mellon Press.

Hesselgrave, David J. 1978. Communicating Christ Cross-Culturally: An Introduction to Missionary Communication. Grand Rapids: Zondervan.

_____. 1999. "Redefining Holism," *EMQ* XXXV:3 (July), 278–84.

_____. 2000. "Great Commission." Scott Moreau, Harold Netland and Charles Van Engen, eds., 412–14.

Hesselgrave, David and Edward Romen, eds., 1989. *Contextualization: Meanings, Methods, and Models*. Grand Rapids: Baker.

Hiebert, Frances F. 1997. "Beyond the Post-Modern Critique of Modern Mission: The Nineteenth Century Revisited," *Missiology* XXV:3 (July), 259–77.

Hiebert, Paul. 1978. "Conversion, Culture and Cognitive Categories," *Gospel in Context* I:3 (July), 24–29.

_____. 1979. "The Gospel and Culture," in: Don McCurry, ed., 58–70.

_____. 1982. "The Flaw of the Excluded Middle," *Missiology* X:1 (Jan.), 35–47.

_____. 1983. "Missions and the Renewal of the Church," in Wilbert R. Shenk, ed., 157–167.

_____. 1984. "Critical Contextualization," *Missiology* XI:3 (July 1), 287–296; reprinted in *International Bulletin of Missionary Research* XI:3 (July 1), 1987, 104–11; reprinted also in J. I. Packer, ed., *The Best in Theology*. Vol. 2. Carol Stream: CTI, 1989, 387–400; and in Paul Hiebert. *Anthropological Reflections on Missiological Issues*. Grand Rapids: Baker, 1994, 75–92. Chapter 7 of Paul Hiebert. *Anthropological Insights for Missionaries* contains what I believe to be the earliest articulation of Hiebert's concept of "Critical Contextualization" (the title of the chapter) and includes a number of day-to-day examples of Gospel communication in context that Hiebert draws from India.

_____. 1985. *Anthropological Insights for Missionaries*. Grand Rapids: Baker.

_____. 1987. "Critical Contextualization," *International Bulletin of Missionary Research* XI:3 (July), 104–111. (Reprinted in J.I. Packer and Paul Fromer, eds., *The Best in Theology*, vol. 2. Carol Stream: Christianity Today, 1989, 396–99.)

_____. 1989. "Form and Meaning in the Contextualization of the Gospel," in Dean Gilliland, ed., 101–120.

_____. 1991. "Beyond Anti-Colonialism to Globalism," *Missiology*. XIX:3 (July), 263–81.

_____. 1993. "Evangelism, Church, and Kingdom," in Charles Van Engen, Dean Gilliland and

Paul Pierson, eds., 153–61.

_____. 1994. *Anthropological Reflections on Missiological Issues*. Grand Rapids: Baker. Hirsch, Alan. 2007. *The Forgotten Ways: Reactivating the Missional Church*. Grand Rapids: Brazos Press.

Hodges, Melvin. 1953. *The Indigenous Church*. Springfield, MO: Gospel Pub.

_____. 1977. *A Theology of the Church and Its Mission: A Pentecostal Perspective*. Springfield, MO: Gospel Pub.

_____. 1978. *The Indigenous Church and the Missionary*. Pasadena: William Carey Library.

Hoedemaker, L. A. 1995. "The People of God and the Ends of the Earth," in F. J. Verstraelen, A. Camps, L.A. Hoedemaker, and M.R. Spindler, eds., 157–71.

Hoekendijk, Johannes C. 1938. *The World Mission of the Church*. London: IMC.

_____. 1952. *The Missionary Obligation of the Church*. London: Edinburgh House.

_____. 1966. *The Church Inside Out*. Philadelphia, Westminster.

Hoge, Dean and David Roozen, ed., 1979. *Understanding Church Growth and Decline 1950–1978*. N.Y.: Pilgrim Press.

Hogg, William Richey. 1952. *Ecumenical Foundations: A History of the International Missionary Council and its Nineteenth-Century Background*. N.Y: Harper & Bros.

Howell, Richard. 1999. "An Overview and Plea: Christian Persecution in India," (AD2000 and Beyond Movement: email from Luis Bush, 7/19/99).

Hunsberger, George R. and Craig Van Gelder, eds., 1996. *Church Between Gospel & Culture: The Emerging Mission in North America*. Grand Rapids: Eerdmans. Hunter, George G., III. 1979. *The Contagious Congregation*. Nashville: Abingdon. Hybels, Bill and Mark Mittelberg. 1994. *Becoming a Contagious Christian*. Grand Rapids: Zondervan. info@glocalforum.org. 2005. Web site of the Global Metro City-The Glocal Forum.

Jacobs, Donald. 1993. "Contextualization in Mission," in James Phillips and Robert Coote, eds., 235–44.

Jeganathan, W. S. Milton, ed., 2000. *Mission Paradigm in the New Millennium*. Delhi: ISPCK.

Jenkins, Philip. 2002. *The Next Christendom: The Coming of Global Christianity*. Oxford: Oxford U. Press.

Jewett, Paul. 1991. *God, Creation & Revelation*. Grand Rapids: Eerdmans.

Johnson, Benton. 1986, Is There Hope for Liberal Protestantism?" in Dorothy Bass, Benton Johnson and Wade Clark Roof. 1986, 13–26.

Johnson, Todd M. 1987. "Contextualization: A New-Old Idea," *The International Journal of Frontier Mission*. IV:1–4; available also from GEM World Christianity Collection, www.gem-werc.org/papers/papers005.htm.

Johnston, Robert K. 2014. *God's Wider Presence: Reconsidering General Revelation*. Grand Rapids: Baker.

Jongeneel, Jan A.B. 1997. *Philosophy, Science and Theology of Mission in the 19th and 20th Centuries: A Missiological Encyclopedia, Part II: Missionary Theology*. N.Y.: Peter Lang.

Jongeneel, Jan A.B., ed., 1992. *Pentecost, Mission and Ecumenism: Essays on Intercultural Theology*. Berlin: Peter Lang.

Jongeneel, Jan A. B. and Jan M. van Engelen, eds., 1995. "Contemporary Currents in Missiology," in F.J. Verstraelen et al, 1995, 438-57.
Kaiser, Walter C., Jr. 2000. *Mission in the Old Testament: Israel as a Light to the Nations.* Grand Rapids: Baker.
Kelly, J. N. D. 1960. *Early Christian Doctrines.* N.Y.: Harper & Row.
Kimball, Dan. 2003. *The Emerging Church: Vintage Christianity for New Generations.* Grand Rapids: Zondervan.
Kirk, J. Andrew. 1997. *The Mission of Theology and Theology as Mission.* Valley Forge: Trinity Press, Intl.
____. 1999 *What is Mission? Theological Explorations.* London: Darton, Longman & Todd.
Kittel, Gerhard and Gerhard Friedrich, eds., 1964-1976. *Theological Dictionary of the New Testament,* 10 vols. Grand Rapids: Eerdmans.
Köstenberger, Andreas J and Peter T. O'Brien. eds., 2001. *Salvation to the Ends of the Earth: A biblical theology of mission.* Downers Grove: IVP.
Kraft, Charles. 1979. *Christianity in Culture: A Study in Dynamic Biblical Theologizing in Cross-Cultural Perspective.* Maryknoll: Orbis.
____. 1983. *Communication Theory for Christian Witness.* Nashville: Abingdon; reprinted by N.Y.: Orbis, 1991.
____. 1992. "Allegiance, Truth and Power Encounters in Christian Witness," in Jan Jongeneel, ed., 215-30.
____. 1999a. "Contextualization in Three Dimensions," (Sun Hee Kwak Professor of Anthropology & Intercultural Communication, Inauguration Lecture). Pasadena: School of World Mission, Fuller Theological Seminary.
____. 1999b. *Communicating Jesus' Way.* Pasadena: William Carey Library Kraft, Charles, ed., 2005. *Appropriate Christianity.* Pasadena: William Carey Library.
Kraft, Charles and Tom Wisely, eds., 1979. *Readings in Dynamic Indigeneity.* Pasadena: William Carey Library.
____. 1988. *The Church and Cultures.* Maryknoll: Orbis.
Küng, Hans. 1963. *The Living Church.* London and N.Y.: Sheed and Ward.
____. 1967. *The Church.* R. Ockenden, trans. N.Y.: Sheed & Ward.
____. 1971. *The Church.* London: Search Press.
Ladd, George E. 1959. *The Gospel of the Kingdom.* Grand Rapids: Eerdmans.
____. 1974. *The Presence of the Future: The Eschatology of Biblical Realism.* Grand Rapids: Eerdmans.
Latourette, Kenneth Scott. 1953. *A History of Christianity.* London: Harper & Row.
____. 1967. *A History of the Expansion of Christianity.* Grand Rapids: Zondervan. Lausanne Committee for World Evangelization. 1974. "The Lausanne Covenant."
____. 1983. "Hindrances to Cooperation: The Suspicion about Finances," Pasadena: LCWE (Lausanne Occasional Papers 24); reprinted in Daniel Rickett and Dotsey Welliver, eds., 1987. 84-107.
____. Lausanne Committee for World Evangelization. 2016. www.lausanne.org/content/

manifesto/the-manila-manifesto; downloaded Oct 3, 2016.

_____. 1989. *The Manila Manifesto: An Elaboration of the Lausanne Covenant Fifteen Years Later*. Pasadena: LCWE.

Lewis, Robert and Wayne Cordeiro. 2005. *Culture Shift: Transforming Your Church from the Inside Out*. San Francisco: Jossey-Bass.

Liao, David C. 1972. *The Unresponsive: Resistant or Neglected?* Chicago: Moody. Lightfoot, J.B. 1970. *The Apostolic Fathers*. Grand Rapids: Baker.

Lindsell, Harold. 1962. "Faith Missions since 1938" in Wilbur C. Harr, ed., : 189-230.

Linthicum, Robert C. 1988. "Doing Effective Ministry in the City, *Together* (April- June), 1-2.

_____. 1991 *City of God, City of Satan: A Biblical Theology of the Urban Church*. Grand Rapids: Zondervan.

Loewen, Jacob A. 2000. The Bible in Cross-Cultural Perspective. Pasadena: William Carey Library.

Logan, Robert. 1989. *Beyond Church Growth: Action Plans for Developing Dynamic Church*. Grand Rapids: Baker.

_____. 2002. "Church Reproduction: New Congregations Beyond Church Walls," in Steve Sjogren, ed., 159-73.

Love, R. 2000. "10/40 Window" in H. N. A. Scott Moreau, and Charles Van Engen. 938.

Luther, Martin. 1955. *Luther's Works*. Phil.: Fortress.

Luzbetak, Louis. 1989. *The Church and Cultures: New Perspectives in Missiological Anthropology*. Maryknoll: Orbis.

Mackay, John A. 1963. *The Latin American Church and the Ecumenical Movement*. N.Y.: NCC.

_____. 1964. *Ecumenics: The Science of the Church Universal*. N.J.: Prentice-Hall.

_____. 1998. *Choosing a Future for U.S. Mission*. Monrovia: MARC/World Vision.

_____. 1999 "Working Together to Shape the New Millennium: Dreams, Hopes, Concerns, Fears" (EFMA) *EMQ* XXXV:3 (July), 306-8.

Malphurs, Aubrey. 1992, 1998, 2000. *Multiplying Growing Churches for the 21st Century*. Grand Rapids: Baker.

Martin, David. 1990. *Tongues of Fire: The Explosion of Protestantism in Latin America*. Oxford: Blackwell.

Mbiti, John. 1970. "Christianity and Traditional Religions in Africa," *International Review of Mission* LIX:236 (Oct.), 430-40.

_____. 1979. "Response to the Article of John Kinney," *Occasional Bulletin of Missionary Research* III:2 (April), 68.

_____. 2003. "Dialogue Between EATWOT and Western Theologians: A Comment on the 6th EATWOT Conference in Geneva 1983," in Inus Daneel, Charles Van Engen and Hendrik Vroom, eds., 91-104.

McCurry, Don., ed., 1979. *The Gospel and Islam*. Monrovia: MARC.

McGavran, Donald A. 1955. *The Bridges of God*. New York/London, Friendship/ World Dominion.

_____. 1959. *How Churches Grow*. N.Y.: Friendship.

_____. 1965. "Homogeneous Populations and Church Growth," in Donald McGavran, ed., 69-85.
_____. 1970. *Understanding Church Growth*. Grand Rapids: Eerdmans.
_____. 1972. "Yes, Uppsala Has Betrayed the Two Billion, Now What?" *Christianity Today*. 16:19 (June 23, 1972), 16-18.
_____. 1974. *The Clash Between Christianity and Culture*. Washington D.C.: Canon Press.
_____. 1977a. *Ten Steps for Church Growth*. N.Y.: Harper & Row.
_____. 1977b. "Wrong Strategy, the Real Crisis in Mission," in: Donald McGavran, ed., 97-107. This is reprinted from D. McGavran, "Wrong Strategy, the Real Crisis in Mission," *IRM*, 54, (October, 1965), 451-61.
_____. 1977c. *The Conciliar-Evangelical Debate: The Crucial Documents, 1964-1978*. Pasadena: William Carey Library.
_____. 1980. *Understanding Church Growth* (revised) Grand Rapids: Eerdmans.
_____. 1981a. "Why Some American Churches are Growing and Some are Not," in Elmer Towns, John N. Vaughan and David J. Seifert, eds., 285-94.
_____. 1981b. *Back to Basics in Church Growth*. Wheaton: Tyndale.
_____. 1984a. "Ten Emphases in the Church Growth Movement," in Doug Priest Jr., ed., 1984, 248-59.
_____. 1984b. *Momentous Decisions in Missions Today*. Grand Rapids: Baker.
_____. 1990. *Understanding Church Growth* (3rd edition). Grand Rapids: Eerdmans. McGavran, Donald, ed., 1965. *Church Growth and Christian Mission*. N.Y.: Harper and Row.
_____. 1972. *Crucial Issues in Missions Tomorrow*. Chicago, Moody Press.
_____. 1977. *The Conciliar-Evangelical Debate: The Crucial Documents, 1964-1976*. So. Pas.: William Carey Library.
McGavran, Donald A. and Win Arn. 1973. *How to Grow a Church: Conversations about Church Growth*. Glendale: ReGal
_____. 1977. *Ten Steps for Church Growth*. N.Y.: Harper & Row.
_____. 1981. *Back to Basics in Church Growth*. Wheaton: Tyndale.
McGavran, Donald A. and George G. Hunter III. 1980. *Church Growth Strategies that Work*. Nashville: Abingdon.
McGee, Gary B. 1986a, 1989, *This Gospel Shall Be Preached: a History of the Assemblies of God Foreign Missions*. (2 volumes). Springfield, Mo: Gospel Publishing House.
_____. 1986b, "Assemblies of God Mission Theology: A Historical Perspective," *IBMR*. X, 166-70.
_____. 2010. *Miracles, Missions, & American Pentecostalism*. Maryknoll: Orbis. McGrath, Alister E. 1994. *Christian Theology: An Introduction*. Oxford: Blackwell. McIntosh, Gary and R. Daniel Reeves. *Thriving Churches in the Twenty-First Century: 10 Life-Giving Systems for Vibrant Ministry*. Grand Rapids: Kregel, 2006.
McIntosh, Gary L. 2015. *Donald A. McGavran: A Biography of the Twentieth Century's Premier Missiologist*. Boca Raton, FL: ChurchLeaderInsights.
McIntosh, Gary L. 2916. "Donald A. McGavran, Life, Influence and Legacy in Mission," in

Charles Van Engen, ed., 2016, 19-37.
McIntosh, John A. 2000. "Missio Dei," in A. Scott Moreau, Harold Netland and Charles Van Engen, eds., 631-33.
McKim, Donald K., ed., 1992. *Major Themes in the Reformed Tradition*. Grand Rapids: Eerdmans.
McNeal, Reggie. 2003. *The Present Future Six Tough Questions for the Church*. San Francisco: Jossey-Bass
McQuilkin, J. Robertson. 1973. *How Biblical is the Church Growth Movement?* Chicago: Moody.
Mead, Loren. 1991. *The Once and Future Church: Reinventing the Congregation for a New Mission Frontier*. N.Y.: Alban Institute.
Menning, Bruce. 1985. *Shaping a Future Effectively*. Grand Rapids: RCA Synod of Michigan.
Middleton, Vernon J. 1990. *The Development of a Missiologist: The Life and Thought of Donald Anderson McGavran, 1897-1965*. Pasadena: School of World Mission Ph.D. Dissertation, 1990 ; published as *Donald McGavran, His Early Life and Ministry: An Apostolic Vision for Reaching the Nations*. Pasadena: William Carey Library, 2011.
Miguez-Bonino, José. 1971. "New Theological Perspectives," *Religious Education* LXVI:6, 405-7.
_____. 1975, 1984. *Doing Theology in a Revolutionary Situation* Phil: Fortress.
_____. 1976. *Christians and Marxists: The Mutual Challenge of Revolution*. Grand Rapids: Eerdmans.
Miles, Delos. 1981. *Church Growth: A Mighty River*. Nashville: Broadman.
Miley, George. 1999. "The Awesome Potential of Mission Found in Local Churches," in Ralph Winter and Steven Hawthorne, eds., 729-32.
Miller, M. Rex. 2004. *The Millennium Matrix: Reclaiming the Past, Reframing the Future of the Church*. San Francisco: Jossey-Bass.
Minear, Paul. 1960. *Images of the Church in the New Testament*. Phil.: Westminster. Moltmann, Jürgen. 1977. *The Church in the Power of the Spirit*. N.Y.: Harper & Row. Montgomery, Helen Barrett. 1920. *The Bible and Mission*. Brattleboro, Vermont: The Central Committee on the Study of Foreign Missions; edited and republished in 2002 in Pasadena by Shawn Redford.
Mora C., Fernando A. 2000. *Manual de líderes de células*. Los Teques, Caracas, Venezuela: self-published.
Moreau, A. Scott, Gary R. Corwin, and Gary B. McGee, eds., 2004. *Introducing World Missions: A Biblical, Historical, and Practical Survey*. Grand Rapids: Baker.
Moreau, A. Scott, Harold Netland and Charles Van Engen, eds., 2000. *Evangelical Dictionary of World Missions*. Grand Rapids: Baker.
Motte, Mary. 1991. "The Poor: Starting Point for Mission," in Gerald Anderson, James Phillips and Robert Coote eds., 50-54.
Mulholland, Kenneth B. 1999. "Working Together to Shape the New Millennium: Dreams, Hopes, Concerns, Fears" (EMS) *EMQ* XXXV:3 (July), 317-20.

Murray, Stuart. 1998. *Church Multiplying: Laying Foundations*. London: Paternoster Press.

Myers, Bryant. 1992. "A Funny Thing Happened on the Way to Evangelical- Ecumenical Cooperation," *IRM* LXXXI: no. 323 (July) 397-407.

____. 1993. *The Changing Shape of World Mission*. Monrovia: MARC/World Vision. (Updated 1998).

____. 1999. "Another Look at Holistic Mission," *EMQ* XXXV:3 (July), 285-87. National Association of Evangelicals. 1996. "An Evangelical Manifesto: A Strategic Plan for the Dawn of the 21st Century," NAE Web Site (www. nae.net/sig_doc11.html).

NCCC/DOM. 1983. *Mission and Evangelism: An Ecumenical Affirmation*. New York: NCCC.

Neill, Stephen. 1959. *Creative Tension*. London: Ediburgh House.

____. 1964. *A History of Christian Missions*. Harmondsworth/Baltimore, Penguin Books.

____. 1984. "How My Mind has Changed about Mission," Three-part video series taped at the Overseas Ministries Study Center, Atlanta: Southern Baptist Convention.

Neill, Stephen, Gerald H. Anderson, and John Goodwin, eds., 1971. *A Concise Dictionary of the Christian World Mission*. London: Lutterworth.

Nelson, Marlin. 1995, 2001. *Principles of Church Growth*. Bangalore: Theological Book Trust.

Newbigin, Lesslie. 1953. *The Household of God*. N.Y.: Friendship.

____. 1963. *The Relevance of a Trinitarian Doctrine for Today's Mission*. London: Edinburgh House.

____. 1977. *The Good Shepherd: Meditations on Christian Ministry in Today's World*. Grand Rapids: Eerdmans.

____. 1978. *The Open Secret*. Grand Rapids: Eerdmans.

____. 1986. *Foolishness to the Greeks: The Gospel and Western Culture*. Grand Rapids: Eerdmans.

____. 1989. *The Gospel in a Pluralist Society*. Grand Rapids: Eerdmans.

____. 1991. *Truth to Tell: The Gospel as Public Truth*. Geneva: WCC.

Nicholls, Bruce J. 1979. *Contextualization: A Theology of Gospel and Culture*. Downers Grove: IVP.

Nicholls, Bruce J., ed., 1985. *In Word and Deed: Evangelism and Social Responsibility*. Grand Rapids: Eerdmans.

Nida, Eugene. 1960. *Message and Mission*. N.Y.: Harper.

Niles, Daniel T. 1962. *Upon the Earth: The Mission of God and the Missionary Enterprise of the Churches*. N.Y. and London: McGraw-Hill/Lutterworth.

Nishioka, Yoshiyuki Billy. 1998. "Worldview Methodologies in Mission Theology: A Comparison between Kraft's and Hiebert's Approaches," *Missiology* XXVI: 4 (Oct.), 457-76.

Nissen, Johannes. 1999. *New Testament and Mission: Historical and Hermeneutical Perspectives*. N.Y.: Peter Lang.

Nuñez, Emilio A. 1997. *Hacia Una Misionología Evangélica Latinoamericana*. Miami: Unilit.

Nussbaum, Stan. 1999. "The Five Frontiers of Mission," *Global Mapping International Newsletter* (Winter/Spring), 1,5.

Oborji, Francis Anekwe. 2006. *Concepts of Mission: The Evolution of Contemporary Missiology*. Maryknoll: Orbis.

Okoye, James Chukwuma. 2006. *Israel and the Nations: A Mission Theology of the Old Testament*. Maryknoll: Orbis.

Orchard, Ronald K., ed., 1964. *Witness in Six Continents: Records of the Meeting of the Commission on World Mission and Evangelism of the World Council of Churches held in Mexico City, December 8th to 19th, 1963*. London: Edinburgh.

Orme, John. 2000. "Working Together to Shape the New Millennium: Dreams, Hopes, Concerns, Fears" (IFMA) *EMQ* XXXV:3 (July), 308–310.

Orr, J. Edwin. 1965 *The Light of the Nations*. Grand Rapids: Eerdmans, 1965.

_____. 1975. *Evangelical awakenings in Eastern Asia*. Minneapolis: Bethany Fellowship.

_____. 1975. *Evangelical Awakenings in Africa*. Minneapolis: Bethany Fellowship.

_____. 1978. *Evangelical Awakenings in Latin America*. Minneapolis: Bethany Fellowship.

Osborne, Grant R. 1991. *The Hermeneutical Spiral: A Comprehensive Introduction to Biblical Interpretation*. Downers Grove: InterVarsity.

Ott, Craig, Stephen J. Strauss with Timothy C. Tennent, eds., 2010. *Encountering Theology of Mission: Biblical Foundations, Historical Developments and Contemporary Issues*. Grand Rapids: Baker.

Packer, J. I. and Paul Fromer, eds., 1989. *The Best in Theology*, vol. 2. Carol Stream: Christianity Today.

Padilla, C. René. 1985. *Mission Between the Times: Essays on the Kingdom of God*. Grand Rapids: Eerdmans. Published in Spanish as *Misión Integral: Ensayos Sobre el Reino y la Iglesia*. Grand Rapids: Nueva Creación, 1986.

_____. 1992. "Wholistic Mission: Evangelical and Ecumenical," *IRM* LXXXI: 323 (July) 381-82.

Padilla, C. René, ed., 1998. *Bases bíblicas de la misión: Perspectivas latinoamericanas*.

Buenos Aires: Nueva Creación and Grand Rapids: Eerdmans

Padilla, C. René, et al, eds., 1975. *El Reino de Dios y America Latina*. El Paso: Casa Bautista de Publ.

Padilla, C. René y Tetsunao Yamamori, eds., 2003a. *La iglesia local como agente de transformación: una eclesiología para la misión integral*. Buenos Aires: Kairós.

_____. 2003b. "Introducción: Una eclesiología para la misión integral," in Padilla y Yamamori, eds., 2003:13–45.

Palen, John. J. 1987. *The Urban World*, 3rd Edition. NY: McGraw Hill. Pannenberg, Wolfhart. 1969. *Theology and the Kingdom of God*. Phil.: Westminster.

Pagura, Federico. 1973. "Missionary, Go Home . . . Or Stay," *Christian Century* (April 11); reprinted in Gerald H. Anderson and Thomas F. Stransky, eds., : 1974, 115–116.

Pate, Larry D. 1987. *Misionología: nuestro cometido transcultural*. Miami: Editorial Vida.

Pelikan, Jaroslav. 1971. *The Christian Tradition: A History of the Development of Doctrine*. 1. Chicago and London: U. of Chicago Press.

_____. 1978. *The Christian Tradition: A History of the Development of Doctrine*, vol. 3. Chicago and London: U. of Chicago Press. Pentecost, Edward C. 1982. *Issues in Missiology: An Introduction*. Grand Rapids: Baker. Peters, George W. 1972. *A Biblical Theology of Mis-*

sions. Chicago: Moody.

____. 1973. "Pauline Patterns of Church-Mission Relationships," *EMQ* IX (Winter), reprinted in Daniel Rickett and Dotsey Welliver, eds., 1997. 46–52.

____. 1981. *A Theology of Church Growth*. Grand Rapids: Zondervan.

Pierson, Paul E. 2000. "The Ecumenical Movement," in Scott Moreau, Charles Van Engen, and Harold Netland, eds., 2000. 300–303.

Piet, John. 1970. *The Road Ahead: A Theology for the Church in Mission*. Grand Rapids: Eerdmans.

Phan, Peter C. 2003. *Christianity with an Asian Face: Asian American Theology in the Making*. Maryknoll: Orbis.

Phillips, James M. and Robert T. Coote, eds., 1993. *Toward the 21st Century in Christian Mission*. Grand Rapids: Eerdmans.

Piper, John. 1993. *Let the Nations be Glad! The Supremacy of God in Missions*. Grand Rapids: Baker.

Plantinga, Alvin C. 1992. "The Reformed Objection to Natural Theology," in Donald K. McKim, ed., 66–75.

Pobee, J.S., ed., 1976. *Religion in a Pluralist Society*. Leiden: Brill

Pointer, Roy. 1984. *How do Churches Grow? A Guide to the Growth of Your Church*. London: Marshall Morgan & Scott.

Pomerville, Paul A. 1985. *The Third Force in Mission: A Pentecostal Contribution to Contemporary MIssion Theology*. Peabody, MA: Hendrickson.

Priest, Douglas Jr., ed., 1984. *Unto the Uttermost: Missions in the Christian Churches/ Churches of Christ*. Pasadena: William Carey.

Rainer, Thom. 1993. *The Book of Church Growth: History, Theology and Principles*. Nashville: Broadman.

Rainer, Thom S. 2001. *Surprising Insights from the Unchurched and Proven Ways to Reach Them*. Grand Rapids: Zondervan.

Rainer, Thom S. 2003. *The Unchurched Next Door: Understanding Faith Stages as Keys to Sharing your Faith*. Grand Rapids: Zondervan, 2003

Reapsome, J. 2000. "Carey, William," in H. N. A. Scott Moreau, Harold Netland and Charles Van Engen. eds., 162–63.

Redford, Shawn. 1999. "Facing the Faceless Frontier," in Charles Van Engen, Nancy Thomas and Rob Gallagher, eds., 215–24.

____. 2012. *Missiological Hermeneutics: Biblical Interpretation for the Global Church*. Eugene: Pickwick.

Reeves, R. Daniel and Ronald Jenson. 1984. *Always Advancing: Modern Strategies for Church Growth*. San Bernardino, CA: Here's Life Publishers.

Richardson, Don. 2000. "Redemptive Analogies," in Moreau, Netland and Van Engen, eds., 812–13.

Rickett, Daniel. 1998. "Developmental Partnering: Preventing Dependency," *EMQ* XXXIV:4 (Oct), 438–45.

Rickett, Daniel and Dotsey Welliver, eds., 1997. *Supporting Indigenous Ministries: With Selected Readings.* Wheaton: Billy Graham Center.

Ridderbos, Herman. 1962. *The Coming of the Kingdom.* Phil.: Presbyterian and Reformed.

Ro, Bong Rin and Ruth Eshenaur, eds., 1984, *The Bible and Theology in Asian Contexts: An Evangelical Perspective on Asian Theology.* Taichung: Asia Theological Association.

Robb, John. 1999. "Mission Leaders Propose New Framework." *MARC Newsletter* 99-2 (May), 1, 6.

Roxburgh, Alan J. 1997. *The Missionary Congregation, Leadership & Liminality.* Harrisburg, PA: Trinity Press, Int.

Roxburgh, Alan J. and Fred Romanuk. 2006. *The Missional Leader: Equipping your Church to Reach a Changing World.* San Francisco: Jossey-Bass.

Robertson, Roland. 1995. "Glocalization: Time-Space and Homogeneity- Heterogeneity," in Mike Featherstone, Scott Lash, and Roland Robertson, eds., 25-44.

Roof, Wade Clark and William McKinney. 1987. *American Mainline Religion: Its Changing Shape and Future.* New Brunswick: Rutgers U. Press.

Rooy, S. 1998. "La búsqueda histórica de las bases bíblicas de la misión," in C. R. Padilla, ed., 3-33.

Roozen, David, William McKinney and Jackson Carroll. 1984. *Varieties of Religious Presence: Mission in Public Life.* N.Y.: Pilgrim Press.

Rosenau, James N. 2003. *Distant Proximities: Dynamics Beyond Globalization.* Princeton: Princeton U. Press.

Rosin, H. H. 1972. *"Missio Dei:" An Examination of the Origin, Contents and Function of the Term in Protestant Missiological Discussion.* Leiden: Interuniversity Institute for Missiological and Ecumenical Research.

Rowley, H.H. 1955. The Missionary Message of the Old Testament London: Carey Kingsgate.

Saayman, Willem. 1990. "Bridging the Gulf: David Bosch and the Ecumenical/ Evangelical Polarisation," *Missionalia* XVIII: 1 (April) 99-108.

____. 2000. "Mission by its Very Nature," in. *Missionalia.* http://wwwgeocities. com/missionalia/ssayman00.htm?200521.

Sample, Tex. 1984. *Blue-Collar Ministry: Facing Economic and Social Realities of Working People.* Valley Forge: Judson Press.

Samuel, Vinay and Christopher Sugden, eds., 1983. *The Church in Response to Human Need.* Grand Rapids: Eerdmans.

____. 1991. *A.D. 2000 and Beyond: A Mission Agenda.* Oxford: Regnum Books.

____. 1999. *Mission as Transformation: A Theology of the Whole Gospel.* Oxford: Regnum.

Sanchez, Daniel R. with Ebbie C. Smith and Curtis E. Watke. 2001. *Starting Reproducing Congregations: A Guidebook for Contextual New Church Development.* Cumming, GA: Church Starting Network.

Sanneh, Lamin. 1989. *Translating the Message: The Missionary Impact on Culture.* Marykoll: Orbis.

Santos, Angel. 1991. *Teología Sistemática de la Misión.* España: Editorial Verbo Divino.

Saracco, Norberto. 2000. "Mission and Missiology from Latin America," in William Taylor, ed., 357–66.
Sassen, Saskia. 2002. *Global Networks: Linked Cities*. London:Routledge. Schaff, Phillip. 1950. *History of the Christian Church*. Grand Rapids: Eerdmans.
_____. 1977. *The Creeds of Christendom*. N.Y.: Harper & Bros.
Schaff, Philip and H. Wace, eds., 1974. *Nicene and Post-Nicene Fathers*. Grand Rapids: Eerdmans.
Schaller, Lyle E. 1984. *Looking in the Mirror: Self-Appraisal in the Local Church*. Nashville: Abingdon.
Scherer, James A. 1964. *Mission, Go Home! A Reappraisal of the Christian World Mission Today-its Basis, Philosophy, Program, Problems, and Outlook for the Future*. Englewood Cliffs, N.J.: Prentice-Hall.
_____. 1987. *Gospel, Church and Kingdom: Comparative Studies in World Mission Theology*. Minneapolis: Augsburg.
_____. 1993a. "Church, Kingdom, and *Missio Dei*: Lutheran and Orthodox Correctives to Recent Ecumenical Mission Theology," in Van Engen, et al, eds., 1993, 82–88.
_____. 1993b. "Mission Theology" in James Phillips and Robert Coote, eds., 193–202.
Schmemann, Alexander. 1961. "The Missionary Imperative in the Orthodox Tradition," in: G. H. Anderson, ed., 250–57.
_____. 1979. *Church, World, Mission: Reflections on Orthodoxy in the West*. Crestwood, N.J.: St. Vladimir's Sem. Press.
Schreiter, Robert. 1985. *Constructing Local Theologies*. Maryknoll: Orbis.
_____. 1992. "Reconciliation as a Missionary Task," *Missiology* XX: 1 (January) 3–10.
Schriver, Donald and Karl OstRom 1977. *Is There Hope for the City?* Phil.: Westminster.
Schwarz, Christian A. 1996. *Natural Church Development: A Guide to Eight Essential Qualities of Healthy Churches*. Carol Stream, IL: Church Smart Resources.
_____. 1999. *Paradigm Shift in the Church*. Carol Stream, IL: Church Smart Resources.
Scott, Allen J., ed., 2001. *Global City-Regions: Trends, Theory, Policy*. Oxford: Oxford U. Press.
Scott, Waldron. 1980. *Bring Forth Justice: A Contemporary Perspective on Mission*. Grand Rapids: Eerdmans.
_____. 1981. "The Significance of Pattaya," *Missiology* 9 (January), 57–75. Seamands, Stephen. 2005. *Ministry in the Image of God: The Trinitarian Shape of Christian Service*. Downers Grove: IVP, 2005
Sedmak, Clemens. 2002. *Doing Local Theology: A Guide for Artisans of a New Humanity*. Maryknoll: Orbis.
Segundo, Juan Luis. 1975. *The Community Called Church*. Maryknoll: Orbis.
_____. 1976. *The Liberation of Theology*. Maryknoll: Orbis.
Senior, Donald and Carroll Stuhlmueller. 1983. *The Biblical Foundations for Mission*. Maryknoll: Orbis.
Shaw, Daniel. 1988. *Transculturation: The Cultural Factor in Translation and Other Communication Tasks*. Pasadena: William Carey Library.

_____. 1989. "The Context of Text: Transculturation and Bible Translation" in D. Gilliland, ed., 141-59.

Shaw, Daniel and Charles Van Engen. 2003. *Communicating God's Word in a Complex World: God's Truth or Hocus-Pocus?* Lanham, MD: Rowman & Littlefield Pub.

Shenk, Wilbert R. 1999. *Changing Frontiers of Mission*. Maryknoll: Orbis.

Shenk, Wilbert R., ed., 1980. *Mission Focus: Current Issues*. Elkhart, IN: Overseas Ministries, Mennonite Board of Missions.

_____. 1983. *Exploring Church Growth*. Grand Rapids: Eerdmans.

_____. 1988. *God's New Economy: Interdependence and Mission*. (A MISSION FOCUS pamphlet) Elkhart, IN: Overseas Ministries, Mennonite Board of Missions.

_____. 1993. *The Transfiguration of Mission: Biblical, Theological & Historical Foundations*. Scottdale: Herald.

_____. 1995. *Write the Vision: The Church Renewed*. Valley Forge, PA: Trinity Press, Int.

_____. 1999. *Changing Frontiers of Mission*. Maryknoll: Orbis.

_____. 2002. *Enlarging the Story: Perspectives on Writing World Christian History*. Maryknoll: Orbis.

Sheppard, David. 1974. *Built as a City: God and the Urban World Today*. London: Hodder and Stoughton.

Silvoso, Ed. 1994. *That None Should Perish: How to Reach Entire Cities for Christ Through Prayer Evangelism*. Ventura: ReGal

Sjogren, Steven. 1993, 2003. *Conspiracy of Kindness: A Refreshing New Approach to Sharing the Love of Jesus*. Ann Arbor: Servant.

Sjogren, Steve, ed. 2002. *Seeing Beyond Church Walls: Action Plans for Touching Your Community*. Loveland, CO: Group Publishing.

Sjogren, Steven, Dave Ping and Doug Pollock. 2004. *The Irresistible Evangelism: Natural Ways to Open Others to Jesus*. Loveland, CO: Group.

Skreslet, Stanley H. 1995. "The Empty Basket of Presbyterian Mission: Limits and Possibilities of Partnership," *IBMR*. XIX:3 (July), 98-106.

Smit, Dirkie. 1994. "The Self-Disclosure of God," in John De Gruchy and C. Villa-Vicencio, eds., 42-54.

Snoidderly, Beth and A. Scott Moreau, eds., 2011. *Evangelical and Frontier Mission: Perspectives on the Global Progress of the Gospel*. Oxford: Regnum Books.

Snaith, Norman. 1944. *The Distinctive Ideas of the Old Testament*. London: Epworth Press.

Snyder, Howard A., ed., 2001. *Global Good News: Mission in a New Context*. Nashville: Abingdon.

Snyder, Howard A. with Daniel V. Runyon. 2002. *Decoding the Church: Mapping the DNA of Christ's Body*. Grand Rapids: Baker.

Sobrino, Jon. 1984. *The True Church and the Poor*. Maryknoll: Orbis.

Spindler, Marc R. 1995. "The Biblical Grounding and Orientation of Mission," in Verstraelen, Camps, Hoedemaker and Spindler, eds., 1988. 123-56.

Spindler, Marc R. 1988. "Bijbelse fundering en oriëntatie van zending," in A. Camps, L. A.

Hoedemaker, M. R. Spindler, and F. J. Verstraelen. eds., 132-54.
Spykman, Gordon and Cook, Dodson, Grahn, Rooy and Stam. 1988. *Let My People Live: Faith and Struggle in Central America*. Grand Rapids: Eerdmans. Stackhouse, Max. 1988. *Apologia: Contextualization, Globalization, and Mission in Theological Education*. Grand Rapids: Eerdmans.
Stamoolis, James. 1986, 2001. *Eastern Orthodox Mission Theology Today*. Maryknoll: Orbis, Eugene, OR: Wipf and Stock.
Starling, Allan, ed., 1981. *Seeds of Promise*. Pasadena: William Carey Library. Stetzer, E. a. D. P. 2006. *Breaking the Missional Code: Your Church Can Become a Missionary in Your Community*. Nashville: Broadman & Holman.
Steuernagel, Valdir R. 1991. "An Evangelical Assessment of Mission: A Two-Thirds World Perspective," in Vinay Samuel and Chris Sugden, eds., 1991, 1-13.
Stearns, Bill and Amy. 1991. *Al Servicio del Reino en América Latina*. Monrovia: Visión Mundial.
____. 1996. *Obediencia Misionera y Práctica Histórica*. Grand Rapids: Eerdmans- Nueva Creación.
____. 1999. "The Power of Integrated Vision," in Ralph Winter and Steven Hawthorne, eds., 724-28.
Stockwell, Clinton. 1984. "Barriers and Bridges to Evangelization in Urban Neighborhoods," in David Frenchak et al 1984, 13-26.
Stott, John. 1979. "The Living God is a Missionary God," in James E. Berney, ed., 20-32.
____. 1981. The Living God is a Missionary God," in: Ralph D. Winter and Steve Hawthorne, eds., 10-18; reprinted in Ralph D. Winter and Steve Hawthorne, eds., 4th edition, 2009, 3-9.
Stott, John R.W. and Robert T. Coote, eds., 1979. *Gospel and Culture*. Pasadena: William Carey Library.
Strom, Mark. 1990. *The Symphony of the Scripture: Making Sense of the Bible's Many Themes*. Downers Grove, IL: Inter Varsity Press.
Stults, Donald L. 1989. *Developing an Asian Evangelical Theology*. Metro Manila: OMF Literature.
Sumithra, Sunand and F. Hrangkuma, eds., 1995. *Doing Mission in Context*. Bangalore: Theological Book Trust.
Sunquist, Scott W. 2013. *Understanding Christian Mission: Participation in Suffering and Glory*. Grand Rapids: Baker.
Sweet, Leonard. 1999. *SoulTsunami: Sink or Swim in the New Millennium Culture*. Grand Rapids: Zondervan.
Sweet, Leonard. 2000. *Post-Modern Pilgrims: First Century Passion for the 21st Century World*. Nashville: Broadman & Holman.
Sweet, Leonard, ed., and Andy Crouch, Michael Horton, Frederica Mathewes- Green, Brian McLaren and Erwin McManus. 2003. *The Emerging Culture: Five Perspectives*. Grand Rapids: Zondervan.

Taber, Charles R. 1979a. "Hermeneutics and Culture: An Anthropological Perspective," in John Stott and Robert Coote, eds., 129-130.
____. 1979b. "Contextualization: Indigenization and/or Transformation" in Don McCurry, ed., 1979, 143-54.
____. 1979c. "The Limits of Indigenization in Theology," in Charles Kraft and Tom Wisley, eds., 1979, 372-99.
____. 1983 "Contextualization," in Wilbert Shenk, ed., 117-31.
____. 1980. "Structures and Strategies for Interdependence in World Mission," in Wilbert Shenk, ed., ; reprinted in Daniel Rickett and Dotsey Welliver, eds., 65-83.
Tai, Susan H. C. and Y.H. Wong. 1998. "Advertising Decision Making in Asia: 'Glocal' versus 'Regcal' Approach," *Journal of Managerial Issues*, Vo. 10 (Fall), 318-319.
Taylor, John V. 1972. *The Go-Between God: The Holy Spirit and the Christian Mission*. London: Student Christian Movement.
Taylor, William D. 1999. "Lessons of Partnership" in Ralph Winter and Steven Hawthorne, eds., 748-52.
____. 2001. *Missiología Global para o século XXI: A consulta de Foz de Iguaçu*. Londrina: Descoberta Editora.
Taylor, William D., ed., 2000. *Global Missiology for the 21st Century: The Iguassu Dialogue*. Grand Rapids: Baker. Translated into Portuguese and published 2001 *Missiologia Glogal para o século XXI: A consulta de Foz de Iguaçu*. Londrina: Descoberta Editora Ltda.
Teja, Gary and John Wagenveld, eds., 2015. *Planting Healthy Churches*, Sauk Village, IL: Multiplication Network Ministries.
Tennekes, J. and H. M. Vroom. 1989. *Contextualiteit en christelijk geloof*. Kampen: J. H. Kok.
Terry, John Mark. 2000. "Indigenous Churches," in Moreau, Netland and Van Engen, eds., 483-85.
Terry, John Mark, Ebbie Smith and Justice Anderson, eds., 1998. *Missiology, An Introduction to the Foundations, History, and Strategies of World Mission*. Nashville: Broadman & Holman.
Thiselton, A. C. 1980. *The Two Horizons: New Testament Hermeneutics and Philosophical Description with Special Reference to Heidegger, Bultmann, Gadamer, and Wittgenstein*. Grand Rapids: Eerdmans
Thomas, Norman E., ed., 1995. *Classic Texts in Mission & World Christianity*. Maryknoll: Orbis.
Tiénou, Tite. 1993. "Forming Indigenous Theologies," in James M. Phillips and Robert T. Coote, eds., 245-52.
Tiplady, Richard, ed., 2003. *One World or Many? The Impact of Globalisation on Mission*. Pasadena: William Carey Library.
Tippett, Alan R. 1969. *Verdict Theology in Missionary Theory*. Lincoln, IL: Lincoln Christian College Press; reprinted So. Pasadena: William Carey Library, 1973.
____. 1970. *Church Growth and the Word of God*. Grand Rapids: Eerdmans.
____. 1972. "The Holy Spirit and Responsive Populations," in D. McGavran, ed., 77-101.
____. 1973. *God, Man and Church Growth*. Grand Rapids: Eerdmans.

_____. 1987. *Introduction to Missiology*. Pasadena: William Carey Library.
Torres, S. and V. Fabella, eds., 1978. *The Emergent Gospel: Theology from the Developing World*. London: Geoffrey Chapman.
Towns, Elmer, ed., 1995. *Evangelism and Church Growth: A Practical Encyclopedia*. Ventura: ReGal
Towns, Elmer and Douglas Porter. 2003. *Churches that Multiply: A Bible Study on Church Multiplying*. Kansas City: Beacon Hill Press.
Towns, Elmer, John N. Vaughan and David J. Seifert, eds., 1981. *The Complete Book of Church Growth*. Wheaton: Tyndale House.
Towns, Elmer, C. Peter Wagner and Thom S. Rainer, eds., 1998. *The Everychurch Guide to Growth: How Any Plateaued Church Can Grow*. Nashville: Broadman & Holman.
Van Dusen, Henry. 1961. *One Great Ground of Hope: Christian Missions and Christian Unity*. Phil.: Westminster.
Van Engen, Charles. 1981. *The Growth of the True Church: An Analysis of the Ecclesiology of the Church Growth Movement*. Amsterdam: Rodopi. Reprinted in 1995 by University Microfilms, Inc, Ann Arbor, MI.
_____. 1987. "Responses to James Scherer's Paper From Different Disciplinary Perspectives: Systematic Theology," *Missiology* XV: 4 (October) 524–525.
_____. 1989a. "The New Covenant: Knowing God in Context," in Dean Gilliland, ed., 74–100; reprinted in Charles Van Engen. 1996a, 71–89.
_____. 1989b. "Can Older Churches Grow in the City?" in *Global Church Growth* XXVI:1 (Jan-Mar), 15–16.
_____. 1990. "A Broadening Vision: Forty Years of Evangelical Theology of Mission, 1946–1986," in Joel Carpenter and Wilbert Shenk, eds., 203–34.
_____. 1991a. *God's Missionary People*. Grand Rapids: Baker.
_____. 1991b. "The Effect of Universalism on Mission Effort," in William Crockett and James Sigountos, eds., 183–94. (This was reprinted in Van Engen: 1996a, 159–68.)
_____. 1993. "The Relation of Bible and Mission in Mission Theology" in Van Engen, Gilliland, and Pierson, eds., 27–36.
_____. 1994. "Constructing a Theology of Mission for the City," in Charles Van Engen and Jude Tiersma, eds., 1994, 247–48.
_____. 1996a. *Mission on the Way: Issues in Mission Theology*. Grand Rapids: Baker.
_____. 1996b. "The Gospel Story: Mission of, in, and on the Way" (Installation address in the Arthur F. Glasser Chair of Biblical Theology of Mission), Pasadena: FTS; adapted and reprinted in *Theology, News and Notes* (June, 1998), 3–6 and 22–23; reprinted in Van Engen, Nancy Thomas and Robert Gallagher, eds., 1999. Introduction, xvii–xxviii.
_____. 1998. "Reflecting Theologically About the Resistant" in J. Dudley Woodberry, ed., 22–78.
_____. 2000. "Working Together Theologically in the New Millennium: Opportunities and Challenges," in Gary Corwin and Kenneth Mulholland, eds., 82–122.
_____. 2001. "Toward a Theology of Mission Partnerships," *Missiology*, XXIX: 1 (January, 2001),

11-44.

_____. 2004c "¿Por qué sembrar iglesias saludables? Bases bíblicas y misiológicas," in John Wagenveld, 2004/2005, 43-94. English publication: Van Engen, "Why Multiply Healthy Churches?" *Great Commission Research Journal*. 6: 1 (Summer, 2014), 57-90 and Gary Teja and John Wagenveld, eds., *Planting Healthy Churches*, Sauk Village, IL: Multiplication Network Ministries, 2015, 23-60.

_____. 2005a. "Five Perspectives of Contextually Appropriate Mission Theology," in Charles Kraft, editor,

_____. 2005b. "Toward a Contextually Appropriate Methodology in Mission Theology," in Charles Kraft, editor,

_____. 2008. "Mission, Theology of," in William Dyrness and Veli-Matt i Kärkkäinen, eds., *Global Dictionary of Theology*. Downers Grove: IVP.

_____. 2010. "'Mission' Defined and Described" one of three lead chapters in a discussion symposium book edited by David Hesselgrave and Ed Stetzer. *Missionshift: Global Mission Issues in the Third Millennium*. Nashville: B & H Publishing, 2010. 7-29.

_____. 2011. "Biblical Theology of Mission's Research Method," in Edgar Elliston, ed., with Pablo Deiros, Viggo Søgaard and Charles Van Engen; *Introducing Missiological Research Design*; Pasadena: William Carey Library, 2011, 113-18.

Van Engen, Charles, Dean Gilliland and Paul Pierson, eds., 1993. *The Good News of the Kingdom: Mission Theology for the Third Millennium*. Maryknoll: Orbis.

Van Engen, C. and Jude Tiersma, eds., 1994. *God So Loves the City: Seeking a Theology for Urban Mission*. Monrovia: MARC; reprinted by Eugene, OR: Wipf and Stock, 2009.

Van Engen, C., Nancy Thomas and Robert Gallagher, eds., 1999. *Footprints of God: A Narrative Theology of Mission*. Monrovia: MARC, World Vision.

Van Engen, C., ed., 2016. *The State of Missiology Today: Global Innovations in Christian Witness*. Downers Grove: IVP.

Van Rheenen, Gailyn. 1983. *Biblical Anchored Mission: Perspectives on Church Growth*. Austin, TX: Firm Foundation Pub.

_____. 2003. "The Missional Helix: Example of Church Planting" *Monthly Missiological Reflection # 26* Rhenen@Bible.acu.edu; see also www. missiology.org.

Verkuyl, Johannes. 1978. *Contemporary Missiology: An Introduction*. Grand Rapids: Eerdmans.

Verstraelen, F. J., A. Camps, L. A. Hoedemaker, and M. R. Spindler, eds., 1995. *Missiology: An Ecumenical Introduction: Texts and Contexts of Global Christianity*. Grand Rapids: Eerdmans. English translation of *Oecumenische Inleiding in de Missiologie: Teksten en Konteksten van het Wereld-Christendom*. Kampen: Kok, 1988.

Vicedom, Georg F. 1965. *The Mission of God: An Introduction to a Theology of Mission* (Trans. by A.A. Thiele and D. Higendorf from the German original, *Missio Dei*, 1957) St. Louis, MO: Concordia.

Vidales, Raul. 1979. "Methodological Issues in Liberation Theology," in Rosino Gibellini, ed., 34-57.

Villafañe, Eldin. 1995. *Seek the Peace of the City: Reflections on Urban Ministry*. Grand Rapids:

Eerdmans.

Visser't Hooft, W.A. ed., 1961. *The New Delhi Report*. Geneva: WCC.

Ward, Pete. 2002. *Liquid Church: A Bold Vision of How to Be God's People in Worship and Mission-A Flexible, Fluid Way of Being Church*. Peabody: Henderson.

Warren, Max. 1974. *Crowded Canvas*. London: Hodder & Stoughton.

____. 1978. "The Fusion of the I.M.C. and the W.C.C. at New Delhi: Retrospective Thoughts After a Decade and a Half," in J.D. Gort, ed., 1978, 190-202. von Rad, Gerhard. 1962. *Old Testament Theology*. New York: Harper. (Vol.1.)

Wagenveld, John, ed., 2004, 2005. *Sembremos Iglesias saludables: un acercamiento bíblico y práctico al estudio de la multiplicación de iglesias*. Quito, Ecuador: FLET, 2004/Miami: FLET, 2005. English translation: Gary Teja and John Wagenveld, eds., *Planting Healthy Churches*, Sauk Village, IL: Multiplication Network Ministries, 2015.

Wagner, C. Peter. 1963. *Where in the World*. N.Y.: NCCC.

____. 1964. *What in the World*. N.Y.: NCCC. World Council of Churches

____. 1968. *The Church for Others and the Church for the World*. Geneva: WCC.

____. 1971. *Frontiers in Mission Strategy*. Chicago: Moody.

____. 1976. *Your Church Can Grow: Seven Vital Signs of a Healthy Church*. Ventura: ReGal

____. 1979. *Our Kind of People: The Ethical Dimensions of Church Growth in America*. Atlanta: John Knox.

____. 1981. *Church Growth and the Whole Gospel: A Biblical Mandate*. N.Y.: Harper & Row.

____. 1984. *Leading Your Church to Growth: The Secret of Pastor/People Partnership in Dynamic Church Growth*. Ventura: ReGal

____. 1984. *Your Church Can Grow*. Ventura: ReGal

____. 1986. "A Vision for Evangelizing the Real America," *IBMR;* X: 2, (April, 1986), 59-64.

____. 1987. *Strategies for Church Growth: Tools for Effective Mission and Evangelism*. Ventura: ReGal

____. 1989a. "Donald McGavran: A Tribute to the Founder," in C. Peter Wagner, ed., 16-18.

____. 1989b. *Church Growth: State of the Art*. Wheaton: Tyndale.

____. 1990. *Church Planting for a Greater Harvest*. Ventura: ReGal.

____. 1996. *The Healthy Church*. Ventura: ReGal. This is an update and reprint of C. Peter Wagner. *Your Church Can Be Healthy*. Nashville: Abingdon, 1969.

Wagner, C. Peter, Win Arn and Elmer Towns, eds., 1986. *Church Growth: State of the Art*. Wheaton: Tyndale.

Walls, Andrew F. 1976. "Toward an Understanding of Africa's Place in Christian History," in J. S. Pobee, ed., 180-189.

____. 1981. "The Gospel as Prisoner and Liberator of Culture," *Faith and Thought*, 108: 1-2) 39-52; also in *Missionalia* X:3 (Nov.), 93-105.

____. 1985. "Christian Tradition in Today's World," in F. D. Whaling, ed., 76-109.

____. 1996. *The Missionary Movement in Christian History: Studies in the Transmission of Faith*. Maryknoll: Orbis.

____. 2002. *The Cross-Cultural Process in Christian History*. Maryknoll: Orbis and Edinburgh:

T&T Clark.
Warneck, Gustav. 1901. *Outline of a History of Protestant Missions*. N.Y.: Fleming H. Revell.
Whaling, F.D. ed., 1985. *Religion in Today's World*, Edinburgh: T & T Clark
Whiteman, Darrell L. 1997. "Contextualization: The Theory, the Gap, the Challenge," *IBMR*. (Jan) 2–7.
_____. 2003. *Anthropology and Mission: The Incarnational Connection*, Third Annual Louis J. Luzbetack Lecture on Mission and Culture, Chicago: Catholic Theological Union.
Wiles, Maurice and Mark Santer, eds., 1975. *Documents in Early Christian Thought*. London: Cambridge U. Press.
Williams, Colin. 1963. *Where in the World*. N.Y.: NCCC.
_____. 1964. *What in the World*. N.Y.: NCCC/Geneva: WCC.
_____. 1968. *The Church for Others and the Church for the World*. Geneva: WCC. Wilson, Frederick, ed., 1990. *The San Antonio Report-Your Will Be Done: Mission in Christ's Way*. Geneva: WCC.
Winter, Ralph. 1971. "The Soils: A Church Growth Principle," *Church Growth Bulletin* VII: 5 (May), 145–47.
_____. 1980. "1980: Year of Three Missions Congresses," *Evangelical Missions Quarterly* 16 (April), 79–85.
_____. 1984. "Unreached Peoples: The Development of the Concept," in Charles Kraft and Tom Wisely, eds., 17–43.
Winter, Ralph and Steven C. Hawthorne, eds., 1981, 1999. *Perspectives on the World Christian Movement: A Reader* (Third Edition). Pasadena: William Carey Library.
Woodberry, J. Dudley, ed., 1998. *Reaching the Resistant: Barriers and Bridges for Mission*. Pasadena: William Carey Library.
World Council of Churches. 1961. *Evanston to New Delhi: 1954–1961*. Geneva: WCC.
_____. 1968. *The Church for Others and the Church for the World*. Geneva: WCC. World Missionary Conference, 1910 (9 vols.) N.Y.: Revell.
Wright, Christopher. 2006. *The Mission of God: Unlocking the Bible's Grand Narrative*. Downers Grove: InterVarsity Press.
_____. 2010. *The Mission of God's People: A Biblical Theology of the Church's Mission*. Grand Rapids: Zondervan.
Wright, George Ernest. 1955. *The Old Testament Against Its Environment*. Chicago: Alec Allenson.
_____. 1961. "The Old Testament Basis for the Christian Mission," in G. H. Anderson, ed., 17–30. www.vbmb.org/glocalmissions/default.cfm. 2005.
Yesurathnam, R. 2000. "Contextualization in Mission," in W. S. Milton Jeganathan, ed., 44–57.
Zabatiero, Julio Paulo Tavares. 2000. Liberdade e Paixão. Londrina: Descoberta. Ziegenhals, Walter. 1978. *Urban Churches in Transition*. N.Y.: Pilgrim.
Zunkel, C. Wayne. 1987. *Church Growth Under Fire*. Scottdale, PA: Herald Press. Zwemer, Samuel. 1950. "Calvinism and the Missionary Enterprise," *Theology Today* VIII, 206–16.